中華古籍保護計劃

ZHONG HUA GU JI BAO HU JI HUA CHENG GUO

·成果·

河北省保定市圖書館古籍普查登記目録

全國古籍普查登記目録

國家圖書館出版社
National Library of China Publishing House

圖書在版編目(CIP)數據

河北省保定市圖書館古籍普查登記目録/保定市圖書館編. --北京:國家圖書館出版社,
2017.9

(全國古籍普查登記目録)

ISBN 978 - 7 - 5013 - 6165 - 6

Ⅰ.①河… Ⅱ.①保… Ⅲ.①公共圖書館—古籍—圖書館目録—保定 Ⅳ.①Z838

中國版本圖書館 CIP 數據核字(2017)第 168270 號

書 名	河北省保定市圖書館古籍普查登記目録
著 者	保定市圖書館 編
責任編輯	許海燕

出 版 國家圖書館出版社(100034 北京市西城區文津街 7 號)
　　　　　(原書目文獻出版社 北京圖書館出版社)

發 行 010 - 66114536 66126153 66151313 66175620
　　　　　66121706(傳真) 66126156(門市部)

E-mail nlcpress@ nlc. cn(郵購)

Website www. nlcpress. com →投稿中心

經 銷 新華書店

印 裝 河北三河弘翰印務有限公司

版 次 2017 年 9 月第 1 版 2017 年 9 月第 1 次印刷

開 本 787×1092(毫米) 1/16

印 張 25.75

字 數 580 千字

書 號 ISBN 978 - 7 - 5013 - 6165 - 6

定 價 240.00 圓

《全國古籍普查登記目録》

工作委員會

主　任：周和平

副主任：張永新　詹福瑞　劉小琴　李致忠　張志清

委　員（按姓氏筆畫排序）：

于立仁	王水喬	王　沛	王紅蕾	王筱雯
方自今	尹壽松	包菊香	任　競	全　勤
李西寧	李　彤	李忠昊	李春來	李　培
李曉秋	吳建中	宋志英	努　木	林世田
易向軍	周建文	洪　琰	倪曉建	徐欣禄
徐　蜀	高文華	郭向東	陳荔京	陳紅彦
張　勇	湯旭巖	楊　揚	賈貴榮	趙　嫄
鄭智明	劉洪輝	歷　力	鮑盛華	韓　彬
魏存慶	鍾海珍	謝冬榮	謝　林	應長興

《全國古籍普查登記目録》

序　言

　　全國古籍普查登記工作是"中華古籍保護計劃"的首要任務,是全面開展古籍搶救、保護和利用工作的基礎,也是有史以來第一次由政府組織、參加收藏單位最多的全國性古籍普查登記工作。

　　2007 年國務院辦公廳發佈《關於進一步加强古籍保護工作的意見》(國辦發〔2007〕6 號),明確了古籍保護工作的首要任務是對全國公共圖書館、博物館和教育、宗教、民族、文物等系統的古籍收藏和保護狀况進行全面普查,建立中華古籍聯合目録和古籍數字資源庫。2011 年 12 月,文化部下發《文化部辦公廳關於加快推進全國古籍普查登記工作的通知》(文辦發〔2011〕518 號),進一步落實了全國古籍普查登記工作。根據文化部 2011 年 518 號文件精神,國家古籍保護中心擬訂了《全國古籍普查登記工作方案》,進一步規範了古籍普查登記工作的範圍、内容、原則、步驟、辦法、成果和經費。目前進行的全國古籍普查登記工作的中心任務是通過每部古籍的身份證——"古籍普查登記編號"和相關信息,建立古籍總臺賬,全面瞭解全國古籍存藏情况,開展全國古籍保護的基礎性工作,加强各級政府對古籍的管理、保護和利用。

　　《全國古籍普查登記工作方案》規定了全國古籍普查登記工作的三個主要步驟:一、開展古籍普查登記工作;二、在古籍普查登記基礎上,編纂出版館藏古籍普查登記目録,形成《全國古籍普查登記目録》;三、在古籍普查登記工作基本完成的前提下,由省級古籍保護中心負責編纂出版本省古籍分類聯合目録《中華古籍總目》分省卷,由國家古籍保護中心負責編纂出版《中華古籍總目》統編卷。

　　在黨和政府領導下,在各地區、各有關部門和全社會共同努力下,古籍普查登記工作得以扎實推進。古籍普查已在除臺、港、澳之外的全國各省級行政區域開展,普查内容除漢文古籍外,還包括各少數民族文字古籍,特别是於 2010 年分别啓動了新疆古籍保護和西藏古籍保護專項,因地制宜,開展古籍普查登記工作;國家古籍保護中心研製的"全國古籍普查登記平臺"已覆蓋到全國各省級古籍保護中心,並進一步研發了"中華古籍索引庫",爲及時展現古籍普查成果提供有力支持;截至目前,已有 11375 部古籍進入《國家珍貴古籍名録》,浙江、江蘇、山東、河北等省公佈了省級《珍貴古籍名録》，古籍分級保護機制初步形成。

　　《全國古籍普查登記目録》是古籍普查工作的階段性成果，旨在摸清家底，揭示館藏，反映古籍的基本信息。原則上每申報單位獨立成册，館藏量少不能獨立成册者，則在本省範圍内幾個館目合併成册。無論獨立成册還是合併成册，均編製獨立的書名筆畫索引附於書後。著録的必填基本項目有：古籍普查登記編號、索書號、題名卷數、著者（含著作方式）、版本、册數及存缺卷數。其他擴展項目有：分類、批校題跋、版式、裝幀形式、叢書子目、書影、破損狀況等。有條件的收藏單位多著録的一些擴展項目，也反映在《全國古籍普查登記目録》上。目録編排按古籍普查登記編號排序，内在順序給予各古籍收藏單位較大自由度，可按分類排列古籍普查登記編號，也可按排架號、按同書名等排列古籍普查登記編號，以反映各館特色。

　　此次全國古籍普查登記工作，克服了古籍數量多、普查人員少、普查難度大等各種困難，也得到了全國古籍保護工作者的極大支持。在古籍普查登記過程中，國家古籍保護中心、各省古籍保護中心爲此舉辦了多期古籍普查、古籍鑒定、古籍普查目録審校等培訓班，全國共1600餘家單位參加了培訓，爲古籍普查登記工作培養了大量人才。同時在古籍普查登記工作中，也鍛煉了普查員的實踐能力，爲將來古籍保護事業發展奠定了良好的基礎。

　　《全國古籍普查登記目録》的出版，將摸清我國古籍家底，爲古籍保護和利用工作提供依據，也將是古籍保護長期工作的一個里程碑。

國家古籍保護中心

2013 年 10 月

《全國古籍普查登記目録》

編纂凡例

一、收録範圍爲我國境内各收藏機構或個人所藏，産生於 1912 年以前，具有文物價值、學術價值和藝術價值的文獻典籍，包括漢文古籍和少數民族文字古籍以及甲骨、簡帛、敦煌遺書、碑帖拓本、古地圖等文獻。其中，部分文獻的收録年限適當延伸。

二、以各收藏機構爲分冊依據，篇幅較小者，適當合併出版。

三、一部古籍一條款目，複本亦單獨著録。

四、著録基本要求爲客觀登記、規範描述。

五、著録款目包括古籍普查登記編號、索書號、題名卷數、著者、版本、冊數、存缺卷等。古籍普查登記編號的組成方式是：省級行政區劃代碼—單位代碼—古籍普查登記順序號。

六、以古籍普查登記編號順序排序。

七、編製各館藏目録書名筆畫索引附於書後，以便檢索。

《河北省保定市圖書館古籍普查登記目録》

編委會

主　　任：王大琳

副 主 任：邵　菲

主　　編：齊東明　朱澤業

執行主編：馬　俊

副 主 編：王立地　孫志斌　張　鵬　范静思　薛國曄　王紅仙

編　　委（按姓氏筆畫排列）：

王　冬　任亞光　肖衛娟　郝建婷　索　靖　馬　倩

孫　寧　陳　興　崔春清　楊　軍　劉新顏

《河北省保定市圖書館古籍普查登記目録》

前　言

　　保定是國家級歷史文化名城，人文歷史薈萃，文化底蘊深厚。保定市圖書館也是我國最早的圖書館之一。其藏書始成規模，當推賈輔（金祁州刺史，祁州蒲陰人）於蒙古太宗八年（1236）在蓮池北面建立的"萬卷樓"。清雍正年間的蓮池書院享有盛名，清末的直隸圖書館至今也有上百年的歷史。在歷代文化仁人志士的努力下，留下了豐富的館藏資源。保定市圖書館現存古籍 13 萬冊，其中善本 12000 餘冊，古籍收藏居全省前列。其中不少版本珍貴、特色鮮明的古籍備受矚目。如：《春秋左傳類解》二十卷，明嘉靖七年（1528）崇藩寶賢堂刻本。此書爲藩府本，其特點是校勘精審、版印精湛、紙墨精良。由於藩府財力雄厚，追求刊書的品質，不少藩府刻本都被譽爲明代官刻珍品，爲歷代藏書家和學人所珍重。崇藩刻書不多，存世尤少。《畿輔七名家詩鈔》四十六卷，清康熙敬事堂刻本。序前鈐"蓮池書院藏書籍印""直隸圖書館收藏記"印記。此書係清初畿輔地區七位享有盛譽的才士和學者的詩集彙編。據《中國古籍善本書目》著録，此版本爲孤本，國内僅保定市圖書館一家收藏。

　　由於歷史原因，巨量文獻典籍飽受兵燹水火之災，流存至今的古籍，也多破損嚴重，形勢不容樂觀。保護古籍已成爲當務之急，刻不容緩。

　　"中華古籍保護計劃"實施以來，古籍普查登記是其重要内容，也是開展古籍保護各項工作的基礎。近年來，本館嚴格按照國家古籍保護中心推廣使用的全國古籍普查平臺軟件，《全國古籍普查登記手冊》的普查著録標準、規範開展普查登記工作。首先積極參加由國家、省古籍保護主管部門組織的相關培訓，制訂詳細的工作計劃，對本館所藏 1912 年以前出版、產生於中國境内的漢文古籍（民國綫裝書、碑帖拓片等均未收録）逐冊進行核對清點，對每一部古籍的索書號、題名、卷數、著者、版本、冊數、存缺卷數等都進行詳細登録，力求多方面反映館藏古籍信息。同時，對 689 部館藏善本嚴格按照定級、定損要求進行詳細著録，并採集書影，逐一建立起完備的電子檔案。這些古籍的完整著録，爲登記目録的編輯出版奠定了基礎，此次編入古籍登記目録的數據爲 5885 條。在各方力量的共同努力下，經過認真整理、校核、上傳至"全國古籍普查平臺"，最終形成了這部《保定市圖書館古籍普查登記目録》。該目録的出版，對於摸清家底、揭示館藏，更好地保護和利用古籍文獻起到了重要的基礎性作用。

　　經過幾年切實有效的工作，保定市古籍保護工作得到了前所未有的發展，取得了令人矚目的成績。保定市圖書館已被國務院批准爲"全國古籍重點保護單位""河北省古籍重點保護單位"，并有多部古籍善本入選《國家珍貴古籍名録》《河北省珍貴古籍名録》。保定市圖書館在重視館藏典籍保護的同時，積極探索典藏爲社會服務、爲學術研究所用之法。而編纂書目則是揭示館藏最常見的方法。近幾年，本館先後出版了《保定市圖書館古籍善本書目》《保定市圖書館藏稀見方志叢刊》《保定市蓮池書院善本圖録》《中國古籍珍本叢刊·保定市圖書館卷》等多部書目和叢書。既揭示了館藏，又在一定程度上便利了讀者的利用，真正"讓書寫在古籍裏的文字活起來"。

　　"中華古籍保護計劃"開展以來，保定市圖書館積極參與國家古籍保護中心組織的各項活動。在"我與中華古籍攝影大賽"中，本館選送的作品有多幅分獲一、二、三等獎。在古籍創客大賽中，本館不僅提供了創作元素，還有部分作品參加了全國巡展。2015—2016年期間，多次在本館舉辦珍貴古籍特展、古籍知識講座，并製作古籍保護宣傳展板，在市內大、中院校進行巡展。使廣大群衆充分了解古籍保護的重要性，加強古籍保護的意識，並積極參與到古籍保護中來。

　　《保定市圖書館古籍普查登記目録》的出版，標志着本館古籍保護工作取得了階段性成果。我們將以此爲契機，繼續完成古籍普查完整項目的著録工作。隨着古籍保護工作的深入開展，會有更多的成果呈獻給世人，惠及中華民族的萬代子孫。

王大琳

2017 年 4 月

目　　録

《河北省保定市圖書館古籍普查登記目録》編委會 ································· 1

《河北省保定市圖書館古籍普查登記目録》前言 ································· 1

130000－0404－0000001 至 0005885（古籍普查登記編號） ··············· 1

書名筆畫字頭索引 ··· 299

書名筆畫索引 ··· 313

1

130000－0404－0000001　經 0/4012

十三經註疏三百三十三卷　（明）毛晉編　明崇禎元年至十二年(1628－1639)毛氏汲古閣刻本　三十冊　存一百十二卷(周禮註疏二十三至四十二,儀禮註疏十至十七,禮記註疏一至七、二十八至三十一、四十二至六十三,春秋左傳註疏三十至六十,孝經註疏九卷,爾雅註疏一至十一)

130000－0404－0000002　經 0/4094

御纂七經二百九十四卷　（清）李光地撰　清康熙至乾隆間內府刻本　二百十二冊　存二百八十三卷(御纂周易折中二十二卷首一卷、欽定書經傳說彙纂二十一卷首二卷書序一卷、欽定周官義疏十一至四十八、欽定詩經傳說彙纂二十一卷首二卷詩序二卷、欽定春秋傳說彙纂三十八卷首二卷、欽定儀禮義疏四十八卷首二卷、欽定禮記義疏八十二卷首一卷)

130000－0404－0000003　經 0/4690

恕堂六經一百二十七卷　清恕堂刻五經四書本　三十二冊　存七十七卷(周易四卷、孟子七卷、大學一卷、中庸一卷、書經六卷、詩經八卷、禮記十卷、論語十卷、春秋胡傳三十卷)

130000－0404－0000004　經 0/4748

郝氏九經解一百七十五卷　（明）郝敬撰　明萬曆四十三年至四十七年(1615－1619)郝千秋、郝千石刻本　五十八冊　存一百四十卷(尚書辨解十卷別解一卷、毛詩原解三十六卷讀詩一卷、春秋直解十五卷讀春秋一卷、儀禮節解十七卷讀儀禮一卷、周禮完解十二卷讀周禮一卷、論語詳解二十卷讀論語一卷、孟子說解十四卷讀孟子一卷、禮記通解一至八讀禮記一卷)

130000－0404－0000005　經 1/1017

周易兼義九卷　（唐）孔穎達撰　明萬曆十四年(1586)北京國子監刻十三經註疏本　三冊

130000－0404－0000006　經 1/2050

易學四同八卷別錄四卷　（明）季本撰　明嘉靖四十年(1561)刻本　五冊

130000－0404－0000007　經 1/2300

子夏易傳十一卷　（春秋）卜商撰　清照曠閣刻本　三冊　存十卷(二至十一)

130000－0404－0000008　經 1/2391

御纂周易述義十卷　（清）傅恒等撰　清乾隆二十年(1755)刻本　六冊

130000－0404－0000009　經 1/2671

周易傳義十卷　（宋）程頤　（宋）朱熹撰　**上下篇義一卷**　（宋）程頤撰　**易圖集錄一卷**（宋）朱熹撰　**易說綱領一卷**　（宋）程頤（宋）朱熹撰　明內府刻本　十冊

130000－0404－0000010　經 1/3381

易經揆一十四卷易學啟蒙補二卷　（清）梁錫璵撰　清乾隆十六年(1751)刻本　十冊

130000－0404－0000011　經 1/3381(2)

易經揆一十四卷易學啟蒙補二卷　（清）梁錫璵撰　清乾隆十六年(1751)刻本　十冊

130000－0404－0000012　經 1/3381(3)

易經揆一十四卷易學啟蒙補二卷　（清）梁錫璵撰　清乾隆十六年(1751)刻本　十冊

130000－0404－0000013　經 1/3381(4)

易經揆一十四卷易學啟蒙補二卷　（清）梁錫璵撰　清乾隆十六年(1751)刻本　十冊

130000－0404－0000014　經 1/4044

周易傳註七卷附周易筮考一卷　（清）李塨撰　清康熙五十二年(1713)刻本　四冊

130000－0404－0000015　經 1/4094

御纂周易折中二十二卷首一卷　（清）李光地等撰　清康熙五十四年(1715)內府刻本　十冊

130000－0404－0000016　經 1/5517

易原十六卷　（清）多隆阿撰　清抄本　八冊

130000－0404－0000017　經 1/7760

周易二卷　（□）□□撰　明刻本　四冊

130000－0404－0000018　經 2/1012

欽定書經傳說彙纂二十一卷首二卷書序一卷　（清）王頊齡等撰　清雍正八年(1730)內府

刻本　二十四冊

130000－0404－0000019　經2/1065
尚書後案三十卷後辨附一卷　（清）王鳴盛撰
　清乾隆四十五年(1780)禮堂刻本　八冊

130000－0404－0000020　經2/1236
尚書註疏二十卷　（漢）孔安國撰　（唐）孔穎
達疏　明萬曆十五年(1587)北京國子監刻十
三經註疏本　五冊　存十六卷(一至十六)

130000－0404－0000021　經2/4736
禹貢錐指二十卷圖一卷　（清）胡渭撰　清康
熙四十四年(1705)漱六軒刻本　八冊

130000－0404－0000022　經2/4736(2)
禹貢錐指二十卷圖一卷　（清）胡渭撰　清康
熙四十四年(1705)漱六軒刻本　十二冊

130000－0404－0000023　經2/6030
增修東萊書說三十五卷圖說一卷　（宋）呂祖
謙　（宋）時瀾修　清通志堂刻本　八冊

130000－0404－0000024　經2/8700
尚書大傳註四卷　（漢）鄭玄註　**尚書大傳補
遺一卷續補遺一卷考異一卷**　（清）盧文弨撰
　清乾隆二十一年(1756)盧見曾刻雅雨堂叢
書本　一冊

130000－0404－0000025　經3/1114
批點詩經振雅六卷　（明）張元芳　（明）魏浣
初撰　明版築居刻朱墨套印本　四冊

130000－0404－0000026　經3/1120
張君一先生毛詩微言二十卷　（明）張以誠撰
　明萬曆刻本　八冊

130000－0404－0000027　經3/2142
詩經世本古義二十八卷首一卷末一卷　（明）
何楷撰　明崇禎十四年(1641)刻本　三十
二冊

130000－0404－0000028　經3/4041
**李迂仲黃實夫毛詩集解四十二卷圖說總論一
卷**　（宋）李樗　（宋）黃櫄撰　（宋）李泳校
正　（宋）呂祖謙釋音　清通志堂刻本　十冊

130000－0404－0000029　經3/4458

潁濱先生詩集傳十九卷　（宋）蘇轍撰　明刻
本　一冊

130000－0404－0000030　經3/6627
詩輯三十六卷　（宋）嚴粲撰　明嘉靖趙府味
經堂刻本　十二冊

130000－0404－0000031　經43/4324
大戴禮記十三卷　（漢）戴德撰　明萬曆蔡文
範校刻本　二冊

130000－0404－0000032　經44/1035
三禮纂註四十九卷　（明）貢汝成撰　明萬曆
三年(1575)陳俊刻本　三十八冊　存三十九
卷(一至七、九至二十九、三十下、三十七下、
三十八至四十五、四十九下)

130000－0404－0000033　經5/4454
苑洛志樂十三卷　（明）韓邦奇撰　清康熙二
十二年(1683)吳氏刻本　八冊

130000－0404－0000034　經6/4411
春秋經傳集解三十卷年表一卷　（晉）杜預撰
　（唐）陸德明釋文　**春秋各號歸一圖二卷**
(三國蜀)馮繼先撰　清乾隆四十八年(1783)
武英殿仿宋刻本　八冊　存十四卷(一至十
四)

130000－0404－0000035　經60/7702
春秋公羊傳十二卷春秋穀梁傳十二卷　（明）
閔齊伋裁注　**春秋公羊傳攷一卷春秋穀梁傳
攷一卷**　（明）閔齊伋撰　明天啟元年(1621)
自刻套印本　八冊

130000－0404－0000036　經61/1280
春秋左傳十五卷　（明）孫鑛批點　明萬曆四
十四年(1616)閔齊伋刻朱墨套印本　十二冊

130000－0404－0000037　經61/3427
**春秋左傳註評測義七十卷世系譜一卷名號異
稱便覽一卷地名配古籍一卷春秋列國東坡圖
說一卷引用書目一卷姓氏一卷總評一卷**
（明）凌稚隆撰　明萬曆十六年(1588)刻本
二十冊

130000－0404－0000038　經61/7225

春秋左傳類解二十卷地譜世系一卷 　（明）劉
績撰　明嘉靖七年（1528）崇藩寶賢堂刻本
十冊

130000－0404－0000039　經64/3140

春秋大事表五十卷輿圖一卷附錄一卷 　（清）
顧棟高撰　清乾隆十七年（1752）萬卷樓刻本
十六冊

130000－0404－0000040　經64/3140（2）

春秋大事表五十卷輿圖一卷附錄一卷 　（清）
顧棟高撰　清乾隆十七年（1752）萬卷樓刻本
十八冊

130000－0404－0000041　經64/4428

春秋繁露十七卷附錄一卷附刻三卷 　（漢）董
仲舒撰　（明）孫鑛等評　清康熙二十八年
（1689）刻本　五冊

130000－0404－0000042　經64/4700

春秋集傳大全三十七卷序論一卷春秋二十國
年表一卷諸國興廢說一卷春秋列國東坡圖說
一卷東坡指掌春秋列國圖一卷 　（明）胡廣等
輯　明內府刻本　十八冊

130000－0404－0000043　經7/6023

孝經大全二十八卷首一卷表一卷 　（明）呂維
祺箋次　清康熙七年（1668）刻本　五冊

130000－0404－0000044　經81/4488

論語集說十卷 　（宋）蔡節撰　清刻本　十冊

130000－0404－0000045　經85/4031

四書朱子異同條辨四十卷 　（清）李沛霖
（清）李禎撰　清康熙近聾堂刻本　五十冊

130000－0404－0000046　經85/4700

四書集注大全三十六卷 　（明）胡廣等撰　明
刻本　二十四冊

130000－0404－0000047　經85/7474

四書講義困勉錄三十七卷續錄六卷 　（清）陸
隴其纂輯　（清）陸公鏐編次　（清）席永恂
（清）王前席參閱　（清）陸宸徵校訂　清康熙
三十八年（1699）寶翰樓刻本　二十冊

130000－0404－0000048　經91/4222

重訂六經疑問七十一卷 　（明）姚舜牧撰　明
萬曆六經堂刻清順治十三年（1656）姚淳起校
補本　二十一冊　存五十九卷（重訂四書疑
問十一卷、重訂詩經疑問十二卷、重訂禮記疑
問十二卷、重訂書經疑問十二卷、春秋疑問十
二卷）

130000－0404－0000049　經91/4660

六經圖六卷 　（宋）楊甲撰　（宋）毛邦翰補
（清）王晞輯　清乾隆五年（1740）刻本　六冊

130000－0404－0000050　經921/0713

爾雅音圖三卷 　（晉）郭璞注　清道光二十九
年（1849）影宋繪圖本重摹本　三冊

130000－0404－0000051　經921/3748

五雅全書五種四十一卷 　（明）郎奎金輯　明
武林堂策檻刻本　六冊

130000－0404－0000052　經922/0894

說文解字三十卷 　（漢）許慎撰　（宋）徐鉉校
定　清毛氏汲古閣刻本　八冊

130000－0404－0000053　經922/0894＝2

說文解字三十卷 　（漢）許慎撰　（宋）徐鉉校
定　清初毛氏汲古閣刻本　十冊

130000－0404－0000054　經922/1115

康熙字典十二集三十六卷總目一卷檢字一卷
辨似一卷等韻一卷補遺一卷備考一卷 　（清）
張玉書等纂修　清康熙五十五年（1716）內府
刻本　四十冊

130000－0404－0000055　經922/1121

正字通十二集三十六卷舊本首一卷 　（明）張
自烈撰　（明）廖文英輯　清康熙十年（1671）
弘文書院刻本　三十二冊

130000－0404－0000056　經922/2344

六書分類十二卷首一卷 　（清）傅世垚撰　清
康熙四十四年（1705）聽松閣刻本　十六冊

130000－0404－0000057　經922/2344＝2

六書分類十二卷首一卷 　（清）傅世垚撰　清
康熙聽松閣刻本　八冊　存七卷（一至六、首
一卷）

130000－0404－0000058　經 922/2640

六書精蘊六卷 （明）魏校撰　**音釋舉要一卷**
（明）徐官撰　明嘉靖十九年(1540)魏希明
刻本　六冊

130000－0404－0000059　經 922/2640(2)

六書精蘊六卷 （明）魏校撰　**音釋舉要一卷**
（明）徐官撰　明嘉靖十九年(1540)魏希明
刻本　六冊

130000－0404－0000060　經 922/3030

增訂金壺字考十九卷 （宋）釋適之撰　（清）
田朝恆增訂　**金壺字考二集二十一卷補錄一
卷補註一卷** （清）田朝恆續編　清乾隆二十
七年(1762)貽安堂刻本　四冊

130000－0404－0000061　經 922/4040

重刊許氏說文解字五音韻譜十二卷 （宋）李
燾撰　明天啟七年(1627)世裕堂刻本　十
二冊

130000－0404－0000062　經 922/4494

廣金石韻府五卷 （清）林尚葵撰　清康熙九
年(1670)周亮工賴古堂刻朱墨套印本　六冊

130000－0404－0000063　經 922/7213

隸韻十卷考證二卷碑目一卷 （宋）劉球撰
清嘉慶十五年(1810)秦恩復刻本　六冊

130000－0404－0000064　經 922/7702

六書通十卷 （明）閔齊伋撰　清康熙五十九
年(1720)基聞堂刻本　六冊

130000－0404－0000065　經 922/7702＝2

六書通十卷 （明）閔齊伋撰　清乾隆六十年
(1795)刻本　五冊

130000－0404－0000066　經 922/7702＝2(2)

六書通十卷 （明）閔齊伋撰　清乾隆六十年
(1795)刻本　八冊

130000－0404－0000067　經 922/7721

六書正譌五卷 （元）周伯琦撰　（明）胡正言
訂　明十竹齋刻本　五冊

130000－0404－0000068　經 922/7721(2)

六書正譌五卷 （元）周伯琦撰　（明）胡正言
訂　明十竹齋刻本　四冊

130000－0404－0000069　經 923/1044

韻學五卷 （清）王植撰　清雍正八年(1730)
刻本　五冊

130000－0404－0000070　經 923/1064

羣經音辨七卷 （宋）賈昌朝撰　清抄本
三冊

130000－0404－0000071　經 923/3191

音學五書三十八卷附答李子德書一卷 （清）
顧炎武撰　清康熙六年(1667)張弨符山堂刻
本　二十冊

130000－0404－0000072　經 923/4030

新編篇韻貫珠集八卷直指玉鑰匙門法一卷
（明）釋真空撰　明正德十一年(1516)金臺衍
法寺釋覺恆刻本　一冊

130000－0404－0000073　經 923/4094

音韻闡微十八卷 （清）李光地等撰　清雍正
六年(1728)內府刻本　八冊

130000－0404－0000074　經 923/4436

**大明成化丁亥重刊改併五音類聚四聲篇十五
卷** （金）韓道昭撰　**新編經史正音切韻指南
一卷** （元）劉鑑撰　**新增篇韻拾遺併藏經字
義一卷附等韻指掌圖一卷** （元）劉鑑撰　明
成化七年(1471)金臺大隆福寺釋文儒募刻本
六冊

130000－0404－0000075　經 923/4436＝2

**大明正德乙亥重刊改併五音類聚四聲篇十五
卷** （金）韓道昭撰　明正德十五年(1520)金
臺衍法寺釋覺恆募刻本　十冊

130000－0404－0000076　經 923/4436＝3

大明正德乙亥重刊改併五音集韻十五卷
（金）韓道昭撰　明正德十一年(1516)刻本
十冊

130000－0404－0000077　經 923/4436＝4

大明成化庚寅重刊改併五音集韻十五卷
（金）韓道昭撰　明成化刻本　八冊　存八卷
（一至四、九、十二至十四）

130000－0404－0000078　經 923/7588

毛詩古音攷四卷附讀詩拙言一卷屈宋古音義三卷　（明）陳第撰　清武昌張氏刻本　六冊

130000－0404－0000079　史 1/1041

二十一史二千五百六十七卷　明萬曆北京國子監刻本　四十二冊　存二百二十卷（史記六十九至一百三十、陳書三十六卷，魏書五十五至六十七、七十七至八十、一百五至一百六，北齊書五十卷，唐書七十至九十二，宋史七十五至一百四）

130000－0404－0000080　史 1/2010

十七史一千五百七十四卷　（明）毛晉編　明崇禎至清順治琴川毛氏汲古閣刻本　六十五冊　存三百四卷（晉書二十九至六十、九十至一百三十，宋書一至三十七，魏書一至一百二，北齊書五十卷，唐書一至四十二）

130000－0404－0000081　史 11/1725

弘簡錄二百五十四卷　（明）邵經邦撰　（清）邵達平校閱　清康熙二十七年（1688）刻本　三十二冊　存一百二十卷（一至五十五、八十七至一百十七、一百五十一至一百八十四）

130000－0404－0000082　史 11/1725＝2

弘簡錄二百五十四卷　（明）邵經邦撰　（清）邵達平校閱　清乾隆刻本　五十八冊

130000－0404－0000083　史 11/1731

續弘簡錄元史類編四十二卷　（清）邵達平撰　清康熙四十五年（1706）刻本　十四冊

130000－0404－0000084　史 11/1731(2)

續弘簡錄元史類編四十二卷　（清）邵達平撰　清康熙四十五年（1706）刻本　十六冊

130000－0404－0000085　史 11/1773

史記一百三十卷　（漢）司馬遷撰　（南朝宋）裴駰集解　（唐）司馬貞索隱　（唐）張守節正義　明萬曆二十四年（1596）南京國子監刻明清遞修本　二十四冊

130000－0404－0000086　史 11/2314

欽定續通志六百四十卷　（清）嵇璜　（清）曹仁虎纂修　清乾隆武英殿刻本　一百六十

四冊

130000－0404－0000087　史 11/3427

史記評林一百三十卷補史記一卷讀史總評一卷附史記短長說一卷　（明）凌稚隆輯　（明）李光縉增補　明萬曆凌稚隆刻本　二十一冊

130000－0404－0000088　史 12/1022

東都事略一百三十卷　（宋）王稱撰　清寶華堂仿宋眉山程氏刻本　十六冊

130000－0404－0000089　史 12/1111

明史三百三十二卷目錄四卷　（清）張廷玉等撰　清乾隆刻本　一百十二冊

130000－0404－0000090　史 12/1160

前漢書一百卷　（漢）班固撰　（唐）顏師古注　（明）張邦奇　（明）江汝璧校　明萬曆十年（1582）南京國子監刻明清遞修本　三十二冊

130000－0404－0000091　史 12/2322

明書一百七十一卷目錄二卷　（清）傅維鱗撰　清康熙三十四年（1695）本誠堂刻本　四十八冊

130000－0404－0000092　史 12/2628

魏書一百十四卷　（北齊）魏收撰　明萬曆二十四年(1596)南京國子監刻明清遞修本　三十二冊

130000－0404－0000093　史 12/2628

隋書八十五卷　（唐）魏徵撰　明萬曆二十二年(1594)南京國子監刻明清遞修本　二十四冊

130000－0404－0000094　史 12/2760

班馬異同三十五卷　（宋）倪思撰　（宋）劉辰翁評點　明刻本　四冊

130000－0404－0000095　史 12/3002

晉書一百三十卷　（唐）房玄齡等撰　**音義三卷**　（唐）何超撰　明萬曆十年（1582）南京國子監刻明清遞修本　三十六冊

130000－0404－0000096　史 12/3030

元史二百十卷目錄二卷　（明）宋濂撰　明洪武三年（1370）內府刻嘉靖萬曆遞修本　五十

二冊

130000－0404－0000097　史12/3427

宋書一百卷　（南朝梁）沈約撰　明萬曆二十二年(1594)南京國子監刻明清遞修本　三十二冊

130000－0404－0000098　史12/4014

北史一百卷　（唐）李延壽撰　明萬曆二十一年(1593)南京國子監刻明清遞修本　四十二冊

130000－0404－0000099　史12/4014

南史八十卷　（唐）李延壽撰　明萬曆十九年(1591)南京國子監刻明清遞修本　二十六冊

130000－0404－0000100　史12/4014

北齊書五十卷　（隋）李百藥撰　明萬曆十六年(1588)南京國子監刻明清遞修本　八冊

130000－0404－0000101　史12/4260

陳書三十六卷　（唐）姚思廉撰　明萬曆十六年(1588)南京國子監刻明清遞修本　六冊

130000－0404－0000102　史12/4260

梁書五十六卷　（唐）姚思廉撰　明萬曆二年(1574)南京國子監刻明清遞修本　八冊

130000－0404－0000103　史12/4416

南齊書五十九卷　（南朝梁）蕭子顯撰　明萬曆十八年(1590)南京國子監刻明清遞修本　十二冊

130000－0404－0000104　史12/4464

後漢書九十卷　（南朝宋）范曄撰　（唐）李賢注　（明）黃儒炳　（明）業燦修　**後漢書志三十卷**　（晉）司馬彪撰　（南朝梁）劉昭注補　（明）黃儒炳　（明）業燦修　明天啟三年(1623)南京國子監重修明清遞修本　二十四冊

130000－0404－0000105　史12/4471

舊五代史一百五十卷目錄二卷　（宋）薛居正撰　清乾隆四十年(1775)刻武英殿聚珍本　十六冊

130000－0404－0000106　史12/7540

三國志六十五卷　（晉）陳壽撰　明萬曆二十四年(1596)南京國子監刻明清遞修本　十六冊

130000－0404－0000107　史12/7772

唐書二百二十五卷　（宋）歐陽修撰　明萬曆二十三年(1595)刻本　二十冊　存七十四卷（一至七十四）

130000－0404－0000108　史12/7772＝2

唐書二百二十五卷　（宋）歐陽修撰　**釋音二十五卷**　（宋）董衝撰　明刻清遞修本　五十二冊

130000－0404－0000109　史12/7772

五代史記七十四卷　（宋）歐陽修撰　（宋）徐無黨注　明萬曆四年(1576)南京國子監刻明清遞修本　十冊

130000－0404－0000110　史12/7878

遼史一百十六卷　（元）脫脫撰　明嘉靖八年(1529)南京國子監刻明清遞修本　十二冊

130000－0404－0000111　史12/7878

宋史四百九十六卷目錄三卷　（元）脫脫撰　明成化七年至十六年(1471－1480)朱英刻明清遞修本　一百二十八冊　存四百七十六卷（一至二百二十五、二百四十六至四百九十六）

130000－0404－0000112　史12/7878

金史一百三十五卷目錄二卷　（元）脫脫撰　明嘉靖八年(1529)南京國子監刻明清遞修本　二十八冊

130000－0404－0000113　史12/8042

周書五十卷　（唐）令狐德棻等撰　明萬曆十六年(1588)南京國子監刻明清遞修本　十冊

130000－0404－0000114　史2/0094

御批資治通鑑綱目五十九卷首一卷　（宋）朱熹撰　**前編十八卷舉要三卷**　（元）金履祥撰　**前編外紀一卷**　（元）陳桱撰　**續資治通鑑綱目二十七卷**　（明）商輅撰　清康熙宋犖刻本　五十二冊

130000－0404－0000115　史21/1034

御定歷代紀事年表一百卷　（清）王之樞撰
清康熙五十四年(1715)内府刻本　一百冊

130000－0404－0000116　史21/1779

資治通鑑二百九十四卷目錄三十卷　（宋）司
馬光撰　（元）胡三省音注　（明）陳仁錫評
明天啟五年(1625)刻本　八十七冊　存二百
五十七卷（一至十九、二十二至六十八、九十
六至二百二十三、二百四十八至二百九十四，
目錄十五至三十）

130000－0404－0000117　史21/1779＝2

資治通鑑二百九十四卷目錄三十卷釋例一卷
　（宋）司馬光撰　（元）胡三省音注　（明）
陳仁錫評　**資治通鑑問疑一卷**　（宋）劉義仲
纂集　明崇禎刻本　一百八冊　存二百八十
九卷（一至五十八、九十四至二百九十四，目
錄三十卷）

130000－0404－0000118　史21/2391

御批歷代通鑑輯覽一百二十卷　（清）傅恆
（清）楊述曾纂修　清乾隆三十三年(1768)武
英殿刻朱墨套印本　五十八冊

130000－0404－0000119　史21/4051

訂正通鑑綱目前編二十五卷　（明）南軒撰
明萬曆二十三年(1595)刻本　十冊

130000－0404－0000120　史21/4057

歷代通鑑纂要九十二卷　（明）李東陽等撰
清光緒二十三年(1897)刻本　四十八冊

130000－0404－0000121　史21/4400

宋元通鑑一百五十七卷　（明）薛應旂撰
（明）陳仁錫評　明天啟六年(1626)刻本　三
十冊

130000－0404－0000122　史21/4400(2)

宋元通鑑一百五十七卷　（明）薛應旂撰
（明）陳仁錫評　明天啟六年(1626)刻本　二
十四冊

130000－0404－0000123　史21/4400

甲子會紀五卷　（明）薛應旂撰　明嘉靖三十
八年(1559)玄津草堂刻本　四冊

130000－0404－0000124　史21/6030

大事記十二卷通釋三卷解題十二卷　（宋）呂
祖謙撰　清乾隆五十一年(1786)武英殿聚珍
本　十六冊

130000－0404－0000125　史22/1042

新刻明朝通紀會纂七卷　（明）王世貞會纂
清致和堂刻本　六冊

130000－0404－0000126　史22/2844

三朝北盟會編二百五十卷　（宋）徐夢莘編
清抄本　一百冊

130000－0404－0000127　史22/4498

兩漢紀六十卷　清康熙蔣氏五峯閣刻本　二
十冊

130000－0404－0000128　史3/4041

通鑑紀事本末二百三十九卷　（宋）袁樞編次
（明）張溥評校　明張溥刻本　八十冊

130000－0404－0000129　史3/7175

繹史一百六十卷世系圖一卷年表一卷　（清）
馬驌撰　清康熙刻本　四十八冊

130000－0404－0000130　史4/0000

**南渡錄四卷附阿計替傳一卷南燼紀聞錄二卷
竊憤錄二卷**　（宋）辛棄疾撰　清硯雲氏抄本
二冊

130000－0404－0000131　史4/0020

烈皇小識八卷　（明）文秉撰　**聖安皇帝本紀
二卷**　（清）顧炎武撰　清刻本　八冊

130000－0404－0000132　史4/0034

楚紀六十卷　（明）廖道南撰　明萬曆二十四
年(1596)刻本　二十冊

130000－0404－0000133　史4/1042

弇州史料前集三十卷後集七十卷　（明）王世
貞撰　（明）董復表編　明萬曆四十二年
(1614)刻本　十五冊

130000－0404－0000134　史4/1042＝2

弇州史料前集三十卷後集七十卷　（明）王世
貞撰　（明）董復表編　明萬曆刻本　十二冊
存四十四卷（前集一至二十二、後集二十至

四十一）

130000－0404－0000135　史4/1042＝3

弇州史料後集七十卷　（明）王世貞撰　（明）
董復表編　明萬曆刻本　八冊　存三十五卷
（一至三十二、六十八至七十）

130000－0404－0000136　史4/1087

明末五小史八卷　（清）三餘氏撰　清道光京
都琉璃廠異史氏木活字印本　八冊

130000－0404－0000137　史4/1237

二申野錄八卷　（清）孫之騄輯　清雍正刻本
四冊

130000－0404－0000138　史4/2627

十國春秋一百十六卷　（清）吳任臣撰　清乾
隆五十八年（1793）此宜閣刻嘉慶四年（1799）
補刻本　十六冊

130000－0404－0000139　史4/2644

貞觀政要十卷　（唐）吳兢撰　（元）戈直集論
清康熙九年（1670）刻本　六冊

130000－0404－0000140　史4/6033

路史四十七卷　（宋）羅泌撰　清乾隆十一年
（1746）五桂堂刻本　二十冊

130000－0404－0000141　史4/8017

隆平集二十卷　（宋）曾鞏撰　清康熙四十七
年（1708）彭期七葉堂刻本　四冊

130000－0404－0000142　史51/2337

上諭內閣一百五十九卷　（清）允錄撰　清乾
隆刻本　三十二冊

130000－0404－0000143　史51/6050

皇明實訓四十卷　（明）呂本撰　明萬曆三十
年（1602）春秋陵周氏大有堂刻本　四冊　存
十卷（洪武一至六、永樂一至四）

130000－0404－0000144　史51/6715

硃批諭旨不分卷　（清）鄂爾泰編　（清）張廷
玉編　清乾隆三年（1738）內府刻朱墨套印本
一百十二冊

130000－0404－0000145　史52/1008

少保于公奏議十卷附錄一卷　（明）于謙撰

（明）吳邦相編　明萬曆四十一年（1613）刻本
十冊

130000－0404－0000146　史52/1082

王文肅公奏草二十三卷　（明）王錫爵撰
（明）王衡彙輯　明天啟二年（1622）王時敏刻
本　十二冊

130000－0404－0000147　史52/1138

皇明疏議輯畧三十七卷　（明）張瀚輯　明萬
曆王汝訓雲萬世德刻本　十二冊

130000－0404－0000148　史52/1194

入告初編一卷二編一卷遺編一卷　（清）張惟
赤撰　清順治刻康熙補刻本　四冊

130000－0404－0000149　史52/4020

總河疏稿四卷　（明）李化龍撰　明刻本
四冊

130000－0404－0000150　史52/4027

宋李忠定公奏議選十五卷　（宋）李綱撰
（明）左光先　（明）李春熙輯　明崇禎刻清康
熙、乾隆補修本　六冊

130000－0404－0000151　史52/4404

督漕疏草二十二卷　（清）董訥撰　清康熙刻
本　二十二冊

130000－0404－0000152　史52/4453

葉文莊公奏疏四十卷　（明）葉盛撰　明崇禎
四年（1631）葉重華刻本　六冊

130000－0404－0000153　史52/4644

歷代名臣奏議三百五十卷　（明）楊士奇等輯
（明）張溥刪正　明崇禎東觀閣刻本　七十
二冊

130000－0404－0000154　史52/4644＝2

歷代名臣奏議三百十九卷　（明）楊士奇等輯
（明）張溥刪正　明崇禎八年（1635）張永
錫、張玉衡等刻本　八十冊

130000－0404－0000155　史60/1004

尚古類氏集十二卷　（明）王文翰撰　明羅田
刻本　十二冊

130000－0404－0000156　史60/1066

百將圖傳二卷 （清）丁日昌撰 清同治九年
(1870)江蘇書局刻本 二冊

130000－0404－0000157 史60/2540
名臣言行錄前集十卷後集十四卷 （宋）朱熹
纂 續集八卷別集二十六卷外集十七卷
（宋）李幼武補 （明）張采評閱 明崇禎古吳
聚錦堂刻本 十二冊

130000－0404－0000158 史60/3603
洛學編六卷 （清）湯斌等撰 清道光三十年
(1850)田俶刻本 二冊

130000－0404－0000159 史60/4014
刻漢唐宋名臣錄五卷 （明）李廷機編 明萬
曆三十四年(1606)刻本 五冊

130000－0404－0000160 史60/4048
直隸節烈貞孝冊不分卷 清抄本 十二冊

130000－0404－0000161 史60/8010
學宮輯畧六卷 （清）余丙輯 清乾隆終慕堂
刻本 四冊

130000－0404－0000162 史60/8308
列朝詩集小傳十卷 （清）錢謙益撰 清康熙
三十七年(1698)誦芬堂刻本 十六冊

130000－0404－0000163 史61/0900
鴻雪因緣圖記六卷 （清）麟慶撰 清道光二
十九年(1849)刻本 六冊

130000－0404－0000164 史61/7277
續吳先賢讚十五卷 （明）劉鳳撰 明萬曆刻
本 六冊

130000－0404－0000165 史65/1250
八旗滿洲氏族通譜八十卷 （清）呂熾等纂
清乾隆九年(1744)武英殿初印毛裝本 二十
五冊 存七十六卷(一至十四、十九至八十)

130000－0404－0000166 史66/1130
泛槎圖一卷續泛槎圖一卷 （清）張寶撰 清
嘉慶二十五年(1820)羊城尚古齋張太占刻本
四冊

130000－0404－0000167 史67/4070
國朝歷科題名碑錄不分卷明洪武至崇禎各科

不分卷 （清）李周望輯 清雍正刻本 六冊

130000－0404－0000168 史68/4048
直隸全省名宦鄉賢冊不分卷 清抄本 六冊

130000－0404－0000169 史8/3100
月令廣義二十四卷首一卷附錄一卷 （明）馮
應京輯 （明）戴任增釋 （明）李登參訂 明
萬曆刻本 六冊 存二十二卷(一至八、十三
至二十四,首一卷,附錄一卷)

130000－0404－0000170 史910/1040
元豐九域志十卷 （宋）王存等撰 清乾隆五
十三年(1788)馮氏刻本 五冊

130000－0404－0000171 史910/225
太平寰宇記二百卷目錄二卷 （宋）樂史纂
附大清一統志表 （清）徐午撰 清乾隆刻本
三十四冊

130000－0404－0000172 史910/239
皇清職貢圖九卷 （清）傅恆等撰 清乾隆刻
本 八冊

130000－0404－0000173 史910/2800
天下山河兩戒考十四卷 （清）徐文靖撰 清
雍正元年(1723)刻本 四冊

130000－0404－0000174 史910/3191
歷代宅京記二十卷 （清）顧炎武撰 清嘉慶
十三年(1808)刻本 二冊

130000－0404－0000175 史910/4077
大明一統志九十卷 （明）李賢等纂修 明天
順五年(1461)內府刻本 四十冊

130000－0404－0000176 史910/7407
廣輿記二十四卷圖一卷 （明）陸應陽輯 清
初刻本 六冊

130000－0404－0000177 史911/2570
吳郡圖經續記三卷 （宋）朱長文纂修 清乾
隆二十四年(1759)朱鑰明教堂刻本 二冊

130000－0404－0000178 史911/7222
欽定皇輿西域圖志四十八卷首四卷 （清）劉
統勳等撰 清石印本 二十四冊

130000－0404－0000179　史912/2528

欽定日下舊聞考一百六十卷　（清）朱彝尊原輯　（清）于敏中等修　清乾隆武英殿刻本　四十八冊

130000－0404－0000180　史912/2528＝2

日下舊聞四十二卷　（清）朱彝尊撰　清康熙六峯閣刻本　二十四冊

130000－0404－0000181　史912/2528＝2(2)

日下舊聞四十二卷　（清）朱彝尊撰　清康熙六峯閣刻本　二十四冊

130000－0404－0000182　史912/3191

昌平山水記二卷譎觚十事一卷顧氏譜系考一卷　（清）顧炎武撰　清刻本　二冊

130000－0404－0000183　史912/7227

帝京景物署八卷　（明）劉侗撰　（明）于奕正撰　明崇禎刻本　八冊

130000－0404－0000184　史912/7227＝2

帝京景物署八卷　（明）劉侗撰　（明）于奕正撰　明崇禎金陵弘道堂刻本　六冊

130000－0404－0000185　史912/7743

宋東京考二十卷　（清）周城撰　清乾隆三年（1738）刻本　四冊

130000－0404－0000186　史912/8732

鵝湖講學會編十二卷　（清）鄭之僑編輯　清乾隆九年（1744）鵝湖述堂刻本　四冊

130000－0404－0000187　史913/2189

名山勝槩記四十八卷圖一卷附錄一卷　（明）何鏜等輯　明崇禎六年（1633）墨繪齋刻本　三十二冊

130000－0404－0000188　史913/2333

行水金鑑一百七十五卷首一卷　（清）傅澤洪撰　清雍正三年（1725）淮揚官署刻本　三十六冊

130000－0404－0000189　史913/3003

羅浮山志會編二十二卷首一卷　（清）宋廣業撰　清康熙五十六年（1717）刻本　十冊

130000－0404－0000190　史913/4021

西湖志四十八卷　（清）李衛等修　（清）傅王露等纂　清雍正十三年（1735）刻本　二十四冊

130000－0404－0000191　史913/4253

靳文襄公治河方略十卷首一卷　（清）靳輔撰　（清）崔應階重編　清乾隆三十二年（1767）聽泉齋刻本　八冊

130000－0404－0000192　史913/8643

盤山志十卷補遺四卷　（清）釋智朴纂修　（清）王士禛　（清）朱彝尊校訂　清康熙三十五年（1696）刻本　四冊

130000－0404－0000193　史913/8748

籌海圖編十三卷　（明）鄭若曾輯　明天啟四年（1624）胡維極刻本　八冊

130000－0404－0000194　史914/0011

東林書院志二十二卷　（清）高廷珍等輯　清乾隆刻本　八冊

130000－0404－0000195　史914/8710

石柱記箋釋五卷　（清）鄭元慶撰　（唐）顏真卿書　清康熙四十一年（1702）魚計亭刻本　二冊

130000－0404－0000196　史921/2767

欽定歷代職官表七十二卷首一卷　（清）紀昀等撰　清乾隆四十五年（1780）武英殿刻本　三十六冊

130000－0404－0000197　史921/7733

玉堂雜紀三卷　（宋）周必大撰　清汲古閣刻本　三冊

130000－0404－0000198　史921/7733(2)

玉堂雜紀三卷　（宋）周必大撰　清汲古閣刻本　一冊

130000－0404－0000199　史922/4433

御製人臣儆心錄不分卷　（清）世祖福臨撰　清順治十二年（1655）刻本　一冊

130000－0404－0000200　史93/4037

資治新書十四卷首一卷　（清）李漁撰　清康熙二年（1663）經綸堂刻本　六冊

130000－0404－0000201　史93/6715

欽定中樞政考三十一卷　（清）鄂爾泰等輯　清乾隆武英殿刻本　十八冊

130000－0404－0000202　史931/1033

唐會要一百卷　（宋）王溥撰　清乾隆武英殿木活字印武英殿聚珍版書本　二十四冊

130000－0404－0000203　史931/1033

五代會要三十卷　（宋）王溥撰　清信芳閣活字印本　十六冊

130000－0404－0000204　史931/1042

續文獻通考二百五十四卷　（明）王圻撰　明萬曆三十一年（1603）曹時聘、許維新刻本　九十九冊

130000－0404－0000205　史931/2314

欽定續通典一百五十卷　（清）嵇璜等纂修　清乾隆武英殿刻本　三十二冊

130000－0404－0000206　史931/2810

西漢會要七十卷　（宋）徐天麟撰　清乾隆武英殿木活字印武英殿聚珍版書本　十六冊

130000－0404－0000207　史931/2833

大明會典一百八十卷　（明）徐溥等纂修　明刻本　六十冊

130000－0404－0000208　史931/4424

通典二百卷　（唐）杜佑撰　清乾隆十二年（1747）武英殿刻本　三十六冊

130000－0404－0000209　史931/7107

文獻通考三百四十八卷　（元）馬端臨撰　清乾隆十二年（1747）武英殿刻本　八十八冊

130000－0404－0000210　史932/0041

壇廟祀典三卷　（清）方觀承撰　清乾隆二十三年（1758）刻本　三冊

130000－0404－0000211　史932/1073

萬壽盛典初集一百二十卷　（清）王原祁等纂修　清康熙五十六年（1717）內府刻本　三十六冊　存一百十九卷（一至三十九、四十一至一百二十）

130000－0404－0000212　史932/4026

大清通禮五十卷　（清）來保等纂修　清乾隆武英殿刻本　八冊

130000－0404－0000213　史932/4026（2）

大清通禮五十卷　（清）來保等纂修　清乾隆武英殿刻本　八冊

130000－0404－0000214　史932/4070

國學禮樂錄二十卷　（清）李周望　（清）謝履忠輯　清康熙五十八年（1719）國子監刻本　六冊

130000－0404－0000215　史932/7144

八旬萬壽盛典一百二十卷首一卷　（清）阿桂等纂修　清乾隆五十七年（1792）武英殿活字印本　二十冊

130000－0404－0000216　史943/2528

經義考三百卷目錄二卷　（清）朱彝尊撰　清乾隆二十年（1755）盧氏刻本　六十冊　存二百九十九卷（一至二百八十五、二百八十七至二百九十八，目錄二卷）

130000－0404－0000217　史950/1146

重定金石契不分卷　（清）張燕昌撰　清光緒二十二年（1896）聚學軒劉蔥石刻本　四冊

130000－0404－0000218　史950/4960

金石錄三十卷　（宋）趙明誠撰　清乾隆二十七年（1762）盧見曾刻雅雨堂叢書本　四冊

130000－0404－0000219　史951/1033

泊如齋重修宣和博古圖錄三十卷　（宋）王黼等撰　（明）劉季然書錄　明萬曆十六年（1588）泊如齋刻本　二十冊

130000－0404－0000220　史955/3792

吉金所見錄十六卷首一卷末一卷　（清）初尚齡撰　清道光二十一年（1841）渭園刻本　四冊

130000－0404－0000221　史96/1065

十七史商榷一百卷　（清）王鳴盛撰　清乾隆五十二年（1787）洞涇艸堂刻本　二十四冊

130000－0404－0000222　史96/3100

重刻歷朝捷錄四卷　（明）顧充撰　明刻本

四册

130000－0404－0000223　史96/3340

史通通釋二十卷附錄一卷　（清）浦起龍撰
清乾隆十七年(1752)梁溪浦氏求放心齋刻本
六册

130000－0404－0000224　史96/3340(2)

史通通釋二十卷附錄一卷　（清）浦起龍撰
清乾隆十七年(1752)梁溪浦氏求放心齋刻本
六册

130000－0404－0000225　子1/1030

先儒正修錄三卷先儒齊治錄三卷　（清）于準
輯　清康熙刻本　六册

130000－0404－0000226　子1/1243

理學宗傳二十六卷　（清）孫奇逢輯　清康熙
五年(1666)刻本　十二册

130000－0404－0000227　子1/1727

斯文正統十二卷　（清）刁包輯　清順治十一
年(1654)金陵韓瑞甫刻本　十二册

130000－0404－0000228　子1/2540

小學集註六卷　（宋）朱熹撰　（明）陳選注
清雍正五年(1727)內府刻本　二册

130000－0404－0000229　子1/4094

御纂性理精義十二卷　（清）李光地等撰　清
康熙五十六年(1717)內府刻本　四册

130000－0404－0000230　子1/4410

**慈溪黃氏日抄分類九十七卷附古今紀要十九
卷**　（宋）黃震編輯　清乾隆刻本　三十二册

130000－0404－0000231　子1/4640

新纂門目五臣音註揚子法言十卷　（漢）揚雄
撰　（晉）李軌注　（唐）柳宗元注　（宋）宋
咸等重添注　明刻本　六册

130000－0404－0000232　子1/6045

呂子節錄四卷補遺二卷　（明）呂坤撰　（清）
陳宏謀評輯　清乾隆元年(1736)培遠堂刻本
三册

130000－0404－0000233　子1/7231

大學衍義補一百六十卷首一卷　（明）丘濬撰

（明）陳仁錫評　明刻本　三十八册

130000－0404－0000234　子1/7231

大學衍義補刪三十卷首一卷　（明）丘濬輯
清順治張能鱗刻本　八册　存十六卷(一至
十五、首一卷)

130000－0404－0000235　子1/7233

讀書日記六卷補編二卷　（清）劉源淥撰　清
雍正五年(1727)劉行秉家刻本　四册

130000－0404－0000236　子2/0023

唐荊川先生纂輯武編十二卷　（明）唐順之撰
明萬曆徐象橒曼山館刻本　五册　存五卷
(前集一至五)

130000－0404－0000237　子2/0023＝2

武編十二卷　（明）唐順之撰　清抄本　十二
册　存十一卷(前集一至六、後集一至五)

130000－0404－0000238　子2/1064

登壇必究三十六卷　（明）王鳴鶴輯　明萬曆
二十七年(1599)刻本　三十二册

130000－0404－0000239　子2/1064(2)

登壇必究三十六卷　（明）王鳴鶴輯　明萬曆
二十七年(1599)刻本　七册　存八卷(七至
十、十四、十六、二十八、三十二)

130000－0404－0000240　子2/3163

古今將略四卷　（明）馮時寧輯　明崇禎刻本
四册

130000－0404－0000241　子2/5043

洴澼百金方十四卷　（清）袁宮桂撰　清乾隆
五十三年(1788)榕城嘉魚堂刻本　十二册

130000－0404－0000242　子3/3002

管子二十四卷　（春秋）管仲撰　（唐）房玄齡
注　（明）劉績補注　明天啟五年(1625)朱養
純花齋刻本　五册

130000－0404－0000243　子5/2051

纂修醫學入門六卷　（□）系屯子著　清乾隆
三十九年(1774)漱古軒刻本　六册

130000－0404－0000244　子5/4054

醫宗必讀十卷　（明）李中梓撰　清善成堂刻

本　三冊　存八卷(一至二、五至十)

130000－0404－0000245　子52/2740
神農本草經疏三十卷　(明)繆希雍撰　明天啟四年(1624)張重衡刻本　八冊　存十二卷(一至十二)

130000－0404－0000246　子52/3440
食物本草會纂十二卷圖一卷　(清)沈李龍撰　清乾隆四十八年(1783)金閶書業堂刻本六冊

130000－0404－0000247　子54/0041
吳醫彙講十一卷　(清)唐大烈輯　清嘉慶十九年(1814)刻本　四冊

130000－0404－0000248　子54/1015
絳雪園古方選註三卷　(清)王子接撰　清雍正掃葉山房刻本　三冊

130000－0404－0000249　子54/1029
瘍醫準繩六卷　(明)王肯堂輯　清九思堂刻本　八冊

130000－0404－0000250　子54/1029
女科證治準繩五卷　(明)王肯堂輯　清帶月樓刻本　八冊

130000－0404－0000251　子54/1330
濟陰綱目十四卷　(清)武之望撰　(清)江淇箋釋　保生碎事一卷　(清)汪淇撰　清雍正天德堂刻本　五冊

130000－0404－0000252　子54/2664
醫學心悟五卷　(清)程國彭撰　清雍正十年(1732)刻本　四冊

130000－0404－0000253　子54/3037
瘡瘍經驗全書六卷　(宋)竇漢卿撰　清康熙五十六年(1717)善成堂刻本　六冊

130000－0404－0000254　子54/3160
醫方集解三卷　(清)汪昂撰　清康熙聚錦堂刻本　五冊

130000－0404－0000255　子54/4444
臨證指南醫案十卷　(清)葉桂撰　清乾隆三十三年(1768)衛生堂刻本　十冊

130000－0404－0000256　子61/4422
管窺輯要八十卷天文步天歌一卷　(清)黃鼎撰　清順治十年(1653)拱星堂刻本　十二冊　存二十四卷(一至十二、五十四至六十四，天文步天歌一卷)

130000－0404－0000257　子61/4422＝2
管窺輯要八十卷　(清)黃鼎撰　清刻本　二十九冊　存六十八卷(十二至十九、二十一至八十)

130000－0404－0000258　子62/1716
古今律歷考七十二卷　(明)邢雲路輯　明萬曆刻本　二十八冊

130000－0404－0000259　子62/4471
大明萬曆三年歲次乙亥大統曆二卷　明萬曆刻本　一冊

130000－0404－0000260　子74/0747
大六壬大全十三卷　(清)郭載騋校訂　清康熙四十三年(1704)懷慶楊衙刻本　十三冊

130000－0404－0000261　子76/4443
穴法分受二卷　(清)黃越撰　清雍正三年(1725)光裕堂刻本　二冊

130000－0404－0000262　子76/6424
太乙統宗寶鑑二十四卷　(元)曉山老人撰　清抄本　二十四冊

130000－0404－0000263　子77/1171
夢占類考十二卷　(明)張鳳翼撰　明萬曆十三年(1585)王祖嫡刻本　六冊

130000－0404－0000264　子81/0044
江邨銷夏錄三卷　(清)高士奇輯　清康熙三十二年(1693)朗潤堂刻本　三冊

130000－0404－0000265　史122/4013(普)
[光緒]續修新城縣志十卷　(清)張丙喜修　(清)王鍔等纂　清光緒二十一年(1895)紫泉書院刻本　四冊

130000－0404－0000266　子81/1071
芥子園畫傳五卷　(清)王槩等輯　清康熙十八年(1679)李漁刻彩色套印本　四冊

130000－0404－0000267　子81/1071

芥子園畫傳三集四卷末一卷　（清）王槩等輯
清康熙芥子園重刻四色套印本　四冊

130000－0404－0000268　子81/1278

佩文齋書畫譜一百卷　（清）孫岳頒等撰　清
康熙靜永堂刻本　六十四冊

130000－0404－0000269　子81/4446

畫禪室隨筆四卷　（明）董其昌撰　清康熙五
十九年(1720)長洲楊氏刻本　四冊

130000－0404－0000270　子83/0731

松雪堂印萃不分卷　（清）郭啓翼篆刻　清乾
隆五十年(1785)鈐印本　八冊

130000－0404－0000271　子83/4699

對山印稿不分卷　（清）楊變篆　（清）楊森編
輯　清道光六年(1826)鈐印本　八冊

130000－0404－0000272　子84/3119

德音堂琴譜十卷　（清）汪天榮輯　清康熙六
十年(1721)有文堂刻本　六冊

130000－0404－0000273　子84/7724

五知齋琴譜八卷　（清）周魯封輯　清乾隆十
一年(1746)懷德堂刻本　八冊

130000－0404－0000274　子912/0028

文房肆考圖說八卷　（清）唐秉鈞撰　清乾隆
四十三年(1778)唐氏竹暎山莊刻本　四冊

130000－0404－0000275　子912/0143

宋淳熙敕編古玉圖譜一百卷　（宋）龍大淵等
撰　清乾隆四十四年(1779)江春康山草堂刻
本　三十二冊

130000－0404－0000276　子912/0143(2)

宋淳熙敕編古玉圖譜一百卷　（宋）龍大淵等
撰　清乾隆四十四年(1779)江春康山草堂刻
本　三十二冊

130000－0404－0000277　子914/1021

二如亭羣芳譜二十九卷　（明）王象晉撰　明
沙村草堂刻本　二十四冊

130000－0404－0000278　子914/1021＝2

二如亭羣芳譜二十九卷　（明）王象晉撰　明

刻清修本　十六冊

130000－0404－0000279　子92/7528

諸子奇賞六十卷　（明）陳仁錫評選　明天啓
六年(1626)刻本　十二冊

130000－0404－0000280　子921/0002

呂氏春秋二十六卷　（漢）高誘訓解　明萬曆
宋邦刻本　四冊

130000－0404－0000281　子921/0002＝2

呂氏春秋二十六卷　（漢）高誘訓解　明萬曆
張登雲刻本　四冊

130000－0404－0000282　子921/1043

池北偶談二十六卷　（清）王士禎撰　清康熙
文粹堂刻本　八冊

130000－0404－0000283　子921/1043＝2

池北偶談二十六卷　（清）王士禎撰　清康熙
刻本　八冊

130000－0404－0000284　子921/1043＝3

池北偶談二十六卷　（清）王士禎撰　清康熙
臨汀郡署刻本　八冊

130000－0404－0000285　子921/1043

居易錄三十四卷　（清）王士禎撰　清刻本
八冊

130000－0404－0000286　子921/1043(2)

居易錄三十四卷　（清）王士禎撰　清刻本
八冊

130000－0404－0000287　子921/1043

古夫于亭雜錄五卷　（清）王士禎撰　清康熙
六十年(1721)刻本　二冊

130000－0404－0000288　子921/1043

分甘餘話四卷　（清）王士禎撰　清康熙四十
九年(1710)刻本　二冊

130000－0404－0000289　子921/4064

紫桃軒雜綴三卷又綴三卷　（明）李日華著
明萬曆鶴夢軒刻本　二冊　存四卷(雜綴二
至三、又綴一至二)

130000－0404－0000290　子921/4433

敬齋古今黈八卷　（元）李冶撰　清影刻武英
殿聚珍版書本　二冊

130000－0404－0000291　子921/4917
簷曝雜記六卷　（清）趙翼撰　清刻本　四冊

130000－0404－0000292　子921/7777
鴻苞集四十八卷　（明）屠隆撰　明萬曆三十
八年(1610)茅元儀刻本　二十五冊

130000－0404－0000293　子922/0028
通雅五十二卷首三卷　（清）方以智撰　（清）
姚文燮校訂　清康熙五年(1666)浮山此藏軒
刻本　十六冊

130000－0404－0000294　子922/1044
野客叢書三十卷附野老記聞一卷　（宋）王楙
撰　明刻本　八冊

130000－0404－0000295　子922/2800
管城碩記三十卷　（清）徐文靖撰　清乾隆九
年(1744)徐氏志寧堂刻本　八冊

130000－0404－0000296　子922/2861
畏壘筆記四卷　（清）徐昂發撰　清康熙五十
七年(1718)刻本　四冊

130000－0404－0000297　子922/7741
潛邱劄記六卷　（清）閻若璩撰　左汾近槀一
卷　（清）閻詠撰　清乾隆大成齋刻本　六冊

130000－0404－0000298　子923/1032
唐摭言十五卷　（五代）王定保撰　清乾隆二
十一年(1756)盧見曾刻雅雨堂叢書本　二冊

130000－0404－0000299　子923/1293
北夢瑣言二十卷　（宋）孫光憲撰　清乾隆二
十一年(1756)雅雨堂刻本　四冊

130000－0404－0000300　子923/7233
十科策畧箋釋十卷　（明）劉定之撰　呆齋公
年譜一卷　（清）劉作樑撰　清乾隆二十一年
(1756)古吳樂齋刻本　六冊

130000－0404－0000301　子923/7280
世說新語三卷　（南朝宋）劉義慶撰　（南朝
梁）劉孝標注　（宋）劉辰翁評　明刻本
三冊

130000－0404－0000302　子923/7280
李卓吾批點世說新語補二十卷附釋名一卷
（南朝宋）劉義慶撰　（南朝梁）劉孝標注
（宋）劉辰翁批　（明）何良俊增　（明）王世
貞刪　（明）李贄批點　（明）張文柱校注　明
刻本　七冊

130000－0404－0000303　子924/2749
諸子彙函二十六卷　（明）歸有光輯　（明）文
震孟參訂　明刻本　十六冊

130000－0404－0000304　子924/5567
新增格古要論十三卷　（明）曹昭撰　（明）王
佐增補　明黃正位刻清淑船堂重修本　八冊

130000－0404－0000305　子925/2802
玉芝堂談薈三十六卷　（明）徐應秋輯　明徐
氏蒨園刻本　三十二冊

130000－0404－0000306　子925/7537
諸子品節五十卷　（明）陳深輯　明萬曆刻本
十六冊　存二十七卷(一至二十七)

130000－0404－0000307　子93/1013
天水冰山錄不分卷附錄一卷　（明）□□撰
鈐山堂書畫記一卷　（明）文嘉撰　清乾隆五
十一年(1786)刻知不足齋叢書本　五冊

130000－0404－0000308　子93/1043
皇華紀聞四卷　（清）王士禎撰　清康熙二十
九年(1690)刻本　四冊

130000－0404－0000309　子93/2287
耳食錄十二卷　（清）樂鈞撰　清乾隆五十七
年(1792)夢花樓刻本　四冊

130000－0404－0000310　子93/2622
小窗豔紀十四卷　（明）吳從先撰　明刻本
四冊　存九卷(六至十四)

130000－0404－0000311　子93/4434
西京雜記六卷　（晉）葛洪撰　明汲古閣刻本
一冊

130000－0404－0000312　子93/4944
寄園寄所寄十二卷　（清）趙吉士撰　清康熙
三十四年(1695)刻本　十五冊　存十一卷

（一至九、十一至十二）

130000－0404－0000313　子94/0077

御定駢字類編二百四十卷　（清）聖祖玄燁敕纂　清雍正四年(1726)武英殿刻本　一百二十冊

130000－0404－0000314　子94/0420

古今合璧事類備要前集六十九卷後集八十一卷續集五十六卷（宋）謝維新撰　**別集九十四卷外集六十六卷**（宋）虞載撰　明嘉靖三十五年(1556)衢州夏氏刻本　六十九冊　存三百二十一卷(前集六十九卷、後集十五至八十一、續集二十一至五十六、別集九十四卷、外集一至五十五)

130000－0404－0000315　子94/1000

小學紺珠十卷　（宋）王應麟撰　明汲古閣刻本　六冊

130000－0404－0000316　子94/1000＝2

小學紺珠十卷　（宋）王應麟撰　清乾隆十七年(1752)恕堂刻袖珍本　五冊

130000－0404－0000317　子94/1000

玉海二百卷附十四種六十五卷　（宋）王應麟撰　元至元六年(1340)慶元路儒學刻元明清遞修本　一百冊

130000－0404－0000318　子94/1011

新刻古今事物考八卷　（明）王三聘輯　（明）胡文煥校　明刻本　四冊

130000－0404－0000319　子94/1044

詞林海錯十二卷　（明）夏樹芳輯　明萬曆刻本　六冊

130000－0404－0000320　子94/1047

名句文身表異錄二十卷　（明）王志堅輯　清康熙四十七年(1708)刻本　四冊

130000－0404－0000321　子94/1084

冊府元龜一千卷目錄十卷　（宋）王欽若等輯　明崇禎十五年(1642)黃國琦刻本　二百冊

130000－0404－0000322　子94/2229

省軒考古類編十二卷　（清）柴紹炳撰　清雍

正四年(1726)澹成堂刻本　六冊

130000－0404－0000323　子94/2229＝2

省軒考古類編十二卷　（清）柴紹炳撰　清雍正三年(1725)刻本　四冊

130000－0404－0000324　子94/2877

初學記三十卷　（唐）徐堅等輯　明嘉靖十年(1531)楊龍九洲書屋刻本　二十四冊

130000－0404－0000325　子94/2877＝2

初學記三十卷　（唐）徐堅等輯　明萬曆十五年(1587)徐守銘寧壽堂刻本　十八冊　存二十一卷(一至十五、二十五至三十)

130000－0404－0000326　子94/3104

杜韓詩句集韻三卷　（清）汪文柏撰　清康熙四十六年(1707)汪氏古香樓刻本　三冊

130000－0404－0000327　子94/3114

經濟類編一百卷　（明）馮琦撰　明萬曆三十二年(1604)吳光義等刻本　五十冊

130000－0404－0000328　子94/3427

五車韻瑞一百六十卷目錄一卷洪武正韻一卷　（明）凌稚隆撰　明刻本　三十二冊

130000－0404－0000329　子94/3626

新編古今事文類聚別集三十二卷　（宋）祝穆撰　明德壽堂刻本　十冊

130000－0404－0000330　子94/3632

新編古今事文類聚遺集十五卷　（宋）祝淵撰　明萬曆三十二年(1604)德壽堂刻本　八冊

130000－0404－0000331　子94/4241

山堂肆考二百二十八卷補遺十二卷　（明）彭大翼撰　明萬曆刻本　八十冊

130000－0404－0000332　子94/4441

廣博物志五十卷　（明）董斯張撰　清乾隆二十六年(1761)高暉堂刻本　三十二冊

130000－0404－0000333　子94/4460

太平御覽一千卷目錄十卷　（宋）李昉等撰　明萬曆元年(1573)倪炳刻本　一百二十冊

130000－0404－0000334　子94/4460(2)

太平御覽一千卷目錄十卷　（宋）李昉等撰
明萬曆元年(1573)倪炳刻本　一百冊

130000－0404－0000335　子94/7528

潛確居類書一百二十卷　（明）陳仁錫撰　明
崇禎刻本　三十七冊

130000－0404－0000336　子94/7590

天中記六十卷　（明）陳耀文編　（明）屠隆校
明萬曆二十三年(1595)刻本　三十二冊

130000－0404－0000337　子94/7865

新增說文韻府羣玉二十卷　（元）陰時夫輯
(元)陰中夫注　明崇文堂刻本　十七冊　存
十六卷(一至十二、十七至二十)

130000－0404－0000338　子94/7865(2)

新增說文韻府羣玉二十卷　（元）陰時夫輯
(元)陰中夫注　明崇文堂刻本　七冊　存十
二卷(六至七、九至十八)

130000－0404－0000339　子94/8300

史學璧珠十八卷　（明）錢應充撰　明萬曆二
十五年(1597)刻本　三冊　存七卷(一至三、
十五至十八)

130000－0404－0000340　子95/0000

一切經音義二十五卷　（唐）釋玄應撰　（清）
莊炘等校　補訂新譯大方廣佛華嚴經音義二
卷　（唐）釋慧苑撰　清同治八年(1869)刻本
六冊

130000－0404－0000341　子95/1240

宗鏡錄一百卷　（宋）釋延壽撰　清雍正十三
年(1735)內府刻本　十冊　存五十卷(一至
五十)

130000－0404－0000342　子95/1240(2)

宗鏡錄一百卷　（宋）釋延壽撰　清雍正十三
年(1735)內府刻本　七冊　存三十五卷(四
十一至四十五、五十一至七十、九十一至一
百)

130000－0404－0000343　子95/3716

賢首五教儀開蒙增註四卷　（清）釋通理述
（清）釋心興校訂　清宣統元年(1909)揚州藏

經院刻本　五冊

130000－0404－0000344　子96/4477

南華真經評注五卷　（戰國）莊周著　（晉）向
秀注　（晉）郭象評　明大盛堂刻本　五冊

130000－0404－0000345　子96/7702

三子合刊十六卷　（明）閔齊伋輯　明閔氏刻
朱墨套印本　十六冊

130000－0404－0000346　子96/9537

南華發覆八卷　（明）釋性注　明天啟至崇禎
刻本　六冊

130000－0404－0000347　子96/9584

性命圭旨四卷　（明）尹真人授　清康熙棣鄂
堂刻本　四冊

130000－0404－0000348　集1/1037

楚辭十七卷疑字直音補一卷　（漢）王逸章句
明刻本　四冊

130000－0404－0000349　集1/7771

楚騷五卷　（戰國）屈原撰　明萬曆二十九年
(1601)朱氏刻本　四冊

130000－0404－0000350　集21/0020

庾開府集十二卷　（北周）庾信撰　明汪士賢
校刻本　二冊

130000－0404－0000351　集21/4422

蔡中郎集六卷補遺一卷　（漢）蔡邕撰　清雍
正刻本　二冊

130000－0404－0000352　集22/1020

類箋唐王右丞詩集十卷文集四卷外編一卷
(唐)王維撰　（明）顧起經輯並注　年譜一卷
（明）顧起經撰　唐諸家同詠集一卷贈題集
一卷歷朝諸家評王右丞詩畫鈔一卷　（明）顧
起經撰　明嘉靖三十五年(1556)無錫顧氏奇
字齋刻本　四冊

130000－0404－0000353　集22/2676

白氏長慶集七十一卷目錄二卷附錄一卷
(唐)白居易撰　明萬曆三十四年(1606)馬元
調刻本　十冊

130000－0404－0000354　集22/4002

韋蘇州集十卷拾遺一卷　（唐）韋應物撰　明弘治九年（1496）李瀚、劉玘刻遞修本　二冊

130000－0404－0000355　集22/4007

重訂李義山詩集箋註三卷集外詩箋註一卷（唐）李商隱撰　（清）朱鶴齡箋注　（清）程夢星刪補　清乾隆九年（1744）東柯草堂刻本　六冊

130000－0404－0000356　集22/4007

李義山詩集三卷詩譜一卷諸家詩評一卷（唐）李商隱撰　（清）朱鶴齡箋注　清順治十六年（1659）素位堂刻本　四冊

130000－0404－0000357　集22/4007

李義山文集十卷　（唐）李商隱撰　（清）徐樹穀箋　（清）徐炯注　清康熙四十七年（1708）徐氏花谿草堂刻本　六冊

130000－0404－0000358　集22/4023

李文饒文集二十卷　（唐）李德裕撰　（明）韓敬評點　（明）茅北河詮定　明天啟四年（1624）吳興茅氏刻本　六冊

130000－0404－0000359　集22/4026

李太白詩集二十二卷　（唐）李白撰　（宋）嚴羽評點　明刻本　四冊

130000－0404－0000360　集22/4026

分類補註李太白詩二十五卷　（唐）李白撰（宋）楊齊賢集註　（元）蕭士贇補註　（明）許自昌校　唐翰林李太白年譜一卷　（宋）薛仲邕撰　明萬曆三十年（1602）許自昌校刻李杜全集本　二十冊

130000－0404－0000361　集22/4046

李長吉歌詩四卷首一卷外集一卷　（唐）李賀撰　（清）王琦彙解　清乾隆二十五年（1760）王氏寶笏樓刻本　二冊

130000－0404－0000362　集22/4046

李長吉昌谷集句解定本四卷　（唐）李賀撰（清）姚佺箋　（清）陳懌　（清）丘象隨辨注　清初丘象隨西軒刻寶翰樓印本　四冊

130000－0404－0000363　集22/4432

唐黃御史集八卷附錄一卷　（唐）黃滔撰　明崇禎十一年（1638）黃氏刻本　四冊

130000－0404－0000364　集22/4453

杜工部集二十卷首一卷　（唐）杜甫撰　（明）王世貞等評點　清光緒二年（1876）廣東翰墨園刻六色套印本　十冊

130000－0404－0000365　集22/4453（2）

杜工部集二十卷首一卷　（唐）杜甫撰　（明）王世貞等評點　清光緒二年（1876）廣東翰墨園刻六色套印本　十冊

130000－0404－0000366　集22/4453

杜工部集二十卷諸家詩話一卷附錄一卷唱酬題詠附錄一卷年譜一卷　（唐）杜甫撰　（清）錢謙益箋注　年譜一卷諸家詩話一卷唱酬題詠附錄一卷　清康熙六年（1667）季氏靜思堂刻本　六冊

130000－0404－0000367　集22/4453

杜少陵集十卷　（唐）杜甫撰　明刻本　八冊存八卷（一至六、八、十）

130000－0404－0000368　集22/4453

讀杜心解六卷首二卷　（唐）杜甫撰　（清）浦起龍解　清雍正二年（1724）浦氏寧我齋刻本十二冊

130000－0404－0000369　集22/4453

杜律啟蒙十二卷年譜一卷　（唐）杜甫撰（清）邊連寶集注　清乾隆四十二年（1777）刻本　四冊

130000－0404－0000370　集22/4480

朱文公校昌黎先生文集四十卷外集十卷遺文一卷傳一卷　（唐）韓愈撰　（宋）朱熹考異（宋）王伯大音釋　明萬曆三十三年（1605）朱崇沐刻本　十二冊

130000－0404－0000371　集22/4480（2）

朱文公校昌黎先生文集四十卷外集十卷遺文一卷傳一卷　（唐）韓愈撰　（宋）朱熹考異（宋）王伯大音釋　明萬曆三十三年（1605）朱崇沐刻本　十六冊

130000－0404－0000372　集22/4480

昌黎先生集四十卷外集十卷遺文一卷　（唐）韓愈撰　（宋）廖瑩中校正　**朱子校昌黎先生集傳一卷**　（宋）朱熹校正　明萬曆東吳徐氏東雅堂刻本　十二冊

130000－0404－0000373　集22/7424

重刊校正笠澤叢書四卷補遺詩一卷續補遺一卷　（唐）陸龜蒙撰　清大疊山房刻本　二冊

130000－0404－0000374　集22/7445

唐陸宣公集二十二卷　（唐）陸贄撰　清雍正元年（1723）年羹堯積雪齋刻本　六冊

130000－0404－0000375　集22/7445＝2

唐陸宣公集二十二卷　（唐）陸贄撰　清雍正元年（1723）年羹堯積雪齋刻本　四冊

130000－0404－0000376　集23/0013

廬陵宋丞相信國公文忠烈先生全集十六卷　（宋）文天祥撰　清雍正三年（1725）文有煥等五桂堂刻乾隆間重修本　十二冊

130000－0404－0000377　集23/0013

宋丞相文山先生全集二十卷　（宋）文天祥撰　清康熙十二年（1673）曾弘刻本　十冊

130000－0404－0000378　集23/0037

蛟峰先生文集十卷外集三卷山房先生遺文一卷　（宋）方逢辰撰　明活字印本　四冊

130000－0404－0000379　集23/0077

新刻石室先生丹淵集四十卷拾遺二卷續編諸公書翰詩文一卷雜紀一卷年譜一卷　（宋）文同　（宋）家誠之撰　明萬曆四十年（1612）蒲以懌刻本　八冊

130000－0404－0000380　集23/1779

司馬溫公文集八十二卷　（宋）司馬光撰　明崇禎元年（1628）吳時亮刻本　二十四冊

130000－0404－0000381　集23/1779＝2

司馬溫公文集八十二卷　（宋）司馬光撰　明崇禎元年（1628）吳時亮刻清康熙四十七年（1708）蔣起龍補修本　二十四冊

130000－0404－0000382　集23/4022

西山先生真文忠公文集五十五卷目錄二卷　（宋）真德秀撰　明萬曆二十五年（1597）景賢堂刻清康熙四年（1665）遞修本　二十冊

130000－0404－0000383　集23/4027

宋李忠定公奏議選十五卷文集選二十九卷首四卷　（宋）李綱撰　（明）左光先等輯　明崇禎十二年（1639）刻本　十冊

130000－0404－0000384　集23/4027＝2

宋李忠定公奏議選十五卷文集選二十九卷首四卷　（宋）李綱撰　（明）左光先等輯　明刻本　十六冊

130000－0404－0000385　集23/4072

箋釋梅亭先生四六標準四十卷　（宋）李劉撰　（明）孫雲翼箋注　明萬曆四十四年（1616）金陵唐鯉飛刻本　十二冊

130000－0404－0000386　集23/4092

東坡先生編年詩補註五十卷年表一卷　（清）查慎行撰　清乾隆二十六年（1761）查開香雨齋刻本　十六冊

130000－0404－0000387　集23/4400

宋端明殿學士蔡忠惠公文集三十六卷　（宋）蔡襄撰　清雍正十二年至乾隆五年（1734－1740）蔡氏遜敏齋刻本　十六冊

130000－0404－0000388　集23/4428

蘇學士文集十六卷　（宋）蘇舜欽撰　清康熙三十七年至三十八年（1698－1699）徐氏白華書屋刻本　二冊

130000－0404－0000389　集23/4428＝2

蘇學士文集十六卷　（宋）蘇舜欽撰　清康熙三十七年至三十八年（1698－1699）徐氏白華書屋刻本　四冊

130000－0404－0000390　集23/4453

東坡詩選十二卷附本傳　（宋）蘇軾撰　（明）譚元春選　**東坡先生年譜一卷**　（宋）王宗稷撰　明天啟元年（1621）文盛堂刻本　八冊

130000－0404－0000391　集23/4453

施注蘇詩四十二卷　（宋）蘇軾撰　（宋）施元

之 (宋)顧禧注 (清)邵長蘅等刪補 蘇詩續補遺二卷 (清)馮景補注 王註正譌一卷 (清)邵長衡撰 東坡先生年譜一卷 (宋)王宗稷撰 清康熙三十八年(1699)宋犖刻本 十五冊

130000－0404－0000392 集23/4453＝2
施注蘇詩四十二卷 (宋)蘇軾撰 (宋)施元之 (宋)顧禧注 (清)邵長蘅等刪補 蘇詩續補遺二卷 (清)馮景補注 王註正譌一卷 (清)邵長衡撰 東坡先生年譜一卷 (宋)王宗稷撰 清康熙三十八年(1699)宋犖刻本 八冊 存三十四卷(九至四十二)

130000－0404－0000393 集23/4453
東坡集四十卷奏議十五卷後集二十卷內制集十卷樂語一卷外制集三卷應詔集十卷續集十二卷 (宋)蘇軾撰 東坡先生年譜一卷東坡先生墓誌銘一卷校記二卷 (宋)王宗稷 (宋)蘇轍撰 繆荃孫撰 清光緒三十四年至宣統元年(1908－1909)端方寶華庵刻本 四十八冊

130000－0404－0000394 集23/4453
東坡先生全集七十五卷 (宋)蘇軾撰 (明)陳明卿訂正 明文盛堂刻本 三十八冊

130000－0404－0000395 集23/4454
石湖居士三十四卷 (宋)范成大撰 (清)顧嗣立等重訂 清康熙二十七年(1688)顧氏依園刻本 八冊

130000－0404－0000396 集23/4454＝2
石湖居士三十四卷 (宋)范成大撰 (清)顧嗣立等重訂 清康熙愛汝堂刻本 八冊

130000－0404－0000397 集23/4470
海瓊玉蟾先生文集六卷續集二卷 (宋)葛長庚撰 (明)朱權重編 明萬曆何繼高等校刻本 六冊 存六卷(文集六卷)

130000－0404－0000398 集23/4620
楊大年先生武夷新集二十卷 (宋)楊億撰 清康熙楊氏刻本 六冊

130000－0404－0000399 集23/4730

文恭集五十卷補遺一卷 (宋)胡宿撰 清抄本 十冊

130000－0404－0000400 集23/4777
河東先生集十五卷 (宋)柳開撰 行狀一卷 (宋)張景撰 清乾隆六十年(1795)文印堂刻本 四冊

130000－0404－0000401 集23/5013
友林乙藁一卷 (宋)史彌寧撰 清影宋刻本 二冊

130000－0404－0000402 集23/5046
淮海集四十卷後集六卷長短句三卷 (宋)秦觀撰 清康熙二十八年(1689)刻本 八冊

130000－0404－0000403 集23/6033
晁具茨先生詩集十五卷 (宋)晁沖之撰 明刻本 四冊

130000－0404－0000404 集23/7211
劉屏山先生全集二十卷 (宋)劉子翬撰 清康熙三十九年(1700)刻本 四冊

130000－0404－0000405 集23/7438
渭南文集五十卷 (宋)陸游撰 明毛氏汲古閣刻本 十冊

130000－0404－0000406 集23/7438(2)
渭南文集五十卷 (宋)陸游撰 明毛氏汲古閣刻本 十二冊

130000－0404－0000407 集23/7438
劍南詩藁八十五卷 (宋)陸游撰 明汲古閣刻本 二十四冊

130000－0404－0000408 集23/7707
周濂溪先生全集十三卷 (宋)周敦頤撰 (清)張伯行輯 清康熙四十七年(1708)張佰行正誼堂刻本 四冊

130000－0404－0000409 集23/7772
歐陽文忠公全集一百五卷 (宋)歐陽修撰 年譜一卷 (宋)胡柯撰 清康熙十一年(1672)曾弘校刻本 二十五冊

130000－0404－0000410 集23/7772
宋大家歐陽文忠公文鈔三十二卷 (宋)歐陽

修撰　（明）茅坤評　明刻本　十二冊

130000－0404－0000411　集23/8017

元豐類稿五十卷　（宋）曾鞏撰　清康熙四十
九年(1710)曾國光重修本　六冊

130000－0404－0000412　集24/1047

遺山先生詩集二十卷　（金）元好問撰　明崇
禎十一年(1638)毛氏汲古閣元人集十種刻本
六冊

130000－0404－0000413　集25/4643

楊仲弘集八卷　（元）楊載撰　清嘉慶十五年
(1810)祝昌泰留香室刻浦城遺書本刻本
一冊

130000－0404－0000414　集25/4913

趙文敏公松雪齋全集十卷外集一卷續集一卷
（元）趙孟頫撰　（清）曹培廉校　附行狀諡
文一卷　清康熙五十二年(1713)曹培廉城書
室刻本　六冊

130000－0404－0000415　集25/7115

霞外詩集十卷　（元）馬臻撰　句曲外史集三
卷補遺三卷附一卷　（元）張雨撰　張伯雨集
外詩一卷　（明）毛晉訂　（清）馮武訂　明海
虞毛氏汲古閣刻本　六冊

130000－0404－0000416　集25/7542

陳定宇先生文集十六卷別集一卷　（元）陳櫟
撰　（清）陳嘉基訂　清康熙三十五年(1696)
珠谿敦倫刻本　六冊

130000－0404－0000417　集25/7542(2)

陳定宇先生文集十六卷別集一卷　（元）陳櫟
撰　（清）陳嘉基訂　清康熙三十五年(1696)
珠谿敦倫刻本　六冊

130000－0404－0000418　集26/0023

荊川文集十八卷　（明）唐順之撰　清康熙五
十一年(1712)唐執玉刻本　八冊

130000－0404－0000419　集26/0038

青邱高季迪先生詩集十八卷遺詩一卷　（明）
高啓撰　（清）金檀輯註　扣舷集一卷附錄一
卷鳧藻集五卷　（清）金檀輯　青邱高季迪先

生年譜一卷　（清）金檀撰　清雍正六年
(1728)刻本　十冊

130000－0404－0000420　集26/0038(2)

青邱高季迪先生詩集十八卷遺詩一卷　（明）
高啓撰　（清）金檀輯註　扣舷集一卷附錄一
卷鳧藻集五卷　（清）金檀輯　青邱高季迪先
生年譜一卷　（清）金檀撰　清雍正六年
(1728)刻本　八冊

130000－0404－0000421　集26/0041

方正學先生遜志齋集二十四卷　（明）方孝孺
撰　（明）盧演輯　方正學先生遜志齋集年譜
一卷拾補一卷外紀一卷　（明）張紹謙　（明）
盧演輯纂　清康熙四十四年(1705)刻本　二
十六冊

130000－0404－0000422　集26/0057

商文毅公集十卷　（明）商輅撰　明萬曆三十
一年(1603)劉體元刻本　四冊

130000－0404－0000423　集26/1000

夏桂州先生文集十八卷年譜一卷　（明）夏言
撰　明崇禎十一年(1638)吳一璘刻本　十
四冊

130000－0404－0000424　集26/1018

熊峯先生詩集十卷　（明）石珤撰　清康熙九
年(1670)孫光熹刻本　八冊

130000－0404－0000425　集26/1022

龍谿王先生全集二十二卷　（明）王畿撰　明
萬曆四十三年(1615)丁賓、張汝霖刻本　六
冊　存二十一卷(一至十八、二十至二十二)

130000－0404－0000426　集26/1034

王忠文公文集二十四卷　（明）王禕撰　明嘉
靖元年(1522)張齊刻本　十二冊

130000－0404－0000427　集26/1034

王忠文公集四十六卷　（明）王禕撰　附錄一
卷　（明）鄭濟等撰　明崇禎十二年(1639)刻
本　十二冊

130000－0404－0000428　集26/1037

東洲初稿十四卷　（明）夏良勝撰　（明）羅江

輯 明正德十五年(1520)刻本 八冊

130000 - 0404 - 0000429 集 26/1037

王文端公詩集二卷尺牘八卷 (明)王家屏撰
明萬曆四十年至四十五年(1612 - 1617)刻
本 五冊

130000 - 0404 - 0000430 集 26/1058

王文恪公集三十六卷 (明)王鏊撰 **名公筆
記一卷** (明)吳廷舉等撰 明三槐堂刻本
八冊

130000 - 0404 - 0000431 集 26/1077

重鐫心齋先生全集六卷 (明)王艮撰 明萬
曆刻本 六冊

130000 - 0404 - 0000432 集 26/1082

王文肅公牘草十八卷 (明)王錫爵撰 明萬
曆四十三年(1615)王時敏刻本 六冊

130000 - 0404 - 0000433 集 26/1154

張文定公環碧堂集十八卷 (明)張邦奇撰
明刻本 四冊

130000 - 0404 - 0000434 集 26/1171

新刻張太岳先生集四十七卷 (明)張居正撰
明萬曆四十年(1612)刻本 十六冊

130000 - 0404 - 0000435 集 26/1171(2)

新刻張太岳先生集四十七卷 (明)張居正撰
明萬曆四十年(1612)刻本 十六冊

130000 - 0404 - 0000436 集 26/1213

高陽集十八卷 (明)孫承宗撰 清順治十二
年(1655)孫之滶刻本 十冊

130000 - 0404 - 0000437 集 26/1730

容春堂續集十八卷別集九卷 (明)邵寶撰
明正德刻本 十冊

130000 - 0404 - 0000438 集 26/2110

何文定公文集十一卷 (明)何瑭撰 明萬曆
四年(1576)賈待問等刻本 四冊

130000 - 0404 - 0000439 集 26/2115

何文簡公文集十八卷 (明)何孟春撰 明萬
曆郭崇嗣、邵城刻本 十冊

130000 - 0404 - 0000440 集 26/2501

凌谿先生集十八卷 (明)朱應登撰 明刻清
遞修本 四冊

130000 - 0404 - 0000441 集 26/2640

莊渠先生遺書十六卷 (明)魏校撰 明嘉靖
四十二年(1563)王道行、張燁刻本 十冊

130000 - 0404 - 0000442 集 26/2662

藏甲巖稿六卷 (明)吳國倫撰 明萬曆二年
(1574)唐汝禮刻本 二冊

130000 - 0404 - 0000443 集 26/2681

篁墩程先生文集九十三卷拾遺一卷 (明)程
敏政撰 明正德二年(1507)何歆刻本 三
十冊

130000 - 0404 - 0000444 集 26/2714

鄒子願學集八卷 (明)鄒元標撰 明萬曆四
十七年(1619)龍過奇、郭一鶚刻本 七冊

130000 - 0404 - 0000445 集 26/2721

解文毅公集十六卷首一卷 (明)解縉撰 **附
錄一卷** 清乾隆三十二年(1767)解韜敦仁堂
刻本 六冊

130000 - 0404 - 0000446 集 26/2836

徐文長文集三十卷補遺一卷 (明)徐渭撰
(明)袁宏道評點 **徐文長傳一卷** 明萬曆四
十二年(1614)刻本 十冊

130000 - 0404 - 0000447 集 26/3015

宋布衣文集二卷詩集一卷 (明)宋登春撰
清平閣倡和詩一卷 (明)宋登春 (明)李先
芳撰 清乾隆二十一年(1756)誠意堂刻本
四冊

130000 - 0404 - 0000448 集 26/3153

瑞陽阿集十卷 (明)江東之撰 清乾隆八年
(1743)東皋堂刻本 四冊

130000 - 0404 - 0000449 集 26/4047

空同子集六十六卷目錄三卷附錄二卷 (明)
李夢陽撰 明萬曆三十年(1602)鄧雲霄刻本
二十四冊 存六十六卷(一至六十六)

130000 - 0404 - 0000450 集 26/4080

蒲石山房集五卷 （明）李愈撰 明萬曆三十
九年(1611)李榮家刻本 五冊

130000－0404－0000451 集26/4086
毅齋查先生闡道集十卷首一卷附一卷 （明）
查鐸撰 清乾隆濟陽家塾刻本 四冊

130000－0404－0000452 集26/4400
方山薛先生全集六十八卷 （明）薛應旂撰
明嘉靖刻本 二十二冊

130000－0404－0000453 集26/4420
蒼霞草二十卷詩八卷續草二十二卷 （明）葉
向高撰 明萬曆刻本 八冊 存十七卷(蒼
霞草一至三、十一至二十,詩五至八)

130000－0404－0000454 集26/4428
董學士泌園集三十七卷 （明）董份撰 董黃
門稿一卷 （明）董道醇撰 明萬曆董嗣茂刻
本 十二冊

130000－0404－0000455 集26/4445
茅鹿門先生文集三十六卷 （明）茅坤撰 明
萬曆刻本 十六冊

130000－0404－0000456 集26/4462
韓文恪公文集二十一卷首二卷末一卷詩集十
卷 （明）韓日纘撰 明崇禎刻本 十二冊

130000－0404－0000457 集26/4640
岱宗藏藁五十卷 （明）楊夢袞撰 明天啟秣
陵廣慶堂刻本 二十四冊

130000－0404－0000458 集26/4723
可泉辛巳集十二卷 （明）胡纘宗撰 明嘉靖
四年(1525)刻本 四冊

130000－0404－0000459 集26/4740
衡廬精舍藏稿三十卷 （明）胡直撰 明萬曆
郭子章等補刻本 十冊

130000－0404－0000460 集26/4946
夢白先生集二卷 （明）趙南星撰 明挹霞閣
刻本 四冊

130000－0404－0000461 集26/6023
明德先生文集二十六卷制藝一卷 （明）呂維
祺撰 附新安定變全城記一卷 （明）張鼎延

撰 清康熙二年(1663)呂兆璜、呂兆琳刻本
十二冊

130000－0404－0000462 集26/6032
念菴羅先生集十二卷 （明）羅洪先撰 明嘉
靖四十二年(1563)刻本 八冊

130000－0404－0000463 集26/7212
劉文烈公全集十二卷 （明）劉理順撰 清順
治十七年(1660)刻本 六冊

130000－0404－0000464 集26/7244
太師誠意伯劉文成公集二十卷首一卷 （明）
劉基撰 清雍正果育堂刻本 十冊

130000－0404－0000465 集26/7520
白沙子全集十卷首一卷末一卷白沙子古詩教
解二卷 （明）陳獻章撰 清乾隆三十六年
(1771)碧玉樓刻本 十冊

130000－0404－0000466 集26/7522
翠娛閣評選陳眉公先生小品二卷 （明）陳繼
儒撰 （明）陸雲龍評 明崇禎崢霄館刻本
二冊

130000－0404－0000467 集26/7593
天啟宮詞一卷 （明）陳悰撰 清初刻本
一冊

130000－0404－0000468 集26/7777
白榆集詩八卷文二十卷 （明）屠隆撰 明萬
曆二十八年(1600)龔堯惠刻本 六冊

130000－0404－0000469 集27/0042
叢碧山房詩初集十四卷二集六卷三集十一卷
四集十卷五集五卷文集八卷雜著三卷附叢碧
山房和陶詩一卷 （清）龐塏撰 清康熙刻本
十一冊

130000－0404－0000470 集27/0128
定山堂詩集二十卷 （清）龔鼎孳撰 （清）龔
鼎鈏訂 清康熙十二年(1673)金斗刻本
六冊

130000－0404－0000471 集27/0741
介石堂集古文十卷詩十卷 （清）郭起元撰
清乾隆刻本 四冊

130000－0404－0000472　集27/0811

隨村先生遺集六卷　（清）施璘撰　（清）杭世
駿訂　清乾隆四年(1739)刻本　二冊

130000－0404－0000473　集27/0818

竹素園詩鈔八卷　（清）許廷鑅撰　清乾隆二
十七年(1762)刻本　四冊

130000－0404－0000474　集27/1025

已山先生文集十卷別集四卷傳一卷　（清）王步青撰
傳一卷　（清）陳弘謀等撰　清乾隆敦復堂
刻本　四冊

130000－0404－0000475　集27/1028

青箱堂文集十二卷遺稿續刻一卷附年譜一卷
　（清）王崇簡撰　清康熙十五年(1676)刻本
六冊

130000－0404－0000476　集27/1034

豐川續集三十四卷　（清）王心敬撰　（清）陳
弘謀訂　清乾隆十六年(1751)刻本　十六冊

130000－0404－0000477　集27/1040

白田草堂存稿二十四卷附崇祀鄉賢錄一卷行
狀一卷　（清）王懋竑撰　清乾隆刻本　六冊

130000－0404－0000478　集27/1043

漁洋山人精華錄十卷　（清）王士禛撰　清康
熙林佶寫刻本　四冊

130000－0404－0000479　集27/1043

漁洋山人精華錄箋注十二卷補一卷年譜一卷
　（清）王士禛撰　（清）金榮箋注　清鳳翔堂
刻本　十二冊

130000－0404－0000480　集27/1043＝2

漁洋山人精華錄箋注十二卷補一卷年譜一卷
附錄一卷　（清）王士禛撰　（清）金榮箋注
清初金氏鳳翔堂刻乾隆二年(1737)續刻本
六冊

130000－0404－0000481　集27/1043＝3

漁洋山人精華錄箋注十二卷補一卷年譜一卷
　（清）王士禛撰　（清）金榮箋注　清初金氏
鳳翔堂刻乾隆二年(1737)續刻本　八冊

130000－0404－0000482　集27/1043

蠶尾集十卷蠶尾續集二卷蠶尾後集二卷
（清）王士禛撰　清康熙刻本　六冊

130000－0404－0000483　集27/1043

帶經堂集九十二卷　（清）王士禛撰　（清）程
哲校編　清康熙四十九年至五十年(1710－
1711)程氏七略書堂刻本　二十冊

130000－0404－0000484　集27/1047

樓邨詩集二十五卷　（清）王式丹撰　清雍正
四年(1726)王懋訥刻本　十二冊

130000－0404－0000485　集27/1050

于清端公政書八卷首編一卷外集一卷　（清）
于成龍撰　（清）蔡方炳　（清）諸匡鼎編次
清康熙四十六年(1707)于準刻本　十冊

130000－0404－0000486　集27/1115

荷塘詩集十六卷　（清）張五典撰　清乾隆五
十三年(1788)刻本　四冊

130000－0404－0000487　集27/1115

張文貞公集十二卷　（清）張玉書撰　清乾隆
五十七年(1792)張護松蔭堂刻本　六冊

130000－0404－0000488　集27/1115(2)

張文貞公集十二卷　（清）張玉書撰　清乾隆
五十七年(1792)張護松蔭堂刻本　十六冊

130000－0404－0000489　集27/1120

依水園文集前集二卷後集二卷　（清）張縉彥
撰　（清）錢謙益　（清）吳若谷評定　清順治
大雅堂刻本　四冊

130000－0404－0000490　集27/1171

南華山房詩鈔六卷賦一卷南華山人詩鈔十六
卷　（清）張鵬翀撰　清乾隆刻重修本　六冊

130000－0404－0000491　集27/1271

御製文初集三十卷　（清）高宗弘曆撰　清乾
隆二十九年(1764)刻本　八冊

130000－0404－0000492　集27/1271(2)

御製文初集三十卷　（清）高宗弘曆撰　清乾
隆二十九年(1764)刻本　八冊

130000－0404－0000493　集27/1271(3)

御製文初集三十卷　（清）高宗弘曆撰　清乾

隆二十九年（1764）刻本　七冊　存二十八卷（三至三十）

130000－0404－0000494　集27/1271
御製文二集四十四卷　（清）高宗弘曆撰　清乾隆五十一年（1786）刻本　八冊

130000－0404－0000495　集27/1271（2）
御製文二集四十四卷　（清）高宗弘曆撰　清乾隆五十一年（1786）刻本　八冊

130000－0404－0000496　集27/1271（3）
御製文二集四十四卷　（清）高宗弘曆撰　清乾隆五十一年（1786）刻本　八冊

130000－0404－0000497　集27/1271
御製詩初集四十四卷目錄四卷　（清）高宗弘曆撰　清乾隆十四年（1749）刻本　十六冊

130000－0404－0000498　集27/1271（2）
御製詩初集四十四卷目錄四卷　（清）高宗弘曆撰　清乾隆十四年（1749）刻本　十六冊

130000－0404－0000499　集27/1271
御製詩二集九十卷目錄十卷　（清）高宗弘曆撰　清乾隆二十四年（1759）內府刻本　四十八冊

130000－0404－0000500　集27/1271＝2
御製詩二集九十卷目錄十卷　（清）高宗弘曆撰　清乾隆刻本　二十四冊　存七十四卷（一至六十四、目錄十卷）

130000－0404－0000501　集27/1271
御製全韻詩五卷　（清）高宗弘曆撰　清乾隆于敏中寫刻本　五冊

130000－0404－0000502　集27/1271
樂善堂全集定本三十卷　（清）高宗弘曆撰　清乾隆刻本　四冊

130000－0404－0000503　集27/2042
毛翰林集五十四卷　（清）毛奇齡撰　清康熙刻本　八冊

130000－0404－0000504　集27/2116
杜詩闡三十三卷　（清）盧元昌撰　清康熙思美廬刻本　七冊

130000－0404－0000505　集27/2322
傅山詩文集不分卷　（清）傅山撰　清抄本四冊

130000－0404－0000506　集27/2440
存研樓文集十六卷　（清）儲大文撰　（清）張耀先　（清）瞿源洙編校　清乾隆九年（1744）自刻本　六冊

130000－0404－0000507　集27/2449
受宜堂集四十卷　（清）納蘭常安撰　清雍正十三年（1735）自刻本　二十冊

130000－0404－0000508　集27/2533
朱止泉先生文集八卷　（清）朱澤澐撰　止泉先生朱公行狀一卷　（清）王箴傅撰　清乾隆顧天齋刻本　二冊

130000－0404－0000509　集27/2542
海愚詩鈔十二卷　（清）朱孝純撰　清乾隆五十九年（1794）刻本　四冊

130000－0404－0000510　集27/2623
吳詩集覽二十卷補註二十卷　（清）吳偉業撰　（清）靳榮藩補註　談藪二卷拾遺一卷（清）靳榮藩輯　清乾隆凌雲亭刻本　十六冊

130000－0404－0000511　集27/2623（2）
吳詩集覽二十卷補註二十卷　（清）吳偉業撰　（清）靳榮藩補註　談藪二卷拾遺一卷（清）靳榮藩輯　清乾隆凌雲亭刻本　二十二冊　存二十一卷（吳詩集覽二十卷、談藪一）

130000－0404－0000512　集27/2624
林蕙堂全集二十六卷　（清）吳綺撰　清康熙三十九年（1700）刻本　二十冊　存二十五卷（一至二十五）

130000－0404－0000513　集27/2698
白華前稿六十卷　（清）吳省欽撰　清乾隆四十八年（1783）刻本　十冊

130000－0404－0000514　集27/2704
壯悔堂文集十卷遺稿一卷　（清）侯方域撰（清）賈開宗等評點　清康熙刻本　四冊

130000－0404－0000515　集27/2733

夢筆山房繭甕集八卷續編一卷閒雲詞一卷
(清)紀遹宜撰　清乾隆四十年(1775)家刻本
四冊

130000－0404－0000516　集27/2826
南陔堂詩集十二卷　(清)徐以昇撰　清乾隆
二十六年(1761)刻本　二冊

130000－0404－0000517　集27/2847
儋園文集三十八卷　(清)徐乾學撰　清康熙
三十六年(1697)冠山堂刻本　十冊　存三十
六卷(一至三十六)

130000－0404－0000518　集27/3099
西陂類藁五十卷　(清)宋犖撰　清抄本　十
四冊　存四十六卷(一至四十六)

130000－0404－0000519　集27/3099
綿津山人詩集二十二卷楓香詞一卷　(明)宋
犖撰　清康熙刻本　三冊

130000－0404－0000520　集27/3133
佳山堂詩集十卷二集九卷　(清)馮溥撰　清
康熙刻本　四冊

130000－0404－0000521　集27/3333
袚園集文四卷詩四卷詞一卷　(清)梁清遠撰
清康熙二十七年(1688)梁允桓刻本　四冊

130000－0404－0000522　集27/3334
蕉林詩集十八卷　(清)梁清標撰　清康熙十
七年(1678)秋碧堂刻本　六冊

130000－0404－0000523　集27/3334(2)
蕉林詩集十八卷　(清)梁清標撰　清康熙十
七年(1678)秋碧堂刻本　六冊

130000－0404－0000524　集27/3334(3)
蕉林詩集十八卷　(清)梁清標撰　清康熙十
七年(1678)秋碧堂刻本　六冊

130000－0404－0000525　集27/3423
沈歸愚全集七十五卷　(清)沈德潛撰　清乾
隆教忠堂刻本　二十冊

130000－0404－0000526　集27/3423
歸愚文鈔二十卷歸愚文鈔餘集八卷歸愚詩餘
一卷黃山遊草一卷台山遊草一卷南巡詩一卷

(清)沈德潛撰　清乾隆刻本　十二冊

130000－0404－0000527　集27/3423
歸愚詩鈔二十卷自訂年譜一卷　(清)沈德潛
撰　清乾隆教忠堂刻本　五冊

130000－0404－0000528　集27/3603
湯子遺書十卷附錄一卷　(清)湯斌撰　清康
熙四十二年(1703)王廷燦刻本　四冊

130000－0404－0000529　集27/3633
隨園詩草八卷附一卷　(清)邊連寶撰　清乾
隆四十年(1775)刻本　四冊

130000－0404－0000530　集27/3653
竹巖詩草二卷　(清)邊中寶撰　清乾隆四十
年(1775)刻本　二冊

130000－0404－0000531　集27/4035
銅鼓書堂遺稿三十二卷　(清)查禮撰　清乾
隆查淳刻本　六冊

130000－0404－0000532　集27/4037
笠翁一家言全集十六卷　(清)李漁撰　清雍
正八年(1730)芥子園刻本　五冊　存五卷
(笠翁文集三至四、笠翁詩集六、笠翁餘集八、
笠翁別集十)

130000－0404－0000533　集27/4061
二曲集二十六卷　(清)李顒撰　清康熙刻本
八冊

130000－0404－0000534　集27/4092
敬業堂詩集五十卷續集六卷　(清)查慎行撰
(清)□□批點　清康熙五十八年(1719)刻
雍正增修本　十四冊

130000－0404－0000535　集27/4092
敬業堂詩集五十卷　(清)查慎行撰　清康熙
五十八年(1719)刻雍正增修本　十六冊

130000－0404－0000536　集27/4094
榕村全集四十卷　(清)李光地撰　清乾隆元
年(1736)李清植刻本　十六冊

130000－0404－0000537　集27/4443
退谷文集十五卷詩集七卷附行述　(清)黃越
撰　清雍正五年(1727)光裕堂刻本　十六冊

130000－0404－0000538　集27/4444

有懷堂文稿二十二卷詩稿六卷　（清）韓菼撰
清康熙四十二年（1703）刻本　六冊

130000－0404－0000539　集27/4733

綠蘿山莊文集二十四卷　（清）胡浚撰注　清
乾隆二十一年（1756）刻本　十二冊

130000－0404－0000540　集27/4738

中山文鈔四卷詩鈔四卷奏議四卷　（清）郝浴
撰　清康熙刻本　六冊

130000－0404－0000541　集27/4767

葆璞堂文集四卷　（清）胡煦撰　清乾隆三十
七年（1772）刻本　二冊

130000－0404－0000542　集27/4917

趙清獻公敬恕堂集六卷附刻一卷　（清）趙廷
臣撰　清康熙二十二年（1683）敬恕堂刻本
六冊

130000－0404－0000543　集27/4940

讀書堂綵衣全集四十六卷　（清）趙士麟撰
清康熙刻本　二十冊

130000－0404－0000544　集27/4952

趙恭毅公剩稿八卷　（清）趙申喬撰　趙裘萼
公剩稿四卷　（清）趙熊詔撰　清乾隆刻本
八冊

130000－0404－0000545　集27/5040

李杜詩集合選十六卷　（清）車萬育輯　清康
熙懷園刻本　五冊

130000－0404－0000546　集27/5045

漁洋山人精華錄訓纂十卷金氏箋註辯訛一卷
（清）惠棟撰　漁洋山人自撰年譜二卷
(清)王士禛撰　（清）惠棟補註　清康熙惠氏
紅豆齋刻本　六冊　存七卷(訓纂六至十、辯
訛一卷、年譜一)

130000－0404－0000547　集27/5514

四焉齋文集八卷　（清）曹一士撰　清乾隆刻
本　四冊

130000－0404－0000548　集27/5596

繡虎軒尺牘八卷二集八卷三集八卷　（清）曹

煜撰　清康熙傳萬堂刻本　十二冊

130000－0404－0000549　集27/6079

夢月巖詩集二十卷詩餘一卷　（清）呂履恆撰
清雍正三年（1725）呂憲曾、呂宣曾家刻本
六冊

130000－0404－0000550　集27/7474

三魚堂文集十二卷外集六卷附錄二卷　（明）
陸隴其撰　清康熙四十年（1701）刻本　八冊

130000－0404－0000551　集27/7514

午亭文編五十卷　（清）陳廷敬撰　清康熙四
十七年（1708）林佶刻本　十六冊

130000－0404－0000552　集27/7514＝2

午亭文編五十卷　（清）陳廷敬撰　清康熙四
十七年（1708）林佶刻乾隆四十三年（1778）印
本　十二冊

130000－0404－0000553　集27/7514＝2(2)

午亭文編五十卷　（清）陳廷敬撰　清康熙四
十七年（1708）林佶刻乾隆四十三年（1778）印
本　十六冊

130000－0404－0000554　集27/7532

紫竹山房詩集十二卷文集二十卷　（清）陳兆
崙撰　年譜一卷　（清）陳玉繩撰　清乾隆刻
本　二十八冊

130000－0404－0000555　集27/7578

道榮堂文集六卷首一卷　（清）陳鵬年撰　清
乾隆二十七年（1762）刻本　八冊

130000－0404－0000556　集27/7701

賴古堂集二十四卷附錄一卷　（清）周亮工撰
清康熙十四年（1675）周在浚刻本　十二冊

130000－0404－0000557　集27/8024

居業齋詩鈔二十二卷文稿二十卷別集十卷
(清)金德嘉撰　清康熙南雲堂刻本　二十冊

130000－0404－0000558　集27/8032

息齋集十卷疏草五卷　（清）全之俊撰　清順
治至康熙刻本　十一冊　存十二卷(息齋集
十卷、疏草四至五)

130000－0404－0000559　集27/8308

牧齋初學集詩註二十卷有學集詩註十四卷
（清）錢謙益撰　（清）錢曾箋註　清乾隆春暉
堂刻本　三十冊

130000－0404－0000560　集27/8371
香樹齋詩集十八卷文集續鈔五卷續集三十六
卷　（清）錢陳羣撰　清乾隆刻本　十八冊

130000－0404－0000561　集30/1110
御選宋金元明四朝詩三百二卷首二卷姓名爵
里十三卷　（清）張豫章等輯　清康熙四十八
年（1709）內府刻本　一百五十七冊

130000－0404－0000562　集30/1115
佩文齋詠物詩選四百八十六卷　（清）張玉書
等輯　清康熙四十六年（1707）內府刻本　八
冊　存六十八卷（四百十五至四百八十二）

130000－0404－0000563　集30/1133
漢魏六朝一百三名家集一百十八卷　（明）張
溥輯　明婁東張氏刻本　七十九冊

130000－0404－0000564　集30/2010
元人十種詩六十卷　（明）毛晉輯　明崇禎十
一年（1638）海虞毛氏汲古閣刻本　二十四冊

130000－0404－0000565　集30/2503
文字會寶不分卷　（明）朱文治輯　明萬曆三
十六年（1608）刻本　十二冊

130000－0404－0000566　集30/3102
唐四家詩八卷　（清）汪立名輯　清康熙三十
四年（1695）刻本　四冊

130000－0404－0000567　集30/4240
唐宋八家詩五十二卷　（清）姚培謙輯　清雍
正五年（1727）遂安堂刻本　七冊　存三十二
卷（老泉詩鈔一卷、東坡詩鈔十八卷、欒城詩
鈔四卷、南豐詩鈔三卷、半山詩鈔六卷）

130000－0404－0000568　集30/4452
本朝館閣賦前集十二卷　（清）葉抱崧　（清）
程際盛編　本朝館閣賦後集七卷補遺一卷附
錄一卷　（清）周漪塘　（清）程際盛輯　稻香
樓試帖二卷　（清）程際盛編　清乾隆困學齋
刻本　十二冊

130000－0404－0000569　集30/4470
蘇門六君子文粹七十卷　（宋）陳亮輯　明崇
禎刻本　六冊

130000－0404－0000570　集30/5530
全唐詩九百卷　（清）曹寅等輯　清康熙四十
六年（1707）刻本　一百二十冊

130000－0404－0000571　集30/6073
宋詩鈔初集九十五卷　（清）呂留良　（清）吳
之振編　清康熙十年（1671）吳氏鑑古堂刻本
　三十冊

130000－0404－0000572　集30/6073
晚邨先生八家古文精選不分卷　（清）呂留良
編　（清）呂葆中批點　清康熙四十三年
（1704）呂氏家塾刻本　六冊

130000－0404－0000573　集30/7444
歷朝賦格十五卷　（清）陸葇輯　清康熙二十
五年（1686）刻本　十冊

130000－0404－0000574　集30/7501
宋十五家詩選十六卷　（清）陳訏編　清康熙
三十二年（1693）刻本　八冊

130000－0404－0000575　集30/7536
采菽堂古詩選三十八卷補遺四卷　（清）陳祚
明輯　清康熙刻本　十六冊

130000－0404－0000576　集30/7732
宋四名家詩二十七卷　（清）周之鱗　（清）柴
升編　清康熙三十二年（1693）弘訓堂刻本
三冊　存二十卷（東坡先生詩鈔七卷、山谷先
生詩鈔七卷、石湖先生詩鈔六卷）

130000－0404－0000577　集30/7732＝2
宋四名家詩不分卷　（清）周之鱗　（清）柴升
編　清刻本　四冊

130000－0404－0000578　集30/8030
盛明百家詩二百八十三卷　（明）俞憲輯　明
嘉靖至隆慶刻本　九十冊

130000－0404－0000579　集31/0020
歸餘鈔四卷　（清）高崶集評　清乾隆五十三
年（1788）刻本　八冊

130000－0404－0000580　　集31/0023

文編六十四卷　（明）唐順之輯　明天啓刻本
　二十冊

130000－0404－0000581　　集31/0829

賦珍八卷　（明）施重光輯　明刻本　八冊

130000－0404－0000582　　集31/1013

滑耀編不分卷　（明）賈三近輯　明萬曆刻本
　三冊

130000－0404－0000583　　集31/1271

御選唐宋文醇五十八卷　（清）高宗弘曆輯
清乾隆三年(1738)內府刻本　二十冊

130000－0404－0000584　　集31/1777

歷代名媛雜詠三卷　（清）邵飄撰　清乾隆五
十七年(1792)刻本　四冊

130000－0404－0000585　　集31/2010

詩詞雜爼二十四卷　（明）毛晉輯　明天啓至
崇禎毛氏汲古閣刻本　十冊

130000－0404－0000586　　集31/2847

古文淵鑒六十四卷　（清）徐乾學等輯並注
清康熙刻五色套印本　四十冊

130000－0404－0000587　　集31/2847(2)

古文淵鑒六十四卷　（清）徐乾學等輯并注
清康熙刻五色套印本　三十六冊

130000－0404－0000588　　集31/2847(3)

古文淵鑒六十四卷　（清）徐乾學等輯並注
清康熙五色套印本　三十四冊

130000－0404－0000589　　集31/2847＝2

古文淵鑒六十四卷　（清）徐乾學等輯並注
清康熙二十四年(1685)內府刻四色套印本
二十三冊　存六十一卷(一至二十五、二十九
至六十四)

130000－0404－0000590　　集31/2847＝3

古文淵鑒六十四卷　（清）徐乾學等輯並注
清康熙尊經閣刻本　四十冊

130000－0404－0000591　　集31/3103

昭明文選六臣彙註疏解十九卷　（清）顧施禎
輯　清康熙刻本　二十四冊

130000－0404－0000592　　集31/3148

近光集二十八卷　（清）汪士鋐輯　清康熙刻
本　八冊

130000－0404－0000593　　集31/3623

唐五言排律選四卷本朝試帖選四卷　（清）邊
繼祖編　（清）朱蓉校　清乾隆三十七年
(1772)刻本　八冊

130000－0404－0000594　　集31/4001

全五代詩一百卷補遺一卷　（清）李調元輯
清道光刻本　二十四冊

130000－0404－0000595　　集31/4022

西山先生真文忠公文章正宗二十四卷　（宋）
真德秀輯　明嘉靖四十三年(1564)刻本　十
二冊

130000－0404－0000596　　集31/4022

文章正宗復刻三十卷續文章正宗復刻十二卷
　（宋）真德秀輯　（清）楊仲興重輯　清乾隆
三十九年(1774)刻本　二十八冊

130000－0404－0000597　　集31/4037

詩家全體十四卷　（明）李之用輯　明萬曆二
十六年(1598)邵武府學刻本　十六冊

130000－0404－0000598　　集31/4060

文苑英華一千卷　（宋）李昉等輯　明隆慶元
年(1567)胡維新、戚繼光刻六年(1572)、萬曆
六年(1578)、三十六年(1608)遞修本(卷十五
尾葉爲手抄配葉)　一百二十冊

130000－0404－0000599　　集31/4060＝2

文苑英華一千卷　（宋）李昉等輯　明隆慶六
年(1572)刻本(卷二百七十一至二百七十九
配清抄本)　一百一冊

130000－0404－0000600　　集31/4094

榕村詩選八卷首一卷　（清）李光地撰　清雍
正八年(1730)刻本　四冊

130000－0404－0000601　　集31/4420

六臣註文選六十卷　（南朝梁）蕭統輯　（唐）
李善等註　明潘惟時、潘惟德刻本　三十一
冊　存三十卷(一至十、二十一至四十)

130000－0404－0000602　集31/4420 ＝2

六臣註文選六十卷　（南朝梁）蕭統輯　（唐）李善等註　清康熙二十四年(1685)梅墅石渠間刻本　二十九冊

130000－0404－0000603　集31/4420

文選六十卷　（南朝梁）蕭統輯　（唐）李善注　（清）何焯評點　清乾隆三十七年(1772)長洲葉氏海錄軒刻朱墨套印本　十六冊

130000－0404－0000604　集31/4420(2)

文選六十卷　（南朝梁）蕭統輯　（唐）李善注　（清）何焯評點　清乾隆三十七年(1772)長洲葉氏海錄軒刻朱墨套印本　十二冊

130000－0404－0000605　集31/4420(3)

文選六十卷　（南朝梁）蕭統輯　（唐）李善注　（清）何焯評點　清乾隆三十七年(1772)長洲葉氏海錄軒刻朱墨套印本　十六冊

130000－0404－0000606　集31/4445

唐宋八大家文鈔一百六十四卷　（明）茅坤輯　明崇禎四年(1631)茅著刻本　五十四冊

130000－0404－0000607　集31/4944

古今女史十二卷　（明）趙世杰輯　明崇禎刻本　六冊

130000－0404－0000608　集31/6030

東萊先生古文關鍵二卷　（宋）呂祖謙輯　明刻本　二冊

130000－0404－0000609　集31/7248

刪補古今文致十卷　（明）劉士鏻輯　（明）王宇增刪　明天啟刻本　六冊

130000－0404－0000610　集31/7510

御定歷代賦彙一百四十卷外集二十卷逸句二卷補遺二十二卷目錄三卷　（清）陳元龍輯　清康熙四十五年(1706)內府刻本　五十冊

130000－0404－0000611　集31/7510(2)

御定歷代賦彙一百四十卷外集二十卷逸句二卷補遺二十二卷　（清）陳元龍輯　清康熙四十五年(1706)內府刻本　十冊　存二十三卷（六十四至八十六）

130000－0404－0000612　集31/7521

文選補遺四十卷　（元）陳仁子輯　清乾隆二年(1737)刻本　十六冊

130000－0404－0000613　集31/7522

新刊陳眉公先生精選古論大觀四十卷　（明）陳繼儒等輯　（明）吳震元編次　明刻本(目錄首葉卷十一至十二配抄本)　九十一冊　存三十七卷（一至三十二、三十六下至四十下）

130000－0404－0000614　集31/7522

古文品外錄二十四卷　（明）陳繼儒選評　明刻本(卷二末葉配抄葉)　十冊

130000－0404－0000615　集31/7548

憑山閣增輯留青新集三十卷　（清）陳枚輯　清康熙四十七年(1708)憑山閣刻本　三十二冊

130000－0404－0000616　集31/7743

賴古堂尺牘新鈔二選藏弆集十六卷　（清）周在濬等輯　清康熙六年(1667)周氏賴古堂刻本　八冊

130000－0404－0000617　集32/0042

唐詩品彙九十卷詩人爵里詳節一卷　（明）高棅輯　（明）張恂重訂　明張恂刻本　三十二冊

130000－0404－0000618　集32/0042 ＝2

唐詩品彙九十卷詩人爵里詳節一卷　（明）高棅輯　（明）牛斗校　明牛斗刻本　二十四冊　存八十四卷（一至十四、十八至二十四、二十八至九十）

130000－0404－0000619　集32/1031

王荊公唐百家詩選二十卷　（宋）王安石輯　清康熙四十三年(1704)宋犖丘迥雙清閣刻本　四冊

130000－0404－0000620　集32/1031 ＝2

王荊公唐百家詩選二十卷　（宋）王安石輯　清康熙緯蕭草堂刻本　六冊

130000－0404－0000621　集32/1047

中州集十卷首一卷中州樂府一卷　（金）元好問輯　明毛氏汲古閣刻本　十二冊

130000－0404－0000622　集32/1120
兩漢文選四十卷　（明）張采輯　明崇禎金閶委宛齋刻本　三十冊

130000－0404－0000623　集32/2168
國朝山左詩鈔六十卷　（清）盧見曾輯　清乾隆二十三年（1758）盧氏雅雨堂刻本　十六冊

130000－0404－0000624　集32/2168（2）
國朝山左詩鈔六十卷　（清）盧見曾輯　清乾隆二十三年（1758）盧氏雅雨堂刻本　十三冊

130000－0404－0000625　集32/2168（3）
國朝山左詩鈔六十卷　（清）盧見曾輯　清乾隆二十三年（1758）盧氏雅雨堂刻本　二十三冊

130000－0404－0000626　集32/2519
明人詩鈔正集十四卷續集十四卷　（清）朱琰輯　清乾隆二十五年（1760）樊桐山房刻本　十冊

130000－0404－0000627　集32/2528
明詩綜一百卷　（清）朱彝尊輯　清康熙刻本　四十冊

130000－0404－0000628　集32/3099
江左十五子詩選十五卷　（清）宋犖選　（清）邵長蘅訂　清康熙四十二年（1703）商丘宋犖宛委堂刻本　十冊　存七卷（王式丹詩選一卷、吳廷楨詩選一卷、宮鴻曆詩選一卷、徐昂發詩選一卷、錢名世詩選一卷、張大受詩選一卷、管檜詩選一卷）

130000－0404－0000629　集32/3133
擷芳集八十卷　（清）汪啟淑輯　清乾隆五十年（1785）飛鴻堂刻本　十冊

130000－0404－0000630　集32/3160
元詩選三百二十卷首一卷　（清）顧嗣立輯　清康熙長洲顧氏秀野草堂刻本　十六冊

130000－0404－0000631　集32/3160
元詩選初集一百十四卷首一卷　（清）顧嗣立

輯　清康熙三十三年（1694）長洲顧氏秀野草堂刻本　二十冊　存一百十四卷（一至一百十三、首一卷）

130000－0404－0000632　集32/3423
欽定國朝詩別裁集三十二卷　（清）沈德潛纂評　清乾隆二十六年（1761）翰林院刪定刻本　十六冊

130000－0404－0000633　集32/3423（2）
欽定國朝詩別裁集三十二卷　（清）沈德潛纂評　清乾隆二十六年（1761）翰林院刪定刻本　十六冊

130000－0404－0000634　集32/4047
才調集十卷　（五代）韋縠輯　清初錢氏懷古堂刻本　四冊

130000－0404－0000635　集32/4047
才調集補注十卷　（五代）韋縠輯　（清）殷元勳箋注　（清）宋邦綏補注　（清）馮默庵評閱　清乾隆五十八年（1793）思補堂刻本　三冊

130000－0404－0000636　集32/4064
四六類編十三卷　（明）李日華輯　（明）魯重民補訂　明崇禎十三年（1640）刻本　六冊

130000－0404－0000637　集32/4280
唐文粹一百卷　（宋）姚鉉輯　明嘉靖五年至七年（1526－1528）晉府養德書院刻本　八冊　存四十卷（一至二十、四十一至六十）

130000－0404－0000638　集32/4404
欽定全唐文一千卷　（清）董誥等輯　清嘉慶內府刻本　六百四十冊

130000－0404－0000639　集32/4407
中晚唐詩叩彈集十二卷續集三卷　（清）杜詔　（清）杜庭珠輯　清康熙四十三年（1704）采山亭刻本　四冊　存十一卷（一至八、續集三卷）

130000－0404－0000640　集32/4407＝2
中晚唐詩叩彈集十二卷續集三卷　（清）杜詔　（清）杜庭珠輯　清康熙四十三年（1704）采山亭刻本　六冊

130000－0404－0000641　集32/4412

元文類七十卷目錄三卷　（元）蘇天爵輯　明嘉靖十六年(1537)晉藩刻本　三十二冊

130000－0404－0000642　集32/4823

六朝詩乘二十四卷總錄一卷目錄二卷　（明）梅鼎祚輯　明萬曆三十四年(1606)寧國郡刻本　十六冊

130000－0404－0000643　集32/5046

淮海先生文粹十四卷　（宋）秦觀撰　明崇禎六年(1633)新安胡氏武林刻本　二冊

130000－0404－0000644　集32/5083

唐試帖箋林八卷　（清）秦錫淳選評　清乾隆二十三年(1758)經笥堂刻本　四冊

130000－0404－0000645　集32/6010

長河志籍考十卷古歡堂詩集十四卷附黔書二卷　（清）田雯撰　**有懷堂詩集一卷文集一卷**　（清）田肇麗撰　清康熙至乾隆德州田氏叢書本　八冊

130000－0404－0000646　集32/6030

校正重刊官板宋朝文鑑一百五十卷目錄三卷　（宋）呂祖謙輯　明刻本　二十二冊

130000－0404－0000647　集32/7528

明文奇賞四十卷　（明）陳仁錫評選　明天啟刻本　二十冊

130000－0404－0000648　集32/8014

貫華堂選批唐才子詩甲集八卷　（清）金聖歎評述　（清）金雍輯　清初刻本　六冊

130000－0404－0000649　集32/8296

古詩歸十五卷唐詩歸三十六卷　（明）鍾惺（明）譚元春評選　明江右天德堂刊崇禎石友齋刻本　十六冊

130000－0404－0000650　集33/1052

畿輔七名家詩鈔四十六卷　（清）王企埥輯　清康熙敬事堂刻本　十冊

130000－0404－0000651　集4/0441

唐詩紀事八十一卷　（宋）計有功撰　明汲古閣刻本　二十冊

130000－0404－0000652　集4/0441(2)

唐詩紀事八十一卷　（宋）計有功撰　明汲古閣刻本　二十四冊

130000－0404－0000653　集4/4300

全唐詩話八卷　（宋）尤袤輯　清乾隆三十九年(1774)孫氏清芬堂刻本　八冊

130000－0404－0000654　集4/4727

漁隱叢話前集六十卷後集四十卷　（宋）胡仔輯　清乾隆刻本　十冊

130000－0404－0000655　集52/4614

新鐫批評出相韓湘子三十回　（明）楊爾增撰　明天啟三年(1623)金陵九如堂刻本　十冊

130000－0404－0000656　集52/7540

西遊真詮一百回　（清）陳士斌撰　（清）佚名點註　清康熙三十五年(1696)翠筠山房刻本　二十冊

130000－0404－0000657　集60/2010

詞苑英華八種四十五卷　（明）毛晉輯　明毛氏汲古閣刻本　二十四冊

130000－0404－0000658　集61/7724

竹坡詞三卷　（宋）周紫芝撰　明汲古閣刻本　三冊

130000－0404－0000659　集62/2142

草堂詩餘四卷　（宋）何士信輯　（明）武陵逸史編　明汲古閣刻本　二冊

130000－0404－0000660　集62/2390

詞觀續編二十二卷　（清）傅燮詷輯　清康熙三十一年(1692)傅燮詷稿本　八冊　存十九卷(一至十九)

130000－0404－0000661　集64/4444

詞律二十卷　（清）萬樹撰　清康熙尺木堂刻本　十冊

130000－0404－0000662　集73/0067

校梓註釋圖證蔡伯皆大全三卷雜卷一卷　（元）高明撰　（元）劉弘毅注　（元）謝天佑校　明萬曆五年(1577)金陵富春堂刻本　四冊

130000－0404－0000663　集73/1292

桃花扇傳奇二卷　（清）孔尚任撰　清康熙蘭園刻本　四冊

130000－0404－0000664　集73/4448

紅雪樓九種曲十三卷　（清）蔣士銓撰　清乾隆紅雪樓刻本　十冊

130000－0404－0000665　集78/0764

雍熙樂府二十卷　（明）郭勛輯　明嘉靖四十五年（1566）刻本　十八冊　存十五卷（一至十五）

130000－0404－0000666　集791/2668

嘯餘譜十卷　（明）程明善撰　明萬曆刻本　十冊

130000－0404－0000667　集791/3663

納書楹紫釵記全譜二卷　（明）湯顯祖撰（清）葉堂訂譜　清乾隆五十七年（1792）納書楹刻本　三冊

130000－0404－0000668　集791/4490

納書楹曲譜正集四卷續集四卷外集二卷　（清）葉堂訂譜　清乾隆五十七年（1792）葉氏納書楹刻本　八冊　存八卷（正集四卷、續集四卷）

130000－0404－0000669　叢0/1004

增訂漢魏叢書九十六種　（清）王謨輯　清乾隆五十六年（1791）金谿王氏刻本　七十冊　存七十二種三百六十九卷（焦氏易林四卷、易傳三卷、關氏易傳一卷、周易略例一卷、古三墳一卷、汲冢周書十卷、詩傳孔氏傳一卷、詩說一卷、韓詩外傳十卷、毛詩草木鳥獸蟲魚疏二卷、大戴禮記十三卷、吳越春秋六卷、西京雜記六卷、漢武帝內傳一卷、飛燕外傳一卷、雜事秘辛一卷、華陽國志十四卷、十六國春秋十六卷、元經薛氏傳十卷、羣輔錄一卷、英雄記鈔一卷、高工傳三卷、蓮社高賢傳一卷、神僊傳十卷、孔叢二卷附詰墨一卷、新語二卷、新書十卷、新序十卷、說苑二十卷、淮南鴻烈解二十一卷、鹽鐵論十二卷、法言十卷、申鑒五卷、論衡三十卷、潛夫論十卷、中論二卷、中說一卷、風俗通義十卷、人物志三卷、新論十卷、顏氏家訓二卷、糸同契一卷、陰符經一卷、風后握奇經一卷附握奇經續圖一卷八陣總述一卷、素書一卷、心書一卷、古今注三卷、博物志十卷、文心雕龍十卷、詩品三卷、書品一卷、尤射一卷、拾遺記十卷、述異記二卷、續齊諧記一卷、搜神記八卷、搜神後記二卷、還冤記一卷、神異經一卷、海內十洲記一卷、別國洞冥記四卷、枕中書一卷、佛國記一卷、伽藍記五卷、三輔黃圖六卷、水經二卷、星經二卷、荊楚歲時記一卷、南方草木狀三卷、竹譜一卷、禽經一卷、古今刀劍錄一卷）

130000－0404－0000670　叢0/1061

檀几叢書五十種二集五十種餘集四十七種附政十種　（清）王晫輯　（清）張潮輯　清康熙三十四年至三十六年（1695－1697）錢塘王氏霞舉堂刻本　十冊

130000－0404－0000671　叢0/1137

學津討原二十集一百七十三種　（清）張海鵬輯　清嘉慶十一年（1806）張氏照曠閣刻本　三百二十冊

130000－0404－0000672　叢0/1137

昭代叢書甲集五十種乙集四十種　（清）張潮輯　清康熙刻本　十六冊

130000－0404－0000673　叢0/2168

雅雨堂叢書十三種　（清）盧見曾輯　清乾隆二十一年至二十五年（1756－1760）德州盧氏雅雨堂刻本　二十一冊　存十三種一百二十一卷（李氏易傳十七卷附周易音義一卷，鄭氏周易三卷，周易爻辰圖一卷，周易乾鑿度二卷，鄭司農集一卷，尚書大傳四卷補遺一卷續補遺一卷考異一卷，大戴禮記十三卷，戰國策一至八、二十六至三十三，匡謬正俗八卷，摭言十五卷，北夢瑣言二十卷，封氏聞見記十卷，文昌雜錄六卷補遺一卷）

130000－0404－0000674　叢0/2610

說鈴前集三十八種四十七卷　（清）吳震方輯　清康熙刻本　十二冊　存三十七種四十五卷（冬夜箋記一卷、隴蜀餘聞一卷、安南雜記一卷、奉使俄羅斯日記一卷、筤廊偶筆二卷、金鰲退食筆記二卷、扈從西巡日錄一卷、塞北小鈔一卷、松亭行紀二卷、天祿識餘二卷、封長白山記一卷、使琉球紀一卷、閩小紀二卷、西征紀畧一卷、滇行紀程一卷續抄一卷、東還紀程一卷續抄一卷、絕域紀畧一卷、陽州鼓吹詞序一卷、粵述一卷、粵西偶記一卷、滇黔紀遊一卷、京東考古錄一卷、山東考古錄一卷、救文格論一卷、雜錄一卷、守汴日志一卷、坤輿外紀一卷、臺灣紀畧一卷、臺灣雜記一卷、安南紀遊一卷、峒谿纖志一卷、泰山紀勝一卷、匡廬紀游一卷、登華記一卷、游雁蕩山記一卷、甌江逸志一卷、嶺南雜記二卷）

130000－0404－0000675　叢 0/2714

知不足齋叢書三十集　（清）鮑廷博輯　清乾隆至道光長塘鮑氏刻本　一百八十一冊　存二十三集（一至二十三）

130000－0404－0000676　叢 0/4040

百川學海一百種一百七十九卷　（宋）左圭編
明弘治十四年（1501）華珵刻本　四十八冊　存一百種一百七十八卷（聖門事業圖一卷、漁樵對問一卷、學齋佔畢四卷、獨斷二卷、李涪刊誤二卷、九經韻補一卷、中華古今注三卷、釋常談三卷、隋遺錄二卷、翰林志一卷、宋朝燕翼詒謀錄五卷、春明退朝錄三卷、淳熙玉堂雜記三卷、揮麈錄二卷、丁晉公談錄一卷、王文正公筆錄一卷、開天傳信記一卷、厚德錄四卷、韓忠獻公遺事一卷、文正王公遺事一卷、濟南先生師友談記一卷、可談一卷、河東先生龍城錄二卷、前定錄一卷續前定錄一卷、國老淡苑二卷、晁氏客語一卷、道山清話一卷、書簾緒論一卷、官箴一卷、祛疑說一卷、因論一卷、宋景文公筆記三卷、鼠璞一卷、善誘文一卷、東坡先生志林集一卷、螢雪叢說二卷、蘇黃門龍川畧志十卷、西疇老人常言一卷、欒城先生遺言一卷、東谷所見一卷、雞肋一卷、孫公談圃三卷、王公四六話二卷、四六談麈一卷、文房四友除授集一卷、耕祿藁一卷、子畧四卷目一卷、騷畧三卷、獻醜集一卷、選詩句圖一卷、石林詩話三卷、六一居士詩話一卷、東萊呂紫微詩話一卷、珊瑚鉤詩話三卷、劉攽貢父詩話一卷、後山居士詩話一卷、

許彥周詩話一卷、司馬溫公詩話一卷、庚溪詩話二卷、竹坡老人詩話三卷、法帖釋文十卷、海岳名言一卷、寶章待訪錄一卷、米元章書史一卷、書斷列傳三卷雜編一卷、續書譜一卷、歐陽文忠公試筆一卷、書譜一卷、法帖刊誤二卷、高宗皇帝御製翰墨志一卷、法帖譜系二卷、端溪硯譜一卷、硯譜一卷、歙州硯譜一卷歙硯說一卷辨歙石說一卷、硯史一卷、古今刀劍錄一卷、香譜二卷、茶經三卷、煎茶水記一卷、茶錄一卷、東溪試茶錄一卷、酒譜一卷、本心齋疏食譜一卷、筍譜一卷、菌譜一卷、蟹譜二卷、荔枝譜一卷、橘錄三卷、南方草木狀三卷、竹譜一卷、菊譜一卷、菊譜一卷、菊譜一卷、梅譜一卷、洛陽牡丹記一卷、牡丹榮辱志一卷、揚州芍藥譜一卷、海棠譜三卷、師曠禽經一卷、名山洞天福地記一卷）

130000－0404－0000677　叢 0/4462

山水二經合刻二種五十八卷　（清）黃曉峰輯
清乾隆天都黃氏槐蔭草堂刻本　十六冊

130000－0404－0000678　叢 0/7446

古今說海一百三十五種　（明）陸楫輯　清道光元年（1821）邵氏西山堂刻本　二十冊　存一百二十種一百二十五卷（北征錄一卷、北征後錄一卷、北征記一卷、平復錄一卷、江南別錄一卷、三楚新錄三卷、溪蠻叢笑一卷、遼志一卷、金志一卷、蒙韃備錄一卷、北邊備對一卷、桂海虞衡志一卷、真臘風土記一卷、北戶錄一卷、西使記一卷、北轅錄一卷、滇載記一卷、星槎勝覽四卷、靈應傳一卷、洛神傳一卷、夢遊錄一卷、吳保安傳一卷、崑崙奴傳一卷、鄭德璘傳一卷、李章武傳一卷、韋自東傳一卷、趙合傳一卷、杜子春傳一卷、裴伷先別傳一卷、震澤龍女傳一卷、袁氏傳一卷、少室仙姝傳一卷、李林甫外傳一卷、遼陽海神傳一卷、蚍蜉傳一卷、甘棠靈會錄一卷、顏濬傳一卷、張無頗傳一卷、板橋記一卷、鄴侯外傳一卷、洛京獵記一卷、玉壺記一卷、姚生傳一卷、唐晅手記一卷、獨孤穆傳一卷、王恭伯傳一卷、中山狼傳一卷、崔煒傳一卷、陸顒傳一卷、潤玉傳一卷、李衛公別傳一卷、齊推女傳一卷、魚服記一卷、聶隱娘傳一卷、袁天網外傳

一卷、曾季衡傳一卷、蔣子文傳一卷、張遵言傳一卷、侯元傳一卷、同昌公主外傳一卷、睦仁蒨傳一卷、韋鮑二生傳一卷、張令傳一卷、李清傳一卷、薛昭傳一卷、王賈傳一卷、烏將軍記一卷、寶玉傳一卷、柳參軍傳一卷、人虎傳一卷、馬自然傳一卷、寶應錄一卷、白蛇記一卷、巴西侯傳一卷、柳歸舜傳一卷、求心錄一卷、知命錄一卷、山莊夜恠錄一卷、五真記一卷、小金傳一卷、林靈素傳一卷、海陵三仙傳一卷、默記一卷、宣政雜錄一卷、靖康朝野僉言一卷、朝野遺紀一卷、墨客揮犀一卷、續墨客揮犀一卷、聞見雜錄一卷、山房隨筆一卷、諧史一卷、昨夢錄一卷、三朝野史一卷、鐵圍山叢談一卷、孔氏雜說一卷、瀟湘錄一卷、三水小牘一卷、談藪一卷、清尊錄一卷、睽車志一卷、話腴一卷、朝野僉載一卷、古杭雜記一卷、蒙齋筆談一卷、文昌雜錄一卷、就日錄一卷、碧湖雜記一卷、錢氏私誌一卷、遂昌山樵雜錄一卷、高齋漫錄一卷、桐陰舊話一卷、霏雪錄一卷、東園友聞一卷、拊掌錄一卷、漢武故事一卷、艮嶽記一卷、青溪寇軌一卷、煬帝海山記一卷、煬帝迷樓記一卷、煬帝開河記一卷）

130000－0404－0000679　叢0/7738
貸園叢書初集十二種　（清）周永年輯　清乾隆五十四年(1789)歷城周氏竹西書屋益都李文藻刻本　十六冊

130000－0404－0000680　叢3/0821
許文正公遺書十五種十二卷首一卷末二卷　(元)許衡撰　清乾隆五十五年(1790)刻本　八冊

130000－0404－0000681　叢3/1043
王漁洋遺書三十八種　（清）王士禎撰　清康熙刻本　八冊　存八種十三卷(載書圖詩一卷、浯溪考二卷、古鉢集選一卷、抱山集選一卷、考功集選四卷、長白山錄一卷補遺一卷、隴蜀餘聞一卷、國朝諡法考一卷)

130000－0404－0000682　叢3/2043
西河合集一百十八種　（清）毛奇齡撰　清乾隆蕭山陸凝瑞堂刻本　一百二冊

130000－0404－0000683　叢3/2553
朱文端公藏書十三種　（清）朱軾撰　清康熙至乾隆刻本　八十冊

130000－0404－0000684　叢3/4047
杭大宗七種叢書十八卷　（清）杭世駿撰　清乾隆中杭賓仁羊城刻本　八冊

130000－0404－0000685　叢3/4310
戴氏遺書十五種　（清）戴震撰　清乾隆曲阜孔氏微波榭叢書本　二十四冊

130000－0404－0000686　叢3/7437
儼山外集二十三種陸文裕公續集十卷　（明）陸深撰　明嘉靖三十年(1551)陸楫刻本　十冊

130000－0404－0000687　經1/1017(普)
十三經注疏三百三十三卷　（三國魏）王弼等注　清嘉慶三年(1798)汲古閣原本金閶書業堂刻本　一百六十冊

130000－0404－0000688　經1/1020(普)
皇清經解續編一千四百三十卷　王先謙輯　清光緒十四年(1888)南菁書院刻本　三百十三冊　缺十七卷(六十七至八十三)

130000－0404－0000689　經1/1020(2)(普)
皇清經解續編一千四百三十卷　王先謙輯　清光緒十四年(1888)南菁書院刻本　二百四十四冊　缺三百十七卷(一至二十九、四十四至一百三十八、二百二十五至三百一、六百二十七至六百二十八、一千二至一千七十四、一千三百四十三至一千三百六十八、一千四百十六至一千四百三十)

130000－0404－0000690　經1/1020＝2(普)
皇清經解續編二百九卷　王先謙輯　清光緒十五年(1889)上海蜚英館石印本　三十二冊

130000－0404－0000691　經1/1020＝2(2)(普)
皇清經解續編二百九卷　王先謙輯　清光緒十五年(1889)上海蜚英館石印本　三十二冊

130000－0404－0000692　經1/1028(普)
鄭氏遺書五種　（漢）鄭玄撰　（清）王復輯

清嘉慶五年(1800)刻本　二冊

130000－0404－0000693　經1/1250(普)

十三經注疏三百四十六卷附考證　(清)弘書
等編　清同治十年(1871)廣東書局刻本　一
百二十冊

130000－0404－0000694　經1/2131(普)

皇清經解續編目錄十七卷　(清)上海蜚英館
編　清光緒二十二年(1896)上海蜚英書局石
印本　四冊

130000－0404－0000695　經1/2344(普)

袖珍十三經註十五種　(清)□□撰　清同治
十二年(1873)稽古樓刻本　一百冊

130000－0404－0000696　經1/2632(普)

皇清經解分經合纂十六卷　(清)船山主人編
清光緒二十一年(1895)上海鴻寶齋石印本
三十二冊

130000－0404－0000697　經1/2717(普)

增補五經備旨精萃四十五卷　(清)鄒聖脈纂
輯　清京都善成堂刻本　二十四冊

130000－0404－0000698　經1/2802(普)

五經旁訓辨體五種　(清)徐立綱撰　清乾隆
五十四年(1789)循陔堂刻本　十二冊

130000－0404－0000699　經1/4381(普)

策學纂要十六卷　(清)戴朋　(清)黃卷輯
清乾隆四十七年(1782)刻本　四冊

130000－0404－0000700　經1/4437(普)

皇清經解檢目八卷附通用表一卷　(清)蔡啟
盛編　清光緒十二年(1886)刻本　二冊

130000－0404－0000701　經1/4444(普)

苗氏說文四種　(清)苗夔撰　清道光至咸豐
壽陽祁氏漢專亭刻本　八冊

130000－0404－0000702　經1/7110(普)

重刊宋本十三經注疏附校勘記十三種　(清)
阮元撰　清嘉慶二十年(1815)江西南昌府學
刻本　一百二十冊

130000－0404－0000703　經1/7110(2)(普)

重刊宋本十三經注疏附校勘記十三種　(清)

阮元撰　清嘉慶二十年(1815)江西南昌府學
刻本　一百十二冊　存九卷(公羊注疏十八
至二十一、穀梁注疏十六至二十)

130000－0404－0000704　經1/7110＝2(普)

重刊宋本十三經注疏附校勘記十三種　(清)
阮元輯　(清)盧宣旬摘錄　清同治十二年
(1873)江西書局刻本　一百八十二冊

130000－0404－0000705　經1/7110＝2(2)(普)

重刊宋本十三經注疏附校勘記十三種　(清)
阮元輯　(清)盧宣旬摘錄　清同治十二年
(1873)江西書局刻本　一百八十冊

130000－0404－0000706　經1/7110＝3(普)

重刊宋本十三經注疏附校勘記十三種　(清)
阮元輯　清光緒十三年(1887)上海脈望仙館
石印本　三十二冊

130000－0404－0000707　經1/7110＝4(普)

重刊宋本十三經注疏附校勘記十三種　(清)
阮元輯　清光緒十三年(1887)上海點石齋石
印本　二十八冊

130000－0404－0000708　經1/7110－2(普)

皇清經解一千四百卷　(清)阮元輯　清道光
九年(1829)廣東學海堂刻本　三百六十冊

130000－0404－0000709　經1/7110－2＝2(普)

皇清經解一千四百八卷　(清)阮元輯　清道
光九年(1829)廣東學海堂刻咸豐十一年
(1861)補刻本　三百六十冊

130000－0404－0000710　經1/7110－2＝2(2)(普)

皇清經解一千四百八卷　(清)阮元輯　清道
光九年(1829)廣東學海堂刻咸豐十一年
(1861)補刻本　三百六十冊

130000－0404－0000711　經1/7110－2＝3(普)

皇清經解一千四百卷　(清)阮元輯　清道光
九年(1829)廣東學海堂刻本　三百六十冊

130000－0404－0000712　經1/7110－2＝4(普)

皇清經解一千四百八卷　(清)阮元輯　清光
緒十三年(1887)上海書局石印本　六十四冊

130000－0404－0000713　經1/7110－2＝5(普)

皇清經解一百九十卷　（清）阮元輯　清光緒十四年(1888)上海點石齋石印本　二十四冊

130000－0404－0000714　經1/7110－2＝6(普)

皇清經解一千四百八卷　（清）阮元輯　清光緒十三年(1887)上海書局石印本　六十四冊

130000－0404－0000715　經1/7324(普)

通志堂經解　（清）納蘭性德輯　清同治十二年(1873)粵東書局刻本　四百七十八冊

130000－0404－0000716　經1/7324(2)（普)

通志堂經解　（清）納蘭性德輯　清同治十二年(1873)粵東書局刻本　四百八十冊

130000－0404－0000717　經1/7703(普)

五經圖九卷　（清）周應運撰　清雍正元年(1723)致用堂刻本　五冊

130000－0404－0000718　經1/7731(普)

皇清經解縮本編目十六卷　（清）陶冶元輯　清光緒十七年(1891)上海鴻寶齋石印本　二冊

130000－0404－0000719　經1/7772(普)

點勘記二卷省堂筆記一卷　（清）歐陽泉撰　清光緒四年(1878)江蘇書局刻本　二冊

130000－0404－0000720　經1/8008(普)

古經解彙函十六種附小學彙函十四種　（清）鍾謙鈞等輯　清同治十三年(1874)粵東書局刻本　六十四冊

130000－0404－0000721　經1/8008＝2(普)

古經解彙函十六種　（清）鍾謙鈞等輯　清光緒十五年(1889)湘南書局刻本　八十冊

130000－0404－0000722　經1/8008＝3(普)

古經解彙函十六種　（清）鍾謙鈞等輯　清刻本　五十冊　缺三十八卷(鄭氏周易注三卷、易緯八卷、陸氏周易述一卷、尚書大傳三卷、周易集解十七卷、周易口訣義六卷)

130000－0404－0000723　經1/8052(普)

十三經古註二百九十卷　（明）金蟠　（明）葛鼐校　清同治八年(1869)浙江書局刻本　四十八冊

130000－0404－0000724　經1/8700(普)

鄭氏佚書二十三種　（漢）鄭玄撰　（清）袁鈞輯　清光緒十四年(1888)浙江書局刻本　十冊

130000－0404－0000725　經2/0064(普)

周易實事十五卷首一卷　（清）文嗣馨撰　清明道堂刻本　十二冊

130000－0404－0000726　經2/1053(普)

周易內傳十二卷外傳七卷　（清）王夫之撰　清同治四年(1865)刻本　八冊

130000－0404－0000727　經2/1053(2)（普)

周易內傳十二卷外傳七卷　（清）王夫之撰　清同治四年(1865)刻本　八冊

130000－0404－0000728　經2/1060(普)

周易解故一卷　（清）丁晏撰　清光緒十九年(1893)廣雅書局刻本　一冊

130000－0404－0000729　經2/1077(普)

周易本義四卷附圖說一卷　（宋）朱熹撰　清刻本　一冊　存二卷(一至二)

130000－0404－0000730　經2/1077(2)（普)

周易本義四卷附圖說一卷　（宋）朱熹撰　清刻本　一冊　存二卷(二至三)

130000－0404－0000731　經2/1112(普)

周易說略四卷　（清）張爾岐撰　清光緒二年(1876)刻本　二冊

130000－0404－0000732　經2/1114(普)

周易卦象六卷占易秘解一卷　（清）張丙嘉撰　清光緒二十二年(1896)保陽刻本　五冊　缺二卷(周易卦象六、占易秘解一卷)

130000－0404－0000733　經2/1133(普)

紫巖居士易傳十卷　（宋）張浚撰　清通志堂刻本　二冊　存二卷(二至三)

130000－0404－0000734　經2/1243(普)

讀易大旨四卷　（清）孫奇逢撰　清刻本　四冊

130000－0404－0000735　經2/1727(普)

易酌十四卷　（清）刁包撰　清道光二十三年

（1843）刻本　十四册

130000－0404－0000736　經2/1727（2）（普）

易酌十四卷　（清）刁包撰　清道光二十三年（1843）刻本　十四册

130000－0404－0000737　經2/1743（普）

易例擧要八卷　（清）馮其昶撰　清刻本　一册

130000－0404－0000738　經2/2113（普）

大易闡微錄十二卷　（清）劉琯輯　清乾隆二十三年（1758）活字本　二册

130000－0404－0000739　經2/2231（普）

先天易貫五卷　（清）劉元龍撰　清道光二十年（1840）居易齋刻本　五册

130000－0404－0000740　經2/2323（普）

易經通注九卷　（清）傅以漸　（清）曹本榮撰　清光緒十二年（1886）刻本　八册

130000－0404－0000741　經2/2391（普）

周易述義十卷附春秋解二卷　（清）傅恆等撰　清刻本　十四册

130000－0404－0000742　經2/2391＝2（普）

周易述義十卷　（清）傅恆等撰　清道光十八年（1838）刻本　八册

130000－0404－0000743　經2/2540（普）

周易本義四卷圖説一卷筮儀一卷新增圖説一卷　（宋）朱熹撰　清光緒十二年（1886）湖北官書處刻本　二册

130000－0404－0000744　經2/2540＝2（普）

周易本義四卷圖一卷筮儀一卷　（宋）朱熹撰　清同治四年（1865）聚盛堂刻本　二册

130000－0404－0000745　經2/2540＝3（普）

周易本義四卷圖一卷筮儀一卷　（宋）朱熹撰　清光緒十年（1884）刻本　二册

130000－0404－0000746　經2/2540＝4（普）

周易本義四卷圖一卷筮儀一卷　（宋）朱熹撰　清光緒十一年（1885）京都滋本堂刻本　四册

130000－0404－0000747　經2/2540＝5（普）

周易本義四卷圖一卷筮儀一卷　（宋）朱熹撰　清光緒十二年（1886）刻本　二册

130000－0404－0000748　經2/2540＝6（普）

周易本義四卷圖一卷筮儀一卷　（宋）朱熹撰　清京都隆福寺寶書堂刻本　三册

130000－0404－0000749　經2/2540＝7（普）

周易本義四卷圖一卷筮儀一卷　（宋）朱熹撰　清同治八年（1869）書業德記刻本　二册

130000－0404－0000750　經2/2540＝8（普）

周易本義四卷圖説一卷筮儀一卷　（宋）朱熹撰　清同治八年（1869）聚錦堂刻本　二册

130000－0404－0000751　經2/2540＝10（普）

周易本義四卷圖一卷筮儀一卷　（宋）朱熹撰　清光緒十年（1884）泊鎮同元堂刻本　二册

130000－0404－0000752　經2/2540＝11（普）

周易本義四卷圖説一卷筮儀一卷新增圖説一卷　（宋）朱熹撰　清光緒十九年（1893）浙江書局刻本　二册

130000－0404－0000753　經2/2540＝11（2）（普）

周易本義四卷圖説一卷筮儀一卷新增圖説一卷　（宋）朱熹撰　清光緒十九年（1893）浙江書局刻本　二册

130000－0404－0000754　經2/2540＝12（普）

周易本義四卷圖説一卷筮儀一卷　（宋）朱熹撰　清刻本　四册

130000－0404－0000755　經2/2553（普）

周易傳義十二卷春秋鈔十卷　（宋）朱熹撰　（清）朱軾輯　清乾隆二年（1737）刻本　十册

130000－0404－0000756　經2/2603（普）

易漢學考二卷易漢學師承表一卷漢置五經博士考一卷　（清）吳翊寅撰　清光緒十九年（1893）廣州陶濬宣署刻本　一册

130000－0404－0000757　經2/2603（普）

周易象傳消息升降大義述一卷周易消息升降爻例一卷　（清）吳翊寅撰　清光緒刻本　一册

130000－0404－0000758　經2/2614(普)
周易正解二十二卷　(清)吳瑞麟等輯　清康熙三十一年(1692)蘊具堂刻本　二十四冊

130000－0404－0000759　經2/2627(普)
參同契秘解六卷　(漢)魏伯陽著　(清)呂惠連解　清宣統三年(1911)萬全堂刻本　六冊

130000－0404－0000760　經2/2630(普)
易璇璣三卷　(宋)吳沆撰　清康熙十六年(1677)刻本　一冊

130000－0404－0000761　經2/2632(普)
易纂言十卷　(元)吳澄撰　清通志堂刻本　二冊

130000－0404－0000762　經2/2671(普)
狀元易經四卷　(宋)程頤撰　清道光二十年(1840)崇茂堂刻本　二冊

130000－0404－0000763　經2/2671＝2(普)
狀元易經四卷　(宋)程頤撰　清咸豐元年(1851)敏慎堂刻本　二冊

130000－0404－0000764　經2/2671－2(普)
周易傳義音訓八卷首一卷末一卷　(宋)程頤撰　(宋)朱熹　(宋)呂祖謙音義　清光緒十五年(1889)江南書局刻本　八冊

130000－0404－0000765　經2/2740(普)
河上易註八卷圖說二卷　(清)黎世序撰　清道光元年(1821)謙豫齊刻本　六冊

130000－0404－0000766　經2/2744(普)
易問六卷　(清)紀大奎撰　清嘉慶六年(1801)刻本　四冊

130000－0404－0000767　經2/2747(普)
新鐫增補周易備旨一見能解六卷朱子筮儀一卷朱子卦辨圖一卷　(明)黃淳耀撰　(清)嚴而寬增補　清光緒二十七年(1901)善成堂刻本　六冊

130000－0404－0000768　經2/2748(普)
易解拾遺七卷　(清)周世金撰　清嘉慶二十四年(1819)刻本　五冊

130000－0404－0000769　經2/3381(普)

易經撲一十四卷　(清)梁錫璵撰　清乾隆十六年(1751)刻本　六冊　缺七卷(三、五至六、十一至十四)

130000－0404－0000770　經2/3400(普)
易小傳六卷　(宋)沈該撰　清通志堂刻本　三冊　缺一卷(四)

130000－0404－0000771　經2/3433(普)
易憲四卷　(明)沈泓撰　清光緒十四年(1888)刻本　三冊

130000－0404－0000772　經2/3433(2)(普)
易憲四卷　(明)沈泓撰　清光緒十四年(1888)刻本　三冊

130000－0404－0000773　經2/4009(普)
增刪卜易四卷　(清)野鶴老人撰　(清)李文輝增刪　清刻本　一冊　存一卷(一)

130000－0404－0000774　經2/4023(普)
李氏易傳十七卷易釋文一卷　(唐)李鼎祚集釋　**鄭氏周易三卷**　(漢)鄭玄撰　(宋)王應麟輯　(清)惠棟增補　**周易乾鑿度二卷**　(漢)鄭玄注　清乾隆二十一年(1756)盧氏雅雨堂刻本　十冊

130000－0404－0000775　經2/4023(2)(普)
李氏易傳十七卷易釋文一卷　(唐)李鼎祚集釋　**鄭氏周易三卷**　(漢)鄭玄撰　(宋)王應麟輯　(清)惠棟增補　清乾隆二十一年(1756)盧氏雅雨堂刻本　七冊

130000－0404－0000776　經2/4023(3)(普)
李氏易傳十七卷易釋文一卷　(唐)李鼎祚集釋　清乾隆二十一年(1756)盧氏雅雨堂刻本　八冊

130000－0404－0000777　經2/4037(普)
易經體註四卷　(清)李兆賢撰　清學源堂刻本　三冊

130000－0404－0000778　經2/4044(普)
周易傳註七卷筮考一卷　(清)李墭撰　清道光二十三年(1843)博陵養正堂刻本　四冊

130000－0404－0000779　經2/4044(2)(普)

周易傳註七卷筮考一卷 （清）李塨撰 清道
光二十三年(1843)博陵养正堂刻本 三冊

130000－0404－0000780 經2/4072(普)
讀易辨疑四卷 （清）李開先撰 清乾隆二十
四年(1759)静远堂刻本 四冊

130000－0404－0000781 經2/4082(普)
來瞿唐先生易注十五卷首一卷末一卷 （明）
來知德撰 清道光二十七年(1847)刻本 十
六冊

130000－0404－0000782 經2/4082＝2(普)
新刻來瞿唐先生易注十五卷首一卷末一卷
（明）來知德撰 清上海江東茂記書局石印本
四冊

130000－0404－0000783 經2/4082＝3(普)
來瞿唐先生易注十五卷首一卷末一卷 （明）
來知德撰 清同治九年(1870)刻本 十二冊

130000－0404－0000784 經2/4094(普)
御纂周易折中二十二卷 （清）李光地撰 清
康熙五十四年(1715)刻本 十冊

130000－0404－0000785 經2/4094(2)(普)
御纂周易折中二十二卷 （清）李光地撰 清
康熙五十四年(1715)刻本 十六冊

130000－0404－0000786 經2/4094(3)(普)
御纂周易折中二十二卷 （清）李光地撰 清
康熙五十四年(1715)刻本 十六冊

130000－0404－0000787 經2/4094＝2(普)
御纂周易折中二十二卷 （清）李光地撰 清
同治十年(1871)湖北崇文書局刻本 十二冊

130000－0404－0000788 經2/4094＝3(普)
御纂周易折中二十二卷 （清）李光地撰 清
光緒十四年(1888)江南書局刻本 十冊

130000－0404－0000789 經2/4094＝3(2)(普)
御纂周易折中二十二卷 （清）李光地撰 清
光緒十四年(1888)江南書局刻本 十冊

130000－0404－0000790 經2/4094＝3(3)(普)
御纂周易折中二十二卷 （清）李光地撰 清
光緒十四年(1888)江南書局刻本 十冊

130000－0404－0000791 經2/4215(普)
周易姚氏學十六卷首一卷 （清）姚配中撰
清光緒三年(1877)湖北崇文書局刻本 六冊

130000－0404－0000792 經2/4255(普)
易經解注傳義辯正四十四卷易經圖說辯正二
卷 （清）彭申甫編 清刻本 八冊 存二十
二卷(易經解注傳義辯正二十五至四十四、易
經圖說辯正二卷)

130000－0404－0000793 經2/4424(普)
易守三十二卷 （清）葉佩蓀撰 清刻本 四
冊 存十九卷(十至二十八)

130000－0404－0000794 經2/4438(普)
象數論六卷 （清）黃宗羲撰 清光緒廣雅書
局刻本 二冊

130000－0404－0000795 經2/4439(普)
周易備旨一見能解六卷 （明）黃淳耀撰
（清）嚴而寬增補 清嘉慶九年(1804)敬文堂
刻本 五冊

130000－0404－0000796 經2/4441(普)
增訂易經存疑的稿十二卷 （明）林希元撰
清刻本 三冊

130000－0404－0000797 經2/4442(普)
周易會通十四卷 （元）董真卿撰 清康熙十
六年(1677)刻本 八冊

130000－0404－0000798 經2/4700(普)
周易傳義大全二十四卷 （明）胡廣等撰 明
刻本 六冊 存六卷(十四至十九)

130000－0404－0000799 經2/4741(普)
易研八卷首一卷圖一卷 （清）胡翹元撰 清
嘉慶二十四年(1819)刻本 八冊

130000－0404－0000800 經2/4743(普)
易史七卷首一卷 （清）胡世安撰 清抄本
九冊

130000－0404－0000801 經2/4767(普)
周易函書約存十五卷首三卷約注十八卷別集
十六卷 （清）胡煦撰 清乾隆刻本 二十
六冊

130000－0404－0000802　經 2/5012(普)

易經體註大全會解四卷　(清)來爾繩纂　清同治十年(1871)姑蘇掃葉山房刻本　四冊

130000－0404－0000803　經 2/5028(普)

周易口訣義六卷　(唐)史徵撰　清同治十三年(1874)粵東書局刻本　二冊

130000－0404－0000804　經 2/5042(普)

易漢學八卷　(清)惠棟撰　清刻本　二冊

130000－0404－0000805　經 2/6022(普)

壽山堂易說二卷圖解一卷繫辭一卷　(清)無極呂子(呂巖)撰　清嘉慶四年(1799)刻本　六冊

130000－0404－0000806　經 2/7703(普)

芸窗易草四卷　(清)閻斌撰　清同治十二年(1873)刻本　四冊

130000－0404－0000807　經 2/7703(2)(普)

芸窗易草四卷　(清)閻斌撰　清同治十二年(1873)刻本　四冊

130000－0404－0000808　經 2/7703(3)(普)

芸窗易草四卷　(清)閻斌撰　清同治十二年(1873)刻本　四冊

130000－0404－0000809　經 2/8700(普)

周易乾鑿度二卷　(漢)鄭玄注　清乾隆二十一年(1756)雅雨堂刻本　八冊

130000－0404－0000810　經 2/8705(普)

易緯通卦驗二卷　(漢)鄭康成(鄭玄)注　清乾隆三十八年(1773)刻本　一冊

130000－0404－0000811　經 2/8708(普)

李氏易傳十七卷附經典釋文周易音義一卷　(唐)李鼎祚集解　**鄭氏周易三卷附周易爻辰圖一卷**　(宋)王應麟撰　(清)惠棟增補　清乾隆二十一年(1756)雅雨堂刻本　七冊

130000－0404－0000812　經 2/8708 ＝2(普)

鄭氏易譜十二卷　(明)鄭疏撰　清乾隆三十九年(1774)寶文堂刻本　四冊

130000－0404－0000813　經 3/1012(普)

欽定書經傳說彙纂二十一卷首二卷書序一卷

（清)王頊齡撰　清同治七年(1868)刻本　八冊

130000－0404－0000814　經 3/1012 ＝2(普)

欽定書經傳說彙纂二十一卷首二卷書序一卷　(清)王頊齡撰　清刻本　八冊

130000－0404－0000815　經 3/1012 ＝3(普)

欽定書經傳說彙纂二十一卷首二卷書序一卷　(清)王頊齡撰　清光緒十四年(1888)江南書局刻本　十二冊

130000－0404－0000816　經 3/1012 ＝4(普)

欽定書經傳說彙纂二十一卷首二卷書序一卷　(清)王頊齡撰　清同治十年(1871)湖北崇文書局刻本　十二冊

130000－0404－0000817　經 3/1020(普)

尚書孔傳參正三十六卷異同表一卷　王先謙撰　清光緒三十年(1904)虛受堂刻本　六冊

130000－0404－0000818　經 3/1065(普)

尚書後案三十卷附後辨一卷　(清)王鳴盛撰　清頤志堂刻本　八冊

130000－0404－0000819　經 3/1231(普)

欽定書經圖說五十卷　(清)孫家鼐撰　清光緒三十一年(1905)石印本　十六冊

130000－0404－0000820　經 3/1231(2)(普)

欽定書經圖說五十卷　(清)孫家鼐撰　清光緒三十一年(1905)石印本　六冊　存二十四卷(二十四至二十六、三十至五十)

130000－0404－0000821　經 3/2325(普)

尚書大傳四卷補遺一卷　(漢)伏勝撰　(漢)鄭玄注　清嘉慶五年(1800)愛日草廬刻本　二冊

130000－0404－0000822　經 3/2325 ＝2(普)

尚書大傳四卷補遺一卷　(漢)伏勝撰　(漢)鄭玄注　清嘉慶十七年(1812)山淵堂刻本　二冊

130000－0404－0000823　經 3/2632(普)

尚書不分卷　(清)吳汝綸校錄　清光緒十三年(1887)都門印書局刻本　二冊

130000－0404－0000824　經3/2632＝2(普)

寫定尚書一卷　(清)吳汝綸撰　清光緒十八年(1892)桐城吳氏石印本　一冊

130000－0404－0000825　經3/2632＝2(2)(普)

寫定尚書一卷　(清)吳汝綸撰　清光緒十八年(1892)桐城吳氏石印本　一冊

130000－0404－0000826　經3/2632＝2(3)(普)

寫定尚書一卷　(清)吳汝綸撰　清光緒十八年(1892)桐城吳氏石印本　一冊

130000－0404－0000827　經3/2632＝2(4)(普)

寫定尚書一卷　(清)吳汝綸撰　清光緒十八年(1892)桐城吳氏石印本　一冊

130000－0404－0000828　經3/2724(普)

書集傳音釋六卷　(元)鄒季友撰　清刻本　一冊

130000－0404－0000829　經3/3078(普)

尚書考辨四卷　(清)宋鑒著　清嘉慶四年(1799)刻本　三冊　缺一卷(三)

130000－0404－0000830　經3/4081(普)

今文尚書考證三十卷　(清)皮錫瑞撰　清光緒二十三年(1897)師伏堂刻本　四冊

130000－0404－0000831　經3/4333(普)

尚書涉傳四卷尚書楠異二卷　(清)戴祖啟撰　清嘉慶元年(1796)資敬堂刻本　六冊

130000－0404－0000832　經3/4400(普)

尚書說七卷　(宋)黃度撰　清通志堂刻本　四冊

130000－0404－0000833　經3/4434(普)

書經六卷　(宋)蔡沈撰　清同治九年(1870)榴紅書屋刻本　四冊

130000－0404－0000834　經3/4434＝2(普)

書經六卷　(宋)蔡沈撰　清同治十一年(1872)山東書局刻本　四冊

130000－0404－0000835　經3/4434＝3(普)

書經六卷　(宋)蔡沈撰　清同治十三年(1874)江西書局刻本　四冊

130000－0404－0000836　經3/4434＝4(普)

書經六卷　(宋)蔡沈撰　清光緒元年(1875)三義堂刻本　四冊

130000－0404－0000837　經3/4434＝5(普)

書經六卷　(宋)蔡沈撰　清光緒十二年(1886)三義堂刻本　四冊

130000－0404－0000838　經3/4434＝6(普)

書經六卷　(宋)蔡沈撰　清光緒十三年(1887)刻本　四冊

130000－0404－0000839　經3/4434＝7(普)

書經六卷　(宋)蔡沈撰　清光緒十四年(1888)書業德刻本　四冊

130000－0404－0000840　經3/4434＝8(普)

書經六卷　(宋)蔡沈撰　清刻本　四冊

130000－0404－0000841　經3/4434－2(普)

書經集傳音釋六卷　(宋)蔡沈撰　(元)鄒季友集釋　清光緒十五年(1889)刻本　五冊

130000－0404－0000842　經3/4441(普)

新刻書經備旨善本輯要六卷　(清)馬大猷輯　清光緒刻本　四冊

130000－0404－0000843　經3/4441(2)(普)

新刻書經備旨善本輯要六卷　(清)馬大猷輯　清光緒刻本　四冊

130000－0404－0000844　經3/4442(普)

書經精華六卷　(清)薛嘉穎撰　清嘉慶二十四年(1819)刻本　四冊

130000－0404－0000845　經3/4700(普)

黃翰林校正書經大全十卷　(明)胡廣等撰　**書經考異一卷**　(宋)王應麟撰　清康熙五十年(1711)郁郁堂刻本　十冊

130000－0404－0000846　經3/4700－2(普)

書傳大全十卷　(明)胡廣等撰　清刻本　十冊

130000－0404－0000847　經3/4742(普)

尚書詳解十三卷　(宋)胡士行編　清通志堂刻本　四冊

130000－0404－0000848　經3/4808(普)

尚書考異六卷　（明）梅鷟撰　清光緒十八年(1892)浙江書局刻本　四冊

130000－0404－0000849　經3/5062(普)

書經講義會編十二卷　（明）申時行撰　清光緒十八年(1892)刻本　六冊　存六卷(一至六)

130000－0404－0000850　經3/7741(普)

尚書古文疏證八卷朱子古文書疑一卷　（清）閻若璩撰　清同治六年(1867)錢塘汪氏振綺堂補刻本　八冊　缺一卷(三)

130000－0404－0000851　經3/7741(2)(普)

尚書古文疏證八卷　（清）閻若璩撰　清同治六年(1867)錢塘汪氏振綺堂補刻本　八冊

130000－0404－0000852　經3/8073(普)

古本尚書二卷　（宋）金履祥著　清光緒十年(1884)上海掃葉山房刻本　二冊

130000－0404－0000853　經3/8073－2(普)

尚書表注二卷　（宋）金履祥著　清通志堂刻本　一冊

130000－0404－0000854　經3/8343(普)

書經體註大全合參六卷　（清）錢希祥撰（清）范翔鑒定　清乾隆四十三年(1778)聚錦堂刻本　四冊

130000－0404－0000855　經3/8343＝2(普)

書經體註大全合參六卷　（清）錢希祥撰（清）范翔鑒定　清嘉慶六年(1801)六盛堂刻本　四冊

130000－0404－0000856　經3/8343＝3(普)

書經體註大全合參六卷　（清）錢希祥撰（清）范翔鑒定　清同治十三年(1874)崇德堂刻本　四冊

130000－0404－0000857　經3/8343＝3(2)(普)

書經體註大全合參六卷　（清）錢希祥撰（清）范翔鑒定　清同治十三年(1874)崇德堂刻本　四冊

130000－0404－0000858　經3/8343＝4(普)

書經體註大全合參六卷　（清）錢希祥撰（清）范翔鑒定　清務本堂刻本　四冊

130000－0404－0000859　經3/8344(普)

尚書離句六卷　（清）錢在培撰　清光緒十七年(1891)刻本　二冊

130000－0404－0000860　經3/8344＝2(普)

尚書離句六卷　（清）錢在培撰　清光緒十八年(1892)刻本　二冊

130000－0404－0000861　經3/8344＝2(2)(普)

尚書離句六卷　（清）錢在培撰　清光緒十八年(1892)刻本　二冊

130000－0404－0000862　經3/8344＝3(普)

尚書離句六卷　（清）錢在培撰　清刻本　一冊

130000－0404－0000863　經3/8344＝4(普)

尚書離句六卷　（清）錢在培撰　清光緒四年(1878)刻本　四冊

130000－0404－0000864　經4/0041(普)

詩經體註圖考大全八卷　（清）高朝瓔定（清）沈世楷輯　清同治六年(1867)敬文堂刻本　四冊

130000－0404－0000865　經4/0041＝2(普)

詩經體註旁訓圖考大全八卷　（清）高朝瓔定（清）沈世楷輯　清光緒十四年(1888)同元堂刻本　四冊

130000－0404－0000866　經4/0041＝3(普)

詩經體註圖考大全八卷　（清）高朝瓔定（清）沈世楷輯　清光緒十六年(1890)寶興堂刻本　四冊

130000－0404－0000867　經4/0041＝4(普)

詩經體註圖考大全八卷　（清）高朝瓔定（清）沈世楷輯　清光緒三十三年(1907)雙和堂刻本　四冊

130000－0404－0000868　經4/0041＝5(普)

詩經體註圖考大全八卷　（清）高朝瓔定（清）沈世楷輯　清咸豐十年(1860)武水錦華

堂刻本　四冊

130000－0404－0000869　經4/0400(普)

詩序二卷　(春秋)卜商撰　清刻本　一冊

130000－0404－0000870　經4/1031(普)

周官新義十六卷附考工記解二卷　(宋)王安
石撰　清刻本　四冊

130000－0404－0000871　經4/1032(普)

欽定詩經傳說彙纂二十一卷首二卷詩序二卷
　(清)王鴻緒等輯　清光緒十四年(1888)江
南書局刻本　十六冊

130000－0404－0000872　經4/1032(2)(普)

欽定詩經傳說彙纂二十一卷首二卷詩序二卷
　(清)王鴻緒等輯　清光緒十四年(1888)江
南書局刻本　十六冊

130000－0404－0000873　經4/1032＝2(普)

欽定詩經傳說彙纂二十一卷首二卷詩序二卷
　(清)王鴻緒等輯　清雍正五年(1727)內府
刻本　十八冊　缺七卷(十五至二十一)

130000－0404－0000874　經4/1032＝2(2)(普)

欽定詩經傳說彙纂二十一卷首二卷詩序二卷
　(清)王鴻緒等輯　清雍正五年(1727)內府
刻本　十二冊　缺十卷(十一至二十)

130000－0404－0000875　經4/1034(普)

豐川詩說二十卷　(清)王心敬撰　清刻本
十冊

130000－0404－0000876　經4/1072(普)

詩總聞二十卷　(宋)王質撰　清乾隆三十九
年(1774)武英殿活字印本　四冊

130000－0404－0000877　經4/2000(普)

毛詩註疏二十卷　(漢)毛亨傳　(漢)鄭玄箋
　(唐)孔穎達疏　明毛氏汲古閣刻十三經註
疏本　二十冊

130000－0404－0000878　經4/2141(普)

詩經世本古義二十八卷首一卷　(明)何楷撰
　清嘉慶二十四年(1819)溪邑謝氏文林堂刻
本　二十四冊　存九卷(一至二、四、六至七、
九至十一、十六)

130000－0404－0000879　經4/2391(普)

御纂詩義折中二十卷　(清)傅恆等撰　清乾
隆二十年(1755)內府刻本　十二冊

130000－0404－0000880　經4/2391(2)(普)

御纂詩義折中二十卷　(清)傅恆等撰　清乾
隆二十年(1755)內府刻本　八冊

130000－0404－0000881　經4/2391(3)(普)

御纂詩義折中二十卷　(清)傅恆等撰　清乾
隆二十年(1755)內府刻本　八冊

130000－0404－0000882　經4/2391(4)(普)

御纂詩義折中二十卷　(清)傅恆等撰　清乾
隆二十年(1755)內府刻本　十冊

130000－0404－0000883　經4/2391＝2(普)

御纂詩義折中二十卷　(清)傅恆等撰　清刻
本　六冊

130000－0404－0000884　經4/2391＝3(普)

御纂詩義折中二十卷　(清)傅恆等撰　清光
緒十六年(1890)善成堂刻本　六冊

130000－0404－0000885　經4/2391＝4(普)

御纂詩義折中二十卷　(清)傅恆等撰　清刻
本　六冊

130000－0404－0000886　經4/2540(普)

詩經八卷　(宋)朱熹撰　清道光十六年
(1836)楊郡二郎廟惜字局刻本　四冊

130000－0404－0000887　經4/2540＝2(普)

詩經八卷　(宋)朱熹撰　清石印本　四冊

130000－0404－0000888　經4/2540＝3(普)

詩經八卷　(宋)朱熹撰　清光緒五年(1879)
山西濬文書局刻本　四冊

130000－0404－0000889　經4/2540＝4(普)

詩經八卷　(宋)朱熹撰　清同治七年(1868)
湖北崇文書局刻本　四冊

130000－0404－0000890　經4/2540－2(普)

詩經集傳八卷附詩經諸圖圖考一卷　(宋)朱
熹撰　清道光四年(1824)崇讓堂刻本　四冊

130000－0404－0000891　經4/2540－2＝2(普)

詩經集傳八卷附序辨一卷 （宋）朱熹撰 清光緒七年(1881)金陵書局刻本 五冊

130000－0404－0000892 經4/2540－2＝2(2)(普)

詩經集傳八卷附序辨一卷 （宋）朱熹撰 清光緒七年(1881)金陵書局刻本 五冊

130000－0404－0000893 經4/2540－2＝3(普)

詩經集傳八卷 （宋）朱熹撰 清光緒十二年(1886)湖北官書處刻本 四冊

130000－0404－0000894 經4/2540－2＝4(普)

詩經集傳八卷 （宋）朱熹撰 清光緒二十二年(1896)金陵書局刻本 三冊

130000－0404－0000895 經4/2540－2＝5(普)

詩經集傳八卷 （宋）朱熹撰 清八旗官學刻本 四冊

130000－0404－0000896 經4/2540－2＝6(普)

詩經集傳八卷 （宋）朱熹撰 清京都老二酉堂刻本 四冊

130000－0404－0000897 經4/2540－2＝7(普)

詩經集傳八卷 （清）朱熹撰 清京都老二酉堂刻本 四冊

130000－0404－0000898 經4/2540－3(普)

詩序辨說一卷 （宋）朱熹撰 清刻本 一冊

130000－0404－0000899 經4/2631(普)

詩古微上編三卷中編十卷下編二卷首一卷 （清）魏源輯 清光緒十三年(1887)掃葉山房刻本 六冊

130000－0404－0000900 經4/2632(普)

詩經不分卷 （清）吳汝綸輯 清光緒十二年(1886)都門印書局鉛印本 二冊

130000－0404－0000901 經4/2717(普)

新增詩經補註附考備旨八卷 （清）鄒聖脉撰 清善成堂刻本 四冊

130000－0404－0000902 經4/2717(2)(普)

新增詩經補註附考備旨八卷 （清）鄒聖脉撰 清善成堂刻本 六冊

130000－0404－0000903 經4/2717＝2(普)

新增詩經補註備旨精萃八卷首一卷 （清）鄒聖脉撰 清光緒十四年(1888)京都老二酉堂刻本 八冊

130000－0404－0000904 經4/2717＝3(普)

御案詩經備旨八卷 （清）鄒聖脉輯 清光緒二十二年(1896)書業德刻本 八冊

130000－0404－0000905 經4/2818(普)

詩經廣詁三十卷 （清）徐璈撰輯 清道光十年(1830)刻本 八冊

130000－0404－0000906 經4/4044(普)

詩經傳註八卷 （清）李塨撰 清道光二十四年(1844)鍛莊静穆堂刻本 四冊

130000－0404－0000907 經4/4044(2)(普)

詩經傳註八卷 （清）李塨撰 清道光二十四年(1844)鍛莊静穆堂刻本 四冊

130000－0404－0000908 經4/4094(普)

詩所八卷 （清）李光地撰 清雍正六年(1728)刻本 八冊

130000－0404－0000909 經4/4291(普)

詩識名解十五卷 （清）姚炳撰 清康熙四十七年(1708)刻本 四冊

130000－0404－0000910 經4/4420(普)

三刻黃維章先生詩經嫏嬛體註八卷 （清）黃文焕輯 （清）范翔重訂 清康熙二十五年(1686)金閶書業堂刻本 四冊

130000－0404－0000911 經4/4442(普)

詩經精華十卷 （清）薛嘉穎撰 清道光五年(1825)刻本 六冊

130000－0404－0000912 經4/4466(普)

韓詩外傳十卷 （漢）韓嬰撰 清嘉慶四年(1799)味經堂刻本 四冊

130000－0404－0000913 經4/4466＝2(普)

韓詩外傳十卷 （漢）韓嬰撰 清光緒三年(1877)湖北崇文書局刻本 二冊

130000－0404－0000914 經4/4482(普)

詩經審鵠要解六卷 （清）林錫齡撰 清乾隆三年(1738)刻本 四冊

130000－0404－0000915　經4/4711(普)

毛詩後箋三十卷　(清)胡乘珙撰　(清)陳奐
補　清光緒十六年(1890)廣雅書局刻本　十
冊　缺六卷(二十五至三十)

130000－0404－0000916　經4/5099(普)

風雅遺音二卷　(清)史榮撰　清乾隆八年
(1743)刻本　二冊

130000－0404－0000917　經4/6629(普)

讀詩質疑三十一卷首十五卷末一卷　(清)嚴
虞惇撰　清乾隆十二年(1747)刻本　十二冊

130000－0404－0000918　經4/7112(普)

毛詩傳箋通釋三十二卷　(清)馬瑞辰撰　清
光緒十二年(1886)刻廣雅書局叢書本　十冊
缺七卷(一至三、十一至十四)

130000－0404－0000919　經4/7220(普)

詩經葉音辨訛八卷附總論一卷圖一卷總音一
卷彙辨一卷叠韻一卷音學一卷通韻一卷字典
一卷　(清)劉維謙撰　(清)張卿雲　(清)
張景星校　清乾隆三年(1738)壽峯書屋刻本
四冊

130000－0404－0000920　經4/7527(普)

詩毛氏傳疏三十卷　(清)陳奐撰　清光緒九
年(1883)吳門南園掃葉山莊陳氏刻本　十
二冊

130000－0404－0000921　經4/7527(2)(普)

詩毛氏傳疏三十卷　(清)陳奐撰　清光緒九
年(1883)吳門南園掃葉山莊陳氏刻本　十
二冊

130000－0404－0000922　經4/7533(普)

毛詩稽古編三十卷　(清)陳啟源撰　清光緒
九年(1883)上海同文書局影印本　八冊

130000－0404－0000923　經4/7554(普)

詩經啫鳳詳解八卷圖說一卷　(清)陳抒孝撰
(清)汪基增訂　清雍正十三年(1735)蘇州
掃葉山房刻本　八冊

130000－0404－0000924　經4/7554＝2(普)

詩經啫鳳詳解八卷圖說一卷　(清)陳抒孝撰

(清)汪基增訂　清光緒十四年(1888)聚元
堂刻本　四冊

130000－0404－0000925　經4/7772(普)

毛詩本義十六卷　(宋)歐陽修撰　清道光十
四年(1834)瀛塘別墅刻本　四冊

130000－0404－0000926　經4/8009(普)

詩經正解三十卷首一卷　(清)姜文燦　(清)
吳荃撰　清康熙二十三年(1684)深柳堂刻本
二十冊

130000－0404－0000927　經4/8700(普)

毛詩鄭箋二十卷　(漢)鄭玄箋　清乾隆四十
八年(1783)武英殿刻本　六冊

130000－0404－0000928　經4/8700(2)(普)

毛詩鄭箋二十卷　(漢)鄭玄箋　清乾隆四十
八年(1783)武英殿刻本　六冊

130000－0404－0000929　經5/2233(普)

天子肆獻祼饋食禮纂四卷朝廟宮室考一卷田
賦考一卷　(清)任啟運撰　清光緒十四年
(1888)家塾刻本　二冊

130000－0404－0000930　經51/1047(普)

周禮注疏刪翼三十卷　(明)王志長撰　明崇
禎十二年(1639)刻本　二十冊　缺一卷(十
四)

130000－0404－0000931　經51/1047＝2(普)

周禮注疏刪翼三十卷　(明)王志長撰　清刻
本　六冊　缺十八卷(十三至三十)

130000－0404－0000932　經51/1047＝3(普)

周禮注疏刪翼三十卷　(明)王志長撰　清芥
子園刻本　八冊　存十三卷(一至十三)

130000－0404－0000933　經51/1047＝4(普)

周禮注疏刪翼三十卷　(明)王志長撰　清乾
隆六十年(1795)醉墨齋刻本　八冊　存十四
卷(一至十四)

130000－0404－0000934　經51/1073(普)

東巖周禮訂義八十卷　(宋)王與之撰　清通
志堂刻本　十五冊　缺五卷(二十六至三十)

130000－0404－0000935　經51/1123(普)

考工釋車一卷離騷經章句義疏一卷等韻簡明指掌圖一卷 （清）張象津輯　清刻本　一冊

130000－0404－0000936　經51/1200（普）

周禮正要四卷 （清）孫詒讓撰　清光緒二十八年（1902）瑞安普通學堂刻本　四冊

130000－0404－0000937　經51/1200－2（普）

周禮正義八十六卷 （清）孫詒讓撰　清光緒三十一年（1905）鉛印本　二十四冊

130000－0404－0000938　經51/2733（普）

周禮節釋十二卷 （清）鮑梁纂輯　清刻本　六冊

130000－0404－0000939　經51/3532（普）

周官精義十二卷 （清）連斗山撰　清嘉慶二年（1797）文立堂刻本　六冊

130000－0404－0000940　經51/3532＝2（普）

周官精義十二卷 （清）連斗山撰　清嘉慶七年（1802）刻本　六冊

130000－0404－0000941　經51/3532＝3（普）

周官精義十二卷 （清）連斗山撰　清嘉慶十年（1805）刻本　六冊

130000－0404－0000942　經51/3532＝4（普）

周官精義十二卷 （清）連斗山撰　清嘉慶二十二年（1817）刻本　五冊

130000－0404－0000943　經51/3532＝5（普）

周官精義十二卷 （清）連斗山撰　清嘉慶二十三年（1818）刻本　六冊

130000－0404－0000944　經51/3532＝6（普）

周官精義十二卷 （清）連斗山撰　清刻本　八冊

130000－0404－0000945　經51/3572（普）

周官錄田考三卷 （清）沈彤撰　清刻本　三冊

130000－0404－0000946　經51/4057（普）

周禮節訓增句六卷 （清）李盛卿撰　清光緒十五年（1889）李氏家塾刻本　二冊

130000－0404－0000947　經51/4421（普）

周禮節訓六卷 （清）黃叔琳撰　（清）許寶香重訂　清道光二十三年（1843）自怡軒刻本　二冊

130000－0404－0000948　經51/4421＝2（普）

周禮節訓六卷 （清）黃叔琳原定　（清）姚培謙重訂　（清）王永琪參閱　清光緒十二年（1886）蘇州掃葉山房刻本　一冊

130000－0404－0000949　經51/4421＝3（普）

周禮節訓六卷 （清）黃叔琳原定　（清）姚培謙重訂　（清）王永琪參閱　清江南城狀元閣刻本　二冊

130000－0404－0000950　經51/7474（普）

禮經會元四卷 （宋）葉時撰　（清）陸隴其評點　清道光二十年（1840）刻本　四冊

130000－0404－0000951　經51/7504（普）

周禮精華六卷 （清）陳龍標輯　清道光六年（1826）山西書業德刻本　四冊

130000－0404－0000952　經51/7504＝2（普）

周禮精華六卷 （清）陳龍標輯　清同治五年（1866）崇德堂刻本　六冊

130000－0404－0000953　經51/7504＝3（普）

周禮精華六卷 （清）陳龍標輯　清光緒十八年（1892）書業德刻本　六冊

130000－0404－0000954　經51/8700（普）

周禮六卷 （漢）鄭玄注　（唐）陸德明音義　清清芬閣刻本　六冊

130000－0404－0000955　經51/8700＝2（普）

周禮六卷 （漢）鄭玄注　（唐）陸德明音義　清同治十一年（1872）山東書局刻本　六冊

130000－0404－0000956　經51/8700＝3（普）

周禮六卷 （漢）鄭玄注　（唐）陸德明音義　清同治十三年（1874）湖南書局刻本　六冊

130000－0404－0000957　經51/8700－2（普）

周禮折衷六卷 （漢）鄭玄注　（唐）賈公彥疏　（清）胡興銓重訂　清經元堂刻本　六冊

130000－0404－0000958　經51/8700－4（普）

周禮鄭注六卷 （漢）鄭玄注　（唐）陸德明音

義　清乾隆五十二年(1787)刻本　六冊

130000－0404－0000959　經51/8700－4＝2
(普)

周禮鄭注六卷　(漢)鄭玄注　(唐)陸德明音
義　清咸豐刻本　六冊

130000－0404－0000960　經51/8700－5(普)

周禮鄭注十二卷　(漢)鄭玄注　(唐)陸德明
音義　清光緒十八年(1892)刻本　六冊

130000－0404－0000961　經51/8718(普)

輪輿私箋二卷圖一卷　(清)鄭珍撰　(清)鄭
知同繪　清同治七年(1868)獨山莫氏金陵刻
本　一冊

130000－0404－0000962　經52/1112(普)

儀禮鄭註句讀十七卷監本正誤一卷石本誤字
一卷　(清)張雨綺撰　清乾隆八年(1743)刻
本　六冊

130000－0404－0000963　經52/1112＝2(普)

儀禮鄭註句讀十七卷監本正誤一卷石本誤字
一卷　(清)張雨綺撰　清同治七年(1868)金
陵書局刻本　四冊

130000－0404－0000964　經52/1112＝2(2)(普)

儀禮鄭註句讀十七卷監本正誤一卷石本誤字
一卷　(清)張雨綺撰　清同治七年(1868)金
陵書局刻本　四冊

130000－0404－0000965　經52/1150(普)

儀禮圖六卷　(清)張惠言撰　清同治九年
(1870)崇文書局刻本　三冊

130000－0404－0000966　經52/1150(2)(普)

儀禮圖六卷　(清)張惠言撰　清同治九年
(1870)崇文書局刻本　三冊

130000－0404－0000967　經52/1150＝2(普)

儀禮圖六卷　(清)張惠言撰　清嘉慶十年
(1805)揚州阮氏刻本　三冊

130000－0404－0000968　經52/2543(普)

儀禮節略二十卷　(清)朱軾撰　清雍正五年
(1727)刻本　十六冊

130000－0404－0000969　經52/2614(普)

儀禮章句十七卷　(清)吳廷華撰　清乾隆二
十二年(1757)東壁書莊刻本　六冊

130000－0404－0000970　經52/2618(普)

儀禮要義五十卷　(宋)魏了翁撰　清光緒十
年(1884)江蘇書局刻本　十二冊

130000－0404－0000971　經52/3479(普)

禮經宮室答問二卷　(清)洪頤煊撰　清光緒
十年(1884)臨海馬氏師竹山房刻傳經堂叢書
本　二冊

130000－0404－0000972　經52/4044(普)

儀禮集釋三十卷附釋宮一卷　(宋)李如圭撰
　清刻本　十二冊

130000－0404－0000973　經52/4448(普)

儀禮經傳通解三十七卷附儀禮經傳通解續二
十九卷　(宋)黃幹撰　清刻本　二十二冊
存三十二卷(儀禮經傳通解二十四至三十七,
儀禮經傳通解續一至十三、二十五至二十九)

130000－0404－0000974　經52/4747(普)

儀禮正義四十卷　(清)胡培翬撰　清同治七
年(1868)蘇州湯晉苑局刻本　十六冊

130000－0404－0000975　經52/4877(普)

欽定儀禮義疏四十八卷首二卷　(清)朱軾等
纂　清光緒十四年(1888)江南書局刻本　二
十八冊

130000－0404－0000976　經52/7177(普)

儀禮易讀十七卷　(清)馬駧撰　清乾隆二十
年(1755)刻本　二冊

130000－0404－0000977　經52/7177＝2(普)

儀禮易讀十七卷　(清)馬駧撰　清乾隆三十
八年(1773)刻本　四冊

130000－0404－0000978　經52/8700(普)

儀禮十七卷　(漢)鄭玄注　(唐)陸德明音義
　清刻本　四冊

130000－0404－0000979　經52/8700＝2(普)

儀禮十七卷附嚴本儀禮鄭氏註校錄一卷
(漢)鄭玄註　清同治九年(1870)楚北崇文書
局刻本　二冊

130000－0404－0000980　經52/8700＝2(2)(普)

儀禮十七卷附嚴本儀禮鄭氏註校錄一卷
(漢)鄭玄註　清同治九年(1870)楚北崇文書局刻本　二冊

130000－0404－0000981　經52/8700＝2(3)(普)

儀禮十七卷附嚴本儀禮鄭氏註校錄一卷
(漢)鄭玄註　清同治九年(1870)楚北崇文書局刻本　二冊

130000－0404－0000982　經52/8700－2(普)

儀禮註疏十七卷　(漢)鄭玄註　(唐)賈公彥疏　明毛氏汲古閣刻十三經註疏本　六冊

130000－0404－0000983　經53/1202(普)

禮記天算釋一卷　(清)孔廣牧撰　**大戴禮記解詁十三卷**　(清)王聘珍撰　清光緒十五年(1889)廣雅書局刻本　三冊

130000－0404－0000984　經53/1202(2)(普)

禮記天算釋一卷　(清)孔廣牧撰　清光緒十五年(1889)廣雅書局刻本　一冊

130000－0404－0000985　經53/1204(普)

大戴禮記補註十三卷序錄一卷　(清)孔廣森撰　清嘉慶五年(1800)刻本　四冊

130000－0404－0000986　經53/1204＝2(普)

大戴禮記補註十三卷序錄一卷　(清)孔廣森撰　清刻本　六冊

130000－0404－0000987　經53/2542(普)

禮記訓纂四十九卷　(清)朱彬撰　清咸豐元年(1851)宜祿堂刻本　十六冊

130000－0404－0000988　經53/2542(2)(普)

禮記訓纂四十九卷　(清)朱彬撰　清咸豐元年(1851)宜祿堂刻本　八冊

130000－0404－0000989　經53/2803(普)

漱芳軒合纂禮記體註四卷　(清)范翔參訂
清康熙五十二年(1713)漱芳軒刻本　四冊

130000－0404－0000990　經53/2803(2)(普)

漱芳軒合纂禮記體註四卷　(清)范翔參訂
清康熙五十二年(1713)文英堂刻金陵穆綏廷印本　四冊

130000－0404－0000991　經53/2803(3)(普)

漱芳軒合纂禮記體註四卷　(清)范翔參訂
清乾隆五十五年(1790)刻本　二冊

130000－0404－0000992　經53/2803(4)(普)

漱芳軒合纂禮記體註四卷　(清)范翔參訂
清康熙五十二年(1713)繼志堂刻金陵穆綏廷印本　四冊

130000－0404－0000993　經53/2803(5)(普)

漱芳軒合纂禮記體註四卷　(清)范翔參訂
清康熙五十二年(1713)文英堂刻金陵穆綏廷印本　三冊

130000－0404－0000994　經53/2803＝2(普)

禮記大全體註四卷　(清)范翔參訂　清雍正三年(1725)文會堂刻本　四冊

130000－0404－0000995　經53/2847(普)

讀禮通考一百二十卷　(清)徐乾學撰　清康熙三十五年(1696)刻本　三十二冊

130000－0404－0000996　經53/2847＝2(普)

讀禮通考一百二十卷　(清)徐乾學撰　清光緒七年(1881)江蘇書局刻本　三十二冊

130000－0404－0000997　經53/2847＝2(2)(普)

讀禮通考一百二十卷　(清)徐乾學撰　清光緒七年(1881)江蘇書局刻本　二十四冊

130000－0404－0000998　經53/3167(普)

大戴禮注補十三卷解詁目錄一卷附錄一卷
(清)汪照撰　清嘉慶九年(1804)刻本　六冊

130000－0404－0000999　經53/4044(普)

學禮六卷擬太平策七卷　(清)李塨撰　清刻本　一冊

130000－0404－0001000　經53/4421(普)

全本禮記體註十卷　(清)范翔訂　(清)徐瑄補輯　清文新堂刻本　十冊

130000－0404－0001001　經53/4719(普)

禮記心典傳本三卷　(清)胡瑤光輯　清康熙三十二年(1693)四教堂刻本　二冊

130000－0404－0001002　經53/4719(2)(普)

禮記心典傳本三卷　(清)胡瑤光輯　清康熙

三十二年(1693)四教堂刻本　四册

130000－0404－0001003　經53/4742(普)

鄭氏禮記箋四十九卷　(清)郝懿行撰　清光
緒八年(1882)東路廳署刻本　十册

130000－0404－0001004　經53/4872(普)

欽定禮記義疏八十二卷首一卷　(清)鄂爾泰
撰　清刻本　八十四册

130000－0404－0001005　經53/7534(普)

禮記集說十卷　(元)陳澔撰　清康熙十六年
(1677)崇道堂刻本　十册

130000－0404－0001006　經53/7534＝2(普)

禮記集說十卷　(元)陳澔撰　清同治五年
(1866)金陵書局刻本　十册

130000－0404－0001007　經53/7534＝3(普)

禮記集說十卷　(元)陳澔撰　清同治十一年
(1872)山東書局刻本　十册

130000－0404－0001008　經53/7534＝4(普)

禮記集說十卷　(元)陳澔撰　清光緒八年
(1882)山西濬文書局刻本　十册

130000－0404－0001009　經53/7534＝5(普)

禮記集說十卷　(元)陳澔撰　清光緒十二年
(1886)湖北官書處刻本　十册

130000－0404－0001010　經53/7534＝6(普)

禮記集說十卷　(元)陳澔撰　清刻本　十册

130000－0404－0001011　經53/7534＝7(普)

禮記集說十卷　(元)陳澔撰　清刻本　十册

130000－0404－0001012　經53/7534＝8(普)

禮記集說十卷　(元)陳澔撰　清乾隆十五年
(1750)刻本　十册

130000－0404－0001013　經53/7534＝9(普)

禮記集說十卷　(元)陳澔撰　清江南城狀元
閣刻本　十册

130000－0404－0001014　經53/7534－2(普)

禮記述解闡備匯參十五卷　(元)陳澔集註
(元)馬履成編輯　清光緒五年(1879)裕文會
刻本　八册

130000－0404－0001015　經53/7534－3(普)

禮記　(元)陳澔集說　清刻本　一册　存一
卷(十)

130000－0404－0001016　經53/7534－4(普)

禮記增訂旁訓六卷　(清)徐立綱撰　清吳郡
張氏匠門書屋刻本　六册

130000－0404－0001017　經53/8700(普)

禮記鄭注二十卷　(漢)鄭玄注　清乾隆四十
八年(1783)武英殿刻本　十册

130000－0404－0001018　經53/8700－2(普)

禮記二十卷　(漢)鄭玄注　撫本禮記鄭注考
異二卷　(清)張敦仁撰　清嘉慶十一年
(1806)陽城張氏影摹宋撫州刻本　七册　存
十九卷(一至三、七至二十,考異二卷)

130000－0404－0001019　經53/8700－3(普)

禮記註疏六十三卷　(漢)鄭玄註　(唐)孔穎
達疏　明汲古閣刻本　二十册

130000－0404－0001020　經53/8700－3(2)(普)

禮記註疏六十三卷　(漢)鄭玄註　(唐)孔穎
達疏　明汲古閣刻本　十一册

130000－0404－0001021　經53/8700－3(3)(普)

禮記註疏六十三卷　(漢)鄭玄註　(唐)孔穎
達疏　明汲古閣刻本　八册

130000－0404－0001022　經54/2337(普)

欽定三禮義疏一百八十二卷　(清)允祿等撰
清同治七年(1868)刻本　一百三十八册

130000－0404－0001023　經54/2337(2)(普)

欽定周官義疏四十八卷首一卷　(清)允祿等
撰　清同治七年(1868)刻欽定三禮義疏本
八册　存十一卷(一至十、首一卷)

130000－0404－0001024　經54/2337＝2(普)

欽定三禮義疏一百八十二卷　(清)允祿等撰
清同治十年(1871)湖北崇文書局刻本　一
百六册　缺二卷(欽定禮記義疏四十二至四
十三)

130000－0404－0001025　經54/2337＝3(普)

欽定三禮義疏一百八十二卷　(清)允祿等撰

清光緒十四年（1888）戶部公刻本　八十四冊

130000－0404－0001026　經54/2337＝4（普）
欽定三禮義疏一百八十二卷　（清）允祿等撰
清刻本　一百六十冊

130000－0404－0001027　經54/2337＝5（普）
欽定三禮義疏一百八十二卷　（清）允祿等撰
清乾隆十三年（1748）內府刻本　一百二十四冊　存一百五十三卷（儀禮一至二十三、三十三至四十八，周官一至三十二，禮記八十二卷）

130000－0404－0001028　經54/2540（普）
文公家禮儀節八卷　（宋）朱熹編　（明）楊慎輯　清三讓堂刻本　六冊

130000－0404－0001029　經54/2540＝2（普）
文公家禮儀節八卷　（宋）朱熹編　（明）楊慎輯　清道光五年（1825）刻本　四冊

130000－0404－0001030　經54/3130（普）
禮書綱目八十五卷首三卷　（清）江永撰　清刻本　八冊　存二十五卷（二十一至四十五）

130000－0404－0001031　經54/3144（普）
三禮約編嵍鳳十九卷　（清）汪基撰　清道光二十三年（1843）崇順堂刻本　八冊

130000－0404－0001032　經54/4462（普）
三禮通釋二百八十卷首一卷目錄四卷　（清）林昌彝撰　清同治三年（1864）廣州刻本　四十八冊

130000－0404－0001033　經54/7231（普）
朱子家禮八卷首一卷附初稿四卷約言四卷
（明）丘濬輯　清乾隆三十八年（1773）博雅堂刻本　八冊

130000－0404－0001034　經54/7231（2）（普）
朱子家禮八卷首一卷附初稿四卷約言四卷
（明）丘濬輯　清乾隆三十八年（1773）博雅堂刻本　八冊

130000－0404－0001035　經54/7231＝2（普）
朱子家禮十卷首一卷　（明）丘濬輯　清嘉慶

六年（1801）寶寧堂刻本　六冊

130000－0404－0001036　經54/7231＝2（2）（普）
朱子家禮十卷首一卷　（明）丘濬輯　清嘉慶六年（1801）寶寧堂刻本　六冊

130000－0404－0001037　經55/5046（普）
五禮通考二百六十二卷總目二卷首四卷
（清）秦蕙田撰　清乾隆二十八年（1763）無錫秦蕙田味經窩刻本　九十六冊

130000－0404－0001038　經55/5046＝2（普）
五禮通考二百六十二卷總目二卷首四卷
（清）秦蕙田撰　清光緒六年（1880）江蘇書局刻本　一百冊

130000－0404－0001039　經56/1044（普）
禮記易讀二卷　（清）志遠堂主人輯　清光緒十二年（1886）聚元堂刻本　二冊

130000－0404－0001040　經56/1044（2）（普）
禮記易讀二卷　（清）志遠堂主人輯　清光緒十二年（1886）聚元堂刻本　二冊

130000－0404－0001041　經56/1044（3）（普）
禮記易讀二卷　（清）志遠堂主人輯　清光緒十二年（1886）聚元堂刻本　二冊

130000－0404－0001042　經56/1779（普）
司馬氏書儀十卷　（宋）司馬光撰　（清）汪郊校訂　清同治七年（1868）江蘇書局刻本
一冊

130000－0404－0001043　經56/1779＝2（普）
司馬氏書儀十卷　（宋）司馬光撰　清光緒八年（1882）解梁書院刻本　二冊

130000－0404－0001044　經56/6045（普）
四禮翼四卷　（明）呂坤撰　清光緒十三年（1887）繼善堂刻本　一冊

130000－0404－0001045　經56/6045（2）（普）
四禮翼四卷　（明）呂坤撰　清光緒十三年（1887）繼善堂刻本　一冊

130000－0404－0001046　經56/6045＝2（普）
四禮翼四卷　（明）呂坤撰　清光緒二十一年（1895）湖北官書處刻本　一冊

130000－0404－0001047　經56/6045＝2(2)(普)

四禮翼四卷　(明)呂坤撰　清光緒二十一年(1895)湖北官書處刻本　一冊

130000－0404－0001048　經56/7548(普)

書集傳或問二卷　(宋)陳大猷撰　清康熙十九年(1680)通志堂刻本　一冊　存一卷(一)

130000－0404－0001049　經6/2391(普)

御纂春秋直解十二卷　(清)傅恒等撰　清乾隆二十三年(1758)刻本　八冊

130000－0404－0001050　經6/2391＝2(普)

御纂春秋直解十二卷　(清)傅恒等撰　清乾隆二十三年(1758)內府刻本　五冊　存七卷(一至二、五至九)

130000－0404－0001051　經6/2674(普)

春秋集義五十八卷首一卷末二卷　(清)吳鳳來撰　(清)畢沅鑒定　清乾隆五十四年(1789)小草盧刻本　二十冊

130000－0404－0001052　經6/2746(普)

春秋或問六卷　(清)郜坦撰　清光緒二年(1876)淮南書局刻本　二冊

130000－0404－0001053　經6/2846(普)

春秋體註大全合參四卷　(清)周熾纂　清雍正四年(1726)世德堂刻本　四冊

130000－0404－0001054　經6/7702(普)

春秋公羊傳十二卷穀梁傳十二卷　(明)閔齊伋裁注　明末唐錦池文林閣刻本　八冊

130000－0404－0001055　經6/7702(2)(普)

春秋公羊傳十二卷穀梁傳十二卷　(明)閔齊伋裁注　明末唐錦池文林閣刻本　八冊

130000－0404－0001056　經6/7793(普)

春秋體註大全四卷　(清)周熾輯　清康熙五十年(1711)文盛堂刻本　四冊

130000－0404－0001057　經6/3140(普)

春秋衡庫三十卷備錄一卷附錄三卷　(明)馮夢龍撰　明天啟刻本　十二冊

130000－0404－0001058　經6/4044(普)

春秋傳註四卷　(清)李塨撰　清同治八年

(1869)高陽世和堂刻本　四冊

130000－0404－0001059　經6/4406(普)

春秋會義二十六卷　(清)杜諤撰　清光緒十八年(1892)山淵閣刻本　十二冊

130000－0404－0001060　經6/4406(2)(普)

春秋會義二十六卷　(清)杜諤撰　清光緒十八年(1892)山淵閣刻本　十二冊

130000－0404－0001061　經6/4411(普)

春秋四傳三十八卷春秋提要一卷春秋二十國年表一卷春秋諸國興廢說一卷　(□)□□撰　清刻本　八冊

130000－0404－0001062　經6/4736(普)

春秋三十卷　(宋)胡安國撰　清康熙四十七年(1708)刻本　八冊

130000－0404－0001063　經6/4736＝2(普)

春秋三十卷　(宋)胡安國撰　清乾隆五十八年(1793)刻本　八冊

130000－0404－0001064　經6/7571(普)

春秋規過考信三卷　(清)陳熙晉撰　清光緒十五年(1889)廣雅書局刻本　三冊

130000－0404－0001065　經6/8077(普)

春秋紀愚十卷附春秋或問一卷　(明)金賢撰　清康熙二十五年(1686)刻本　四冊

130000－0404－0001066　經61/0020(普)

左傳鈔六卷　(清)高塘撰　清乾隆五十三年(1788)刻本　八冊

130000－0404－0001067　經61/0020(2)(普)

左傳鈔六卷　(清)高塘撰　清乾隆五十三年(1788)刻本　八冊

130000－0404－0001068　經61/0020(3)(普)

左傳鈔六卷　(清)高塘撰　清乾隆五十三年(1788)刻本　八冊

130000－0404－0001069　經61/0020(4)(普)

左傳鈔六卷　(清)高塘撰　清乾隆五十三年(1788)刻本　八冊

130000－0404－0001070　經61/0020(5)(普)

左傳鈔六卷　（清）高崤撰　清乾隆五十三年(1788)刻本　八冊

130000－0404－0001071　經61/0020(6)(普)

左傳鈔六卷　（清）高崤撰　清乾隆五十三年(1788)刻本　八冊

130000－0404－0001072　經61/0044(普)

左傳史論二卷　（清）高士奇論正　清刻本　一冊

130000－0404－0001073　經61/0044(2)(普)

左傳史論二卷　（清）高士奇論正　清刻本　一冊

130000－0404－0001074　經61/0044－2(普)

春秋左傳類對賦一卷　（宋）徐晉卿纂　（清）高士奇補註　清康熙三十年(1691)刻本　二冊

130000－0404－0001075　經61/1043(普)

春秋左傳分類賦四卷　（清）夏楓江輯　清嘉慶十六年(1811)書業堂刻本　四冊

130000－0404－0001076　經61/1043＝2(普)

春秋左傳分類對賦四卷附說左約箋二卷　（清）夏楓江輯　清咸豐元年(1851)海清樓刻本　六冊

130000－0404－0001077　經61/1083(普)

春秋四傳三十八卷　（□）□□□撰　明刻本　五冊

130000－0404－0001078　經61/1122(普)

春秋左傳綱目杜林詳註十四卷首一卷　（明）張岐然撰　清雍正十三年(1735)崇文堂刻本　七冊

130000－0404－0001079　經61/1122＝2(普)

春秋左傳綱目杜林詳註十四卷首一卷附圖說一卷年表一卷　（明）張岐然編　清連元閣刻本　四冊　缺六卷(九至十四)

130000－0404－0001080　經61/1726(普)

左傳易讀六卷　（清）司徒修撰　清光緒十五年(1889)刻本　三冊

130000－0404－0001081　經61/1726(2)(普)

左傳易讀六卷　（清）司徒修撰　清光緒十五年(1889)刻本　三冊

130000－0404－0001082　經61/2663(普)

欽定春秋左傳讀本三十卷　（清）英和等撰　清同治八年(1869)江蘇書局刻本　十冊

130000－0404－0001083　經61/2663(2)(普)

欽定春秋左傳讀本三十卷　（清）英和等撰　清同治八年(1869)江蘇書局刻本　十冊

130000－0404－0001084　經61/2663(3)(普)

欽定春秋左傳讀本三十卷　（清）英和等撰　清同治八年(1869)江蘇書局刻本　十冊

130000－0404－0001085　經61/2663＝2(普)

欽定春秋左傳讀本三十卷　（清）英和等撰　清刻本　十二冊

130000－0404－0001086　經61/3140(普)

春秋大事表五十卷輿圖一卷附錄一卷　（清）顧棟高撰　清陝西求友齋刻本　六冊　存十九卷(三十四至五十、輿圖一卷、附錄一卷)

130000－0404－0001087　經61/3140＝2(普)

春秋大事表五十卷　（清）顧棟高撰　清同治十二年(1873)山東尚志堂刻本　十冊　存十一卷(一至十一)

130000－0404－0001088　經61/3147(普)

左繡三十卷首一卷　（清）馮李驊　（清）陸浩評輯　清刻本　十六冊

130000－0404－0001089　經61/3147(2)(普)

左繡三十卷首一卷　（清）馮李驊　（清）陸浩評輯　清刻本　八冊

130000－0404－0001090　經61/3147＝2(普)

左繡三十卷首一卷　（清）馮李驊　（清）陸浩評輯　清翠筠山房刻本　十八冊

130000－0404－0001091　經61/3147＝3(普)

左繡三十卷首一卷　（清）馮李驊　（清）陸浩評輯　清江南城狀元閣刻本　十六冊

130000－0404－0001092　經61/3376(普)

左通補釋三十二卷　（清）梁履繩撰　清道光九年(1829)汪氏振綺堂刻光緒元年(1875)補

053

刻本　十冊

130000－0404－0001093　經61/3404(普)

春秋左傳詁二十卷　(清)洪亮吉撰　清光緒
四年(1878)授經堂刻本　十冊

130000－0404－0001094　經61/4062(普)

春秋左氏傳賈服註輯述二十卷　(清)李貽德
撰　清同治五年(1866)刻本　六冊

130000－0404－0001095　經61/4076(普)

曲江書屋新訂批注左傳快讀十八卷首一卷
(清)李紹崧輯　清道光三十年(1850)刻本
十四冊

130000－0404－0001096　經61/4076＝2(普)

曲江書屋新訂批注左傳快讀十八卷首一卷
(清)李紹崧輯　清宣統元年(1909)上海書局
石印本　十二冊

130000－0404－0001097　經61/4076－2(普)

春秋左傳注疏六十卷　(晉)杜預注　(唐)孔
穎達疏　(唐)陸德明釋文　明崇禎汲古閣刻
十三經注疏本　十四冊　存二十八卷(三十
三至六十)

130000－0404－0001098　經61/4076－2(2)(普)

春秋左傳注疏六十卷　(晉)杜預注　(唐)孔
穎達疏　(唐)陸德明釋文　明崇禎汲古閣刻
十三經注疏本　六冊　存十二卷(四十九至
六十)

130000－0404－0001099　經61/4411－3(普)

春秋左傳注疏六十卷　(晉)杜預注　(唐)孔
穎達疏　明刻本　六冊　存二十一卷(四十
至六十)

130000－0404－0001100　經61/4240(普)

春秋左傳杜注三十卷首一卷　(清)姚培謙撰
　清同治五年(1866)金陵書局刻本　十冊

130000－0404－0001101　經61/4240＝2(普)

春秋左傳杜注三十卷首一卷　(清)姚培謙撰
　清光緒九年(1883)江南書局刻本　八冊

130000－0404－0001102　經61/4240＝2(2)(普)

春秋左傳杜注三十卷首一卷　(清)姚培謙撰

清光緒九年(1883)江南書局刻本　十冊

130000－0404－0001103　經61/4240＝3(普)

**春秋左傳杜注三十卷首一卷春秋年表一卷春
秋名號归一圖二卷**　(清)姚培謙撰　(宋)岳
珂刊補　(三國蜀)馮繼先撰　清光緒十九年
(1893)浙江書局刻本　十冊

130000－0404－0001104　經61/4411(普)

春秋左傳五十卷　(晉)杜預撰　清光緒刻本
　十六冊

130000－0404－0001105　經61/4411＝2(普)

春秋左傳五十卷　(晉)杜預撰　清刻本　十
二冊

130000－0404－0001106　經61/4411＝4(普)

春秋左傳三十卷首一卷　(晉)杜預撰　清光
緒十二年(1886)湖北官書處刻本　十二冊

130000－0404－0001107　經61/4411＝5(普)

春秋左傳五十卷　(晉)杜預撰　(明)孫鑛評
點　清光緒十一年(1885)江蘇掃葉山房刻本
　十六冊

130000－0404－0001108　經61/4411＝6(普)

春秋左傳五十卷　(晉)杜預撰　(宋)林堯叟
注釋　(明)孫鑛評點　清江南城狀元閣刻本
　十六冊

130000－0404－0001109　經61/4411＝7(普)

春秋左傳三十卷　(晉)杜預撰　(明)鍾惺評
　清汲古閣刻本　十冊　缺十六卷(一至十
六)

130000－0404－0001110　經61/4411－2(普)

春秋經傳集解三十卷　(晉)杜預註　(唐)陸
德明釋文　**春秋名號歸一圖二卷**　(五代)馮
繼先撰　**春秋年表一卷**　**春秋年表一卷**
(□)□□撰　清乾隆四十八年(1783)武英殿
刻本　三十二冊

130000－0404－0001111　經61/4411－2＝2(普)

春秋經傳集解三十卷　(晉)杜預註　(唐)陸
德明釋文　清刻本　十二冊　存二十七卷
(四至三十)

130000－0404－0001112　經61/4411－2＝3(普)

春秋經傳集解三十卷　（晉）杜預註　（唐）陸
德明釋文　清刻本　八冊　存十五卷（一至
十五）

130000－0404－0001113　經61/4411－2＝4(普)

春秋經傳集解三十卷　（晉）杜預註　（唐）陸
德明釋文　清同治十三年（1874）江西書局刻
本　十三冊　存二十七卷（一至七、十一至三
十）

130000－0404－0001114　經61/4444(普)

太史張天如詳節春秋綱目左傳句解六卷
（清）韓菼重訂　清光緒二十九年（1903）三義
堂刻本　六冊

130000－0404－0001115　經61/4444＝2(普)

太史張天如詳節春秋綱目左傳句解六卷
（清）韓菼重訂　清光緒五年（1879）刻本
六冊

130000－0404－0001116　經61/4444＝3(普)

太史張天如詳節春秋綱目左傳句解六卷
（清）韓菼重訂　清刻本　六冊

130000－0404－0001117　經61/4444＝4(普)

太史張天如詳節春秋綱目左傳句解六卷
（清）韓菼重訂　清刻本　六冊

130000－0404－0001118　經61/4444＝5(普)

太史張天如詳節春秋綱目左傳句解六卷
（清）韓菼重訂　清刻本　六冊

130000－0404－0001119　經61/4444－2(普)

評點春秋綱目左傳句解匯雋六卷　（清）韓菼
重訂　清刻本　六冊

130000－0404－0001120　經61/4444－2＝2
(普)

評點春秋綱目左傳句解匯雋六卷　（清）韓菼
重訂　清上海掃葉山房石印本　六冊

130000－0404－0001121　經61/5544(普)

左氏條貫十八卷　（清）曹基編　清康熙聚古
堂刻本　八冊

130000－0404－0001122　經61/5544(2)(普)

左氏條貫十八卷　（清）曹基編　清康熙聚古
堂刻本　八冊

130000－0404－0001123　經61/7175(普)

左傳事緯十二卷　（清）馬驌撰　清懷澄堂刻
本　六冊

130000－0404－0001124　經61/7175＝2(普)

左傳事緯十二卷前書八卷　（清）馬驌撰　清
刻本　六冊　缺八卷（左傳事緯五至十二）

130000－0404－0001125　經61/7741(普)

左翼三十八卷　（清）周大璋輯評　清寶翰樓
梓刻本　十六冊

130000－0404－0001126　經61/7741＝2(普)

左傳翼三十八卷　（清）周大璋輯評　清遂初
堂刻本　二十四冊

130000－0404－0001127　經61/7782(普)

左傳翼三十八卷　（清）周筆峰輯評　清遂初
堂刻本　十六冊

130000－0404－0001128　經61/8091(普)

讀左補義五十卷首一卷　（清）姜炳璋撰　清
同治十年（1871）刻本　十六冊

130000－0404－0001129　經61/8091＝2(普)

讀左補義五十卷首一卷　（清）姜炳璋撰　清
光緒二十七年（1901）刻本　十六冊

130000－0404－0001130　經61/8091＝3(普)

讀左補義五十卷首一卷　（清）姜炳璋撰　清
刻本　十六冊

130000－0404－0001131　經62/2124(普)

春秋公羊傳十一卷　（漢）何休撰　（唐）陸德
明音義　清光緒十二年（1886）湖北官書處刻
本　四冊

130000－0404－0001132　經62/2124(2)(普)

春秋公羊傳十一卷　（漢）何休撰　（唐）陸德
明音義　清光緒十二年（1886）湖北官書處刻
本　四冊

130000－0404－0001133　經62/2124(3)(普)

春秋公羊傳十一卷　（漢）何休撰　（唐）陸德
明音義　清光緒十二年（1886）湖北官書處刻

本　四冊

130000－0404－0001134　經62/2124－2（普）
春秋公羊經傳解詁十二卷附音本校記一卷
（漢）何休撰　清同治二年（1863）刻本　二冊

130000－0404－0001135　經62/2124－2（2）
（普）
春秋公羊經傳解詁十二卷附音本校記一卷
（漢）何休撰　清同治二年（1863）刻本　二冊

130000－0404－0001136　經62/2124－3（普）
春秋公羊傳注疏二十八卷　（漢）何休撰
（唐）陸德明音義　明御史李元陽刻本　六冊
缺十一卷（十八至二十八）

130000－0404－0001137　經63/4430（普）
春秋穀梁傳集解十二卷　（晉）范寧撰　清同
治七年（1868）金陵書局刻本　二冊

130000－0404－0001138　經63/4430（2）（普）
春秋穀梁傳集解十二卷　（晉）范寧撰　清同
治七年（1868）金陵書局刻本　二冊

130000－0404－0001139　經63/4430＝2（普）
春秋穀梁傳十二卷　（晉）范寧集解　（唐）陸
德明音義　清光緒十二年（1886）湖北官書處
刻本　四冊

130000－0404－0001140　經63/4430＝2（2）（普）
春秋穀梁傳十二卷　（晉）范寧集解　（唐）陸
德明音義　清光緒十二年（1886）湖北官書處
刻本　四冊

130000－0404－0001141　經63/4734（普）
春秋穀梁傳十二卷　（晉）范寧集解　（唐）陸
德明音義　明刻本　六冊

130000－0404－0001142　經63/8201（普）
春秋穀梁經傳補注二十四卷首一卷末一卷
（清）鍾文烝撰　清光緒二年（1876）鍾氏信美
室刻本　八冊

130000－0404－0001143　經64/0071（普）
欽定春秋傳説彙纂三十八卷首二卷　（清）王
掞等纂　清光緒十四年（1888）江南書局刻本
二十冊

130000－0404－0001144　經64/1106（普）
春秋屬辭辨例編六十卷首二卷序目一卷
（清）張應昌撰　清咸豐五年（1855）刻本　三
十二冊

130000－0404－0001145　經64/2040（普）
春秋三子傳六卷傳前答問一卷　（清）毛士撰
清同治十一年（1872）深澤王氏刻本　七冊

130000－0404－0001146　經64/2124（普）
春秋公羊傳十一卷　（漢）何休撰　（唐）陸德
明音義　**春秋穀梁傳十二卷**　（晉）范寧集解
（唐）陸德明音義　清同治十一年（1872）山東
書局刻本　八冊

130000－0404－0001147　經64/4001（普）
左傳官名考二卷春秋三傳比二卷　（清）李調
元輯　清刻本　一冊

130000－0404－0001148　經64/4411（普）
春秋三傳十六卷首一卷　（晉）杜預註　清光
緒十六年（1890）蘭州刻本　十四冊

130000－0404－0001149　經64/4428（普）
春秋繁露十七卷　（漢）董仲舒撰　清乾隆三
十九年（1774）武英殿木活字印本　四冊

130000－0404－0001150　經64/4428＝2（普）
春秋繁露十七卷　（漢）董仲舒撰　清光緒刻
畿輔叢書本　四冊

130000－0404－0001151　經64/4428＝3（普）
春秋繁露十七卷　（漢）董仲舒撰　清武英殿
木活字印武英殿聚珍版書本　二冊

130000－0404－0001152　經7/4074（普）
孝經十八章　（唐）玄宗李隆基撰　清同治七
年（1868）金陵書局刻本　一冊

130000－0404－0001153　經7/4074＝2（普）
孝經十八章　（唐）玄宗李隆基撰　清同治十
一年（1872）山東書局刻本　一冊

130000－0404－0001154　經7/4074＝3（普）
孝經十八章　（唐）玄宗李隆基撰　（唐）陸德
明音義　清光緒十二年（1886）湖北官書處刻
本　一冊

130000－0404－0001155　經7/4074＝4(普)

孝經十八章　(唐)玄宗李隆基撰　(清)張孝
謙跋　清刻本　一冊

130000－0404－0001156　經7/2533(普)

文昌孝經一卷　(清)朱寯瀛撰　清光緒十一
年(1885)琉璃廠二酉齋刻本　一冊

130000－0404－0001157　經7/2583(普)

文帝孝經一卷　(清)朱善祥編　清光緒九年
(1883)刻本　一冊

130000－0404－0001158　經7/8700(普)

孝經鄭注一卷　(漢)鄭玄撰　(清)嚴可均輯
清光緒三十三年(1907)金陵江楚編譯官書
局石印本　一冊

130000－0404－0001159　經7/8700－2(普)

孝經鄭氏解一卷　(漢)鄭玄撰　(清)臧庸輯
清光緒二十二年(1896)刻本　一冊

130000－0404－0001160　經7/8700－2(2)(普)

孝經鄭氏解一卷　(漢)鄭玄撰　(清)臧庸輯
清光緒二十二年(1896)刻本　一冊

130000－0404－0001161　經81/1011(普)

藝林珠玉二編　(清)玉玲瓏山館主人輯　清
同治四年(1865)刻本　四冊

130000－0404－0001162　經81/1011－2(普)

藝林珠玉三編　(清)玉玲瓏山館主人輯　清
同治四年(1865)刻本　八冊

130000－0404－0001163　經81/1011－3(普)

藝林珠玉四編　(清)玉玲瓏山館主人輯　清
同治四年(1865)刻本　八冊

130000－0404－0001164　經81/1011－3(2)(普)

藝林珠玉四編　(清)玉玲瓏山館主人輯　清
同治四年(1865)刻本　十冊

130000－0404－0001165　經81/1025(普)

論語集註本義匯參二十卷首一卷　(清)王步
青輯　(清)王士韶編　清敦復堂刻本　六冊
存十一卷(一至十、首一卷)

130000－0404－0001166　經81/1031(普)

論語經正錄二十卷　(清)王肇晉　(清)王用

浩撰　清光緒二十年(1894)刻本　十冊

130000－0404－0001167　經81/2160(普)

論語註疏解經十卷　(三國魏)何晏集解
(宋)邢昺疏　清光緒三十年(1904)貴池劉氏
玉海堂影宋刻本　二冊

130000－0404－0001168　經81/4044(普)

論語傳註一卷　(清)李塨稿　清康熙五十七
年(1718)刻本　二冊

130000－0404－0001169　經81/4441(普)

論語後案二十卷　(清)黃式三撰　清光緒九
年(1883)浙江書局刻儆居遺書本　十冊

130000－0404－0001170　經81/7118(普)

論語最豁集四卷　(明)劉珍輯　(清)孫振基
等訂　清光緒上海錦章圖書局石印本　四冊

130000－0404－0001171　經81/7234(普)

論語正義二十四卷　(清)劉寶南撰　清同治
五年(1866)刻本　六冊

130000－0404－0001172　經81/7234＝2(普)

論語正義二十四卷　(清)劉寶南撰　清石印
本　二冊

130000－0404－0001173　經81/7520(普)

論語古訓十卷　(清)陳鱣撰　清光緒九年
(1883)浙江書局刻本　二冊

130000－0404－0001174　經81/7531＝2(普)

論語話解十卷　(清)陳澹述　清光緒五年
(1879)廣仁堂刻本　二冊

130000－0404－0001175　經81/8710(普)

論語鄭氏註十卷　(漢)鄭玄撰　清刻本
一冊

130000－0404－0001176　經82/1240(普)

孟子音義二卷　(宋)孫奭撰　清刻本　一冊

130000－0404－0001177　經82/2540(普)

孟子七卷　(宋)朱熹集註　清寶恕堂刻本
七冊

130000－0404－0001178　經82/2540－2(普)

孟子集註七卷　(宋)朱熹集註　清寶恕堂刻

本 七册

130000－0404－0001179 經82/2540－3(普)

孟子集註三卷 (宋)朱熹集註 清裏如堂刻
本 三册

130000－0404－0001180 經82/4437(普)

載詠樓重鐫蘇批孟子二卷 (宋)蘇洵評 清
嘉慶元年(1796)慎詒堂刻本 二册

130000－0404－0001181 經82/4437＝2(普)

增補蘇批孟子二卷 (宋)蘇洵評 (清)趙大
浣增補 清同治四年(1865)芸居樓刻朱墨套
印本 二册

130000－0404－0001182 經82/4910(普)

孟子文評不分卷 (清)趙承謨撰 清乾隆三
十五年(1770)刻本 二册

130000－0404－0001183 經82/7532(普)

孟子時事考徵四卷 (清)陳寶泉撰 清嘉慶
八年(1803)粹經堂刻本 四册

130000－0404－0001184 經82/7780(普)

孟子讀法附記十四卷 (清)周人麒撰 清乾
隆四十九年(1784)保積堂刻本 六册

130000－0404－0001185 經83/2540(普)

大中講義三卷 (清)朱用純撰 清光緒二年
(1876)江蘇書局刻本 三册

130000－0404－0001186 經83/2540(2)(普)

大中講義三卷 (清)朱用純撰 清光緒二年
(1876)江蘇書局刻本 三册

130000－0404－0001187 經83/4044(普)

大學辨業四卷 (清)李塨撰 清康熙三十七
年(1698)刻本 一册

130000－0404－0001188 經83/4316(普)

大學古本旁注一卷 (漢)戴聖撰 (明)王守
仁注 清刻本 一册

130000－0404－0001189 經83/7231(普)

大學古本質言一卷 (清)劉沅著 清光緒三
十一年(1905)致福樓刻本 一册

130000－0404－0001190 經83/7231＝2(普)

大學古本質言一卷 (清)劉沅撰 清光緒三
十一年(1905)致福樓刻本 一册

130000－0404－0001191 經84/1037(普)

中庸衍義十七卷 (明)夏良騰撰 清同治十
年(1871)刻本 六册 缺四卷(七至十)

130000－0404－0001192 經84/2540(普)

中庸章句本義匯參六卷 (清)王步青輯
(清)王士龍編 清敦復堂刻本 四册

130000－0404－0001193 經85/0030(普)

**柏堂讀書筆記九卷讀學庸筆記二卷禮記集說
補義一卷春秋轉正誼四卷** (清)方宗誠述
清光緒四年至五年(1878－1879)刻本 五册

130000－0404－0001194 經85/0030.2(普)

學庸詳解四卷 (清)高運庭輯 清文錦堂刻
本 四册

130000－0404－0001195 經85/0042(普)

四書左國彙纂四卷 (清)高其名 (清)鄭師
成撰 清道光十一年(1831)聚奎堂刻本
四册

130000－0404－0001196 經85/0042＝2(普)

四書左國彙纂四卷 (清)高其名 (清)鄭師
成撰 清乾隆四十九年(1784)刻本 四册

130000－0404－0001197 經85/0042.2(普)

日講四書解義二十六卷 (清)庫勒納等編
清康熙十六年(1677)內府刻本 二十册

130000－0404－0001198 經85/0047(普)

四書聯珠六卷 (清)章守待纂 (清)章祖武
編 清嘉慶三年(1798)文盛堂刻本 六册

130000－0404－0001199 經85/1003(普)

四書五經義策論正續合編不分卷 (清)崇實
社主人輯 清宣統三年(1911)崇實學社石印
本 十二册

130000－0404－0001200 經85/1025(普)

四書朱子本義匯參四十三卷首四卷 (清)王
步青輯 清乾隆十年(1745)敦復堂刻本 十
八册

130000－0404－0001201 經85/1025＝2(普)

四書朱子本義匯參四十七卷　（清）王步青輯
清乾隆十年（1745）敦復堂刻本　四十冊

130000－0404－0001202　經85/1025＝2(2)(普)
四書朱子本義匯參四十七卷　（清）王步青輯
清乾隆十年（1745）敦復堂刻本　二十九冊
缺一卷（孟子三）

130000－0404－0001203　經85/1030(普)
四書地理考十五卷　（清）王塋撰　清光緒十
七年（1891）習靜齋刻本　六冊

130000－0404－0001204　經85/1030.2(普)
四書記悟十四卷附孟子論文二卷　（清）王汝
謙撰　（清）李棠階評點　清同治十年（1871）
槐蔭書屋刻本　四冊

130000－0404－0001205　經85/1044(普)
菜根堂劄記十二卷　（清）夏力恕撰　清乾隆
三十年（1765）菜根堂刻本　四冊

130000－0404－0001206　經85/1047(普)
劉氏家塾四書解二十卷　（清）袁文煥撰　清
光緒二年（1876）劉氏刻本　八冊

130000－0404－0001207　經85/1146(普)
增訂四書析疑□□卷　（清）張權時輯　清刻
本　十四冊　存十四卷（下孟五至七、中庸一
至四、上論一至五、下論六至七）

130000－0404－0001208　經85/1171(普)
四書集註闡微直解二十七卷　（明）張居正撰
清光緒八旗經正書院刻本　十二冊

130000－0404－0001209　經85/1171(2)(普)
四書集註闡微直解二十七卷　（明）張居正撰
清光緒八旗經正書院刻本　十二冊

130000－0404－0001210　經85/1194(普)
四書翼註論文三十八卷　（清）張甄陶撰　清
乾隆五十三年（1788）敦化堂刻本　十二冊

130000－0404－0001211　經85/1202(普)
四書說苑十一卷首一卷補遺一卷　（清）孫應
科輯　清道光元年（1821）刻本　三冊　缺三
卷（七至九）

130000－0404－0001212　經85/1202＝2(普)

四書說苑十一卷首一卷補遺一卷續補遺一卷
　（清）孫應科輯　清道光四年（1824）刻本
四冊

130000－0404－0001213　經85/2041(普)
四書改錯二十二卷附錄一卷　（清）毛奇齡撰
清嘉慶十六年（1811）甌山金氏刻西河合集
本　六冊

130000－0404－0001214　經85/2540(普)
四書十九卷　（宋）朱熹撰　清同治十三年
（1874）刻本　十冊

130000－0404－0001215　經85/2540(2)(普)
四書十九卷　（宋）朱熹撰　清同治十三年
（1874）刻本　十冊

130000－0404－0001216　經85/2540(3)(普)
四書十九卷　（宋）朱熹撰　清同治十三年
（1874）刻本　十冊

130000－0404－0001217　經85/2540(4)(普)
四書十九卷　（宋）朱熹撰　清同治十三年
（1874）刻本　六冊

130000－0404－0001218　經85/2540(5)(普)
四書十九卷　（宋）朱熹撰　清同治十三年
（1874）刻本　六冊

130000－0404－0001219　經85/2540－2(普)
四書讀本二十一卷　（宋）朱熹撰　清道光二
十七年（1847）長白完顏氏雲蔭堂刻本　六冊

130000－0404－0001220　經85/2540－2＝2(普)
四書讀本十九卷　（宋）朱熹撰　清光緒十二
年（1886）湖北官書處刻本　六冊

130000－0404－0001221　經85/2540－2＝3(普)
四書讀本十九卷　（宋）朱熹撰　清光緒二十
年（1894）京都泰山堂刻本　六冊

130000－0404－0001222　經85/2540－4(普)
四書集注十九卷　（宋）朱熹撰　清光緒二十
年（1894）金陵書局刻本　六冊

130000－0404－0001223　經85/2540－4＝2(普)
四書集注十九卷　（宋）朱熹撰　清光緒十年
（1884）攝雲膄山館刻本　六冊

130000－0404－0001224　經85/2540－5(普)

四書章句集註二十六卷　（宋）朱熹撰　清高氏家塾讀本藝芳齋刻本　六冊　存十九卷（大學一卷、中庸一卷、論語十卷、孟子七卷）

130000－0404－0001225　經85/2540－5＝2(普)

四書章句集註二十六卷附考四卷　（宋）朱熹撰　清嘉慶十六年(1811)璜川吳氏真意堂刻本　七冊

130000－0404－0001226　經85/2540－5＝2(2)(普)

四書章句集註二十六卷附考四卷　（宋）朱熹撰　清嘉慶十六年(1811)璜川吳氏真意堂刻本　六冊

130000－0404－0001227　經85/2540－5＝3(普)

四書章句集註二十六卷　（宋）朱熹撰　清嘉慶七年(1802)文盛堂刻本　六冊　存十九卷（大學一卷、中庸一卷、論語十卷、孟子七卷）

130000－0404－0001228　經85/2540－5＝4(普)

四書章句集註二十六卷　（宋）朱熹撰　清光緒四年(1878)京都老二酉堂刻本　六冊　存十九卷（大學一卷、中庸一卷、論語十卷、孟子七卷）

130000－0404－0001229　經85/2540－5＝5(普)

四書章句集註二十六卷　（宋）朱熹撰　清道光二年(1822)文盛堂刻本　六冊　存十九卷（大學一卷、中庸一卷、論語十卷、孟子七卷）

130000－0404－0001230　經85/2540－5＝6(普)

四書章句集註二十六卷　（宋）朱熹撰　清同治十二年(1873)聚盛堂刻本　六冊　存十九卷（大學一卷、中庸一卷、論語十卷、孟子七卷）

130000－0404－0001231　經85/2540－6(普)

四書集註正蒙十九卷附四書集字音樣辨　(宋)朱熹撰　清光緒十四年(1888)八旗官學刻本　六冊

130000－0404－0001232　經85/2540－7(普)

四書正蒙十九卷　(宋)朱熹撰　清安順至德堂刻本　五冊　存十七卷（大學一卷,中庸一卷,論語十卷,孟子一至三、六至七）

130000－0404－0001233　經85/2540－8(普)

四書字辨十九卷　（宋）朱熹撰　清光緒十八年(1892)浙江書局刻本　七冊

130000－0404－0001234　經85/2540－10(普)

四書便蒙十九卷　（宋）朱熹章句　(清)俞長城注　清光緒三義堂刻本　六冊

130000－0404－0001235　經85/2540－10(2)(普)

四書便蒙十九卷　（宋）朱熹章句　(清)俞長城注　清光緒三義堂刻本　六冊

130000－0404－0001236　經85/2540－10＝2(普)

文成堂四書便蒙十九卷　（宋）朱熹章句　清乾隆五十二年(1787)善成堂刻本　五冊

130000－0404－0001237　經85/2540－10＝3(普)

四書便蒙十九卷　（宋）朱熹章句　清李光明莊刻本　十二冊　缺七卷（孟子一至七）

130000－0404－0001238　經85/2540－11(普)

監本四書十九卷　（宋）朱熹撰　清光緒十八年(1892)淮南書局刻本　六冊

130000－0404－0001239　經85/2540－11(2)(普)

監本四書十九卷　（宋）朱熹撰　清光緒十八年(1892)淮南書局刻本　六冊

130000－0404－0001240　經85/2540－11＝2(普)

監本四書十九卷　（宋）朱熹撰　清光緒六年(1880)李光明莊狀元閣刻本　六冊

130000－0404－0001241　經85/2540－12(普)

奎壁四書十九卷　（宋）朱熹撰　清光緒善成堂刻本　六冊

130000－0404－0001242　經85/2540－12＝2(普)

奎壁四書十九卷　（宋）朱熹撰　清莆陽鄭氏再訂金陵奎璧齋刻本　四冊　缺三卷（孟子一至三）

130000－0404－0001243　經85/2540－13(普)

片玉四書□□卷　（宋）朱熹章句　清成錦堂袖珍本　二冊　存七卷（大學一卷、中庸一卷、論語五卷）

130000－0404－0001244　經85/2540－14(普)

誦芬草堂手錄正蒙四書十九卷　(宋)朱熹撰
(清)劉式潤輯　清嘉慶五年(1800)刻本
六冊

130000－0404－0001245　經85/2540－15(普)

朱子四書或問三十九卷附中庸略二卷　(宋)
朱熹撰　清墨潤齋刻本　十二冊

130000－0404－0001246　經85/2540－16(普)

論語集註十卷　(宋)朱熹集註　清刻本
二冊

130000－0404－0001247　經85/2540－16(2)(普)

論語集註十卷　(宋)朱熹集註　清刻本
二冊

130000－0404－0001248　經85/2641(普)

八銘堂塾鈔初集一百三十六篇　(清)吳懋政
撰　清同治九年(1870)協毓堂刻本　四冊

130000－0404－0001249　經85/2641(2)(普)

八銘堂塾鈔初集一百三十六篇　(清)吳懋政
撰　清同治九年(1870)協毓堂刻本　四冊

130000－0404－0001250　經85/2641＝2(普)

八銘堂塾鈔初集一百三十六篇　(清)吳懋政
撰　清三讓堂刻本　三冊

130000－0404－0001251　經85/2641＝2(2)(普)

八銘堂塾鈔初集一百三十六篇　(清)吳懋政
撰　清三讓堂刻本　五冊

130000－0404－0001252　經85/2641－2(普)

八銘堂塾鈔二集一百三十四篇　(清)吳懋政
撰　清善成堂刻本　五冊

130000－0404－0001253　經85/2641－2＝2(普)

八銘堂塾鈔二集一百三十四篇　(清)吳懋政
撰　清書業德刻本　五冊

130000－0404－0001254　經85/2641－2＝2(2)
(普)

八銘堂塾鈔二集一百三十四篇　(清)吳懋政
撰　清書業德刻本　五冊

130000－0404－0001255　經85/2641－3(普)

注釋八銘堂塾鈔二集一百三十四篇　(清)吳

懋政撰　清三讓堂刻本　五冊

130000－0404－0001256　經85/2641－3(2)(普)

注釋八銘堂塾鈔二集一百三十四篇　(清)吳
懋政撰　清三讓堂刻本　三冊

130000－0404－0001257　經85/2662(普)

小題文匯選本初編不分卷二編不分卷　(清)
程景傅等撰　清石印本　一冊

130000－0404－0001258　經85/2663(普)

四書經註集證十九卷　(清)吳昌韋撰　清嘉
慶江都王氏刻本　十六冊

130000－0404－0001259　經85/2744(普)

四書補註備旨十卷　(明)鄧林著　(清)杜定
基增訂　清光緒三義堂刻本　六冊

130000－0404－0001260　經85/2744(2)(普)

四書補註備旨十卷　(明)鄧林著　(清)杜定
基增訂　清光緒寶興堂刻本　六冊

130000－0404－0001261　經85/2744(3)(普)

四書補註備旨十卷　(明)鄧林著　(清)杜定
基增訂　清光緒泰山堂刻本　六冊

130000－0404－0001262　經85/2744(4)(普)

四書補註備旨十卷　(明)鄧林著　(清)杜定
基增訂　清光緒三義堂刻本　七冊

130000－0404－0001263　經85/2744(5)(普)

四書補註備旨十卷　(明)鄧林著　(清)杜定
基增訂　清光緒善成堂刻本　八冊

130000－0404－0001264　經85/2744＝2(普)

新訂四書補註備旨十卷　(明)鄧林著　(清)
杜定基增訂　清宣統元年(1909)有益堂刻本
八冊

130000－0404－0001265　經85/2744＝3(普)

新訂四書補註備旨十卷　(明)鄧林著　(清)
杜定基增訂　清同治十一年(1872)聚盛堂刻
本　八冊

130000－0404－0001266　經85/2744＝5(普)

新訂四書補註備旨十卷　(明)鄧林著　(清)
杜定基增訂　清南京李光明莊刻本　六冊

130000－0404－0001267　經85/2744＝4（普）

新訂四書補註備旨十卷　（明）鄧林著　（清）杜定基增訂　清乾隆文富堂刻本　六冊

130000－0404－0001268　經85/2744＝6（普）

新訂四書補註備旨十卷　（明）鄧林著　（清）杜定基增訂　清乾隆二十七年（1762）刻本　六冊

130000－0404－0001269　經85/2845（普）

愛日堂四書遵註合講十九卷　（清）翁復撰　清雍正八年（1730）愛日堂刻本　六冊

130000－0404－0001270　經85/3130（普）

鄉黨圖考十卷　（清）江永撰　清乾隆五十二年（1787）致和堂刻本　六冊

130000－0404－0001271　經85/3130＝2（普）

鄉黨圖考十卷　（清）江永撰　清乾隆五十二年（1787）潛德堂刻本　四冊

130000－0404－0001272　經85/3130＝3（普）

鄉黨圖考十卷　（清）江永撰　清道光五年（1825）元茂堂刻本　六冊

130000－0404－0001273　經85/4030（普）

四書反身錄八卷　（清）李顒撰　（清）王心敬輯　清嘉慶二十二年（1817）浙江書局刻本　四冊

130000－0404－0001274　經85/4030（2）（普）

四書反身錄八卷　（清）李顒撰　（清）王心敬輯　清嘉慶二十二年（1817）浙江書局刻本　四冊

130000－0404－0001275　經85/4030＝2（普）

四書反身錄八卷　（清）李顒撰　（清）王心敬輯　清嘉慶二十二年（1817）蕭山湯氏刻本　二冊

130000－0404－0001276　經85/4031（普）

四書朱子異同條辨四十卷　（清）李沛霖（清）李禎纂輯　清近譬堂刻本　二十七冊

130000－0404－0001277　經85/4040（普）

合纂四書彙通二十七卷　（清）李載禮輯　清康熙二十八年（1689）紹啟堂刻本　二十四冊

130000－0404－0001278　經85/4041（普）

增廣小題味新四種六卷　（清）李蒿雲撰　清光緒十五年（1889）廣百宋齋石印本　八冊

130000－0404－0001279　經85/4084（普）

四書題解不分卷　（清）袁銑著　清同治十二年（1873）揚州書局刻本　一冊

130000－0404－0001280　經85/4408（普）

四書貫珠講義十九卷　（清）林文竹撰　清同治十一年（1872）同德堂刻本　十冊

130000－0404－0001281　經85/4412（普）

四書心印十三卷　（明）黃元俊編　清光緒十一年（1885）刻本　六冊

130000－0404－0001282　經85/4435（普）

四書會解二十七卷　（清）綦澧輯　清同治八年（1869）姑蘇吳氏刻本　二十五冊

130000－0404－0001283　經85/4443（普）

四書或問語類大全合訂四十一卷　（清）黃越輯　清康熙三十七年（1698）古吳光裕堂刻本　三十二冊

130000－0404－0001284　經85/4443（2）（普）

四書或問語類大全合訂四十一卷　（清）黃越輯　清康熙三十七年（1698）古吳光裕堂刻本　二十四冊

130000－0404－0001285　經85/4444（普）

論語傳註二卷大學傳註一卷中庸傳註一卷論語傳註問二卷大學傳註問一卷中庸傳註問一卷　（清）李塨撰　清鉛印本　四冊

130000－0404－0001286　經85/4444（2）（普）

論語傳註二卷大學傳註一卷中庸傳註一卷論語傳註問二卷大學傳註問一卷中庸傳註問一卷　（清）李塨撰　清鉛印本　四冊

130000－0404－0001287　經85/4464（普）

如登樓遵注四書揭要不分卷　（清）韓毓樞輯（清）楊有源校　清嘉慶十三年（1808）如登樓刻本　六冊

130000－0404－0001288　經85/4470（普）

四書類典賦二十四卷　（清）甘紱撰　清乾隆

十一年(1746)仁堂刻本　十二册

130000 - 0404 - 0001289　經85/4470 = 2(普)
四書類典賦二十四卷附年譜一卷　(清)甘緩
撰　清乾隆三十五年(1770)廣益堂刻本　十
六册

130000 - 0404 - 0001290　經85/4470 = 2(2)(普)
四書類典賦二十四卷附年譜一卷　(清)甘緩
撰　清乾隆三十五年(1770)廣益堂刻本　十
六册

130000 - 0404 - 0001291　經85/4480(普)
四書益智錄二十卷　(清)桂含章輯　清光緒
八年(1882)金陵刻本　二十册

130000 - 0404 - 0001292　經85/4480.2(普)
四書朱子大全統義十九卷　(清)萬人望輯
清雍正十三年(1735)三樂齋刻本　二十四册

130000 - 0404 - 0001293　經85/4736(普)
甌香館四書說十卷　(清)郝寧愚著　清同治
三年(1864)柘園刻本　六册

130000 - 0404 - 0001294　經85/4736 = 2(普)
甌香館四書說十卷　(清)郝寧愚著　清道光
二十九年(1849)刻本　六册

130000 - 0404 - 0001295　經85/4736 = 2(2)(普)
甌香館四書說十卷　(清)郝寧愚著　清道光
二十九年(1849)刻本　六册

130000 - 0404 - 0001296　經85/4747(普)
二十八科鄉會墨選不分卷　(清)田熹聰等撰
　清道光元年至二十七年(1821 - 1847)崇辨
堂刻本　六册

130000 - 0404 - 0001297　經85/4894(普)
四書釋文十九卷　(宋)朱熹撰　(清)王廣言
增輯　清光緒十四年(1888)天津文美齋刻本
　八册

130000 - 0404 - 0001298　經85/4894(2)(普)
四書釋文十九卷　(宋)朱熹撰　(清)王廣言
增輯　清光緒十四年(1888)天津文美齋刻本
　八册

130000 - 0404 - 0001299　經85/5019(普)

四書講義大全二十六卷　(清)史廷輝輯　清
乾隆二十八年(1763)刻本　十册

130000 - 0404 - 0001300　經85/5019 = 2(普)
四書講義大全二十六卷　(清)史廷輝輯　清
光緒泊鎮善成堂刻本　十二册

130000 - 0404 - 0001301　經85/5019 = 3(普)
四書講義大全二十六卷　(清)史廷輝輯　清
光緒十八年(1892)聚盛堂刻本　十一册

130000 - 0404 - 0001302　經85/6056(普)
四書味根錄三十七卷　(清)金澂撰　清光緒
八年(1882)刻本　十五册

130000 - 0404 - 0001303　經85/6724(普)
明文明初集三十篇二集十篇　(清)路德批註
　清光緒六年(1880)刻本　四册

130000 - 0404 - 0001304　經85/7142(普)
獨快山房文稿不分卷　(清)屬士貞撰　清同
治十二年(1873)刻本　二册

130000 - 0404 - 0001305　經85/7243(普)
四書近指十七卷　(清)孫奇逢撰　清同治三
年(1864)容城刻本　二册

130000 - 0404 - 0001306　經85/7272(普)
四書鞭影二十卷　(清)劉鳳翔著　清道光二
十四年(1844)惜陰軒刻本　十二册

130000 - 0404 - 0001307　經85/7300(普)
四書人物類典串珠四十卷　(清)臧志仁輯
清嘉慶四年(1799)周錫堂刻本　十二册

130000 - 0404 - 0001308　經85/7474(普)
松陽講義十二卷　(清)陸隴其撰　(清)侯銓
等編　清同治十三年(1874)湖南省城書局刻
本　十册

130000 - 0404 - 0001309　經85/7474 = 2(普)
松陽講義十二卷　(清)陸隴其撰　(清)侯銓
等編　清乾隆十五年(1750)天德堂刻本
五册

130000 - 0404 - 0001310　經85/7474 = 3(普)
松陽講義十二卷　(清)陸隴其撰　(清)侯銓
等編　清乾隆十五年(1750)西昌裘氏刻本

六冊

130000－0404－0001311　經85/7512(普)

國朝文才調集不分卷 (清)許振禕集評　清光緒二十年(1894)上洋鴻文書局石印本　三冊

130000－0404－0001312　經85/7528(普)

增訂四書通典人物備考十二卷 (明)陳仁錫撰　清乾隆二十一年(1756)三樂齋刻本　六冊

130000－0404－0001313　經85/7703(普)

四書左國輯要四卷 (清)周龍官輯　清乾隆二十三年(1758)刻本　四冊

130000－0404－0001314　經85/7740(普)

四書襯十九卷 (清)駱培撰　清乾隆坦吉堂刻本　六冊

130000－0404－0001315　經85/7741(普)

四書釋地一卷續一卷又續一卷三續一卷 (清)閻若璩撰　清乾隆五十二年(1787)閻氏眷西堂刻本　六冊

130000－0404－0001316　經85/7741＝2(普)

四書釋地一卷續一卷又續一卷三續一卷 (清)閻若璩撰　清刻本　六冊

130000－0404－0001317　經85/7741＝3(普)

四書釋地一卷補一卷續補一卷又續補一卷 (清)閻若璩撰　清嘉慶二十一年(1816)梅陽海涵堂刻本　六冊

130000－0404－0001318　經85/7741＝4(普)

四書釋地一卷續一卷又續一卷三續一卷 (清)閻若璩撰　清南城吳氏聽雨齋刻本　四冊

130000－0404－0001319　經85/7743(普)

四書典制類聯音註三十三卷 (清)閻其淵輯　清嘉慶元年(1796)刻本　十二冊

130000－0404－0001320　經85/7743＝2(普)

四書典制類聯音註三十三卷 (清)閻其淵輯　(清)方春池鑒訂　清光緒二年(1876)鳧山草堂刻本　十二冊

130000－0404－0001321　經85/7780(普)

犢山文稿四卷 (清)周鎬撰　清乾隆五十六年(1791)經綸堂刻本　四冊

130000－0404－0001322　經85/8028(普)

酌雅齋四書遵註合講十九卷 (清)翁復編　清乾隆五十三年(1788)酌雅齋刻本　六冊

130000－0404－0001323　經85/8028＝2(普)

酌雅齋四書遵註合講十九卷 (清)翁復編　清道光二十年(1840)酌雅齋刻本　六冊

130000－0404－0001324　經85/8028＝3(普)

酌雅齋四書遵註合講十九卷 (清)翁復編　清雍正八年(1730)刻本　六冊

130000－0404－0001325　經85/8028＝4(普)

掃葉山房四書遵註合講十九卷 (清)翁復編　清光緒九年(1883)掃葉山房刻本　六冊

130000－0404－0001326　經85/8028＝5(普)

銅版四書遵註合講十九卷 (清)翁復編　清咸豐元年(1851)石印本　六冊

130000－0404－0001327　叢2/2672(普)

蓮池書院肄業日記十卷(光緒四年三月至十二月) (清)黃彭年編　清光緒五年(1879)刻本　一冊　存二卷(五至六)

130000－0404－0001328　經85/8038(普)

增廣四書題鏡味根錄三十七卷附增四書宗旨 (清)金澂撰　清光緒二十五年(1899)上海慎記書莊石印本　八冊

130000－0404－0001329　經85/8038＝2(普)

增廣四書題鏡味根錄三十七卷 (清)金澂撰　清光緒上海萬選書局石印本　八冊

130000－0404－0001330　經85/8715(普)

四書翼註論文十二卷 (清)鄭獻甫著　清光緒五年(1879)黔南節署刻本　十二冊

130000－0404－0001331　經9/0044(普)

方望溪先生經說四種八卷 (清)方苞講授　(清)方觀承輯錄　清刻本　六冊

130000－0404－0001332　經9/0838(普)

五經揭要二十五卷 (清)許寶善編　清刻本

六冊

130000－0404－0001333　　經9/0838(2)(普)
五經揭要二十五卷　（清）許寶善編　清刻本
　　十二冊

130000－0404－0001334　　經9/0838＝2(普)
銅板五經揭要二十五卷　（清）許寶善編　清
光緒二年(1876)善成堂刻本　十八冊

130000－0404－0001335　　經9/1004(普)
十三經策案二十二卷　（清）王謨輯　清咸豐
六年(1856)竹隱刻本　八冊

130000－0404－0001336　　經9/1013(普)
經義述聞三十二卷　（清）王引之撰　清道光
七年(1827)北京壽藤書屋刻本　十六冊

130000－0404－0001337　　經9/1013＝2(普)
經傳釋詞十卷　（清）王引之撰　（清）王啟相
點勘　清嘉慶三年(1798)刻本　二冊

130000－0404－0001338　　經9/1013＝3(普)
經傳釋詞十卷　（清）王引之撰　（清）王啟相
點勘　清嘉慶二十四年(1819)刻本　二冊

130000－0404－0001339　　經9/1028(普)
銅劍堂經義偶得不分卷　（清）王佑曾撰　清
宣統二年(1910)石印本　一冊

130000－0404－0001340　　經9/1080(普)
周禮六卷　（漢）鄭玄注　（唐）陸德明音義
爾雅三卷　（晉）郭璞注　（唐）陸德明音義
清嘉慶十一年(1806)清芬閣刻本　九冊

130000－0404－0001341　　經9/1107(普)
篤志齋經解五卷　（清）張應譽撰　清同治十
年(1871)南皮張氏刻本　二冊

130000－0404－0001342　　經9/1193(普)
十三經集字摹本不分卷　（清）彭玉雯篆
（清）萬青銓校正　清道光二十九年(1849)刻
本　七冊

130000－0404－0001343　　經9/1193(2)(普)
十三經集字摹本不分卷　（清）彭玉雯篆
（清）萬青銓校正　清道光二十九年(1849)刻
本　六冊

130000－0404－0001344　　經9/1193(3)(普)
十三經集字摹本不分卷　（清）彭玉雯篆
（清）萬青銓校正　清道光二十九年(1849)刻
本　八冊

130000－0404－0001345　　經9/1193(4)(普)
十三經集字摹本不分卷　（清）彭玉雯篆
（清）萬青銓校正　清道光二十九年(1849)刻
本　八冊

130000－0404－0001346　　經9/1204(普)
通德遺書所見錄七十二卷　（清）孔廣林輯
清光緒十六年(1890)山東書局刻本　四冊

130000－0404－0001347　　經9/1247(普)
古微書三十六卷　（明）孫瑴撰　清光緒二十
一年(1895)上海鴻文書局石印　四冊

130000－0404－0001348　　經9/2027(普)
群經宮室圖二卷　（清）焦循撰　清光緒十一
年(1885)梁溪朱氏刻本　二冊

130000－0404－0001349　　經9/2115(普)
續刻五經鴻裁全文不分卷　（清）何瑾編次
清光緒六年(1880)刻本　九冊

130000－0404－0001350　　經9/2504(普)
十三經劄記二十二卷群書劄記十六卷　（清）
朱亦棟撰　清光緒四年(1878)武林竹簡齋刻
本　十六冊

130000－0404－0001351　　經9/2540(普)
增訂五經備旨四十五卷　（清）鄒聖脉纂輯
清光緒十五年(1889)上海鴻寶齋書局石印本
　　十二冊

130000－0404－0001352　　經9/2635(普)
經學輯要二十四卷　（清）吳穎炎輯　清光緒
十四年(1888)點石齋石印本　三十二冊

130000－0404－0001353　　經9/2645(普)
璜川吳氏經學叢書十四種九十卷　（清）吳志
忠等輯　清道光三年(1823)璜川吳氏真意堂
刻本　十五冊　存五十卷(春秋說十五卷、詩
說四卷、大學說一卷、左傳杜解補正三卷、禮
說十四卷、易說六卷、三證考二卷、群經補義

五卷)

130000－0404－0001354　經9/2669(普)
經詞衍釋十卷補遺一卷　(清)吳昌瑩撰　清
同治十二年(1873)成都書局刻本　四冊

130000－0404－0001355　經9/2671(普)
五經味根錄三十八卷首五卷　(清)關揆生撰
清光緒十四年(1888)同文書局石印本　十
四冊　存三十九卷(詩經四卷、書經六卷、禮
記十卷、春秋十四卷,首五卷)

130000－0404－0001356　經9/3104(普)
十三經注疏校勘記識語四卷　(清)汪文臺撰
清光緒三年(1877)江西書局刻本　二冊

130000－0404－0001357　經9/3143(普)
雪樵經解三十卷附錄三卷　(清)馮世瀛輯
清光緒十二年(1886)上海點石齋石印本
八冊

130000－0404－0001358　經9/3890(普)
五經全文擇粹五種　清道光二十三年(1843)
刻本　六冊　存三種十五卷(易經擇粹五卷、
書經擇粹二卷、詩經擇粹八卷)

130000－0404－0001359　經9/4664(普)
十一經音訓十一種　(清)楊國楨撰　清道光
十一年(1831)刻本　二十二冊　缺二種(周
禮音訓、儀禮音訓)

130000－0404－0001360　經9/4664(2)(普)
十一經音訓十一種　(清)楊國楨撰　清道光
十一年(1831)刻本　七冊　存四種(易經音
訓、書經音訓、詩經音訓、禮記音訓)

130000－0404－0001361　經9/4664＝2(普)
十一經音訓十一種　(清)楊國楨撰　清光緒
三年(1877)湖北崇文書局刻本　二十六冊

130000－0404－0001362　經9/4034(普)
十三經集字十三種　(清)李鴻藻等撰　清光
緒八年(1882)松竹齋刻本　八冊

130000－0404－0001363　經9/4096(普)
五經四子書一百三卷　(清)李光明家輯　清
江南城狀元閣刻本　四十冊　缺二卷(大學

一卷、中庸一卷)

130000－0404－0001364　經9/4444(普)
萬充宗先生經學五書十九卷　(清)萬斯大撰
(清)黃黎洲點定　清嘉慶元年(1796)辨志
堂刻本　六冊

130000－0404－0001365　經9/4877(普)
御製五經萃室記□□卷　(宋)岳珂編　清乾
隆四十八年(1783)武英殿刻本　十八冊　存
四十三卷(周易十卷、尚書十三卷、毛詩二十
卷)

130000－0404－0001366　經9/5523(普)
皇朝五經彙解二百七十卷　(清)抉經心室主
人輯　清光緒十四年(1888)鴻文書局石印本
三十二冊

130000－0404－0001367　經9/5523(2)(普)
皇朝五經彙解二百七十卷　(清)抉經心室主
人輯　清光緒十四年(1888)鴻文書局石印本
三十二冊

130000－0404－0001368　經9/5523(3)(普)
皇朝五經彙解二百七十卷　(清)抉經心室主
人輯　清光緒十四年(1888)鴻文書局石印本
三十二冊

130000－0404－0001369　經9/5523＝2(普)
皇朝五經彙解二百七十卷　(清)抉經心室主
人輯　清光緒二十二年(1896)上海書局石印
本　三十二冊

130000－0404－0001370　經9/7426(普)
經典釋文三十卷考證三十卷　(唐)陸德明撰
(清)盧文弨考證　清乾隆五十六年(1791)
餘姚盧氏刻抱經堂叢書本　十二冊

130000－0404－0001371　經9/7426＝2(普)
經典釋文三十卷考證三十卷　(唐)陸德明撰
(清)盧文弨考證　清同治八年(1869)湖北
崇文書局刻本　十二冊

130000－0404－0001372　經9/7426＝2(2)(普)
經典釋文三十卷考證三十卷　(唐)陸德明撰
(清)盧文弨考證　清同治八年(1869)湖北

崇文書局刻本　十一冊　缺四卷(經典釋文一至四)

130000－0404－0001373　經9/7426＝3(普)
經典釋文三十卷　(唐)陸德明撰　清道光十年(1830)刻本　十二冊

130000－0404－0001374　經9/7426＝4(普)
經典釋文三十卷　(唐)陸德明撰　清刻本　十冊

130000－0404－0001375　經9/7528(普)
五經旁訓　(明)陳仁錫撰　明末刻本　六冊　存十二卷(孝經一卷、忠經一卷、易經旁訓一、詩經旁訓一至四、書經旁訓一、春秋旁訓一至四)

130000－0404－0001376　經9/7635(普)
經學輯要二十四卷　(清)吳潁炎等輯　清光緒十四年(1888)點石齋石印本　二十二冊

130000－0404－0001377　經9/7705(普)
五經類編二十八卷　(清)周世樟輯　清康熙二十三年(1684)拙修堂刻本　十四冊

130000－0404－0001378　經9/7705＝2(普)
五經類編二十八卷　(清)周世樟輯　清刻本　四冊　存十四卷(十三至二十六)

130000－0404－0001379　經9/7752(普)
東山五經備解五卷　(清)周封魯編　清道光二十六年(1846)刻本　五冊

130000－0404－0001380　經9/8043(普)
群經評議三十五卷　(清)俞樾撰　清光緒十九年(1893)刻本　二冊

130000－0404－0001381　經9/8043＝2(普)
群經評議三十五卷　(清)俞樾撰　清光緒二十五年(1899)刻春在堂全書本　十二冊

130000－0404－0001382　經9/8043＝3(普)
群經評議三十五卷　(清)俞樾撰　清光緒二十八年(1902)刻本　十六冊

130000－0404－0001383　經9/8043＝3(2)(普)
群經評議三十五卷　(清)俞樾撰　清光緒二十八年(1902)刻本　十六冊

130000－0404－0001384　經9/8043－2(普)
茶香室經說十六卷經刻續編八卷　(清)俞樾撰　清光緒刻本　十冊

130000－0404－0001385　經9/8043.2(普)
古經解鉤沈三十卷　(清)余蕭客編　清乾隆六十年(1795)刻本　八冊

130000－0404－0001386　經9/8324(普)
經苑二十五種　(清)錢儀吉輯　清道光、咸豐間大梁書院刻同治七年(1868)王儒行等印經苑本　四十三冊　存十六種(吳國周易解及附錄、敦文書說、尚書精義、洪範統一、呂氏家塾讀書記、續呂氏家塾讀書記、春秋啖趙集傳纂例、春秋集解、孝經刊誤、孝經本義、孝經或問、孝經翼、論語意原、孟子外書、讀四書叢說、瑟譜)

130000－0404－0001387　經9/8324(2)(普)
經苑二十五種　(清)錢儀吉輯　清道光、咸豐間大梁書院刻同治七年(1868)王儒行等印經苑本　五冊　存二種(易說、吳國周易解)

130000－0404－0001388　經9/8349(普)
經餘必讀八卷　(清)雷琳等輯　清嘉慶八年(1803)大中堂刻本　四冊

130000－0404－0001389　經9/8349－2(普)
經餘必讀八卷續編八卷三集四卷　(清)雷琳等輯　清光緒二年(1876)退補齋刻本　十冊

130000－0404－0001390　經9/8349－3(普)
經餘必讀續編八卷　(清)雷琳等輯　清嘉慶十八年(1813)大德堂刻本　四冊

130000－0404－0001391　經9/8349－3＝2(普)
經餘必讀續編八卷　(清)雷琳等輯　清嘉慶十三年(1808)新聚堂刻本　二冊

130000－0404－0001392　經9/8700(普)
鄭學彙函九種　(漢)鄭玄撰　清光緒中定州刻本　二冊　存二種(周易注、尚書鄭注)

130000－0404－0001393　經9/9021(普)
仿宋相臺五經五種附考證　(宋)岳珂校　清

光緒二年(1876)江南書局刻本　　三十二冊

130000－0404－0001394　　經 101/0712(普)

爾雅三卷　(晉)郭璞注　(唐)陸德明音義
清嘉慶十一年(1806)吳門顧門氏思適齋刻本
　　一冊

130000－0404－0001395　　經 101/0712＝2(普)

爾雅三卷　(晉)郭璞注　(唐)陸德明音義
清嘉慶二十二年(1817)清芬閣刻本　　三冊

130000－0404－0001396　　經 101/0712＝2(2)(普)

爾雅三卷　(晉)郭璞注　(唐)陸德明音義
清嘉慶二十二年(1817)清芬閣刻本　　三冊

130000－0404－0001397　　經 101/0712＝3(普)

爾雅三卷　(晉)郭璞注　(唐)陸德明音義
清嘉慶二十二年(1817)清芬閣刻本　　三冊

130000－0404－0001398　　經 101/0712＝3(普)

爾雅三卷　(晉)郭璞注　(唐)陸德明音義
清同治七年(1868)湖南崇文書局刻本　　三冊

130000－0404－0001399　　經 101/0712＝4(普)

爾雅三卷　(晉)郭璞注　(唐)陸德明音義
清同治十一年(1872)山東書局刻本　　三冊

130000－0404－0001400　　經 101/0712＝5(普)

爾雅三卷　(晉)郭璞注　(唐)陸德明音義
清同治十三年(1874)湖南書局刻本　　三冊

130000－0404－0001401　　經 101/0712－2(普)

爾雅注疏十一卷　(晉)郭璞注　(宋)邢昺疏
　　清乾隆十年(1745)三樂齋刻本　　六冊

130000－0404－0001402　　經 101/0712－2(2)(普)

爾雅注疏十一卷　(晉)郭璞注　(宋)邢昺疏
　　清乾隆十年(1745)三樂齋刻本　　六冊

130000－0404－0001403　　經 101/0712－2＝2
(普)

爾雅注疏十一卷　(晉)郭璞注　(宋)邢昺疏
　　清光緒二十二年(1896)書業德刻本　　六冊

130000－0404－0001404　　經 101/1000(普)

三字經註解備要二卷　(宋)王應麟撰　(清)
賀興思註解　清光緒十年(1884)三義堂刻本
　　二冊

130000－0404－0001405　　經 101/1013(普)

字典考證十二集　(清)奕繪等輯　清道光十
一年(1831)刻本　　八冊

130000－0404－0001406　　經 101/1013＝2(普)

字典考證十二集　(清)奕繪等輯　清光緒二
年(1876)崇文書局刻本　　六冊

130000－0404－0001407　　經 101/1013＝2(2)(普)

字典考證十二集　(清)奕繪等輯　清光緒二
年(1876)崇文書局刻本　　六冊

130000－0404－0001408　　經 101/1081(普)

廣雅疏證十卷　(清)王念孫撰　(清)王引之
述　清光緒五年(1879)定州王氏謙德堂刻畿
輔叢書本　　十一冊

130000－0404－0001409　　經 101/1713(普)

爾雅正義二十卷　(清)邵晉涵撰　**爾雅釋文
三卷**　(唐)陸德明釋文　清乾隆五十三年
(1788)餘姚邵氏刻本　　十冊

130000－0404－0001410　　經 101/2615(普)

別雅五卷　(清)吳玉搢撰　清乾隆七年
(1742)新安程氏督經堂刻本　　二冊

130000－0404－0001411　　經 101/2648(普)

藝文備覽十二集一百二十卷　(清)沙木集注
　　清刻本　　三十五冊

130000－0404－0001412　　經 101/3129(普)

經藝備格不分卷　題(清)上浣萩園主人編
清光緒十四年(1888)上海積山書局石印本
三冊

130000－0404－0001413　　經 101/3639(普)

**字林古今正俗異同通考四卷六書辨異二卷補
遺一卷**　(清)湯容煟撰　清嘉慶二年(1797)
四明滋德堂精刻本　　三冊

130000－0404－0001414　　經 101/3730(普)

大題文府不分卷　(清)鴻寶齋輯　清光緒十
四年(1888)鴻寶齋石印本　　二十一冊

130000－0404－0001415　　經 101/4742(普)

爾雅郭注義疏二十卷　(清)郝懿行撰　清光
緒十三年(1887)湖北官書刻本　　八冊

130000－0404－0001416　經101/4742＝2(普)

爾雅郭注義疏二十卷　(清)郝懿行撰　清光緒十四年(1888)上海鴻文書局石印本　四冊

130000－0404－0001417　經101/5044(普)

疊雅十三卷雙名錄一卷　(清)史夢蘭撰　清同治四年(1865)刻止園叢書本　四冊

130000－0404－0001418　經101/5640(普)

輶軒使者絕代語釋別國方言十三卷　(漢)揚雄撰　(晉)郭璞注　清乾隆四十九年(1784)杭州刻本　四冊

130000－0404－0001419　經101/6071(普)

新刻爾雅翼三十二卷　(宋)羅願撰　明新安畢效欽刻本　六冊

130000－0404－0001420　經101/6092(普)

說文通訓定聲十八卷　(清)朱駿聲撰　清光緒十四年(1888)上海鴻文書局石印本　十冊

130000－0404－0001421　經101/7110(普)

經籍纂詁一百六卷補遺一百六卷　(清)阮元撰　清刻光緒六年(1880)淮南書局補刻本　四十八冊

130000－0404－0001422　經101/7110(2)(普)

經籍纂詁一百六卷補遺一百六卷　(清)阮元撰　清刻光緒六年(1880)淮南書局補刻本　四十八冊

130000－0404－0001423　經101/7110＝2(普)

經籍纂詁補遺一百六卷　(清)阮元撰　清光緒十四年(1888)鴻文書局石印本　十六冊

130000－0404－0001424　經101/7426(普)

爾雅直音二卷　(清)孫侃輯　清光緒二十一年(1895)崇德書院刻本　一冊

130000－0404－0001425　經101/7705(普)

大題文府不分卷　(清)同文書局編　清光緒十二年(1886)同文書局石印本　二十冊

130000－0404－0001426　經101/7714(普)

六書音韻表五卷　(清)段玉裁撰　清同治十一年(1872)湖北崇文書局刻本　二冊

130000－0404－0001427　經101/7714(2)(普)

六書音韻表五卷　(清)段玉裁撰　清同治十一年(1872)湖北崇文書局刻本　二冊

130000－0404－0001428　經101/8546(普)

說文答問疏證六卷　(清)錢大昕撰　(清)薛傳均注　清道光十七年(1837)刻本　二冊

130000－0404－0001429　經102/0085(普)

古文翼八卷　(清)唐德宜編　清乾隆六年(1741)景山書屋刻本　八冊

130000－0404－0001430　經102/0085＝2(普)

古文翼八卷　(清)唐德宜編　清光緒二十四年(1898)姑蘇崇德公所刻本　八冊

130000－0404－0001431　經102/0131(普)

字學舉隅一卷　(清)龍啟瑞撰　清光緒十八年(1892)上海鴻寶齋石印本　一冊

130000－0404－0001432　經102/0131＝2(普)

字學舉隅一卷　(清)龍啟瑞撰　清道光十八年(1838)刻本　一冊

130000－0404－0001433　經102/0131－2(普)

字學舉隅續編一卷　(清)龍啟瑞撰　清光緒二年(1876)刻本　一冊

130000－0404－0001434　經102/0143(普)

文字發凡四卷　(清)龍志澤撰　清光緒三十年(1904)廣智書局鉛印本　一冊　存二卷(一至二)

130000－0404－0001435　經102/0192(普)

字學舉隅不分卷　(清)龍光甸撰　清光緒十一年(1885)善成堂刻本　一冊

130000－0404－0001436　經102/0192(2)(普)

字學舉隅不分卷　(清)龍光甸撰　清光緒十五年(1889)善成堂刻本　一冊

130000－0404－0001437　經102/0740(普)

天方三字經不分卷　(清)郭有章編　清道光十九年(1839)天津郭有章敬靖德堂刻本　一冊

130000－0404－0001438　經102/0894(普)

說文解字十五卷標目一卷　(漢)許慎撰　(宋)徐鉉等校訂　清嘉慶十二年(1807)藤花

榭刻本　四冊

130000－0404－0001439　經102/0894(2)(普)
說文解字十五卷標目一卷　(漢)許慎撰
(宋)徐鉉等校訂　清嘉慶十二年(1807)藤花
榭刻本　六冊

130000－0404－0001440　經102/0894(3)(普)
說文解字十五卷　(漢)許慎撰　(宋)徐鉉等
校訂　清嘉慶十二年(1807)藤花榭刻本　四
冊　存八卷(八至十五)

130000－0404－0001441　經102/0894＝2(普)
說文解字十五卷標目一卷　(漢)許慎撰
(宋)徐鉉等校訂　清光緒二年(1876)川東官
舍重修合州書賈刻本　八冊

130000－0404－0001442　經102/0894－3(普)
說文解字十五卷　(漢)許慎撰　**說文校字記
一卷**　(清)陳昌治撰　**說文通檢十四卷首一
卷末一卷**　(清)黎永椿編　清同治十二年
(1873)番禺陳昌治刻本　十冊

130000－0404－0001443　經102/0894＝4(普)
說文解字十五卷標目一卷　(漢)許慎撰
(宋)徐鉉等校訂　清光緒七年(1881)據汲古
閣翻刻本　四冊

130000－0404－0001444　經102/0894＝5(普)
說文解字十五卷標目一卷　(漢)許慎撰
(宋)徐鉉等校訂　清嘉慶陽湖孫氏平津館刻
小學彙函本　四冊

130000－0404－0001445　經102/1016(普)
四體字法五卷　(清)丁康輯　清嘉慶文藝堂
刻本　四冊

130000－0404－0001446　經102/1033(普)
說文外編十六卷　(清)雷浚撰　清光緒二年
(1876)刻本　六冊

130000－0404－0001447　經102/1088(普)
說文釋例二十卷　(清)王筠撰　清同治四年
(1865)刻本　十冊

130000－0404－0001448　經102/1088(2)(普)
說文釋例二十卷　(清)王筠撰　清同治四年

(1865)刻本　十冊

130000－0404－0001449　經102/1088(3)(普)
說文釋例二十卷　(清)王筠撰　清同治四年
(1865)刻本　十冊

130000－0404－0001450　經102/1088(4)(普)
說文釋例二十卷　(清)王筠撰　清同治四年
(1865)刻本　二十冊

130000－0404－0001451　經102/1088－2(普)
文字蒙求四卷　(清)王筠撰　清刻本　一冊

130000－0404－0001452　經102/1088－3(普)
說文句讀三十卷　(清)王筠撰　清同治四年
(1865)涵芬樓刻本　十四冊

130000－0404－0001453　經102/1088－3＝2(普)
說文句讀三十卷　(清)王筠撰　清光緒八年
(1882)四川尊經書局刻本　二十冊

130000－0404－0001454　經102/1088－3＝2(2)
(普)
說文句讀三十卷　(清)王筠撰　清光緒八年
(1882)四川尊經書局刻本　十五冊

130000－0404－0001455　經102/1088－4(普)
說文韻譜校五卷　(清)王筠撰　清光緒十六
年(1890)濰縣劉氏刻本　二冊

130000－0404－0001456　經102/1088－4(2)(普)
說文韻譜校五卷　(清)王筠撰　清光緒十六
年(1890)濰縣劉氏刻本　四冊

130000－0404－0001457　經102/1088－5(普)
說文繫傳校錄三十卷　(清)王筠撰　清咸豐
七年(1857)刻本　二冊

130000－0404－0001458　經102/1089(普)
四體千字文不分卷　(清)三義堂編　清光緒
十九年(1893)三義堂刻本　一冊

130000－0404－0001459　經102/1093(普)
玉堂字彙四集　(明)梅誕生(梅膺祚)撰　清
康熙二十九年(1690)善成堂刻本　四冊

130000－0404－0001460　經102/1115(普)
康熙字典十二集補遺十二集　(清)張玉書等

纂　清光緒二十八年（1902）上海積山書局石印本　六冊

130000－0404－0001461　經102/1115＝7（普）

康熙字典十二集總目一卷檢字一卷辨似一卷等韻一卷備考一卷補遺一卷　（清）張玉書等纂　（清）奕繪等重修　清光緒元年（1875）湖北崇文書局刻本　三十九冊　缺一卷（未集中）

130000－0404－0001462　經102/1115＝8（普）

康熙字典十二集總目一卷檢字一卷辨似一卷等韻一卷備考一卷補遺一卷　（清）張玉書等纂　（清）奕繪等重修　清道光七年（1827）刻本　四十冊

130000－0404－0001463　經102/1115＝9（普）

康熙字典十二集總目一卷檢字一卷辨似一卷等韻一卷備考一卷補遺一卷　（清）張玉書等纂　清刻本　四十冊

130000－0404－0001464　經102/1115＝9（2）（普）

康熙字典十二集總目一卷檢字一卷辨似一卷等韻一卷備考一卷補遺一卷　（清）張玉書等纂　清刻本　四十冊

130000－0404－0001465　經102/1115＝10（普）

康熙字典十二集總目一卷檢字一卷辨似一卷等韻一卷備考一卷補遺一卷　（清）張玉書等纂　（清）奕繪等重修　清康熙五十五年（1716）刻本　四十冊

130000－0404－0001466　經102/1115＝11（普）

康熙字典十二集總目一卷檢字一卷辨似一卷等韻一卷備考一卷補遺一卷　（清）張玉書等纂　（清）奕繪等重修　清光緒二十四年（1898）上海文盛唐書莊石印本　六冊

130000－0404－0001467　經102/1115＝12（普）

康熙字典十二集總目一卷檢字一卷辨似一卷等韻一卷備考一卷補遺一卷　（清）張玉書等纂　清光緒二十年（1894）上海鴻寶齋石印本　六冊

130000－0404－0001468　經102/1115＝12（2）（普）

康熙字典十二集總目一卷檢字一卷辨似一卷

等韻一卷備考一卷補遺一卷　（清）張玉書等纂　清光緒二十年（1894）上海鴻寶齋石印本　六冊

130000－0404－0001469　經102/1140（普）

復古編二卷　（宋）張有撰　**復古編校正一卷**　（清）葛鳴陽撰　清乾隆四十六年（1781）安邑葛鳴陽刻本　三冊

130000－0404－0001470　經102/1140＝2（普）

復古編二卷附錄一卷　（宋）張有撰　**復古編校正一卷**　（清）葛鳴陽撰　清光緒十八年（1892）香山劉氏小蘇齋刻本　四冊

130000－0404－0001471　經102/1146（普）

石鼓文釋存一卷附補注一卷　（清）張燕昌撰　清光緒二十八年（1902）貴池劉氏刻本　一冊

130000－0404－0001472　經102/1246（普）

禮記集解六十一卷尚書顧命解一卷　（清）孫希旦撰　清道光十九年（1839）刻本　十冊　存三十五卷（二十七至六十一）

130000－0404－0001473　經102/1262（普）

宋本說文解字十五卷　（清）孫星衍輯　清光緒三十四年（1908）上海同文書局石印本　二冊

130000－0404－0001474　經102/1712（普）

隸篇十五卷續十五卷再續十五卷　（清）翟雲昇撰　清道光十七年至十八年（1837－1838）東萊翟雲昇刻本　十冊

130000－0404－0001475　經102/1714（普）

說文解字群經正字二十八卷　（清）邵瑛撰　清嘉慶二十一年（1816）桂隱書屋刻本　十冊

130000－0404－0001476　經102/1714（2）（普）

說文解字群經正字二十八卷附劉炫規杜持平六卷　（清）邵瑛撰　清嘉慶二十一年（1816）桂隱書屋刻本　十二冊

130000－0404－0001477　經102/1714.2（普）

許氏說文解字雙聲疊韻譜不分卷　（清）鄧廷楨撰　清光緒九年（1883）同文書局石印本

一冊

130000－0404－0001478　經102/1744(普)
漢隸辨體四卷　(清)尹彭壽撰　清光緒二十一年(1895)刻本　四冊

130000－0404－0001479　經102/1779(普)
類篇四十五卷　(宋)司馬光撰　清光緒二年(1876)歸安姚覲元川東官舍刻本　十四冊

130000－0404－0001480　經102/1779(2)(普)
類篇四十五卷　(宋)司馬光撰　清光緒二年(1876)歸安姚覲元川東官舍刻本　十四冊

130000－0404－0001481　經102/1779(3)(普)
類篇四十五卷　(宋)司馬光撰　清光緒二年(1876)歸安姚覲元川東官舍刻本　四冊

130000－0404－0001482　經102/2004(普)
說文檢字二卷補遺一卷　(清)毛謨撰　清歸安姚氏刻咫進齋叢書本　一冊

130000－0404－0001483　經102/2147(普)
龍龕手鑑四卷　(遼)釋行均集　清乾隆三十一年(1766)經井齋影宋鈔本　四冊

130000－0404－0001484　經102/2172(普)
千字文不分卷　(清)何丹谿著　清刻本　一冊

130000－0404－0001485　經102/2244(普)
小學鉤沈十九卷　(清)仁大椿輯　(清)王念孫校正　清光緒十年(1884)龍氏刻本　一冊

130000－0404－0001486　經102/2574(普)
說文通訓定聲十八卷說雅一卷分部東韻一卷古今韻準一卷行狀一卷　(清)朱駿聲撰　清咸豐元年(1851)臨嘯閣刻本　二十八冊

130000－0404－0001487　經102/2574(2)(普)
說文通訓定聲十八卷說雅一卷分部東韻一卷古今韻準一卷行狀一卷　(清)朱駿聲撰　清咸豐元年(1851)臨嘯閣刻本　二十八冊

130000－0404－0001488　經102/2734(普)
說文通檢十四卷首一卷末一卷　(清)黎永椿撰　清光緒二年(1876)崇文書局刻本　二冊

130000－0404－0001489　經102/2734(2)(普)
說文通檢十四卷首一卷末一卷　(清)黎永椿撰　清光緒二年(1876)崇文書局刻本　二冊

130000－0404－0001490　經102/2746(普)
篆字彙十二集　(清)佟世男編　清錫環堂刻本　十二冊

130000－0404－0001491　經102/2746(2)(普)
篆字彙十二集　(清)佟世男編　清錫環堂刻本　十二冊

130000－0404－0001492　經102/2847(普)
翰苑初編字學匯海不分卷　(清)龍光甸(清)龍啟瑞撰　(清)徐桐編　清光緒十五年(1889)京都秀文齋刻本　一冊

130000－0404－0001493　經102/2881(普)
說文解字通釋四十卷校刊記三卷　(南唐)徐鍇撰　清道光十九年(1839)刻本　八冊

130000－0404－0001494　經102/2881＝2(普)
說文解字通釋四十卷校刊記三卷　(南唐)徐鍇撰　清刻本　八冊

130000－0404－0001495　經102/3027(普)
字彙四卷　(□)□□撰　清石印本　三冊缺一卷(一)

130000－0404－0001496　經102/3077(普)
清文補彙八卷　(清)宜興撰　清嘉慶七年(1802)刻本　八冊

130000－0404－0001497　經102/3104(普)
說文辨疑一卷　(清)顧廣圻撰　清光緒三年(1877)湖北崇文書局刻本　一冊

130000－0404－0001498　經102/3144(普)
隸辨八卷　(清)顧藹吉撰　清乾隆八年(1743)天都黃晟刻本　八冊

130000－0404－0001499　經102/3161(普)
重刊玉篇三十卷　(南朝梁)顧野王撰　清康熙四十三年(1704)澤存堂刻本　三冊

130000－0404－0001500　經102/3161＝2(普)
大廣益會玉篇三十卷　(南朝梁)顧野王撰　(唐)孫強增字　(宋)陳彭年等重修　清康熙

四十五年(1706)揚州詩局刻本　六冊　缺十七卷(十四至三十)

130000－0404－0001501　經102/3165(普)
千字文釋義□□卷　(清)江嘯尹輯　(清)孫謙益參注　清刻本　一冊　存一卷(三)

130000－0404－0001502　經102/3734(普)
說文解字繫傳校勘記三卷　(南唐)徐鍇撰　(清)祁寯藻撰　清刻本　二冊

130000－0404－0001503　經102/4044(普)
六書分類十二卷首一卷　(清)傅世垚撰　清刻本　四冊　缺七卷(一至七)

130000－0404－0001504　經102/4044.2(普)
小學稽業五卷　(清)李塨纂　清康熙四十四年(1705)刻本　一冊

130000－0404－0001505　經102/4206(普)
說文校議十五卷　(清)姚文田　(清)嚴可均撰　清同治十三年(1874)歸安姚氏刻本　一冊　存二卷(一至二)

130000－0404－0001506　經102/4295(普)
文字蒙求廣義四卷　(清)蒯光典撰　清光緒二十七年(1901)刻本　四冊

130000－0404－0001507　經102/4295＝2(普)
文字蒙求廣義四卷　(清)蒯光典撰　清光緒二十七年(1901)江楚書局刻本　四冊

130000－0404－0001508　經102/4327(普)
六書故三十三卷通釋一卷　(宋)戴侗撰　清刻本　十六冊

130000－0404－0001509　經102/4421(普)
苗氏說文四種　(清)苗夔撰　清咸豐元年(1851)漢磚亭刻本　四冊

130000－0404－0001510　經102/4421(2)(普)
苗氏說文四種　(清)苗夔撰　清咸豐元年(1851)漢磚亭刻本　四冊

130000－0404－0001511　經102/4421(3)(普)
苗氏說文四種　(清)苗夔撰　清咸豐元年(1851)漢磚亭刻本　四冊

130000－0404－0001512　經102/4421(4)(普)
苗氏說文四種　(清)苗夔撰　清咸豐元年(1851)漢磚亭刻本　四冊

130000－0404－0001513　經102/4421(5)(普)
苗氏說文四種　(清)苗夔撰　清咸豐元年(1851)漢磚亭刻本　四冊

130000－0404－0001514　經102/4421(6)(普)
苗氏說文四種　(清)苗夔撰　清咸豐元年(1851)漢磚亭刻本　四冊

130000－0404－0001515　經102/4421(7)(普)
苗氏說文四種　(清)苗夔撰　清咸豐元年(1851)漢磚亭刻本　四冊

130000－0404－0001516　經102/4421(8)(普)
苗氏說文四種　(清)苗夔撰　清咸豐元年(1851)漢磚亭刻本　四冊

130000－0404－0001517　經102/4421(9)(普)
苗氏說文四種　(清)苗夔撰　清咸豐元年(1851)漢磚亭刻本　四冊

130000－0404－0001518　經102/4428(普)
說文解字義證五十卷　(清)桂馥撰　清同治九年(1870)湖北崇文書局刻本　三十二冊

130000－0404－0001519　經102/4428(2)(普)
說文解字義證五十卷　(清)桂馥撰　清同治九年(1870)湖北崇文書局刻本　三十二冊

130000－0404－0001520　經102/4428(3)(普)
說文解字義證五十卷　(清)桂馥撰　清同治九年(1870)湖北崇文書局刻本　三十二冊

130000－0404－0001521　經102/4433(普)
說文古籀疏證六卷原目一卷　(清)莊述祖撰　清光緒二十年(1894)刻本　四冊

130000－0404－0001522　經102/4720(普)
說文字原韻表二卷　(清)胡重編　(清)金孝柏訂　清嘉慶十六年(1811)秀水金氏月香書屋刻本　一冊

130000－0404－0001523　經102/4802(普)
字彙不分卷　(明)梅膺祚撰　清康熙三十一年(1692)刻本　七冊

130000－0404－0001524　經102/4802＝2(普)
字彙不分卷　(明)梅膺祚撰　清光緒十九年
(1893)三義堂刻本　四冊

130000－0404－0001525　經102/4802＝3(普)
字彙不分卷　(明)梅膺祚撰　清光緒善成堂
刻本　十四冊

130000－0404－0001526　經102/4802＝3(2)(普)
字彙不分卷　(明)梅膺祚撰　清光緒善成堂
刻本　十四冊

130000－0404－0001527　經102/5045(普)
惠氏讀說文記十五卷　(清)惠棟撰　(清)江
聲補　清李氏半畝園刻本　二冊

130000－0404－0001528　經102/6031(普)
說文解字舊音一卷　(清)畢沅撰　清抄本
一冊

130000－0404－0001529　經102/6075(普)
普通百科新大辭典十二卷補遺二卷　(清)上
海國學扶輪社編　清宣統三年(1911)上海國
學扶輪社鉛印本　十五冊

130000－0404－0001530　經102/6080(普)
重校十三經輯字十七卷　(清)羅增著　清光
緒九年(1883)書業德刻本　四冊

130000－0404－0001531　經102/6080(2)(普)
重校十三經輯字十七卷　(清)羅增著　清光
緒九年(1883)書業德刻本　二冊

130000－0404－0001532　經102/6083(普)
字孳補二卷　(清)易鏡清輯　(清)易本烺補
　清同治九年(1870)京山易氏家藏刻本　一
冊　存一卷(上)

130000－0404－0001533　經102/7110(普)
積古齋鐘鼎彝器款識十卷　(清)阮元撰　清
嘉慶九年(1804)阮氏刻本　四冊

130000－0404－0001534　經102/7110＝2(普)
積古齋鐘鼎彝器款識十卷　(清)阮元撰　清
光緒五年(1879)刻本　六冊

130000－0404－0001535　經102/2722(普)
積古齋鐘鼎彝器款識十卷　(清)阮元撰　清

光緒九年(1883)鮑氏後知不足齋刻本　四冊

130000－0404－0001536　經102/7147(普)
澄衷蒙學堂字課圖說四卷　(清)劉樹屏編
(清)吳子城繪圖　清光緒七年(1881)積山書
局石印本　八冊

130000－0404－0001537　經102/7500(普)
說文諧聲孳生述不分卷　(清)陳立撰　清道
光十七年(1837)刻本　一冊

130000－0404－0001538　經102/7512(普)
說文提要一卷　(清)陳建侯撰　清同治十二
年(1873)湖北崇文書局刻本　一冊

130000－0404－0001539　經102/7702(普)
六書通十卷　(明)閔齊伋撰　(清)畢弘述篆
訂　清光緒七年(1881)積山書局石印本
五冊

130000－0404－0001540　經102/7702＝2(普)
六書通十卷　(明)閔齊伋撰　(清)畢弘述篆
訂　清刻本　十二冊

130000－0404－0001541　經102/7702＝2(2)(普)
六書通十卷　(明)閔齊伋撰　(清)畢弘述篆
訂　清刻本　十冊

130000－0404－0001542　經102/7702＝2(3)(普)
六書通十卷　(明)閔齊伋撰　(清)畢弘述篆
訂　清刻本　十冊

130000－0404－0001543　經102/7714(普)
**補刊段氏說文解字注三十卷附六書音韻表五
卷**　(清)段玉裁撰　清同治七年(1868)蘇州
保息局補刻本　十六冊

130000－0404－0001544　經102/7714(2)(普)
**補刊段氏說文解字注三十卷附六書音韻表五
卷**　(清)段玉裁撰　清同治七年(1868)蘇州
保息局補刻本　二十四冊

130000－0404－0001545　經102/7714＝2(普)
**說文解字注三十卷六書音韻表五卷汲古閣說
文訂一卷**　(清)段玉裁撰　清同治湖北崇文
書局刻本　十八冊

130000－0404－0001546　經102/7714＝2(2)(普)

說文解字注三十卷六書音韻表五卷汲古閣說
文訂一卷 （清）段玉裁撰 清同治湖北崇文
書局刻本 十八冊

130000－0404－0001547 經102/7714＝3（普）
說文解字注三十卷 （清）段玉裁撰 清刻本
十五冊

130000－0404－0001548 經102/7714＝4（普）
說文解字三十卷六書音韻表五卷 （清）段玉
裁撰 說文通檢二十八卷首一卷末一卷
（清）黎永椿撰 說文解字匡謬八卷 （清）徐
承慶撰 清光緒三十四年（1908）上海江左書
林石印本 八冊

130000－0404－0001549 經102/7714＝5（普）
說文解字三十卷六書音韻表五卷 （清）段玉
裁撰 說文通檢二十八卷首一卷末一卷
（清）黎永椿撰 說文解字注匡謬八卷 （清）
徐承慶撰 清光緒十四年（1888）上海蜚英館
石印本 八冊

130000－0404－0001550 經102/7714＝5(2)（普）
說文解字三十卷六書音韻表五卷 （清）段玉
裁撰 說文通檢二十八卷首一卷末一卷
（清）黎永椿撰 說文解字注匡謬八卷 （清）
徐承慶撰 清光緒十四年（1888）上海蜚英館
石印本 八冊

130000－0404－0001551 經102/7714＝6（普）
說文解字三十卷附六書音韻表五卷汲古閣說
文訂一卷 （清）段玉裁撰 說文通檢二十八
卷首一卷末一卷 （清）黎永椿撰 說文段注
撰要九卷 （清）馬壽齡撰 清光緒十六年
（1890）石印本 十冊

130000－0404－0001552 經102/8341（普）
說文解字斠詮十四卷 （清）錢坫撰 清光緒
九年（1883）淮南書局刻本 六冊

130000－0404－0001553 經102/8718（普）
說文逸字二卷 （清）鄭珍撰 清咸豐八年
（1858）望山堂刻本 一冊

130000－0404－0001554 經102/8718（普）
儀禮私箋八卷 （清）鄭珍撰 清同治五年

（1866）成山唐氏刻本 一冊

130000－0404－0001555 經102/8718（普）
鄭學錄四卷 （清）鄭珍撰 清同治四年
（1865）刻本 一冊

130000－0404－0001556 經102/8787（普）
說文本經答問二卷 （清）鄭知同撰 清光緒
十六年（1890）廣雅書局刻本 一冊

130000－0404－0001557 經103/0037（普）
韻詁不分卷 （清）方濬頤撰 清光緒四年
（1878）淮南書局刻本 六冊

130000－0404－0001558 經103/0133（普）
字類標韻六卷 （清）華綱輯 清光緒元年
（1875）肄江王氏刻本 二冊

130000－0404－0001559 經103/0324（普）
試帖十萬軍聲二集□□卷 （□）□□撰 清
石印本 五冊 存四卷（一、四、八、十）

130000－0404－0001560 經103/0613（普）
增刪韻府羣玉定本二十卷 （元）陰時夫撰
（元）陰中夫注 清刻本 三冊 存六卷（七
至八、十一至十二、十四至十五）

130000－0404－0001561 經103/0721（普）
分類韻錦十二卷 （清）郭化霖輯 清道光二
十六年（1846）刻本 六冊

130000－0404－0001562 經103/0721－2（普）
詩韻類錦十二卷 （清）郭化霖輯 清道光二
十七年（1847）刻本 八冊

130000－0404－0001563 經103/1000（普）
集韻十卷 （宋）丁度撰 清光緒二年（1876）
川東官舍刻本 十冊

130000－0404－0001564 經103/1000(2)（普）
集韻十卷 （宋）丁度撰 清光緒二年（1876）
川東官舍刻本 十冊

130000－0404－0001565 經103/1000＝2（普）
集韻十卷 （宋）丁度撰 清光緒二年（1876）
刻本 十冊

130000－0404－0001566 經103/1000＝2(2)（普）

集韻十卷 （宋）丁度撰 清光緒二年（1876）
刻本 九冊

130000－0404－0001567 經103/1000＝2(3)（普）
集韻十卷 （宋）丁度撰 清光緒二年（1876）
刻本 七冊

130000－0404－0001568 經103/1000－2（普）
附釋文互註禮部韻略五卷 （宋）丁度撰 清
光緒二年（1876）川東官舍姚氏刻本 四冊

130000－0404－0001569 經103/1000－2(2)（普）
附釋文互註禮部韻略五卷 （宋）丁度撰 清
光緒二年（1876）川東官舍姚氏刻本 五冊

130000－0404－0001570 經103/1000－2＝2（普）
附釋文互註禮部韻略五卷 （宋）丁度撰 清
康熙四十五年（1706）揚州使院刻本 四冊
存三卷（一至二、五）

130000－0404－0001571 經103/1204（普）
詩聲類十二卷分編一卷 （清）孔廣森撰 清
同治三年（1864）渭南嚴氏用㸑軒孔氏刻本
二冊

130000－0404－0001572 經103/2004（普）
韻字略十二集 （清）毛謨撰 清光緒元年
（1875）湖北崇文書局刻本 二冊

130000－0404－0001573 經103/2004(2)（普）
韻字略十二集 （清）毛謨撰 清光緒元年
（1875）湖北崇文書局刻本 一冊

130000－0404－0001574 經103/2150（普）
古今韻會舉要三十卷 （元）熊忠撰 清光緒
九年（1883）淮南書局刻本 十冊

130000－0404－0001575 經103/2234（普）
增訂詩韻便覽五卷 （清）王星奎輯 清同治
十三年（1874）刻本 五冊

130000－0404－0001576 經103/2514(2)（普）
增訂臨文便覽不分卷 （清）怡雲僊館主人輯
清光緒二年（1876）怡雲僊館刻本 四冊

130000－0404－0001577 經103/2514（普）
增訂臨文便覽不分卷 （清）怡雲僊館主人輯
清光緒二年（1876）怡雲僊館刻本 四冊

130000－0404－0001578 經103/2520（普）
佩文詩韻釋要五卷 （清）周兆基撰 （清）朱
蘭輯 清光緒元年（1875）崇文書局刻本
一冊

130000－0404－0001579 經103/2520(2)（普）
佩文詩韻釋要五卷 （清）周兆基撰 （清）朱
蘭輯 清光緒元年（1875）崇文書局刻本
一冊

130000－0404－0001580 經103/2520(3)（普）
佩文詩韻釋要五卷 （清）周兆基撰 （清）朱
蘭輯 清光緒元年（1875）崇文書局刻本
一冊

130000－0404－0001581 經103/2520(4)（普）
佩文詩韻釋要五卷 （清）周兆基撰 （清）朱
蘭輯 清光緒元年（1875）崇文書局刻本
一冊

130000－0404－0001582 經103/2520(5)（普）
佩文詩韻釋要五卷 （清）周兆基撰 （清）朱
蘭輯 清光緒元年（1875）崇文書局刻本
一冊

130000－0404－0001583 經103/2524（普）
漁古軒詩韻八卷 （清）余照撰 （清）朱德蕃
增訂 清道光二十一年（1841）經餘堂刻本
四冊

130000－0404－0001584 經103/2535（普）
切韻考六卷外篇三卷 （清）陳澧撰 清刻本
四冊

130000－0404－0001585 經103/2632（普）
韻切指歸二卷 （清）吳遐齡撰 清道光七年
（1827）集古堂刻本 一冊 缺一卷（下）

130000－0404－0001586 經103/2700（普）
佩文詩韻五卷 （□）□□撰 清刻本 二冊

130000－0404－0001587 經103/2714（普）
增註字類標韻六卷 （清）華綗輯 （清）范多
玨重訂 清光緒十三年（1887）文益堂刻本
二冊

130000－0404－0001588 經103/3160（普）

韻岐五卷　（清）江昱輯　清光緒七年(1881)刻本　二冊

130000－0404－0001589　經103/3191(普)
顧氏音學五書三十八卷　（清）顧炎武撰　清光緒十六年(1890)思賢講舍刻本　十二冊

130000－0404－0001590　經103/3191(2)(普)
顧氏音學五書三十八卷　（清）顧炎武撰　清光緒十六年(1890)思賢講舍刻本　十二冊

130000－0404－0001591　經103/3191＝2(普)
顧氏音學五書三十八卷　（清）顧炎武撰　清康熙符山堂刻本　八冊　缺十九卷(古音表二卷、唐韻正四至二十)

130000－0404－0001592　經103/3191＝3(普)
顧氏音學五書三十八卷　（清）顧炎武撰　清刻本　十二冊　缺三卷(唐韻正六至八)

130000－0404－0001593　經103/3191＝4(普)
顧氏音學五書三十八卷　（清）顧炎武撰　清光緒觀稼樓刻本　六冊　缺二十卷(音論三卷、詩本音十卷、易音三卷、唐韻正一至四)

130000－0404－0001594　經103/3431(普)
韻辨附文五卷　（清）沈兆霖輯　清道光二十三年(1843)刻本　五冊

130000－0404－0001595　經103/3433(普)
韻彙五卷　（清）朱彝尊輯　（清）沈道寬編次　清同治十三年(1874)刻本　五冊

130000－0404－0001596　經103/3487(普)
臨文便覽不分卷　（清）洪鈞等輯　清光緒五年(1879)刻本　二冊

130000－0404－0001597　經103/3487(2)(普)
臨文便覽不分卷　（清）洪鈞等輯　清光緒五年(1879)刻本　二冊

130000－0404－0001598　經103/3502(普)
欽定清漢對音字式不分卷　（清）福隆安撰　清刻本　一冊

130000－0404－0001599　經103/3603＝2(普)
詩韻合璧五卷　（清）湯文璐撰　清光緒三年(1877)刻本　五冊

130000－0404－0001600　經103/3603＝3(普)
詩韻合璧五卷　（清）湯文璐撰　清光緒四年(1878)上海淞隱閣鉛印本　五冊

130000－0404－0001601　經103/3603＝3(2)(普)
詩韻合璧五卷　（清）湯文璐撰　清光緒四年(1878)上海淞隱閣鉛印本　五冊

130000－0404－0001602　經103/3603＝4(普)
詩韻合璧五卷附分韻文選題解擇要一卷　（清）湯文璐撰　清光緒三年(1877)寄螺齋刻本　五冊

130000－0404－0001603　經103/3603＝4(2)(普)
詩韻合璧五卷　（清）湯文璐撰　清光緒十一年(1885)善成堂刻本　五冊

130000－0404－0001604　經103/3603＝4(3)(普)
詩韻合璧五卷　（清）湯文璐撰　清光緒十一年(1885)善成堂刻本　五冊

130000－0404－0001605　經103/3631(普)
增廣詩韻大全五卷附汪立名論古韻通轉一卷　（清）湯祥瑟原輯　清光緒二十一年(1895)煥文書局石印本　六冊

130000－0404－0001606　經103/4013(普)
佩文廣韻匯編五卷　（清）李元棋撰　清同治十一年(1872)金陵書局刻本　二冊

130000－0404－0001607　經103/4031(普)
李氏音鑑六卷　（清）李汝珍撰　清同治七年(1868)木樨山房刻本　四冊

130000－0404－0001608　經103/4206(普)
古音諧八卷首一卷　（清）姚文田輯　清道光刻本　六冊

130000－0404－0001609　經103/4241(普)
繆篆分韻五卷補一卷　（清）桂馥撰　清嘉慶元年(1796)歸安姚氏咫進齋刻本　四冊

130000－0404－0001610　經103/4241(2)(普)
繆篆分韻五卷補一卷　（清）桂馥撰　清嘉慶元年(1796)歸安姚氏咫進齋刻本　二冊

130000－0404－0001611　經103/4310(普)
聲韻考四卷　（清）戴震撰　清宣統二年

(1910)天津圖書館抄本　一冊

130000－0404－0001612　經103/4427(普)

字類標韻六卷　(清)華綱輯　清光緒八年
(1882)刻本　二冊

130000－0404－0001613　經103/4427(2)

字類標韻六卷　(清)華綱輯　清光緒八年
(1882)刻本　二冊

130000－0404－0001614　經103/4436(普)

大明正德乙亥重刊改併五音集韻十五卷
(金)韓道昭撰　清抄本　五冊

130000－0404－0001615　經103/4436(普)

**大明正德乙亥重刊改併五音類聚四聲篇十五
卷**　(金)韓道昭撰　清抄本　五冊

130000－0404－0001616　經103/4444(普)

詩韻含英題解□□卷　(清)甘蘭友輯　清刻
本　一冊　存三卷(五至七)

130000－0404－0001617　經103/4477(普)

五方元音二卷　(清)樊騰鳳撰　清光緒十四
年(1888)善成堂刻本　四冊

130000－0404－0001618　經103/4477＝2(普)

五方元音二卷　(清)樊騰鳳撰　清三義堂刻
本　一冊

130000－0404－0001619　經103/4477－2(普)

剔弊廣增分韻五方元音二卷首一卷　(清)樊
騰鳳撰　(清)趙培梓重編　清光緒二十年
(1894)三義堂刻本　一冊

130000－0404－0001620　經103/4477－2＝2(普)

剔弊廣增分韻五方元音二卷首一卷　(清)樊
騰鳳撰　(清)趙培梓重編　清光緒二十四年
(1898)善成堂刻本　一冊

130000－0404－0001621　經103/4477－2＝3(普)

剔弊廣增分韻五方元音二卷首一卷　(清)樊
騰鳳撰　(清)趙培梓重編　清藜光閣刻本
三冊

130000－0404－0001622　經103/4491(普)

歷代鐘鼎彝器款識法帖二十卷　(宋)薛尚功
輯　清光緒二十九年(1903)貴池劉氏玉海堂

影印本　四冊

130000－0404－0001623　經103/4491(2)(普)

歷代鐘鼎彝器款識法帖二十卷　(宋)薛尚功
輯　清光緒二十九年(1903)貴池劉氏玉海堂
影印本　四冊

130000－0404－0001624　經103/4641(普)

書學正韻三十六卷　(元)楊桓撰　清刻本
十三冊　存二十九卷(三至二十五、二十八至
二十九、三十三至三十六)

130000－0404－0001625　經103/4962(普)

詞林分類次韻便讀三字錦九卷　(清)趙暄輯
清道光二十二年(1842)家塾刻本　四冊
存四卷(一至四)

130000－0404－0001626　經103/6010(普)

詩詞韻輯二種八卷　(清)姚詩雅輯　清同治
四年(1865)滑臺官舍刻本　二冊

130000－0404－0001627　經103/6034(普)

小學韻語一卷　(清)羅澤南撰　清光緒五年
(1879)江蘇書局刻本　一冊

130000－0404－0001628　經103/6050(普)

小學韻語一卷　(清)羅澤南撰　清光緒二十
七年(1901)山東書局刻本　一冊

130000－0404－0001629　經103/6606(普)

聲譜二卷聲說二卷　(清)時庸勱撰　清光緒
十八年(1892)河南大梁刻本　一冊

130000－0404－0001630　經103/6640(普)

音韻學叢書三十二種一百二十三卷　(清)嚴
式誨輯　清渭南嚴氏刻本　五十六冊

130000－0404－0001631　經103/7130(普)

經韻集字析解二卷韻字一卷　(清)彭良敞集
注　(清)熊守謙參訂　清刻本　二冊

130000－0404－0001632　經103/7130＝2(普)

經韻集字析解二卷　(清)彭良敞集注　(清)
熊守謙參訂　清同治十年(1871)沐邑敦素堂
刻本　四冊

130000－0404－0001633　經103/7288(普)

經史正音切韻指南一卷　(元)劉鑑撰　**直指**

玉鑰匙門法一卷　(明)釋真空輯　清抄本
一冊

130000－0404－0001634　經103/7527(普)
詩句題解韻編合集二十二卷　(清)陳維屏撰
清光緒二年(1876)京都琉璃廠書坊刻本
二十一冊　缺一卷(十一)

130000－0404－0001635　經103/7548(普)
大宋重修廣韻五卷　(宋)陳彭年等撰　清康
熙四十三年(1704)吳郡張士俊澤存堂刻澤存
堂五種本　五冊

130000－0404－0001636　經103/7548＝2(普)
大宋重修廣韻五卷　(宋)陳彭年等撰　清光
緒涵芬樓影印古逸叢書本　五冊

130000－0404－0001637　經103/7588(普)
毛詩古音考四卷屈宋古音義三卷　(明)陳第
撰　清光緒六年(1880)武昌張氏刻本　六冊

130000－0404－0001638　經103/8067(普)
詩韻集成十卷　(清)余照輯　清光緒四年
(1878)寶興堂刻本　四冊

130000－0404－0001639　經103/8067＝2(普)
詩韻集成十卷　(清)余照輯　清光緒九年
(1883)三義堂刻本　四冊

130000－0404－0001640　經103/8346(普)
聲類四卷　(清)錢大昕撰　清抄本　二冊

130000－0404－0001641　經103/8717(普)
六藝綱目二卷附錄一卷　(元)舒天民撰　清
光緒七年(1881)汪氏籀書誃刻本　二冊

130000－0404－0001642　經103/8717＝2(普)
六藝綱目二卷　(元)舒天民撰　清光緒七年
(1881)汪氏籀書誃刻本　一冊

130000－0404－0001643　經103/8718(普)
漢簡箋正七卷　(宋)郭忠恕撰　(清)鄭珍箋
正　清光緒十五年(1889)廣雅書局刻本
四冊

130000－0404－0001644　經103/9923(普)
等韻一得內篇一卷外篇一卷　勞乃宣撰　清
光緒二十四年(1898)吳橋官廨刻本　一冊

130000－0404－0001645　史11/0330(普)
四史　清光緒二十八年(1902)竢寶齋石印本
三十二冊

130000－0404－0001646　史11/1093(普)
二十四史　明崇禎十年(1637)琴川毛氏刻本
一百七十五冊

130000－0404－0001647　史11/1124(普)
朝鮮近世史二卷　(日本)北總林泰輔編修
劉世珩校譯　清光緒二十九年(1903)鴻寶書
局石印本　二冊

130000－0404－0001648　史11/1713(普)
支那通史四卷　(日本)那珂通世編　清光緒
二十七年(1901)東文學社第四次石印本
五冊

130000－0404－0001649　史11/2025(普)
四史　清道光十六年(1836)重修本　九十冊
存三百八十二卷(史記一百三十卷,漢書一
至二十、二十九至一百,後漢書二至七十六、
八十一至八十五、九十七至一百二十,三國志
一至五十六)

130000－0404－0001650　史11/2231(普)
十七史　明崇禎至清順治琴川毛氏汲古閣刻
本　七十九冊

130000－0404－0001651　史11/2234(普)
二十四史　明崇禎至清順治琴川毛氏汲古閣
刻本　六百三十一冊

130000－0404－0001652　史11/2444(普)
清朝史略十一卷　(日本)佐藤楚材編　清光
緒二十八年(1902)上海書局石印本　六冊

130000－0404－0001653　史11/2719(普)
二十四史九通政典類要合編三百二十卷
(清)約雅堂主人輯　清光緒二十八年(1902)
約雅堂刻本　六十冊

130000－0404－0001654　史11/2719(2)(普)
二十四史九通政典類要合編三百二十卷
(清)約雅堂主人輯　清光緒二十八年(1902)
約雅堂刻本　二十九冊　缺一百五十九卷

（七十四至一百八十一、二百七十至三百二十）

130000－0404－0001655　史 11/3491（普）
二十一史四譜五十四卷　（清）沈炳震輯　清同治十年(1871)武林吳氏清來堂重校補刻本　五冊　存十三卷（一至三、十至十五、二十一至二十二、二十九至三十）

130000－0404－0001656　史 11/3712（普）
人表考九卷　（清）梁玉繩撰　清光緒十三年(1887)廣雅書局刻本　四冊

130000－0404－0001657　史 11/4013（普）
廿一史提綱歌二卷　（清）李兆洛編　清同治十年(1871)御香書屋刻本　一冊

130000－0404－0001658　史 11/4877（普）
二十四史　清乾隆四年(1739)武英殿刻本　八百五十冊

130000－0404－0001659　史 11/4917（普）
二十二史劄記三十六卷　（清）趙翼撰　清嘉慶五年(1800)湛貽堂刻本　十二冊

130000－0404－0001660　史 11/4917＝2（普）
二十二史劄記三十六卷　（清）趙翼撰　清光緒二十年(1894)廣雅書局刻本　十冊

130000－0404－0001661　史 11/7203（普）
史鑑韻編三卷　（清）劉慶鴻著　（清）郝燕凱音註　清宣統三年(1911)鉛印本　一冊

130000－0404－0001662　史 11/7739（普）
二十四史　清同治至光緒五省官書局刻本　五百三十二冊

130000－0404－0001663　史 11/7739(2)（普）
二十四史　清同治至光緒五省官書局刻本　四百四十二冊

130000－0404－0001664　史 11/8346（普）
三史拾遺五卷諸史拾遺五卷讀史舉正八卷　(清)錢大昕等撰　清光緒十七年(1891)廣雅書局刻本　四冊

130000－0404－0001665　史 11/8710（普）
廿一史約編不分卷　（清）鄭元慶述　（清）陳

瞿石鑒定　清刻本　三冊

130000－0404－0001666　史 11/8710＝2（普）
廿一史約編八卷首一卷　（清）鄭元慶述　（清）陳瞿石鑒定　清上洋江左書林刻本　八冊

130000－0404－0001667　史 11/8710＝3（普）
廿一史約編八卷首一卷　（清）鄭元慶述　（清）陳瞿石鑒定　清聚錦堂刻本　八冊

130000－0404－0001668　史 11/8710＝4（普）
廿一史約編八卷首一卷　（清）鄭元慶述　清魚計亭刻本　四冊

130000－0404－0001669　史 11/8710＝5（普）
廿一史約編不分卷　（清）鄭元慶述　（清）陳瞿石鑒定　清光緒六年(1880)得月樓刻本　八冊

130000－0404－0001670　史 11/8880（普）
二十四史　清光緒二十八年(1902)竹簡齋石印本　七十二冊

130000－0404－0001671　史 11/9024（普）
二十四史　清光緒二十九年(1903)五洲同文局石印本　七百十一冊

130000－0404－0001672　史 11/9024(2)（普）
二十四史　清光緒二十九年(1903)五洲同文局石印本　七百十冊

130000－0404－0001673　史 12/0044（普）
史記註補正一卷　（清）方苞撰　清光緒二十年(1894)廣雅書局刻本　一冊

130000－0404－0001674　史 12/1102（普）
校刊史記集解索隱正義劄記五卷　（清）張文虎撰　清同治十一年(1872)金陵書局刻本　二冊

130000－0404－0001675　史 12/1102(2)（普）
校刊史記集解索隱正義劄記五卷　（清）張文虎撰　清同治十一年(1872)金陵書局刻本　二冊

130000－0404－0001676　史 12/1102(3)（普）
校刊史記集解索隱正義劄記五卷　（清）張文

虎撰　清同治十一年(1872)金陵書局刻本
二冊

130000－0404－0001677　史12/1772(普)
史記索隱三十卷　(唐)司馬貞撰　清光緒十
九年(1893)廣雅書局刻本　四冊

130000－0404－0001678　史12/1773(普)
史記一百三十卷　(漢)司馬遷撰　清同治九
年(1870)崇文書局刻本　二十四冊

130000－0404－0001679　史12/1773＝2(普)
史記一百三十卷　(漢)司馬遷撰　(南朝宋)
裴駰集解　(唐)司馬貞索隱　(唐)張守節正
義　清同治五年至九年(1866－1870)金陵書
局刻本　二十冊

130000－0404－0001680　史12/1773＝3(普)
史記測義一百三十卷　(漢)司馬遷撰　(明)
徐孚遠　(明)陳子龍編　清文淵堂陳臥子刻
本　二十四冊

130000－0404－0001681　史12/2130(普)
中國歷史教科書七卷　(清)上海商務印書館
編　清光緒三十一年(1905)上海商務印書館
鉛印本　二冊

130000－0404－0001682　史12/2477(普)
史記選六卷西漢書文選四卷　(清)儲欣評
(清)吳振乾等校訂　清乾隆三十一年(1766)
受祉堂刻本　六冊

130000－0404－0001683　史12/2632(普)
**桐城先生點勘史記讀本一百三十卷史記初校
本點識一卷彙錄諸家史記評語一卷**　(清)吳
汝綸撰　清宣統元年(1909)鉛印本　十六冊

130000－0404－0001684　史12/2632(2)(普)
桐城先生點勘史記讀本一百三十卷　(清)吳
汝綸撰　清宣統元年(1909)鉛印本　六冊
存四十卷(一至四十)

130000－0404－0001685　史12/2632＝2(普)
**桐城先生點勘史記讀本一百三十卷史記初校
本點識一卷彙錄諸家史記評語一卷**　(清)吳
汝綸點勘　清宣統三年(1911)南宮邢氏刻本

二十冊

130000－0404－0001686　史12/2749(普)
歸震川評點史記一百三十卷　(漢)司馬遷撰
(明)歸有光評點　**方望溪評點史記四卷**
(清)方苞評　清光緒二年(1876)張氏刻本
二十冊

130000－0404－0001687　史12/3407(普)
六圓沈新周先生地學二卷　(清)沈鎬撰　清
康熙五十一年(1712)刻本　二冊

130000－0404－0001688　史12/3427(普)
宋書一百卷　(南朝梁)沈約撰　明刻本　十
冊　存三十二卷(六十九至一百)

130000－0404－0001689　史12/3712(普)
史記志疑三十六卷　(清)梁玉繩撰　清光緒
十三年(1887)廣雅書局刻史學叢書本　十
六冊

130000－0404－0001690　史12/4014(普)
增定課兒鑑署妥註善本五卷　(明)李廷機著
清乾隆十三年(1748)務本堂刻本　二冊

130000－0404－0001691　史12/4471(普)
舊五代史一百五十卷附考証　(宋)薛居正等
撰　清同治十一年(1872)湖北崇文書局刻本
十六冊

130000－0404－0001692　史12/8346(普)
二十二史考異一百卷　(清)錢大昕撰　清龍
氏家塾刻本　二十四冊

130000－0404－0001693　史13/0863(普)
金史詳校十卷首一卷末一卷　(清)施國祁撰
清光緒六年(1880)會稽章氏刻本　十冊

130000－0404－0001694　史13/1020(普)
漢書補註一百卷　王先謙撰　清光緒二十六
年(1900)王氏家刻本　三十二冊

130000－0404－0001695　史13/1032(普)
明史稿三百十卷　(清)王鴻緒纂　清敬慎堂
刻本　一百冊

130000－0404－0001696　史13/1032(2)(普)
明史稿三百十卷　(清)王鴻緒纂　清敬慎堂

刻本　八十册

130000－0404－0001697　史13/1032－2(普)
明史列傳稿二百八卷　(清)王鴻緒纂　清敬慎堂刻本　五十册

130000－0404－0001698　史13/1111(普)
明史三百三十二卷　(清)張廷玉等撰　清刻本　四十九册

130000－0404－0001699　史13/1160(普)
前漢書一百卷　(漢)班固撰　(唐)顏師古注　明崇禎十五年(1642)汲古閣刻本　三十二册

130000－0404－0001700　史13/1160－2(普)
前漢書一百卷　(漢)班固撰　(唐)顏師古注　清乾隆四年(1739)武英殿校刻本　二十四册　存七十五卷(一至七十五)

130000－0404－0001701　史13/1160－3(普)
漢書一百卷　(漢)班固撰　(明)鍾人傑校　明刻本　十八册　缺二十二卷(漢書志五至十、漢書列傳一至十六)

130000－0404－0001702　史13/1160－2(普)
前漢書一百卷　(漢)班固撰　(唐)顏師古注
後漢書一百二十卷　(南朝宋)范曄撰　清光緒二十一年(1895)上海畊餘主人石印本　二十八册

130000－0404－0001703　史13/1160－2＝2(普)
前漢書一百卷　(漢)班固撰　(唐)顏師古注
後漢書一百二十卷　(南朝宋)范曄撰　清刻本　五十四册

130000－0404－0001704　史13/1198(普)
讀史舉正八卷　(清)張熷撰　清光緒十七年(1891)廣雅書局刻本　二册

130000－0404－0001705　史13/1773(普)
史記菁華錄六卷　(漢)司馬遷著　清光緒九年(1883)廣州翰墨園刻朱墨套印本　六册

130000－0404－0001706　史13/2628(普)
隋書八十五卷　(唐)魏徵撰　清同治十年(1871)淮南書局刻本　十二册

130000－0404－0001707　史13/3193(普)
元史本證五十卷　(清)汪輝祖撰　清嘉慶七年(1802)汪氏刻本　八册

130000－0404－0001708　史13/3277(普)
三國志攷證八卷　(清)潘眉撰　清光緒十五年(1889)廣雅書局刻本　二册

130000－0404－0001709　史13/3404(普)
東晉疆域志四卷　(清)洪亮吉撰　清光緒十七年(1891)廣雅書局刻本　二册

130000－0404－0001710　史13/3458(普)
漢書蒙拾三卷後漢書蒙拾二卷　(清)杭世駿撰　清光緒十年(1884)石印本　二册

130000－0404－0001711　史13/4014(普)
北齊書五十卷　(唐)李百藥撰　明汲古閣刻本　四册

130000－0404－0001712　史13/4014＝2(普)
北齊書五十卷　(唐)李百藥撰　清同治十三年(1874)金陵書局刻本　四册

130000－0404－0001713　史13/4014＝2(2)(普)
北齊書五十卷　(唐)李百藥撰　清同治十三年(1874)金陵書局刻本　四册

130000－0404－0001714　史13/4260(普)
梁書五十六卷　(唐)姚思廉撰　清同治十三年(1874)金陵書局刻本　六册

130000－0404－0001715　史13/4416(普)
南齊書五十九卷　(南朝梁)蕭子顯撰　清同治十三年(1874)金陵書局刻本　六册

130000－0404－0001716　史13/4721(普)
續後漢書九十卷　(元)郝經撰　清陵川郝祠刻本　二十四册

130000－0404－0001717　史13/4721(2)(普)
續後漢書九十卷　(元)郝經撰　清陵川郝祠刻本　二十四册

130000－0404－0001718　史13/4721＝2(普)
續後漢書九十卷　(元)郝經撰　(元)苟宗道注　劄記四卷　(清)郁松年撰　清道光二十一年(1841)刻宜稼堂叢書本　十六册　存四

十八卷(四十三至九十)

130000－0404－0001719　史13/4877(普)

**欽定遼史語解十卷欽定金史語解十二卷欽定
元史語解二十四卷**　（清）高宗弘曆敕撰　清
道光四年(1824)內府刻本　十六冊

130000－0404－0001720　史13/5045(普)

後漢書補註二十四卷補表四卷　（清）惠棟撰
清嘉慶九年(1804)刻粵雅堂叢書本　七冊

130000－0404－0001721　史13/5245(普)

金史一百三十五卷　（元）托克托撰　清刻本
十冊　存七十三卷(六十三至一百三十五)

130000－0404－0001722　史13/7067(普)

遼史拾遺二十四卷　（清）厲鶚撰　清乾隆振
綺堂刻本　十六冊

130000－0404－0001723　史13/7067＝2(普)

遼史拾遺二十四卷附拾遺補五卷　（清）厲鶚
撰　（清）楊復吉續　清光緒元年(1875)江蘇
書局刻本　十冊

130000－0404－0001724　史13/7267(普)

舊唐書二百卷　（五代）劉昫等撰　清同治十
一年(1872)定遠方氏懼盈齋刻本　三十六冊

130000－0404－0001725　史13/7267.2(普)

續漢書八志三十卷　（南朝梁）劉昭注補　清
金陵書局仿汲古閣刻本　三冊

130000－0404－0001726　史13/7550(普)

三國志六十五卷　（晉）陳壽撰　（宋）裴松之
注　清光緒十三年(1887)江南書局刻本
八冊

130000－0404－0001727　史13/7550(2)(普)

三國志六十五卷　（晉）陳壽撰　（宋）裴松之
注　清光緒十三年(1887)江南書局刻本
八冊

130000－0404－0001728　史13/7550(3)(普)

三國志六十五卷　（晉）陳壽撰　（宋）裴松之
注　清光緒十三年(1887)江南書局刻本
八冊

130000－0404－0001729　史13/7550(4)(普)

三國志六十五卷　（晉）陳壽撰　（宋）裴松之
注　清光緒十三年(1887)江南書局刻本
八冊

130000－0404－0001730　史13/7550(5)(普)

三國志六十五卷　（晉）陳壽撰　（宋）裴松之
注　清光緒十三年(1887)江南書局刻本
八冊

130000－0404－0001731　史13/7550＝2(普)

三國志六十五卷　（晉）陳壽撰　（宋）裴松之
注　清同治九年(1870)金陵書局刻本　八冊

130000－0404－0001732　史13/7725(普)

弘簡錄二百五十四卷　（明）邵經邦等輯　清
刻本　六冊　存二十四卷(二百四至二百二
十七)

130000－0404－0001733　史13/7730(普)

晉略六十六卷　（清）周濟撰　清光緒二年
(1876)味雋齋刻本　十冊

130000－0404－0001734　史13/7772(普)

五代史記注七十四卷　（宋）歐陽修撰　（宋）
徐無黨原注　清刻本　十冊　存二十七卷
(四十八至七十四)

130000－0404－0001735　史13/8042(普)

周書五十卷　（唐）令狐德棻撰　清同治十三
年(1874)金陵書局刻本　四冊

130000－0404－0001736　史13/8042(2)(普)

周書五十卷　（唐）令狐德棻撰　清同治十三
年(1874)金陵書局刻本　四冊

130000－0404－0001737　史13/8341(普)

新斠注漢書地理志十六卷　（清）錢坫撰　清
刻本　六冊　存九卷(八至十六)

130000－0404－0001738　史13/8346(普)

元史氏族表三卷　（清）錢大昕撰　清嘉慶十
一年(1806)嘉定錢氏補纂江蘇書局刻本
二冊

130000－0404－0001739　史2/1722(普)

綱鑑擇言十卷　（清）司徒修選輯　（清）李嘉
樹補註　清道光二十七年(1847)書葉德刻本

四冊

130000－0404－0001740　史2/1722(2)（普）
綱鑑擇言十卷　（清）司徒修選輯　（清）李嘉
樹補註　清道光二十七年(1847)書葉德刻本
六冊

130000－0404－0001741　史2/1722(3)（普）
綱鑑擇言十卷　（清）司徒修選輯　（清）李嘉
樹補註　清道光二十七年(1847)書葉德刻本
六冊

130000－0404－0001742　史2/1722(4)（普）
綱鑑擇言十卷　（清）司徒修選輯　（清）李嘉
樹補註　清道光二十七年(1847)書葉德刻本
五冊

130000－0404－0001743　史21/0057（普）
續資治通鑑綱目二十七卷　（明）商輅等撰
清康熙四十六年(1707)刻本　十六冊

130000－0404－0001744　史21/0146（普）
明大政纂要六十三卷　（明）譚希思撰　清光
緒二十一年(1895)湖南思賢書局刻本　二十
八冊

130000－0404－0001745　史21/0146(2)（普）
明大政纂要六十三卷　（明）譚希思撰　清光
緒二十一年(1895)湖南思賢書局刻本　二十
八冊

130000－0404－0001746　史21/1004（普）
四辰堂通鑑易知錄十四卷　（清）王仕雲輯
清刻本　八冊　存十卷(一至十)

130000－0404－0001747　史21/1042（普）
王鳳洲綱鑑會纂三十九卷　（明）王世貞編
清光緒二十八年(1902)上海醉六堂石印本
十二冊

130000－0404－0001748　史21/1042＝2（普）
王鳳洲綱鑑會纂三十九卷　（明）王世貞編
清光緒二十八年(1902)山東書叢德石印本
十四冊

130000－0404－0001749　史21/1042＝3（普）
王鳳洲綱鑑會纂九十二卷　（明）王世貞編

清光緒二十五年(1899)上海萃文齋石印本
十二冊

130000－0404－0001750　史21/1042＝5
王鳳洲綱鑑會纂四十六卷　（明）王世貞編
清光緒二十五年(1899)山西書葉德石印本
十冊

130000－0404－0001751　史21/1042＝6（普）
王鳳洲綱鑑會纂四十六卷　（明）王世貞編
清光緒二十五年(1899)上海萃文齋石印本
六冊　存四十卷(一至四十)

130000－0404－0001752　史21/1111（普）
御撰資治通鑑綱目三編二十卷末一卷　（清）
張廷玉撰　清光緒二十六年(1900)善成堂刻
本　六冊

130000－0404－0001753　史21/1111＝2（普）
御撰資治通鑑綱目三編二十卷　（清）張廷玉
編　清刻本　八冊

130000－0404－0001754　史21/1131（普）
歷代帝王年表不分卷　（清）齊召南　（清）阮
福撰　清道光四年(1824)小琅嬛僊館刻本
三冊

130000－0404－0001755　史21/1724（普）
通鑑類纂二十卷目錄一卷　（清）松椿撰　清
光緒二十三年(1897)上海天章書局石印本
十二冊

130000－0404－0001756　史21/1726（普）
綱鑑擇語十卷　（清）司徒則廬(司徒修)輯
清道光二十六年(1846)品蓮堂刻本　五冊
存八卷(一至八)

130000－0404－0001757　史21/1779（普）
資治通鑑二百九十四卷目錄三十卷　（宋）司
馬光編　（元）胡三省音註　清同治八年
(1869)江蘇書局胡氏仿元刻本　九十八冊
缺三十卷(六十一至九十)

130000－0404－0001758　史21/1779＝2（普）
資治通鑑二百九十四卷附釋文辨誤十二卷
（宋）司馬光編　（元）胡三省音註　清同治八

年(1869)江蘇書局胡氏仿元刻本 一百冊

130000－0404－0001759 史21/1779＝2(2)(普)
資治通鑑二百九十四卷附釋文辨誤十二卷
(宋)司馬光編 (元)胡三省音註 清同治八年(1869)江蘇書局胡氏仿元刻本 一百冊

130000－0404－0001760 史21/1779＝2(3)(普)
資治通鑑二百九十四卷附釋文辨誤十二卷
(宋)司馬光編 (元)胡三省音註 清同治八年(1869)江蘇書局胡氏仿元刻本 一百冊

130000－0404－0001761 史21/1779＝4(普)
資治通鑑二百九十四卷 (宋)司馬光編 (元)胡三省音註 清刻本 九十六冊

130000－0404－0001762 史21/1779＝5(普)
資治通鑑二百九十四卷目錄三十卷 (宋)司馬光編 (元)胡三省音註 清光緒十三年(1887)長沙板存鮮州書院刻本 一百冊

130000－0404－0001763 史21/1779＝6(普)
資治通鑑二百九十四卷 (宋)司馬光編 (元)胡三省音註 清光緒三十一年(1905)成都官書局石印本 一百二十三冊

130000－0404－0001764 史21/1779＝7(普)
資治通鑑二百九十四卷通鑑目錄三十卷外記目錄五卷外記十卷辨誤十二卷 (宋)司馬光編 清仿陳仁錫刻本 一百二十冊

130000－0404－0001765 史21/1779＝9(普)
資治通鑑二百九十四卷 (宋)司馬光編 清刻本 十一冊 存三十二卷(五十九至九十)

130000－0404－0001766 史21/1779＝2(普)
資治通鑑目錄三十卷 (宋)司馬光編 清刻本 二十三冊

130000－0404－0001767 史21/1779－3(普)
稽古錄二十卷 (宋)司馬光撰 清光緒五年(1879)江蘇書局刻本 四冊

130000－0404－0001768 史21/1779－3＝2(普)
稽古錄二十卷 (宋)司馬光撰 清同治十一年(1872)湖北崇文書局刻本 四冊

130000－0404－0001769 史21/1779－3＝3(普)

稽古錄二十卷 (宋)司馬光撰 清刻本 三冊 存十一卷(十至二十)

130000－0404－0001770 史21/1779－4(普)
增評加批歷史綱鑑補三十九卷首一卷 (明)袁黃 (明)王世貞編纂 **御撰資治通鑑綱目三編六卷** (清)張廷玉等撰 **皇朝政典掣要六卷** (日本)增田貢撰 清光緒二十八年(1902)上海富強齋石印本 十三冊

130000－0404－0001771 史21/2246＝2(普)
資治通鑑外紀十卷 (宋)劉恕編集 (清)胡克家注補 清光緒二十八年(1902)上海積山書局石印本 一冊

130000－0404－0001772 史21/2391＝2(普)
御批歷代通鑑輯覽一百二十卷 (清)傅恒等纂 清刻本 五十八冊

130000－0404－0001773 史21/2391＝6(普)
御批歷代通鑑輯覽一百二十卷 (清)傅恒等纂 清光緒二十八年(1902)上海文林書局石印本 二十冊

130000－0404－0001774 史21/2391＝7(普)
御批歷代通鑑輯覽一百二十卷 (清)傅恒等纂 清光緒二十九年(1903)上海廣益書室石印本 二十四冊

130000－0404－0001775 史21/2391＝8(普)
御批歷代通鑑輯覽一百二十卷 (清)傅恒等纂 清光緒三十年(1904)上海經藝書局石印本 二十四冊 缺三十卷(九十一至一百二十)

130000－0404－0001776 史21/2391＝9(普)
御批歷代通鑑輯覽一百二十卷 (清)傅恒等纂 清同治十三年(1874)兩儀堂刻本 六十四冊

130000－0404－0001777 史21/2391＝10(普)
御批歷代通鑑輯覽一百二十卷 (清)傅恒等纂 清同治十一年(1872)湖北崇文書局刻本 六十冊

130000－0404－0001778 史21/2391＝11(普)

御批歷代通鑑輯覽一百二十卷 （清）傅恒等纂 清光緒二十年（1894）湖南澹雅書局刻本 六十四冊

130000－0404－0001779 史21/2530（普）
綱鑑正史約三十六卷 （明）顧錫疇編 （清）陳宏謀增訂 清同治八年（1869）浙江書局刻本 十冊 缺十九卷（九至二十、三十至三十六）

130000－0404－0001780 史21/2540（普）
資治通鑑綱目五十九卷 （宋）朱熹撰 （明）陳仁錫評閱 資治通鑑綱目前編二十五卷 （明）南軒撰 （明）陳仁錫評閱 續資治通鑑綱目二十七卷 （明）商輅撰 （明）陳仁錫評閱 清嘉慶九年（1804）姑蘇聚文堂刻本 一百二十冊

130000－0404－0001781 史21/2540（2）（普）
資治通鑑綱目五十九卷 （宋）朱熹撰 （明）陳仁錫評閱 資治通鑑綱目前編二十五卷 （明）南軒撰 （明）陳仁錫評閱 續資治通鑑綱目二十七卷末一卷 （明）商輅撰 （明）陳仁錫評閱 清嘉慶九年（1804）姑蘇聚文堂刻本 一百十七冊

130000－0404－0001782 史21/2540＝2（普）
資治通鑑綱目五十九卷 （宋）朱熹撰 （明）陳仁錫評閱 資治通鑑綱目前編二十五卷 （明）南軒撰 （明）陳仁錫評閱 續資治通鑑綱目二十七卷 （明）商輅撰 （明）陳仁錫評閱 清康熙四十年（1701）王公行刻郁郁堂印本 一百二十冊

130000－0404－0001783 史21/2540＝2（2）（普）
資治通鑑綱目前編二十五卷 （明）南軒撰 （明）陳仁錫評閱 清康熙四十年（1701）王公行刻郁郁堂印本 十冊

130000－0404－0001784 史21/2540＝3（普）
資治通鑑綱目五十九卷 （宋）朱熹撰 （明）陳仁錫評閱 續資治通鑑綱目二十七卷末一卷 （明）商輅撰 （明）陳仁錫評閱 清康熙六十一年（1722）四喜堂刻本 一百一冊 缺七卷（資治通鑑綱目六至十二）

130000－0404－0001785 史21/2540－2（普）
資治通鑑綱目五十九卷 （宋）朱熹撰 （明）陳仁錫評閱 續資治通鑑綱目二十七卷 （明）商輅撰 （明）陳仁錫評閱 明萬曆二十八年（1600）刻本 九十冊 缺十九冊（資治通鑑綱目五十一至五十九、續一至十）

130000－0404－0001786 史21/2624＝2（普）
芸經樓綱鑑易知錄九十二卷明鑑易知錄十五卷 （清）吳乘權等輯 清康熙五十年（1711）維經堂刻本 三十六冊

130000－0404－0001787 史21/2624＝3（普）
尺木堂綱鑑易知錄九十二卷明鑑易知錄十五卷 （清）吳乘權等輯 清光緒三十年（1904）上海圖書集成印書局石印本 十六冊

130000－0404－0001788 史21/2624＝4（普）
尺木堂綱鑑易知錄九十二卷 （清）吳乘權等輯 御撰資治通鑑綱目三編二十卷 （清）張廷玉等撰 清康熙五十年（1711）敬仁堂刻本 四十冊

130000－0404－0001789 史21/2756（普）
史鑑節要便讀六卷 （清）鮑東里撰 清同治六年（1867）姑胥刻本 二冊

130000－0404－0001790 史21/2840（普）
小腆紀年附考二十卷 （清）徐鼒撰 清光緒四年（1878）京都龍威閣書坊刻本 十二冊

130000－0404－0001791 史21/3186（普）
綱鑑正史約三十六卷 （清）顧錫疇撰 （清）陳宏謀增訂 清同治八年（1869）浙江書局刻本 二十冊

130000－0404－0001792 史21/3186（2）（普）
綱鑑正史約三十六卷 （清）顧錫疇撰 （清）陳宏謀增訂 清同治八年（1869）浙江書局刻本 二十冊

130000－0404－0001793 史21/3427（普）
竹書紀年統箋十二卷前編一卷雜述一卷 （南朝梁）沈約注 （清）徐文靖箋 清光緒三年（1877）浙江書局刻本 四冊

130000－0404－0001794　史21/3427(普)

尸子二卷存疑一卷　(清)汪繼培輯　清光緒
三年(1877)浙江書局刻本　一冊

130000－0404－0001795　史21/3427(普)

商君書五卷　(戰國)商鞅撰　(清)嚴可均校
清光緒二年(1876)浙江書局刻本　一冊

130000－0404－0001796　史21/3427(普)

呂氏春秋二十六卷附考一卷　(秦)呂不韋撰
(漢)高誘注　(清)畢沅校　清光緒元年
(1875)浙江書局刻本　六冊

130000－0404－0001797　史21/3427(2)(普)

竹書紀年統箋十二卷前編一卷雜述一卷
(南朝梁)沈約注　(清)徐文靖箋　清光緒三
年(1877)浙江書局刻本　四冊

130000－0404－0001798　史21/3427＝2(普)

竹書紀年統箋十二卷前編一卷　(南朝梁)沈
約注　(清)徐文靖箋　清光緒二十一年
(1895)上海醉經樓石印本　一冊

130000－0404－0001799　史21/3481(普)

史目表一卷　(清)洪飴孫撰　清道光二年
(1822)李兆洛刻本　一冊

130000－0404－0001800　史21/4044(普)

了凡綱鑑補三十九卷　(明)袁黃編　清刻本
十八冊　缺八卷(三十二至三十九)

130000－0404－0001801　史21/4044＝2(普)

御批增補了凡綱鑑四十卷首一卷　(明)袁黃
編　清光緒二十八年(1902)漢讀樓書局石印
本　八冊　缺八卷(十三至十六、二十六至二
十九)

130000－0404－0001802　史21/4050(普)

續資治通鑑長編五百二十卷目錄二卷　(宋)
李燾撰　清嘉慶二十四年(1819)張氏愛日精
廬活字印本　一百二十冊

130000－0404－0001803　史21/4057(普)

歷代通鑑纂要九十二卷　(明)李東陽撰　清
光緒二十三年(1897)刻本　四十八冊

130000－0404－0001804　史21/4447(普)

歷代史表五十九卷　(清)萬斯同撰　清光緒
十五年(1889)廣雅書局刻本　六冊

130000－0404－0001805　史21/4447(2)(普)

歷代史表五十九卷　(清)萬斯同撰　清光緒
十五年(1889)廣雅書局刻本　八冊

130000－0404－0001806　史21/4485(普)

欽定萬年書不分卷　(□)□□撰　清光緒六
年(1880)掃葉山房刻本　一冊

130000－0404－0001807　史21/4719(普)

通鑑釋文辨誤十二卷　(元)胡三省著　清刻
本　四冊

130000－0404－0001808　史21/4960(普)

御批增補了凡綱鑑四十卷附御撰資治通鑑綱
目三編六卷　(明)趙田　(明)袁黃纂　清光
緒上海著易堂石印本　十二冊

130000－0404－0001809　史21/5017(普)

資治通鑑釋文三十卷　(宋)史炤釋文　清光
緒十四年(1888)刻本　六冊　存二十二卷
(一至二十二)

130000－0404－0001810　史21/6030(普)

大事記十二卷通釋三卷解題十二卷　(宋)呂
祖謙撰　清同治十二年(1873)金莘叢書本
十三冊

130000－0404－0001811　史21/6031(普)

續資治通鑑二百二十卷　(清)畢沅撰　清同
治六年(1867)江蘇書局刻本　六十冊

130000－0404－0001812　史21/6031(2)(普)

續資治通鑑二百二十卷　(清)畢沅撰　清同
治六年(1867)江蘇書局刻本　六十冊

130000－0404－0001813　史21/6031(3)(普)

續資治通鑑二百二十卷　(清)畢沅撰　清同
治六年(1867)江蘇書局刻本　六十冊

130000－0404－0001814　史21/6085(普)

峆嶁鑑撮四卷　(清)曠敏本撰　清刻本
四冊

130000－0404－0001815　史21/7246(普)

資治通鑑外紀十卷目錄五卷　(宋)劉恕撰

清刻本　十冊

130000－0404－0001816　史21/7246＝2(普)
資治通鑑外紀十卷目錄五卷　(宋)劉恕撰
清石印本　十冊

130000－0404－0001817　史21/7532(普)
竹書紀年集證五十卷　(清)陳逢衡著　清嘉
慶十八年(1813)裹露軒刻本　十六冊

130000－0404－0001818　史21/7731(普)
世史正綱三十二卷　(明)邱濬著　清光緒二
年(1876)文昌郭氏家塾仿明刻本　十冊

130000－0404－0001819　史21/8742(普)
御撰資治通鑑綱目三編四十卷　(清)舒赫德
等纂修　清同治十一年(1872)江西書局刻本
　十二冊

130000－0404－0001820　史22/1000(普)
明通鑑一百卷首一卷　(清)夏燮輯　清光緒
二十六年(1900)上海掃葉山房石印本　十
六冊

130000－0404－0001821　史22/1020(普)
後漢書集解九十卷附續志集解三十卷　王先
謙撰　清王氏刻本　三十冊

130000－0404－0001822　史22/7547(普)
明紀六十卷　(清)陳鶴纂　清同治十年
(1871)江西書局刻本　二十冊

130000－0404－0001823　史22/7547(2)(普)
明紀六十卷　(清)陳鶴纂　清同治十年
(1871)江西書局刻本　二十冊

130000－0404－0001824　史22/7547＝2(普)
明紀六十卷　(清)陳鶴纂　清光緒二十八年
(1902)上海積山書局第四次石印本　六冊

130000－0404－0001825　史22/8096(普)
通紀會纂十卷　(明)鍾惺輯　清順治積秀堂
刻本　五冊

130000－0404－0001826　史3/0044(普)
左傳紀事本末五十三卷　(清)高士奇編　清
同治十二年(1873)江西書局刻本　十二冊

130000－0404－0001827　史3/1000(普)
中西紀事二十四卷　(清)夏燮撰　清同治四
年(1865)刻本　八冊

130000－0404－0001828　史3/1033(普)
湘軍記二十卷　(清)王定安撰　清光緒十五
年(1889)上海書局石印本　四冊

130000－0404－0001829　史3/1044(普)
歐洲列國戰事本末二十二卷　王樹枬撰　清
光緒二十八年(1902)中衛縣署刻本　十一冊

130000－0404－0001830　史3/1060(普)
書蔡傳附釋一卷　(清)丁晏撰　清光緒二十
年(1894)廣雅書局刻本　一冊

130000－0404－0001831　史3/1188(普)
西夏紀事本末三十六卷年表一卷　(清)張鑑
撰　清光緒十年(1884)江蘇書局刻本　四冊

130000－0404－0001832　史3/2623(普)
綏寇紀略十二卷補遺三卷　(清)吳偉業纂
(清)張海鵬增訂　清嘉慶十四年(1809)張氏
照曠閣刻本　七冊

130000－0404－0001833　史3/2623(2)(普)
綏寇紀略十二卷補遺三卷　(清)吳偉業纂
(清)張海鵬增訂　清嘉慶十四年(1809)張氏
照曠閣刻本　八冊

130000－0404－0001834　史3/2631(普)
聖武記十四卷　(清)魏源撰　清道光二十二
年(1842)古微堂刻本　十二冊

130000－0404－0001835　史3/2631＝2(普)
聖武記十四卷　(清)魏源撰　清道光二十二
年(1842)古微堂刻本　八冊

130000－0404－0001836　史3/2631＝3(普)
聖武記十四卷　(清)魏源撰　清道光二十四
年(1844)常熟抱芳閣刻本　十二冊

130000－0404－0001837　史3/2631＝4(普)
聖武記十四卷　(清)魏源撰　清道光二十六
年(1846)刻本　十冊

130000－0404－0001838　史3/2844(普)
三朝北盟會編二百五十卷附校勘記二卷校勘

記補遺一卷 （宋）徐夢莘撰 清光緒四年
（1878）越東鉛印本 四十冊

130000－0404－0001839 史3/2844(2)（普）
三朝北盟會編二百五十卷附校勘記二卷校勘
記補遺一卷 （宋）徐夢莘撰 清光緒四年
（1878）越東鉛印本 四十冊

130000－0404－0001840 史3/2844(3)（普）
三朝北盟會編二百五十卷附校勘記二卷校勘
記補遺一卷 （宋）徐夢莘撰 清光緒四年
（1878）越東鉛印本 三十九冊 缺六卷（五
十八至六十三）

130000－0404－0001841 史3/3110（普）
宋史紀事本末一百九卷 （明）馮琦原編
（明）陳邦瞻增訂 （明）張溥論證 明刻本
十六冊

130000－0404－0001842 史3/3140（普）
欽定蘭州紀略二十卷首一卷 （清）馮培纂
清刻本 八冊

130000－0404－0001843 史3/4041（普）
通鑑紀事本末二百三十九卷 （宋）袁樞編
（明）張溥論正 清光緒十三年（1887）廣雅書
局刻本 九十八冊

130000－0404－0001844 史3/4041＝2（普）
通鑑紀事本末二百三十九卷 （宋）袁樞編
（明）張溥論正 清康熙刻本 五十冊 缺四
十八卷（八十七至一百三十四）

130000－0404－0001845 史3/4041＝3（普）
通鑑紀事本末二百三十九卷 （宋）袁樞編
（明）張溥論正 清同治十二年（1873）江西書
局刻本 六十五冊

130000－0404－0001846 史3/4041＝3(2)（普）
通鑑紀事本末二百三十九卷 （宋）袁樞編
（明）張溥論正 清同治十二年（1873）江西書
局刻本 七十二冊

130000－0404－0001847 史3/4041＝3(3)（普）
通鑑紀事本末二百三十九卷 （宋）袁樞編
（明）張溥論正 清同治十二年（1873）江西書

局刻本 八十冊

130000－0404－0001848 史3/4041＝4（普）
通鑑紀事本末二百三十九卷 （宋）袁樞編
（明）張溥論正 清刻本 一百四冊

130000－0404－0001849 史3/4041－2（普）
紀事本末五種 （宋）袁樞編 （明）張溥論正
清同治十二年（1873）江西書局刻本 一百
三十六冊

130000－0404－0001850 史3/4049（普）
遼金紀事本末遼四十卷金五十二卷 （清）李
有棠編纂 清光緒十九年（1893）同文書局石
印本 十冊

130000－0404－0001851 史3/4083（普）
續通鑑紀事本末一百十卷 （清）李銘漢編
清光緒二十九年（1903）武威李氏刻本 三十
二冊

130000－0404－0001852 史3/4403（普）
平定粵匪紀略十八卷附記四卷 （清）杜文瀾
撰 清同治十年（1871）京都聚珍齊刻本
八冊

130000－0404－0001853 史122/3014(3)（普）
［道光］直隸定州志二十二卷首一卷 （清）寶
琳 （清）勞沅恩纂修 清道光三十年（1850）
刻本 六冊 存九卷（三至十、二十二）

130000－0404－0001854 史122/6024(3)（普）
［光緒］祁州續志四卷 （清）趙秉恒等修 清
光緒八年（1882）刻本 一冊 存二卷（三至
四）

130000－0404－0001855 史3/4487（普）
平匪圖說不分卷 （□）黃錫山等著 清刻本
一冊

130000－0404－0001856 史3/4663（普）
平浙紀略十六卷 （清）秦緗業 （清）陳鍾英
撰 清同治十三年（1874）浙江書局刻本
四冊

130000－0404－0001857 史3/4748（普）
欽定明鑑二十四卷 （清）托津等纂 清刻本

九冊　缺二卷(一至二)

130000－0404－0001858　史3/5271(普)
欽定平定教匪紀略四十二卷首一卷　(清)托津等撰　清嘉慶刻本　四十四冊

130000－0404－0001859　史3/7175(普)
繹史一百六十卷　(清)馬驌撰　清康熙刻本　二十四冊

130000－0404－0001860　史3/7175＝2(普)
繹史一百六十卷　(清)馬驌撰　清光緒十五年(1889)金匱浦氏刻本　四十八冊

130000－0404－0001861　史3/7556(普)
宋史紀事本末一百九卷　(明)陳邦瞻增訂(明)馬琦原編　(明)張溥論證　清同治十三年(1874)江西書局張溥刻本　二十冊

130000－0404－0001862　史3/7556(2)(普)
宋史紀事本末一百九卷　(明)陳邦瞻增訂(明)馬琦原編　(明)張溥論證　清同治十三年(1874)江西書局張溥刻本　二十冊

130000－0404－0001863　史3/7556＝2(普)
宋史紀事本末一百九卷　(明)陳邦瞻撰(明)張溥論正　清光緒二十八年(1902)上海捷記書局石印本　六冊

130000－0404－0001864　史3/7556－2(普)
元史紀事本末二十七卷　(明)陳邦瞻撰(明)張溥論正　清同治十三年(1874)江西書局張浦刻本　四冊

130000－0404－0001865　史3/8005(普)
明史紀事本末八十卷　(清)谷應泰撰　清同治十三年(1874)江西書局刻本　二十冊

130000－0404－0001866　史3/8005＝2(普)
明史紀事本末八十卷　(清)谷應泰撰　清順治十五年(1658)刻本　十冊　缺三十一卷(五十至八十)

130000－0404－0001867　史3/8005＝3(普)
明史紀事本末八十卷　(清)谷應泰撰　清光緒石印本　十二冊　缺三十一卷(一至八、十三至十五、四十二至五十、五十五至六十二、

七十二至七十四)

130000－0404－0001868　史3/8005＝4(普)
明朝紀事本末八十卷　(清)谷應泰撰　清順治十五年(1658)築盆堂刻本　十六冊

130000－0404－0001869　史3/8005＝4(2)(普)
明朝紀事本末八十卷　(清)谷應泰撰　清順治十五年(1658)築盆堂刻本　二十四冊

130000－0404－0001870　史3/8005＝5(普)
明鑑紀事本末八十卷　(清)谷應泰撰　清順治十五年(1658)刻本　十七冊　缺十七卷(十二至十六、六十二至六十七、七十至七十五)

130000－0404－0001871　史4/0000(普)
南渡錄四卷　(宋)辛棄疾述　清末石印本　二冊

130000－0404－0001872　史4/0002(普)
戰國策三十三卷　(漢)高誘注　清嘉慶八年(1803)刻本　六冊

130000－0404－0001873　史4/0002(2)(普)
戰國策三十三卷　(漢)高誘注　清嘉慶八年(1803)刻本　七冊

130000－0404－0001874　史4/0002＝2(普)
戰國策三十三卷　(漢)高誘注　**劄記三卷**(清)黃丕烈撰　清同治八年(1869)湖北崇文書局刻本　五冊

130000－0404－0001875　史4/0002＝2(2)(普)
戰國策三十三卷　(漢)高誘注　**劄記三卷**(清)黃丕烈撰　清同治八年(1869)湖北崇文書局刻本　五冊

130000－0404－0001876　史4/0002＝2(3)(普)
戰國策三十三卷　(漢)高誘注　**劄記三卷**(清)黃丕烈撰　清同治八年(1869)湖北崇文書局刻本　五冊

130000－0404－0001877　史4/0002＝3(普)
戰國策三十三卷　(漢)高誘注　**劄記三卷**(清)黃丕烈撰　清黃氏仿宋剡川姚氏刻本　五冊

130000－0404－0001878　史4/0002＝3(2)(普)

戰國策三十三卷 (漢)高誘注　**劄記三卷**
(清)黃丕烈撰　清黃氏仿宋剡川姚氏刻本
五冊

130000－0404－0001879　史4/0097(普)

庚子北京事變紀略一卷 鹿完天撰　清光緒
二十七年(1901)刻本　二冊

130000－0404－0001880　史4/0404(普)

明季北略二十四卷明季南略十八卷 (清)計
六奇撰　清光緒十三年(1887)上海圖書集成
石印本　十冊

130000－0404－0001881　史4/1021(普)

東都事略一百三十卷 (宋)王偁撰　清嘉慶
三年(1798)掃葉山房刻本　十二冊　缺三十
三卷(六十六至九十八)

130000－0404－0001882　史4/1042(普)

史外八卷 (清)汪有典撰　清光緒三年
(1877)刻本　八冊

130000－0404－0001883　史4/1042＝2(普)

史外八卷 (清)汪有典撰　清光緒三年
(1877)刻本　八冊

130000－0404－0001884　史4/1042.2(普)

元朝秘史十五卷 (元)□□撰　清道光二十
七年(1847)靈石楊氏刻連筠簃叢書本　一冊
存八卷(一至八)

130000－0404－0001885　史4/1078(普)

庚辛之際月表一卷 王延釗編　清光緒三十
三年(1907)京華印書局鉛印本　一冊

130000－0404－0001886　史4/1722(普)

邵氏危言二卷 (清)邵作舟撰　清光緒二十
四年(1898)上海商務印書館鉛印本　二冊

130000－0404－0001887　史4/2237(普)

十六國春秋一百卷 (北魏)崔鴻撰　清乾隆
四十六年(1781)刻本　二十四冊

130000－0404－0001888　史4/2237＝2(普)

十六國春秋一百卷 (北魏)崔鴻撰　清光緒
十二年(1886)湖北官書處刻本　十二冊

130000－0404－0001889　史4/2237＝2(2)(普)

十六國春秋一百卷 (北魏)崔鴻撰　清光緒
十二年(1886)湖北官書處刻本　十二冊

130000－0404－0001890　史4/2237＝3(普)

十六國春秋一百卷 (北魏)崔鴻撰　清刻本
十六冊

130000－0404－0001891　史4/2237＝4(普)

十六國春秋一百卷 (北魏)崔鴻撰　清乾隆
四十一年(1776)汪日桂欣託山房刻本　二十
四冊

130000－0404－0001892　史4/2623(普)

戰國策十卷 (宋)鮑彪撰　(元)吳師道補正
清文盛堂刻本　八冊

130000－0404－0001893　史4/2623＝2(普)

戰國策十卷 (宋)鮑彪撰　(元)吳師道重校
清乾隆二十七年(1762)文盛堂刻本　十冊

130000－0404－0001894　史4/2623＝2(2)(普)

戰國策十卷 (宋)鮑彪撰　(元)吳師道重校
清乾隆二十七年(1762)文盛堂刻本　八冊

130000－0404－0001895　史4/2623＝2(3)(普)

戰國策十卷 (宋)鮑彪撰　(元)吳師道重校
清乾隆二十七年(1762)文盛堂刻本　八冊

130000－0404－0001896　史4/2623＝2(4)(普)

戰國策十卷 (宋)鮑彪撰　(元)吳師道重校
清乾隆二十七年(1762)文盛堂刻本　八冊

130000－0404－0001897　史4/2646(普)

勝朝遺事初編六卷 (清)吳彌光輯　(清)宋
澤元重訂　清光緒九年(1883)懺華盦刻本
十二冊

130000－0404－0001898　史4/2722(普)

國語二十一卷戰國策十卷 (宋)鮑彪原本
(三國吳)韋昭注　清乾隆二十七年(1762)文
盛堂刻本　十六冊

130000－0404－0001899　史4/2722(2)(普)

國語二十一卷 (三國吳)韋昭注　(宋)鮑彪
著　清乾隆二十七年(1762)文盛堂刻本
四冊

130000－0404－0001900　史 4/2722＝2（普）

國語二十一卷　（三國吳）韋昭注　（宋）鮑彪著　清文盛堂刻本　六冊

130000－0404－0001901　史 4/2722＝3（普）

戰國策十卷　（宋）　**國語二十一卷**　（三國吳）韋昭著　清蘇州綠蔭堂刻本　十冊

130000－0404－0001902　史 4/3131（普）

國語校注本三種　（清）汪遠孫撰　清道光二十六年(1846)錢塘汪氏振綺堂刻振綺堂遺書本　六冊

130000－0404－0001903　史 4/3144（普）

校邠廬抗議二卷　（清）馮桂芬撰　清光緒濟南雙和堂刻本　一冊

130000－0404－0001904　史 4/3191（普）

聖安皇帝本紀二卷　（清）顧炎武撰　清刻本　一冊

130000－0404－0001905　史 4/3720（普）

嘯亭雜錄八卷續錄二卷　（清）汲修主人（昭槤）撰　清光緒六年(1880)九思堂刻本　十二冊

130000－0404－0001906　史 4/4037（普）

資治新書二集　（清）李漁撰　清三讓堂刻本　十二冊

130000－0404－0001907　史 4/4047（普）

漢書蒙拾三卷後漢書蒙拾二卷　（清）杭世駿撰　清光緒十年(1884)上海同文書局石印本　二冊

130000－0404－0001908　史 4/4062（普）

古史探源二卷　（英國）克羅德撰　清光緒二十五年(1899)上海廣學會鉛印本　一冊

130000－0404－0001909　史 4/4067（普）

國語二十一卷劄記一卷考異四卷　（三國吳）韋昭注　清同治八年(1869)湖北崇文書局刻本　五冊

130000－0404－0001910　史 4/4067（2）（普）

國語二十一卷劄記一卷考異四卷　（三國吳）韋昭注　清同治八年(1869)湖北崇文書局刻

本　五冊

130000－0404－0001911　史 4/4067（3）（普）

國語二十一卷劄記一卷考異四卷　（三國吳）韋昭注　清同治八年(1869)湖北崇文書局刻本　五冊

130000－0404－0001912　史 4/4067－2（普）

國語二十一卷附劄記一卷　（三國吳）韋昭注　清光緒二十三年(1897)經綸元記刻本　六冊

130000－0404－0001913　史 4/4072（普）

國語韋解補正二十一卷　吳曾祺補正　朱元善校訂　**戰國策補注三十三卷**　（漢）高誘注　吳曾祺補註　清宣統元年(1909)商務印書館鉛印本　八冊

130000－0404－0001914　史 4/4081（普）

尚史七十二卷　（清）李鍇撰　清嘉慶十九年(1814)晚香草堂刻本　二十四冊

130000－0404－0001915　史 4/4441（普）

周季編略九卷　（清）黃式三撰　清同治十二年(1873)浙江書局刻本　四冊

130000－0404－0001916　史 4/4496（普）

重刊救荒補遺書二卷　（宋）董煟著　（宋）朱熊補遺　清同治八年(1869)湖北崇文書局刻本　二冊

130000－0404－0001917　史 4/4694（普）

增訂南詔野史二卷　（明）楊慎輯　（清）胡蔚訂正　清光緒六年(1880)雲南書局刻本　二冊

130000－0404－0001918　史 4/7430（普）

史略八十七卷　（清）朱坤撰　清光緒二十四年(1898)上海蜚英館石印本　六冊　存七十六卷(一至七十六)

130000－0404－0001919　史 4/7717（普）

明季稗史彙編二十七卷　（清）留雲居士輯　清都城琉璃廠刻本　十二冊

130000－0404－0001920　史 4/7717（2）（普）

明季稗史彙編二十七卷　（清）留雲居士輯

清都城琉璃廠刻本　十二冊

130000 - 0404 - 0001921　史 4/9028(普)

西洋史要四卷　（日本）小川銀次郎著　（清）
樊炳清　（清）薩端譯　清光緒二十七年
(1901)金粟齋譯書處鉛印本　一冊

130000 - 0404 - 0001922　史 4/9923(普)

拳教析疑說不分卷　勞乃宣撰　清刻本
一冊

130000 - 0404 - 0001923　史 5/1092(普)

讀史漫錄十四卷　（明）于慎行著　（明）郭應
崇編次　清光緒二十一年(1895)刻本　六冊

130000 - 0404 - 0001924　史 5/1719(普)

涑水紀聞十六卷　（宋）司馬光撰　清光緒九
年(1883)解梁書院刻本　四冊

130000 - 0404 - 0001925　史 51/0003(普)

唐才子傳十卷附考異一卷　（元）辛文房撰
清嘉慶十年(1805)陸氏三間草堂刻本　四冊

130000 - 0404 - 0001926　史 51/1021(普)

歷朝賦楷八卷首一卷　（清）王修玉選輯　清
康熙二十五年(1686)尚德堂刻本　八冊

130000 - 0404 - 0001927　史 51/1028(普)

於越先賢像傳贊二卷　（清）王齡撰　（清）任
熊繪像　清光緒三年(1877)刻本　四冊

130000 - 0404 - 0001928　史 51/1045(普)

昭忠錄九十卷前編六卷　（清）忠義局編　清
同治四年(1865)江蘇省忠義局刻本　四十
七冊

130000 - 0404 - 0001929　史 51/1064(普)

滄城殉難錄四卷　（清）王國均等纂　清同治
刻本　二冊

130000 - 0404 - 0001930　史 51/1066(普)

列女傳補註八卷叙錄一卷校正一卷　（清）王
照圓撰　清嘉慶十七年(1812)刻本　五冊

130000 - 0404 - 0001931　史 51/1171(普)

忠武誌八卷　（清）張鵬翮輯　清康熙四十四
年(1705)刻本　四冊

130000 - 0404 - 0001932　史 51/1171 = 2(普)

忠武誌八卷　（清）張鵬翮輯　清刻本　六冊

130000 - 0404 - 0001933　史 51/1223(普)

闕里文獻考一百卷首一卷末一卷　（清）孔繼
汾撰　清乾隆二十七年(1762)刻本　八冊

130000 - 0404 - 0001934　史 51/1234(普)

春秋列國世代便覽不分卷　（□）孫湘楚輯
清同治四年(1865)刻本　一冊

130000 - 0404 - 0001935　史 51/1243(普)

中州人物考八卷　（清）孫奇逢撰　清道光二
十四年(1844)刻本　八冊

130000 - 0404 - 0001936　史 51/1243 = 2(普)

中州人物考八卷　（清）孫奇逢撰　清刻本
四冊

130000 - 0404 - 0001937　史 51/1243 -2(普)

畿輔人物考八卷　（清）孫奇逢輯　（清）高鐈
（清）孫立雅編　清同治八年(1869)兼山堂
刻本　五冊　存四卷(一至三、五)

130000 - 0404 - 0001938　史 51/1243 -2(2)(普)

畿輔人物考八卷　（清）孫奇逢輯　（清）高鐈
（清）孫立雅編　清同治八年(1869)兼山堂
刻本　四冊　存三卷(一至三)

130000 - 0404 - 0001939　史 51/1243 -2(3)(普)

畿輔人物考八卷　（清）孫奇逢輯　（清）高鐈
（清）孫立雅編　清同治八年(1869)兼山堂
刻本　七冊

130000 - 0404 - 0001940　史 51/1262(普)

晏子春秋七卷音義二卷校勘二卷　（春秋）晏
嬰撰　（清）孫星衍校並音義　清光緒元年
(1875)浙江書局刻本　十冊

130000 - 0404 - 0001941　史 51/1262 = 2(普)

晏子春秋七卷音義二卷校勘二卷　（春秋）晏
嬰撰　（清）孫星衍校並音義　清光緒元年
(1875)孫氏平津館本刻本　四冊

130000 - 0404 - 0001942　史 51/2073(普)

歷代循良能吏列傳彙鈔二十卷　（清）喬用遷
撰　清道光二十四年(1844)有恆齋刻本

四冊

130000－0404－0001943　史51/2534(普)

歷代名臣言行錄二十四卷　(清)朱桓編　清乾隆二十五年(1760)刻本　四冊

130000－0404－0001944　史51/2534＝2(普)

歷代名臣言行錄二十四卷　(清)朱桓編　清同治四年(1865)寶仁堂刻本　三十二冊

130000－0404－0001945　史51/2534＝4(普)

歷代名臣言行錄二十四卷　(清)朱桓編　清光緒二十四年(1898)掃葉山房石印本　八冊

130000－0404－0001946　史51/2534＝5(普)

歷代名臣言行錄二十四卷　(清)朱桓編　清刻本　三十一冊

130000－0404－0001947　史51/2534＝6(普)

歷代名臣言行錄二十四卷　(清)朱桓編　清光緒三十年(1904)上海商務印書館鉛印本　八冊

130000－0404－0001948　史51/2534＝7(普)

歷代名臣言行錄二十四卷　(清)朱桓編　清光緒二十八年(1902)上海鴻寶書局鉛印本　十二冊

130000－0404－0001949　史51/2534＝8(普)

歷代名臣言行錄二十四卷　(清)朱桓編　清光緒二十八年(1902)鴻寶書局鉛印本　十二冊

130000－0404－0001950　史51/2540(普)

五朝名臣言行錄前集十卷後集十四卷續集八卷別集二十六卷外集十七卷　(宋)朱熹撰(宋)李幼武補　清道光二十二年(1842)丹徒包氏刻本　十二冊

130000－0404－0001951　史51/2540＝2(普)

五朝名臣言行錄前集十卷　(宋)朱熹撰(宋)李衡校正　清道光元年(1821)歙續學堂洪氏刻本　十二冊

130000－0404－0001952　史51/2553(普)

歷代名儒傳八卷　(清)朱軾　(清)蔡世遠輯　清光緒二十三年(1897)刻本　四冊

130000－0404－0001953　史51/2553＝2(普)

歷代名儒傳八卷　(清)朱軾　(清)蔡世遠輯清同治三年(1864)刻本　四冊

130000－0404－0001954　史51/2608(普)

聖學知統錄二卷聖學知統翼錄二卷　(清)魏裔介著　(清)魏荔彤輯　清康熙七年(1668)龍江書院刻本　四冊

130000－0404－0001955　史51/2615(普)

北學編四卷　(清)魏一鰲輯　清道光二十四年(1844)刻本　二冊

130000－0404－0001956　史51/2615(2)(普)

北學編四卷　(清)魏一鰲輯　清道光二十四年(1844)刻本　二冊

130000－0404－0001957　史51/2615(3)(普)

北學編四卷　(清)魏一鰲輯　清道光二十四年(1844)刻本　二冊

130000－0404－0001958　史51/2615(4)(普)

北學編四卷　(清)魏一鰲輯　清道光二十四年(1844)刻本　二冊

130000－0404－0001959　史51/2650(普)

高士傳續編二卷　(明)張允掄著　清光緒二十二年(1896)新城縣署刻本　二冊

130000－0404－0001960　史51/2650(普)

廉吏傳三卷續編一卷　(明)張允掄著　清光緒二十二年(1896)蓮池書局刻本　四冊

130000－0404－0001961　史51/2721(普)

古今列女傳三卷　(明)解縉等撰　清道光二年(1822)文盛堂刻本　四冊

130000－0404－0001962　史51/2744(普)

崇祀鄉賢錄　(清)黎培敬等撰　清光緒三年(1877)刻本　一冊

130000－0404－0001963　史51/2824(普)

兩浙名賢錄五十四卷外錄八卷　(明)徐象梅撰　清光緒二十六年(1900)浙江書局刻本　六十二冊

130000－0404－0001964　史51/3312(普)

聖諭像解二十卷　(清)梁延年輯　清光緒二

十九年(1903)江蘇撫署石印本　十冊

130000－0404－0001965　史51/3312(2)(普)
聖諭像解二十卷　(清)梁延年輯　清光緒二
十九年(1903)江蘇撫署石印本　十冊

130000－0404－0001966　史51/3410(普)
南天痕二十卷附錄一卷　(清)西亭淩雪纂修
清宣統二年(1910)復古社鉛印本　六冊

130000－0404－0001967　史51/3480(普)
崇祀名宦鄉賢錄不分卷　(清)沈欽文撰　清
刻本　一冊

130000－0404－0001968　史51/3714(普)
湖北節義錄十二卷補遺一卷　(清)黃昌輔編
定　(清)陳瑞珍彙纂　清刻本　七冊　存七
卷(七至十二、補遺一卷)

130000－0404－0001969　史51/4010(普)
國朝先正事略六十卷　(清)李元度纂　清同
治八年(1869)星沙小嫏嬛館刻本　二十四冊

130000－0404－0001970　史51/4010＝2(普)
國朝先正事略六十卷　(清)李元度纂　清同
治五年(1866)循陔草堂刻本　三十二冊

130000－0404－0001971　史51/4010＝3(普)
國朝先正事略六十卷　(清)李元度纂　清光
緒二十五年(1899)上海圖書集成印書局石印
本　十二冊

130000－0404－0001972　史51/4010＝4(普)
國朝先正事略六十卷　(清)李元度纂　清光
緒二十八年(1902)仁昌成記石印本　十冊

130000－0404－0001973　史51/4010＝6(普)
國朝先正事略六十卷　(清)李元度纂　清同
治八年(1869)刻本　二十四冊

130000－0404－0001974　史51/4031(普)
鶴徵錄八卷首一卷後錄十二卷首一卷　(北
齊)李集輯　(北齊)李富孫等輯　清嘉慶十
六年(1811)漾葭老屋刻本　六冊

130000－0404－0001975　史51/4041(普)
國朝耆獻類徵初編七百二十卷　(清)李桓輯
清光緒十年至十七年(1884－1891)湘陰李

氏刻本　二百九十四冊

130000－0404－0001976　史51/4041(2)(普)
國朝耆獻類徵初編七百二十卷　(清)李桓輯
清光緒十年至十七年(1884－1891)湘陰李
氏刻本　二百九十四冊

130000－0404－0001977　史51/4050(普)
地球一百名人傳三卷　(英國)李提摩太著
岳氏譯意　清宣統元年(1909)廣學會鉛印本
二冊　存二卷(二至三)

130000－0404－0001978　史51/4072(普)
大臣傳不分卷　清刻本　一冊

130000－0404－0001979　史51/4238(普)
紫光閣功臣小像並湘軍平定粵匪戰圖不分卷
(清)彭鴻年輯　清光緒二十七年(1901)石
印本　一冊

130000－0404－0001980　史51/4420(普)
碧血錄五卷　(清)莊仲方撰　(清)夏鸞翔繪
圖　清光緒八年(1882)上海同文書局石印本
五冊

130000－0404－0001981　史51/4438(普)
明儒學案六十二卷　(清)黃宗羲撰　清道光
元年(1821)刻本　二十四冊

130000－0404－0001982　史51/4438＝2(普)
明儒學案六十二卷　(清)黃宗羲撰　清光緒
十四年(1888)刻本　三十二冊

130000－0404－0001983　史51/4438－2(普)
宋元學案一百卷　(清)黃宗羲　(清)全祖望
原輯　(清)王梓材增補　清光緒五年(1879)
刻本　四十八冊

130000－0404－0001984　史51/4463(普)
純德彙編七卷首一卷　(清)董華鈞輯　(清)
董景沛輯刻本　清嘉慶二十三年(1818)春暉
堂刻本　四冊

130000－0404－0001985　史51/4482(普)
廣印人傳十六卷補遺一卷　(清)葉銘　(清)
葉舟輯　清西泠印社印學刻本　一冊　存四
卷(四至七)

130000－0404－0001986　史 51/4877（普）

欽定勝朝殉節諸臣錄十二卷首一卷　（清）國史館撰　清嘉慶二年（1797）刻本　五冊

130000－0404－0001987　史 51/4877－2（普）

欽定宗室王公功績表傳十二卷首一卷　（清）國史館撰　清京都琉璃廠刻本　六冊

130000－0404－0001988　史 51/6058（普）

滿洲名臣傳四十八卷漢明臣傳三十二卷貳臣傳八卷逆臣傳二卷　（明）國史館輯　清京都琉璃廠榮錦書坊刻本　九十冊

130000－0404－0001989　史 51/6058＝2（普）

滿洲名臣傳四十八卷漢明臣傳三十二卷　（清）國史館輯　清京都琉璃廠榮錦書坊刻本　八十冊

130000－0404－0001990　史 51/7110（普）

疇人傳四十六卷續六卷　（清）阮元　（清）羅士琳撰　清光緒八年（1882）海鹽張氏常惺齋刻本　十二冊

130000－0404－0001991　史 51/7211（普）

金陀粹編二十八卷續編三十卷　（宋）岳珂撰　清光緒九年（1883）浙江書局刻本　十二冊

130000－0404－0001992　史 51/7227（普）

古列女傳八卷　（漢）劉向撰　清道光五年（1825）阮氏影撫刻本　四冊

130000－0404－0001993　史 51/7234（普）

勝朝殉揚錄三卷　（清）劉寶楠輯　清同治十年（1871）淮南書局刻本　二冊

130000－0404－0001994　史 51/7425（普）

國朝學案小識十四卷首一卷末一卷　（清）唐鑑撰　清光緒十年（1884）孟春月據四硯齋原本刻本　十二冊

130000－0404－0001995　史 51/7545（普）

保甲書四卷　（清）徐棟輯　清道光二十八年（1848）刻本　三冊

130000－0404－0001996　史 51/7732（普）

草莽私乘一卷　（明）陶宗儀編　清末刻本　一冊

130000－0404－0001997　史 51/8324（普）

碑傳集一百六十卷首二卷末二卷　（清）錢儀吉纂　清光緒十九年（1893）江蘇書局刻本　六十冊

130000－0404－0001998　史 51/8344（普）

文獻徵存錄十卷　（清）錢林輯　（清）王藻編　清咸豐八年（1858）有嘉樹軒刻本　十二冊

130000－0404－0001999　史 51/8344（2）（普）

文獻徵存錄十卷　（清）錢林輯　（清）王藻編　清咸豐八年（1858）有嘉樹軒刻本　十二冊

130000－0404－0002000　史 51/8764（普）

闕里述聞十四卷　（清）鄭曉如撰　清同治七年（1868）廣州西湖街華文堂刻本　八冊

130000－0404－0002001　史 52/0012（普）

廉琴舫傳略一卷楊介堂觀察名臣鄉覽錄一卷　（□）廉北編　（□）王琭撰　清同治刻本　二冊

130000－0404－0002002　史 52/1020（普）

東華全錄四百二十五卷　王先謙編　**東華續錄咸豐六十九卷**　（清）潘頤福撰　清光緒十三年（1887）刻本　一百六十六冊

130000－0404－0002003　史 52/1020＝2（普）

十朝東華錄五百二十五卷　王先謙編　清光緒二十年（1894）上海積山書局石印本　六十三冊　存四百九十五卷（天命四卷，天聰十一卷，崇德八卷，順治三十六卷，康熙一百十卷，雍正十二至二十六，乾隆一至十一、三十一至一百二十，嘉慶五十卷，道光六十卷，咸豐一百卷）

130000－0404－0002004　史 52/1020－2（普）

同治東華續錄一百卷　王先謙編　清光緒文瀾書局石印本　二十四冊

130000－0404－0002005　史 52/1020－2（2）（普）

同治東華續錄一百卷　王先謙編　清光緒文瀾書局石印本　二十二冊

130000－0404－0002006　史 52/1020－3（普）

東華續錄一百二十卷　王先謙編　清刻本

四十七册

130000－0404－0002007　史52/1140(普)

磁州張氏文徵二卷補遺一卷　(清)張榕端等
撰　清光緒十五年(1889)刻本　二册

130000－0404－0002008　史52/2637(普)

**皇清賜進士出身誥授朝議大夫特恩誥封通議
大夫山東青州府知府顯考蛻農府君事略不分
卷**　(□)□□撰　清刻本　一册

130000－0404－0002009　史52/4043(普)

古今長者錄八卷附二種　(清)丁蓮侶撰　清
同治八年(1869)刻本　五册

130000－0404－0002010　史52/4064(普)

曾忠襄公全集六種　(清)曾國荃撰　清光緒
二十九年(1903)刻本　四十六册

130000－0404－0002011　史52/4231(普)

原富五部　(英國)斯密亞丹原著　嚴復譯
清光緒二十七年(1901)南洋公學譯書院鉛印
本　七册

130000－0404－0002012　史52/4231(2)(普)

原富五部　(英國)斯密亞丹原著　嚴復譯
清光緒二十七年(1901)南洋公學譯書院鉛印
本　八册

130000－0404－0002013　史52/4431(普)

東華錄三十二卷　(清)蔣良騏撰　清乾隆三
十年(1765)刻本　十六册

130000－0404－0002014　史52/4448(普)

行狀不分卷　(清)黃彭年撰　清同治七年
(1868)刻本　一册

130000－0404－0002015　史52/4727(普)

孔孟編年八卷　(清)狄子奇撰　清光緒十三
年(1887)浙江書局刻本　二册

130000－0404－0002016　史52/4928(普)

先儒趙子言行錄二卷　(元)趙復輯　(清)陳
廷筠纂述　(清)陳廷儒校編　清同治九年
(1870)崇文書局刻本　二册

130000－0404－0002017　史52/4928(2)(普)

先儒趙子言行錄二卷　(元)趙復輯　(清)陳

廷筠纂述　(清)陳廷儒校編　清同治九年
(1870)崇文書局刻本　二册

130000－0404－0002018　史52/4932(普)

趙清獻公集十卷　(宋)趙抃撰　清光緒三年
(1877)祠堂刻本　八册

130000－0404－0002019　史52/5024(普)

致身錄一卷附錄一卷附編一卷　(明)史仲彬
撰　清康熙八年(1669)刻本　二册

130000－0404－0002020　史52/6018(普)

船山師友記十七卷首一卷　(清)羅正鈞纂
清光緒三十三年(1907)刻本　四册

130000－0404－0002021　史53/0033(普)

吳竹如[廷棟]先生年譜一卷　(清)方宗誠編
清光緒四年(1878)畿輔志局刻本　一册

130000－0404－0002022　史53/0834(普)

鄭延平[成功]年譜一卷　(清)許浩基輯　清
同治十一年(1872)吳興許氏杏蔭堂刻本
一册

130000－0404－0002023　史53/1040(普)

朱子[熹]年譜四卷考異四卷附錄二卷　(清)
王懋竑撰　清乾隆十年(1745)白田草堂刻本
四册

130000－0404－0002024　史53/1121(普)

月川曹夫子[端]年譜二卷　(明)張信民纂著
清順治十五年(1658)刻本　一册　缺一卷
(下)

130000－0404－0002025　史53/2219(普)

劉武慎公[長佑]年譜三卷　(清)鄧輔綸編
清光緒二十五年(1899)鉛印本　三册

130000－0404－0002026　史53/2612(普)

蒙齋[田雯]年譜一卷續一卷補一卷　(清)田
雯撰　(清)田肇麗補編　清康熙三十二年
(1693)刻本　一册

130000－0404－0002027　史53/2632(普)

人壽金鑑二十二卷　(清)程得齡輯　清光緒
湖北崇文書局刻本　六册

130000－0404－0002028　史53/2699(普)

歷代名人年譜十卷　（清）吳榮光撰　清光緒
刻本　八冊

130000－0404－0002029　史53/2699（2）（普）
歷代名人年譜十卷　（清）吳榮光撰　清光緒
刻本　十冊

130000－0404－0002030　史53/2699＝2（普）
歷代名人年譜十卷　（清）吳榮光撰　清光緒
元年（1875）南海張蔭桓刻本　十冊

130000－0404－0002031　史53/2699＝3（普）
歷代名人年譜十卷　（清）吳榮光撰　清光緒
北京琉璃廠晉華書局刻本　一冊　存一卷
（一）

130000－0404－0002032　史53/3171（普）
李恕谷［塨］先生年譜五卷　（清）馮辰纂　清
嘉慶十九年（1814）刻本　四冊

130000－0404－0002033　史53/3171＝2（普）
李恕谷［塨］先生年譜五卷　（清）馮辰纂　清
道光十六年（1836）蠡吾李誥刻本　六冊

130000－0404－0002034　史53/3171＝3（普）
李恕谷［塨］先生年譜五卷　（清）馮辰纂　清
刻本　三冊

130000－0404－0002035　史53/3171＝4（普）
李恕谷［塨］先生年譜五卷　（清）馮辰纂　清
道光二十二年（1842）蠡吾李誥刻本　二冊

130000－0404－0002036　史53/3438（普）
明李文正公［東陽］年譜七卷　（清）法式善纂
輯　（清）唐仲冕增補　清嘉慶十四年（1809）
刻本　二冊

130000－0404－0002037　史53/4024（普）
王文勤公［慶雲］年譜一卷　（清）孝綺校　清
同治石印本　一冊

130000－0404－0002038　史53/4076（普）
露桐先生［李殿圖］年譜前編四卷　（清）錢景
星　（清）李轍通撰　清乾隆三年（1738）刻本
四冊

130000－0404－0002039　史53/4422（普）
張惠肅公［亮基］年譜□□卷附國史館本傳

（清）林紹年輯　清光緒三十一年（1905）刻本
一冊　存一卷（上）

130000－0404－0002040　史53/4422－2（普）
張制軍［亮基］年譜二卷　（清）林紹年輯　清
光緒三十一年（1905）刻本　一冊　存一卷
（下）

130000－0404－0002041　史53/4635（普）
先府君［王筱泉］年譜一卷　（清）王孝箴等撰
王篠泉先生行狀一卷　（清）賀濤撰　清光
緒二十年（1894）深澤王氏刻本　一冊

130000－0404－0002042　史53/4901（普）
顧千里［廣圻］先生年譜二卷　（清）趙詒琛編
清同治十年（1871）趙氏刻本　一冊

130000－0404－0002043　史53/6018（普）
左文襄公［宗棠］年譜十卷　（清）羅正鈞纂
清光緒二十三年（1897）東月湘陰左氏刻本
十冊

130000－0404－0002044　史53/6092（普）
羅文恪公［惇衍］年譜一卷　（清）羅榘等著
清刻本　一冊

130000－0404－0002045　史53/7583（普）
鹿忠節公［善繼］年譜二卷無欲齋詩鈔一卷
（清）陳鋐編次　清康熙六年（1667）尋樂堂刻
本　三冊

130000－0404－0002046　史53/7707（普）
阿文成公［桂］年譜三十四卷　（清）那彥成纂
清嘉慶十八年（1813）刻本　三十二冊

130000－0404－0002047　史54/0428（普）
南征日記一卷（清道光二十四年四月至二十
五年三月）　（清）謝輪撰　清刻本　一冊

130000－0404－0002048　史54/3135（普）
聽蕉雨樓外集不分卷　（清）黃勤業撰　清咸
豐刻本　四冊

130000－0404－0002049　史54/3416（普）
經略洪承疇奏對筆記二卷　（清）洪承疇著
清刻本　二冊

130000－0404－0002050　史54/3642（普）

體微齋日記錄存七卷(清道光三十年至咸豐
四年)語錄一卷詩附一卷附錄一卷易說一卷
　(清)祝塏著　清光緒十六年(1890)刻本
六冊

130000－0404－0002051　史54/3642(2)(普)
體微齋日記錄存七卷(清道光三十年至咸豐
四年)語錄一卷詩附一卷附錄一卷易說一卷
　(清)祝塏著　清光緒十六年(1890)刻本
六冊

130000－0404－0002052　史54/4497(普)
鳳臺祇謁筆記一卷　(清)董恂撰　清同治九
年(1870)刻本　一冊

130000－0404－0002053　史54/4614(普)
北行日記一卷(清道光十四年)　(清)楊廷桂
撰　清同治六年(1867)廣州芸香堂刻本
二冊

130000－0404－0002054　史54/4744(普)
陸清獻公日記十卷首一卷(清順治十四年至
康熙三十一年)　(清)陸隴其撰　清道光二
十二年(1842)勝溪草堂刻本　四冊

130000－0404－0002055　史54/8064(普)
求闕齋日記類鈔二卷　(清)曾國藩撰　(清)
王啓原輯　清光緒二年(1876)傳忠書局刻本
二冊

130000－0404－0002056　史54/8064－2(普)
曾文正公手書日記不分卷(清道光二十一年
至同治十一年)　(清)曾國藩撰　清宣統元
年(1909)上海中國圖書公司石印本　四十冊

130000－0404－0002057　史55/1131(普)
循孝錄不分卷　(清)張宗瑛輯　清光緒三十
一年(1905)鉛印本　一冊

130000－0404－0002058　史55/1243(普)
徵君孫[奇逢]先生年譜二卷　(清)湯斌等編
　　孝友堂家規一卷遊譜一卷孫鍾之先生答問
一卷　(清)孫奇逢撰　清康熙五十五年
(1716)刻本　五冊

130000－0404－0002059　史55/1243(2)(普)

徵君孫[奇逢]先生年譜二卷　(清)湯斌等編
　　孝友堂家規一卷遊譜一卷孫鍾之先生答問
一卷　(清)孫奇逢撰　清康熙五十五年
(1716)刻本　五冊

130000－0404－0002060　史55/1243(3)(普)
徵君孫[奇逢]先生年譜二卷　(清)湯斌等編
　　孝友堂家規一卷遊譜一卷孫鍾之先生答問
一卷　(清)孫奇逢撰　清康熙五十五年
(1716)刻本　五冊

130000－0404－0002061　史55/1243(4)(普)
徵君孫[奇逢]先生年譜二卷　(清)湯斌等編
　　孝友堂家規一卷遊譜一卷孫鍾之先生答問
一卷　(清)孫奇逢撰　清康熙五十五年
(1716)刻本　五冊

130000－0404－0002062　史55/1288(普)
高陽太傅孫文正公[承宗]年譜五卷　(明)孫
銓編　(清)孫奇逢訂正　清師儉堂刻本
五冊

130000－0404－0002063　史55/1288(2)(普)
高陽太傅孫文正公[承宗]年譜五卷　(明)孫
銓編　(清)孫奇逢訂正　清師儉堂刻本
五冊

130000－0404－0002064　史55/2204(普)
柏鄉魏氏傳家錄四卷　(□)魏勷薰輯　清康
熙二十一年(1682)刻本　一冊

130000－0404－0002065　史55/4020(普)
項城袁氏家集七種(存三種)　(清)丁振鐸輯
　清宣統三年(1911)清芬閣鉛印本　十冊
存三種十一卷(文成公奏議一、首一卷,端敏
公集四至六、八至九、十四至十五、十七,中議
公事實紀略一卷)

130000－0404－0002066　史55/7586(普)
重纂三遷志十卷首一卷　(清)孟廣均輯
(清)陳錦　(清)孫葆田重輯　清光緒十三年
(1887)山東書局刻本　六冊

130000－0404－0002067　史55/8718(普)
賢母錄一卷　(清)鄭珍撰　清同治二年
(1863)刻本　一冊

130000－0404－0002068　史56/1249(普)

夏墅錢氏支譜不分卷　(□)孫敬恒撰　清光緒二十八年(1902)刻本　一冊

130000－0404－0002069　史56/1249(2)(普)

夏墅錢氏支譜不分卷　(□)孫敬恒撰　清光緒二十八年(1902)刻本　一冊

130000－0404－0002070　史56/4444(普)

春秋世族譜二卷　(清)陳厚耀撰　清嘉慶五年(1800)刻本　一冊　存一卷(上)

130000－0404－0002071　史56/4447(普)

蔣氏家譜六卷　(清)蔣芳原纂修　清同治十三年(1874)刻本　三冊

130000－0404－0002072　史56/4447＝2(普)

蔣氏家譜八卷　(清)蔣士悅續修　清光緒二十一年(1895)刻本　五冊

130000－0404－0002073　史56/6619(普)

寶坻單氏家譜不分卷　(清)單雨熾編輯　清道光三十年(1850)刻本　四冊

130000－0404－0002074　史57/1002(普)

百姓昭明一卷　(清)夏雲集編　清光緒九年(1883)刻本　一冊

130000－0404－0002075　史57/3193(普)

三史同名錄四十卷　(清)汪輝祖輯　(清)汪繼培補　清嘉慶三年(1798)雙節堂刻本　六冊

130000－0404－0002076　史58/0018(普)

國朝題名碑錄不分卷　(清)□□撰　清刻本　七冊

130000－0404－0002077　史58/1128(普)

畿輔校士錄六卷　(清)周德潤輯　清刻本　二冊　存二卷(四至五)

130000－0404－0002078　史58/2428(普)

科名金鍼一卷　(清)毛昶熙編　清光緒元年(1875)刻本　一冊

130000－0404－0002079　史58/2623(普)

[洪武四年至光緒三十年]明清進士題名碑錄不分卷　(清)錢維城等編　清刻本　九冊

130000－0404－0002080　史58/3414(普)

[順治三年至乾隆元年]國朝歷科館選錄不分卷　(清)沈廷芳輯　(清)陸費墀重訂　清乾隆十一年(1746)翰林院刻本　二冊

130000－0404－0002081　史58/3418(普)

[洪武四年至崇禎十六年]明進士題名碑錄　(清)李周望輯　清康熙五十九年(1720)刻本　七冊

130000－0404－0002082　史58/4073(普)

[順治三年至乾隆六十年]國朝題名碑錄初集不分卷　(清)李周望等纂　明洪武至崇禎各科題名不分卷　清刻本　十二冊

130000－0404－0002083　史58/4424(普)

明清貢舉考略五卷　(清)黃崇蘭輯　清道光二十五年(1845)河平青雲齋刻本　五冊

130000－0404－0002084　史58/4764(普)

欽取朝考卷不分卷　(清)胡景桂　清刻本　一冊

130000－0404－0002085　史58/8034(普)

欽命四書詩題不分卷　清刻本　三冊

130000－0404－0002086　史59/0010(普)

欽定吏部處分則例四十七卷　(清)吏部纂修　清刻本　十六冊

130000－0404－0002087　史59/0038(普)

自曆言一卷　(清)文海著　清光緒五年(1879)刻本　一冊

130000－0404－0002088　史59/1131(普)

詞林典故八卷　(清)張廷玉等編　清乾隆十三年(1748)刻本　八冊

130000－0404－0002089　史59/1338(普)

[宣統三年]職官錄不分卷　(清)內閣印鑄局編　清宣統三年(1911)內閣印鑄局鉛印本　八冊

130000－0404－0002090　史59/2028(普)

[光緒癸巳秋季]大清搢紳全書四卷大清中樞備覽二卷　(清)□□編　清光緒十九年(1893)榮祿堂刻本　六冊

130000－0404－0002091　史59/2028＝2（普）

[光緒丁未夏季]大清搢紳全書四卷大清中樞備覽二卷　（清）□□編　清光緒三十三年（1907）榮祿堂刻本　六冊

130000－0404－0002092　史59/2845（普）

牧令書二十三卷附保甲書四卷　（清）徐棟輯　清道光二十八年（1848）楚興國李煒刻本　二十一冊

130000－0404－0002093　史59/2845（2）（普）

牧令書二十三卷附保甲書四卷　（清）徐棟輯　清道光二十八年（1848）楚興國李煒刻本　二十一冊

130000－0404－0002094　史59/2845（3）（普）

牧令書二十三卷附保甲書四卷　（清）徐棟輯　清道光二十八年（1848）楚興國李煒刻本　二十一冊

130000－0404－0002095　史59/2845（4）（普）

牧令書二十三卷　（清）徐棟輯　清道光二十八年（1848）楚興國李煒刻本　十八冊

130000－0404－0002096　史59/2845－2（普）

牧令書輯要十四卷附保甲書輯要四卷　（清）徐棟編　清同治七年（1868）江蘇書局刻本　十一冊

130000－0404－0002097　史59/3032（普）

[光緒乙酉科]優貢同年齒錄不分卷明經通譜不分卷　（清）□□編　清光緒奎光齋刻本　五冊

130000－0404－0002098　史59/3438（普）

清秘述聞十六卷續八卷　（清）法式善撰　清嘉慶四年（1799）刻本　八冊

130000－0404－0002099　史59/3708（普）

樞垣紀略二十八卷　（清）梁章鉅纂　（清）朱智等續纂　清光緒元年（1875）鉛印本　六冊

130000－0404－0002100　史59/3708（2）（普）

樞垣紀略二十八卷　（清）梁章鉅纂　（清）朱智等續纂　清光緒元年（1875）鉛印本　六冊

130000－0404－0002101　史59/3742（普）

欽定六部處分則例五十二卷　（清）沈椒生　（清）孫眉山校　清咸豐九年（1859）刻本　二十四冊

130000－0404－0002102　史59/4836（普）

[宣統元年]憲政增補最新職官全錄（宣統己酉夏季）不分卷　（清）榮寶齋編　[宣統元年]大清中樞備覽（宣統乙酉夏季）二卷　（清）榮寶齋編　[宣統元年]最新職官全錄（宣統乙酉夏季）不分卷　（清）榮寶齋編　清宣統元年（1909）京都榮寶齋刻本　七冊

130000－0404－0002103　史59/4877（普）

歷代職官表六卷　（清）黃本驥編　清光緒八年（1882）上海王氏刻本　一冊

130000－0404－0002104　史59/6000（普）

欽定臺規四十卷　（清）松筠等纂　清道光七年（1827）刻本　十六冊

130000－0404－0002105　史59/6022（普）

蜀粵名宦錄不分卷　（□）□□撰　郝雪海中丞行實名宦鄉賢錄不分卷　（□）□□撰　郝氏世祀鄉賢錄不分卷　（□）□□撰　磬階梅花詩不分卷　（□）□□撰　剩禪師塔銘不分卷　（□）□□撰　清刻本　四冊

130000－0404－0002106　史59/6045（普）

實政錄九卷　（明）呂坤撰　明萬曆二十六年（1598）刻本　十冊

130000－0404－0002107　史59/7530（普）

培遠堂偶存稿四十八卷　（清）陳宏謀撰　清陳氏刻本　二十四冊

130000－0404－0002108　史59/7782（普）

[光緒三年丁丑科]會試同年齒錄不分卷　（清）□□編　清光緒三年（1877）刻本　四冊

130000－0404－0002109　史59/7782＝2（普）

[光緒十五年己丑科]會試同年齒錄不分卷　（清）□□編　清光緒十五年（1889）刻本　八冊

130000－0404－0002110　史59/7782＝3（普）

[光緒二十九年辛丑壬寅併科]會試同年齒錄

不分卷 （清）□□編 清光緒二十九年(1903)刻本 四冊

130000－0404－0002111 史59/7782＝3(2)（普）

[光緒二十九年辛丑壬寅併科]會試同年齒錄不分卷 （清）□□編 清光緒二十九年(1903)刻本 四冊

130000－0404－0002112 史59/7782＝4（普）

[光緒三十年甲辰科]會試同年齒錄不分卷 (清)□□編 清光緒三十年(1904)刻本 四冊

130000－0404－0002113 史59/7782－2（普）

[咸豐二年壬子科]順天鄉試同年齒錄不分卷 （清）□□編 清咸豐二年(1852)刻本 四冊

130000－0404－0002114 史59/7782－2＝2（普）

[光緒十五年己丑科]順天鄉試同年齒錄不分卷 （清）□□編 清光緒十五年(1889)刻本 四冊

130000－0404－0002115 史59/7782－2＝2（普）

[光緒十七年辛卯科]順天鄉試同年齒錄不分卷 （清）□□編 清光緒十七年(1891)刻本 四冊

130000－0404－0002116 史59/7782－2＝2（普）

[光緒二十年甲午科]順天鄉試同年齒錄不分卷 （清）□□編 清光緒二十年(1894)刻本 三冊

130000－0404－0002117 史59/7782－2－3（普）

[光緒十七年辛卯科]順天鄉試同年齒錄不分卷 （清）□□撰 清光緒十七年(1891)刻本 二冊

130000－0404－0002118 史59/9024（普）

歷代名將事略不分卷 （清）陳光憲編 清光緒三十四年(1908)鉛印本 一冊

130000－0404－0002119 史6/0010（普）

帝王世紀纂要四卷 （清）高平 （清）游昌灼撰 清嘉慶十七年(1812)仙溪刻本 四冊

130000－0404－0002120 史6/0010(2)（普）

帝王世紀纂要四卷 （清）高平 （清）游昌灼撰 清嘉慶十七年(1812)仙溪刻本 四冊

130000－0404－0002121 史6/0040（普）

前漢書鈔四卷後漢書鈔二卷 （清）高梅亭集評 清乾隆五十三年(1788)刻本 六冊

130000－0404－0002122 史6/0040(2)（普）

前漢書鈔四卷後漢書鈔二卷 （清）高梅亭集評 清乾隆五十三年(1788)刻本 六冊

130000－0404－0002123 史6/0040(3)（普）

前漢書鈔四卷後漢書鈔二卷 （清）高梅亭集評 清乾隆五十三年(1788)刻本 六冊

130000－0404－0002124 史6/0040－2（普）

史記鈔四卷 （清）高梅亭集評 清乾隆五十三年(1788)刻本 四冊

130000－0404－0002125 史6/0040－2(2)（普）

史記鈔四卷 （清）高梅亭集評 清乾隆五十三年(1788)刻本 四冊

130000－0404－0002126 史6/0040－2(3)（普）

史記鈔四卷 （清）高梅亭集評 清乾隆五十三年(1788)刻本 四冊

130000－0404－0002127 史6/0040－2(4)（普）

史記鈔四卷 （清）高梅亭集評 清乾隆五十三年(1788)刻本 四冊

130000－0404－0002128 史6/0085（普）

鑑撮四卷讀史論附一卷 （清）曠敏本編 清道光刻本 五冊

130000－0404－0002129 史6/3491（普）

二十四史四譜五十四卷 （清）沈炳震撰 清同治十年(1871)吳氏清來堂刻本 二十四冊

130000－0404－0002130 史6/4445（普）

史記鈔九十一卷 （明）茅坤編 清刻本 十二冊 缺五十一卷(四十一至九十一)

130000－0404－0002131 史6/5004（普）

史記菁華錄六卷 （清）芋田氏撰 清道光四年(1824)吳興姚氏扶荔山房刻本 六冊

130000－0404－0002132 史6/5004＝2（普）

史記菁華錄六卷 （清）苄田氏撰 清光緒十八年（1892）善成堂書坊刻本 三冊

130000－0404－0002133 史6/7738（普）

先正讀書訣不分卷 （清）周永年輯 清光緒四年（1878）刻本 一冊

130000－0404－0002134 史7/0040（普）

國語鈔二卷國策鈔二卷穀梁傳鈔一卷公羊傳鈔一卷 （清）高梅亭集評 清乾隆五十三年（1788）刻本 六冊

130000－0404－0002135 史7/0040（2）（普）

國語鈔二卷國策鈔二卷穀梁傳鈔一卷公羊傳鈔一卷 （清）高梅亭集評 清乾隆五十三年（1788）刻本 六冊

130000－0404－0002136 史7/0040（3）（普）

國語鈔二卷國策鈔二卷穀梁傳鈔一卷公羊傳鈔一卷 （清）高梅亭集評 清乾隆五十三年（1788）刻本 六冊

130000－0404－0002137 史7/0040（4）（普）

國語鈔二卷國策鈔二卷穀梁傳鈔一卷公羊傳鈔一卷 （清）高梅亭集評 清乾隆五十三年（1788）刻本 六冊

130000－0404－0002138 史7/0070（普）

文史通義八卷校讎通義三卷 （清）章學誠著 清道光十二年（1832）章氏家刻本 五冊

130000－0404－0002139 史7/0442（普）

史林測義三十八卷 （清）計大受撰 清嘉慶十九年（1814）楓溪別墅刻本 六冊

130000－0404－0002140 史7/1000（普）

通鑑答問五卷 （宋）王應麟撰 清玉海後附刻本 二冊

130000－0404－0002141 史7/1003（普）

史論正鵠初集四卷二集四卷三集八卷 （清）王樹敏評點 清光緒二十七年（1901）上海久敬齋石印本 十六冊

130000－0404－0002142 史7/1003－2（普）

讀通鑑論三十卷 （清）王夫之撰 清光緒二十四年（1898）申昌書莊石印本 六冊

130000－0404－0002143 史7/1011（普）

古今史論大觀前編十五卷後編十七卷 （清）雷瑨輯 清光緒二十七年（1901）硯耕山莊石印本 十二冊

130000－0404－0002144 史7/1011（2）（普）

古今史論大觀前編十五卷後編十七卷 （清）雷瑨輯 清光緒二十七年（1901）硯耕山莊石印本 十冊

130000－0404－0002145 史7/1011－2（普）

最新史事論十二卷 （清）雷瑨輯 清宣統三年（1911）上海掃葉山房石印本 六冊

130000－0404－0002146 史7/1034（普）

讀史提要錄十二卷 （清）夏之蓉撰 清同治四年（1865）曾孫崑林補板刻本 六冊

130000－0404－0002147 史7/1133（普）

歷代史論十二卷 （明）張溥等撰 清光緒五年（1879）西江裴氏刻本 五冊

130000－0404－0002148 史7/1133（2）（普）

歷代史論十二卷宋史論三卷元史論一卷 （明）張溥等撰 明史論四卷 （清）谷應泰撰 左傳史論二卷 （清）高士奇撰 清光緒五年（1879）西江裴氏刻本 八冊

130000－0404－0002149 史7/1133（3）（普）

歷代史論十二卷宋史論三卷元史論一卷 （明）張溥等撰 明史論四卷 （清）谷應泰撰 左傳史論二卷 （清）高士奇撰 清光緒五年（1879）西江裴氏刻本 八冊

130000－0404－0002150 史7/1133＝2（普）

歷代史論十二卷宋史論三卷元史論一卷 （明）張溥等撰 明史論四卷 （清）谷應泰撰 左傳史論二卷 （清）高士奇撰 清文餘堂刻本 十冊

130000－0404－0002151 史7/1133＝3（普）

歷代史論十二卷 （明）張溥等撰 左傳史論二卷 （清）高士奇論正 清光緒五年（1879）文餘堂刻本 十冊

130000－0404－0002152 史7/1133＝4（普）

歷代史論十二卷 （明）張溥等撰 **左傳史論**
二卷 （清）高士奇論正 清光緒八年（1882）
西江裴氏刻本 八冊

130000－0404－0002153 史7/1133＝5（普）
歷代史論十二卷 （明）張溥等撰 **左傳史論**
二卷 （清）高士奇論正 清光緒五年（1879）
天津同文仁記仿泰西法石印本 八冊

130000－0404－0002154 史7/1133－2（普）
宋史論三卷元史論一卷明史論四卷 （明）張
溥等撰 清刻本 四冊

130000－0404－0002155 史7/1772（普）
百五十名家評註史記一百三十卷 （唐）司馬
貞註 （南朝宋）裴駰集解 清鴻章書局石印
本 二十冊

130000－0404－0002156 史7/2540（普）
古今史論觀海甲編二十二卷乙編二十卷丙編
二十五卷丁編二十二卷 （清）朱大文輯 清
光緒二十八年（1902）上海鴻文書局石印本
三十二冊

130000－0404－0002157 史7/2607（普）
史記論文一百三十卷 （清）吳見思評點
(清)吳興祚參訂 清康熙二十五年（1686）尺
木堂刻本 二十四冊

130000－0404－0002158 史7/2607（2）（普）
史記論文一百三十卷 （清）吳見思評點
(清)吳興祚參訂 清康熙二十五年（1686）尺
木堂刻本 二十四冊

130000－0404－0002159 史7/2607（3）（普）
史記論文一百三十卷 （清）吳見思評點
(清)吳興祚參訂 清康熙二十五年（1686）尺
木堂刻本 十六冊

130000－0404－0002160 史7/2767（普）
史通削繁四卷 （唐）劉知幾撰 （清）紀昀削
繁 （清）浦起龍注 清道光十三年（1833）刻
本 四冊

130000－0404－0002161 史7/2767（2）（普）
史通削繁四卷 （唐）劉知幾撰 （清）紀昀削

繁 （清）浦起龍注 清道光十三年（1833）刻
本 四冊

130000－0404－0002162 史7/2767（3）（普）
史通削繁四卷 （唐）劉知幾撰 （清）紀昀削
繁 （清）浦起龍注 清道光十三年（1833）刻
本 四冊

130000－0404－0002163 史7/2767（4）（普）
史通削繁四卷 （唐）劉知幾撰 （清）紀昀削
繁 （清）浦起龍注 清道光十三年（1833）刻
本 四冊

130000－0404－0002164 史7/2767（5）（普）
史通削繁四卷 （唐）劉知幾撰 （清）紀昀削
繁 （清）浦起龍注 清道光十三年（1833）刻
本 四冊

130000－0404－0002165 史7/2767＝2（普）
史通削繁四卷 （唐）劉知幾撰 （清）紀昀削
繁 （清）浦起龍注 清光緒元年（1875）湖北
崇文書局刻本 四冊

130000－0404－0002166 史7/2767＝2（2）（普）
史通削繁四卷 （唐）劉知幾撰 （清）紀昀削
繁 （清）浦起龍注 清光緒元年（1875）湖北
崇文書局刻本 四冊

130000－0404－0002167 史7/2767＝3（普）
史通削繁四卷 （唐）劉知幾撰 （清）紀昀削
繁 （清）浦起龍注 清光緒八年（1882）善化
章氏刻本 四冊

130000－0404－0002168 史7/3246（普）
讀史鏡古編三十二卷 （清）潘世恩撰 清同
治十三年（1874）冶城飛霞閣刻本 四冊 缺
十一卷（七至十一、二十七至三十二）

130000－0404－0002169 史7/3340（普）
史通通釋二十卷附錄一卷 （唐）劉知幾撰
(清)浦起龍釋 清光緒十九年（1893）上海文
瑞樓石印本 八冊

130000－0404－0002170 史7/3427（普）
史記評林一百三十卷 （明）凌稚隆輯 清刻
本 五冊 缺九十一卷（一至九十一）

130000－0404－0002171　史 7/4000（普）

欽定明鑑二十四卷　（清）托津等纂　清嘉慶
二十三年（1818）刻本　十冊

130000－0404－0002172　史 7/4000＝2（普）

欽定明鑑二十四卷　（清）托津等纂　清同治
九年（1870）湖北崇文書局刻本　十冊

130000－0404－0002173　史 7/4000＝3（普）

欽定明鑑二十四卷　（清）托津等纂　清刻本
二十四冊

130000－0404－0002174　史 7/4432（普）

唐鑑二十四卷　（宋）范祖禹撰　（宋）呂祖謙
註　清光緒十八年（1892）浙江書局刻本
四冊

130000－0404－0002175　史 7/4432＝2（普）

唐鑑二十四卷　（宋）范祖禹撰　（宋）呂祖謙
註　清光緒十八年（1892）刻本　十二冊

130000－0404－0002176　史 7/4437（普）

史論彙八卷　（宋）蘇洵撰　清光緒二十七年
（1901）掃葉山房石印本　四冊

130000－0404－0002177　史 7/5002（普）

史論彙選八卷　呂景瑞輯　清光緒二十七年
（1901）上海書局石印本　三冊

130000－0404－0002178　史 7/7056（普）

蘭亭考十二卷末一卷　（宋）桑世昌撰　清知
不足齋刻本　三冊

130000－0404－0002179　史 8/1001（普）

石渠餘記六卷　（清）王慶雲撰　清光緒三年
（1877）刻本　六冊

130000－0404－0002180　史 8/2664（普）

日本變法次第類考三集　程恩培輯　程堯章
譯　清光緒二十八年（1902）政學譯社石印本
十二冊

130000－0404－0002181　史 81/0010（普）

南巡盛典一百二十卷　（清）高晉撰　清光緒
八年（1882）上海點石齋石印本　八冊

130000－0404－0002182　史 81/0014（普）

欽定學政全書八十六卷　（清）童璜等纂

（清）汪梅鼎等修　清嘉慶十七年（1812）武英
殿刻本　十六冊

130000－0404－0002183　史 81/0014＝2（普）

欽定學政全書八十六卷　（清）童璜等纂
（清）汪梅鼎等修　清嘉慶十七年（1812）贛州
文光堂刻本　二十四冊

130000－0404－0002184　史 81/0014＝3（普）

欽定學政全書八十六卷　（清）童璜等纂
（清）汪梅鼎等修　清嘉慶十七年（1812）刻本
二十四冊

130000－0404－0002185　史 81/0014＝3(2)（普）

欽定學政全書八十六卷　（清）童璜等纂
（清）汪梅鼎等修　清嘉慶十七年（1812）刻本
二十四冊

130000－0404－0002186　史 81/0104（普）

明會要八十卷　（清）龍文彬纂　清廣雅書局
刻本　二十冊

130000－0404－0002187　史 81/1033（普）

五代會要三十卷　（宋）王溥撰　清武英殿木
活字印本　六冊

130000－0404－0002188　史 81/1033(2)（普）

五代會要三十卷　（宋）王溥撰　清武英殿木
活字印本　六冊

130000－0404－0002189　史 81/1033－2（普）

唐會要一百卷　（宋）王溥撰　清光緒十年
（1884）江蘇書局刻本　二十四冊

130000－0404－0002190　史 81/1045（普）

大元聖政國朝典章六十卷　（元）□□撰　清
光緒三十四年（1908）法律館刻本　二十四冊

130000－0404－0002191　史 81/1183（普）

爲政忠告三種　（元）張養浩撰　清道光十一
年（1831）碧鮮齋影元刻本　二冊

130000－0404－0002192　史 81/1299（普）

中國古今法制表十六卷　（清）孫榮撰　清光
緒三十二年（1906）刻本　十冊

130000－0404－0002193　史 81/2270（普）

盛京典制備考八卷首一卷　（清）崇厚編　清

光緒四年(1878)奉天督署刻本　六冊

130000－0404－0002194　史81/2277(普)
欽定大清會典事例一千二百二十卷目錄八卷
　(清)崑岡等修　(清)吳樹梅等纂　清光緒
二十五年(1899)石印本　三百八十四冊

130000－0404－0002195　史81/2277(2)(普)
欽定大清會典一百卷首一卷　(清)崑岡等修
　(清)吳樹梅等纂　清光緒二十五年(1899)
石印本　三十六冊

130000－0404－0002196　史81/2277(3)(普)
欽定大清會典圖二百七十卷　(清)崑岡等修
　(清)吳樹梅等纂　清光緒二十五年(1899)
石印本　七十四冊

130000－0404－0002197　史81/2277＝2(普)
**欽定大清會典一百卷事例一千二百二十卷首
一卷**　(清)崑岡等修　(清)吳樹梅等纂　清
光緒三十四年(1908)清會典館商務印書館石
印本　一百六十冊

130000－0404－0002198　史81/2277＝2(2)(普)
**欽定大清會典一百卷事例一千二百二十卷首
一卷**　(清)崑岡等修　(清)吳樹梅等纂　清
光緒三十四年(1908)清會典館商務印書館石
印本　一百六十冊

130000－0404－0002199　史81/2277＝3(普)
**欽定大清會典一百卷事例一千二百二十卷首
一卷**　(清)崑岡等修　(清)吳樹梅等纂　清
宣統三年(1911)上海商務印書館石印本　一
百六十冊

130000－0404－0002200　史81/2277＝3(2)(普)
欽定大清會典一百卷事例一千二百二十卷
　(清)崑岡等纂　清宣統三年(1911)商務印書
館鉛印本　八十冊

130000－0404－0002201　史81/2445(普)
欽定中樞政考八旗三十二卷　(清)明亮等纂
　清道光五年(1825)刻本　二十四冊

130000－0404－0002202　史81/2445(2)(普)
欽定中樞政考八旗三十二卷　(清)明亮等纂

清道光五年(1825)刻本　三十二冊

130000－0404－0002203　史81/2445＝2(普)
欽定中樞政考綠營四十卷　(清)明亮等纂
清道光五年(1825)刻本　四十冊

130000－0404－0002204　史81/2445＝2(2)(普)
欽定中樞政考綠營四十卷　(清)明亮等纂
清道光五年(1825)刻本　三十二冊

130000－0404－0002205　史81/2445＝3(普)
欽定中樞政考十五卷　(清)明亮等纂　清乾
隆武英殿刻本　八冊

130000－0404－0002206　史81/2810(普)
西漢會要七十卷東漢會要四十卷　(宋)徐天
麟撰　清光緒五年(1879)嶺南學海堂刻本
十八冊

130000－0404－0002207　史81/3547(普)
三通七百四十八卷　(唐)杜佑纂　清咸豐九
年(1859)崇仁謝氏仿武英殿刻本　三百二
十冊

130000－0404－0002208　史81/3808(普)
勉益齋偶存稿八卷續存稿十四卷　(清)裕謙
撰　清道光勉益齋刻本　二十二冊

130000－0404－0002209　史81/3890(普)
大清通禮五十四卷　(清)李玉鳴纂修　(清)
穆克登額續修　(清)恒泰續纂　清道光四年
(1824)刻本　十二冊

130000－0404－0002210　史81/4001(普)
治國要務九章　(英國)韋廉臣著　清光緒二
十五年(1899)上海廣學會鉛印本　一冊

130000－0404－0002211　史81/4028(普)
宋朝事實二十卷　(宋)李攸撰　清武英殿木
活字印武英殿聚珍版書本　八冊

130000－0404－0002212　史81/4400(普)
大唐開元禮一百五十卷　(唐)蕭嵩等撰　清
光緒十二年(1886)公善堂刻本　十六冊

130000－0404－0002213　史81/4403(普)
福惠全書三十二卷　(清)黃六鴻輯　清光緒
十九年(1893)京都沙土園書行刻本　十二冊

130000－0404－0002214　史81/4409(普)

廣治平略三十六卷續集八卷　(清)蔡方炳撰
　清末刻本　十冊

130000－0404－0002215　史81/4409＝2(普)

廣治平略三十六卷　(清)蔡方炳撰　清末刻
本　六冊

130000－0404－0002216　史81/4422(普)

大唐開元禮一百五十卷　(唐)蕭嵩等撰　清
光緒十二年(1886)刻本　五冊　存五十二卷
(七十一至一百二十二)

130000－0404－0002217　史81/4424(普)

通典二百卷　(唐)杜佑撰　清同治十年
(1871)學海堂恭刻本　四十冊

130000－0404－0002218　史81/4434(普)

三通序不分卷　(唐)杜佑撰　清光緒十九年
(1893)雙門底文英閣刻本　一冊

130000－0404－0002219　史81/4700(普)

時務通考三十一卷首一卷　(清)杞廬主人輯
　清光緒二十四年(1898)點石齋石印本　二
十四冊

130000－0404－0002220　史81/4700(2)(普)

時務通考三十一卷首一卷　(清)杞廬主人輯
　清光緒二十四年(1898)點石齋石印本　二
十二冊　存二十九卷(一至七、九至二十八、
三十一,首一卷)

130000－0404－0002221　史81/4700－2(普)

時務通考續編三十一卷　(清)杞廬主人輯
清光緒二十四年(1898)點石齋石印本　十五
冊　存二十五卷(一至二、四至二十四、三十
至三十一)

130000－0404－0002222　史81/4861(普)

皇朝政典契要八卷　(日本)增田貢撰　(清)
毛淦補　清光緒二十八年(1902)刻本　四冊

130000－0404－0002223　史81/4877(普)

**皇朝通典一百卷通志一百二十六卷文獻通考
三百卷**　(清)嵇璜等修　(清)曹仁虎等纂
清光緒二十七年(1901)上海圖書集成局遵武

英殿聚珍版鉛印本　六十四冊

130000－0404－0002224　史81/4877＝2(普)

**皇朝通典一百卷通志一百二十六卷文獻通考
三百卷**　(清)嵇璜等修　(清)曹仁虎等纂
清光緒八年(1882)浙江書局刻本　二百三十
冊　缺十八卷(文獻通考五十三至七十)

130000－0404－0002225　史81/4877－3(普)

**皇朝通典一百卷通志一百二十六卷文獻通考
三百卷**　(清)嵇璜等修　(清)曹仁虎等纂
清光緒八年(1882)浙江書局刻本　二百四
十冊

130000－0404－0002226　史81/4877＝4(普)

皇朝通典一百卷　(清)嵇璜等纂　清光緒元
年(1875)學海堂羊城富文齋刻本　三十二冊

130000－0404－0002227　史81/4877－2(普)

欽定續通典一百五十卷　(清)嵇璜等纂　清
光緒元年(1875)學海堂羊城富文齋刻本　四
十冊

130000－0404－0002228　史81/4877－3(普)

欽定續文獻通考二百五十卷　(清)嵇璜等纂
　清光緒二十六年(1900)北洋石印官書局石
印本　三十二冊

130000－0404－0002229　史81/4877－4(普)

皇朝文獻通考詳節二十六卷　(清)嵇璜等纂
　(清)平陽主人節錄　清光緒二十七年
(1901)鴻寶齋書局石印本　八冊

130000－0404－0002230　史81/5021(普)

中外政治策論彙編二十四卷　(清)何瀚洲編
　清光緒二十七年(1901)鴻寶齋書局石印本
十八冊　存十八卷(一至十八)

130000－0404－0002231　史81/5235(普)

欽定大清會典圖一百三十二卷目錄二卷
(清)托津纂修　(清)曹振鏞等纂　(清)慶
桂等纂圖　清嘉慶二十三年(1818)清會典館
刻本　四十冊

130000－0404－0002232　史81/5235－2(普)

欽定大清會典八十卷　(清)托津纂修　(清)

曹振鏞等纂 （清）慶桂等纂圖 清嘉慶二十
三年(1818)清會典館刻本 四十冊

130000－0404－0002233 史81/5235－3（普）
欽定大清會典事例九百二十卷目錄八卷
(清)托津纂修 （清）曹振鏞等纂 （清）慶
桂等纂圖 清嘉慶二十三年(1818)清會典館
刻本 三百六十冊

130000－0404－0002234 史81/6080（普）
欽定中樞政考續纂四卷 （清）景善等撰 清
刻本 四冊

130000－0404－0002235 史81/7107（普）
文獻通考二十四卷首一卷 （元）馬端臨撰
清光緒十一年(1885)上海點石齋石印本 二
十冊

130000－0404－0002236 史81/7107＝2（普）
文獻通考三百四十八卷 （元）馬端臨撰 明
嘉靖三年(1524)映旭齋刻本 六十四冊

130000－0404－0002237 史81/7107＝2(2)（普）
文獻通考三百四十八卷 （元）馬端臨撰 明
嘉靖三年(1524)映旭齋刻本 八十冊

130000－0404－0002238 史81/9024（普）
九通 （清）嵇璜等纂修 清光緒二十八年
(1902)上海鴻寶書局石印本 二百三冊

130000－0404－0002239 史81/9024＝2（普）
九通 （清）嵇璜等纂修 清光緒二十七年
(1901)上海圖書集成局鉛印本 二百八十六
冊 缺二百六十六卷(通典一至一百十、欽定
續通志四百八十五至六百四十)

130000－0404－0002240 史81/9024＝3（普）
九通 （清）嵇璜等纂修 清光緒二十七年
(1901)上海圖書集成局鉛印本 二百四十
四冊

130000－0404－0002241 史81/9024＝2（普）
九通序三卷 （□）□□撰 清光緒二十八年
(1902)景幡山房鉛印本 三冊

130000－0404－0002242 史82/0003（普）
文廟祀位不分卷 （清）倭什琿布等撰 清同

治八年(1869)楚北崇文書局刻本 一冊

130000－0404－0002243 史82/1021（普）
州縣須知四卷 （清）王香霖撰 清道光二十
四年(1844)刻本 六冊

130000－0404－0002244 史82/2699（普）
吾學錄初編二十四卷 （清）吳榮光撰 清同
治九年(1870)江蘇書局刻本 六冊

130000－0404－0002245 史82/2699(2)（普）
吾學錄初編二十四卷 （清）吳榮光撰 清同
治九年(1870)江蘇書局刻本 六冊

130000－0404－0002246 史82/4002（普）
壇廟祭禮錄要不分卷 （□）□□撰 清光緒
種墨齋家塾本 一冊

130000－0404－0002247 史82/4016（普）
大清通禮五十四卷 （清）李玉鳴纂 清道光
刻本 十二冊

130000－0404－0002248 史82/4092（普）
直省釋奠禮樂記六卷 （清）應寶時撰 清同
治十二年(1873)刻本 四冊

130000－0404－0002249 史83/0043（普）
平平言四卷 （清）方大湜撰 清光緒十三年
(1887)常德府署刻本 四冊

130000－0404－0002250 史83/0828（普）
宦海指南五種 （清）許乃普輯 清咸豐九年
(1859)錢塘許氏刻本 六冊

130000－0404－0002251 史83/0828(2)（普）
宦海指南五種 （清）許乃普輯 清咸豐九年
(1859)錢塘許氏刻本 六冊

130000－0404－0002252 史83/0828＝2（普）
宦海指南五種 （清）許乃普輯 清光緒十二
年(1886)榮錄堂刻本 五冊

130000－0404－0002253 史83/0828＝2(2)（普）
宦海指南五種 （清）許乃普輯 清光緒十二
年(1886)榮錄堂刻本 五冊

130000－0404－0002254 史83/1134（普）
詞林紀事二十二卷附錄三卷 （清）張宗櫹輯

清末掃葉山房石印本　十二冊

130000－0404－0002255　史83/4033（普）
國民錄四卷　（清）袁守定著　清光緒五年
(1879)江蘇書局刻本　二冊

130000－0404－0002256　史83/4033＝2（普）
國民錄四卷　（清）袁守定著　清道光四年
(1824)刻本　一冊　存二卷（三至四）

130000－0404－0002257　史83/4421（普）
陸清獻公莅嘉遺蹟三卷　（清）黃維玉輯　清
同治六年(1867)上海道署刻本　一冊

130000－0404－0002258　史83/6045（普）
實政錄七卷　（明）呂坤撰　清道光四年
(1824)刻本　十冊

130000－0404－0002259　史83/7548（普）
皇朝詞林典故六十四卷　（清）陳希曾等纂
清光緒十三年(1887)刻本　二十五冊　缺十
六卷（十七至三十二）

130000－0404－0002260　史83/7548（2）（普）
皇朝詞林典故六十四卷　（清）陳希曾等纂
清光緒十三年(1887)刻本　二十五冊　缺十
八卷（十七至二十、五十一至六十四）

130000－0404－0002261　史84/0041（普）
養局案記不分卷　（清）方觀承輯　清乾隆二
十四年(1759)刻本　二冊

130000－0404－0002262　史84/1074（普）
錢穀備要十卷　（清）王又槐輯　清嘉慶十九
年(1814)刻本　六冊

130000－0404－0002263　史84/1074＝2（普）
錢穀備要十卷　（清）王又槐輯　清乾隆五十
八年(1793)刻本　六冊

130000－0404－0002264　史84/1294（普）
**皇朝掌故彙編內編六十卷首一卷外編四十卷
首一卷**　（清）張壽鏞　（清）宋文蔚輯　清光
緒二十八年(1902)求實書社鉛印本　六十冊

130000－0404－0002265　史84/1294（2）（普）
**皇朝掌故彙編內編六十卷首一卷外編四十卷
首一卷**　（清）張壽鏞　（清）宋文蔚輯　清光

緒二十八年(1902)求實書社鉛印本　六十冊

130000－0404－0002266　史84/1788（普）
東方時局論略一卷　（清）鄧鏗撰　清光緒十
五年(1889)鉛印本　一冊

130000－0404－0002267　史84/2525（普）
治平畧增定全書三十三卷　（明）朱健　（明）
朱徽撰　（清）蔣先庚等訂　清道光二十九年
(1849)來鹿堂刻本　十六冊

130000－0404－0002268　史84/2732（普）
政藝叢書三編六十四卷　（清）鄧實編　清光
緒二十八年(1902)鉛印本　二十冊

130000－0404－0002269　史84/2761（普）
欽定康濟錄六卷　（清）陸曾禹撰　（清）倪國
璉釐正　清同治八年(1869)崇文書局刻本
四冊

130000－0404－0002270　史84/3036（普）
山東鹽法志二十二卷附編十卷　（清）宋湘纂
清嘉慶十四年(1809)刻本　二十四冊

130000－0404－0002271　史84/3068（普）
富國策三卷　（英國）法思德撰　（美國）丁韙
良　（清）汪鳳藻譯　清光緒二十五年(1899)
上海美華書館鉛印本　一冊

130000－0404－0002272　史84/3071（普）
晉政輯要四十卷　（清）剛毅等修　（清）安頤
等纂　清光緒十三年(1887)刻本　三十二冊

130000－0404－0002273　史84/3142（普）
荒政輯要九卷首一卷　（清）汪志伊纂　清同
治八年(1869)楚北崇文書局刻本　二冊

130000－0404－0002274　史84/4037（普）
資治新書初集十四卷首一卷二集二十卷
（清）李漁輯　清康熙二年(1663)文光堂刻本
八冊

130000－0404－0002275　史84/4037＝2（普）
資治新書初集十四卷首一卷二集二十卷
（清）李漁輯　清康熙六年(1667)刻本　十
二冊

130000－0404－0002276　史84/4037＝3（普）

資治新書初集十四卷首一卷二集二十卷
(清)李漁輯　清光緒二十年(1894)上海圖書集成印書局鉛印本　十二冊

130000－0404－0002277　史84/4043.2(普)

直隸通省賦役全書　(清)戶部輯　清光緒刻本　一百六十五冊

130000－0404－0002278　史84/4053(普)

東省與韓俄交界道路表一卷　(清)聶士成撰　清末石印本　一冊

130000－0404－0002279　史84/4334(普)

歐美政治要義十八章　(清)戴鴻慈　(清)端方撰　清光緒三十三年(1907)石印本　四冊

130000－0404－0002280　史84/4402(普)

長蘆鹽法志二十卷首一卷附編援證十卷
(清)黃掌綸等纂修　清嘉慶十年(1805)刻本　二十四冊

130000－0404－0002281　史84/4402(2)(普)

長蘆鹽法志二十卷首一卷附編援證十卷
(清)黃掌綸等纂修　清嘉慶十年(1805)刻本　二十四冊、

130000－0404－0002282　史84/4437(普)

兩淮鹽法志五十六卷首四卷　(清)佶山修
(清)單渠纂　清嘉慶十一年(1806)刻本　十冊　缺二十五卷(三十二至五十六)

130000－0404－0002283　史84/4457(普)

營田輯要內篇三卷外篇一卷首一卷　(清)黃輔辰撰　清同治三年(1864)成都刻本　一冊

130000－0404－0002284　史84/4622(普)

豳風廣義三卷　(清)楊屾撰　**農桑輯要七卷**　(元)司農司撰　清刻本　六冊

130000－0404－0002285　史84/4643(普)

水運不分卷　楊志洵譯　清宣統二年(1910)郵傳部圖書通譯局鉛印本　一冊

130000－0404－0002286　史84/4662(普)

籌濟編三十二卷首一卷　(清)楊景仁輯　清光緒四年(1878)詔硯齋刻本　六冊

130000－0404－0002287　史84/4662＝2(普)

籌濟編三十二卷首一卷　(清)楊景仁輯　清光緒五年(1879)江蘇書局刻本　八冊

130000－0404－0002288　史84/4662＝2(2)(普)

籌濟編三十二卷　(清)楊景仁輯　清光緒五年(1879)江蘇書局刻本　八冊

130000－0404－0002289　史84/5032(普)

吏治集事一卷　(清)嵩崑撰　清光緒二十年(1894)活字印本　一冊

130000－0404－0002290　史84/5059(普)

中國財政紀略四章　(日)東邦協會纂　吳銘譯　清光緒二十八年(1902)上海廣智書局鉛印本　一冊

130000－0404－0002291　史84/6473(普)

時務通考三十一卷首一卷　(清)杞廬主人輯　清光緒二十三年(1897)上海點石齋石印本　十九冊　缺三卷(十五至十七)

130000－0404－0002292　史84/7718(普)

閩政領要三卷　(□)□□撰　清刻本　一冊

130000－0404－0002293　史84/8740(普)

盛世危言五卷　(清)鄭觀應輯著　清光緒十八年(1892)鉛印本　五冊

130000－0404－0002294　史84/8740＝2(普)

盛世危言五卷續編五卷三編四卷四編四卷
(清)鄭觀應輯著　清光緒二十四年(1898)上海六藝書局石印本　十冊

130000－0404－0002295　史84/8740＝3(普)

盛世危言六卷　(清)鄭觀應輯著　清光緒十八年(1892)刻本　四冊

130000－0404－0002296　史85/1000(普)

公法會通十卷　(德國)步倫撰　(美國)丁韙良譯　清光緒二十四年(1898)北洋書局鉛印本　五冊

130000－0404－0002297　史85/1062(普)

十九世紀外交史十七章　(日本)平田久著　張相譯　清光緒二十八年(1902)史學齋刻本　四冊

130000－0404－0002298　史85/1133(普)

光緒丙午年交涉要覽上篇一卷中篇二卷下編四卷　(清)北洋洋務局纂　清光緒三十四年(1908)北洋官報局鉛印本　六冊

130000-0404-0002299　史85/1133(2)(普)
光緒丙午年交涉要覽上篇一卷中篇二卷下編四卷　(清)北洋洋務局纂　清光緒三十四年(1908)北洋官報局鉛印本　六冊

130000-0404-0002300　史85/1133=2(普)
光緒乙巳年交涉要覽上編二卷下編三卷　(清)北洋洋務局纂　清光緒三十四年(1908)北洋官報局鉛印本　五冊

130000-0404-0002301　史85/1133-2(普)
約章成案匯覽甲編十卷乙編四十二卷　(清)北洋洋務局纂　清光緒三十一年(1905)上海點石齋石印本　十二冊　缺一卷(甲編一)

130000-0404-0002302　史85/1133-2(2)(普)
約章成案匯覽乙編四十二卷　(清)北洋洋務局纂　清光緒三十一年(1905)上海點石齋石印本　二十九冊　存三十六卷(一至八、十至三十六、四十二)

130000-0404-0002303　史85/1244(普)
星軺指掌三卷續一卷　(清)聯芳　(清)慶常譯　清光緒二年(1876)刻本　四冊

130000-0404-0002304　史85/2138(普)
新政真詮六編　何啟　胡禮垣撰　清光緒二十七年(1901)格致新報館鉛印本　六冊

130000-0404-0002305　史85/4020(普)
五次問答節略不分卷　(清)李鴻章撰　清光緒二十一年(1895)鉛印本　一冊

130000-0404-0002306　史85/4030(普)
通商約章類纂三十五卷　(清)李鴻章撰　清光緒十二年(1886)天津官書局刻本　二十冊

130000-0404-0002307　史85/4050(普)
洋務新論六卷　(英國)李提摩太著　(清)仲英輯　清光緒石印本　六冊

130000-0404-0002308　史85/4050-2(普)
中西四大政一卷　(英國)李提摩太譯　清光

緒十八年(1892)上海美華書館鉛印本　一冊

130000-0404-0002309　史85/4050-2=2(普)
中西四大政一卷　(英國)李提摩太譯　清光緒二十四年(1898)上海廣學會鉛印本　一冊

130000-0404-0002310　史85/4050-3(普)
救華厄言二卷　(英國)李提摩太著　清光緒二十五年(1899)上海廣學會鉛印本　一冊

130000-0404-0002311　史85/4422(普)
中西關係略論四卷　(美國)林樂知撰　清光緒鉛印本　一冊

130000-0404-0002312　史85/4428(普)
歐洲東方交涉記十二卷　(英國)麥高爾撰　(美國)林樂知　(清)瞿昂來譯　清光緒六年(1880)刻本　二冊

130000-0404-0002313　史85/4429(普)
約章分類輯要三十八卷首一卷　蔡乃煌等纂　清光緒二十六年(1900)湖南商務局刻本　三十二冊

130000-0404-0002314　史85/4429=2(普)
約章分類輯要三十八卷首一卷　蔡乃煌等纂　清光緒二十七年(1901)上海緯文閣石印本　三十二冊

130000-0404-0002315　史85/4434(普)
洋務時事彙編八卷　(清)葛子源輯　清光緒二十四年(1898)上海書局石印本　十二冊

130000-0404-0002316　史85/4437(普)
薛星使海外文編四卷　(清)薛福成編　清光緒二十二年(1896)石印本　二冊

130000-0404-0002317　史85/4861(普)
清史攬要六卷　(日本)增田貢編纂　清光緒二十八年(1902)鉛印本　三冊

130000-0404-0002318　史85/5358(普)
各國通商條約不分卷　(清)□□撰　清咸豐至同治刻本　四冊

130000-0404-0002319　史85/5520(普)
各國交涉公法論十六卷　(英國)費利摩羅巴德撰　(英國)傅蘭雅口譯　(清)俞世爵筆述

清光緒二十二年(1896)上海小倉山房鉛印本　八冊

130000－0404－0002320　史85/5520＝2(普)
各國交涉便法論六卷　(英國)費利摩羅巴德撰　(英國)傅蘭雅譯　清刻本　六冊

130000－0404－0002321　史85/6312(普)
萬國國力比較二十三卷　(英國)默爾化著　(清)出洋學生編輯所譯　清光緒二十八年(1902)商務印書館鉛印本　六冊

130000－0404－0002322　史85/8032(普)
公法便覽四卷續一卷　(美國)丁韙良譯　清光緒三年(1877)鉛印本　六冊

130000－0404－0002323　史85/8032＝2(普)
公法便覽四卷續一卷　(美國)丁韙良譯　清光緒三年(1877)鉛印本　六冊

130000－0404－0002324　史85/9923(普)
各國約章纂要七卷附錄一卷　勞乃宣等輯　清光緒十七年(1891)刻本　四冊

130000－0404－0002325　史86/2632(普)
延吉邊務報告不分卷　(清)吳祿貞等撰　清光緒三十四年(1908)奉天學務公所印刷處鉛印本　二冊

130000－0404－0002326　史86/5527(普)
海軍政藝通論三篇　(美國)抹罕撰　(清)吳振南譯　清光緒三十四年(1908)鉛印本　一冊

130000－0404－0002327　史86/6035(普)
欽定武場條例十六卷　(清)景清纂　清刻本　十六冊　缺八卷(一至八)

130000－0404－0002328　史86/6715(普)
欽定軍衛道里表十八卷　(清)鄂爾泰等纂輯　清乾隆八年(1743)刻本　六冊

130000－0404－0002329　史862/2511(普)
浙江沿海圖說一卷附海島表一卷江蘇沿海圖說一卷附海島圖一卷　(清)朱正元撰　清光緒二十五年至二十八年(1899－1902)刻本　二冊

130000－0404－0002330　史862/4064(普)
防海新論十八卷　(德國)希里哈撰　(英國)傅蘭雅口譯　(清)華蘅芳筆述　清刻本　六冊

130000－0404－0002331　史9/6008(普)
新輯撫豫宣化錄十卷　(清)田文鏡撰　清光緒二十二年(1896)上海書局石印本　八冊

130000－0404－0002332　史91/0010(普)
硃批諭旨不分卷　(清)世宗胤禛撰　清雍正十年至乾隆三年(1732－1738)內府刻朱墨套印本　一百十二冊

130000－0404－0002333　史91/0010＝2(普)
硃批諭旨不分卷　(清)世宗胤禛撰　清光緒十三年(1887)上海點石齋石印本　六十冊

130000－0404－0002334　史91/0010＝2(2)(普)
硃批諭旨不分卷　(清)世宗胤禛撰　清光緒十三年(1887)上海點石齋石印本　六十冊

130000－0404－0002335　史91/0010＝2(3)(普)
硃批諭旨不分卷　(清)世宗胤禛撰　清光緒十三年(1887)上海點石齋石印本　六十冊

130000－0404－0002336　史91/0852(普)
諭摺彙存不分卷　(清)□□編　清光緒石印本　二十冊

130000－0404－0002337　史91/1094(普)
聖諭十六條附律易解一卷　(清)聖祖玄燁撰　(清)夏炘註解　清同治七年(1868)江蘇書局刻本　二冊

130000－0404－0002338　史91/4030(普)
清九朝聖訓七百六十二卷　(清)□□撰　清光緒石印本　八十四冊

130000－0404－0002339　史91/4030－2(普)
清十朝聖訓十種九百二十二卷　(清)□□撰　清光緒鉛印本　二百八十二冊

130000－0404－0002340　史91/4035(普)
南河成案上諭二卷御製詩一卷文一卷　(清)□□撰　清刻本　四冊

130000－0404－0002341　史92/0030(普)

開縣李尚書政書八卷首一卷 　（清）李宗羲撰
清光緒十一年（1885）刻本　五冊

130000－0404－0002342　史92/0035（普）
變法奏議叢鈔不分卷 　（清）劉鄂等撰　清末
石印本　三冊

130000－0404－0002343　史92/0128（普）
龔端毅公奏疏八卷附一卷浠川政譜二卷
（清）龔鼎孳撰　清光緒九年（1883）聽彝書屋
刻本　五冊

130000－0404－0002344　史92/0183（普）
譚文勤公奏稿二十卷首一卷 　（清）譚鍾麟著
清宣統三年（1911）刻本　十冊

130000－0404－0002345　史92/1034（普）
丁文誠公奏稿二十六卷首一卷 　（清）丁寶楨
撰　陳夔龍編輯　清光緒十九年（1893）京都
刻本　二冊

130000－0404－0002346　史92/1038（普）
兩漢策要十二卷 　（宋）陶叔獻撰　清光緒十
三年（1887）上海同文書局石印本　八冊

130000－0404－0002347　史92/1116（普）
諭對錄十卷 　（明）張孚敬撰　清道光十七年
（1837）刻本　四冊

130000－0404－0002348　史92/1243（普）
孫文定公奏疏十二卷 　（清）孫嘉淦撰　清乾
隆敦和堂刻本　八冊

130000－0404－0002349　史92/1243（2）（普）
孫文定公奏疏十二卷 　（清）孫嘉淦撰　清乾
隆敦和堂刻本　十二冊

130000－0404－0002350　史92/2126（普）
明大司馬盧公奏議十卷 　（明）盧象昇撰　清
道光九年（1829）盧氏祠堂刻本　二十四冊

130000－0404－0002351　史92/2741（普）
宋包孝肅公奏議十卷 　（宋）包拯撰　（宋）張
田編　清同治二年（1863）省心閣李瀚章刻本
四冊

130000－0404－0002352　史92/2744（普）
黎文肅公書劄三十卷奏議十六卷 　（清）黎培

敬撰　清光緒湘潭黎氏刻黎文肅公遺書本
六冊　存十九卷（書劄四至十八、奏議九至十
二）

130000－0404－0002353　史92/3022（普）
奏疏條陳擇要錄二卷 　（清）安維峻等纂　清
光緒二十一年（1895）上海書局石印本　二冊

130000－0404－0002354　史92/3034（普）
卞制軍奏議十二卷 　（清）卞寶第撰　清光緒
十二年（1886）刻本　十二冊

130000－0404－0002355　史92/3442（普）
光緒政要三十四卷 　（清）沈桐生輯　清宣統
元年（1909）上海崇義堂石印本　三十冊

130000－0404－0002356　史92/3444（普）
沈文肅公政書七卷首一卷 　（清）沈葆楨撰
清光緒六年（1880）吳氏刻本　十二冊

130000－0404－0002357　史92/3444＝2（普）
沈文肅公政書七卷首一卷 　（清）沈葆楨撰
清光緒六年（1880）吳門節署刻本　六冊　存
三卷（五至七）

130000－0404－0002358　史92/4021（普）
南皮張宮保政書奏議初編十二卷 　（清）張之
洞撰　清光緒二十七年（1901）上海圖書集成
印書局石印本　六冊

130000－0404－0002359　史92/4023（普）
皇朝文典七十四卷 　（清）李兆洛撰　清嘉慶
二十年（1815）刻本　二十四冊

130000－0404－0002360　史92/4030（普）
李文忠公全集一百六十五卷首一卷 　（清）李
鴻章撰　（清）吳汝綸編　清光緒三十一年
（1905）金陵刻本　一百冊

130000－0404－0002361　史92/4030（2）（普）
李文忠公全集一百六十五卷首一卷 　（清）李
鴻章撰　（清）吳汝綸編　清光緒三十一年
（1905）金陵刻本　一百冊

130000－0404－0002362　史92/4030－2（普）
李肅毅伯奏議二十卷 　（清）李鴻章撰　（清）
章洪鈞　（清）吳汝綸編輯　清光緒二十五年

113

（1899）上海鴻文書局石印本　二十冊

130000－0404－0002363　史92/4030－2＝2（普）
李肅毅伯奏議二十卷　（清）李鴻章撰　（清）章洪鈞　（清）吳汝綸輯　清光緒元年（1875）上海鴻文書局石印本　十九冊

130000－0404－0002364　史92/4030－3（普）
李文忠公奏議二十卷　（清）李鴻章撰　（清）章洪鈞　（清）吳汝綸輯　清光緒石印本　二十冊

130000－0404－0002365　史92/4030－4（普）
李文忠公外部函稿二十八卷　（清）李鴻章撰　（清）吳汝綸編　清光緒二十八年（1902）蓮池書社鉛印本　十四冊

130000－0404－0002366　史92/4030－5（普）
李文忠公朋僚函稿二十四卷　（清）李鴻章撰　（清）吳汝綸編　清光緒二十八年（1902）蓮池書社鉛印本　五冊　存十卷（十一至十八、二十三至二十四）

130000－0404－0002367　史92/4039（普）
左恪靖侯奏稿初編三十八卷　（清）左宗棠撰　清光緒刻本　二十四冊

130000－0404－0002368　史92/4039＝2（普）
左恪靖伯奏稿三十八卷　（清）左宗棠撰　清同治刻本　三十六冊

130000－0404－0002369　史92/4039－2（普）
左恪靖侯奏稿初編三十八卷續編七十六卷三編六卷　（清）左宗棠撰　清光緒二十七年（1901）刻本　六十一冊

130000－0404－0002370　史92/4039－2＝2（普）
左恪靖侯奏稿續編七十六卷　（清）左宗棠撰　清刻本　三十一冊

130000－0404－0002371　史92/4210（普）
彭剛直公奏稿八卷詩集八卷　（清）彭玉麟撰　清光緒十七年（1891）刻本　八冊

130000－0404－0002372　史92/4423（普）
宋范文正忠宣二公全集七十三卷　（宋）范仲淹　（宋）范純仁撰　清宣統二年（1910）歲寒

堂刻本　十一冊　存四十三卷（范文正公文集一至九、政府奏議二卷、褒賢集五卷、褒賢集補編一至二,范忠宣公集二十卷、奏議二卷、遺文一卷、附錄一卷、補編一卷）

130000－0404－0002373　史92/4424（普）
華制存考不分卷　（清）□□輯　清光緒三十四年（1908）刻本　六冊

130000－0404－0002374　史92/4435（普）
皇朝經濟文新編六十一卷　（清）宜今室主人輯　清光緒二十七年（1901）上海宜今室石印本　二十四冊

130000－0404－0002375　史92/4462（普）
林文忠公政書三集三十七卷　（清）林則徐撰　清刻本　十六冊

130000－0404－0002376　史92/4746（普）
皇清奏議六十八卷目錄一卷　（清）琴川居士輯　清都城國史館琴川居士木活字印本　四十八冊

130000－0404－0002377　史92/4747（普）
胡文忠公遺集八十六卷首一卷　（清）胡林翼撰　（清）鄭敦謹　（清）曾國荃編　清光緒元年（1875）湖北崇文書局刻本　三十二冊

130000－0404－0002378　史92/4747＝2（普）
胡文忠公遺集八十六卷首一卷　（清）胡林翼撰　（清）鄭敦謹　（清）曾國荃編　清同治六年（1867）刻本　三十二冊

130000－0404－0002379　史92/4747＝2（2）（普）
胡文忠公遺集八十六卷首一卷　（清）胡林翼撰　（清）鄭敦謹　（清）曾國荃編　清同治六年（1867）刻本　三十二冊

130000－0404－0002380　史92/4747－2（普）
胡文忠公遺集八十六卷首一卷　（清）胡林翼撰　（清）鄭敦謹　（清）曾國荃編　清光緒元年（1875）湖北崇文書局刻本　三十二冊

130000－0404－0002381　史92/4747－3（普）
胡文忠公集十卷首一卷　（清）胡林翼撰　（清）嚴樹森鑒定　（清）閻敬銘編輯　清同治

九年(1870)京都富華閣刻本　七冊　存九卷
(一至七、十,首一卷)

130000－0404－0002382　史92/4816(普)
御選明臣奏議四十卷　(清)蔡新等輯　清乾
隆四十六年(1781)聚珍版活字本　十六冊

130000－0404－0002383　史92/7444＝2(普)
陸宣公奏議四卷　(唐)陸贄撰　清刻本
四冊

130000－0404－0002384　史92/7707(普)
那文毅公奏議八十卷　(清)那彥成撰　清刻
本　四十九冊

130000－0404－0002385　史92/7707＝2(普)
那文毅公奏議八十卷　(清)那彥成撰　清刻
本　三十二冊

130000－0404－0002386　史92/7720(普)
駱文忠公奏議湘中稿十六卷續刻四川奏議十
一卷附錄一卷　(清)駱秉章撰　清光緒四年
(1878)刻本　二十六冊

130000－0404－0002387　史92/7720＝2(普)
駱文忠公奏稿十卷　(清)駱秉章撰　清光緒
十七年(1891)刻本　十冊

130000－0404－0002388　史92/8064(普)
曾文正公奏議十卷首一卷末一卷　(清)曾國
藩著　(清)薛福成編　清同治十三年(1874)
上海醉六堂刻本　二十三冊

130000－0404－0002389　史92/9024(普)
奏疏分類便覽不分卷　(清)潘駿德輯　清光
緒三年(1877)擷華書局鉛印本　五冊

130000－0404－0002390　史93/0043(普)
寫信必讀十卷　(清)唐蕓洲著　清光緒三十
三年(1907)時中書局鉛印本　四冊

130000－0404－0002391　史93/1833(普)
政治官報不分卷　(□)□□□撰　清宣統二年
(1910)鉛印本　八冊

130000－0404－0002392　史93/4468(普)
北洋公牘類纂二十五卷目錄一卷　(清)甘厚
慈輯　清光緒三十三年(1907)京城益森印刷

有限公司鉛印本　二十冊

130000－0404－0002393　史93/4468＝2(普)
北洋公牘類纂續編二十四卷　(清)甘厚慈輯
清宣統二年(1910)北平官報兼印刷局鉛印
本　二十冊

130000－0404－0002394　史93/7778(普)
閩學公書劄四卷附錄遺一卷　(清)袁保齡撰
清宣統三年(1911)清芬閣刻本　二冊

130000－0404－0002395　史94/0032(普)
欽定兵部續纂處分則例四卷　(清)慶源等纂
清道光四年(1824)刻本　四冊

130000－0404－0002396　史94/0036(普)
察吏六條一卷　(清)丁日昌撰　清同治八年
(1869)刻本　一冊

130000－0404－0002397　史94/0037(普)
欽定兵部處分則例七十六卷　(清)伯麟修
(清)慶源等纂　清嘉慶二十五年(1820)刻本
三十二冊

130000－0404－0002398　史94/1018(普)
唐律疏義三十卷　(唐)長孫無忌等撰　清光
緒十七年(1891)京師刻本　十二冊

130000－0404－0002399　史94/1020(普)
國律不分卷　(清)王繼謀還編述　清光緒鉛
印本　三冊

130000－0404－0002400　史94/1031(普)
通行章程六卷　(清)王汝礪撰　清宣統元年
(1909)刻本　八冊

130000－0404－0002401　史94/1031－2(普)
刑案匯覽四集二卷五集一卷六集一卷　(清)
王汝礪輯　清光緒十八年(1892)石印本
四冊

130000－0404－0002402　史94/1038(普)
憲法法政要義二卷　(清)王鴻年撰　清光緒
二十八年(1902)鉛印本　二冊

130000－0404－0002403　史94/1044(普)
大明律集解附例三十卷　(明)高舉等纂　清
光緒三十四年(1908)修訂法律館刻本　十冊

130000－0404－0002404　史94/1044＝2（普）

律例便覽八卷　（清）蔡嵩年編　**處分則例圖
要六卷**　（清）蔡逢年編　清同治四年（1865）
刻本　六冊

130000－0404－0002405　史94/1044＝3（普）

律例便覽八卷　（清）蔡嵩年編　**處分則例圖
要六卷**　（清）蔡逢年編　清同治九年（1870）
江蘇書局刻本　六冊

130000－0404－0002406　史94/1044＝3（2）（普）

律例便覽八卷　（清）蔡嵩年編　**處分則例圖
要六卷**　（清）蔡逢年編　清同治九年（1870）
江蘇書局刻本　六冊

130000－0404－0002407　史94/1044＝4（普）

律例便覽八卷　（清）蔡嵩年編　**處分則例圖
要六卷**　（清）蔡逢年編　清同治八年（1869）
刻本　六冊

130000－0404－0002408　史94/1045（普）

刑律說帖不分卷　（□）□□撰　清嘉慶元年
至五年（1796－1800）抄本　八冊

130000－0404－0002409　史94/1045＝2（普）

刑律說帖不分卷　（□）□□撰　清嘉慶元年
至二十五年（1796－1820）抄本　十冊

130000－0404－0002410　史94/1050（普）

大清律例彙纂大成四十卷　（清）三泰等纂
清光緒二十四年（1898）石印本　二十二冊
缺五卷（三至四、三十八至四十）

130000－0404－0002411　史94/1062（普）

福壽金鑑初集戒淫不分卷二集戒殺不分卷
王恩綬撰　清光緒二年（1876）保陽文富堂刻
本　四冊

130000－0404－0002412　史94/1205（普）

刑部奏定新章四卷　（清）李鍾豫輯　清光緒
二十三年（1897）北京琉璃廠榮錄堂刻本
四冊

130000－0404－0002413　史94/1738（普）

欽定戶部則例一百卷首一卷　（清）載齡纂
清同治四年（1865）刻本　四十八冊

130000－0404－0002414　史94/1738（2）（普）

欽定戶部則例一百卷首一卷　（清）載齡纂
清同治四年（1865）刻本　四十八冊

130000－0404－0002415　史94/1873（普）

大清法規大全一百六十卷　（清）政學社編
清宣統政學社石印本　四十五冊

130000－0404－0002416　史94/1873（2）（普）

大清法規大全一百六十卷　（清）政學社編
清宣統政學社石印本　四十四冊　缺一卷
（核訂現行刑律一卷）

130000－0404－0002417　史94/1873（3）（普）

大清法規大全一百六十卷　（清）政學社編
清光緒政學社鉛印本　四十五冊

130000－0404－0002418　史94/2112（普）

學治一得編一卷附錄一卷讀律心得二卷
（清）何耿繩輯　清同治十三年（1874）湖北崇
文書局刻本　二冊

130000－0404－0002419　史94/2511（普）

駁案續編七卷　（清）□□編　清嘉慶二十一
年（1816）刻本　六冊

130000－0404－0002420　史94/2735（普）

軍流成案四卷　（清）梅梁撰　清抄本　一冊

130000－0404－0002421　史94/2748（普）

明刑管見錄不分卷　（清）穆翰著　清光緒二
十五年（1899）山東臬署刻本　一冊

130000－0404－0002422　史94/2748（2）（普）

明刑管見錄不分卷　（清）穆翰著　清光緒二
十五年（1899）山東臬署刻本　一冊

130000－0404－0002423　史94/2754（普）

**刑案匯覽六十卷首一卷末一卷目錄一卷拾遺
備考一卷**　（清）祝慶祺編　清道光十四年
（1834）慎思堂刻本　六十四冊

130000－0404－0002424　史94/2754（2）（普）

**刑案匯覽六十卷首一卷末一卷目錄一卷拾遺
備考一卷**　（清）祝慶祺編　清道光十四年
（1834）慎思堂刻本　六十四冊

130000－0404－0002425　史94/2757（普）

督捕則例附纂二卷 （清）刑部纂 清刻本
一冊

130000－0404－0002426 史94/2845(普)

欽定科場條例六十卷首一卷 （清）齡椿纂
清咸豐刻本 二十四冊

130000－0404－0002427 史94/3044(普)

欽定工部則例五十卷 （清）史貽直等修
（清）宮勤等纂 （清）費淳等補修 清嘉慶十
四年(1809)刻本 四冊

130000－0404－0002428 史94/3149(普)

江蘇省例不分卷 （清）□□編 清同治十三
年(1874)刻本 一冊

130000－0404－0002429 史94/3406(普)

重修名法指掌圖四卷 （清）徐灝輯 清光緒
二十六年(1900)石印本 四冊

130000－0404－0002430 史94/3406(2)(普)

重修名法指掌圖四卷 （清）徐灝輯 清光緒
二十六年(1900)石印本 四冊

130000－0404－0002431 史94/3435(普)

刺字集四卷 （清）沈家本輯 清光緒十二年
(1886)刻本 一冊

130000－0404－0002432 史94/3435(2)(普)

刺字集四卷 （清）沈家本輯 清光緒十二年
(1886)刻本 一冊

130000－0404－0002433 史94/3435-2(普)

大清現行刑律案語不分卷 （清）沈家本
（清）俞廉三編訂 清宣統元年(1909)法律館
鉛印本 二十二冊

130000－0404－0002434 史94/3444(普)

續增科場條例九卷 （清）沈葆楨等撰 清同
治三年(1864)刻本 九冊

130000－0404－0002435 史94/3640(普)

續增刑案匯覽十六卷 （清）祝松庵輯 清道
光二十年(1840)刻本 十六冊

130000－0404－0002436 史94/4004(普)

欽定總管內務府現行則例四卷 （清）內務府
編 清刻本 四冊

130000－0404－0002437 史94/4018(普)

定例全編五十卷續刊六卷 （清）李珍編 清
康熙五十年(1711)京都琉璃廠榮錦四堂刻本
八冊 存十八卷(三十三至五十)

130000－0404－0002438 史94/4214(普)

大清律例統纂集成四十卷 （清）姚雨薌纂輯
（清）陸翰仙增修 清道光十五年(1835)刻
本 二十四冊

130000－0404－0002439 史94/4336(普)

新譯日本法規大全二十五類附日本法規解字
一卷 劉崇傑等譯 清光緒三十三年(1907)
上海商務印書館鉛印本 七十七冊 缺一類
(四)

130000－0404－0002440 史94/4336(2)(普)

新譯日本法規大全二十五類附日本法規解字
一卷 劉崇傑等譯 清光緒三十三年(1907)
上海商務印書館鉛印本 八十一冊

130000－0404－0002441 史94/4437(普)

欽定禮部則例二百二卷 （清）仁宗顒琰敕修
清嘉慶二十五年(1820)刻本 二十四冊

130000－0404－0002442 史94/4467(普)

大清律例按語根源一百四卷 （清）黃恩彤撰
清咸豐元年(1851)海山仙館刻本 八十冊

130000－0404－0002443 史94/4632(普)

刑律說帖不分卷 （清）楊添受等輯 清嘉慶
二年至道光五年(1797－1825)抄本 四冊

130000－0404－0002444 史94/4743(普)

汝東判語六卷 （清）董沛撰 清光緒九年
(1883)刻本 一冊 存三卷(四至六)

130000－0404－0002445 史94/4877(普)

欽定工部則例九十八卷 （清）福長安等纂
清刻本 八冊

130000－0404－0002446 史94/5235(普)

欽定理藩院則例六十四卷通例二卷 （清）托
津等撰 清光緒十七年(1891)刻本 三十
二冊

130000－0404－0002447 史94/6004(普)

欽定國子監則例四十五卷 （清）瑞慶等修
（清）汪廷珍等纂 清道光四年（1824）國子監
刻本 八冊

130000－0404－0002448 史94/7120（普）
欽定禮部則例二百二卷 （清）特登額等修
（清）長秀等纂 清道光二十四年（1844）刻本
二十四冊

130000－0404－0002449 史94/7141（普）
所見集初集三十七卷三集二十一卷四集十八
卷 （清）馬世璘編 清乾隆五十八年（1793）
再思堂刻本 四十一冊 存五十六卷（初集
四至十四、十六至十七、十九至二十、二十二
至二十三,三集二十一卷,四集十八卷）

130000－0404－0002450 史94/7144（普）
欽定戶部軍需則例九卷 （清）阿桂等纂 清
乾隆五十三年（1788）刻本 四冊

130000－0404－0002451 史94/7144（2）（普）
欽定戶部軍需則例九卷 （清）阿桂等纂 清
乾隆五十三年（1788）刻本 四冊

130000－0404－0002452 史94/7144（3）（普）
欽定戶部軍需則例九卷 （清）阿桂等纂 清
乾隆五十三年（1788）刻本 四冊

130000－0404－0002453 史94/7207（普）
秋讞輯要六卷首一卷 （清）剛毅輯 清光緒
十五年（1889）江蘇書局刻本 八冊

130000－0404－0002454 史94/7207＝2（普）
秋讞輯要六卷 （清）剛毅輯 清光緒刻本
五冊 存四卷（二至三、五至六）

130000－0404－0002455 史94/7221（普）
庸吏庸言二卷 （清）劉衡撰 清同治七年
（1868）楚北崇文書局刻本 二冊

130000－0404－0002456 史94/7530（普）
在官法戒錄四卷 （清）陳宏謀編輯 清彙文
堂刻本 二冊

130000－0404－0002457 史94/7759（普）
秋審實緩比較匯案十六卷首一卷 （清）桑春
榮纂 清光緒六年（1880）京師擷華書局刻本

十八冊

130000－0404－0002458 史94/7773（普）
大清律例增修統纂集成四十卷 （清）刑部制
訂 （清）陶駿 （清）陶念霖增修 清光緒六
年（1880）刻本 二十三冊

130000－0404－0002459 史94/7773＝2（普）
大清律例增修統纂集成四十卷 （清）刑部制
訂 （清）陶駿 （清）陶念霖增修 清光緒二
十二年（1896）石印本 二十四冊

130000－0404－0002460 史94/8043（普）
秋審實緩比較條款不分卷 （清）謝誠鈞纂
清光緒四年（1878）江蘇書局刻本 二冊

130000－0404－0002461 史94/8735（普）
欽定吏部銓選則例二十一卷 （清）錫珍等修
（清）施人鏡等纂 清刻本 二十冊 缺一
卷（滿州官員則例五）

130000－0404－0002462 史94/8737（普）
欽定兵部處分則例綠營三十九卷 （清）兵部
纂 清刻本 十一冊 缺四卷（三十六至三
十九）

130000－0404－0002463 史94/9050（普）
欽定五軍道里表十八卷 （清）常泰等纂修
清嘉慶十四年（1809）刻本 十九冊

130000－0404－0002464 史94/9050（2）（普）
欽定五軍道里表十八卷 （清）常泰等纂修
清嘉慶十四年（1809）刻本 九冊

130000－0404－0002465 史10/1172（普）
考工記要十七卷附圖一卷 （英國）瑪體生著
（英國）傅蘭雅 （清）鍾天緯譯 清光緒七
年（1881）刻本 八冊

130000－0404－0002466 史10/2341（普）
礦務叢鈔十二種 （英國）傅蘭雅口譯 （清）
徐壽華述 清光緒二十三年（1897）上海六先
書局鉛印本 十冊 存四種（九至十二）

130000－0404－0002467 史10/4310（普）
考工記圖二卷 （清）戴震撰 清黟山竹瑞堂
刻本 二冊

130000－0404－0002468　史121/0043（普）

地學指畧三卷　（英國）文教治口譯　（清）李慶軒筆述　清光緒七年（1881）上海益智書會刻本　一冊

130000－0404－0002469　史121/1023（普）

輿地紀勝二百卷首一卷　（宋）王象之撰　清咸豐五年（1855）南海伍氏刻本　二十四冊

130000－0404－0002470　史121/1046（普）

三才畧新本四卷　（□）□□撰　清光緒二十九年（1903）申江同文社鉛印本　一冊

130000－0404－0002471　史121/1083（普）

小方壺齋輿地叢鈔十二帙補編十二帙再補編十二帙　（清）王錫祺輯　清光緒十七年（1891）、二十年（1894）、二十三年（1897）上海著易堂鉛印本　八十四冊

130000－0404－0002472　史121/1143（普）

地球韻言四卷　（清）張士瀛撰　清光緒二十三年（1897）張氏刻本　四冊

130000－0404－0002473　史121/1143＝2（普）

地球韻言四卷　（清）張士瀛撰　清光緒二十四年（1898）兩湖書院活字本　二冊

130000－0404－0002474　史121/2123（普）

朔方備乘六十八卷首十二卷　（清）何秋濤撰　清光緒刻本　二十四冊

130000－0404－0002475　史121/2123＝2（普）

朔方備乘六十八卷首十二卷　（清）何秋濤撰　清光緒寶善書局石印本　八冊

130000－0404－0002476　史121/2250（普）

太平寰宇記二百卷附紀元表　（宋）樂史撰　清嘉慶八年（1803）刻本　八十冊

130000－0404－0002477　史121/2250＝2（普）

太平寰宇記二百卷目錄二卷　（宋）樂史撰　清光緒八年（1882）金陵書局刻本　三十七冊

130000－0404－0002478　史121/2250＝3（普）

太平寰宇記二百卷　（宋）樂史撰　清紅杏山房刻本　十八冊　缺一百卷（一百一至二百）

130000－0404－0002479　史121/2250＝4（普）

130000－0404－0002480　史121/2250＝5（普）

太平寰宇記二百卷附紀元表　（宋）樂史撰　清刻本　三十二冊

太平寰宇記二百卷附紀元表附大清一統志表　（宋）樂史撰　清刻本　六十冊

130000－0404－0002481　史121/2644（普）

皇朝直省府廳州縣全圖二十六張　（□）□□撰　清同治刻本　二十六張

130000－0404－0002482　史121/2674（普）

資治通鑑地理今釋十卷　（清）吳熙載撰　清光緒二十三年（1897）廣東經史閣刻本　四冊

130000－0404－0002483　史121/3131（普）

漢書地理志校本二卷　（清）汪遠孫撰　清道光二十八年（1848）錢塘汪遠孫振綺堂刻本　一冊

130000－0404－0002484　史121/3132（普）

讀史方輿紀要一百三十卷輿地要覽四卷　（清）顧祖禹撰　清嘉慶十七年（1812）敷文閣刻本　六十冊

130000－0404－0002485　史121/3132（2）（普）

讀史方輿紀要一百三十卷輿地要覽四卷　（清）顧祖禹撰　清嘉慶十七年（1812）敷文閣刻本　七十六冊

130000－0404－0002486　史121/3132＝2（普）

讀史方輿紀要一百三十卷輿地要覽四卷　（清）顧祖禹撰　清光緒五年（1879）蜀南薛氏桐華書屋刻本　五十冊

130000－0404－0002487　史121/3191（普）

天下郡國利病書一百二十卷　（清）顧炎武撰　清道光三年（1823）刻本　九十五冊　缺五卷（三十至三十四）

130000－0404－0002488　史121/3191＝2（普）

天下郡國利病書一百二十卷　（清）顧炎武撰　清道光十一年（1831）刻本　六十冊

130000－0404－0002489　史121/3191＝3（普）

天下郡國利病書一百二十卷　（清）顧炎武撰　清光緒五年（1879）蜀南桐華書屋薛氏家塾

119

刻本 五十冊

130000－0404－0002490　史 121/3191＝3(2)(普)
天下郡國利病書一百二十卷　（清）顧炎武撰
清光緒五年(1879)蜀南桐華書屋薛氏家塾
刻本 五十冊

130000－0404－0002491　史 121/3404(普)
乾隆府廳州縣圖志五十卷　（清）洪亮吉纂修
清乾隆五十三年至嘉慶八年(1788－1803)
刻本 十冊

130000－0404－0002492　叢 2/2672(普)
蓮池書院肄業日記□□卷(光緒四年五月至光緒五年十月)　（清）黃彭年編　清刻本
二冊 存二十二卷(崔權日記光緒四年二至
七、九、十一，光緒五年二；陳文煜日記光緒四
年三至七、九，光緒五年二、五至九、十一)

130000－0404－0002493　史 121/4023(普)
皇朝輿地韻編二卷圖一卷　（清）李兆洛編
清同治七年(1868)惇敘堂刻本　二冊

130000－0404－0002494　史 121/4033(普)
李氏五種合刊二十八卷　（清）李兆洛撰　清
光緒十八年(1892)長沙竹素書局刻本 十六
冊　缺一卷(皇朝一統輿圖一卷)

130000－0404－0002495　史 121/4033＝2(普)
李氏五種合刊二十八卷　（清）李兆洛撰　清
光緒十四年(1888)上海掃葉山房石印本 十
冊　缺一卷(皇朝一統輿圖一卷)

130000－0404－0002496　史 121/4033＝2(2)(普)
李氏五種合刊二十八卷　（清）李兆洛撰　清
光緒十四年(1888)上海掃葉山房石印本 十
六冊　缺一卷(皇朝一統輿圖一卷)

130000－0404－0002497　史 121/4033＝3(普)
李氏五種合刊二十八卷　（清）李兆洛撰　清
同治九年(1870)合肥李氏刻本 十二冊　缺
一卷(皇朝一統輿圖一卷)

130000－0404－0002498　史 121/4033－2(普)
歷代地理韻編今譯二十卷附皇朝輿地韻編二卷　（清）李兆洛輯　清上海蜚英館石印本

四冊

130000－0404－0002499　史 121/4045(普)
元和郡縣志四十卷　（唐）李吉甫撰　（清）紀
昀重編　清乾隆刻本 十七冊

130000－0404－0002500　史 121/4045＝2(普)
元和郡縣圖志四十卷闕卷逸文一卷補志九卷
（唐）李吉甫撰　（清）孫星衍輯　（清）嚴
觀補　清光緒六年(1880)金陵書局刻八年
(1882)金陵書局增刻本　八冊

130000－0404－0002501　史 121/4460(普)
地理正宗十二卷　（清）蔣國訂　清末上海廣
益書局石印本　一冊

130000－0404－0002502　史 121/4612(普)
輿地沿革表四十卷首一卷　（清）楊丕復著
清光緒十四年(1888)武陵楊琪光刻楊愚齋先
生全集本　十二冊　缺二十二卷(十九至四
十)

130000－0404－0002503　史 121/4717(普)
地理學參考八章　（清）江楚編譯官書局編
清光緒三十二年(1906)金陵江楚編譯局石印
本　一冊

130000－0404－0002504　史 121/4871(普)
大清一統志五百卷　（清）和珅等纂修　清光
緒二十三年(1897)杭州竹簡齋石印本　六
十冊

130000－0404－0002505　史 121/4914(普)
地理五訣八卷　（清）趙廷棟著　清校經山房
刻本　四冊

130000－0404－0002506　史 121/6644(普)
大清一統輿圖三十一卷首一卷　（清）嚴樹森
撰　清同治二年(1863)刻本　二十三冊　缺
一卷(南四卷)

130000－0404－0002507　史 121/7544(普)
[乾隆]大清一統志表不分卷　（清）陳蘭森撰
清乾隆五十八年(1793)刻本　七冊

130000－0404－0002508　史 121/7770(普)
輿地廣記三十八卷附劄記二卷　（宋）歐陽忞

撰　清嘉慶十七年(1812)刻本　四冊

130000－0404－0002509　史121/8341(普)

新斠注地里志十六卷　(清)錢坫撰　(清)徐松集釋　清同治十三年(1874)會稽章氏刻本　八冊

130000－0404－0002510　史121/9011(普)

華陽國志十二卷　(晉)常璩撰　**補三州郡縣目錄一卷**　(清)廖寅撰　清刻本　四冊

130000－0404－0002511　史122/0012(普)

[光緒]通州志十卷首一卷末一卷　(清)高建勳等修　(清)王維珍等纂　清光緒五年(1879)刻本　十二冊

130000－0404－0002512　史122/2134(普)

[光緒]延慶州志十二卷首一卷末一卷　(清)何道增等修　(清)張惇德纂　清光緒六年(1880)刻本　十冊

130000－0404－0002513　史122/2666(普)

[康熙]懷柔縣新志八卷　(清)吳景果纂修　清康熙六十年(1721)刻本　四冊

130000－0404－0002514　史122/4454(普)

[光緒]順天府志一百三十卷附錄一卷　(清)萬青藜　(清)周家楣修　(清)張之洞　繆荃孫纂　清光緒十二年(1886)刻本　六十四冊

130000－0404－0002515　史122/1084(普)

[光緒]寧河縣志十六卷　(清)丁符九修　(清)談松林纂　清光緒六年(1880)刻本　十二冊

130000－0404－0002516　史122/1141(普)

[康熙]薊州志八卷　(清)張朝琮修　(清)鄔棠等纂　清康熙四十三年(1704)刻本　四冊

130000－0404－0002517　史122/2545(普)

[乾隆]天津縣志二十四卷　(清)朱奎揚　(清)張志奇修　(清)吳廷華纂　清乾隆四年(1739)刻本　八冊

130000－0404－0002518　史122/2545(2)(普)

[乾隆]天津縣志二十四卷　(清)朱奎揚

(清)張志奇修　(清)吳廷華纂　清乾隆四年(1739)刻本　八冊

130000－0404－0002519　史122/2615＝2(普)

[乾隆]武清縣志十二卷首一卷末一卷　(清)吳翀修　(清)曹涵　(清)趙晃纂　清乾隆七年(1742)刻本　八冊

130000－0404－0002520　史122/2651(普)

[同治]續天津縣志二十卷首一卷　(清)吳惠元修　(清)蔣玉虹　(清)俞樾纂　清同治九年(1870)刻本　八冊

130000－0404－0002521　史122/2651(2)(普)

[同治]續天津縣志二十卷首一卷　(清)吳惠元修　(清)蔣玉虹　(清)俞樾纂　清同治九年(1870)刻本　八冊

130000－0404－0002522　史122/3435(普)

[光緒]重修天津府志五十四卷首一卷末一卷　(清)沈家本　(清)榮銓修　(清)徐宗亮　(清)蔡啟盛纂　清光緒二十五年(1899)刻本　二十八冊

130000－0404－0002523　史122/3488(普)

[道光]薊州志十卷首一卷　(清)沈銳纂修　清道光十一年(1831)刻本　八冊

130000－0404－0002524　史122/7712(普)

[乾隆]寧河縣志十六卷　(清)關廷牧修　(清)徐以觀等纂　清乾隆四十四年(1779)刻本　四冊

130000－0404－0002525　史122/8744(普)

[同治]靜海縣志八卷　(清)鄭士蕙纂修　清同治十二年(1873)刻本　四冊

130000－0404－0002526　史122/0041(普)

[雍正]畿輔通志一百二十卷首一卷　(清)唐執玉　(清)李偉修　(清)陳義　(清)田易纂　清雍正十三年(1735)刻本　三十六冊

130000－0404－0002527　史122/0041(2)(普)

[雍正]畿輔通志一百二十卷首一卷　(清)唐執玉　(清)李偉修　(清)陳義　(清)田易纂　清雍正十三年(1735)刻本　四十八冊

130000－0404－0002528　史122/0041(3)(普)
[雍正]畿輔通志一百二十卷首一卷　（清）唐執玉　（清）李偉修　（清）陳儀　（清）田易纂　清雍正十三年(1735)刻本　二十二冊缺五十七卷(一至五十七)

130000－0404－0002529　史122/1050(普)
[康熙]畿輔通志四十六卷　（清）于成龍修　（清）郭棻纂　清康熙二十二年(1683)刻本十六冊

130000－0404－0002530　史122/4030(普)
[同治]畿輔通志三百卷首一卷　（清）李鴻章等修　（清）黃彭年等纂　清光緒十年(1884)刻本　二百四十冊

130000－0404－0002531　史122/4030(2)(普)
[同治]畿輔通志三百卷首一卷　（清）李鴻章等修　（清）黃彭年等纂　清光緒十年(1884)刻本　二百十八冊　缺二十九卷(四十七至四十八、五十六至六十八、一百八十三至一百九十六)

130000－0404－0002532　史122/4030＝2(普)
[同治]畿輔通志三百卷首一卷　（清）李鴻章等修　（清）黃彭年等纂　清宣統二年(1910)石印本　二百四十冊

130000－0404－0002533　史122/0018(普)
[光緒]正定縣志四十六卷首一卷末一卷（清）慶之金　（清）賈孝彰修　（清）趙文濂等纂　清光緒元年(1875)刻本　八冊　存二十一卷(一至二十、首一卷)

130000－0404－0002534　史122/0710(普)
[康熙]晉州志十卷　（清）郭建章原本（清）康如璉續修　（清）劉士麟續纂　清咸豐十年(1860)補刻本　五冊

130000－0404－0002535　史122/1033(普)
[咸豐]平山縣志八卷　（清）王滌心修（清）郭程先纂　清咸豐四年(1854)刻本六冊

130000－0404－0002536　史122/1033＝2(普)
[咸豐]平山縣志八卷　（清）王滌心修

（清）郭程先纂　清咸豐四年(1854)刻光緒重印本　六冊

130000－0404－0002537　史122/1033＝2(普)
[光緒]續修平山縣志六卷首一卷　（清）郭奇中　（清）唐世祿修　（清）魯述文　（清）畢音纂　清光緒二年(1876)刻本　一冊

130000－0404－0002538　史122/1046(普)
[光緒]重修新樂縣志六卷首一卷　（清）雷鶴鳴修　（清）趙文濂纂　清光緒十一年(1885)刻本　六冊

130000－0404－0002539　史122/1172(普)
[光緒]束鹿鄉土志十二卷　（清）張鳳台修（清）李中桂纂　清光緒三十二年(1906)鉛印本　四冊

130000－0404－0002540　史122/1224(普)
[光緒]直隸趙州志十六卷首一卷末一卷（清）孫傳栻修　（清）王景美纂　清光緒二十三年(1897)刻本　六冊

130000－0404－0002541　史122/1224(2)(普)
[光緒]直隸趙州志十六卷首一卷末一卷（清）孫傳栻修　（清）王景美纂　清光緒二十三年(1897)刻本　六冊

130000－0404－0002542　史122/1224－2(普)
[光緒]趙州屬邑志八卷　（清）孫傳栻纂修清光緒二十三年(1897)刻本　四冊

130000－0404－0002543　史122/1224－2(2)(普)
[光緒]趙州屬邑志八卷　（清）孫傳栻纂修清光緒二十三年(1897)刻本　四冊

130000－0404－0002544　史122/1224－2(3)(普)
[光緒]趙州屬邑志八卷　（清）孫傳栻纂修清光緒二十三年(1897)刻本　四冊

130000－0404－0002545　史122/2604(普)
[乾隆]行唐縣新志十六卷　（清）吳高增纂修　清乾隆三十七年(1772)文有試增刻本四冊

130000－0404－0002546　史122/2604(2)(普)
[乾隆]行唐縣新志十六卷　（清）吳高增纂修

清乾隆三十七年（1772）文有試增刻本
四冊

130000－0404－0002547　史122/2604(3)(普)
[乾隆]行唐縣新志十六卷　（清）吳高增纂修
　清乾隆三十七年（1772）文有試增刻本
四冊

130000－0404－0002548　史122/4083(普)
[嘉慶]束鹿縣志十卷　（清）李符清修
（清）斐顯相　（清）沈樂善纂　清嘉慶四年
（1799）刻本　四冊

130000－0404－0002549　史122/4413(普)
[乾隆]無極縣志十一卷末一卷　（清）黃可潤
纂修　清光緒十九年（1893）補刻本　四冊

130000－0404－0002550　史122/4428(普)
[乾隆]贊皇縣志十卷首一卷末一卷　（清）黃
崗竹纂修　清乾隆十六年（1751）刻本　四冊

130000－0404－0002551　史122/4428(普)
[光緒]續修贊皇縣志二十九卷首一卷　（清）
史廣雲　（清）周晉堃修　（清）趙萬泰等纂
清光緒二年（1876）刻本　二冊

130000－0404－0002552　史122/4772(普)
[光緒]元氏縣志十四卷首一卷末一卷　（清）
胡岳修　（清）趙文濂　（清）王鈞如纂　清光
緒元年（1875）刻本　八冊

130000－0404－0002553　史122/4772(2)(普)
[光緒]元氏縣志十四卷首一卷末一卷　（清）
胡岳修　（清）趙文濂　（清）王鈞如纂　清光
緒元年（1875）刻本　八冊

130000－0404－0002554　史122/4930(普)
[雍正]深澤縣志十二卷首一卷　（清）趙憲修
　（清）王植纂　清雍正十三年（1735）刻本
四冊

130000－0404－0002555　史122/5575(普)
[光緒]無極縣志十卷首一卷末一卷　（清）曹
鳳來纂修　清光緒十九年（1893）刻本　四冊

130000－0404－0002556　史122/5575(2)(普)
[光緒]無極縣志十卷首一卷末一卷　（清）曹

鳳來纂修　清光緒十九年（1893）刻本　四冊

130000－0404－0002557　史122/5713(普)
[康熙]藁城縣志十二卷　（清）賴于宣修
（清）張丙宿纂　清康熙五十九年（1720）閻堯
熙增刻本　四冊

130000－0404－0002558　史122/5713(普)
[光緒]藁城縣志續補十一卷　（清）朱紹穀修
　（清）張毓溫纂　清光緒七年（1881）刻本
一冊

130000－0404－0002559　史122/7474(普)
[康熙]靈壽縣志十卷末一卷　（清）陸隴其修
　（清）傅維檸纂　清康熙二十五年（1686）刻
本　四冊

130000－0404－0002560　史122/7474(2)(普)
[康熙]靈壽縣志十卷末一卷　（清）陸隴其修
　（清）傅維檸纂　清康熙二十五年（1686）刻
本　四冊

130000－0404－0002561　史122/7503(普)
[同治]欒城縣志十四卷首一卷末一卷　（清）
陳詠修　（清）張惇德纂　清同治十一年
（1872）刻本　六冊

130000－0404－0002562　史122/7503(2)(普)
[同治]欒城縣志十四卷首一卷末一卷　（清）
陳詠修　（清）張惇德纂　清同治十一年
（1872）刻本　六冊

130000－0404－0002563　史122/7503(3)(普)
[同治]欒城縣志十四卷首一卷末一卷　（清）
陳詠修　（清）張惇德纂　清同治十一年
（1872）刻本　六冊

130000－0404－0002564　史122/7514(普)
[嘉慶]高邑縣志十卷首一卷　（清）陳元芳修
　（清）沈雲尊纂　清嘉慶五年（1800）刻本
四冊

130000－0404－0002565　史122/7514(2)(普)
[嘉慶]高邑縣志十卷首一卷　（清）陳元芳修
　（清）沈雲尊纂　清嘉慶五年（1800）刻本
四冊

123

130000－0404－0002566　史122/8082(普)

[光緒]獲鹿縣志十四卷首一卷末一卷　（清）俞錫綱修　（清）曹鑅纂　清光緒七年(1881)刻本　六冊

130000－0404－0002567　史122/8204(普)

[雍正]井陘縣志八卷　（清）鍾文英纂修　清雍正八年(1730)刻本　七冊

130000－0404－0002568　史122/8204＝2(普)

[雍正]井陘縣志八卷　（清）鍾文英纂修　清雍正八年(1730)刻本　四冊

130000－0404－0002569　史122/8204＝2(普)

[光緒]續修井陘縣志三十六卷　（清）常善修　（清）趙文濂纂　清光緒元年(1875)刻本　二冊

130000－0404－0002570　史122/1008(普)

[光緒]永年縣志四十卷首一卷　（清）夏詒鈺纂修　清光緒三年(1877)刻本　八冊

130000－0404－0002571　史122/1008(2)(普)

[光緒]永年縣志四十卷首一卷　（清）夏詒鈺纂修　清光緒三年(1877)刻本　八冊

130000－0404－0002572　史122/1008(3)(普)

[光緒]永年縣志四十卷首一卷　（清）夏詒鈺纂修　清光緒三年(1877)刻本　八冊

130000－0404－0002573　史122/1008(4)(普)

[光緒]永年縣志四十卷首一卷　（清）夏詒鈺纂修　清光緒三年(1877)刻本　八冊

130000－0404－0002574　史122/1008(5)(普)

[光緒]永年縣志四十卷首一卷　（清）夏詒鈺纂修　清光緒三年(1877)刻本　八冊

130000－0404－0002575　史122/1069(普)

[康熙]廣平縣志五卷　（清）夏顯煜修　（清）王俞巽纂　清康熙十五年(1676)刻本　五冊

130000－0404－0002576　史122/1084.2(普)

[康熙]成安縣志十二卷　（清）王公楷修　（清）張櫥纂　清康熙十二年(1673)刻本　六冊

130000－0404－0002577　史122/1097(普)

[乾隆]邯鄲縣志十二卷首一卷　（清）王炯纂修　清乾隆二十一年(1756)刻本　六冊

130000－0404－0002578　史122/1123(普)

[乾隆]大名縣志四十卷首一卷　（清）張維祺修　（清）李棠纂　清乾隆五十四年(1789)刻本　十二冊

130000－0404－0002579　史122/1340(普)

[咸豐]大名府志二十二卷首一卷續志六卷末一卷　（清）朱煁等纂修　（清）武蔚文續修（清）郭程先續纂　（清）高繼珩增補　清咸豐三年(1853)刻本　二十一冊

130000－0404－0002580　史122/2648(普)

[同治]續修元城縣志六卷首一卷　（清）吳大鏞修　（清）王仲牲纂　清同治十一年(1872)刻本　六冊

130000－0404－0002581　史122/2650(普)

[光緒]廣平府志六十三卷首一卷　（清）吳中彥修　（清）胡景桂纂　清光緒二十年(1894)刻本　二十四冊

130000－0404－0002582　史122/4037(普)

[同治]曲周縣志二十卷　（清）存祿修（清）劉自立纂　清同治八年(1869)刻本　六冊

130000－0404－0002583　史122/4077(普)

[同治]肥鄉縣志三十六卷補遺一卷　（清）李鵬展修　（清）趙文濂纂　清同治六年(1867)刻本　八冊

130000－0404－0002584　史122/4447(普)

[康熙]磁州志十八卷　（清）蔣擢修　（清）樂玉聲纂　清同治十三年(1874)刻本　四冊

130000－0404－0002585　史122/4447(普)

[康熙]磁州續志六卷首一卷　（清）程光瀅纂修　清同治十三年(1874)刻本　四冊

130000－0404－0002586　史122/0804(普)

[道光]內邱縣志四卷　（清）施彥士續修（清）康懋敷續纂　清道光十二年(1832)增刻

本　四册

130000－0404－0002587　史122/2725(普)

[道光]續增沙河縣志二卷　(清)魯傑纂修
清道光二十五年(1845)刻本　二册

130000－0404－0002588　史122/2868(普)

[乾隆]順德府志十六卷　(清)徐景曾纂修
清乾隆十五年(1750)刻本　八册

130000－0404－0002589　史122/3499(普)

[光緒]鉅鹿縣志十二卷首一卷　(清)凌燮
(清)赫慎修　(清)夏應麟纂　清光緒十二年
(1886)刻本　六册

130000－0404－0002590　史122/3499(2)(普)

[光緒]鉅鹿縣志十二卷首一卷　(清)凌燮
(清)赫慎修　(清)夏應麟纂　清光緒十二年
(1886)刻本　六册

130000－0404－0002591　史122/3499(3)(普)

[光緒]鉅鹿縣志十二卷首一卷　(清)凌燮
(清)赫慎修　(清)夏應麟纂　清光緒十二年
(1886)刻本　六册

130000－0404－0002592　史122/3499(4)(普)

[光緒]鉅鹿縣志十二卷首一卷　(清)凌燮
(清)赫慎修　(清)夏應麟纂　清光緒十二年
(1886)刻本　六册

130000－0404－0002593　史122/4340(普)

[光緒]南宮縣志十八卷　(清)戴世文修
(清)喬國楨等纂　清光緒三十年(1904)刻本
八册

130000－0404－0002594　史122/4410(普)

[光緒]唐山縣志十二卷首一卷末一卷　(清)
蘇玉修　(清)杜霭　(清)李飛鳴纂　清光緒
七年(1881)刻本　八册

130000－0404－0002595　史122/4422(普)

[康熙]寧晉縣志十卷　(清)萬任修　(清)
張坦纂　清康熙十八年(1679)刻本　六册

130000－0404－0002596　史122/4431(普)

[乾隆]沙河縣志十卷首一卷末一卷　(清)杜
灝纂修　清乾隆二十二年(1757)刻本　四册

130000－0404－0002597　史122/4432(普)

[光緒]清河縣志四卷　(清)黃汝香纂修　清
光緒九年(1883)刻本　四册

130000－0404－0002598　史122/4495(普)

[同治]平鄉縣志十二卷首一卷　(清)蘇性纂
修　清同治七年(1868)刻本　四册

130000－0404－0002599　史122/4495＝2(普)

[同治]平鄉縣志十二卷首一卷　(清)蘇性纂
修　清光緒十二年(1886)吳沂增刻本　四册

130000－0404－0002600　史122/4630(普)

[康熙]臨城縣志八卷　(清)楊寬修　(清)
喬己百纂　清康熙三十年(1691)刻本　六册

130000－0404－0002601　史122/4630(2)(普)

[康熙]臨城縣志八卷　(清)楊寬修　(清)
喬己百纂　清康熙三十年(1691)刻本　六册

130000－0404－0002602　史122/4938(普)

[光緒]新河縣志十六卷　(清)趙鴻鈞修
(清)沈家煥纂　清光緒二年(1876)刻本
四册

130000－0404－0002603　史122/4938＝2(普)

[光緒]新河縣志十六卷　(清)趙鴻鈞修
(清)沈家煥纂　清宣統元年(1909)補刻本
四册

130000－0404－0002604　史122/5347(普)

[光緒]邢臺縣志八卷首一卷　(清)戚朝卿修
(清)周祜纂　清光緒三十一年(1905)刻本
六册

130000－0404－0002605　史122/5347(2)(普)

[光緒]邢臺縣志八卷首一卷　(清)戚朝卿修
(清)周祜纂　清光緒三十一年(1905)刻本
六册

130000－0404－0002606　史122/6047(普)

[同治]廣宗縣志十二卷　(清)羅觀駿修
(清)李汝紹纂　清同治十三年(1874)刻本
六册

130000－0404－0002607　史122/7709(普)

[乾隆]南和縣志十二卷首一卷　(清)周章煥

纂修 清乾隆十四年(1749)抄本 四冊

130000－0404－0002608 史122/8234(普)
[乾隆]柏鄉縣志十卷首一卷 (清)鍾廣華纂修 清乾隆三十二年(1767)刻本 六冊

130000－0404－0002609 史122/8234(2)(普)
[乾隆]柏鄉縣志十卷首一卷 (清)鍾廣華纂修 清乾隆三十二年(1767)刻本 六冊

130000－0404－0002610 史122/1103(普)
[光緒]定興縣志二十六卷首一卷 (清)張主敬等修 (清)楊晨纂 清光緒十九年(1893)校定本 八冊

130000－0404－0002611 史122/1120(普)
[乾隆]直隸易州志十八卷首一卷 (清)楊芊纂修 (清)張登高續纂修 清乾隆十二年(1747)刻本 八冊

130000－0404－0002612 史122/1120(2)(普)
[乾隆]直隸易州志十八卷首一卷 (清)楊芊纂修 (清)張登高續纂修 清乾隆十二年(1747)刻本 八冊

130000－0404－0002613 史122/1120(3)(普)
[乾隆]直隸易州志十八卷首一卷 (清)楊芊纂修 (清)張登高續纂修 清乾隆十二年(1747)刻本 八冊

130000－0404－0002614 史122/2542(普)
[雍正]完縣志十卷 (清)朱懋德修 (清)田璦纂 清雍正十年(1732)刻本 七冊

130000－0404－0002615 史122/2627(普)
[乾隆]涿州志二十二卷首一卷 (清)吳山鳳纂修 [同治]涿州續志十八卷 (清)石衡修 (清)廬端衡纂 清乾隆三十年(1765)刻同治十一年(1872)續刻本 十二冊

130000－0404－0002616 史122/2658(普)
[乾隆]博野縣志八卷首一卷末一卷 (清)吳鑾修 (清)朱基 (清)尹啟銓纂 清乾隆三十二年(1767)刻本 六冊

130000－0404－0002617 史122/2730(普)
[康熙]保定府志二十九卷 (清)紀宏謨等修

(清)郭棻纂 清康熙十九年(1680)刻本 十二冊

130000－0404－0002618 史122/3014(普)
[道光]定州志二十二卷首一卷 (清)寶琳 (清)勞沅恩纂修 清咸豐元年(1851)刻本 十二冊

130000－0404－0002619 史122/3014(2)(普)
[道光]定州志二十二卷首一卷 (清)寶琳 (清)勞沅恩纂修 清咸豐元年(1851)刻本 十二冊

130000－0404－0002620 史122/4013(普)
[道光]新城縣志十八卷首一卷 (清)李廷榮修 (清)王振鍾纂 清道光十八年(1838)刻本 十二冊

130000－0404－0002621 史122/4033(普)
[同治]清苑縣志十八卷首一卷 (清)李逢源修 (清)諸崇儉纂 清同治十二年(1873)刻本 八冊

130000－0404－0002622 史122/4043(普)
[光緒]保定府志七十九卷首一卷 (清)李培祜 (清)朱靖旬修 (清)張豫塏等纂 清光緒十二年(1886)刻本 三十二冊

130000－0404－0002623 史122/4444(普)
[光緒]蠡縣志十卷 (清)韓志超 (清)何雲誥修 (清)張瑢 (清)王其衡等纂 清光緒二年(1876)刻本 十冊

130000－0404－0002624 史122/4444(2)(普)
[光緒]蠡縣志十卷 (清)韓志超 (清)何雲誥修 (清)張瑢 (清)王其衡等纂 清光緒二年(1876)刻本 八冊 存八卷(一、三至八、十)

130000－0404－0002625 史122/6024(普)
[乾隆]祁州志八卷 (清)羅以桂 (清)王楷修 (清)張萬銓 (清)刁錦纂 清乾隆二十一年(1756)刻本 四冊

130000－0404－0002626 史122/6024(普)
[光緒]祁州續志四卷 (清)趙秉恒等修

(清)劉學海等纂　清光緒八年(1882)刻本
二冊

130000－0404－0002627　史122/6024(2)(普)

[乾隆]祁州志八卷　(清)羅以桂　(清)王
楷修　(清)張萬銓　(清)刁錦纂　清乾隆二
十一年(1756)刻本　四冊

130000－0404－0002628　史122/6024(2)(普)

[光緒]祁州續志四卷　(清)趙秉恒等修
(清)劉學海等纂　清光緒八年(1882)刻本
二冊

130000－0404－0002629　史122/6634(普)

[雍正]高陽縣志六卷　(清)嚴宗嘉修
(清)李其旋纂　清雍正八年(1730)刻本
六冊

130000－0404－0002630　史122/7225(普)

[光緒]雄縣鄉土志十五卷　(清)劉崇本編
清光緒三十一年(1905)鉛印本　一冊

130000－0404－0002631　史122/7299(普)

[光緒]廣昌縣志十四卷首一卷末一卷　(清)
劉榮纂修　清光緒元年(1875)刻本　六冊

130000－0404－0002632　史122/7503－2(普)

[光緒]唐縣志十二卷首一卷　(清)陳詠修
(清)張惇德纂　清光緒四年(1878)刻三十二
年(1906)重印本　八冊

130000－0404－0002633　史122/7535(普)

[光緒]望都縣新志十卷補遺一卷　(清)陳洪
書原本　(清)李兆珍重訂　清乾隆三十六年
(1771)修光緒三十年(1904)刻本　十一冊

130000－0404－0002634　史122/7535(2)(普)

[光緒]望都縣新志十卷補遺一卷　(清)陳洪
書原本　(清)李兆珍重訂　清乾隆三十六年
(1771)修光緒三十年(1904)刻本　十一冊

130000－0404－0002635　史122/7540(普)

[光緒]淶水縣志八卷首一卷末一卷　(清)陳
傑等纂修　清光緒五年(1879)修二十一年
(1895)敬業堂刻本　八冊

130000－0404－0002636　史122/7742(普)

[光緒]重修曲陽縣志二十卷　(清)周斯億
(清)溫亮珠修　(清)董濤纂　清光緒三十年
(1904)刻本　八冊

130000－0404－0002637　史122/7742(2)(普)

[光緒]重修曲陽縣志二十卷　(清)周斯億
(清)溫亮珠修　(清)董濤纂　清光緒三十年
(1904)刻本　八冊

130000－0404－0002638　史122/9954(普)

[同治]阜平縣志四卷首一卷　(清)勞輔芝修
(清)張錫三纂　清同治十三年(1874)刻本
六冊

130000－0404－0002639　史122/0038(普)

[光緒]蔚州志二十卷首一卷　(清)慶之金修
(清)楊篤纂　清光緒三年(1877)刻本
八冊

130000－0404－0002640　史122/0038(2)(普)

[光緒]蔚州志二十卷首一卷　(清)慶之金修
(清)楊篤纂　清光緒三年(1877)刻本
八冊

130000－0404－0002641　史122/0038(3)(普)

[光緒]蔚州志二十卷首一卷　(清)慶之金修
(清)楊篤纂　清光緒三年(1877)刻本
八冊

130000－0404－0002642　史122/0090(普)

[康熙]龍門縣志十六卷　(清)章焞纂修　清
康熙五十一年(1712)刻乾隆重印本　四冊
存十三卷(四至十六)

130000－0404－0002643　史122/0804－2(普)

[道光]萬全縣志十卷首一卷　(清)施彥士纂
修　清道光十四年(1834)增刻乾隆印本
四冊

130000－0404－0002644　史122/1045(普)

[乾隆]宣化府志四十二卷首一卷　(清)王者
輔修　(清)吳廷華纂　清乾隆二十二年
(1757)刻本　十六冊

130000－0404－0002645　史122/1045(2)(普)

[乾隆]宣化府志四十二卷首一卷　(清)王者

127

輔修 （清）吳廷華纂 清乾隆二十二年(1757)刻本 十六冊

130000－0404－0002646 史122/1760(普)
[乾隆]赤城縣志八卷首一卷 （清）孟思誼修 （清）張曾炳纂 清乾隆十二年(1747)刻本 四冊

130000－0404－0002647 史122/2514(普)
[光緒]懷來縣志十八卷首一卷 （清）朱乃恭修 （清）席之瓚纂 清光緒八年(1882)刻本 六冊

130000－0404－0002648 史122/3333(普)
[康熙]保安州志十二卷圖一卷 （清）梁永祚纂修 清康熙五十年(1711)刻本 四冊

130000－0404－0002649 史122/3333(2)(普)
[康熙]保安州志十二卷圖一卷 （清）梁永祚纂修 清康熙五十年(1711)刻本 四冊

130000－0404－0002650 史122/4413－2(普)
[乾隆]口北三廳志十六卷首一卷 （清）黃可潤纂修 清乾隆二十三年(1758)刻本 六冊

130000－0404－0002651 史122/4413－2(2)(普)
[乾隆]口北三廳志十六卷首一卷 （清）黃可潤纂修 清乾隆二十三年(1758)刻本 六冊

130000－0404－0002652 史122/4437(普)
[光緒]懷安縣志八卷首一卷末一卷 （清）蔭祿修 （清）程燮奎纂 清光緒二年(1876)刻本 四冊

130000－0404－0002653 史122/4437(2)(普)
[光緒]懷安縣志八卷首一卷末一卷 （清）蔭祿修 （清）程燮奎纂 清光緒二年(1876)刻本 四冊

130000－0404－0002654 史122/4544(普)
[同治]西寧新志十卷首一卷 （清）韓志超修 （清）楊篤纂 清光緒元年(1875)宏冊書院刻本 四冊

130000－0404－0002655 史122/4644(普)
[道光]保安州志八卷首一卷 （清）楊桂森纂修 清道光十五年(1835)刻本 四冊

130000－0404－0002656 史122/4644＝2(普)
[道光]保安州志八卷首一卷續志四卷 （清）楊桂森纂修 清道光十五年(1835)刻光緒三年(1877)印本 五冊

130000－0404－0002657 史122/4644＝3(普)
[光緒]保安州續志四卷首一卷 （清）張毓生修 （清）劉復隆纂 清光緒三年(1877)刻本 一冊

130000－0404－0002658 史122/7546(普)
[康熙]宣化縣志三十卷 （清）陳坦纂修 清康熙五十年(1711)刻本 五冊 存二十五卷(一至五、十一至三十)

130000－0404－0002659 史122/7546(2)(普)
[康熙]宣化縣志三十卷 （清）陳坦纂修 清康熙五十年(1711)刻本 六冊

130000－0404－0002660 史122/2615(普)
[乾隆]欽定熱河志一百二十卷 （清）和珅 （清）梁國治纂修 清乾隆四十六年(1781)刻本 四十八冊

130000－0404－0002661 史122/1726(普)
[乾隆]肅寧縣志十卷 （清）尹侃修 （清）談有典纂 清乾隆二十一年(1756)刻本 五冊

130000－0404－0002662 史122/1726(2)(普)
[乾隆]肅寧縣志十卷 （清）尹侃修 （清）談有典纂 清乾隆二十一年(1756)刻本 五冊

130000－0404－0002663 史122/1726(3)(普)
[乾隆]肅寧縣志十卷 （清）尹侃修 （清）談有典纂 清乾隆二十一年(1756)刻本 五冊

130000－0404－0002664 史122/2627－2(普)
[乾隆]河間縣志六卷 （清）吳山鳳修 （清）黃文蓮 （清）梁志恪纂 清乾隆二十五年(1760)刻本 六冊

130000－0404－0002665 史122/2744(普)

128

[光緒]南皮縣志十五卷首一卷末一卷 （清）
殷樹森修 （清）汪寶樹 （清）傅金鎔纂 清
光緒十四年(1888)刻本 八冊

130000－0404－0002666 史122/2769(普)
[光緒]吳橋縣志十二卷 （清）倪昌燮
（清）石崇禮纂修 清光緒元年(1875)瀾陽書
院刻本 八冊

130000－0404－0002667 史122/2769(2)(普)
[光緒]吳橋縣志十二卷 （清）倪昌燮
（清）石崇禮纂修 清光緒元年(1875)瀾陽書
院刻本 八冊

130000－0404－0002668 史122/2769(3)(普)
[光緒]吳橋縣志十二卷 （清）倪昌燮
（清）石崇禮纂修 清光緒元年(1875)瀾陽書
院刻本 八冊

130000－0404－0002669 史122/2862(普)
[乾隆]滄州志十六卷 （清）徐時作修
（清）胡淦等纂 清乾隆八年(1743)刻本
六冊

130000－0404－0002670 史122/3182(普)
[同治]鹽山縣志十六卷首一卷末一卷 （清）
王福謙 （清）江毓秀修 （清）潘震乙纂 清
同治七年(1868)京都文采齋刻本 八冊

130000－0404－0002671 史122/3182(2)(普)
[同治]鹽山縣志十六卷首一卷末一卷 （清）
王福謙 （清）江毓秀修 （清）潘震乙纂 清
同治七年(1868)京都文采齋刻本 八冊

130000－0404－0002672 史122/4414(普)
[乾隆]獻縣志二十卷圖一卷表一卷 （清）萬
廷蘭修 （清）戈濤纂 清乾隆二十六年
(1761)刻本 十二冊

130000－0404－0002673 史122/4414(普)
[咸豐]初續獻縣志四卷 （清）李昌祺纂修
清咸豐七年(1857)刻本 二冊

130000－0404－0002674 史122/4414＝2(普)
[乾隆]獻縣志二十卷圖一卷表一卷 （清）萬
廷蘭修 （清）戈濤纂 清乾隆二十六年

(1761)刻本 十二冊

130000－0404－0002675 史122/4422.2(普)
[康熙]交河縣志七卷 （清）墻鼎修 （清）
黃伉纂 清康熙十二年(1673)刻本 二冊

130000－0404－0002676 史122/7220(普)
[乾隆]任丘縣志十二卷首一卷 （清）劉統
（清）劉炳纂修 清乾隆二十八年(1763)刻本
六冊

130000－0404－0002677 史122/7220＝2(普)
[乾隆]任丘縣志十二卷首一卷 （清）劉統
（清）劉炳纂修 清乾隆二十八年(1763)刻本
十冊

130000－0404－0002678 史122/7220＝2(普)
[道光]任丘縣志續編二卷 （清）鮑承燾等纂
清道光十七年(1837)刻本 二冊

130000－0404－0002679 史122/7743(普)
[光緒]東光縣志十二卷首一卷末一卷 （清）
周植瀛 （清）吳潯源纂修 清光緒十四年
(1888)刻本 十冊

130000－0404－0002680 史122/7743(2)(普)
[光緒]東光縣志十二卷首一卷末一卷 （清）
周植瀛 （清）吳潯源纂修 清光緒十四年
(1888)刻本 十冊

130000－0404－0002681 史122/7743(3)(普)
[光緒]東光縣志十二卷首一卷末一卷 （清）
周植瀛 （清）吳潯源纂修 清光緒十四年
(1888)刻本 十冊

130000－0404－0002682 史122/7743(4)(普)
[光緒]東光縣志十二卷首一卷末一卷 （清）
周植瀛 （清）吳潯源纂修 清光緒十四年
(1888)刻本 十冊

130000－0404－0002683 史122/4640(普)
[康熙]文安縣志八卷 （清）楊朝麟修
（清）胡河等纂 清康熙四十二年(1703)刻本
八冊

130000－0404－0002684 史122/4990(普)
[光緒]大城縣志十二卷首一卷 （清）趙炳文

（清）徐國楨修　（清）劉鍾英　（清）鄧毓
怡纂　清光緒二十三年(1897)刻本　十二冊

130000－0404－0002685　史122/4990(2)(普)
[光緒]大城縣志十二卷首一卷　（清）趙炳文
　（清）徐國楨修　（清）劉鍾英　（清）鄧毓
怡纂　清光緒二十三年(1897)刻本　十二冊

130000－0404－0002686　史122/5348(普)
[康熙]保定縣志四卷首一卷　（清）成其範修
　（清）柴經國纂　清康熙十三年(1674)刻本
四冊

130000－0404－0002687　史122/7521(普)
[咸豐]固安縣志八卷　（清）陳崇砥修
（清）陳福嘉　（清）吳三峯纂　清咸豐九年
(1859)刻本　十冊

130000－0404－0002688　史122/7536(普)
[乾隆]三河縣志十六卷末一卷　（清）陳昶修
　（清）王大信等纂　清乾隆二十五年(1760)
刻本　四冊

130000－0404－0002689　史122/1013(普)
[光緒]玉田縣志三十卷首一卷　（清）夏子鎔
修　（清）李昌時纂　（清）丁維續纂　清光緒
十年(1884)刻本　六冊

130000－0404－0002690　史122/1128(普)
[光緒]撫寧縣志十六卷首一卷　（清）張上龢
修　（清）史夢蘭纂　清光緒三年(1877)刻本
五冊

130000－0404－0002691　史122/2125(普)
[同治]昌黎縣志十卷　（清）何崧泰等修
（清）馬恂　（清）何爾泰纂　清同治五年
(1866)刻本　四冊

130000－0404－0002692　史122/2125－2(普)
[光緒]遵化通志六十卷　（清）何崧泰等修
（清）史撲纂　清光緒十二年(1886)刻本　三
十冊

130000－0404－0002693　史122/2125－2(2)(普)
[光緒]遵化通志六十卷　（清）何崧泰等修
（清）史撲纂　清光緒十二年(1886)刻本　三

十一冊

130000－0404－0002694　史122/2125－2(3)(普)
[光緒]遵化通志六十卷　（清）何崧泰等修
（清）史撲纂　清光緒十二年(1886)刻本　三
十冊

130000－0404－0002695　史122/2328(普)
[乾隆]直隸遵化州志二十卷　（清）傅修等纂
修　清乾隆五十九年(1794)刻本　八冊

130000－0404－0002696　史122/2328(2)(普)
[乾隆]直隸遵化州志二十卷　（清）傅修等纂
修　清乾隆五十九年(1794)刻本　八冊

130000－0404－0002697　史122/2694(普)
[乾隆]豐潤縣志八卷　（清）吳慎纂修　清乾
隆二十年(1755)刻本　四冊

130000－0404－0002698　史122/3887(普)
[光緒]永平府志七十二卷首一卷末一卷
(清)游智開修　（清）史夢蘭纂　清光緒五年
(1879)敬勝書院刻本　三十二冊

130000－0404－0002699　史122/4442(普)
[光緒]樂亭縣志十五卷首一卷末一卷　（清）
蔡志修等修　（清）史夢蘭纂　清光緒三年
(1877)刻本　六冊

130000－0404－0002700　史122/4499(普)
[同治]遷安縣志十八卷首一卷末一卷　（清）
韓耀光修　（清）史夢蘭纂　清同治十二年
(1873)文峰書院刻本　六冊

130000－0404－0002701　史122/4602(普)
[光緒]灤州州志十八卷首一卷　（清）楊文鼎
修　（清）王大本等纂　清光緒二十四年
(1898)刻本　十二冊　存十四卷(二至六、十
至十八)

130000－0404－0002702　史122/4923(普)
[光緒]臨榆縣志二十四卷首一卷　（清）趙允
祜修　（清）高錫疇纂　清光緒四年(1878)刻
本　十冊

130000－0404－0002703　史122/0030(普)
[同治]棗強縣志補正五卷　（清）方宗誠纂修

清同治十三年(1874)修光緒二年(1876)刻本　二冊

130000－0404－0002704　史122/1097.2(普)
[光緒]續修故城縣志十二卷首一卷　(清)丁燦修　(清)王堉德纂　(清)張煐續修　(清)范翰文續纂　清同治十二年(1873)修光緒十一年(1885)續修刻本　五冊

130000－0404－0002705　史122/1792(普)
[道光]武強縣志重修十二卷　(清)翟慎行修　(清)翟慎典纂　清道光十一年(1831)刻本　六冊

130000－0404－0002706　史122/2224(普)
[嘉慶]棗強縣志二十卷　(清)任衛蕙修　(清)楊元錫纂　清嘉慶九年(1804)刻本　六冊

130000－0404－0002707　史122/2224(普)
[光緒]棗強縣志補正五卷　(清)方宗誠纂修　清光緒二年(1876)刻本　二冊

130000－0404－0002708　史122/2224(2)(普)
[嘉慶]棗強縣志二十卷　(清)任衛蕙修　(清)楊元錫纂　清嘉慶九年(1804)刻本　六冊

130000－0404－0002709　史122/2224(2)(普)
[光緒]棗強縣志補正五卷　(清)方宗誠纂修　清光緒二年(1876)刻本　二冊

130000－0404－0002710　史122/2224＝2(普)
[光緒]棗強縣志補正五卷　(清)方宗誠纂修　清光緒二年(1876)刻本　二冊

130000－0404－0002711　史122/2632(普)
[光緒]深州風土記二十二卷附表五卷　(清)吳汝綸纂　清光緒二十六年(1900)文瑞書院刻本　八冊

130000－0404－0002712　史122/2632(2)(普)
[光緒]深州風土記二十二卷附表五卷　(清)吳汝綸纂　清光緒二十六年(1900)文瑞書院刻本　六冊

130000－0404－0002713　史122/2632(3)(普)

[光緒]深州風土記二十二卷附表五卷　(清)吳汝綸纂　清光緒二十六年(1900)文瑞書院刻本　八冊

130000－0404－0002714　史122/2822(普)
[雍正]直隸深州志八卷　(清)徐綬纂修　清雍正十年(1732)刻本　一冊　存二卷(一至二)

130000－0404－0002715　史122/4280(普)
[同治]武邑縣志十卷首一卷附誥封一卷　(清)彭美修　(清)龍文彬纂　清同治十一年(1872)刻本　五冊

130000－0404－0002716　史122/6625(普)
[乾隆]饒陽縣志二卷首一卷末一卷　(清)單作哲纂修　清乾隆十四年(1749)刻本　二冊

130000－0404－0002717　史122/7433(普)
[雍正]阜城縣志二十二卷首一卷　(清)陸福宜修　(清)多時珍纂　清光緒三十四年(1908)鉛印本　四冊

130000－0404－0002718　史122/7531(普)
[康熙]安平縣志十卷　(清)陳宗石纂修　清康熙二十六年(1687)患立堂刻本　五冊

130000－0404－0002719　史122/7737(普)
[乾隆]衡水縣志十四卷　(清)陶淑纂修　清乾隆三十二年(1767)刻本　五冊

130000－0404－0002720　史122/7751(普)
[乾隆]景州志六卷首一卷　(清)屈成霖纂修　清乾隆十年(1745)刻本　四冊

130000－0404－0002721　史122/8836(普)
[乾隆]冀州志二十卷續編一卷　(清)范清曠纂修　清乾隆十二年(1747)刻本　十冊

130000－0404－0002722　史122/7761(普)
[雍正]山西通志二百三十卷　(清)覺羅石麟修　(清)儲大文纂　清雍正十二年(1734)刻本　一百冊

130000－0404－0002723　史122/1010(普)
[康熙]鐵嶺縣志二卷　(清)賈弘文修　(清)董國祥纂　清康熙十六年(1677)刻本

二冊

130000－0404－0002724　史122/6098(普)

[乾隆]盛京通志四十八卷首一卷　(清)呂耀會　(清)王河等修　(清)魏樞等纂　(清)雷以誠補修　清乾隆元年(1736)刻咸豐二年(1852)雷以誠校補重印本　二十冊

130000－0404－0002725　史122/6098(2)(普)

[乾隆]盛京通志四十八卷首一卷　(清)呂耀會　(清)王河等修　(清)魏樞等纂　(清)雷以誠補修　清乾隆元年(1736)刻咸豐二年(1852)雷以誠校補重印本　十冊

130000－0404－0002726　史122/7121(普)

[光緒]吉林通志一百二十二卷圖一卷　(清)長順　(清)訥欽修　(清)李桂林　(清)顧雲纂　清光緒十七年(1891)刻本　四十九冊

130000－0404－0002727　史122/0038＝2(普)

[正德]武功縣志三卷首一卷　(明)康海纂　(清)孫景烈評注　清同治十二年(1873)湖北崇文書局刻本　一冊

130000－0404－0002728　史122/0038.2(普)

[正德]武功縣志三卷首一卷　(明)康海纂　(清)孫景烈評注　清乾隆二十六年(1761)瑪星阿刻本　一冊

130000－0404－0002729　史122/0038.2(普)

[嘉慶]續武功縣志五卷　(清)張樹勳修　(清)王森文纂　清嘉慶二十一年(1816)刻本　三冊

130000－0404－0002730　史122/0054(普)

[乾隆]邠陽縣全志四卷　(清)席奉乾修　(清)孫景烈纂　清乾隆三十四年(1769)刻本　五冊

130000－0404－0002731　史122/1138(普)

[乾隆]蒲城縣志十五卷　(清)張心鏡修　(清)吳泰來纂　清乾隆四十七年(1782)刻本　三冊　存九卷(一至六、九至十一)

130000－0404－0002732　史122/7208(普)

[雍正]陝西通志一百卷首一卷　(清)劉于義

修　(清)沈青崖纂　清雍正十三年(1735)刻本　一百冊

130000－0404－0002733　史122/8742(普)

[乾隆]西安府志八十卷首一卷　(清)舒其紳等修　(清)嚴長明纂　清乾隆四十四年(1779)刻本　六冊　存十二卷(二十七至三十八)

130000－0404－0002734　史122/0830(普)

[乾隆]甘肅通志五十卷首一卷　(清)許容修　(清)李迪纂　清乾隆元年(1736)刻本　三十六冊

130000－0404－0002735　史122/3704(普)

新疆要略四卷　(清)祁韻士輯　清光緒二十一年(1895)鴻寶書局石印本　二冊

130000－0404－0002736　史122/4888(普)

[乾隆]欽定新疆識略十二卷首一卷　(清)松筠　(清)祝廣蕃纂修　清光緒二十年(1894)上海積山書局石印本　十六冊

130000－0404－0002737　史122/1084.3(普)

[道光]濟南府志七十二卷首一卷　(清)王鎮　(清)王贈芳修　(清)成瓘　(清)冷烜纂　清道光二十一年(1841)刻本　五冊　存九卷(一至四、十六至十九,首一卷)

130000－0404－0002738　史122/1100(普)

[乾隆]臨清直隸州志十一卷首一卷　(清)張度　(清)鄧希曾修　(清)朱鍾纂　清乾隆五十年(1785)刻本　一冊

130000－0404－0002739　史122/2298(普)

[咸豐]慶雲縣志三卷首一卷末一卷　(清)崔光笏　(清)戴綱孫纂修　清咸豐五年(1855)廣允崔氏海雲堂刻本　三冊

130000－0404－0002740　史122/2416(普)

[乾隆]東明縣志八卷　(清)儲元昇纂修　清抄本　八冊

130000－0404－0002741　史122/3640(普)

[光緒]寧津縣志十二卷首一卷　(清)祝嘉庸修　(清)吳潯源纂　清光緒二十六年(1900)

刻本　八册

130000－0404－0002742　史122/3640(2)(普)
[光緒]寧津縣志十二卷首一卷　(清)祝嘉庸修　(清)吳潯源纂　清光緒二十六年(1900)刻本　六册

130000－0404－0002743　史122/7231(普)
[雍正]山東通志三十六卷首一卷　(清)岳濬　(清)法敏修　(清)杜詔　(清)顧瀛纂　清乾隆元年(1736)刻本　四十一册

130000－0404－0002744　史122/7730(普)
[光緒]高唐州志八卷首一卷末一卷　(清)周家齊修　(清)鞠建章纂　清光緒三十三年(1907)刻本　五册

130000－0404－0002745　史122/1728(普)
[乾隆]江南通志二百卷首四卷序目一卷(清)尹繼善　(清)趙國麟修　(清)黃之雋　(清)章士鳳纂　清乾隆元年(1736)刻本一百册

130000－0404－0002746　史122/3044(普)
[道光]蘇州府志一百五十卷首十卷　(清)宋如林　(清)羅琦修　(清)石韞玉纂　清道光四年(1824)刻本　八十册

130000－0404－0002747　史122/3044(2)(普)
[道光]蘇州府志一百五十卷首十卷　(清)宋如林　(清)羅琦修　(清)石韞玉纂　清道光四年(1824)刻本　六十四册

130000－0404－0002748　史122/4471(普)
[咸豐]邳州志二十卷首一卷　(清)董用武(清)馬軼羣修　(清)魯一同纂　清光緒二十一年(1895)刻本　三册

130000－0404－0002749　史122/1063(普)
[康熙]浙江通志五十卷首一卷　(清)王國安等修　(清)黃宗羲等纂　清康熙二十三年(1684)刻本　一百册

130000－0404－0002750　史122/3104(普)
咸淳臨安志一百卷　(宋)潛說友纂　清道光十二年(1832)錢塘汪氏振綺堂刻本　十册

130000－0404－0002751　史122/3104＝2(普)
咸淳臨安志一百卷　(宋)潛說友纂　清道光十二年(1832)錢塘汪氏刻本　二十四册

130000－0404－0002752　史122/7734(普)
[道光]安徽通志二百六十卷首六卷　(清)陶澍　(清)鄧廷楨修　(清)李振庸　(清)韓玖纂　清道光十年(1830)刻本　一百册

130000－0404－0002753　史122/0042(普)
[雍正]江西通志一百六十二卷首三卷　(清)謝旻等修　(清)陶成　(清)惲鶴生纂　清雍正十年(1732)刻本　六十册

130000－0404－0002754　史122/7241(普)
[光緒]江西通志一百八十卷首五卷　(清)劉坤一等修　(清)劉鐸　(清)趙之謙纂　清光緒七年(1881)刻本　一百二十册

130000－0404－0002755　史122/1213(普)
[道光]重纂福建通志二百七十八卷首七卷(清)孫爾準等修　(清)陳壽祺纂　(清)程祖洛等續修　(清)魏敬中續纂　清同治十年(1871)刻本　一百七十九册　缺二十卷(一百一十三至一百三十二)

130000－0404－0002756　史122/1022(普)
[光緒]臺灣輿圖二卷　(清)夏獻綸撰　清光緒六年(1880)蒲夏刻本　二册

130000－0404－0002757　史122/1771(普)
[同治]葉縣志十卷首一卷　(清)歐陽霖(清)張佩訓修　(清)倉景恬　(清)胡廷楨纂　清光緒二十二年(1896)刻本　三册　缺六卷(一至六)

130000－0404－0002758　史122/4004(普)
[嘉慶]長垣縣志十六卷　(清)李于垣修(清)楊元錫纂　清嘉慶十五年(1810)刻本八册

130000－0404－0002759　史122/4004＝2(普)
[嘉慶]長垣縣志十六卷　(清)李于垣修(清)楊元錫纂　清嘉慶十五年(1810)刻本四册　存九卷(一至九)

133

130000－0404－0002760　史122/4004＝2(普)

[同治]增續長垣縣志二卷　(清)觀祐
(清)費瀛修　(清)齊聊芳　(清)李元鵬纂
　清同治十二年(1873)刻本　二冊

130000－0404－0002761　史122/4037.2(普)

[道光]河內縣志三十六卷　(清)袁通修
(清)方履籛　(清)吳育纂　清道光五年
(1825)刻本　十冊

130000－0404－0002762　史122/4438(普)

[道光]續修長垣縣志二卷　(清)葛之鏞
(清)陳壽昌修　(清)蔣庸　(清)郭餘裕纂
　清道光二十九年(1849)刻本　二冊

130000－0404－0002763　史122/4634(普)

[同治]增續長垣縣志二卷　(清)觀祐
(清)費瀛修　(清)齊聊芳　(清)李元鵬纂
　清同治十二年(1873)舊抄本　二冊

130000－0404－0002764　史122/4696(普)

[同治]清豐縣志十卷　(清)楊燨纂修
(清)高俊續修　清同治十年(1871)增補康熙
刻本　四冊

130000－0404－0002765　史122/6008(普)

[雍正]河南通志八十卷　(清)田文鏡等修
(清)孫灝等纂　清道光六年(1826)補刻本
四十八冊

130000－0404－0002766　史122/7166(普)

[乾隆]續河南通志八十卷首四卷　(清)阿思
哈　(清)高貴纂修　清乾隆三十二年(1767)
刻本　二十四冊

130000－0404－0002767　史122/7429(普)

[光緒]南樂縣志十卷首一卷補遺一卷　(清)
陸維炘　(清)施友方修　(清)武勳朝
(清)李雲峰纂　清光緒二十九年(1903)刻本
　四冊

130000－0404－0002768　史122/7429(2)(普)

[光緒]南樂縣志十卷首一卷補遺一卷　(清)
陸維炘　(清)施友方修　(清)武勳朝
(清)李雲峰纂　清光緒二十九年(1903)刻本
　四冊

130000－0404－0002769　史122/7528(普)

[康熙]考城縣志四卷　(清)陳德敏修
(清)王貫三纂　清康熙三十七年(1698)刻本
　三冊　存三卷(二至四)

130000－0404－0002770　史122/7530(普)

[光緒]開州志八卷首一卷　(清)陳兆麟修
(清)祁德昌纂　清光緒八年(1882)刻本
八冊

130000－0404－0002771　史122/8014(普)

[嘉慶]湖南通志二百十九卷首三卷末六卷
(清)翁元圻　(清)巴哈布修　(清)王煦
(清)黃本驥纂　清嘉慶二十五年(1820)刻本
　八十冊

130000－0404－0002772　史122/7110(普)

[道光]廣東通志三百三十四卷首一卷　(清)
阮元修　(清)陳昌齊等纂　清同治三年
(1864)刻本　一百二十一冊

130000－0404－0002773　史122/0436(普)

[嘉慶]廣西通志二百七十九卷首一卷　(清)
謝啟昆修　(清)胡虔纂　清嘉慶七年(1802)
刻本　八十冊

130000－0404－0002774　史122/9067(普)

[嘉慶]四川通志二百四卷首二十二卷　(清)
常明等修　(清)楊芳燦等纂　清嘉慶二十一
年(1816)刻本　一百二十冊

130000－0404－0002775　史122/6715(普)

[乾隆]貴州通志四十六卷首一卷　(清)鄂爾
泰　(清)張廣泗修　(清)靖道謨　(清)杜
詮纂　清乾隆六年(1741)刻本　三十二冊

130000－0404－0002776　史122/7110－2(普)

[道光]雲南通志稿二百十六卷首三卷　(清)
阮元等修　(清)王崧　(清)李誠纂　清道光
十五年(1835)刻本　一百十一冊

130000－0404－0002777　史122/2614(普)

[嘉慶]衛藏通志十六卷首一卷　(清)和琳纂
　清光緒二十二年(1896)浙西村舍刻本
八冊

130000－0404－0002778　史 122/4041（普）

[乾隆]西域聞見錄八卷首一卷　（清）七十一
著　清抄本　六冊

130000－0404－0002779　史 122/4041＝2（普）

[乾隆]西域聞見錄八卷首一卷　（清）七十一
著　清乾隆四十二年(1777)刻本　四冊

130000－0404－0002780　史 122/4434（普）

[光緒]西藏圖考八卷首一卷　（清）黄沛翹撰
　清光緒二十年(1894)京都申榮堂刻本
四冊

130000－0404－0002781　史 123/2510（普）

吳郡圖經續記三卷校勘記一卷　（宋）朱長文
撰　清同治十二年(1873)江蘇書局刻本
一冊

130000－0404－0002782　史 123/4964（普）

蓮窗雜著不分卷　（清）陳鶴齡撰　清光緒九
年(1883)刻本　一冊

130000－0404－0002783　史 123/7145（普）

欽定滿洲源流考二十卷首一卷　（清）阿桂等
修　（清）平恕　（清）戴衢亨纂　清光緒十九
年(1893)杭州便益書局石印本　四冊

130000－0404－0002784　史 123.1/1014（普）

關帝聖蹟圖志全一集　（清）王玉樹撰　清道
光十六年(1836)刻本　四冊

130000－0404－0002785　史 123.1/2528（普）

日下舊聞四十二卷　（清）朱彝尊撰　清六峰
閣刻本　十冊　存二十二卷(二十一至四十
二)

130000－0404－0002786　史 123.1/2528(2)（普）

日下舊聞四十二卷　（清）朱彝尊撰　清六峰
閣刻本　八冊　存二卷(四十一至四十二)

130000－0404－0002787　史 123.1/2671（普）

宸垣識略十六卷　（清）吳長元輯　清咸豐二
年(1852)藻思堂刻本　八冊

130000－0404－0002788　史 123.1/2671＝2（普）

宸垣識略十六卷　（清）吳長元輯　清光緒二
年(1876)刻本　八冊

130000－0404－0002789　史 123.1/7402（普）

吳地記一卷附後集一卷　（唐）陸廣微撰　清
同治十二年(1873)江蘇書局刻本　一冊

130000－0404－0002790　史 123.3/0041（普）

壇廟祀典三卷　（清）方觀承撰　清乾隆二十
三年(1758)刻本　三冊

130000－0404－0002791　史 123.4/0743（普）

湯陰精忠廟志十卷　（明）張應登纂修　清乾
隆刻本　六冊

130000－0404－0002792　史 123.4/1224（普）

闕里廣志二十卷　（明）陳鎬撰　（清）孔胤植
補　清刻本　六冊　缺六卷(二至七)

130000－0404－0002793　史 123.4/2123（普）

忠武祠墓志七卷首一卷末一卷　（清）李復心
輯　清道光七年(1827)刻本　四冊

130000－0404－0002794　史 123.4/2544（普）

文廟通考六卷首一卷　（清）牛樹梅輯　清同
治十一年(1872)浙江書局刻本　二冊

130000－0404－0002795　史 123.4/4248（普）

聖廟祀典圖考三卷首一卷　（清）顧沅輯　清
光緒上海同文書局影印本　三冊

130000－0404－0002796　史 123.4/7181（普）

文廟祀典考五十卷首一卷　（清）龐鍾璐輯
清光緒四年(1878)刻本　十二冊

130000－0404－0002797　史 123.4/8040（普）

吳山伍公廟志六卷首一卷　（清）金文淳纂修
　（清）沈永青增輯　清光緒二年(1876)刻本
二冊

130000－0404－0002798　史 123.5/7110（普）

兩浙防護陵寢祠墓錄不分卷　（清）阮元撰
清會稽董氏取斯家塾活字印本　四冊

130000－0404－0002799　史 123.7/1243（普）

文瀾閣志二卷附錄一卷　（清）孫樹禮等編
清光緒二十四年(1898)刻本　三冊

130000－0404－0002800　史 123.7/8054（普）

信江書院志十卷首一卷末一卷附編一卷
（清）鍾世楨撰　清同治六年(1867)刻光緒增

刻本 四冊

130000－0404－0002801 史123.8/0041(普)
畿輔義倉圖不分卷 (清)方觀承撰 清乾隆
十八年(1753)刻本 六冊

130000－0404－0002802 史123.8/1126(普)
蒙古游牧記十六卷 (清)張穆撰 清同治六
年(1867)壽陽祁氏刻本 四冊

130000－0404－0002803 史123.8/1126＝2(普)
蒙古游牧記十六卷 (清)張穆撰 清光緒二
十年(1894)上海復古書局石印本 四冊 存
十卷(一至二、六至九、十三至十六)

130000－0404－0002804 史123.8/4014(普)
揚州畫舫錄十八卷 (清)李斗撰 清光緒上
海申報館鉛印申報館叢書本 八冊

130000－0404－0002805 史123.8/4030(普)
畿輔通志海總圖一卷疆域圖□□卷 (清)李
鴻章 (清)黃彭年纂修 清光緒刻本 三冊
存三卷(海總圖一卷、疆域圖四十六至四十
七)

130000－0404－0002806 史123.8/4044(普)
直隸省各府地圖 (清)直隸警務處繪圖局製
清光緒三十三年(1907)測圖三十四年
(1908)繪印本 三百四十六張

130000－0404－0002807 史124.1/4043(普)
華嶽志八卷首一卷 (清)李榕撰 清光緒九
年(1883)刊楊昌濬補修本 四冊

130000－0404－0002808 史124.2/0074(普)
水道提綱二十八卷 (清)齊召南編錄 清乾
隆四十一年(1776)刻本 八冊

130000－0404－0002809 史124.2/0074＝2(普)
水道提綱二十八卷 (清)齊召南編錄 清光
緒四年(1878)津門徐士鑾霞城精舍刻本
八冊

130000－0404－0002810 史124.2/0074＝3(普)
水道提綱二十八卷 (清)齊召南編錄 清光
緒五年(1879)宏達堂刻本 六冊

130000－0404－0002811 史124.2/0074＝4(普)

水道提綱二十八卷 (清)齊召南編錄 清光
緒二十四年(1898)新化三味書室刻本 六冊

130000－0404－0002812 史124.2/1068(普)
添修莫愁湖志二卷 題(清)三山二水吟客撰
清光緒十五年(1889)刻本 一冊 存一卷
(上)

130000－0404－0002813 史124.2/1072(普)
浙西水利備考不分卷 (清)王鳳生撰 清道
光四年(1824)刻朱墨印本 四冊

130000－0404－0002814 史124.2/1075(普)
畿輔安瀾志五十六卷 (清)王履泰撰 清武
英殿木活字印本 二十四冊

130000－0404－0002815 史124.2/1731(普)
水經註四十卷 (北魏)酈道元撰 清乾隆十
八年(1753)天都黃晟槐蔭草堂刻本 十八冊
缺四卷(三十七至四十)

130000－0404－0002816 史124.2/1731＝2(普)
水經註不分卷 (北魏)酈道元撰 清刻本
八冊

130000－0404－0002817 史124.2/1731＝3(普)
水經注四十卷首一卷 (北魏)酈道元撰 王
先謙校 清光緒十八年(1892)長沙王氏思賢
講舍刻本 十六冊

130000－0404－0002818 史124.2/2333(普)
行水金鑑一百七十五卷首一卷 (清)傅澤洪
錄 清刻本 十七冊 缺九十五卷(四十一
至一百三十、一百七十一至一百七十五)

130000－0404－0002819 史124.2/2650(普)
畿輔河道水利叢書八種附一種 (清)吳邦慶
輯 清道光四年(1824)益津吳邦慶刻本
十冊

130000－0404－0002820 史124.2/2650(2)(普)
畿輔河道水利叢書八種附一種 (清)吳邦慶
輯 清道光四年(1824)益津吳邦慶刻本
十冊

130000－0404－0002821 史124.2/2650(3)(普)
畿輔河道水利叢書八種附一種 (清)吳邦慶

輯　清道光四年（1824）益津吳邦慶刻本
十冊

130000－0404－0002822　史124.2/2848（普）
西域水道記五卷　（清）徐松撰　清光緒十九
年（1893）寶善書局石印本　五冊

130000－0404－0002823　史124.2/3286（普）
畿輔水利四案四卷附錄一卷　（清）潘錫恩撰
　清道光刻本　四冊

130000－0404－0002824　史124.2/3286（2）（普）
畿輔水利四案四卷附錄一卷　（清）潘錫恩撰
　清道光刻本　五冊

130000－0404－0002825　史124.2/3444（普）
五省溝洫圖說一卷　（清）沈夢蘭撰　清光緒
六年（1880）江蘇書局刻本　一冊

130000－0404－0002826　史124.2/4021（普）
西湖志四十八卷　（清）李衛等修　（清）傅王
露等纂　清光緒四年（1878）浙江書局刻本
二十冊

130000－0404－0002827　史124.2/4021＝2（普）
西湖志四十八卷　（清）李衛等修　（清）傅王
露等纂　清刻本　十冊　存二十三卷（二十
六至四十八）

130000－0404－0002828　史124.2/4030（普）
永定河志三十二卷附錄一卷　（清）李逢亨著
　清嘉慶二十年（1815）刻本　十六冊

130000－0404－0002829　史124.2/4462（普）
畿輔水利議一卷　（清）林則徐撰　清光緒二
年（1876）三山林氏刻本　二冊

130000－0404－0002830　史124.2/4472（普）
長江圖說十二卷首一卷　（清）黃翼升撰
（清）馬徵麟繪　清同治十年（1871）湖北崇文
書局刻本　五冊

130000－0404－0002831　史124.2/4672（普）
江蘇海運全案十二卷　（清）賀長齡等纂輯
清道光六年（1826）刻本　十二冊

130000－0404－0002832　史124.2/4672（2）（普）
江蘇海運全案十二卷　（清）賀長齡等纂輯

清道光六年（1826）刻本　十二冊

130000－0404－0002833　史124.2/4696（普）
漕運則例纂二十卷　（清）楊錫紱等纂　清乾
隆三十五年（1770）刻本　二十冊

130000－0404－0002834　史124.2/4913（普）
水經註釋四十卷首一卷附錄二卷刊誤十二卷
　（清）趙一清撰　清光緒六年（1880）蛟川張
氏花雨樓刻本　二十冊

130000－0404－0002835　史124.2/4913（2）（普）
水經註釋四十卷首一卷附錄二卷刊誤十二卷
　（清）趙一清撰　清光緒六年（1880）蛟川張
氏花雨樓刻本　二十冊

130000－0404－0002836　史124.2/6007（普）
最近揚子江之大勢不分卷　（日本）國府犀東
著　（清）趙必振譯　附勘誤記一卷　（清）黃
葆恒校　清光緒二十八年（1902）上海廣智書
局鉛印本　一冊

130000－0404－0002837　史124.2/7103（普）
揚州水道記四卷　（清）劉文淇撰　清道光二
十五年（1845）江西撫署刻本　四冊

130000－0404－0002838　史124.2/7106（普）
浙江海運漕糧全案重編初編八卷續編四卷新
編八卷　（清）馬新貽撰　清同治六年（1867）
糧儲道庫刻本　十二冊

130000－0404－0002839　史124.2/7514（普）
歷代河防統纂二十八卷　（清）陳璜輯　清光
緒十四年（1888）鴻寶齋石印本　四冊

130000－0404－0002840　史124.2/7554（普）
中國江海險要圖志二十二卷首一卷補編五卷
圖五卷　（英國）海軍海圖官局編　陳壽彭譯
　清光緒二十七年（1901）經世文社石印本
十四冊

130000－0404－0002841　史124.2/7554（2）（普）
中國江海險要圖志二十二卷首一卷補編五卷
　（英國）海軍海圖官局編　陳壽彭譯　清光
緒二十七年（1901）經世文社石印本　十冊

130000－0404－0002842　史124.2/7554（3）（普）

中國江海險要圖志二十二卷首一卷補編五卷
（英國）海軍海圖官局編　陳壽彭譯　清光
緒二十七年（1901）經世文社石印本　十冊

130000－0404－0002843　史124.2/7554（4）（普）
中國江海險要圖志二十二卷首一卷補編五卷
　（英國）海軍海圖官局編　陳壽彭譯　清光
緒二十七年（1901）經世文社石印本　十冊

130000－0404－0002844　史124.2/7554（5）（普）
中國江海險要圖志二十二卷首一卷補編五卷
　（英國）海軍海圖官局編　陳壽彭譯　清光
緒二十七年（1901）經世文社石印本　十冊

130000－0404－0002845　史124.2/8019（普）
續行水金鑑一百五十六卷首一卷　（清）俞正
燮　（清）董士錫纂　清道光十二年（1832）河
庫道署刻本　八十冊

130000－0404－0002846　史125/1144（普）
出使美日秘崔日記十六卷（清光緒十五年至
十九年）　（清）崔國因撰　清光緒二十年
（1894）鉛印本　十二冊

130000－0404－0002847　史125/2310（普）
游歷美利加圖經三十二卷　（清）傅雲龍述
清光緒實學叢書鉛印本　一冊　存二卷（二
十四至二十五）

130000－0404－0002848　史125/2632（普）
東遊叢錄四卷　（清）吳汝綸輯　清光緒二十
八年（1902）鉛印本　三冊

130000－0404－0002849　史125/2731（普）
俄遊彙編八卷　（清）繆祐孫纂　清光緒二十
四年（1898）上海書局石印本　六冊

130000－0404－0002850　史125/2862（普）
新疆賦一卷　（清）徐松撰　清道光四年
（1824）讀有用書齋刻本　一冊

130000－0404－0002851　史125/4052（普）
棗強古漳河官隄志十卷　（清）扈維藩等纂輯
　清光緒三十二年（1906）刻本　十冊

130000－0404－0002852　史125/4410（普）
度隴記四卷　（清）董醇撰　清咸豐元年

（1851）刻本　四冊

130000－0404－0002853　史125/4435（普）
出使英法意比四國日記六卷（清光緒十六年
至十七年）　（清）薛福成著　清光緒二十年
（1894）孫谿校經堂刻本　六冊

130000－0404－0002854　史125/4435（2）（普）
出使英法意比四國日記六卷（清光緒十六年
至十七年）　（清）薛福成著　清光緒石印本
　一冊　存二卷（五至六）

130000－0404－0002855　史125/7734（普）
蜀輶日記四卷（清嘉慶十五年五月至十一月）
　（清）陶澍編　清光緒七年（1881）江州官舍
刻本　二冊

130000－0404－0002856　史126/0033（普）
尼羅河同舟記事不分卷　（英國）康安道逸路
氏撰　清光緒三十四年（1908）大公報鉛印本
　一冊

130000－0404－0002857　史126/0446（普）
新譯世界統計年鑑不分卷　（日本）伊東佑毅
撰　謝蔭昌譯　清宣統元年（1909）奉天圖書
館印刷所鉛印本　一冊

130000－0404－0002858　史126/1022（普）
泰西十八周史攬要十八卷　（英國）雅各偉德
撰　（英國）季理裴成章譯　（清）李鼎星述稿
　清光緒二十八年（1902）蜀東善成堂刻本
四冊

130000－0404－0002859　史126/1042（普）
重訂法國志略二十四卷　（清）王韜輯撰　清
末石印本　十冊

130000－0404－0002860　史126/1044（普）
希臘春秋八卷　王樹枏撰　清光緒三十二年
（1906）刻本　四冊

130000－0404－0002861　史126/1052（普）
西史綱目二十卷　（清）周維翰撰　清光緒二
十七年（1901）石印本　十冊

130000－0404－0002862　史126/1073（普）
西學啟蒙十六種　（英國）艾約瑟譯　清光緒

二十二年(1896)上海著易堂書局鉛印本　十六冊

130000－0404－0002863　史126/1133(普)
普法戰紀二十卷　(清)張綜良口譯　(清)王韜輯　清光緒二十一年(1895)弢園王氏鉛印本　十冊

130000－0404－0002864　史126/1243(普)
南遊記一卷　(清)孫嘉淦撰　清道光二十四年(1844)刻朱墨印本　一冊

130000－0404－0002865　史126/2126(普)
緬甸國志不分卷英領緬甸志不分卷緬甸新志不分卷暹羅國志不分卷布哈爾志不分卷　(清)學部圖書局編　清光緒三十三年(1907)學部圖書局鉛印本　一冊

130000－0404－0002866　史126/2214(普)
俄國政俗通考三卷　(美國)林樂知　(清)任廷旭譯　清光緒二十六年(1900)上海廣學會鉛印本　二冊

130000－0404－0002867　史126/2621(普)
歐洲史略十三卷　(□)□□撰　清光緒二十二年(1896)總稅務司刻本　一冊

130000－0404－0002868　史126/2631(普)
海國圖志六十卷　(清)魏源撰　清道光二十七年(1847)古微堂刻本　二十冊

130000－0404－0002869　史126/2631(2)(普)
海國圖志六十卷　(清)魏源撰　清道光二十七年(1847)古微堂刻本　十八冊

130000－0404－0002870　史126/2712(普)
萬國近政考略十六卷　(清)鄒弢輯　清光緒二十二年(1896)三借廬鉛印本　四冊

130000－0404－0002871　史126/2828＝2(普)
瀛環志略十卷　(清)徐繼畬撰　清同治十二年(1873)揆雲樓刻本　六冊

130000－0404－0002872　史126/2828＝2(2)(普)
瀛環志略十卷　(清)徐繼畬撰　清同治十二年(1873)揆雲樓刻本　六冊

130000－0404－0002873　史126/2828＝2(3)(普)

瀛環志略十卷　(清)徐繼畬撰　清同治十二年(1873)揆雲樓刻本　六冊

130000－0404－0002874　史126/2828＝3(普)
瀛環志略十卷　(清)徐繼畬撰　清光緒二十一年(1895)上海寶文局石印本　四冊

130000－0404－0002875　史126/3193(普)
日本新政考二卷　(清)顧厚焜著　清光緒十四年(1888)鉛印本　一冊　存一卷(一)

130000－0404－0002876　叢2/2672(普)
蓮池書院課藝□□卷　(清)黃彭年撰　清光緒五年(1879)刻本　七冊　存三集十一卷(初集一、三至四,二集五至六,四集一至三、六至八)

130000－0404－0002877　史126/4033(普)
西政通典一百六十二卷　(清)袁宗濂等輯　清光緒二十八年(1902)上海文盛堂石印本　四十冊

130000－0404－0002878　史126/4040(普)
環遊地球新錄三卷　(清)李圭撰　清光緒三年(1877)刻本　四冊

130000－0404－0002879　史126/4050(普)
節本泰西新史攬要八卷　(英國)馬懇西撰　(英國)李提摩太譯　周慶雲節錄　清光緒二十七年(1901)烏程周慶雲夢坡室刻本　二冊

130000－0404－0002880　史126/4050(2)(普)
節本泰西新史攬要八卷　(英國)馬懇西撰　(英國)李提摩太譯　周慶雲節錄　清光緒二十七年(1901)烏程周慶雲夢坡室刻本　二冊

130000－0404－0002881　史126/4050－2(普)
天下五洲各大國志要不分卷　(英國)李提摩太撰　(清)鑄鐵生述　清光緒二十三年(1897)上海廣學會鉛印本　二冊

130000－0404－0002882　史126/4050－3(普)
印度史攬要三卷　(英國)亨德衛良撰　(清)任廷旭譯　清光緒二十七年(1901)上海美華書館鉛印本　三冊

130000－0404－0002883　史126/4050－4(普)

139

列國變通興盛記四卷　（英國）李提摩太著
清光緒二十四年（1898）上海廣學會鉛印本
一冊

130000－0404－0002884　史126/4062（普）
萬國通史前編十卷　（英國）李思倫白約翰輯
　（清）蔡爾康紀述　清光緒二十六年（1900）
上海廣學會鉛印本　十冊

130000－0404－0002885　史126/4062＝2（普）
萬國通史前編十卷　（英國）李思倫白約翰輯
　（清）蔡爾康紀述　清光緒二十六年（1900）
上海廣學會鉛印本　十冊

130000－0404－0002886　史126/4062＝2(2)（普）
萬國通史前編十卷　（英國）李思倫白約翰輯
　（清）蔡爾康紀述　清光緒二十六年（1900）
上海廣學會鉛印本　十冊

130000－0404－0002887　史126/4062－2（普）
萬國通史續編十卷　（英國）李思倫白約翰輯
　（清）蔡爾康紀述　清光緒三十年（1904）上
海廣學會鉛印本　十冊

130000－0404－0002888　史126/4062－2(2)（普）
萬國通史續編十卷　（英國）李思倫白約翰輯
　（清）蔡爾康紀述　清光緒三十年（1904）上
海廣學會鉛印本　十冊

130000－0404－0002889　史126/4062－3（普）
萬國通史三編十卷　（英國）李思倫白約翰輯
　（清）蔡爾康紀述　清光緒三十年（1904）上
海廣學會鉛印本　十冊

130000－0404－0002890　史126/4062－3(2)（普）
萬國通史三編十卷　（英國）李思倫白約翰輯
　（清）蔡爾康紀述　清光緒三十年（1904）上
海廣學會鉛印本　七冊　存七卷（一、五至
十）

130000－0404－0002891　史126/4074（普）
希臘志略七卷　（□）□□撰　清光緒二十四
年（1898）仿泰西法石印本　一冊

130000－0404－0002892　史126/4091（普）
漢西域圖考七卷首一卷　（清）李光廷撰　清

140

同治九年（1870）刻本　四冊

130000－0404－0002893　史126/4091＝2（普）
漢西域圖考七卷首一卷　（清）李光廷撰　清
末刻本　五冊　存六卷（二至七）

130000－0404－0002894　史126/4308（普）
日本維新三十年史十二編附錄一卷　（日本）
博文館編　（清）廣智局譯書　清光緒二十八
年（1902）廣智書局鉛印本　六冊

130000－0404－0002895　史126/4320（普）
地理略說不分卷　（美）戴集著　清光緒二十
六年（1900）上海美華書館鉛印本　一冊

130000－0404－0002896　史126/4413（普）
英興記二卷首一卷末一卷　（英國）鄧理槎著
　（美國）林樂知　（清）任廷旭譯　清光緒二
十四年（1898）上海圖書集成局鉛印本　二冊

130000－0404－0002897　史126/4420（普）
大英國志八卷　（英國）慕維廉譯　清光緒七
年（1881）上海益智書會刻本　二冊

130000－0404－0002898　史126/4420(2)（普）
大英國志八卷　（英國）慕維廉譯　清光緒七
年（1881）上海益智書會刻本　一冊　存三卷
（六至八）

130000－0404－0002899　史126/4433（普）
日本國志四十卷首一卷　（清）黃遵憲撰　清
光緒二十四年（1898）浙江書局刻本　十冊

130000－0404－0002900　史126/4435（普）
東南海島圖經十卷　（清）薛福成鑑定　（清）
世增譯　（清）張美翊述　清光緒二十六年
（1900）上海石印本　三冊

130000－0404－0002901　史126/4463（普）
萬國通鑑四卷　（美國）謝衛樓撰　（清）趙如
光譯　清光緒二十八年（1902）上海書局石印
本　四冊

130000－0404－0002902　史126/4497（普）
萬國公法四卷　（美國）丁韙良譯　清同治三
年（1864）京都崇實館刻本　四冊

130000－0404－0002903　史126/4497(2)（普）

萬國公法四卷　（美國）丁韙良譯　清同治三年（1864）京都崇實館刻本　四冊

130000－0404－0002904　史126/4915(普)
最新萬國政鑑五十一卷　（清）趙天澤　（清）王慕陶編譯　清光緒二十九年（1903）上海國民叢書社鉛印本　八冊

130000－0404－0002905　史126/5300(普)
威廉振興荷蘭紀略四卷　（清）廣學會校正　清光緒二十七年（1901）上海廣學會鉛印本　二冊

130000－0404－0002906　史126/6014(普)
柬埔寨以北探路記十五卷　（法國）晃西士加尼撰　清光緒十六年（1890）鉛印本　十五冊

130000－0404－0002907　史126/6051(普)
各國鐵路圖考四卷　（清）劉啟彤譯　清石印本　七冊　存三卷（二至四）

130000－0404－0002908　史126/6312(普)
西洋歷史教科書二卷　（英國）默爾化撰（清）出洋學生編輯所譯　清光緒二十八年（1902）商務印書館鉛印本　二冊

130000－0404－0002909　史126/6312＝2(普)
西洋歷史教科書二卷　（英國）默爾化撰（清）出洋學生編輯所譯　清光緒三十二年（1906）商務印書館鉛印本　二冊

130000－0404－0002910　史126/7121(普)
泰西新史攬要二十四卷　（英國）馬懇西撰（英國）李提摩太譯　（清）蔡爾康述稿　清光緒二十一年（1895）上海美華書館鉛印本　六冊

130000－0404－0002911　史126/7121(2)(普)
泰西新史攬要二十四卷　（英國）馬懇西撰（英國）李提摩太譯　（清）蔡爾康述稿　清光緒二十一年（1895）上海美華書館鉛印本　八冊

130000－0404－0002912　史126/7121＝2(普)
泰西新史攬要二十四卷　（英國）馬懇西撰（英國）李提摩太譯　（清）蔡爾康述稿　清光緒二十一年（1895）上海廣學會鉛印本　二冊

130000－0404－0002913　史126/7121＝3(普)
泰西新史攬要二十四卷　（英國）馬懇西撰（英國）李提摩太譯　（清）蔡爾康述稿　清光緒二十一年（1895）上海廣學會鉛印本　八冊

130000－0404－0002914　史126/7237(普)
各國鐵路圖考四卷　（清）劉啟彤譯　清光緒二十四年（1898）上海書局石印本　八冊

130000－0404－0002915　史126/7237＝2(普)
各國鐵路圖考四卷　（清）劉啟彤譯　清光緒二十二年（1896）倉山書局石印本　八冊

130000－0404－0002916　史126/7288(普)
埃及近事考一卷　（清）劉鑑譯　清光緒三十三年（1907）金陵江楚編譯官書局石印本　一冊

130000－0404－0002917　史126/7524(普)
萬國地輿圖考八卷圖一卷五大洲總說一卷（清）陳兆桐撰　清光緒二十八年（1902）上海宜今室石印本　六冊

130000－0404－0002918　史126/7524(普)
皇朝地輿圖考圖一卷皇朝一統輿地全圖總說一卷　（清）陳兆桐撰　清光緒二十八年（1902）緯文書局石印本　二冊

130000－0404－0002919　史126/7702(普)
波斯志不分卷　（清）學部編譯　（清）圖書局編纂印刷　清光緒三十三年（1907）鉛印本　一冊

130000－0404－0002920　史126/7757(普)
大日本中興先覺志二卷　（日本）岡本監輔著　清光緒二十七年（1901）開導社刻本　二冊

130000－0404－0002921　史126/8036(普)
改正世界地理學六卷首一卷　（日本）矢津昌永撰　吳圖生譯　清光緒二十九年（1903）上海文明書局鉛印本　二冊

130000－0404－0002922　史126/8041(普)
西國近事彙編□□卷　（美國）金楷理口譯（清）姚棻筆述　清同治十二年（1873）上海機

器製造局刻本　一百冊　存一百卷(一至一百)

130000－0404－0002923　史126/8041＝2(普)

西國近事彙編□□卷　(美國)金楷理口譯(清)姚棻筆述　清同治十二年至光緒二年(1873－1876)刻本　十六冊　存十六卷(一至十六)

130000－0404－0002924　史131/0845(普)

古均閣遺著三種三卷　(清)許槤著　清光緒十四年(1888)刻本　一冊

130000－0404－0002925　史131/1036(普)

金石萃編一百六十卷　(清)王昶著　清嘉慶十年(1805)經訓堂刻本　六十四冊

130000－0404－0002926　史131/1036(2)

金石萃編一百六十卷　(清)王昶著　清嘉慶十年(1805)經訓堂刻本　六十四冊

130000－0404－0002927　史131/1036＝2(普)

金石萃編一百六十卷　(清)王昶撰　清嘉慶十年(1805)刻本　一百二十冊

130000－0404－0002928　史131/1113(普)

清儀閣題跋不分卷　(清)張廷濟著　清光緒十九年(1893)蘇州振新書社石印本　六冊

130000－0404－0002929　史131/1146(普)

重定金石契附石鼓文釋存一卷補注一卷　(清)張燕昌撰　清光緒二十二年(1896)貴池劉世珩聚學軒刻本　五冊

130000－0404－0002930　史131/1262(普)

京畿金石考二卷　(清)孫星衍撰　清㳂喜齋刻本　二冊

130000－0404－0002931　史131/1320(普)

授堂金石文字續跋十四卷　(清)武億撰　清嘉慶元年(1796)授堂刻本　三冊

130000－0404－0002932　史131/2044(普)

仿古萃編不分卷　(清)徐蘊秋編　清宣統二年(1910)問月軒刻本　一冊

130000－0404－0002933　史131/2509(普)

行素草堂金石叢書二十一種一百五十二卷

(清)朱記榮輯　清光緒十四年(1888)吳縣朱氏刻本　四十冊

130000－0404－0002934　史131/2523(普)

曝書亭金石文字跋尾六卷　(清)朱彝尊著　清光緒九年至十年(1883－1884)吳縣朱記榮槐廬刻本　二冊

130000－0404－0002935　史131/2615(普)

金石存十五卷　(清)吳玉搢撰　清嘉慶二十四年(1819)山陽李氏聞妙香室刻本　四冊

130000－0404－0002936　史131/2615(2)(普)

金石存十五卷　(清)吳玉搢撰　清嘉慶二十四年(1819)山陽李氏聞妙香室刻本　四冊

130000－0404－0002937　史131/2741(普)

藝風堂金石文字目十八卷　繆荃孫撰　清光緒三十二年(1906)江陰繆氏刻本　八冊

130000－0404－0002938　史131/2832(普)

隨軒金石文字九種　(清)徐渭仁輯　清同治七年(1868)上海徐允臨補刻本　四冊

130000－0404－0002939　史131/3117(普)

金石索六卷　(清)馮雲鵬　(清)馮雲鵷輯清道光元年(1821)滋陽縣署刻本　六冊

130000－0404－0002940　史131/3117＝2(普)

金石索十二卷首一卷　(清)馮雲鵬　(清)馮雲鵷輯　清光緒三十三年(1907)上海文新局石印本　十七冊　缺一卷(石索一)

130000－0404－0002941　史131/3117＝3(普)

金石索十二卷首一卷　(清)馮雲鵬　(清)馮雲鵷輯　清光緒三十二年(1906)上海文新局石印本　二十四冊

130000－0404－0002942　史131/3430(普)

隸釋二十七卷隸續二十一卷　(宋)洪适撰**汪本隸釋刊誤一卷**　(清)黃丕烈撰　清乾隆四十二年至四十三年(1777－1778)汪氏樓松書屋刻本　十四冊

130000－0404－0002943　史131/4460(普)

小蓬萊閣金石文字不分卷　(清)黃易輯　清道光十四年(1834)石墨軒刻本　六冊

130000－0404－0002944　史131/4634(普)

望堂金石文字不分卷　楊守敬編　清同治九年至光緒三年(1870－1877)宜都楊守敬飛青閣刻本　十六冊

130000－0404－0002945　史131/4650(普)

金石三例三種　(清)盧見曾輯　(清)王芑孫評　清光緒四年(1878)南海馮氏讀有用書齋刻朱墨套印本　四冊

130000－0404－0002946　史131/7110(普)

兩浙金石志十八卷補遺一卷　(清)阮元編(清)阮福補遺　清刻本　八冊

130000－0404－0002947　史131/7433(普)

金石學錄補四卷　(清)陸心源撰　清光緒五年(1879)刻十二年(1886)增補本　一冊

130000－0404－0002948　史131/8346(普)

潛研堂金石文跋尾四卷　(清)錢大昕撰　清刻本　一冊

130000－0404－0002949　史133/0200(普)

陶齋藏石記四十四卷附陶齋藏磚記二卷　(清)端方撰　清宣統元年(1909)石印本　十二冊

130000－0404－0002950　史133/1262(普)

寰宇訪碑錄十二卷刊謬一卷　(清)孫星衍(清)邢澍撰　羅振玉刊謬　**補寰宇訪碑錄五卷失編一卷刊誤一卷**　(清)趙之謙輯　羅振玉刊謬　清光緒十一年(1885)吳縣朱記榮槐廬家塾刻行素草堂金石叢書本　八冊

130000－0404－0002951　史133/4414(普)

唐石經校文十卷　(清)嚴可均撰　清嘉慶九年(1804)香山書院刻四錄堂類集本　二冊

130000－0404－0002952　史133/6051(普)

敦煌石室遺書十二種　羅振玉撰　清宣統元年(1909)誦芬室鉛印本　三冊

130000－0404－0002953　史133/7750(普)

周秦刻石釋音一卷　(元)吾丘衍撰　清刻本　一冊

130000－0404－0002954　史135/1124(普)

錢志新編二十卷　(清)張崇懿輯　清道光十年(1830)古婁尹氏聽香斗室刻本　四冊

130000－0404－0002955　史135/3792(普)

吉金所見錄十六卷首一卷末一卷　(清)初尚齡纂輯　清道光七年(1827)初氏古香書屋刻本　四冊

130000－0404－0002956　史136/1024(普)

孫氏養正樓印存六卷　(清)孟介臣篆刻(清)孫阜昌輯　清道光十九年(1839)鈐印本　六冊

130000－0404－0002957　史136/1096(普)

自怡軒印集二十卷　王絅堂手鐫　清光緒三十二年(1906)鈐印本　二十四冊

130000－0404－0002958　史136/2643(普)

程荔江印譜不分卷　(清)程荔江輯　清乾隆三年(1738)鈐印本　二冊

130000－0404－0002959　史136/2644(普)

封泥考略十卷　(清)吳式芬　(清)陳介祺輯　清光緒三十年(1904)石印本　八冊　缺二卷(四至五)

130000－0404－0002960　史14/9026(普)

書目答問四卷　(清)張之洞撰　清光緒四年(1878)上海淞隱閣刻本　四冊

130000－0404－0002961　史141/1262(普)

史記天官書補目一卷　(清)孫星衍撰　清光緒十三年(1887)廣雅書局刻本　一冊

130000－0404－0002962　史141/2105(普)

西學書目表三卷附一卷　梁啟超撰　清光緒二十三年(1897)刻本　一冊

130000－0404－0002963　史141/2528(普)

經義考三百卷目錄二卷　(清)朱彝尊編(清)昆田校　清乾隆二十年(1755)刻嘉慶二十二年(1817)秀水朱氏印本　四十八冊　缺二卷(二百九十九至三百)

130000－0404－0002964　史141/2767(普)

欽定四庫全書簡明目錄二十卷首一卷　(清)紀昀等編　清光緒五年(1879)墨潤堂刻本

八冊

130000－0404－0002965　史141/2767(2)(普)
欽定四庫全書簡明目錄二十卷首一卷 （清）
紀昀等編　清光緒五年(1879)墨潤堂鉛印本
十二冊

130000－0404－0002966　史141/2767＝2(普)
欽定四庫全書簡明目錄二十卷首一卷 （清）
紀昀等編　清乾隆四十七年(1782)刻本
十冊

130000－0404－0002967　史141/2767＝2(2)(普)
欽定四庫全書簡明目錄二十卷首一卷 （清）
紀昀等編　清乾隆四十七年(1782)刻本　十
二冊

130000－0404－0002968　史141/2767＝3(普)
欽定四庫全書簡明目錄二十卷首一卷 （清）
紀昀等編　清道光二十一年(1841)刻本　十
二冊

130000－0404－0002969　史141/2767＝4(普)
欽定四庫全書簡明目錄二十卷首一卷 （清）
紀昀等編　清乾隆四十七年(1782)刻本　十
一冊　缺三卷(九至十一)

130000－0404－0002970　史141/2767＝5(普)
欽定四庫全書簡明目錄二十卷首一卷 （清）
紀昀等編　清同治七年(1868)廣東書局刻本
十二冊

130000－0404－0002971　史141/2767－2(普)
欽定四庫全書總目二百卷首一卷 （清）紀昀
等編　清乾隆五十四年(1789)武英殿刻本
一百二十八冊

130000－0404－0002972　史141/2767－2＝2(普)
欽定四庫全書總目二百卷首一卷 （清）紀昀
等編　清同治七年(1868)廣東書局刻本　一
百八冊

130000－0404－0002973　史141/3128(普)
彙刻書目二十卷 （清）顧修編　清光緒十五
年(1889)上海福瀛書局刻本　二十冊

130000－0404－0002974　史141/3128(2)(普)

144

彙刻書目二十卷 （清）顧修編　清光緒十五
年(1889)上海福瀛書局刻本　二十冊

130000－0404－0002975　史141/3418(普)
全毀書目一卷抽毀書目一卷 （清）英廉等編
違礙書目一卷 （清）四庫館編　清抄本
二冊

130000－0404－0002976　史141/4444(普)
四庫全書敘不分卷 （清）紀昀等編　清刻本
一冊

130000－0404－0002977　史141/7110(普)
四庫未收書目提要五卷 （清）阮元撰　清道
光二年(1822)石印本　一冊

130000－0404－0002978　史141/8346(普)
元史藝文志四卷 （清）錢大昕補　清嘉慶五
年(1800)江蘇書局刻本　一冊

130000－0404－0002979　史142/1065(普)
八千卷樓書目二十卷 （清）丁丙藏　清光緒
錢塘丁氏聚珍仿宋版鉛印本　十冊

130000－0404－0002980　史142/1133－2(普)
**書目答問五卷附別錄一卷國朝著述諸家姓名
略一卷輶軒語一卷** （清）張之洞撰　清光緒
元年(1875)刻本　三冊

130000－0404－0002981　史142/1133－3(普)
**書目答問五卷附別錄一卷國朝著述諸家姓名
略一卷** （清）張之洞撰　清光緒二十三年
(1897)新化三味堂刻本　二冊

130000－0404－0002982　史142/1133－4(普)
**書目答問五卷附別錄一卷國朝著述諸家姓名
略一卷** （清）張之洞撰　清光緒四年(1878)
四明味海閣刻本　四冊

130000－0404－0002983　史142/2509(普)
行素草堂目覩書錄十集 （清）朱記榮撰　清
光緒十年(1884)槐廬家藏刻本　十冊

130000－0404－0002984　史142/2538(普)
晨風閣叢書二十二種 沈宗畸輯　清末影印
本　八冊

130000－0404－0002985　史142/4634(普)

日本訪書志十七卷　楊守敬撰　清光緒二十三年(1897)楊氏鄰蘇園刻本　八冊

130000－0404－0002986　史142/6082(普)
昭德先生郡齋讀書志四卷後志二卷　(宋)晁公武撰　附志一卷考異一卷　(宋)趙希弁撰　清光緒十年(1884)長沙王氏刻本　十一冊

130000－0404－0002987　史142/6680(普)
鐵琴銅劍樓藏書目錄二十四卷　(清)瞿鏞撰　清光緒二十四年(1898)刻本　八冊

130000－0404－0002988　史142/7551(普)
直齋書錄解題二十二卷　(宋)陳振孫撰　清光緒九年(1883)江蘇書局刻本　六冊

130000－0404－0002989　史143/2846(普)
大清畿輔書徵四十一卷　(清)徐世昌撰　清末民初天津徐氏鉛印本　十六冊

130000－0404－0002990　史143/4487(普)
天一閣書目十卷附碑目一卷　(明)范懋柱編　清刻本　十冊

130000－0404－0002991　史144/4424(普)
全上古三代秦漢三國晉南北朝文編目一百三卷　(清)蔣龡撰　清光緒五年(1879)刻本　十六冊

130000－0404－0002992　史144/7731(普)
皇清經解敬修堂編目十六卷　陶治元編　清光緒十二年(1886)石印本　三冊　缺四卷(八至十一)

130000－0404－0002993　子1/0005(普)
子書二十五種　(清)育文書局輯　清宣統三年(1911)育文書局石印本　二十四冊　缺五種三十八卷(文中子中說十卷、商君書遺說一卷、尸子存疑一卷、山海經十四卷、淮南子十至二十一)

130000－0404－0002994　子1/0005＝2(普)
子書二十五種　(清)育文書局輯　清宣統三年(1911)育文書局石印本　七冊　存九種八十九卷(列子八卷、老子道德經二卷附音義一卷、揚子法言十三卷附音義一卷、新書十卷、

呂氏春秋二十六卷、孔子集語十七卷、尸子二卷存疑一卷、商君書五卷、鶡冠子三卷)

130000－0404－0002995　子1/0005－2(普)
子書二十八種　(清)育文書局輯　清宣統三年(1911)育文書局石印本　四十冊　缺六種五十一卷(鶡冠子三卷、老子道德經二卷附音義一卷、莊子十卷、管子二十四卷、鬼谷子一卷、荀子一至十)

130000－0404－0002996　子1/0044(普)
刪定荀子管子二卷　(清)方苞刪定　清刻本　二冊

130000－0404－0002997　子1/0090(普)
國故論衡三卷　章炳麟著　清末石印本　一冊

130000－0404－0002998　子1/0724(普)
百子金丹十卷附任兆麟述記三卷　(清)郭偉撰注　清光緒三十一年(1905)上海文興書局石印本　九冊

130000－0404－0002999　子1/0724＝2(普)
百子金丹十卷　(清)郭偉選注　清刻本　十二冊

130000－0404－0003000　子1/1017(普)
十子全書十種　(清)王子興輯　清嘉慶九年(1804)姑蘇王氏聚文堂刻本　三十六冊

130000－0404－0003001　子1/1017(2)(普)
十子全書十種　(清)王子興輯　清嘉慶九年(1804)姑蘇王氏聚文堂刻本　二十三冊　缺二種三十一卷(管子二十四卷、荀子一至七)

130000－0404－0003002　子1/2117(普)
亢倉子尹文子合刻五卷　(宋)何璨注　明刻本　一冊

130000－0404－0003003　子1/3002(普)
桐城先生點勘子書讀本七種一百一卷　(清)吳汝編輯　清宣統二年(1910)衍星社鉛印本　十二冊

130000－0404－0003004　子1/3235(普)
二十二子二十二種　(清)浙江書局輯　清光

緒二年(1876)浙江書局據明世德堂本刻本
八十冊

130000-0404-0003005　子1/3235.=2(普)
二十二子三百三十卷　(清)浙江書局輯　清
光緒二年(1876)浙江書局據盧氏抱經堂刻本
八十冊　缺十四卷(竹書紀年統箋一至十
四)

130000-0404-0003006　子1/3235=3(普)
二十二子三百三十卷　(清)浙江書局輯　清
光緒二十二年(1896)上海積山書局石印本
十六冊

130000-0404-0003007　子1/3235-2(普)
子書二十二種　(清)浙江書局輯　清光緒二
十三年(1897)文瑞樓據陽湖孫氏本校鉛印本
二十八冊

130000-0404-0003008　子1/3235-2=2(普)
子書二十二種　(清)浙江書局輯　清光緒二
十三年(1897)文瑞樓據華亭張氏本校鉛印本
四十八冊

130000-0404-0003009　子1/3235-2=2(2)(普)
子書二十二種　(清)浙江書局輯　清光緒二
十三年(1897)文瑞樓據華亭張氏本校鉛印本
四十冊

130000-0404-0003010　子1/3235-2=3(普)
子書二十二種　(清)浙江書局輯　清光緒二
十三年(1897)上海圖書集成局鉛印本　三十
八冊　缺一種十六卷(墨子一至十六)

130000-0404-0003011　子1/3422(普)
劉子全書遺編二十四卷　(清)沈復粲編輯
清道光二十九年(1849)刻本　十二冊

130000-0404-0003012　子1/3705(普)
二十五子彙函　(清)鴻文書局輯　清光緒十
九年(1893)上海鴻文書局石印本　十五冊
缺四種四十三卷(鶡冠子一至三、鬼谷子一、
黃帝內經一至三十七、尉繚子一至二)

130000-0404-0003013　子1/4010(普)
子書二十八種三百二十四卷　(春秋)李耳等

撰　(晉)王弼等注　清宣統三年(1911)上海
集成圖書公司鉛印本　四十八冊

130000-0404-0003014　子1/4436(普)
子書百家五百十一卷　(清)湖北崇文書局輯
清光緒元年(1875)湖北崇文書局刻本　一
百十冊

130000-0404-0003015　子1/4436(2)(普)
子書百家五百十一卷　(清)湖北崇文書局輯
清光緒元年(1875)湖北崇文書局刻本　一
百十冊

130000-0404-0003016　子1/4436(3)(普)
子書百家五百十一卷　(清)湖北崇文書局輯
清光緒元年(1875)湖北崇文書局刻本　十
七冊　存九十一卷(鄧子一卷、尸子二卷、金
樓子六卷、孔叢子二卷、申鑒五卷、中論二卷、
伸蒙子三卷、素履子三卷、鶡冠子三卷、胡子
知言六卷附錄一卷疑義一卷、薛子道論三卷、
海樵子一卷、尉繚子二卷、劉子二卷、牟子一
卷、古今注三卷、聲隅子歙欷瑣微論二卷、嬾
真子五卷、廣成子解一卷、郁離子一卷、空同
子一卷、海沂子五卷、燕丹子三卷、玉泉子一
卷、金華子雜編二卷、拾遺記十卷、抱朴子內
篇四卷外篇四卷、素書一卷、心書一卷、何博
士備論二卷、宋丞相李忠定公輔政本末一卷)

130000-0404-0003017　子1/7578(普)
增補萬寶全書二十卷　(清)陳眉公纂輯　清
光緒十二年(1886)刻本　六冊

130000-0404-0003018　子1/8043(普)
諸子平議三十五卷　(清)俞樾撰　清光緒二
十一年(1895)上海鴻文書局石印本　二冊

130000-0404-0003019　子1/8043(2)(普)
諸子平議三十五卷　(清)俞樾撰　清光緒二
十一年(1895)上海鴻文書局石印本　二冊

130000-0404-0003020　子1/9010(普)
有不爲齋隨筆十卷　(清)光聰諧撰　清光緒
十三年(1887)蘇州藩署刻本　二冊

130000-0404-0003021　子1/9010(普)
紫泥日記一卷(清光緒十五年七月二十四日

至八月三十日） （清）黃彭年撰　清光緒十五年(1889)貴築黃氏刻陶樓雜著本　一冊

130000－0404－0003022　子1/9010(普)

明刑管見錄一卷　（清）穆翰撰　清光緒十一年(1885)刻本　一冊

130000－0404－0003023　子2/0020(普)

嘉懿集初鈔四卷續鈔四卷　（清）高塘編輯　清乾隆五十四年(1789)廣郡永邑培元堂刻本　八冊

130000－0404－0003024　子2/0020(2)(普)

嘉懿集初鈔四卷續鈔四卷　（清）高塘編輯　清乾隆五十四年(1789)廣郡永邑培元堂刻本　八冊

130000－0404－0003025　子2/0020(3)(普)

嘉懿集初鈔四卷續鈔四卷　（清）高塘編輯　清乾隆五十四年(1789)廣郡永邑培元堂刻本　八冊

130000－0404－0003026　子2/0020(4)(普)

嘉懿集初鈔四卷續鈔四卷　（清）高塘編輯　清乾隆五十四年(1789)廣郡永邑培元堂刻本　八冊

130000－0404－0003027　子2/0022(普)

人生必讀書十二卷　（清）唐彪撰錄　清康熙五十三年(1714)光裕堂刻本　六冊

130000－0404－0003028　子2/0036(普)

畜德錄選二卷　（清）席啟圖輯　（清）周學熙節錄　清刻本　一冊　存一卷(下)

130000－0404－0003029　子2/0071(普)

漱琴室存稿六卷　（清）高驤雲稿　清道光二十五年(1845)時求書堂刻本　二冊

130000－0404－0003030　子2/0080(普)

小學纂註六卷附朱子年譜一卷　（清）高愈撰　清同治八年(1869)江蘇書局刻本　二冊

130000－0404－0003031　子2/0080(2)(普)

小學纂註六卷附朱子年譜一卷　（清）高愈撰　清同治八年(1869)江蘇書局刻本　二冊

130000－0404－0003032　子2/0080＝2(普)

小學纂註六卷附朱子年譜一卷　（清）高愈撰　清光緒十四年(1888)蘇州掃葉山房刻本　四冊

130000－0404－0003033　子2/0080＝3(普)

重訂小學纂註六卷　（清）高愈撰　清同治五年(1866)晉拓山業堂刻本　四冊

130000－0404－0003034　子2/0110(普)

顏習齋遺書二十七卷　（清）顏元　**李恕谷遺書六十五卷**　（清）李塨撰　清末石印本　八冊　存四十一卷(顏習齋遺書一至二十七、李恕谷遺書一至十四)

130000－0404－0003035　子2/0110＝2(普)

顏習齋遺書二十七卷　（清）顏元　**李恕谷遺書六十五卷**　（清）李塨撰　清光緒五年(1879)定州王氏謙德堂刻畿輔叢書本　十八冊　存六十三卷(顏習齋先生年譜二,顏習齋先生言行錄二卷闢異錄二卷,習齋記餘一至五、八至十,存學編四卷,李恕谷先生年譜五卷,聖經學規纂二卷,論學二卷,小學稽業五卷,大學辨業四卷,學禮五卷,學射錄二卷,擬太平策七卷,評乙古文一卷,恕谷後集十三卷)

130000－0404－0003036　子2/0110＝2(2)(普)

顏習齋遺書二十七卷　（清）顏元　**李恕谷遺書六十五卷**　（清）李塨撰　清光緒五年(1879)定州王氏謙德堂刻畿輔叢書本　十八冊　缺二十六卷(李恕谷先生年譜五、聖經學規纂二卷、論學二卷、小學稽業五卷、大學辨業四卷、學禮五卷、學射錄二卷、閱史郤視四卷續一卷)

130000－0404－0003037　子2/0110＝3(普)

顏李遺書一百四十卷　（清）顏元　（清）李塨撰　清乾隆十五年(1750)四存學會校刻本　三十六冊　缺二卷(學樂錄一至二)

130000－0404－0003038　子2/0110－2(普)

四存編四卷　（清）顏元著　清康熙四十四年(1705)刻本　二冊

130000－0404－0003039　子2/0135(普)

重校顏氏家訓七卷附錄一卷　（北齊）顏之推
撰　清渭南嚴氏孝義家塾刻本　四冊

130000－0404－0003040　子2/0482(普)
教論語四卷　（清）謝金鑾著　清同治刻本
一冊

130000－0404－0003041　子2/0812(普)
天中許子政學合一集六卷　（清）許西山撰
清康熙三十年(1691)告天樓刻本　十冊

130000－0404－0003042　子2/1003(普)
新書十卷　（漢）賈誼著　清初刻本　四冊

130000－0404－0003043　子2/1020.2(普)
北溪先生字義二卷補遺一卷　（宋）陳淳撰
（清）王儁集編　清光緒八年(1882)津河廣仁
堂校刻本　二冊

130000－0404－0003044　子2/1037(普)
中庸衍義十七卷　（明）夏良勝撰　清同治十
年(1871)刻本　十二冊

130000－0404－0003045　子2/1037(2)(普)
中庸衍義十七卷　（明）夏良勝撰　清同治十
年(1871)刻本　十二冊

130000－0404－0003046　子2/1044(普)
權衡一書四十一卷　（清）王檀輯錄　清乾隆
元年(1736)崇德堂刻本　二十冊

130000－0404－0003047　子2/1050(普)
孔子家語十卷　（三國魏）王肅注　清光緒二
十四年(1898)據玉海堂影宋本武昌刻本
四冊

130000－0404－0003048　子2/1050＝2(普)
孔子家語十卷　（三國魏）王肅注　清李光明
莊刻本　四冊

130000－0404－0003049　子2/1050＝4(普)
孔子家語十卷　（三國魏）王肅注　清光緒元
年(1875)湖北崇文書局刻本　二冊

130000－0404－0003050　子2/1050＝5(普)
孔氏家語十卷　（三國魏）王肅注　清敬儀堂
刻本　四冊

130000－0404－0003051　子2/1050＝5(2)(普)
孔氏家語十卷　（三國魏）王肅注　清敬儀堂
刻本　四冊

130000－0404－0003052　子2/1050＝7(普)
孔子家語十卷　（三國魏）王肅注　清光緒十
八年(1892)上海掃葉山房石印本　五冊

130000－0404－0003053　子2/1050＝8(普)
孔子家語十卷　（三國魏）王肅注　清乾隆四
十九年(1784)文盛堂刻本　二冊

130000－0404－0003054　子2/1050＝9(普)
孔子家語十卷　（三國魏）王肅注　清道光二
十九年(1849)刻本　一冊

130000－0404－0003055　子2/1050＝10(普)
孔子家語十卷　（三國魏）王肅注　清初刻本
二冊

130000－0404－0003056　子2/1122(普)
小學集解六卷　（清）張伯行輯注　清同治六
年(1867)楚北崇文書局刻本　三冊

130000－0404－0003057　子2/1122(2)(普)
小學集解六卷　（清）張伯行輯注　清同治六
年(1867)楚北崇文書局刻本　三冊

130000－0404－0003058　子2/1122(3)(普)
小學集解六卷　（清）張伯行輯注　清同治六
年(1867)楚北崇文書局刻本　三冊

130000－0404－0003059　子2/1122＝2(普)
小學集解六卷　（清）張伯行輯注　清同治四
年(1865)晉陽藩署刻本　二冊

130000－0404－0003060　子2/1122＝3(普)
小學集解六卷　（清）張伯行輯注　清光緒七
年(1881)刻本　四冊

130000－0404－0003061　子2/1122＝4(普)
小學集解六卷　（清）張伯行輯注　清光緒三
十三年(1907)廣州城福雲樓刻本　四冊

130000－0404－0003062　子2/1143(普)
張子全書十四卷　（宋）張載著　清道光二十
二年(1842)鳳郡刻本　八冊

148

130000－0404－0003063　子2/1143＝2(普)

張子全書十五卷 (宋)張載撰 (宋)朱熹註釋 清康熙五十八年(1719)高安朱氏刻本 五冊

130000－0404－0003064　子2/1143－2(普)

新刊性理大全八卷 (宋)張載撰 (宋)朱熹註 清刻本 四冊 存五卷(四至八)

130000－0404－0003065　子2/1144(普)

孝經衍義一百卷 (清)張英等撰 清康熙三十年(1691)刻本 三十二冊

130000－0404－0003066　子2/1144＝2(普)

孝經衍義一百卷 (清)張英等撰 清初刻本 十冊 存三十卷(二十六至五十五)

130000－0404－0003067　子2/1188(普)

淺近錄八卷 (清)張鑑輯 清道光十七年(1837)刻本 四冊

130000－0404－0003068　子2/1224(普)

孔叢子七卷 (漢)孔鮒著 (宋)宋咸注 清光緒元年(1875)海昌陳氏刻本 四冊

130000－0404－0003069　子2/1224＝2(普)

孔叢二卷 (漢)孔鮒著 明末刻本 二冊

130000－0404－0003070　子2/1243(普)

理學宗傳二十六卷 (清)孫奇逢輯 清康熙五年(1666)夏峰刻本 十六冊

130000－0404－0003071　子2/1243(2)(普)

理學宗傳二十六卷 (清)孫奇逢輯 清康熙五年(1666)夏峰刻本 十二冊

130000－0404－0003072　子2/1243(3)(普)

理學宗傳二十六卷 (清)孫奇逢輯 清康熙五年(1666)夏峰刻本 十六冊

130000－0404－0003073　子2/1739(普)

昌江性學述筆貫珠十二卷 (清)鄧逢光述筆 (清)徐謙編 清刻本 十二冊

130000－0404－0003074　子2/1748(普)

小學或問一卷 (清)尹嘉銓輯 清同治十年(1871)尊道堂刻本 一冊

130000－0404－0003075　子2/1779(普)

家範十卷 (宋)司馬光著 清光緒六年(1880)解梁書院刻本 一冊

130000－0404－0003076　子2/2020(普)

救劫寶訓不分卷 孚佑帝君降筆 清同治二年(1863)刻本 一冊

130000－0404－0003077　子2/2020－2(普)

勸世歸真四卷 孚佑帝君論 清光緒十五年(1889)京南榆垈鎮南勸善壇刻本 四冊

130000－0404－0003078　子2/2234(普)

聖諭廣訓直解一卷 (清)聖祖玄燁撰 (清)世宗胤禛廣訓 (清)□□直解 清末刻本 二冊

130000－0404－0003079　子2/2234(2)(普)

聖諭廣訓直解一卷 (清)聖祖玄燁撰 (清)世宗胤禛廣訓 (清)□□直解 清末刻本 二冊

130000－0404－0003080　子2/2234－2(普)

聖祖仁皇帝庭訓格言一卷 (清)世宗胤禛撰 清粵東省城雙門底昧經堂坊刻本 一冊

130000－0404－0003081　子2/2540(普)

小學六卷 (宋)朱熹撰 清乾隆十年(1745)蓮花書院刻本 四冊

130000－0404－0003082　子2/2544(普)

紫陽正誼課藝合撰不分卷 (清)朱蘭坡撰 清道光二十二年(1842)印本 六冊

130000－0404－0003083　子2/2608(普)

瓊琚佩語一卷 (清)魏裔介纂 清康熙十四年(1675)刻本 一冊

130000－0404－0003084　子2/2608－2(普)

希賢錄十卷 (清)魏裔介著 清康熙二十五年(1686)雲間胡元成刻本 六冊

130000－0404－0003085　子2/2608(2)(普)

希賢錄十卷 (清)魏裔介著 清康熙二十五年(1686)雲間胡元成刻本 十冊

130000－0404－0003086　子2/2640(普)

子華子十卷 (晉)程本撰 清刻本 二冊

130000－0404－0003087　子2/2661（普）

二程全書七種六十七卷　（宋）程顥　（宋）程
頤撰　（宋）朱熹輯　清康熙石門呂氏寶誥堂
刻本　十六冊

130000－0404－0003088　子2/2661＝2（普）

二程全書七種六十七卷　（宋）程顥　（宋）程
頤撰　（宋）朱熹輯　清光緒三十四年（1908）
澹雅局刻本　二十冊

130000－0404－0003089　子2/2661＝3（普）

二程全書六十七卷　（宋）程顥　（宋）程頤撰
　（宋）朱熹輯　清呂氏寶誥堂刻光緒小嫏嬛
山館刻本　八冊　存五十二卷（河南程氏遺
書二十五卷附錄一卷、河南程氏外書十二卷、
明道文集五卷、伊川文集八卷、遺文一卷）

130000－0404－0003090　子2/2661＝3（2）（普）

二程全書六十七卷　（宋）程顥　（宋）程頤撰
　（宋）朱熹輯　清呂氏寶誥堂刻光緒小嫏嬛
山館刻本　八冊　存三十一卷（河南程氏外
書十二卷、伊川易傳四卷、明道文集五卷、伊
川文集八卷、遺文一卷附錄一卷）

130000－0404－0003091　子2/2702（普）

朱子語類大全一百四十卷　（宋）黎靖德編
明刻本　四十八冊

130000－0404－0003092　子2/2717（普）

新增幼學故事瓊林四卷　（清）郡聖脈增補
清光緒三年（1877）京都泰山堂刻本　四冊

130000－0404－0003093　子2/2717＝2（普）

新增幼學故事瓊林四卷　（清）郡聖脈增補
（清）石韞玉增輯　清宣統三年（1911）浙紹奎
照樓石印本　五冊

130000－0404－0003094　子2/2717＝3（普）

新增幼學故事瓊林四卷　（清）郡聖脈增補
清光緒九年（1883）掃葉山房刻本　四冊

130000－0404－0003095　子2/2730（普）

性理標題綜要二十二卷　（明）詹淮景輯
（明）陳仁錫訂正　明崇禎五年（1632）翼聖堂
刻本　十六冊

130000－0404－0003096　子2/2746（普）

癡說八卷　（清）紀蔭田撰　清道光元年
（1821）懷清堂刻本　七冊

130000－0404－0003097　子2/2820（普）

王陽明先生傳習錄二卷　（明）徐愛手述　清
光緒二十四年（1898）友仁堂刻本　二冊

130000－0404－0003098　子2/3046（普）

女四書二卷　（唐）宋若昭等撰　清李光明莊
刻本　一冊

130000－0404－0003099　子2/3130（普）

朱子原訂近思錄十四卷　（清）江永集注　清
同治七年（1868）楚北崇文書局刻本　四冊

130000－0404－0003100　子2/3130＝2（普）

朱子原訂近思錄十四卷　（清）江永集注　清
光緒十一年（1885）江西書局刻本　三冊

130000－0404－0003101　子2/3130＝3（普）

朱子原訂近思錄十四卷考訂朱子世家一卷
（清）江永集注　清光緒十四年（1888）廣雅書
局刻本　五冊

130000－0404－0003102　子2/3130＝4（普）

近思錄十四卷考訂朱子世家一卷　（清）江永
集注　清光緒十五年（1889）掃葉山房刻本
六冊

130000－0404－0003103　子2/3193（普）

雙節堂庸訓六卷　（清）汪輝祖撰　清同治七
年（1868）楚北崇文書局刻本　二冊

130000－0404－0003104　子2/3214＝2（普）

養蒙針度二卷　（清）潘子聲撰　清光緒元年
（1875）京師寶文堂刻本　二冊

130000－0404－0003105　子2/3413（普）

蕺山先生人譜二卷　（清）洪正治校編　清雍
正四年（1726）刻本　二冊

130000－0404－0003106　子2/4020（普）

願體集二卷　（清）李仲麟輯　清光緒五年
（1879）刻本　五冊

130000－0404－0003107　子2/4022（普）

西山先生真文忠公讀書記四十卷　（宋）真德

秀撰　清乾隆四年(1739)刻本　四十冊

130000－0404－0003108　子2/4022(2)(普)

西山先生真文忠公讀書記四十卷　(宋)真德
秀撰　清乾隆四年(1739)刻本　十八冊　存
二十一卷(一至二十一)

130000－0404－0003109　子2/4022－2(普)

大學衍義四十三卷　(宋)真德秀撰　清同治
十三年(1874)夔州府雲昌郭氏刻本　十冊

130000－0404－0003110　子2/4022－2＝2(普)

大學衍義四十三卷　(宋)真德秀撰　清同治
十一年(1872)浙江書局刻本　十冊

130000－0404－0003111　子2/4022－2＝3(普)

大學衍義四十三卷　(宋)真德秀撰　明梅墅
石渠閣刻本　十二冊

130000－0404－0003112　子2/4022－2＝4(普)

大學衍義四十三卷　(宋)真德秀撰　**大學衍
義補一百六十卷**　(明)邱濬撰　清京都文錦
堂刻本　四十八冊

130000－0404－0003113　子2/4044(普)

了凡四訓不分卷　(明)袁黃撰　清同治六年
(1867)漱芳齋刻本　一冊

130000－0404－0003114　子2/4044.2(普)

評乙古文一卷　(清)李塨撰　清雍正十年
(1732)刻本　一冊

130000－0404－0003115　子2/4054(普)

揚子法言學行十三卷　(唐)李軌注　清嘉慶
二十三年(1818)石研齋秦氏刻本　四冊

130000－0404－0003116　子2/4094(普)

御纂性理精義十二卷　(清)李光地等編　清
道光三十年(1850)聚錦旭刻本　六冊

130000－0404－0003117　子2/4094(2)(普)

御纂性理精義十二卷　(清)李光地等編　清
道光三十年(1850)聚錦旭刻本　六冊

130000－0404－0003118　子2/4094(3)(普)

御纂性理精義十二卷　(清)李光地等編　清
道光三十年(1850)聚錦旭刻本　四冊

130000－0404－0003119　子2/4094＝2(普)

御纂性理精義十二卷　(清)李光地等編　清
咸豐刻本　六冊

130000－0404－0003120　子2/4094＝3(普)

御纂性理精義十二卷　(清)李光地等編　清
尊經閣刻本　六冊

130000－0404－0003121　子2/4094＝3(2)(普)

御纂性理精義十二卷　(清)李光地等編　清
尊經閣刻本　六冊

130000－0404－0003122　子2/4094－2(普)

御纂朱子全書六十六卷　(宋)朱熹撰　(清)
李光地等編　清康熙五十二年(1713)刻本
二十三冊

130000－0404－0003123　子2/4094－2＝2(普)

御纂朱子全書六十六卷　(宋)朱熹撰　(清)
李光地等編　清康熙五十二年(1713)刻本
二十冊　存五十三卷(一至五十三)

130000－0404－0003124　子2/4094－2＝2(2)(普)

御纂朱子全書六十六卷　(宋)朱熹撰　(清)
李光地等編　清康熙五十二年(1713)刻本
十六冊　存四十二卷(一至二十一、四十六至
六十六)

130000－0404－0003125　子2/4094－2＝3(普)

御纂朱子全書六十六卷　(宋)朱熹撰　(清)
李光地等編　清康熙五十二年(1713)刻本
十二冊　存二十五卷(一至二十五)

130000－0404－0003126　子2/4094－2＝4(普)

御纂朱子全書六十六卷　(宋)朱熹撰　(清)
李光地等編　清淵鑒齋刻本　五冊　存十四
卷(一至十四)

130000－0404－0003127　子2/4094－2＝4(2)(普)

御纂朱子全書六十六卷　(宋)朱熹撰　(清)
李光地等編　清淵鑒齋刻本　三冊　存十卷
(十至十九)

130000－0404－0003128　子2/4234(普)

儒門法語不分卷　(清)彭定求編　(清)湯金
釗輯要　清光緒元年(1875)江蘇學政署刻本

一冊

130000－0404－0003129　子2/4410(普)
黃氏日鈔九十七卷附古今記要十九卷　（宋）黃震編輯　清乾隆中汪佩鍔校刻本　三十二冊

130000－0404－0003130　子2/4421(普)
顏氏家訓節鈔二卷　（北齊）顏之推撰　（清）黃叔琳編　清雍正二年(1724)刻本　一冊

130000－0404－0003131　子2/4421.2(普)
女學六卷　（清）藍鼎元編　清光緒二年(1876)怡怡園刻本　三冊　存四卷(一至四)

130000－0404－0003132　子2/4435(普)
是菴尊信錄二卷　（清）蘭心素客纂輯　清同治九年(1870)愛蓮淨室刻本　二冊

130000－0404－0003133　子2/4436(普)
荀子二十卷　（戰國）荀況撰　（唐）楊倞注王先謙集解　清光緒十七年(1891)思賢講舍刻本　六冊

130000－0404－0003134　子2/4436＝2(普)
荀子二十卷　（戰國）荀況撰　（唐）楊倞注清光緒二年(1876)浙江書局據嘉善謝民本刻本　六冊

130000－0404－0003135　子2/4436＝3(普)
荀子二十卷　（戰國）荀況撰　（唐）楊倞注清光緒二年(1876)浙江書局刻本　六冊

130000－0404－0003136　子2/4436＝4(普)
荀子箋釋二十卷　（戰國）荀況撰　（唐）楊倞注　清嘉慶九年(1804)姑蘇聚文堂刻本　四冊　存十卷(一至十)

130000－0404－0003137　子2/4438(普)
明夷待訪錄一卷　（清）黃宗羲撰　清海山仙館刻本　二冊

130000－0404－0003138　子2/4487(普)
重校時藝引階合編不分卷　（清）葉錫鳳輯清光緒十三年(1887)善成堂刻本　四冊

130000－0404－0003139　子2/4620＝3(普)
荀子二十卷　（唐）楊倞注　清嘉慶九年(1804)姑蘇聚文堂刻本　四冊

130000－0404－0003140　子2/4700(普)
性理大全書七十卷　（明）胡廣等撰　明刻本二十九冊

130000－0404－0003141　子2/4700＝2(普)
性理大全書七十卷　（明）胡廣等撰　明刻本十一冊

130000－0404－0003142　子2/4710(普)
繹志十九卷　（清）胡承諾撰　清同治十一年(1872)浙江書局刻本　八冊

130000－0404－0003143　子2/4871(普)
日知會說四卷　（清）高宗弘曆撰　清乾隆元年(1736)內府刻本　四冊

130000－0404－0003144　子2/5055(普)
增補願體廣類集四卷　（清）史典編　（清）汪瑞齡輯　（清）蔣岳增纂　清康熙刻本　二冊

130000－0404－0003145　子2/6022(普)
身世繩規四卷　（清）何思永編　（清）朱潮增輯　清道光二十六年(1846)壽嵐堂印本四冊

130000－0404－0003146　子2/6034(普)
羅忠節公性理五種五卷　（清）羅澤南著　清咸豐九年(1859)長沙刻本　四冊

130000－0404－0003147　子2/6045(普)
呻吟語六卷　（明）呂坤撰　清乾隆五十九年(1794)刻本　六冊

130000－0404－0003148　子2/6045＝2(普)
摘錄呂新吾先生呻吟語四卷　（明）呂坤撰清道光三十年(1850)福仙堂何刻本　四冊

130000－0404－0003149　子2/6045＝3(普)
呂語集粹四卷附正續小兒語一卷　（明）呂坤著　（清）陳宏謀批評　清末江左書林石印本二冊

130000－0404－0003150　子2/6045－2(普)
呂子節錄四卷　（明）呂坤著　（清）陳宏謀評輯　清道光四年(1824)刻本　二冊

130000－0404－0003151　子2/6073(普)

小學六卷　(宋)朱熹撰　**近思錄十四卷**
(宋)朱熹　(宋)呂祖謙輯　清刻本　六冊

130000－0404－0003152　子2/6110(普)

大學觀海初集不分卷　(清)點石齋撰　清光
緒十四年(1888)上海點石齋石印本　六冊

130000－0404－0003153　子2/6721(普)

蒙學修身書六卷　(清)路岯輯　清光緒二十
八年(1902)刻本　一冊

130000－0404－0003154　子2/7210(普)

理學宗傳辨正十六卷　(清)劉廷詔撰　清同
治十一年(1872)六安求我齋刻本　五冊　存
十五卷(一至十五)

130000－0404－0003155　子2/7227(普)

說苑二十卷　(漢)劉向撰　清光緒元年
(1875)湖北崇文書局刻本　四冊

130000－0404－0003156　子2/7377(普)

人範須知六卷　(清)盛隆編輯　清同治二年
(1863)石竹山房刻本　五冊

130000－0404－0003157　子2/7442(普)

思辨錄輯要二十二卷後集十三卷　(明)陸世
儀著　清光緒三年(1877)江蘇書局刻本
八冊

130000－0404－0003158　子2/7474(普)

陸清獻公治嘉格言不分卷　(清)陸隴其著
清同治七年(1868)刻本　一冊

130000－0404－0003159　子2/7530(普)

五種遺規五種　(清)陳宏謀撰　清同治七年
(1868)楚北崇文書局刻本　八冊　存三種十
卷(從政遺規二卷補編一卷、養正遺規三卷、
訓俗遺規四卷)

130000－0404－0003160　子2/7530(2)(普)

五種遺規五種　(清)陳宏謀撰　清同治七年
(1868)楚北崇文書局刻本　七冊

130000－0404－0003161　子2/7530(3)(普)

五種遺規五種　(清)陳宏謀撰　清同治七年
(1868)楚北崇文書局刻本　八冊

130000－0404－0003162　子2/7530＝2(普)

五種遺規五種　(清)陳宏謀撰　清乾隆七年
(1742)彙文堂刻本　六冊　存四種十二卷
(養正遺規二卷補編一卷、從政遺規二卷、訓
俗遺規四卷、教女遺規三卷)

130000－0404－0003163　子2/7530＝3(普)

五種遺規五種　(清)陳宏謀撰　清道光十年
(1830)培遠堂刻本　九冊　存三種九卷(從
政遺規二卷、養正遺規二卷補編一卷、訓俗遺
規四卷)

130000－0404－0003164　子2/7530－2(普)

五種遺規五種　(清)陳宏謀撰　清道光十年
(1830)刻本　八冊　存四種十四(從政遺規
四卷、養正遺規二卷補編一卷、訓俗遺規四
卷、教女遺規三卷)

130000－0404－0003165　子2/7530－3(普)

五種遺規五種　(清)陳宏謀撰　清道光二年
(1822)同文堂刻本　八冊

130000－0404－0003166　子2/7530－4(普)

學仕遺規四卷　(清)陳宏謀撰　清光緒五年
(1879)江蘇書局刻本　五冊

130000－0404－0003167　子2/7544(普)

陳潛室先生木鍾集十一卷　(宋)陳埴撰　清
同治六年(1867)東歐郡齋刻本　四冊

130000－0404－0003168　子2/7732(普)

重刻先正讀書訣一卷　(清)周永年輯　清光
緒四年(1878)刻本　二冊

130000－0404－0003169　子2/8030(普)

朱子格言試帖一卷　(清)全心齋著　清光緒
十七年(1891)敦本義塾刻本　一冊

130000－0404－0003170　子2/8282(普)

性理會通七十卷續編四十二卷　(明)鍾人傑
輯　明刻本　十八冊　存六十三卷(一至六
十三)

130000－0404－0003171　子2/8310(普)

幼學須知句解四卷　(清)錢元龍校　清乾隆
年寶興堂刻本　四冊

130000－0404－0003172　子2/8310＝2(普)
改良幼學須知句解四卷　（清）錢元龍校　清
光緒三十四年(1908)蔣春紀書莊石印本　三
冊　存三卷(一至三)

130000－0404－0003173　子2/8703(普)
昨非錄二卷　（明）鄭誼明撰　（清）王槙鈔
清光緒石印本　二冊

130000－0404－0003174　子3/0704(普)
莊子集釋十卷　（清）郭慶藩輯　清光緒二十
年(1894)湘陰郭氏思賢講舍刻本　八冊

130000－0404－0003175　子3/0704＝2(普)
莊子集釋十卷　（清）郭慶藩輯　清光緒二十
年(1894)掃葉山房石印本　十冊

130000－0404－0003176　子3/0727(普)
南華真經旁注五卷　（晉）郭象評　（晉）向秀
注　清嘉慶十一年(1806)文盛堂刻本　六冊

130000－0404－0003177　子3/0727－2(普)
莊子十卷　（晉）郭象注　（晉）陸德明音義
清光緒十一年(1885)刻朱墨套印本　四冊

130000－0404－0003178　子3/0843(普)
太上寶筏圖說不分卷　（清）許鶴沙輯　清光
緒十八年(1892)石印本　八冊

130000－0404－0003179　子3/1020(普)
莊子集解八卷　王先謙輯　清宣統元年
(1909)上海掃葉山房石印本　四冊

130000－0404－0003180　子3/1020(2)(普)
莊子集解八卷　王先謙輯　清宣統元年
(1909)上海掃葉山房石印本　四冊

130000－0404－0003181　子3/1020(3)(普)
莊子集解八卷　王先謙輯　清宣統元年
(1909)上海掃葉山房石印本　四冊

130000－0404－0003182　子3/1020＝2(普)
莊子集解八卷　王先謙輯　清末上海校經山
房石印本　四冊

130000－0404－0003183　子3/1020＝3(普)
莊子集解八卷　王先謙輯　清宣統元年
(1909)掃葉山房石印本　四冊

130000－0404－0003184　子3/1223(普)
沖虛至德真經注八卷　（戰國）列禦寇撰
（晉）張湛注　（唐）殷敬順釋文　清嘉慶九年
(1804)姑蘇聚文堂刻本　二冊

130000－0404－0003185　子3/1748(普)
性命圭旨四卷　（清）尹真人秘授　清康熙八
年(1669)掃葉山房刻本　四冊

130000－0404－0003186　子3/1748＝2(普)
性命圭旨四卷　（清）尹真人秘授　清康熙八
年(1669)一山房刻本　二冊

130000－0404－0003187　子3/1748＝3(普)
性命圭旨四卷　（清）尹真人秘授　清棣鄂堂
刻本　四冊

130000－0404－0003188　子3/2435(普)
莊子內篇註四卷　（明）釋德清註　清光緒十
四年(1888)刻本　二冊

130000－0404－0003189　子3/2514(普)
配命錄八卷　（清）朱珪等撰　清道光十七年
(1837)京師晉文齋刻本　八冊

130000－0404－0003190　子3/3021(普)
南華真經解六卷　（清）宣穎著　清康熙六十
年(1721)懷義堂刻本　六冊

130000－0404－0003191　子3/3021＝2(普)
南華真經解三卷　（清）宣穎著　清經綸堂刻
本　六冊

130000－0404－0003192　子3/3021＝3(普)
莊子南華經解六卷　（清）宣穎著　清末上海
存古齋石印本　六冊

130000－0404－0003193　子3/3128＝2(普)
道德經評註二卷　（漢）河上公章句　（元）歸
有光批閱　清嘉慶九年(1804)姑蘇聚文堂刻
本　二冊

130000－0404－0003194　子3/4010－2(普)
老子章義二卷　（春秋）李耳撰　（清）姚鼐注
清同治九年(1870)刻本　一冊

130000－0404－0003195　子3/4234(普)
道藏輯要三集　（清）彭定求輯　清刻本

四冊

130000－0404－0003196　子3/4434(普)
新鋟葛稚川内篇四卷外篇四卷 （晉）葛洪撰
清柏筠堂刻本　八冊

130000－0404－0003197　子3/4437(普)
文子纘義十二卷 （元）杜道堅撰　**悅心集五**
卷 （清）世宗胤禛輯　**張燕公集二十五卷**
(唐)張說撰　清乾隆四十五年(1780)武英殿
木活字印聚珍版書本　十二冊

130000－0404－0003198　子3/4477(普)
南華真經十卷 （戰國）莊周撰　（晉）郭象註
清嘉慶九年(1804)姑蘇聚文堂刻本　六冊

130000－0404－0003199　子3/4477＝2(普)
莊子南華真經三卷 （戰國）莊周撰　清光緒
元年(1875)湖北崇文書局刻本　二冊

130000－0404－0003200　子3/4477－2＝2(普)
莊子十卷 （戰國）莊周撰　清光緒二年
(1876)浙江書局刻本　四冊

130000－0404－0003201　子3/4477－2＝3(普)
莊子十卷 （戰國）莊周撰　清宣統元年
(1909)鉛印本　二冊

130000－0404－0003202　子3/4704(普)
莊子獨見不分卷 （清）胡文英評釋　清乾隆
十七年(1752)三多齋刻本　六冊

130000－0404－0003203　子3/7137(普)
文中子中說十卷 （宋）阮逸撰　清光緒二年
(1876)淛江書局據明世德堂本校刻本　二冊

130000－0404－0003204　子3/7216(普)
道書十二種 （清）劉一明撰　清嘉慶二十四
年(1819)常郡護國庵刻本　十二冊　存四種
十九卷（象言破疑二卷、會心內集二卷外集二
卷、周易闡眞四卷首一卷、參同契經文直指三
卷箋註三卷三相類二卷）

130000－0404－0003205　子3/7870(普)
陰騭文圖證不分卷 （清）許光清集證　清待
鶴齋刻本　一冊

130000－0404－0003206　子4/0845(普)

洗冤錄詳義四卷摭遺二卷遺補一卷 （清）許
槤編校　清光緒二年(1876)湖北藩署刻本
五冊

130000－0404－0003207　子4/1024(普)
管子地員篇注四卷 （清）王紹蘭注　清光緒
十七年(1891)寄虹館刻本　四冊

130000－0404－0003208　子4/1088(普)
鄂宰四稿不分卷 （清）王筠撰　清咸豐二年
(1852)刻本　二冊

130000－0404－0003209　子4/1172(普)
問心齋學治雜錄二卷 （清）張丹叔撰　清光
緒二年(1876)刻本　一冊

130000－0404－0003210　子4/2341(普)
行船免撞章程一卷附一卷 （英國）傅蘭雅譯
（清）鍾天緯譯　清末刻本　一冊

130000－0404－0003211　子4/3002(普)
宋本管子二十四卷 （唐）房玄齡註　清光緒
五年(1879)影宋刻本　四冊

130000－0404－0003212　子4/3002＝3(普)
管子二十四卷 （唐）房玄齡注　（明）劉績補
清光緒二十三年(1897)圖書集成局據明吳
郡趙氏本校印本　四冊

130000－0404－0003213　子4/3002＝4(普)
管子評註二十四卷 （唐）房玄齡註釋　（明）
朱養和輯　清嘉慶九年(1804)寶慶經綸堂刻
本　八冊

130000－0404－0003214　子4/3080(普)
重訂補註洗冤錄集証五卷 （宋）宋慈撰　**續**
增洗冤錄辨正三卷 （清）瞿中溶撰　（清）阮
其新補註　清光緒八年(1882)京都文寶堂刻
本　六冊

130000－0404－0003215　子4/3080＝2(普)
重訂補註洗冤錄集証五卷 （宋）宋慈撰　**續**
增洗冤錄辨正三卷 （清）瞿中溶撰　（清）阮
其新補註　清光緒三年(1877)浙江書局刻本
五冊

130000－0404－0003216　子4/3080＝3(普)

155

補註洗冤錄集証四卷附刊檢骨圖格一卷作吏要言一卷　(宋)宋慈撰　清道光十七年(1837)刻三色套印本　四冊

130000－0404－0003217　子4/3210(普)
洗冤錄詳義四卷摭遺二卷補遺一卷　(清)潘霨撰　清光緒三年(1877)湖北藩署刻本　三冊

130000－0404－0003218　子4/4061(普)
手型法講義一卷　(日本)太田一平講述　清末鉛印本　一冊

130000－0404－0003219　子4/4511(普)
韓非子集解二十卷　(戰國)韓非著　(清)王先慎集解　王先謙注　清光緒二十二年(1896)掃葉山房石印本　六冊

130000－0404－0003220　子4/4511－2(普)
韓非子二十卷附韓非子識誤三卷　(戰國)韓非著　清光緒元年(1875)浙江書局據吳氏影宋乾道本刻本　六冊

130000－0404－0003221　子4/4511－3(普)
韓非子二十卷　(戰國)韓非著　清末石印本　二冊

130000－0404－0003222　子4/7140(普)
重刻補註洗冤錄集証六卷　(清)阮其新補註　清道光二十四年(1844)刻本　五冊　存一卷(一)

130000－0404－0003223　子4/7221(普)
讀律必得三卷蜀僚問答二卷勸諭牧令文一卷　(清)劉衡等纂輯　清同治七年(1868)湖北崇文書局刻本　一冊

130000－0404－0003224　子4/7734(普)
萬國憲法志三卷　(清)周達編著　清光緒二十八年(1902)鉛印本　一冊

130000－0404－0003225　子4/8825(普)
管子二十四卷　(春秋)管仲撰　清末育文書局石印本　三冊　存十八卷(七至二十四)

130000－0404－0003226　子5/0863(普)
德國陸軍紀略四卷　(清)許景澄譯輯　清光緒十六年(1890)刻本　二冊

130000－0404－0003227　子5/0863－2(普)
外國師船圖表十二卷　(清)許景澄等編輯　清光緒十四年(1888)上海蜚英館石印本　四冊

130000－0404－0003228　子5/1032(普)
輪船佈陣十二卷圖一卷　(英國)賈密倫等原著　清末刻本　一冊

130000－0404－0003229　子5/1032(2)(普)
輪船佈陣十二卷圖一卷　(英國)賈密倫等原著　清末刻本　一冊

130000－0404－0003230　子5/1042(普)
火器略說不分卷　(清)黃達權　(清)王韜撰　清光緒七年(1881)天南遯窟鉛印本　一冊

130000－0404－0003231　子5/1051(普)
寧致堂武經體註大全會解七卷　(清)夏振翼　(清)湯綱纂輯　清康熙四十四年(1705)三畏堂刻本　六冊

130000－0404－0003232　子5/1066(普)
百將圖傳二卷　(清)丁日昌作　清同治八年(1869)江蘇書局刻本　二冊

130000－0404－0003233　子5/1068(普)
武經團鏡三卷　(□)王瞰集註　清咸豐十一年(1861)刻本　三冊

130000－0404－0003234　子5/1133(普)
西洋兵書五種二十一卷　(清)張之洞編定　清末刻本　六冊

130000－0404－0003235　子5/1134－2(普)
忠武侯諸葛孔明先生全集十九卷　(清)張澍輯　清同治元年(1862)聚珍齋活字印本　八冊

130000－0404－0003236　子5/1137(普)
北洋學堂講義　(清)北洋學堂編　清光緒三十四年(1908)北洋陸軍編輯局石印本　六十四冊　存五十七種(戰鬥指揮之本源、馬兵野外勤務問答、混成諸隊野外勤務、永久築壘、陸軍營務暫時規則、軍語類集、夜間戰鬥教育方案、軍械經理學、經理須知、步兵工作教範草案、機關石駁之價值編制制式、英杜戰爭軍事之觀察、步隊偵探對兵教育、輜重隊馱騾調教法、步隊彈擊效力學、口令定義、步兵偵探、步兵前哨、陸軍會計經理實務編、陸軍速成學堂條規、學弁日記、普通目兵須知、步兵暫行操法、石駁隊戰鬥指揮法、石駁兵暫行操法、機關石駁戰術之用法、馬兵野外工作教範、步兵彈擊教範、兵卒教育指針、軍隊內務條例、軍隊符號、一俱圖上戰法、作戰命令文範、陸軍懲罰令草案、夜間戰鬥論、步隊目兵須知、陸軍刑法草案、三十年式馬步槍學、操石駁教練、訓兵要言、考查日本陸軍教育書、步兵操法釋義、新兵教練科目、水雷問答、風紀衛兵暫行試辦章程、築壘教範草案、馬術教範、步隊行軍篇、德操新義、陸軍小學堂條規、單擊學術、戰例評論、步兵機關石駁暫行操法、石駁隊多石駁教練、野外拋務書、地形學教程、大操會議記事）

130000－0404－0003237　子5/1137－2(普)
北洋陸軍教科書　(清)北洋陸軍學堂編　清北洋陸軍編輯局石印本　十冊　存十種(光緒三十二年秋季會操摺奏全稿、防守學、陸軍學生訓諭、長江石駁臺芻議、趙註孫子、迅速測繪、號令譜、築壘必攜、軍隊救急簡要法、待兵訓兵教兵及順從諸規則)

130000－0404－0003238　子5/1137－3(普)
最新書牘須知二卷　(清)北洋陸軍編輯　清光緒三十四年(1908)北洋陸軍編輯局鉛印本　二冊

130000－0404－0003239　子5/1237(普)
憲兵教程纂要六卷　(清)北洋陸軍編　清光緒三十四年(1908)北洋陸軍編輯局鉛印本　六冊

130000－0404－0003240　子5/1237－2(普)
戰法學教程四卷　(清)北洋陸軍編　清末北洋武備研究所油印本　四冊

130000－0404－0003241　子5/1237－3(普)
軍器學教程五篇　(清)北洋陸軍編　清光緒

二十九年(1903)清軍教練處活字印本　二冊

130000－0404－0003242　子5/1237－4(普)
支隊戰術一卷　(清)北洋陸軍編　清末石印本　一冊

130000－0404－0003243　子5/1237－4(2)(普)
支隊戰術一卷　(清)北洋陸軍編　清末石印本　一冊

130000－0404－0003244　子5/1262(普)
孫子十家註十三卷　(清)孫星衍校　清刻本　一冊　存四卷(十至十三)

130000－0404－0003245　子5/1262＝2(普)
孫子十家註十三卷　(清)孫星衍校　(清)吳人驥同校　清上海鴻章書局石印本　四冊

130000－0404－0003246　子5/1716(普)
兵法全書十五卷　(清)鄧廷羅纂輯　清刻本　十五冊

130000－0404－0003247　子5/2221(普)
製火藥法三卷　(英國)利稼孫　(英國)華得斯輯　(英國)傅蘭雅口譯　(清)丁樹棠筆述　清末刻本　一冊

130000－0404－0003248　子5/2221(2)(普)
製火藥法三卷　(英國)利稼孫　(英國)華得斯輯　(英國)傅蘭雅口譯　(清)丁樹棠筆述　清末刻本　一冊

130000－0404－0003249　子5/2221(3)(普)
製火藥法三卷　(英國)利稼孫　(英國)華得斯輯　(英國)傅蘭雅口譯　(清)丁樹棠筆述　清末刻本　一冊

130000－0404－0003250　子5/2254(普)
陸軍檢查事務要論四卷　(日本)岸本焉次著　(清)楊葆鈞輯譯　清宣統元年(1909)北洋陸軍編譯局鉛印本　四冊

130000－0404－0003251　子5/2474(普)
備用藥物簡便良方二種合刻一卷　(清)佚名撰　清末刻本　一冊

130000－0404－0003252　子5/2634(普)
兵書三種附洋務新論一卷　(清)魏禧輯　清

光緒二十一年(1895)上海書局石印本　二冊

130000－0404－0003253　子5/2653(普)

重訂增補戰法學二卷　（清）賀忠良改訂　清
末鉛印本　一冊　存一卷(一)

130000－0404－0003254　子5/2661(普)

營壘圖說一卷　（比利時）伯里牙芒撰　（美
國）金楷理口譯　清末刻本　一冊

130000－0404－0003255　子5/3017(普)

法國海軍職要不分卷　（清）適可居士纂　清
末刻本　一冊

130000－0404－0003256　子5/3402(普)

自強軍西法類編十八卷　（清）沈敦和纂輯
清光緒二十四年(1898)上海順成書局石印本
　五冊　存五卷(一至五)

130000－0404－0003257　子5/3402－2(普)

自強軍西法類編十八卷創制公言二卷　（清）
沈敦和纂輯　清末石印本　十五冊　存十五
卷(自強軍西法類編六至十八、創制公言二
卷)

130000－0404－0003258　子5/3627(普)

俄士戰紀六卷　（清）陽鬙筆譯　清光緒二十
三年(1897)石印本　二冊

130000－0404－0003259　子5/3640(普)

火攻挈要二卷火攻秘要一卷　（德國）湯若望
授　（明）焦勖纂　（明）趙仲訂　清抄本　一
冊　存二卷(火攻挈要下、火攻秘要一卷)

130000－0404－0003260　子5/4255(普)

臨陣管見九卷　（德國）斯拉弗司撰　清末刻
本　四冊

130000－0404－0003261　子5/4431(普)

草廬經略二卷　（明）黃元瑞撰　（清）骨仙刪
定　清抄本　一冊

130000－0404－0003262　子5/4653(普)

初級軍事教科書八卷　（清）賀忠良編　清光
緒三十年(1904)石印本　二冊

130000－0404－0003263　子5/4653－2(普)

應用戰法五卷　（清）賀忠良編　清北洋陸軍

學堂印書局石印本　五冊

130000－0404－0003264　子5/4741(普)

讀史兵略四十六卷　（清）胡林翼纂　清咸豐
十一年(1861)武昌節署刻本　十六冊

130000－0404－0003265　子5/4741(2)(普)

讀史兵略四十六卷　（清）胡林翼纂　清咸豐
十一年(1861)武昌節署刻本　十六冊

130000－0404－0003266　子5/4741(3)(普)

讀史兵略四十六卷　（清）胡林翼纂　清咸豐
十一年(1861)武昌節署刻本　十五冊

130000－0404－0003267　子5/4741(4)(普)

讀史兵略四十六卷　（清）胡林翼纂　清咸豐
十一年(1861)武昌節署刻本　十六冊

130000－0404－0003268　子5/4741(5)(普)

讀史兵略四十六卷　（清）胡林翼纂　清咸豐
十一年(1861)武昌節署刻本　十六冊

130000－0404－0003269　子5/4741－2(普)

讀史兵略續編十卷　（清）胡林翼撰　清光緒
二十六年(1900)上海圖書集成印書局鉛印本
　九冊　缺一卷(一)

130000－0404－0003270　子5/4871(普)

湖北武學五十二卷　（德國）梅開爾等撰　清
光緒二十六年(1900)湖北官書處刻本　三十
一冊

130000－0404－0003271　子5/4871－2(普)

湖北武學三十卷　（德國）梅開爾等撰　清光
緒二十六年(1900)湖北官書處刻本　十三冊

130000－0404－0003272　子5/4957(普)

趙註孫子十三篇四卷　（明）趙本學註　清光
緒三十二年(1906)北洋陸軍編譯局石印本
四冊

130000－0404－0003273　子5/4957＝2(普)

精校斷句趙註孫子十三篇五卷　（明）趙本學
註　清末石印本　四冊

130000－0404－0003274　子5/5329(普)

紀效新書十八卷　（明）戚繼光撰　清照曠閣
刻本　二冊　存十卷(九至十八)

130000－0404－0003275　子5/5329＝2(普)

紀效新書十八卷　(明)戚繼光撰　清道光二十年(1840)山東布經歷署刻本　六冊

130000－0404－0003276　子5/5556(普)

孫吳司馬法八卷　(三國魏)曹操等註　清同治十年(1871)淮南書局刻本　一冊

130000－0404－0003277　子5/7329(普)

練兵實紀九卷雜集六卷　(明)戚繼光撰　清刻本　八冊

130000－0404－0003278　子5/7329＝2(普)

練兵實紀九卷雜集六卷　(明)戚繼光撰　清常州麟玉山房刻本　六冊

130000－0404－0003279　子5/7329＝3(普)

練兵實紀九卷　(明)戚繼光撰　清光緒二十一年(1895)上海醉經樓石印本　四冊

130000－0404－0003280　子5/7329＝4(普)

練兵實紀九卷雜集六卷　(明)戚繼光撰　清京師琉璃廠活字印本　六冊

130000－0404－0003281　子5/7329－2(普)

紀效新書十八卷　(明)戚繼光撰　清道光二十三年(1843)刻本　四冊

130000－0404－0003282　子5/7329－3(普)

紀效新書十八卷練兵實紀九卷雜集六卷　(明)戚繼光撰　清道光十年(1830)刻本　十二冊

130000－0404－0003283　子5/7479(普)

南洋工學譯書院所刻書　(日本)陸裏省等編纂　清南洋工學譯書院石印本　八冊　存五種(步兵工作教管、步兵射擊教管、步兵部隊教練書、步兵操典、步兵戰鬥射擊教練書)

130000－0404－0003284　子5/8041(普)

兵船礮法六卷　(美國)金楷理口譯　清末刻本　三冊

130000－0404－0003285　子5/8041(2)(普)

兵船礮法六卷　(美國)金楷理口譯　清末刻本　三冊

130000－0404－0003286　子6/1033(普)

農學一卷　(清)編譯處編纂　清末天津北洋官報局石印本　一冊

130000－0404－0003287　子6/1064(普)

齊民要術十卷　(北魏)賈思勰撰　清光緒二十二年(1896)浙江村西莊刻本　四冊

130000－0404－0003288　子6/1133(普)

三農紀　(清)張宗法著　清刻本　三冊　存三卷(二至三、六)

130000－0404－0003289　子6/1751(普)

農桑輯要七卷　(元)司農司撰　清光緒十四年(1888)世德堂刻本　二冊

130000－0404－0003290　子6/2893(普)

農政全書六十卷　(明)徐光啟撰　清道光十二年(1832)黔首大盛堂刻本　二十冊

130000－0404－0003291　子6/3427(普)

蠶桑輯要一卷廣蠶桑說一卷　(清)沈秉成編　清同治十年(1871)刻本　一冊

130000－0404－0003292　子6/4433(普)

欽定授時通考七十八卷　(清)鄂爾泰　(清)張廷玉總裁　(清)蔣溥等纂修　清道光六年(1826)四川藩署刻本　二十四冊

130000－0404－0003293　子6/4433(2)(普)

欽定授時通考七十八卷　(清)鄂爾泰　(清)張廷玉總裁　(清)蔣溥等纂修　清道光六年(1826)四川藩署刻本　二十四冊

130000－0404－0003294　子6/5351(普)

捕蝗要說二十則一卷圖一卷　(清)錢炘和等校訂　清同治八年(1869)湖北崇文書局刻本　一冊

130000－0404－0003295　子6/7701(普)

農術要理一卷　(英國)丹訥爾著　清光緒三十年(1904)北京官壽局鉛印本　一冊

130000－0404－0003296　子7/0000＝2(普)

丹溪心法附錄二十四卷首一卷　(明)方廣輯　清刻本　十六冊

130000－0404－0003297　子7/0000＝4(普)

丹溪心法附錄二十四卷首一卷　(明)方廣輯

清末上海文瑞樓石印本　十一冊　缺一卷
（二十四）

130000－0404－0003298　子7/0117（普）
增補醫林狀元壽世保元十卷　（明）龔廷賢編
（明）周亮登校　清光緒三十二年（1906）上
海圖書集成局鉛印本　八冊

130000－0404－0003299　子7/0117＝2（普）
較正醫林狀元壽世保元十卷　（明）龔廷賢編
清光緒善成堂刻本　十冊

130000－0404－0003300　子7/0117＝3（普）
新刊醫林狀元壽世保元十卷　（明）龔廷賢編
清聚盛堂刻本　十冊

130000－0404－0003301　子7/0117＝4（普）
較正醫林狀元壽世保元十卷　（明）龔廷賢編
清道光九年（1829）廣順堂刻本　九冊

130000－0404－0003302　子7/0117＝5（普）
新刊醫林狀元壽世保元十卷　（明）龔廷賢編
（明）周亮登校　清京都文成堂刻本　十冊

130000－0404－0003303　子7/0117＝6（普）
新刊醫林狀元壽世保元十卷　（明）龔廷賢編
（明）周亮登校　清光緒十四年（1888）上洋
掃葉山房刻本　十冊

130000－0404－0003304　子7/0117＝8（普）
增補醫林狀元壽世保元十卷　（明）龔廷賢編
（明）周亮登校　清末石印本　五冊　缺五
卷（二、五至六、九至十）

130000－0404－0003305　子7/0117＝9（普）
新刊醫林狀元壽世保元十卷　（明）龔廷賢編
清末善成堂刻本　五冊

130000－0404－0003306　子7/0117－2（普）
新刊增補萬病回春原本八卷　（明）龔廷賢編
清刻本　四冊

130000－0404－0003307　子7/0117－2＝2（普）
新刊增補萬病回春原本八卷　（明）龔廷賢編
清咸豐十年（1860）聯墨堂刻本　八冊

130000－0404－0003308　子7/0117－2＝3（普）
新刊增補萬病回春原本八卷　（明）龔廷賢編

清末刻本　五冊　存六卷（一至六）

130000－0404－0003309　子7/0117－2＝4（普）
新刊增補萬病回春原本八卷　（明）龔廷賢編
清道光八年（1828）文淵堂刻本　四冊

130000－0404－0003310　子7/0700（普）
豫醫雙璧三十五卷　（宋）郭雍等撰　清宣統
元年（1909）梁園活字本　八冊

130000－0404－0003311　子7/0700（2）（普）
豫醫雙璧三十五卷　（宋）郭雍等撰　清宣統
元年（1909）梁園活字本　八冊

130000－0404－0003312　子7/0833（普）
東醫寶鑑二十三卷　（朝鮮）許浚撰　清刻本
十八冊　存十七卷（針灸篇二卷，湯液篇一
至三，雜病篇二至六、九至十一，外形篇四卷）

130000－0404－0003313　子7/0934（普）
樂要便豢新編二卷筆花醫鏡四卷　（清）談鴻
鋆等輯　清光緒十八年（1892）刻本　一冊

130000－0404－0003314　子7/1007（普）
大生要旨六種　（清）巫齊居士原編　清光緒
三十四年（1908）上海章福記石印本　一冊

130000－0404－0003315　子7/1022（普）
圖註脈訣辨真四卷　（晉）王叔和撰　（明）張
世賢註　**瀕湖脈學奇經考一卷**　（明）李時珍
撰　**圖註八十一難經辨真四卷**　（戰國）秦越
人述　（明）張世賢註　清刻本　六冊

130000－0404－0003316　子7/1022＝2（普）
圖註脈訣辨真四卷　（晉）王叔和撰　（明）張
世賢註　**奇經八脈考一卷**　（明）李時珍撰
圖註八十一難經辨真四卷　（戰國）秦越人述
（明）張世賢註　清康熙三十九年（1700）光
啟堂刻本　六冊

130000－0404－0003317　子7/1022＝3（普）
圖註難經脈訣辨真四卷　（晉）王叔和撰
（明）張世賢註　**圖註八十一難經辨真四卷**
（戰國）秦越人述　（明）張世賢註　明善成堂
刻本　三冊

130000－0404－0003318　子7/1022＝4（普）

王叔和圖註難經脈訣四卷　（晉）王叔和撰
（晉）沈微垣刪著　圖註八十一難經辨真四卷
（戰國）秦越人撰　清三長堂刻本　五冊
缺二卷（圖註八十一難經辨真一至二）

130000－0404－0003319　子7/1032（普）
醫林改錯二卷　（清）王清任著　清光緒三十
年（1904）京都文成堂刻本　二冊

130000－0404－0003320　子7/1033（普）
生理衛生學一卷　（日本）齋田功太郎著
（清）直隸學校司編譯處譯　清天津官報局鉛
印本　一冊

130000－0404－0003321　子7/1045（普）
簡明中西匯參醫學圖說二卷　（清）王有忠編
輯　清光緒三十二年（1906）上海廣益書局石
印本　四冊

130000－0404－0003322　子7/1112（普）
儒門事親十五卷　（明）張子和著　清宣統二
年（1910）寧波汲綆齋書局石印本　六冊

130000－0404－0003323　子7/1147（普）
圖註難經脈訣全集十卷　（明）張世賢註　清
光緒九年（1883）寶興堂刻本　六冊

130000－0404－0003324　子7/1147－2（普）
圖註八十一難經辨真四卷　（明）張世賢註
圖註脈訣辨真四卷　（晉）王叔和撰　（明）張
世賢注　奇經八脈考一卷附寒門五法　（明）
李時珍撰　清同元堂刻本（其中三、五、六冊
爲手抄本）　六冊

130000－0404－0003325　子7/1223（普）
新增西藥略釋四卷　（清）孔繼良譯撰　（美
國）嘉約翰校正　清光緒十二年（1886）羊城
博濟醫局刻本　四冊

130000－0404－0003326　子7/1228（普）
活人一術初編不分卷　（清）孫德鍾輯　清道
光十八年（1838）刻本　一冊

130000－0404－0003327　子7/2155（普）
醫學正傳八卷　（明）虞搏編集　清末上海會
文堂書局石印本　六冊

130000－0404－0003328　子7/2322（普）
傅青主男科二卷附女科補遺一卷　（清）傅山
撰　清光緒十一年（1885）善成堂刻本　二冊

130000－0404－0003329　子7/2322＝2（普）
傅青主男科二卷女科二卷附女科產後編二卷
（清）傅山撰　清末石印本　一冊

130000－0404－0003330　子7/2322＝4（普）
傅青主男科二卷女科二卷附女科產後編二卷
（清）傅山撰　清末石印本　二冊

130000－0404－0003331　子7/2421（普）
全體通考十八卷　（英國）德貞子固氏著　清
光緒十二年（1886）鉛印本　十二冊

130000－0404－0003332　子7/2421＝2（普）
全體通考十八卷　（英國）德貞子固氏著　清
光緒十年（1884）石印本　三冊

130000－0404－0003333　子7/2527（普）
雜選良方一卷　（清）佚名氏抄　清抄本
一冊

130000－0404－0003334　子7/2600（普）
丹溪心法五卷　（明）程充撰　清末刻本
五冊

130000－0404－0003335　子7/2621（普）
身理啟業十卷　（清）總稅務司印　清光緒十
二年（1886）刻本　一冊

130000－0404－0003336　子7/2664（普）
醫學心悟六卷　（清）程國彭著　清光緒二十
年（1894）上海圖書集成鉛印本　三冊

130000－0404－0003337　子7/2668（普）
醫家四要五卷　（清）程曦等撰　清光緒十二
年（1886）養鶴山房刻本　五冊

130000－0404－0003338　子7/3123（普）
醫林纂要探源十卷附錄一卷　（清）汪紱撰
清光緒二十三年（1897）江蘇書局刻本　十冊

130000－0404－0003339　子7/3136（普）
筆花醫鏡四卷　（清）江涵暾著　清末石印本
一冊

130000－0404－0003340　子7/3160＝2(普)
重鎸本草醫方合編十四卷　（清）汪昂輯　清
有益堂刻本　六冊　存十一卷(一至十一)

130000－0404－0003341　子7/3160＝2(2)(普)
重鎸本草醫方合編十四卷　（清）汪昂輯　清
有益堂刻本　六冊

130000－0404－0003342　子7/3160＝2(3)(普)
重鎸本草醫方合編十四卷　（清）汪昂輯　清
有益堂刻本　六冊

130000－0404－0003343　子7/3160＝3(普)
醫方集解本草備要合刻不分卷　（清）汪昂輯
清光緒十三年(1887)鴻文書局石印本
六冊

130000－0404－0003344　子7/3160＝4(普)
重鎸本草醫方合編十四卷　（清）汪昂輯　清
西山堂刻本　六冊

130000－0404－0003345　子7/3160＝4(2)(普)
重鎸本草醫方合編十四卷　（清）汪昂輯　清
西山堂刻本　三冊

130000－0404－0003346　子7/3160＝5(普)
重鎸本草醫方合編十一卷　（清）汪昂輯　清
光緒二十六年(1900)新化三味堂刻本　五冊

130000－0404－0003347　子7/4042(普)
醫學入門七卷首一卷　（明）李梴編　清刻本
八冊　缺四卷(四至七)

130000－0404－0003348　子7/4054＝2(普)
新增醫宗必讀十卷　（明）李中梓著　清光緒
三十二年(1906)善成堂刻本　六冊

130000－0404－0003349　子7/4054＝3(普)
醫宗必讀十卷　（明）李中梓著　清道光二年
(1822)山淵堂刻本　六冊

130000－0404－0003350　子7/4054＝4(普)
增補醫宗必讀全書五卷　（明）李中梓著　明
末尚友堂刻本　五冊

130000－0404－0003351　子7/4054＝5(普)
掃葉山房重校宗必讀十卷　（明）李中梓著
清光緒十四年(1888)掃葉山房刻本　六冊

130000－0404－0003352　子7/4313(普)
證治要訣十二卷類方四卷　（明）戴元禮述
（明）余時雨校　清刻本　四冊

130000－0404－0003353　子7/4412－2(普)
金匱懸解二十二卷　（清）黃元御著　清末石
印本　一冊

130000－0404－0003354　子7/4412.2(普)
**十藥神書註解一卷急救奇痧方一卷霍亂論二
卷**　（清）葛可久等編著　清光緒十八年
(1892)上海圖書集成書局石印本　一冊

130000－0404－0003355　子7/4414(普)
重訂醫宗說約六卷　（清）蔣士吉纂述　清末
上海錦章圖書局石印本　四冊

130000－0404－0003356　子7/4414(2)(普)
重訂醫宗說約六卷　（清）蔣士吉纂述　清末
上海錦章圖書局石印本　四冊

130000－0404－0003357　子7/4414＝2(普)
重訂醫宗說約六卷　（清）蔣士吉纂述　清光
緒三十三年(1907)上海善記書莊重校石印本
四冊

130000－0404－0003358　子7/4431(普)
醫學摘瑜二卷　（清）韓永璋撰　清光緒三十
二年(1906)北京和記排印書局鉛印本　一冊
存一卷(上)

130000－0404－0003359　子7/4440(普)
痧癥全書三卷　（清）林森傳授　（清）王凱編
清同治七年(1868)刻本　一冊

130000－0404－0003360　子7/4440＝2(普)
痧癥全書三卷　（清）林森傳授　清光緒三年
(1877)刻本　一冊

130000－0404－0003361　子7/5003(普)
體學新編二卷　（美國）惠亨通編譯　清光緒
三十年(1904)鉛印本　二冊

130000－0404－0003362　子7/5154(普)
軒轅碑記醫學祝由十三科二卷　（□）□□撰
清刻朱墨套印本　二冊

130000－0404－0003363　子7/5154＝2(普)

軒轅碑記醫學祝由十三科二卷　（□）□□撰
　清刻朱墨套印本　二冊

130000－0404－0003364　子7/7583（普）
醫學從衆錄八卷　（清）陳念祖著　清末石印
本　一冊

130000－0404－0003365　子7/7583（2）（普）
醫學從衆錄八卷　（清）陳念祖著　清末石印
本　一冊

130000－0404－0003366　子7/7583－2（普）
醫學實在易八卷　（清）陳念祖著　清末石印
本　二冊

130000－0404－0003367　子7/7583－2（2）（普）
醫學實在易八卷　（清）陳念祖著　清末石印
本　一冊

130000－0404－0003368　子7/7583－2＝2（普）
醫學實在易八卷　（清）陳念祖著　清道光二
十四年（1844）兩儀堂刻本　四冊

130000－0404－0003369　子7/7741（普）
易簡方便醫書六卷　（清）周戎五彙集　清同
治十三年（1874）秣東仰高書院刻本　六冊

130000－0404－0003370　子7/8020（普）
醫宗備要三卷　（清）曾香輯　清同治八年
（1869）湖北崇文書局刻本　一冊

130000－0404－0003371　子7/8020（2）（普）
醫宗備要三卷　（清）曾香輯　清同治八年
（1869）湖北崇文書局刻本　一冊

130000－0404－0003372　子7/8020（3）（普）
醫宗備要三卷　（清）曾香輯　清同治八年
（1869）湖北崇文書局刻本　一冊

130000－0404－0003373　子7/8020（4）（普）
醫宗備要三卷　（清）曾香輯　清同治八年
（1869）湖北崇文書局刻本　一冊

130000－0404－0003374　子7/8020（5）（普）
醫宗備要三卷　（清）曾香輯　清同治八年
（1869）湖北崇文書局刻本　一冊

130000－0404－0003375　子7/8027（普）

西醫略論三卷　（英國）合信氏著　清咸豐七
年（1857）江蘇上海仁濟醫館刻本　一冊

130000－0404－0003376　子7/9939（普）
濟衆錄二卷　（清）榮守慎纂　清光緒三十二
年（1906）刻本　一冊

130000－0404－0003377　子71/0030（普）
中西匯通醫書五種二十九卷　（清）唐宗海撰
　清光緒三十四年（1908）千頃堂書局石印本
十二冊

130000－0404－0003378　子71/0030（2）（普）
中西匯通醫書五種二十九卷　（清）唐宗海撰
　清光緒三十四年（1908）千頃堂書局石印本
十二冊

130000－0404－0003379　子71/0030（3）（普）
中西匯通醫書五種二十九卷　（清）唐宗海撰
　清光緒三十四年（1908）千頃堂書局石印本
十一冊

130000－0404－0003380　子71/1029（普）
六科準繩六種四十二卷　（明）王肯堂輯　清
光緒十八年（1892）上海圖書集成印書局石印
本　二十二冊　存三十一卷（外科準繩六、傷
寒準繩八卷、證治準繩八卷、幼科準繩九卷）

130000－0404－0003381　子71/1032（普）
王洪緒先生外科證治全生一卷　（清）王維德
撰　清光緒五年（1879）山西濬文書局刻本
一冊

130000－0404－0003382　子71/1032（普）
瘰癧全書三卷　（清）林森傳授　（清）王凱編
輯　清光緒九年（1883）山西濬文書局刻本
一冊

130000－0404－0003383　子71/1032（普）
異授眼科一卷　（□）□□撰　清光緒九年
（1883）山西濬文書局刻本　一冊

130000－0404－0003384　子71/1032（普）
咽喉秘集二卷　（清）海山仙館編　清光緒九
年（1883）山西濬文書局刻本　一冊

130000－0404－0003385　子71/1044＝2（普）

潛齋醫書五種三十二卷　（清）王士雄撰　清末上海廣益書局石印本　四冊　存十七卷（王氏醫案二卷、王氏醫案續編八卷、溫熱經緯四至五、隨息居飲食譜一卷、隨息居霍亂論四卷）

130000－0404－0003386　子71/1117（普）

張氏醫通十六卷　（清）張璐纂述　清刻本十八冊　存九卷（一至六、十一至十三）

130000－0404－0003387　子71/1117＝3（普）

張氏醫通十六卷　（清）張璐纂述　清末上海錦章書局石印本　八冊

130000－0404－0003388　子71/1183（普）

景岳全書六十四卷　（明）張介賓著　清末石印本　十六冊

130000－0404－0003389　子71/1183＝2（普）

景岳全書六十四卷　（明）張介賓著　清聚錦堂刻本　二十四冊

130000－0404－0003390　子71/1183＝3（普）

景岳全書六十四卷　（明）張介賓著　清光緒二十年（1894）上海圖書館集成印書局石印本　十六冊

130000－0404－0003391　子71/1183＝3(2)（普）

景岳全書六十四卷　（明）張介賓著　清光緒二十年（1894）上海圖書館集成印書局石印本　十六冊

130000－0404－0003392　子71/1183＝4（普）

景岳全書六十四卷　（明）張介賓著　清康熙五十年（1711）刻本　二十五冊

130000－0404－0003393　子71/2608（普）

御纂醫宗金鑑九十卷首一卷　（清）吳謙等輯清乾隆七年（1742）武英殿刻本　九十冊

130000－0404－0003394　子71/2608(2)（普）

御纂醫宗金鑑九十卷首一卷　（清）吳謙等輯清乾隆七年（1742）武英殿刻本　四十八冊

130000－0404－0003395　子71/2608＝2（普）

御纂醫宗金鑑九十卷　（清）吳謙等輯　清光緒二年（1876）江西書局刻本　六十冊

130000－0404－0003396　子71/2608＝3（普）

御纂醫宗金鑑九十卷　（清）吳謙等輯　清刻本　六十二冊　存八十六卷（一至八、十二至十九、二十一至九十）

130000－0404－0003397　子71/2608＝4（普）

御纂醫宗金鑑九十卷　（清）吳謙等輯　清刻本　四十八冊

130000－0404－0003398　子71/2608＝5（普）

御纂醫宗金鑑外科十六卷　（清）吳謙等輯清善成堂刻本　六冊

130000－0404－0003399　子71/2608＝6（普）

御纂醫宗金鑑續編十四卷　（清）吳謙等輯清善成堂刻本　六冊

130000－0404－0003400　子71/2844（普）

徐氏醫書十三種　（清）徐大椿著　清光緒二十二年（1896）珍藝書局鉛印本　十冊　存三種十冊（難經經釋二卷、蘭臺軌範一至六、醫學源流論二卷）

130000－0404－0003401　子71/2844－2（普）

徐氏醫書八種十八卷　（清）徐大椿著　清光緒四年（1878）掃葉山房刻本　十二冊

130000－0404－0003402　子71/2844－2(2)（普）

徐氏醫書八種十八卷　（清）徐大椿著　清光緒四年（1878）掃葉山房刻本　八冊

130000－0404－0003403　子71/2844－2(3)（普）

徐氏醫書八種十八卷　（清）徐大椿撰　清光緒四年（1878）掃葉山房刻本　十一冊

130000－0404－0003404　子71/2844－3（普）

徐氏醫書六種十七卷　（清）徐大椿撰　清同治十二年（1873）湖北崇文書局刻本　八冊存十五卷（難經經釋二卷、醫學源流論二卷、醫貫砭二卷、蘭臺軌範八卷、傷寒論類方一卷）

130000－0404－0003405　子71/3131（普）

馮氏錦囊秘錄八種　（清）馮兆張纂輯　清大文堂刻本　二十三冊　存一種二十卷（雜症大小合參一至七、十至二十，首二卷）

164

130000－0404－0003406　子71/3160（普）

新增脈學本草醫方全書六卷首一卷 （清）汪昂輯　清光緒善成堂刻本　四冊

130000－0404－0003407　子71/3210（普）

韓園醫學六種 （清）潘霨編輯　清光緒九年（1883）江西書局刻本　六冊　存二種（傷寒論方類、醫學金鍼）

130000－0404－0003408　子71/3485（普）

沈氏尊生書五種六十八卷 （清）沈金鰲撰　清同治十三年（1874）湖北崇文書局刻本　二十六冊

130000－0404－0003409　子71/4013（普）

水鏡集約篇四卷 （清）范騋纂　清刻本　二冊　存二卷（二至三）

130000－0404－0003410　子71/4054（普）

善成堂增訂士材三書八卷 （明）李中梓著　清善成堂刻本　六冊

130000－0404－0003411　子71/4054＝2（普）

改良士材三書八卷 （明）李中梓著　清末上海江東書局石印本　四冊

130000－0404－0003412　子71/4054＝3（普）

善成堂增訂士材三書八卷 （明）李中梓著　清善成堂刻本　五冊

130000－0404－0003413　子71/4060＝2（普）

東垣十書十種二十二卷 （明）佚名輯　清末石印本　二冊

130000－0404－0003414　子71/4412（普）

黃氏醫書八種七十八卷 （清）黃元御著　清宣統元年（1909）上海江左書林石印本　十二冊

130000－0404－0003415　子71/4412（2）（普）

黃氏醫書八種七十八卷 （清）黃元御著　清宣統元年（1909）上海江左書林石印本　九冊　缺二十二卷（金匱懸解二十二卷）

130000－0404－0003416　子71/4412＝2（普）

黃氏醫書八種七十八卷 （清）黃元御著　清宣統元年（1909）上海江左書林石印本　十二冊

130000－0404－0003417　子71/4444（普）

醫效秘傳五卷 （清）葉栓著　清青雲閣刻本　五冊

130000－0404－0003418　子71/6860（普）

醫門法律六卷尚論篇四卷尚論後篇四卷寓意草一卷 （清）喻昌著　清光緒二十六年（1900）上海校經山房石印本　六冊

130000－0404－0003419　子71/6860＝2（普）

醫門法律六卷尚論篇四卷尚論後篇四卷寓意草一卷 （清）喻昌著　清光緒三十三年（1907）石印本　六冊

130000－0404－0003420　子71/6860＝3（普）

醫門法律六卷尚論篇二卷首一卷尚論後篇四卷寓意草一卷 （清）喻昌著　清經綸堂刻本　十二冊

130000－0404－0003421　子71/6860＝3（2）（普）

醫門法律六卷尚論篇二卷首一卷尚論後篇四卷寓意草一卷 （清）喻昌著　清經綸堂刻本　九冊　缺二卷（醫門法律四、六）

130000－0404－0003422　子71/6860＝4（普）

醫門法律六卷尚論篇四卷首一卷尚論後篇四卷寓意草一卷 （清）喻昌著　清光緒二十年（1894）上海圖書集成印書局鉛印本　八冊

130000－0404－0003423　子71/6860＝5（普）

醫門法律六卷尚論篇四卷尚論後篇四卷寓意草一卷 （清）喻昌著　清光緒二十六年（1900）上海校經山房石印本　六冊

130000－0404－0003424　子71/7282（普）

中西匯參銅人圖說一卷 （清）劉鍾衡著　清光緒二十五年（1899）上海江南機器製造總局石印本　一冊

130000－0404－0003425　子71/7282（普）

溫症痲疹辨證一卷 （清）許汝楫撰　清光緒十四年（1888）刻本　一冊

130000－0404－0003426　子71/7282（普）

婦科秘方一卷胎產護生篇一卷 （清）李長科

等撰　清同治五年(1866)刻本　一冊

130000－0404－0003427　子71/7442(普)
世補齋醫書六種三十三卷　(清)陸懋修撰
清光緒十二年(1886)山左書局刻本　八冊

130000－0404－0003428　子71/7442－2(普)
世補齋醫書續集九種二十九卷　(清)陸懋修
撰　清末石印本　八冊

130000－0404－0003429　子71/7583(普)
陳修園醫書二十三種　(清)陳念祖撰　清光
緒三十四年(1908)寶慶經元書局刻本　三十
二冊　存十七種(神農本草經讀、醫學三字
經、時方妙用、時方歌括、女科要旨、景岳新方
砭、傷寒箋注、長沙歌括、金匱要略箋注、金匱
歌括、醫學實在易、醫學從眾錄、靈樞素問、傷
寒旨方歌括、略痧奇方、經驗良方、霍亂論)

130000－0404－0003430　子71/7583＝2(普)
陳修園醫書三十二種　(清)陳念祖撰　清宣
統元年(1909)善成堂刻本　三十二冊　存三
十種一百八卷(醫學三字經四卷附錄一卷、神
農本草經讀四卷附錄一卷、金匱要略箋注十
卷、金匱方歌括六卷、靈樞素問集註十二卷、
傷寒論箋注六卷、長沙方歌括六卷、女科要旨
四卷、時方妙用四卷、景岳新方砭四卷、醫學
從眾八卷、傷寒真方歌括六卷、傷寒醫訣串解
六卷、十藥神書註解一卷、喉痧正的一卷、經
驗百病良方一卷、醫學實在易八卷、時方歌括
二卷、痢症三字經一卷、救迷良方一卷、白喉
治法扶微一卷、太乙神鑑一卷、咽喉脈證通論
一卷、福幼編一卷、急救略痧奇方一卷、春溫
三字訣一卷、急救喉診要方一卷、瘧疾論一
卷、養生鏡一卷、霍亂論二卷)

130000－0404－0003431　子71/7583＝3(普)
陳修園醫書三十二種　(清)陳念祖撰　清光
緒三十一年(1905)上海醉六書莊石印本　十
二冊　存二十八種一百一卷(醫學三字經四
卷附錄一卷、神農本草經讀四卷附錄一卷、金
匱要略箋注十卷、金匱方歌括六卷、靈樞素問
集註十二卷、傷寒論箋注六卷、長沙方歌括六
卷、女科要旨四卷、時方妙用四卷、景岳新方

砭四卷、醫學從眾八卷、傷寒醫訣串解六卷、
十藥神書註解一卷、喉痧正的一卷、醫學實在
易八卷、時方歌括二卷、痢症三字經一卷、救
迷良方一卷、白喉治法扶微一卷、太乙神鑑一
卷、咽喉脈證通論一卷、福幼編一卷、神授急
救異痧奇方一卷、春溫三字訣一卷、急救喉診
要方一卷、瘧疾論一卷、養生鏡一卷、霍亂論
二卷)

130000－0404－0003432　子71/7583＝4(普)
陳修園醫書三十六種　(清)陳念祖撰　清光
緒三十二年(1906)上海經香閣書莊石印本
九冊　存三十四種一百七卷(神農本草經讀
四卷附錄一卷、醫學三字經四卷附錄一卷、時
方妙用四卷、時方歌括二卷、女科要旨四卷、
景岳新方砭四卷、傷寒論淺注六卷、長沙方歌
括六卷、金匱要略淺注十卷、金匱方歌括六
卷、醫學實在易四卷、醫學從眾錄八卷、靈樞
素問集註十二卷、傷寒真方歌括六卷、傷寒醫
訣串解六卷、十藥神書註解一卷、霍亂論一
卷、異痧奇方一卷、經驗百病內外方一卷、白
喉治法扶微一卷、福幼編一卷、咽喉脈證通論
一卷、太乙神鑑一卷、救迷良方一卷、急救喉
診要方一卷、瘧疾論一卷、喉痧正的一卷、養
生鏡一卷、春溫三字訣一卷、痢症三字經一
卷、保嬰要旨一卷、外科證治全集一卷、大生
要旨一卷、傷寒舌鑑一卷)

130000－0404－0003433　子71/7583＝5(普)
陳修園醫書　(清)陳念祖撰　清文奎堂刻本
四冊　存四種十七卷(醫學三字經四卷附
錄一卷、時方歌括二卷、景岳新方砭四卷、傷
寒醫訣串解六卷)

130000－0404－0003434　子71/8044(普)
經驗四種十一卷　(清)年希堯著　(清)黃曉
峯重刊　清乾隆十四年(1749)刻本　十二冊

130000－0404－0003435　子72/0033(普)
中西匯通醫經精義二卷　(清)唐宗海著　清
光緒三十二年(1906)上海千頃堂石印本
一冊

130000－0404－0003436　子72/0044＝2(普)

醫門棒喝初集四卷二集九卷　（清）章楠著
（清）王孟英評點　清宣統元年（1909）石印本
　八冊

130000－0404－0003437　子72/1174（普）
靈樞經合纂十卷　（清）張隱菴　（清）馬元臺
合註　清末上海錦章圖書局石印本　九冊

130000－0404－0003438　子72/1174（2）（普）
靈樞經合纂十卷　（清）張隱菴　（清）馬元臺
合註　清末上海錦章圖書局石印本　九冊

130000－0404－0003439　子72/1174－2（普）
黃帝內經素問合纂十卷　（清）張隱菴　（清）
馬元臺合註　清宣統二年（1910）掃葉山房石
印本　八冊

130000－0404－0003440　子72/1174－2（2）（普）
黃帝內經素問合纂十卷　（清）張隱菴　（清）
馬元臺合註　清宣統二年（1910）掃葉山房石
印本　九冊

130000－0404－0003441　子72/1183（普）
類經圖翼十一卷　（明）張介賓撰　明末刻本
　四冊

130000－0404－0003442　子72/1183－2（普）
類經附翼四卷　（明）張介賓撰　清刻本
二冊

130000－0404－0003443　子72/3160（普）
素問靈樞類纂約註三卷　（清）汪昂纂輯　清
乾隆四十四年（1779）天德堂刻本　四冊

130000－0404－0003444　子72/3160＝2（普）
素問靈樞類纂約註三卷　（清）汪昂纂輯　清
末上海錦章圖書局石印本　三冊

130000－0404－0003445　子72/3160＝3（普）
素問靈樞類纂約註三卷　（清）汪昂纂輯　清
刻本　一冊

130000－0404－0003446　子72/3160－2（普）
黃帝素問靈樞合纂不分卷　（清）汪昂輯　清
刻本　二冊

130000－0404－0003447　子72/3801（普）
黃帝內經素問二十四卷遺編一卷靈樞十二卷

（唐）王冰註　清末上海廣益書局石印本
六冊

130000－0404－0003448　子72/3801（2）（普）
黃帝內經素問二十四卷遺編一卷靈樞十二卷
　（唐）王冰註　清末上海廣益書局石印本
六冊

130000－0404－0003449　子72/3801（3）（普）
黃帝內經素問二十四卷遺編一卷靈樞十二卷
　（唐）王冰註　清末上海廣益書局石印本
五冊　缺六卷（黃帝內經靈樞七至十二）

130000－0404－0003450　子72/3801－2（普）
黃帝內經素問二十四卷遺篇一卷靈樞十二卷
　（唐）王冰註　清光緒二十二年（1896）圖書
集成局鉛印本　四冊

130000－0404－0003451　子72/3801－3（普）
黃帝內經靈樞註證發微九卷補遺一卷　（唐）
王冰註　清刻本　七冊

130000－0404－0003452　子72/3801－4（普）
補註黃帝內經素問二十四卷　（唐）王冰註
清光緒三年（1877）浙江書局據明武陵碩氏影
宋嘉祐本刻本　八冊

130000－0404－0003453　子72/3801－4＝2（普）
補註黃帝內經素問二十四卷遺篇一卷　（唐）
王冰註　清光緒二十二年（1896）圖書集成局
印本　三冊

130000－0404－0003454　子72/4423（普）
華氏中藏經三卷附泰女方清寧丸方一卷秘製
大黃清甯丸方一卷　（漢）華佗撰　清光緒十
一年（1885）朱氏槐廬家塾刻本　二冊

130000－0404－0003455　子72/4929（普）
醫學指歸二卷首一卷　（清）趙術堂撰　清道
光二十八年（1848）刻本　三冊

130000－0404－0003456　子72/5048（普）
校正圖註八十一難經四卷脈訣四卷　（戰國）
秦越人述　（明）張世賢注　校正圖註脈訣四
卷　（晉）王叔和撰　清光緒三十一年（1905）
上海鴻寶齋石印本　四冊

130000－0404－0003457　子72/5048＝2(普)

校正圖註八十一難經四卷脈訣四卷 (戰國)
秦越人述 (明)張世賢注 **校正圖註脈訣四
卷** (晉)王叔和撰　清末上海會文堂石印本
四冊

130000－0404－0003458　子72/5048－2(普)

**圖註八十一難經四卷辨真四卷附脈訣附方一
卷** (戰國)秦越人撰 (明)張世賢注　清乾
隆五十年(1785)書林三餘堂刻本　二冊

130000－0404－0003459　子72/7144(普)

黃帝內經素問註證發微九卷 (明)馬蒔註證
清嘉慶十年(1805)大文堂刻本　九冊

130000－0404－0003460　子72/7144＝2(普)

黃帝內經素問註證發微九卷 (明)馬蒔註證
明萬曆十四年(1586)金閶葉瑤池刻本
十冊

130000－0404－0003461　子72/7144＝3(普)

黃帝內經素問註證發微九卷 (明)馬蒔註證
清刻本　六冊　存五卷(一至四、六)

130000－0404－0003462　子72/7144＝3(2)(普)

黃帝內經素問註證發微九卷附靈樞一卷
(明)馬蒔註證　清刻本　七冊　存六卷(一
至五、靈樞一卷)

130000－0404－0003463　子72/7235(普)

素問病機氣宜保命集三卷 (金)劉完素撰
清刻本　二冊

130000－0404－0003464　子73/2623(普)

本草從新十八卷 (清)吳儀洛撰　清光緒二
十二年(1896)上海圖書集成印書局鉛印本
四冊

130000－0404－0003465　子73/2690(普)

理論駢文摘要不分卷 (清)吳尚著　清光緒
元年(1875)江蘇書局刻本　二冊

130000－0404－0003466　子73/2817(普)

徐氏醫書六種 (清)徐大椿撰　清乾隆二十
二年(1757)刻本　三冊　存二種三卷(醫學
源流論一至二、神農本草一)

130000－0404－0003467　子73/3160(普)

增訂本草備要四卷附湯頭歌訣一卷 (清)汪
昂輯　清康熙三十三年(1694)善成堂刻本
五冊

130000－0404－0003468　子73/3160＝2(普)

**增訂本草備要四卷附湯頭歌訣一卷脈訣歌
卷** (清)汪昂輯　清光緒二十七年(1901)古
青堂怡翰齋刻本　五冊

130000－0404－0003469　子73/3160＝3(普)

增訂本草備要四卷 (清)汪昂輯　清道光二
年(1822)崇文堂刻本　六冊

130000－0404－0003470　子73/3160＝4(普)

增訂圖注本草備要四卷 (清)汪昂輯　清光
緒十四年(1888)三義堂刻本　三冊

130000－0404－0003471　子73/3160＝5(普)

**增訂本草備要四卷附湯頭歌訣一卷經絡歌訣
一卷脈訣歌一卷經絡圖說一卷** (清)汪昂輯
清光緒二十七年(1901)有益堂刻本　二冊

130000－0404－0003472　子73/3160＝7(普)

**增訂本草備要四卷附湯頭歌訣一卷經絡圖說
一卷經絡歌訣一卷脈訣歌一卷** (清)汪昂輯
清光緒三義堂刻本　三冊

130000－0404－0003473　子73/3525(普)

丸藥配本一卷 (□)□□撰　清手抄本
一冊

130000－0404－0003474　子73/4050(普)

本草原始十二卷 (明)李中立纂輯　清光緒
善成堂刻本　四冊

130000－0404－0003475　子73/4050＝2(普)

本草原始十二卷 (明)李中立纂輯　清文茂
堂刻本　八冊

130000－0404－0003476　子73/4054(普)

增補珍珠囊雷公泡制藥性賦解十卷 (明)李
中梓編輯　清宣統三年(1911)上海會文堂書
局石印本　四冊

130000－0404－0003477　子73/4061(普)

校正本草綱目七十二卷 (明)李時珍編

（清）吳毓昌校　清宣統元年（1909）上海經香閣石印本　十二冊

130000－0404－0003478　子73/4061＝2（普）
增廣本草綱目七十三卷　（明）李時珍編　清光緒十四年（1888）鴻寶斎書局石印本　二十四冊

130000－0404－0003479　子73/4061＝3（普）
本草綱目五十二卷本草萬方鍼線八卷本草綱目拾遺十卷　（明）李時珍編　清光緒十八年（1892）鴻寶斎石印本　十六冊

130000－0404－0003480　子73/4061＝4（普）
本草綱目五十二卷　（明）李時珍編　清光緒二十年（1894）上海圖書集成印書局鉛印本　十八冊　存五十一卷（一至五十一）

130000－0404－0003481　子73/4061＝5（普）
本草綱目五十二卷　（明）李時珍編　清刻本　四十一冊

130000－0404－0003482　子73/4061＝6（普）
本草綱目五十二卷　（明）李時珍編　**萬方鍼線八卷**　（清）蔡烈先撰　清順治錢塘吳毓昌刻本　四十一冊

130000－0404－0003483　子73/4061＝7（普）
重訂本草綱目五十二卷圖三卷　（明）李時珍編　清順治錢塘吳毓昌刻本　二十二冊　缺二十九卷（九至三十五、三十九至四十）

130000－0404－0003484　子73/4946（普）
上醫本草四卷　（明）趙南星輯　清刻本　四冊

130000－0404－0003485　子73/6080（普）
本草經三卷　（三國魏）吳普等述　（清）徐星衍　（清）徐馮翼同輯　清光緒十七年（1891）池陽周氏刻本　三冊

130000－0404－0003486　子74/0163（普）
元匯醫鏡五卷　（清）敲磽道人撰　清光緒三十四年（1908）刻本　四冊

130000－0404－0003487　子74/1022（普）
脈經十卷　（晉）王叔和撰　清光緒十年

（1884）池陽周氏刻本　十冊

130000－0404－0003488　子74/1022＝2（普）
脈經十卷　（晉）王叔和撰　清道光二十三年（1843）嘉定黃氏鹵谿草廬刻本　四冊

130000－0404－0003489　子74/1022＝3（普）
圖註脈訣辨真四卷八十一難經辨真四卷　（晉）王叔和撰　（明）張世賢註　清刻本　四冊

130000－0404－0003490　子74/1022－2（普）
圖註脈訣辨真四卷　（晉）王叔和撰　清善成堂刻本　一冊

130000－0404－0003491　子74/1022－3（普）
圖註脈訣辨真四卷　（晉）王叔和撰　清古吳三餘堂刻本　二冊

130000－0404－0003492　子74/1704（普）
脈表診病論一卷醫理略述一卷　（清）尹端模譯　清石印本　一冊

130000－0404－0003493　子74/2510（普）
新鐫校訂脈訣指掌病式圖說一卷　（元）朱震亨著　清慎修堂刻本　一冊

130000－0404－0003494　子74/2628（普）
證治撮要不分卷　（清）吳香鈴編　清道光十六年（1836）刻本　二冊

130000－0404－0003495　子74/6860（普）
醫門法律六卷　（清）喻昌著　清刻本　八冊

130000－0404－0003496　子74/7583（普）
醫學金鍼八卷　（清）陳念祖原本　（清）潘霨增輯　清光緒四年（1878）啟德堂刻本　四冊

130000－0404－0003497　子74/7773（普）
脈學四種　（清）周學海撰　清光緒十八年（1892）刻本　八冊

130000－0404－0003498　子75/0037（普）
百一三方解三卷　（清）文通著　清道光十八年（1838）刻本　三冊

130000－0404－0003499　子75/0121（普）
醫方易簡新編六卷　（清）龔自璋彙輯　清同

治五年(1866)京都篆雲齋刻本　四冊

130000－0404－0003500　子75/0121＝2(普)

醫方易簡新編六卷　(清)龔自璋彙輯　清咸
豐元年(1851)京都會文齋刻本　四冊

130000－0404－0003501　子75/1015(普)

絳雪園古方選註二卷附得宜本草一卷　(清)
王子接撰　清雍正十年(1732)掃葉山房刻本
六冊

130000－0404－0003502　子75/1117(普)

孫真人備急千金要方三十卷　(唐)孫思邈撰
(宋)林億校　清鉛印本　十五冊　存二十
八卷(一至六、九至三十)

130000－0404－0003503　子75/1126(普)

金匱心典三卷　(漢)張仲景著　(清)尤在涇
纂注　清光緒七年(1881)崇德書院刻本
三冊

130000－0404－0003504　子75/1126＝2(普)

金匱心典三卷　(漢)張仲景著　(清)尤在涇
纂注　清同治八年(1869)刻本　三冊

130000－0404－0003505　子75/1126＝2(普)

張仲景金匱要略論註二十四卷　(清)徐彬撰
清刻本　一冊　存四卷(十三至十六)

130000－0404－0003506　子75/1224(普)

新刊良朋彙集六卷　(清)孫偉輯　清康熙五
十年(1711)善成堂刻本　六冊

130000－0404－0003507　子75/1224＝2(普)

校正良朋彙集四卷　(清)孫偉輯　清上海廣
益書局石印本　四冊

130000－0404－0003508　子75/1224＝3(普)

良朋彙集五卷　(清)孫偉輯　清刻本　五冊

130000－0404－0003509　子75/1237(普)

行軍救急良方摘要一卷　(□)□□撰　清北
洋陸軍編譯局石印本　一冊

130000－0404－0003510　子75/1263(普)

孫真人備急千金要方三十卷　(唐)孫思邈撰
清鉛印本　十六冊

130000－0404－0003511　子75/1263＝2(普)

孫真人備急千金要方三十卷　(唐)孫思邈撰
清石印本　六冊

130000－0404－0003512　子75/1263－2(普)

千金翼方三十卷　(唐)孫思邈著　清石印本
三冊

130000－0404－0003513　子75/1701(普)

春腳集四卷　(清)孟文瑞彙集　清道光二十
六年(1846)京都文奎齋刻本　二冊

130000－0404－0003514　子75/2451(普)

普濟應驗良方八卷末一卷　(清)德軒纂輯
清光緒二十年(1894)書葉德刻本　二冊

130000－0404－0003515　子75/2451＝2(普)

普濟應驗良方八卷補遺一卷續補遺一卷
(清)德軒纂輯　清刻本　二冊

130000－0404－0003516　子75/2527(普)

古今醫方擷要六卷　(□)□□撰　清抄本
六冊

130000－0404－0003517　子75/2651(普)

活法機要一卷　(清)吳中珩校正　清慎修堂
刻本　一冊

130000－0404－0003518　子75/2741(普)

驗方新編十六卷　(清)鮑相璈編輯　**痧癥全
書三卷**　(清)林森傳授　(清)王凱編輯　**咽
喉秘集二卷**　(清)海山仙館編　清同治三年
(1864)京都文貴堂刻本　十冊

130000－0404－0003519　子75/2741(2)(普)

驗方新編十六卷　(清)鮑相璈編輯　**痧癥全
書三卷**　(清)林森傳授　(清)王凱編輯　**咽
喉秘集二卷**　(清)海山仙館編　清同治三年
(1864)京都文貴堂刻本　十冊

130000－0404－0003520　子75/2741＝2(普)

驗方新編十六卷　(清)鮑相璈編輯　清咸豐
四年(1854)善成堂刻本　十冊

130000－0404－0003521　子75/2741＝3(普)

增廣驗方新編十六卷　(清)鮑相璈編輯　**痧
癥全書三卷**　(清)林森傳授　(清)王凱編輯

咽喉秘集二卷 （清）海山仙館編 清上海廣益書局石印本 八冊

130000－0404－0003522 子75/2741＝4（普）

驗方新編八卷 （清）鮑相璈撰 清咸豐六年（1856）海山仙館刻本 八冊

130000－0404－0003523 子75/2741＝5（普）

增補驗方新編十卷 （清）鮑相璈編輯 清光緒十四年（1888）文華堂刻本 五冊 存五卷（六至十）

130000－0404－0003524 子75/2741＝6（普）

驗方新編十六卷 （清）鮑相璈編輯 清咸豐四年（1854）渝成善成堂書坊刻本 十二冊

130000－0404－0003525 子75/2741＝7（普）

新增正積驗方新編二十一卷 （清）鮑相璈編輯 清宣統三年（1911）上海會文堂書局石印本 八冊

130000－0404－0003526 子75/2741＝8（普）

增輯驗方新編十六卷 （清）鮑相璈編輯 清狀元閣爵記刻本 八冊

130000－0404－0003527 子75/3160（普）

醫方集解不分卷 （清）汪昂輯著 清光緒十三年（1887）姑蘇掃葉山房刻本 六冊

130000－0404－0003528 子75/3160＝2（普）

醫方集解三卷 （清）汪昂輯著 清光緒三十年（1904）京都文成堂刻本 六冊

130000－0404－0003529 子75/3160＝3（普）

醫方集解二十三卷 （清）汪昂輯著 清上海珠藝書局石印本 四冊

130000－0404－0003530 子75/3160＝4（普）

醫方集解三卷 （清）汪昂輯著 清善成堂刻本 六冊

130000－0404－0003531 子75/3702（普）

洞主仙師白喉治法忌表抉微一卷 （清）洞主仙師撰 清光緒三十一年（1905）石印本 一冊

130000－0404－0003532 子75/3702(2)（普）

洞主仙師白喉治法忌表抉微一卷 （清）洞主仙師撰 清光緒三十一年（1905）石印本 一冊

130000－0404－0003533 子75/3702(3)（普）

洞主仙師白喉治法忌表抉微一卷 （清）洞主仙師撰 清光緒三十一年（1905）石印本 一冊

130000－0404－0003534 子75/3702(4)（普）

洞主仙師白喉治法忌表抉微一卷 （清）洞主仙師撰 清光緒三十一年（1905）石印本 一冊

130000－0404－0003535 子75/3702(5)（普）

洞主仙師白喉治法忌表抉微一卷 （清）洞主仙師撰 清光緒三十一年（1905）石印本 一冊

130000－0404－0003536 子75/3702(6)（普）

洞主仙師白喉治法忌表抉微一卷 （清）洞主仙師撰 清光緒三十一年（1905）石印本 一冊

130000－0404－0003537 子75/3702(7)（普）

洞主仙師白喉治法忌表抉微一卷 （清）洞主仙師撰 清光緒三十一年（1905）石印本 一冊

130000－0404－0003538 子75/3702＝2（普）

洞主仙師白喉治法忌表抉微一卷 （清）洞主仙師撰 清光緒十七年（1891）刻本 一冊

130000－0404－0003539 子75/3702＝3（普）

洞主仙師白喉治法忌表抉微一卷 （清）耐修子錄 清末刻本 一冊

130000－0404－0003540 子75/4412＝2（普）

十藥神書不分卷 （元）葛可久撰 清光緒五年（1879）刻本 一冊

130000－0404－0003541 子75/4444（普）

葉氏經驗方一卷 （清）葉桂撰 清末刻本 一冊

130000－0404－0003542 子75/6080（普）

名醫方論四卷 （清）羅美輯 清石印本 一冊

130000－0404－0003543　子75/7235（普）
黄帝素問宣明論方十五卷　（金）劉完素撰
清刻本　三冊

130000－0404－0003544　子75/7235＝2（普）
黄帝素問宣明論方十五卷　（金）劉完素撰
清刻本　一冊　存五卷（十一至十五）

130000－0404－0003545　子75/7235－2（普）
傷寒直格論方三卷　（金）劉完素撰　清刻本
三冊

130000－0404－0003546　子75/7475（普）
經驗良方三卷　（清）陸成本輯　清善成堂刻
本　四冊

130000－0404－0003547　子75/9000（普）
集驗簡易良方四卷　（清）懷庭輯　清末進化
書局石印本　四冊

130000－0404－0003548　子76/0041（普）
吳醫匯講二卷　（清）唐大烈纂輯　清嘉慶元
年（1796）補刻本　二冊

130000－0404－0003549　子76/2527（普）
醫驗辨似二卷　（□）□□撰　清末刻本
一冊

130000－0404－0003550　子76/2631（普）
積名醫類案三十六卷　（清）魏之琇編輯　清
光緒二十二年（1896）畊餘堂石印本　九冊

130000－0404－0003551　子76/3114（普）
名醫類綜十二卷　（明）江瓘撰　清末石印本
五冊　存十卷（一至八、十一至十二）

130000－0404－0003552　子76/3785（普）
進診醫案不分卷　（清）過鑄著　清刻本
一冊

130000－0404－0003553　子76/4444（普）
臨證指南醫案十卷　（清）葉桂著　清刻本
八冊　存五卷（六至十）

130000－0404－0003554　子76/4444＝2（普）
臨證指南醫案評本十四卷　（清）葉桂著　清
光緒十八年（1892）上海圖書集成印書局鉛印
本　十二冊

130000－0404－0003555　子76/4444＝3（普）
臨證指南醫案十卷　（清）葉桂著　清光緒十
八年（1892）上海圖書集成印書局鉛印本
十冊

130000－0404－0003556　子76/4444＝5（普）
臨證指南醫案十卷種福堂公選良方四卷
（清）葉桂著　（清）華岫雲編　（清）徐大椿
評　清光緒十年（1884）維楊文富堂刻本　六
冊　存八卷（臨證指南醫案七至十、種福堂公
選良方四卷）

130000－0404－0003557　子76/4444＝6（普）
臨證指南醫案十卷　（清）葉桂著　（清）華岫
雲編　（清）徐大椿評　清光緒十年（1884）維
楊文富堂刻本　六冊　存六卷（一至六）

130000－0404－0003558　子76/6033（普）
痢證匯參十卷　（清）吳道源纂輯　清上海千
頃堂書局石印本　二冊

130000－0404－0003559　子76/6058（普）
古今名醫彙粹七卷　（清）羅東美編輯　清嘉
慶六年（1801）五柳居刻本　四冊　存六卷
（一、三至七）

130000－0404－0003560　子76/7583（普）
三家醫案合刻　（清）陳念祖等著　清末石印
本　六冊　存三十三卷（新方八陣砭四卷、春
溫痢癥三字訣四卷、傷寒論淺註六卷、靈素節
要淺註五至十一、醫學從衆錄八卷、女科要旨
四卷）

130000－0404－0003561　子77/0080（普）
腎囊醫訣四卷　（英）高令著　清光緒二十九
年（1903）道安堂刻本　三冊

130000－0404－0003562　子77/0087（普）
意解山房溫疫析疑四卷　（清）唐毓厚著　清
光緒九年（1883）刻本　四冊

130000－0404－0003563　子77/0700（普）
仲景傷寒補亡論二十卷　（宋）郭雍撰　清宣
統三年（1911）武昌醫館刻本　三冊　存十五
卷（一至五、十一至二十）

130000－0404－0003564　子77/1022(普)

校正時病論八卷　（清）雷豐撰　清末石印本
四冊

130000－0404－0003565　子77/1029(普)

傷寒證治準繩八卷　（明）王肯堂輯　清帶月
樓刻本　四冊

130000－0404－0003566　子77/1029＝2(普)

證治準繩八卷　（明）王肯堂輯　清光緒十八
年(1892)上海圖書集成印書局鉛印本　四冊

130000－0404－0003567　子77/1044(普)

溫熱經緯五卷　（清）王士雄撰　清同治十三
年(1874)湖北崇文書局刻本　四冊

130000－0404－0003568　子77/1044＝2(普)

溫熱經緯五卷　（清）王士雄撰　清同治九年
(1870)武楊氏章寓館刻本　四冊

130000－0404－0003569　子77/1044＝3(普)

溫熱經緯五卷　（清）王士雄撰　清末上海錦
章圖書局石印本　四冊

130000－0404－0003570　子77/1044＝2(普)

霍亂論二卷　（清）王士雄撰　清咸豐元年
(1851)吟春書屋刻本　一冊

130000－0404－0003571　子77/1117(普)

傷寒緒論五卷　（清）張璐撰　清刻本　五冊

130000－0404－0003572　子77/1126＝2(普)

註解傷寒論十卷　（漢）張仲景述　（晉）王叔
和撰次　清刻本　一冊

130000－0404－0003573　子77/1142－4(普)

傷寒論十卷傷寒明理論十卷　（漢）張機述
（晉）王叔和撰次　清刻本　三冊

130000－0404－0003574　子77/2610(普)

溫病條辨六卷首一卷　（清）吳瑭著　清同治
九年(1870)六安求我齋刻本　四冊

130000－0404－0003575　子77/2610＝2(普)

溫病條辨六卷首一卷　（清）吳瑭著　清光緒
十九年(1893)上海圖書集成印書局鉛印本
四冊

130000－0404－0003576　子77/2610＝3(普)

溫病條辨六卷首一卷　（清）吳瑭著　清末刻
本　四冊

130000－0404－0003577　子77/2610＝4(普)

溫病條辨六卷首一卷　（清）吳瑭著　清宣統
三年(1911)上海會文堂石印本　一冊

130000－0404－0003578　子77/2610＝5(普)

溫病條辨六卷首一卷　（清）吳瑭著　清光緒
十九年(1893)上海圖書集成印書局鉛印本
二冊

130000－0404－0003579　子77/2610＝6(普)

溫病條辨六卷首一卷　（清）吳瑭著　清末上
海廣益書局石印本　四冊

130000－0404－0003580　子77/2610＝7(普)

溫病條辨六卷首一卷　（清）吳瑭著　清同治
七年(1868)古榆槐蔭書屋刻本　六冊

130000－0404－0003581　子77/2610＝8(普)

問心堂溫病條辨六卷首一卷　（清）吳瑭著
清光緒二十九年(1903)京都二酉齋刻本
六冊

130000－0404－0003582　子77/2633(普)

痢證匯參十卷　（清）吳道源纂輯　清三讓堂
刻本　二冊

130000－0404－0003583　子77/2649(普)

瘟疫論類編五卷　（清）吳有性著　（清）劉奎
評釋　**松峰說疫七卷**　（清）劉奎著輯　清道
光二十年(1840)三讓堂刻本　六冊

130000－0404－0003584　子77/2649＝2(普)

新增補註溫疫論二卷　（清）吳有性著　清同
治三年(1864)樊川文成堂刻本　一冊

130000－0404－0003585　子77/2649＝3(普)

溫疫論二卷　（清）吳有性著　清康熙四十八
年(1709)積秀堂刻本　二冊

130000－0404－0003586　子77/2649＝4(普)

溫疫論二卷　（清）吳有性著　清康熙四十八
年(1709)刻本　一冊

130000－0404－0003587　子77/2649＝6(普)

補註瘟疫論四卷 （清）吳有性著 清道光二十二年(1842)江陵鄧氏刻本 四冊

130000－0404－0003588 子77/2703(普)
傷寒審證表不分卷 （清）包誠纂輯 清同治十年(1871)湖北崇文書局刻本 一冊

130000－0404－0003589 子77/2703(2)(普)
傷寒審證表不分卷 （清）包誠纂輯 清同治十年(1871)湖北崇文書局刻本 一冊

130000－0404－0003590 子77/2772(普)
喉科指掌四卷 （清）張宗良撰 清末上海中原書局石印本 一冊

130000－0404－0003591 子77/3144(普)
瘟疫彙編十六卷 （清）汪期蓮彙編 清道光八年(1828)汪培芝堂刻本 五冊

130000－0404－0003592 子77/3486(普)
治溫闡要一卷 （清）汝錫疇述 清光緒二十二年(1896)石印本 一冊

130000－0404－0003593 子77/4204(普)
霍亂新論一卷 （清）姚訓恭撰 清光緒二十八年(1902)刻本 一冊

130000－0404－0003594 子77/4310(普)
廣瘟疫論四卷 （清）戴天章抄 清乾隆四十八年(1783)抄本 一冊 存三卷(一至三)

130000－0404－0003595 子77/4412(普)
傷寒懸解十四卷傷寒說意十卷 （清）黃元御撰 清光緒二十年(1894)上海圖書集成印書局石印本 四冊

130000－0404－0003596 子77/4414(普)
傷寒來蘇集八卷 （清）葉天士評 清末上海錦章圖書局石印本 五冊

130000－0404－0003597 子77/4431(普)
韓凌霄瘟痧要編四卷 （清）韓凌霄撰 清光緒七年(1881)刻本 三冊 缺一卷(四)

130000－0404－0003598 子77/4437(普)
吳王二溫合刻□□卷 （清）芰湄輯 清末文來書局石印本 一冊 存一卷(二)

130000－0404－0003599 子77/4611(普)
傷寒溫疫條辨六卷 （清）楊璿撰 清光緒四年(1878)書葉德刻本 六冊

130000－0404－0003600 子77/4611(2)(普)
傷寒溫疫條辨六卷 （清）楊璿撰 清光緒四年(1878)書葉德刻本 六冊

130000－0404－0003601 子77/4611＝2(普)
傷寒瘟疫條辨六卷 （清）楊璿撰 清光緒十四年(1888)三義堂刻本 六冊

130000－0404－0003602 子77/7235(普)
傷寒標本心法類萃二卷 （金）劉完素著 傷寒心鏡別集一卷 （金）張從政著 清江陰朱氏刻本 一冊

130000－0404－0003603 子77/7235－2(普)
新刊註釋素問玄機原病式二卷 （金）劉完素撰 清刻本 一冊

130000－0404－0003604 子77/7235－3(普)
劉河間傷寒六書十二卷 （金）劉完素撰 清刻本 九冊 存八卷(素問玄機學病式一卷、素問病機氣宜保命集三卷、劉河間傷寒醫鑒一卷、劉河間傷寒直格論方三卷)

130000－0404－0003605 子77/7235－4(普)
劉河間玄病機合集四卷 （金）劉完素撰 清刻本 四冊

130000－0404－0003606 子77/7240(普)
說疫全書十五卷 （清）劉奎著輯 清光緒十七年(1891)善成堂刻本 四冊

130000－0404－0003607 子77/7583(普)
張仲景傷寒論原文淺註六卷 （清）陳念祖集註 清光緒三十四年(1908)上海章福記石印本 一冊

130000－0404－0003608 子77/7583(2)(普)
張仲景傷寒論原文淺註六卷 （清）陳念祖集註 清光緒三十四年(1908)上海章福記石印本 一冊

130000－0404－0003609 子77/7583＝2(普)
張仲景傷寒論原文淺註六卷長沙方歌括六卷

（清）陳念祖集註　清末刻本　六冊

130000－0404－0003610　子77/8743(普)
重樓玉鑰二卷　（清）鄭梅澗撰　清光緒四年
(1878)刻本　一冊

130000－0404－0003611　子78/0846(普)
外科證治全書五卷末一卷　（清）許克昌
（清）畢法同輯　清光緒八年(1882)刻本　四
冊　缺一卷(四)

130000－0404－0003612　子78/1022(普)
外科證治全生二卷　（清）王維德纂輯　清光
緒六年(1880)京都那玉麟刻本　二冊

130000－0404－0003613　子78/1022(2)(普)
外科證治全生二卷　（清）王維德纂輯　清光
緒六年(1880)京都那玉麟刻本　二冊

130000－0404－0003614　子78/1022(3)(普)
外科證治全生二卷　（清）王維德纂輯　清光
緒六年(1880)京都那玉麟刻本　二冊

130000－0404－0003615　子78/1022＝2(普)
外科癥治全生六卷　（清）王維德纂輯　清乾
隆五年(1740)刻本　一冊

130000－0404－0003616　子78/1022＝3(普)
外科證治全生不分卷　（清）王維德纂輯　清
咸豐十一年(1861)武昌節署刻本　一冊

130000－0404－0003617　子78/2164(普)
外科明隱集四卷醫案錄彙二卷　（清）何景才
著　清光緒二十八年(1902)刻本　二冊　存
三卷(外科明隱集一至二、醫案錄彙下)

130000－0404－0003618　子78/2608(普)
御纂醫宗金鑑外科十六卷　（清）吳謙等編
清光緒十八年(1892)上海圖書集成印書局石
印本　六冊

130000－0404－0003619　子78/2608＝2(普)
御纂醫宗金鑑外科十六卷　（清）吳謙等編
清刻本　十二冊

130000－0404－0003620　子78/3032(普)
瘡瘍經驗全書六卷　（宋）竇漢卿著　（明）竇
夢麟增訂　清康熙五十六年(1717)榮順堂刻

本　二冊

130000－0404－0003621　子78/3785(普)
增訂治療彙要三卷　（清）過鑄著　清光緒二
十四年(1898)武林刻本　三冊

130000－0404－0003622　子78/3785＝2(普)
增訂治療彙要三卷　（清）過鑄撰　清末上海
廣益書局石印本　二冊

130000－0404－0003623　子78/3785＝3(普)
增訂治療彙要三卷　（清）過鑄撰　清刻本
一冊　存一卷(下)

130000－0404－0003624　子78/7528(普)
外科精要三卷　（宋）陳自明編　明末刻本
一冊

130000－0404－0003625　子78/7531(普)
校正外科正宗十二卷　（明）陳實功著　（清）
徐大椿評　清末石印本　一冊

130000－0404－0003626　子78/7531＝2(普)
外科正宗十二卷　（明）陳實功著　（清）徐大
椿評　清光緒三十一年(1905)上洋海左書局
石印本　四冊

130000－0404－0003627　子78/7531＝3(普)
重訂外科正宗十二卷　（明）陳實功著　（清）
張驚翼重訂　清乾隆五十年(1785)涇南學海
堂刻本　四冊

130000－0404－0003628　子78/7531＝4(普)
重訂外科正宗十二卷　（明）陳實功著　（清）
張驚翼重訂　清善成堂刻本　六冊

130000－0404－0003629　子78/7531＝5(普)
外科正宗十二卷　（明）陳實功著　（清）徐大
椿評　清光緒二十七年(1901)上海煥文書局
石印本　二冊

130000－0404－0003630　子78/7531＝6(普)
重訂外科正宗十二卷　（明）陳實功著　清嘉
慶十一年(1806)刻本　六冊

130000－0404－0003631　子78/7531＝7(普)
新刊外科正宗十二卷　（明）陳實功著　清乾
隆二年(1737)致和堂刻本　十冊

130000－0404－0003632　子78/7531＝8(普)

精校增圖外科正宗十二卷　（明)陳實功著
（清)徐大椿評　清末上海校經山房石印本
四冊

130000－0404－0003633　子78/7531＝9(普)

外科正宗六卷　（明)陳實功著　（清)徐大椿
評　清末上海會文堂新記書局石印本　二冊

130000－0404－0003634　子78/7531＝10(普)

外科正宗十二卷附錄一卷　（明)陳實功撰
（清)徐大椿評　清末石印本　四冊

130000－0404－0003635　子78/7548(普)

洞天奧旨外科秘錄十六卷　（清)陳士鐸撰
清乾隆五十五年(1790)右文堂刻本　四冊

130000－0404－0003636　子79/1016(普)

眼科百問二卷　（清)王子固編輯　**銀海指南
四卷附湯丸備要一卷**　（清)顧錫著　**銀海精
微二卷**　（唐)孫思邈輯　（清)周亮節校正
傅氏眼科審視瑤函六卷首一卷圖說一卷
（明)傅仁宇纂輯　清末上海廣益書局石印本
十四冊

130000－0404－0003637　子79/1016＝2(普)

眼科百問二卷　（清)王子固編輯　清光緒十
年(1884)上海廣益書局石印本　二冊

130000－0404－0003638　子79/1016＝3(普)

眼科百問二卷　（清)王子固編輯　**銀海指南
四卷附湯丸備要一卷**　（清)顧錫著　**銀海精
微二卷**　（唐)孫思邈輯　（清)周亮節校正
傅氏眼科審視瑤函六卷首一卷圖說一卷
（明)傅仁宇纂輯　清末石印本　十四冊

130000－0404－0003639　子79/1263(普)

銀海精微四卷　（唐)孫思邈輯　清大文堂刻
本　二冊

130000－0404－0003640　子79/2323(普)

傅氏眼科審視瑤函六卷　（明)傅仁宇纂輯
清刻本　五冊　存五卷(二至六)

130000－0404－0003641　子79/2323＝2(普)

傅氏眼科審視瑤函六卷首一卷　（明)傅仁宇

纂輯　清掃葉山房刻本　六冊

130000－0404－0003642　子79/2323＝3(普)

傅氏眼科審視瑤函六卷首一卷　（明)傅仁宇
纂輯　清煥文堂刻本　五冊　缺一卷(四)

130000－0404－0003643　子79/2323＝4(普)

傅氏眼科審視瑤函六卷　（明)傅仁宇纂輯
（清)恒德禮抄　清抄本　三冊

130000－0404－0003644　子79/2527(普)

眼科經驗一卷　（□)□□撰　清抄本　一冊

130000－0404－0003645　子79/3186(普)

銀海指南四卷　（清)顧錫著　清刻本　三冊
　　缺一卷(一)

130000－0404－0003646　子79/3552(普)

精華密史一卷　（□)□□撰　清末手抄本
一冊

130000－0404－0003647　子79/4408(普)

校刊目經大成三卷首一卷　（清)黃庭鏡編
清末述古堂刻本　六冊

130000－0404－0003648　子79/4443(普)

眼科閱微摘要六卷　（□)草木之人抄　清抄
本　一冊

130000－0404－0003649　子710/1161(普)

產孕集二卷　（清)張曜孫纂輯　清同治七年
(1868)蘊璞齋刻本　一冊

130000－0404－0003650　子710/1330(普)

濟陰綱目十四卷　（明)武之望撰　清刻本
四冊　存六卷(一、四至六、九、十四)

130000－0404－0003651　子710/1330＝2(普)

重訂濟陰綱目十四卷　（明)武之望撰　清上
洋掃葉山房刻本　七冊

130000－0404－0003652　子710/1330＝3(普)

濟陰綱目十四卷　（明)武之望撰　清善成堂
刻本　八冊

130000－0404－0003653　子710/1330＝4(普)

濟陰綱目十四卷　（明)武之望撰　（清)汪琪
箋釋　清雍正六年(1728)刻本　八冊

130000－0404－0003654　子710/1707(普)

達生保嬰編一卷　（清）亟齋居士撰　清京都文盛齋刻本　一冊

130000－0404－0003655　子710/1707－2(普)

重訂達生編一卷　（清）亟齋居士撰　清光緒二年(1876)寶善堂刻本　一冊

130000－0404－0003656　子710/1707－2＝2(普)

達生編一卷　（清）亟齋居士撰　清道光十一年(1831)介休馬氏刻本　一冊

130000－0404－0003657　子710/1707－2＝3(普)

達生篇二卷　（清）亟齋居士撰　清光緒三年(1877)石印本　一冊

130000－0404－0003658　子710/2059(普)

女科□□卷　（清）傅山著　清手抄本　一冊　存一卷(下)

130000－0404－0003659　子710/2322(普)

女科二卷產後編二卷　（清）傅山著　清光緒五年(1879)掃葉山房刻本　四冊

130000－0404－0003660　子710/2322－2(普)

女科二卷產後編二卷　（清）傅山著　清同治八年(1869)湖北崇文書局刻本　二冊

130000－0404－0003661　子710/2322－3(普)

女科二卷產後編二卷　（清）傅山著　清道光二十九年(1849)翰墨園刻本　四冊

130000－0404－0003662　子710/2322－4(普)

女科二卷產後編二卷　（清）傅山著　清光緒十六年(1890)善成堂刻本　四冊

130000－0404－0003663　子710/2322－5(普)

補註傅氏女科全集二種　（清）傅山著　清光緒十一年(1885)好友堂刻本　一冊

130000－0404－0003664　子710/2322－2(普)

補註傅氏女科全集二種　（清）傅山著　清同治五年(1866)書業德記刻本　一冊　存一種二卷(女科二卷)

130000－0404－0003665　子710/3555(普)

婦女門一卷　（□）□□撰　清抄本　一冊

130000－0404－0003666　子710/4072(普)

婦科秘方一卷胎產護生編一卷　（清）李長科等撰　清道光九年(1829)京都聚元齋刻本　一冊

130000－0404－0003667　子710/4442(普)

女科經綸八卷　（清）蕭壎撰　清乾隆四十六年(1781)明郡有鴻齋刻本　四冊

130000－0404－0003668　子710/4472(普)

萬氏女科不分卷　（明）萬全撰　清光緒二十三年(1897)務本堂刻本　二冊

130000－0404－0003669　子710/5524(普)

新編女科指掌五卷　（清）費伯雄撰　清光緒七年(1881)海左書局石印本　一冊

130000－0404－0003670　子710/7543(普)

胎產秘書三卷　（清）陳笏庵著　（清）金庸校　清嘉慶刻本　一冊　存一卷(上)

130000－0404－0003671　子710/7721(普)

胎產心法三卷　（清）閻純璽輯　清咸豐三年(1853)抄本　六冊

130000－0404－0003672　子710/7721＝2(普)

胎產心法三卷　（清）閻純璽輯　清道光二十七年(1847)書業德記刻本　五冊

130000－0404－0003673　子710/7721＝3(普)

胎產心法三卷　（清）閻純璽輯　清道光二十四年(1844)刻本　五冊

130000－0404－0003674　子710/7721＝4(普)

胎產心法三卷附續胎產心法一卷經驗雜方一卷　（清）閻純璽輯　清嘉慶二十五年(1820)淮陽張大昭刻本　七冊

130000－0404－0003675　子710/8844(普)

古越竹林寺女科不分卷　（清）竹林寺僧撰　清道光十四年(1834)刻本　一冊

130000－0404－0003676　子710/8844－2(普)

竹林寺女科秘傳一卷　（清）竹林寺僧輯　清咸豐十年(1860)刻本　一冊

130000－0404－0003677　子711/0411(普)

麻科活人全書四卷　（清）謝玉瓊纂輯　清光

緒十九年(1893)刻本　四冊

130000－0404－0003678　子711/1022(普)

幼科鐵鏡六卷　(清)夏鼎著　清宏道堂刻本
一冊

130000－0404－0003679　子711/1022＝2(普)

幼科鐵鏡六卷　(清)夏鼎著　清光緒二十一
年(1895)刻本　二冊

130000－0404－0003680　子711/1119(普)

校正種痘新書十二卷　(清)張琰編輯　清末
錦章圖書局石印本　四冊

130000－0404－0003681　子711/1392(普)

牛痘新書一卷　(清)武榮綸　(清)董玉山編
清光緒十三年(1887)直隸刻本　一冊

130000－0404－0003682　子711/1730(普)

痘疹彙編六卷　(明)翟良輯　清乾隆三十七
年(1772)敬業堂刻本　六冊

130000－0404－0003683　子711/2104(普)

推拿廣意三卷　(清)熊應雄輯　(清)陳世凱
重訂　清書業德刻本　二冊

130000－0404－0003684　子711/2104＝2(普)

推拿廣意三卷　(清)熊應雄輯　(清)陳世凱
重訂　清書業德刻本　二冊

130000－0404－0003685　子711/2104－2(普)

幼科三種九卷　(清)熊應雄輯　清末石印本
六冊

130000－0404－0003686　子711/2210(普)

新訂小兒科臍風驚風合編不分卷　(清)鮑雲
韶輯　清光緒五年(1879)豫省聚文堂刻本
二冊

130000－0404－0003687　子711/2510(普)

摘星樓治痘全書十八卷　(明)朱一麟著　清
道光六年(1826)耕樂堂刻本　十冊

130000－0404－0003688　子711/2633(普)

保嬰易知錄二卷附補編一卷　(清)吳寧瀾撰
清道光十七年(1837)刻本　二冊

130000－0404－0003689　子711/2730(普)

痘科彙編四卷　(明)翟良纂著　清乾隆三十
七年(1772)敬業堂刻本　三冊

130000－0404－0003690　子711/3003(普)

痘疹正宗二卷　(清)宋麟祥著　清雍正十一
年(1733)永慶堂刻本　二冊

130000－0404－0003691　子711/3003＝2(普)

痘疹正宗二卷　(清)宋麟祥著　清嘉慶七年
(1802)文林堂刻本　二冊

130000－0404－0003692　子711/3131(普)

痘疹全集十五卷　(清)馮兆張纂輯　清末大
文堂刻本　六冊

130000－0404－0003693　子711/4418(普)

驚風辨證必讀書二編三卷　(清)劉德馨撰
清光緒二十七年(1901)江氏刻本　一冊

130000－0404－0003694　子711/5535(普)

救偏瑣言十卷備用良方一卷　(清)費啟泰撰
清順治十六年(1659)刻本　一冊

130000－0404－0003695　子711/5535＝2(普)

救偏瑣言十卷備用良方一卷　(清)費啟泰撰
清康熙二十七年(1688)文盛堂刻本　六冊

130000－0404－0003696　子711/7221(普)

醫痘金丹二卷　(清)劉衡輯　清道光二十七
年(1847)善化劉氏刻本　一冊

130000－0404－0003697　子711/7221(2)(普)

醫痘金丹二卷　(清)劉衡輯　清道光二十七
年(1847)善化劉氏刻本　一冊

130000－0404－0003698　子711/7521(普)

鼎鍥幼幼集成六卷　(清)陳復正輯　清光緒
二十一年(1895)刻本　六冊

130000－0404－0003699　子711/7521＝2(普)

幼幼集成六卷　(清)陳復正輯　清光緒二十
年(1894)京都申榮堂刻本　六冊

130000－0404－0003700　子711/7521＝3(普)

幼幼集成六卷　(清)陳復正輯　清光緒十八
年(1892)漑堂軒刻本　三冊

130000－0404－0003701　子711/7745(普)

保赤彙編七種十七卷　（清）朱之榛輯　清末刻本　四冊

130000－0404－0003702　子711/8049（普）

活幼心書信效方三卷校記一卷　（元）曾世榮編次　清刻本　一冊　缺一卷（上）

130000－0404－0003703　子712/0011（普）

鍼灸大成十卷　（清）章廷圭重修　清光緒六年(1880)掃葉山房刻本　十冊

130000－0404－0003704　子712/0011＝2（普）

增補繪圖針灸大成十二卷　（清）童廷圭重修　清末上海錦章書局石印本　六冊

130000－0404－0003705　子712/1091（普）

新刊補註銅人腧穴鍼灸圖經五卷　（金）王惟一編修　清宣統元年(1909)黃岡陶于麟影金大定刻本　二冊

130000－0404－0003706　子712/2650（普）

針灸甲乙經十二卷　（晉）皇甫謐著　清光緒十一年(1885)四明存存軒刻本　六冊

130000－0404－0003707　子712/4623（普）

鍼灸大成十卷　（明）楊繼洲著　清刻本　七冊　存七卷（三至七、九至十）

130000－0404－0003708　子712/4840（普）

鍼灸輯要一卷　（□）松茂齋抄　清抄本　一冊

130000－0404－0003709　子713/2341（普）

孩童衛生編不分卷　（英國）傅蘭雅譯　清末鉛印本　一冊

130000－0404－0003710　子713/7540（普）

壽親養老新書四卷　（宋）陳直撰　（元）匐鉉編次　清同治九年(1870)河南省聚文齋刻本　四冊

130000－0404－0003711　子715/4009（普）

衛生工事新論十八章　（日本）南部常次郎著　包公毅譯述　清光緒二十九年(1903)上海廣智書局鉛印本　一冊

130000－0404－0003712　子716/6841（普）

元亨全圖療牛馬駝集九卷　（明）喻本元

（明）喻本亨著　清光緒十八年(1892)京都文成堂刻本　六冊

130000－0404－0003713　子716/6841（2）（普）

元亨全圖療牛馬駝集九卷　（明）喻本元（明）喻本亨著　清光緒十八年(1892)京都文成堂刻本　四冊

130000－0404－0003714　子716/6851（普）

元亨療馬集九卷　（明）喻本元　（明）喻本亨著　清光緒元年(1875)上海江左書林石印本　四冊

130000－0404－0003715　子716/6851＝2（普）

元亨療馬集九卷　（明）喻本元　（明）喻本亨著　清光緒三十四年(1908)校經山房石印本　四冊

130000－0404－0003716　子716/6851－2（普）

新刊纂圖元亨療馬集六卷圖像水黃牛經合併大全二卷（卷三部分爲手抄補配）　（明）喻本元　（明）喻本亨著　清乾隆元年(1736)刻本　七冊

130000－0404－0003717　子81/1022（普）

躔離引蒙二卷　（清）賈步緯算述　清光緒十八年(1892)刻本　二冊

130000－0404－0003718　子81/4112（普）

天文圖說四卷　（英國）柯雅各撰　清光緒九年(1883)益智書會刻本　一冊

130000－0404－0003719　子81/4422（普）

管窺輯要八十卷　（清）黃鼎纂　清順治十年(1653)刻本　十二冊　缺四十一卷（四十至八十）

130000－0404－0003720　子81/4422＝2（普）

管窺輯要八十卷　（清）黃鼎纂　清順治九年(1652)刻本　六冊　存十九卷（十九至三十七）

130000－0404－0003721　子81/4437（普）

天文歌略一卷　（清）葉瀾著　清末東甌文元堂刻本　一冊

130000－0404－0003722　子81/4440（普）

179

天文揭要二卷　（美國）赫士口譯　（清）周文源筆述　清光緒二十四年（1898）上海美畫書館鉛印本　二冊

130000－0404－0003723　子81/4440(2)(普)

天文揭要二卷　（美國）赫士口譯　（清）周文源筆述　清光緒二十四年（1898）上海美畫書館鉛印本　一冊

130000－0404－0003724　子81/7280(普)

天方性理圖傳五卷首一卷　（清）劉智纂述　清康熙四十九年（1710）四明三成堂刻本　六冊

130000－0404－0003725　子82/2337(普)

御製曆象考成後編十卷　（清）允祿等編　清勵志齋恭刻本　二冊　存二卷（八至九）

130000－0404－0003726　子82/2337＝2(普)

御製曆象考成後編十卷　（清）允祿等編　清光緒二十二年（1896）上海書局石印本　十冊

130000－0404－0003727　子82/2337＝3(普)

御製曆象考成二編二十六卷　（清）允祿等編　清光緒二十一年（1895）湖北官書處刻本　十五冊

130000－0404－0003728　子83/0032(普)

代數通藝錄十六卷　（清）方愷撰　清光緒十六年（1890）刻本　六冊

130000－0404－0003729　子83/0092(普)

代數通藝錄十六卷　（清）方愷撰　清光緒二十四年（1898）上海石印本　七冊　缺四卷（八至十一）

130000－0404－0003730　子83/0094(普)

御製數理精蘊上編五卷下編四十卷表八卷　（清）聖祖玄燁敕撰　清光緒十四年（1888）石印本　二十四冊

130000－0404－0003731　子83/1015(普)

白芙堂算學叢書二十三種　（清）丁取忠輯　清同治十三年（1874）長沙古荷花池精舍刻本　三十二冊

130000－0404－0003732　子83/1015＝2(普)

白芙堂算學叢書二十三種　（清）丁取忠輯　清光緒石印本　八冊

130000－0404－0003733　子83/1015(3)(普)

白芙堂算學叢書二十三種　（清）丁取忠輯　清同治十三年（1874）長沙古荷花池精舍刻本　三十二冊

130000－0404－0003734　子83/1015(2)(普)

白芙堂算學叢書二十三種　（清）丁取忠輯　清同治十三年（1874）長沙古荷花池精舍刻本　二十五冊　存十七種六十一卷（算書二十一卷、八線對數類編三卷、借根方句股細草一卷、句股算術細草一卷、開方說三卷、少廣縋鑿一卷、務民義齋算學一卷、百雞術衍二卷、輿地經緯度里表一卷、求一術通解二卷、割圜八線綴術四卷、數學拾遺一卷、測圜海鏡細草十二卷、益古演段三卷、圓率攷真圖解一卷、算法原理括囊一卷、粟布演草二卷補一卷）

130000－0404－0003735　子83/1022(普)

開方表一卷　（清）賈步緯撰　清刻本　一冊

130000－0404－0003736　子83/1022－2(普)

弦切對數表一卷　（清）賈步緯譯述　清末刻本　一冊

130000－0404－0003737　子83/1028(普)

萬象一原演式九卷首一卷　（清）夏鸞翔撰　（清）盧靖演式　清光緒二十八年（1902）石印本　一冊

130000－0404－0003738　子83/1123(普)

象數一原七卷　（清）項名達著　清光緒十四年（1888）上海刻本　四冊

130000－0404－0003739　子83/1124(普)

翠薇山房數學十五種三十八卷　（清）張作楠著　清息園刻本　二十四冊

130000－0404－0003740　子83/1124(2)(普)

翠薇山房數學十五種三十八卷　（清）張作楠著　清息園刻本　二十四冊

130000－0404－0003741　子83/1124(3)(普)

翠薇山房數學十五種三十八卷　（清）張作楠

著　清息園刻本　二十四冊

130000－0404－0003742　子83/1124＝2(普)

翠薇山房數學十五種三十八卷　(清)張作楠
著　清刻本　二十四冊

130000－0404－0003743　子83/1124－3(普)

翠薇山房數學十五種三十八卷　(清)張作楠
著　清光緒十三年(1887)醉六堂刻本　二十
冊　缺五卷(新測更漏中星圖表一至三、金華
晷漏中星表一至二)

130000－0404－0003744　子83/2213(普)

幾何原本十四卷首一卷　(意大利)利瑪寶口
譯　(明)徐光啟筆受　清同治四年(1865)金
陵刻本　八冊

130000－0404－0003745　子83/2213(2)(普)

幾何原本十四卷首一卷　(意大利)利瑪寶口
譯　(明)徐光啟筆受　清同治四年(1865)金
陵刻本　八冊

130000－0404－0003746　子83/2213(3)(普)

幾何原本十四卷首一卷　(意大利)利瑪寶口
譯　(明)徐光啟筆受　清同治四年(1865)金
陵刻本　八冊

130000－0404－0003747　子83/2213－2(普)

幾何原本十四卷首一卷　(意大利)利瑪寶口
譯　(明)徐光啟筆受　清同治四年(1865)金
陵刻本　八冊

130000－0404－0003748　子83/2341(普)

代數精華錄十六卷　(英國)傅蘭雅口譯
(清)華蘅芳筆述　清光緒二十三年(1897)上
海書局石印本　四冊

130000－0404－0003749　子83/2341－2(普)

決疑數學十卷首一卷　(英國)傅蘭雅口譯
(清)華蘅芳筆述　清光緒二十三年(1897)上
海石印本　四冊

130000－0404－0003750　子83/2411(普)

數學啟蒙四卷　(英國)偉烈亞力撰　清光
緒二十二年(1896)上海六先書局鉛印本
四冊

130000－0404－0003751　子83/2411－2(普)

數學啟蒙二卷　(英國)偉烈亞力撰　清光緒
二十四年(1898)上海六先書局鉛印本　四冊

130000－0404－0003752　子83/2434(普)

御製數理精蘊上編五卷下編四十卷表八卷
(清)聖祖玄燁敕編　清光緒八年(1882)江寧
藩署刻本　四十冊

130000－0404－0003753　子83/2434(2)(普)

御製數理精蘊上編五卷下編四十卷表八卷
(清)聖祖玄燁敕編　清光緒八年(1882)江寧
藩署刻本　四十冊

130000－0404－0003754　子83/2434＝2(普)

御製數理精蘊上編五卷下編四十卷表八卷
(清)聖祖玄燁敕編　清光緒十四年(1888)石
印本　二十四冊

130000－0404－0003755　子83/2542(普)

新編算學啟蒙三卷　(元)朱世傑編撰　清同
治九年(1870)刻本　三冊

130000－0404－0003756　子83/2542＝2(普)

新編算學啟蒙三卷　(元)朱世傑編撰　清道
光十九年(1839)刻本　二冊

130000－0404－0003757　子83/2542＝3(普)

算學啟蒙述義三卷　(元)朱世傑編撰　清刻
本　二冊

130000－0404－0003758　子83/2542－2(普)

四元玉鑑細草三卷　(元)朱世傑撰　(清)羅
士琳補　清光緒二十二年(1896)鴻寶齋書局
石印本　四冊

130000－0404－0003759　子83/2542－2(2)(普)

四元玉鑑細草三卷　(元)朱世傑撰　(清)羅
士琳補　清光緒二十二年(1896)鴻寶齋書局
石印本　六冊

130000－0404－0003760　子83/2642(普)

增刪算法統宗十一卷　(明)程大位編　(清)
梅穀成增刪　清光緒二十二年(1896)上海古
香閣石印本　六冊

130000－0404－0003761　子83/2642＝2(普)

増刪算法統宗十一卷末一卷 （明）程大位編
（清）梅毅成增刪 清末石印本 四冊

130000－0404－0003762 子83/2642＝4(普)
原本直指算法統宗十二卷 （明）程大位編
清同治三年(1864)善成堂刻本 六冊

130000－0404－0003763 子83/2642＝5(普)
增刪算法統宗十一卷 （明）程大位編 （清）
梅毅成增刪 清刻本 四冊

130000－0404－0003764 子83/2642＝6(普)
新編直指算法統宗十二卷 （明）程大位編
清光緒五年(1879)有益堂刻本 四冊

130000－0404－0003765 子83/2723(普)
方程演元一卷 （清）何步瀛撰 清光緒十五
年(1889)金陵何氏刻本 一冊

130000－0404－0003766 子83/3034(普)
數學五書十九卷 （清）安清翹著 清嘉慶十
六年(1811)樹人堂刻本 八冊

130000－0404－0003767 子83/3130(普)
江氏數學翼梅八卷 （清）江永著 清光緒七
年(1881)群玉山房刻本 四冊

130000－0404－0003768 子83/3149(普)
九數外錄一卷 （清）顧觀光著 清末刻本
一冊

130000－0404－0003769 子83/4022(普)
算學課藝四卷 （清）席淦 （清）貴榮編次
清光緒六年(1880)同文館活字印本 四冊

130000－0404－0003770 子83/4033(普)
測圓海鏡四卷 （元）李冶撰 清光緒二年
(1876)同文館活字印本 四冊

130000－0404－0003771 子83/4047(普)
心算初學六卷 （清）直隸學校司鑒定 清末
天津北洋官報局鉛印本 二冊

130000－0404－0003772 子83/4047－2(普)
心算教授法一卷 （清）直隸學校司鑒定 清
末天津北洋官報局鉛印本 一冊

130000－0404－0003773 子83/4084(普)

中西算學四種四卷 （清）李善蘭校正 清掃
葉山房刻本 二冊

130000－0404－0003774 子83/4084＝2(普)
則古昔齋算學十三種二十四卷 （清）李善蘭
等撰 幾何原本十五卷 （希臘）歐幾里得撰
（意大利）利瑪竇口譯 （明）徐光啟筆授
重學二十卷附圓錐曲線說三卷 （英國）艾約
瑟口譯 （清）李善蘭筆述 清光緒十三年
(1887)上海大間書局石印本 七冊

130000－0404－0003775 子83/4084－2(普)
則古昔齋算學十三種 （清）李善蘭撰 清同
治六年(1867)刻本 六冊

130000－0404－0003776 子83/4084－3(普)
則古昔齋算學十三種二十四卷 （清）李善蘭
撰 清同治六年(1867)金陵刻本 六冊

130000－0404－0003777 子83/4087(普)
衍元海鑑十一種十五卷附經算二種二卷
(清)李鏐輯 清光緒二十四年(1898)習琴書
堂石印本 四冊

130000－0404－0003778 子83/4088(普)
勾股算術細草一卷 （清）李銳撰 清嘉慶十
二年(1807)常州張敦仁刻本 一冊

130000－0404－0003779 子83/4342(普)
尺算徵用一卷 （清）求在我者撰 （清）適可
居士（馬建忠）校 清光緒十七年(1891)胡傳
墨齋刻本 一冊

130000－0404－0003780 子83/4403(普)
幾何第十卷釋義二卷 （清）黃慶澄撰 清光
緒二十四年(1898)刻本 二冊

130000－0404－0003781 子83/4421(普)
重學七卷附曲綫說二卷 （英國）艾約瑟口譯
（清）李善蘭筆述 清同治三年(1864)刻本
六冊

130000－0404－0003782 子83/4421(2)(普)
重學七卷附曲綫說二卷 （英國）艾約瑟口譯
（清）李善蘭筆述 清同治三年(1864)刻本
六冊

130000－0404－0003783　子83/4421(3)（普）

重學七卷附曲綫說二卷　（英國)艾約瑟口譯
（清)李善蘭筆述　清同治三年(1864)刻本
五冊

130000－0404－0003784　子83/4421－2（普）

圓錐線說三卷　（英國)艾約瑟口譯　清末刻
本　一冊

130000－0404－0003785　子83/4428（普）

曲綫新說一卷隄積術辨一卷　（清)蔣維鍾撰
清光緒二十五年(1899)刻本　一冊

130000－0404－0003786　子83/4430（普）

董方立算書五種七卷　（清)董祐誠撰　清同
治八年(1869)董貽清成都刻本　一冊

130000－0404－0003787　子83/4430(2)（普）

董方立算書五種七卷　（清)董祐誠撰　清同
治八年(1869)董貽清成都刻本　一冊

130000－0404－0003788　子83/4444（普）

算學筆談十二卷　（清)華衡芳著　清光緒十
一年(1885)刻本　四冊

130000－0404－0003789　子83/4734（普）

對數表不分卷　（美國)赫士撰譯　（清)朱葆
琛筆述　清光緒二十五年(1899)上海美華書
館鉛印本　一冊

130000－0404－0003790　子83/4802（普）

**兼濟堂纂刻梅勿菴先生曆算全書二十九種七
十四卷**　（清)梅文鼎著　（清)魏荔彤輯　清
光緒十一年(1885)敦懷書屋石印本　二十
四冊

130000－0404－0003791　子83/4802(2)（普）

**兼濟堂纂刻梅勿菴先生曆算全書二十九種七
十四卷**　（清)梅文鼎著　（清)魏荔彤輯　清
光緒十一年(1885)敦懷書屋石印本　二十
四冊

130000－0404－0003792　子83/4802＝2（普）

**兼濟堂纂刻梅勿菴先生曆算全書二十九種七
十四卷**　（清)梅文鼎著　（清)魏荔彤輯　清
雍正中刊咸豐九年(1859)梅體軒刻本　三十

二冊

130000－0404－0003793　子83/4836（普）

**學疆恕齋筆算十卷附測量淺說一卷七政鏡源
二卷**　（清)梅啟照輯　清同治十二年(1873)
刻本　八冊

130000－0404－0003794　子83/4917（普）

算經十書十種附刻一種　（清)孔繼涵輯　清
光緒十六年(1890)上海刻本　十冊

130000－0404－0003795　子83/4917＝2（普）

算經十書十種附刻一種　（清)孔繼涵輯　清
光緒十六年(1890)上海刻本　五冊

130000－0404－0003796　子83/4940（普）

代數備旨十三卷　（美國)狄考文選譯　（清)
鄒立文　（清)生福維筆述　清光緒十七年
(1891)刻本　四冊

130000－0404－0003797　子83/4940＝2（普）

代數備旨十三卷　（美國)狄考文選譯　（清)
鄒立文　（清)生福維筆述　清光緒二十一年
(1895)刻本　一冊

130000－0404－0003798　子83/4940－2（普）

筆算數學二十四章　（美國)狄考文輯　（清)
鄒立文述　清光緒二十六年(1900)上海美華
書館鉛印本　二冊　存十八章(一至六、十三
至二十四)

130000－0404－0003799　子83/4940－3（普）

形學備旨十卷　（美國)狄考文選譯　清光緒
十一年(1885)上海美華書館鉛印本　二冊

130000－0404－0003800　子83/5040（普）

數書九章十八卷　（宋)秦九韶著　**數書九章
劄記四卷**　（清)宋景昌撰　清道光二十二年
(1842)刻本　八冊

130000－0404－0003801　子83/6034（普）

代數學十八卷　（美國)羅密士撰　（英國)偉
烈亞力口譯　（清)李善蘭筆述　清光緒二十
三年(1897)上海書局石印本　四冊

130000－0404－0003802　子83/6750（普）

割圓密率捷法四卷　（清)明安圖撰　清道光

十九年(1839)石梁岑氏刻本 三册

130000－0404－0003803 子83/6844(普)
算式集要四卷 (英國)哈司韋輯 (英國)傅蘭雅譯 (清)江衡筆述 清末刻本 二册

130000－0404－0003804 子83/7221(普)
六九軒算書五種七卷 (清)劉衡著 清咸豐五年(1855)陝西長安縣署刻本 四册

130000－0404－0003805 子83/7222(普)
九章算術細草圖說九卷海島算經細草圖說一卷 (三國魏)劉徽注 (唐)李淳風釋 (清)李潢撰 清嘉慶二十五年(1820)語鴻堂刻本 八册

130000－0404－0003806 子83/7222(2)(普)
九章算術細草圖說九卷海島算經細草圖說一卷 (三國魏)劉徽注 (唐)李淳風釋 (清)李潢撰 清嘉慶二十五年(1820)語鴻堂刻本 八册

130000－0404－0003807 子83/7222(3)(普)
九章算術細草圖說九卷海島算經細草圖說一卷 (三國魏)劉徽注 (唐)李淳風釋 (清)李潢撰 清嘉慶二十五年(1820)語鴻堂刻本 八册

130000－0404－0003808 子83/7222＝2(普)
九章算術細草圖說九卷海島算經細草圖說一卷 (三國魏)劉徽注 (唐)李淳風釋 (清)李潢撰 清末石印本 四册

130000－0404－0003809 子83/7222.2(普)
簡易庵算稿四卷 (清)劉彝程撰 清光緒二十六年(1900)江南製造局刻本 四册

130000－0404－0003810 子83/7505(普)
勾股引蒙三卷籌算法補一卷 (清)陳訏集 清手抄本 四册

130000－0404－0003811 子83/7523(普)
中西算學大成一百卷 (清)陳維祺撰 清光緒十五年(1889)上海同文書局石印本 二十册

130000－0404－0003812 子83/7523(2)(普)
中西算學大成一百卷 (清)陳維祺撰 清光緒十五年(1889)上海同文書局石印本 十册 缺五十二卷(一至五十二)

130000－0404－0003813 子83/7523＝2(普)
中西算學大成一百卷 (清)陳維祺撰 清光緒二十三年(1897)上海書局石印本 二十三册 缺五卷(十七至二十一)

130000－0404－0003814 子83/7540(普)
中西算學大成後編十卷首一卷 (清)陳傑著 清光緒二十三年(1897)上洋十萬卷樓石印本 十册

130000－0404－0003815 子83/7540－2(普)
算法大成上編十卷 (清)陳傑著 清道光二十三年(1843)乃孚之齋刻本 十册

130000－0404－0003816 子83/7548(普)
中西天文算學精蘊二十卷首一卷國朝萬年書二卷推測易知四卷 (清)陳松輯 清光緒二十三年(1897)江左書林石印本 八册

130000－0404－0003817 子83/7781(普)
九數通考十一卷首一卷末一卷 (清)屈曾發輯 清同治十二年(1873)德慶堂刻本 六册

130000－0404－0003818 子83/7781－2(普)
數學精詳十一卷首一卷末一卷 (清)屈曾發輯 清同治十年(1871)學海堂刻本 五册

130000－0404－0003819 子83/7781－2(2)
數學精詳十一卷首一卷末一卷 (清)屈曾發輯 清同治十年(1871)學海堂刻本 二册 缺十卷(一至十)

130000－0404－0003820 子83/7781－2＝2(普)
數學精詳十一卷首一卷末一卷 (清)屈曾發輯 清刻本 四册 存十卷(三至十一、末一卷)

130000－0404－0003821 子83/7781－3(普)
數學精詳十一卷首一卷末一卷 (清)屈曾發輯 清刻本 四册 存十卷(一至十)

130000－0404－0003822 子83/7784(普)

中西算學集要五種十四卷 （清）周毓英輯
清光緒七年(1881)刻本　六冊

130000－0404－0003823　子83/9923(普)

矩齋籌算六種附一種　勞乃宣撰　清光緒刻
本　十二冊　缺二種十卷(古籌算考釋續編
八卷、垛積籌法二卷)

130000－0404－0003824　子83/9923(2)(普)

矩齋籌算六種附一種　勞乃宣撰　清光緒刻
本　十二冊　缺二種十卷(古籌算考釋續編
八卷、垛積籌法二卷)

130000－0404－0003825　子83/9923(3)(普)

矩齋籌算六種附一種　勞乃宣撰　清光緒刻
本　七冊　存四種八卷(古籌算考釋一至四、
籌算淺釋二卷、籌算分法淺釋一卷、衍元小草
下)

130000－0404－0003826　子83/9923(4)(普)

矩齋籌算六種附一種　勞乃宣撰　清光緒刻
本　十一冊　缺三種十一卷(古籌算考釋續
編八卷、垛積籌法二卷、籌算蒙課一卷)

130000－0404－0003827　子9/8022(普)

賞奇軒四種合編不分卷　（明）□□輯　清刻
本　四冊

130000－0404－0003828　子9/8022(2)(普)

賞奇軒四種合編不分卷　（明）□□輯　清刻
本　四冊

130000－0404－0003829　子91/0070(普)

御製耕織圖不分卷　（清）焦秉貞繪　清光緒
十二年(1886)上海石印本　二冊

130000－0404－0003830　子91/1026(普)

芥子園畫傳四集四卷附圖章會纂一卷　（清）
丁皋著　清嘉慶二十三年(1818)芥子園刻本
四冊

130000－0404－0003831　子91/1030(普)

冶梅竹譜一卷　（清）王寅繪　清光緒八年
(1882)刻本　一冊

130000－0404－0003832　子91/1033(普)

原刻草字彙法帖不分卷　（清）石梁集　清光

緒上海同文書局石印本　六冊

130000－0404－0003833　子91/1033－2(普)

草字彙法帖不分卷　（清）石梁集　清光緒三
年(1877)同文書局石印本　六冊

130000－0404－0003834　子91/1037(普)

精校名人草字彙不分卷　（清）石梁集　清末
上海會文堂書局石印本　六冊

130000－0404－0003835　子91/1038(普)

芥子園畫傳二集九卷　（清）王安節等摹繪
清嘉慶五年(1800)金陵芥子園刻本　四冊
存四卷(一至四)

130000－0404－0003836　子91/1038＝2(普)

芥子園畫傳初集六卷　（清）王安節等摹繪
清光緒三十二年(1906)上海文新書局石印本
四冊

130000－0404－0003837　子91/1100(普)

國朝畫徵錄三卷　（清）張庚著　清光緒十三
年(1887)掃葉山房刻本　二冊

130000－0404－0003838　子91/1100＝2(普)

國朝畫徵錄三卷續錄二卷　（清）張庚著　清
乾隆四年(1739)刻本　二冊

130000－0404－0003839　子91/1117(普)

清河書畫舫十二卷　（明）張丑選　清乾隆二
十八年(1763)池北草堂刻本　十二冊

130000－0404－0003840　子91/1117(2)(普)

清河書畫舫十二卷　（明）張丑選　清乾隆二
十八年(1763)池北草堂刻本　一冊

130000－0404－0003841　子91/1133(普)

四銅鼓齋論畫集刻十二種十四卷　（清）張祥
河輯　清宣統元年(1909)會文齋刻本　四冊

130000－0404－0003842　子91/1211(普)

御刻三希堂石渠寶笈法帖釋文十六卷　（清）
孫功烈等校　清光緒二十三年(1897)上海鴻
寶齋石印本　四冊

130000－0404－0003843　子91/1230(普)

孫過庭書譜二卷　（唐）孫過庭撰　清末手抄
本　一冊　缺一卷(下)

185

130000－0404－0003844　子91/1278(普)

佩文齋書畫譜一百卷　(清)孫岳頒等纂　清光緒九年(1883)上海同文書局石印本　十六冊

130000－0404－0003845　子91/1278(2)(普)

佩文齋書畫譜一百卷　(清)孫岳頒等纂　清光緒九年(1883)上海同文書局石印本　十六冊

130000－0404－0003846　子91/1278＝2(普)

佩文齋書畫譜一百卷　(清)孫岳頒等纂　清康熙四十七年(1708)刻本　六冊　存十五卷(一至十五)

130000－0404－0003847　子91/1285(普)

歸雲樓題畫詩二卷　徐世昌撰　清末石印本二冊

130000－0404－0003848　子91/2137(普)

晚笑堂畫傳一卷明太祖功臣圖一卷　(清)上官周撰　清乾隆八年(1743)刻本　二冊

130000－0404－0003849　子91/2600(普)

耕香館叢畫不分卷　(日本)瀧謙輯　清宣統元年(1909)石印本　四冊

130000－0404－0003850　子91/2624(普)

大觀錄二十卷　(清)吳升彙輯　清刻本　二十三冊

130000－0404－0003851　子91/3433(普)

芥舟學畫編四卷　(清)沈宗騫撰　清石印本四冊

130000－0404－0003852　子91/4030(普)

百大家名賢手劄十二卷　(清)醉二室撰　清光緒三十三年(1907)醉二室影印本　六冊

130000－0404－0003853　子91/4039(普)

名賢手劄不分卷　(清)郭慶藩輯　清光緒十年(1884)湘陰郭氏岵瞻堂刻本　二冊

130000－0404－0003854　子91/4241＝2(普)

歷代畫史彙傳七十二卷首一卷附錄二卷　(清)彭蘊璨編　清末上海錦章圖書局石印本　十二冊

130000－0404－0003855　子91/4241＝4(普)

歷代畫史彙傳七十二卷目錄三卷附錄一卷　(清)彭蘊璨編　清光緒八年(1882)掃葉山房刻本　二十四冊

130000－0404－0003856　子91/4241＝5(普)

歷代畫史彙傳七十二卷目錄三卷首一卷附錄一卷　(清)彭蘊璨編　(清)邱步洲重輯　清同治十三年(1874)楚耕楊邱氏刻本　三十二冊

130000－0404－0003857　子91/4377(普)

習苦齋畫絮十卷　(清)戴熙撰　清光緒十九年(1893)刻本　四冊

130000－0404－0003858　子91/4482(普)

大代正光四年碑拓本一卷　(清)黃鍾書寫清拓本　一冊

130000－0404－0003859　子91/4913(普)

大元勅藏御服之碑一卷　(元)趙孟頫書　清陰文拓本　一冊

130000－0404－0003860　子91/5004(普)

高等師範學校附屬小學校圖畫教授細目一卷　(日本)東京茗溪會編　清江楚編譯局石印本　一冊

130000－0404－0003861　子91/5033(普)

桐陰論畫二卷首一卷附錄一卷畫訣二卷論畫二編二卷三編二卷　(清)秦祖永著　清同治三年(1864)刻朱墨套印本　四冊

130000－0404－0003862　子91/5033＝3(普)

桐陰論畫二卷首一卷附錄一卷畫訣二卷論畫二編二卷三編二卷畫學心印八卷　(清)秦祖永著　清同治三年(1864)刻朱墨套印本　十冊

130000－0404－0003863　子91/6136(普)

點石齋叢畫一卷　(清)點石齋編　清光緒十一年(1885)上海點石齋石印本　一冊

130000－0404－0003864　子91/7251(普)

璦宮五帝内思上法一卷　(清)劉春霖書　清光緒二十九年(1903)寫印本　一冊

130000－0404－0003865　子91/7430(普)

元和陸相國書一卷　(清)陸潤庠書　清末影印本　一冊

130000－0404－0003866　子91/7520(普)

紉齋畫賸不分卷　(清)陳允升繪　清光緒二年(1876)刻本　四冊

130000－0404－0003867　子91/7780(普)

周臨芥子園畫傳四卷　(清)周鏞臨摹　清光緒十三年(1887)石印本　三冊

130000－0404－0003868　子92/1012(普)

唳鶴山房印存一卷　(清)雪孫訂　清道光鈐印本　一冊

130000－0404－0003869　子92/2517(普)

篆文一卷　(清)仲翌書籤　清末鈐印本　一冊

130000－0404－0003870　子92/2527(普)

篆刻集一卷　(□)□□撰　清末鈐印本　一冊

130000－0404－0003871　子92/2573(普)

印存一卷　(清)仲怡題籤　清末鈐印本　一冊

130000－0404－0003872　子92/4622(普)

寶齋印存一卷　(清)楊秉唐鐫　清末鈐印本　一冊

130000－0404－0003873　子92/6729(普)

聽雨屋留印一卷　(清)明邱氏集　清末鈐印本　一冊

130000－0404－0003874　子92/7344(普)

篆刻鍼度八卷　(清)陳克恕述　清乾隆五十一年(1786)陳氏存幾希齋刻本　一冊

130000－0404－0003875　子92/8547(普)

鈍根留印一卷　(清)鈍根集印　清末鈐印本　一冊

130000－0404－0003876　子93/3119(普)

德音堂琴譜十卷　(清)汪天榮撰　清康熙六十年(1721)有文堂刻本　六冊

130000－0404－0003877　子93/7761(普)

琴譜諧聲六卷　(清)周顯祖撰　清道光元年(1821)刻本　六冊

130000－0404－0003878　子94/0000(普)

奕萃一卷官子一卷　(清)卞文恒撰　清味書堂刻本　一冊

130000－0404－0003879　子94/1046(普)

新選韜略元機象棋譜六卷　(清)王相　(清)張自文彙選　(清)涂國璽等纂　清康熙四十六年(1707)文錦堂刻本　三冊　存三卷(一至三)

130000－0404－0003880　子94/1773(普)

七國象棋局不分卷　(宋)司馬光編　清光緒三十二年(1906)長沙葉氏刻本　一冊

130000－0404－0003881　子94/4044(普)

古棋不分卷　(□)□□撰　清抄本　二冊

130000－0404－0003882　子94/4442(普)

桃花泉奕譜二卷　(清)范世勳撰　清刻本　二冊

130000－0404－0003883　子95/0030(普)

益智圖二卷　(清)童業庚著　清宣統元年(1909)蘇州振新書社刻本　二冊

130000－0404－0003884　子95/0030＝2(普)

益智圖二卷　(清)童業庚著　清刻本　一冊

130000－0404－0003885　子95/1233(普)

幼學體操法二卷　(清)學部編譯處編　清末北洋官報局鉛印本　一冊

130000－0404－0003886　子10/2380(普)

南方草木狀三卷　(晉)嵇含著　清初刻本　一冊

130000－0404－0003887　子10/4047(普)

植物學課本一卷動物學課本一卷化學一卷手工一卷　(清)直隸學校司編譯處編　清天津官報局鉛印本　四冊

130000－0404－0003888　子101/3550(普)

隨園食單一卷　(清)袁枚撰　清末刻本　一冊

130000－0404－0003889　子103/0832(普)

飲流齋說瓷不分卷 (清)許之衡著　清末鉛印本　一冊

130000－0404－0003890　子103/6047(普)

亦政堂重修考古圖十卷亦政堂重考古玉圖二卷 (宋)呂大臨撰　(清)黃晟鑒定　清乾隆十七年(1752)黃晟亦政堂刻本　八冊

130000－0404－0003891　子104/3211(普)

動物學新編一卷 (美國)潘雅麗撰　清光緒二十五年(1899)上海美華書局鉛印本　一冊

130000－0404－0003892　子105/1021(普)

二如亭群芳譜三十卷首一卷 (明)王象晉撰　明崇禎刻清刻本　二十八冊

130000－0404－0003893　子105/1021(2)(普)

二如亭群芳譜三十卷首一卷 (明)王象晉撰　明崇禎刻清刻本　二十七冊　存二十八卷(天譜二至三、歲譜四卷、穀譜一卷、蔬譜二卷、果譜四卷、茶譜一卷、竹譜一卷、桑麻葛譜一卷、棉譜一卷、藥譜三卷、木譜二卷、花譜一至三、卉譜二卷、鶴魚譜一卷)

130000－0404－0003894　子105/1021=2(普)

二如亭群芳譜三十卷首一卷 (明)王象晉撰　明汲古閣刻本　十二冊　存十七卷(天譜三卷、歲譜四卷、茶譜一卷、竹譜一卷、桑麻葛譜一卷、棉譜一卷、藥譜三卷、木譜二卷,首一卷)

130000－0404－0003895　子105/1021=3(普)

二如亭群芳譜三十卷首一卷 (明)王象晉撰　清康熙刻本　十二冊　存十六卷(天譜三卷、歲譜四卷、茶譜一卷、竹譜一卷、桑麻葛譜一卷、藥譜三卷、木譜二卷,首一卷)

130000－0404－0003896　子105/1021=3(2)(普)

二如亭群芳譜三十卷首一卷 (明)王象晉撰　清康熙刻本　十三冊　存十五卷(茶譜一卷,竹譜一卷,桑麻葛譜一卷,棉譜一卷,藥譜三卷,木譜二卷,花譜一、三至四,卉譜二卷,鶴魚譜一卷)

130000－0404－0003897　子105/1021=3(3)(普)

二如亭群芳譜三十卷首一卷 (明)王象晉撰　清康熙刻本　十二冊　存十四卷(天譜三卷、歲譜四卷、穀譜一卷、蔬譜二卷、果譜一至三,首一卷)

130000－0404－0003898　子105/1021=4(普)

二如亭群芳譜三十卷首一卷 (明)王象晉撰　明天啟元年(1621)書叢古講堂刻本　二十四冊　存三十卷(天譜三卷、歲譜四卷、穀譜一卷、蔬譜二卷、果譜四卷、茶譜一卷、竹譜一卷、桑麻葛譜一卷、棉譜一卷、藥譜三卷、木譜二卷、花譜一至三、卉譜二卷、鶴魚譜一卷,首一卷)

130000－0404－0003899　子105/1021=2(普)

佩文齋廣群芳譜一百卷目錄二卷 (明)王象晉撰　清康熙四十七年(1708)刻本　四十八冊

130000－0404－0003900　子105/7531(普)

秘傳花鏡六卷 (清)陳淏子撰　清末石印本　一冊　存二卷(五至六)

130000－0404－0003901　子11/3733(普)

雕丘雜錄十八種十八卷癭史一卷 (清)梁清遠撰　清康熙二十一年(1682)梁允桓正定府署刻咸豐六年(1856)印本　七冊

130000－0404－0003902　子11/3800(普)

心靈學不分卷 (美國)海文著　(清)顏永京譯　清光緒十五年(1889)刻本　一冊

130000－0404－0003903　子11/4073(普)

聯經四卷 (清)李學禮述　清乾隆五十五年(1790)補過堂刻本　四冊

130000－0404－0003904　子111/0014(普)

風俗通義十卷附人物志三卷 (漢)應劭著　清初刻本　二冊

130000－0404－0003905　子111/1000(普)

論衡三十卷 (漢)王充著　(明)錢震瀧閱　明刻本　五冊　存十三卷(一至十三)

130000－0404－0003906　子111/1000=2(普)

論衡三十卷 (漢)王充著　明刻本　七冊

存十七卷（三至七、十三至十九、二十三至二十四、二十八至三十）

130000－0404－0003907　子111/1023（普）

淮南鴻烈解二十一卷　（漢）劉安著　清刻本　四冊

130000－0404－0003908　子111/1042（普）

格致課藝彙編十三卷　（清）王韜編　清光緒二十三年（1897）上海書局石印本　十三冊

130000－0404－0003909　子111/1044（普）

權衡一書不分卷　（清）王植輯　清刻本　十二冊

130000－0404－0003910　子111/1048（普）

新選時文備格不分卷　（清）王式金等著　清光緒五年（1879）金陵芸香閣印本　八冊

130000－0404－0003911　子111/1048（2）（普）

新選時文備格不分卷　（清）王式金等著　清光緒五年（1879）金陵芸香閣刻本　八冊

130000－0404－0003912　子111/1055（普）

常談四卷　（清）劉玉書撰　清刻本　三冊　存三卷（二至四）

130000－0404－0003913　子111/1058（普）

傳家寶四集三十二卷首一卷　（清）石成金撰　清刻本　十五冊　存十五卷（二集二至八、三集八卷）

130000－0404－0003914　子111/1070（普）

實學指針一卷　（日本）西師意撰　清光緒二十八年（1902）華北譯局刻本　一冊

130000－0404－0003915　子111/1133（普）

勸學篇二卷　（清）張之洞撰　清光緒二十四年（1898）刻本　一冊

130000－0404－0003916　子111/1133（2）（普）

勸學篇二卷　（清）張之洞撰　清光緒二十四年（1898）刻本　一冊

130000－0404－0003917　子111/1133（3）（普）

勸學篇二卷　（清）張之洞撰　清光緒二十四年（1898）刻本　一冊

130000－0404－0003918　子111/1144（普）

聰訓齋語二卷恒產瑣言一卷飯有十二合說一卷　（清）張英撰　清雙流黃氏濟忠堂刻本　一冊

130000－0404－0003919　子111/1173（普）

楊園先生全集五十四卷年譜一卷　（清）張履祥撰　（清）姚璉輯　清同治十年（1871）江蘇書局刻本　十六冊

130000－0404－0003920　子111/1173（2）（普）

楊園先生全集五十四卷年譜一卷　（清）張履祥撰　（清）姚璉輯　清同治十年（1871）江蘇書局刻本　十二冊　存二十一卷（一至二十、年譜一卷）

130000－0404－0003921　子111/1200（普）

墨子閒詁十五卷目錄一卷附錄一卷後語二卷　（清）孫詒讓撰　清宣統二年（1910）刻本　八冊

130000－0404－0003922　子111/1200＝2（普）

墨子閒詁十五卷目錄一卷附錄一卷後語二卷　（清）孫詒讓撰　清光緒三十三年（1907）刻本　八冊

130000－0404－0003923　子111/1200＝3（普）

墨子閒詁十五卷　（清）孫詒讓撰　清光緒二十一年（1895）掃葉山房石印本　八冊

130000－0404－0003924　子111/1216（普）

鑄史駢言十二卷　（清）孫玉田編　清光緒二年（1876）刻本　四冊

130000－0404－0003925　子111/1216＝2（普）

鑄史駢言十二卷　（清）孫玉田編　清光緒二年（1876）刻本　五冊

130000－0404－0003926　子111/3114（普）

雞跖賦續刻二十八卷疑古二卷　（清）應泰泉等輯　清同治翠筠山房刻本　八冊

130000－0404－0003927　子111/3172（普）

能自彊齋制藝一卷　（清）王鳴變著　清光緒五年（1879）忠光堂刻本　一冊

130000－0404－0003928　子111/3191＝2（普）

日知錄集釋三十二卷刊誤二卷續刊誤二卷
(清)顧炎武著 (清)黃汝成集釋 清同治八
年(1869)廣州述古堂刻本 十六冊

130000－0404－0003929 子111/3191＝3(普)
日知錄集釋三十二卷刊誤二卷續刊誤二卷
(清)顧炎武著 (清)黃汝成集釋 清同治十
一年(1872)湖北崇文書局刻本 十四冊

130000－0404－0003930 子111/3191＝4(普)
日知錄集釋三十二卷刊誤二卷續刊誤二卷
(清)顧炎武著 (清)黃汝成集釋 清光緒三
年(1877)刻本 十六冊

130000－0404－0003931 子111/3191＝6(普)
日知錄集釋三十二卷 (清)顧炎武著 (清)
黃汝成集釋 清刻本 八冊

130000－0404－0003932 子111/3191＝6(2)(普)
日知錄集釋三十二卷 (清)顧炎武著 (清)
黃汝成集釋 清刻本 八冊

130000－0404－0003933 子111/3191－2(普)
日知錄三十二卷日知錄之餘四卷 (清)顧炎
武著 清乾隆六十年(1795)刻本 二十四冊

130000－0404－0003934 子111/3433(普)
蓬窗隨錄十四卷附錄二卷續錄二卷 (清)沈
兆澐輯 清咸豐七年(1857)刻本 十四冊

130000－0404－0003935 子111/3433(2)(普)
蓬窗隨錄十四卷附錄二卷續錄二卷 (清)沈
兆澐輯 清咸豐七年(1857)刻本 十四冊

130000－0404－0003936 子111/3552(普)
課藝聯珠一卷 (□)□□撰 清末手抄本
一冊

130000－0404－0003937 子111/3677(普)
浮邱子十二卷 (清)湯鵬著 清同治四年
(1865)刻本 四冊

130000－0404－0003938 子111/3708(普)
楹聯叢話十二卷 (清)梁章鉅輯 清道光二
十年(1840)桂林署齋刻本 四冊

130000－0404－0003939 子111/4035(普)
文園梯雲□□卷 (清)李祖惠等撰 清刻本

六冊 存三卷(二至四)

130000－0404－0003940 子111/4473(普)
格致書院課藝不分卷 (清)王韜輯 清光緒
二十四年(1898)上海圖書集成印書局印本
六冊

130000－0404－0003941 子111/4610(普)
新民叢報彙編不分卷 梁啟超撰 清光緒三
十二年(1906)文會書社石印本 十冊

130000－0404－0003942 子111/4921(普)
信都書院課藝不分卷 (清)趙衡等撰 清末
刻本 二冊

130000－0404－0003943 子111/6014(普)
呂氏春秋二十六卷 (秦)呂不韋撰 (清)畢
沅輯校 清乾隆五十三年(1788)靈岩山館刻
本 六冊

130000－0404－0003944 子111/6014＝2(普)
呂氏春秋二十六卷 (秦)呂不韋撰 清光緒
元年(1875)浙江書局據畢氏靈岩山館刻本
六冊

130000－0404－0003945 子111/6014＝3(普)
呂氏春秋二十六卷 (秦)呂不韋撰 明萬曆
七年(1579)刻本 五冊

130000－0404－0003946 子111/6017(普)
墨子十五卷目錄一卷 (清)華阮校注 清光
緒二年(1876)浙江書局刻本 四冊

130000－0404－0003947 子111/6794(普)
道之以政一卷 (清)路慎莊等撰 清末刻本
一冊

130000－0404－0003948 子111/7230(普)
淮南子二十一卷 (漢)劉安撰 (漢)高誘註
清光緒二年(1876)浙江書局據武進莊氏本
刻本 六冊

130000－0404－0003949 子111/7230(2)(普)
淮南子二十一卷 (漢)劉安撰 (漢)高誘註
清光緒二年(1876)浙江書局據武進莊氏本
刻本 六冊

130000－0404－0003950 子111/7230＝2(普)

淮南子二十一卷　（漢）劉安撰　（清）吳汝綸
點勘　清末蓮池書社印本　三冊

130000－0404－0003951　子111/7230－2(普)
淮南鴻烈解二十一卷　（漢）劉安撰　清刻本
　四冊　存十一卷(三至十三)

130000－0404－0003952　子111/7535(普)
東塾讀書記二十五卷　（清）陳澧撰　清刻本
　二冊　存六卷(一至六)

130000－0404－0003953　子111/7586(普)
黃嬭餘話八卷　（清）陳錫路著　清光緒二年
(1876)上海嘯園刻本　二冊

130000－0404－0003954　子111/7777(普)
鴻苞節錄十卷　（明）屠隆撰　清咸豐七年
(1857)保硯齋刻本　十冊

130000－0404－0003955　子112/0028(普)
通雅五十二卷首三卷　（清）方以智撰　清光
緒六年(1880)桐城方氏刻本　十六冊

130000－0404－0003956　子112/0028＝2(普)
通雅五十二卷　（清）方以智撰　清光緒六年
(1880)桐城方氏刻本　十二冊

130000－0404－0003957　子112/0124(普)
刊謬正俗八卷　（唐）顏師古撰　清光緒三年
(1877)湖北崇文書局刻本　一冊

130000－0404－0003958　子112/0838(普)
十年讀書之廬重刊韻史二卷　（清）許遁翁撰
　清咸豐十一年(1861)刻本　二冊

130000－0404－0003959　子112/1000(普)
困學紀聞二十卷　（宋）王應麟撰　（清）閻若
璩注　清同治九年(1870)揚州書局刻本
四冊

130000－0404－0003960　子112/1000＝2(普)
困學紀聞注二十卷　（宋）王應麟撰　（清）翁
元圻輯　清道光五年(1825)餘姚守福堂刻本
　十六冊

130000－0404－0003961　子112/1000＝2(2)(普)
困學紀聞注二十卷　（宋）王應麟撰　（清）翁
元圻輯　清道光五年(1825)餘姚守福堂刻本
十二冊

130000－0404－0003962　子112/1000＝3(普)
困學紀聞二十卷　（宋）王應麟撰　清嘉慶十
八年(1813)刻本　十冊

130000－0404－0003963　子112/1000＝4(普)
困學紀聞二十卷　（宋）王應麟撰　清桐華書
塾刻本　六冊

130000－0404－0003964　子112/1000＝5(普)
校訂困學紀聞五箋二十卷　（宋）王應麟撰
（清）閻若璩等箋注　（清）萬希槐集證　清經
正堂校刻本　八冊

130000－0404－0003965　子112/1000－3(普)
校訂困學紀聞集證二十卷　（宋）王應麟撰
（清）閻若璩等輯注　（清）屠繼序校補
（清）萬希槐集證　清嘉慶十二年(1807)刻本
　六冊

130000－0404－0003966　子112/1000－2(普)
困學紀聞集證二十卷首一卷末一卷　（宋）王
應麟撰　（清）萬希槐輯　清嘉慶八年(1803)
聚秀堂刻本　十冊

130000－0404－0003967　子112/1000－3＝3(普)
校訂困學紀聞集證二十卷　（宋）王應麟撰
（清）閻若璩等輯注　（清）屠繼序校補
（清）萬希槐集證　清嘉慶二十四年(1819)刻
本　二十三冊

130000－0404－0003968　子112/1000－3＝2(普)
校訂困學紀聞集證二十卷　（宋）王應麟撰
（清）閻若璩等輯注　（清）屠繼序校補
（清）萬希槐集證　清嘉慶十八年(1813)刻本
　十二冊

130000－0404－0003969　子112/1081＝2(普)
讀書雜誌八十二卷餘編二卷　（清）王念孫撰
　清刻本　十八冊　缺二十卷(逸周書雜誌
四卷、戰國策雜誌三卷、史記雜誌六卷、漢書
雜誌一至七)

130000－0404－0003970　子112/1081(普)
讀書雜誌八十二卷餘編二卷　（清）王念孫撰

清同治九年(1870)金陵書局刻本　二十四冊

130000－0404－0003971　子112/1081(2)(普)
讀書雜誌八十二卷餘編二卷　(清)王念孫撰
清同治九年(1870)金陵書局刻本　二十四冊

130000－0404－0003972　子112/1081＝3(普)
讀書雜誌八十二卷餘編二卷　(清)王念孫撰
清光緒二十年(1894)上海醉六堂石印本　八冊

130000－0404－0003973　子112/1081－2(普)
王刊四種　(清)王念孫撰　清刻本　六十冊

130000－0404－0003974　子112/1160(普)
白虎通四卷　(漢)班固撰　清乾隆四十九年(1784)抱經堂刻本　四冊

130000－0404－0003975　子112/1160＝2(普)
白虎通德論四卷　(漢)班固撰　清仿元大德九年刻本　二冊

130000－0404－0003976　子112/1243(普)
讀書脞錄七卷　(清)孫志祖撰　清光緒十三年(1887)醉六堂刻本　四冊

130000－0404－0003977　子112/2191(普)
義門讀書記五十八卷　(清)何焯撰　(清)蔣維鈞編　清乾隆三十四年(1769)承恩堂刻本　十二冊

130000－0404－0003978　子112/2191＝2(普)
義門讀書記五十八卷　(清)何焯撰　(清)蔣維鈞編　清乾隆三十四年(1769)石香齋刻本　十六冊

130000－0404－0003979　子112/2191＝3(普)
義門讀書記五十八卷　(清)何焯撰　(清)蔣維鈞編　清乾隆十六年(1751)刻光緒六年(1880)重修本　八冊　存三十四卷(四書六卷、詩經二卷、左氏春秋二卷、穀梁春秋一卷、公羊春秋一卷、史記二卷、前漢書六卷、後漢書五卷、三國志三卷、五代史一卷、昌黎集五卷)

130000－0404－0003980　子112/2510(普)
無邪堂答問五卷　(清)朱一新撰　清光緒二十一年(1895)廣雅書局刻本　五冊

130000－0404－0003981　子112/2872(普)
經史辯體二十四卷　(清)徐與喬撰　清康熙十七年(1678)敦化堂刻本　二十四冊

130000－0404－0003982　子112/3434(普)
容齋隨筆十六卷續筆十六卷三筆十六卷四筆十六卷五筆十卷　(宋)洪邁著　清光緒元年(1875)新豐洪氏十三公祠刻本　十四冊

130000－0404－0003983　子112/3479(普)
讀書叢錄二十四卷　(清)洪頤煊撰　清光緒十三年(1887)吳氏醉六堂刻本　八冊

130000－0404－0003984　子112/4411(普)
吹網錄六卷　(清)葉廷琯撰　清同治八年(1869)張氏儀許廬刻本　二冊

130000－0404－0003985　子112/4428(普)
札樸十卷　(清)桂馥撰　清嘉慶十八年(1813)山陰小李山房刻本　七冊　存九卷(一至九)

130000－0404－0003986　子112/4428(2)(普)
札樸十卷　(清)桂馥撰　清嘉慶十八年(1813)山陰小李山房刻本　八冊

130000－0404－0003987　子112/4440(普)
考古質疑六卷　(宋)葉大慶撰　清光緒四年(1878)刻本　二冊

130000－0404－0003988　子112/4917(普)
陔餘叢考四十三卷　(清)趙翼撰　清乾隆五十五年(1790)湛貽堂刻本　八冊

130000－0404－0003989　子112/7500(普)
白虎通疏證十二卷　(清)陳立撰　清光緒元年(1875)淮南書局刻本　四冊

130000－0404－0003990　子112/8019(普)
癸巳類稿十五卷　(清)俞正燮撰　清光緒五年(1879)會稽章氏刻本　十二冊

130000－0404－0003991　子112/8043(普)
茶香室經說十六卷　(清)俞樾撰　清刻本

二册　存六卷(十一至十三、十四至十六)

130000－0404－0003992　子112/8346(普)

校正十駕齋養新録二十卷　(清)錢大昕撰
清光緒十四年(1888)上海同文書局石印本
四册

130000－0404－0003993　子113/0428(普)

篋外録一卷　(清)謝綸撰　清咸豐刻本
一册

130000－0404－0003994　子113/0825(普)

增補注釋故事白眉十卷　(明)許以忠輯　清
光緒二年(1876)經濟堂刻本　六册

130000－0404－0003995　子113/1007(普)

重論文齋筆録十二卷　(清)王瑞履輯　清道
光二十六年(1846)受宜堂刻本　六册

130000－0404－0003996　子113/1043(普)

**古夫于亭雜録六卷處事心箴二卷澄懷園語四
卷**　(清)王士禛等撰　清乾隆十一年(1746)
刻本　六册

130000－0404－0003997　子113/1072(普)

家言隨記四卷　(清)王賢儀撰　清同治五年
(1866)京都琉璃廠翰茂齋刻本　四册

130000－0404－0003998　子113/1077(普)

幼學歌五卷　(清)王用臣編　清光緒十一年
(1885)深澤王氏刻本　一册

130000－0404－0003999　子113/1111(普)

澄懷園語四卷　(清)張廷玉著　清末上海文
瑞樓石印本　一册

130000－0404－0004000　子113/1111＝2(普)

澄懷園語四卷　(清)張廷玉著　清光緒二年
(1876)刻本　二册

130000－0404－0004001　子113/1119(普)

晚翠軒筆記一卷　(清)張丙焜著　清咸豐三
年(1853)刻本　一册

130000－0404－0004002　子113/1134(普)

書啟合璧全集十三卷　(清)汪孝鍾　(清)張
宗燾校訂　清乾隆四十一年(1776)西齋刻本
六册

130000－0404－0004003　子113/1136(普)

雲谷雜記四卷首一卷末一卷　(宋)張淏撰
清乾隆三十九年(1774)刻本　二册

130000－0404－0004004　子113/1150(普)

津門雜記三卷　(清)張燾撰　清光緒十年
(1884)刻本　一册

130000－0404－0004005　子113/2019(普)

勝朝遺事二編八卷　(清)吳彌光輯　清光緒
九年(1883)懺華盦刻本　十二册

130000－0404－0004006　子113/2696(普)

續客窗閒話八卷　(清)吳熾昌著　清光緒元
年(1875)刻本　四册

130000－0404－0004007　子113/2722(普)

繪圖情史二十四卷　(明)詹詹外史(馮夢龍)
評輯　清宣統元年(1909)北京自強書局石印
本　六册

130000－0404－0004008　子113/3140(普)

新增智囊補二十八卷　(明)馮夢龍輯　清維
經堂刻本　十二册

130000－0404－0004009　子113/3140＝2(普)

增廣智囊補二十八卷　(明)馮夢龍輯　清末
石印本　六册

130000－0404－0004010　子113/3448(普)

槐廳載筆二十卷　(清)法式善編　清嘉慶四
年(1799)刻本　四册

130000－0404－0004011　子113/3480(普)

養蒙金鑑二卷　(清)沈錫慶刪訂　清光緒元
年(1875)鄂坦藩署刻本　二册

130000－0404－0004012　子113/3480(2)(普)

養蒙金鑑二卷　(清)沈錫慶刪訂　清光緒元
年(1875)鄂坦藩署刻本　二册

130000－0404－0004013　子113/3708(普)

制義叢話二十四卷題名一卷　(清)梁章鉅撰
清道光二十三年(1843)刻本　八册

130000－0404－0004014　子113/4012(普)

建炎以來朝野雜記甲集二十卷乙集二十卷
(宋)李心傳撰　清刻本　八册

193

130000－0404－0004015　子113/4026（普）

棣懷堂隨筆六卷　（清）李象鵾撰　清道光元年(1821)刻本　四冊

130000－0404－0004016　子113/4034（普）

揚州畫舫錄十八卷　（清）李斗撰　清乾隆六十年(1795)自然盦刻同治十一年(1872)重修本　六冊

130000－0404－0004017　子113/4442（普）

避暑錄話二卷　（宋）葉夢得著　明刻本　四冊

130000－0404－0004018　子113/4622（普）

資塵新聞七卷　（清）槐嶺山人撰　清前期刻本　四冊

130000－0404－0004019　子113/4743（普）

樊子二卷　（清）胡世安輯注　清縣縣書局刻本　一冊

130000－0404－0004020　子113/5567（普）

九九銷夏錄十四卷首一卷　（清）曲園居士(俞樾)撰　清刻本　二冊

130000－0404－0004021　子113/7423（普）

冷廬雜識八卷　（清）陸以湉撰　清咸豐六年(1856)刻本　八冊

130000－0404－0004022　子113/7508（普）

健餘先生尺牘四卷健餘劄記四卷　（清）尹會一撰　尹健餘先生年譜三卷　（清）呂熾編
健餘先生撫豫條教四卷　（清）張受長輯　劄記四卷　清乾隆十六年(1751)刻本　四冊

130000－0404－0004023　子113/7720（普）

辛卯侍行記六卷　（清）陶保廉撰　清光緒二十三年(1897)養樹山房刻本　六冊

130000－0404－0004024　子113/7744（普）

廣東新語二十八卷　（清）屈大均撰　清康熙三十九年(1700)刻本　十冊

130000－0404－0004025　子113/8080（普）

熙朝新語十六卷　（清）余金輯　清道光四年(1824)鳴盛堂刻本　八冊

130000－0404－0004026　子113/8080＝2（普）

熙朝新語十六卷　（清）余金輯　清道光六年(1826)經國堂刻本　四冊

130000－0404－0004027　子113/8333（普）

履園叢話二十四卷　（清）錢泳輯　清道光十八年(1838)述德堂刻本　八冊

130000－0404－0004028　子114/0010（普）

長物志十二卷　（明）文震亨撰　清末刻本　二冊

130000－0404－0004029　子114/0030（普）

增補遵生八牋十九卷目錄一卷　（明）高濂撰　（明）鍾惺重訂　明思嚴居刻本　二十冊

130000－0404－0004030　子114/0030＝2（普）

增補遵生八牋十九卷目錄一卷　（明）高濂撰　（明）鍾惺重訂　清道光十二年(1832)步月樓刻本　二十冊

130000－0404－0004031　子115/1077（普）

幼學歌五卷續編一卷　（清）王用臣編　清光緒十二年(1886)刻本　一冊

130000－0404－0004032　子115/2628（普）

羣書治要五十卷　（唐）魏徵等撰　清刻本　八冊　存二十三卷(二十八至五十)

130000－0404－0004033　子115/4288（普）

援鶉堂筆記五十卷刊誤一卷刊誤補遺一卷　（清）姚範撰　清道光十五年(1835)刻本　十六冊

130000－0404－0004034　子115/4446（普）

畫禪室隨筆四卷　（明）董其昌撰　清乾隆十八年(1753)刻本　四冊

130000－0404－0004035　子115/4670（普）

新增龍文鞭影全集七卷　（清）楊古度增訂　清光緒十九年(1893)書業德刻本　六冊

130000－0404－0004036　子115/4670－2（普）

新增龍文鞭影四卷　（清）楊古度增訂　清道光二十九年(1849)刻本　四冊

130000－0404－0004037　子115/4712（普）

楹聯集錦八卷　（清）胡鳳丹輯　清光緒五年(1879)刻本　一冊　存四卷(一至四)

130000－0404－0004038　子115/7438(普)

老學庵筆記十卷　(宋)陸游撰　清光緒三年(1877)湖北崇文書局刻本　二冊

130000－0404－0004039　子115/7742(普)

覺世經圖說不分卷　(□)□□撰　清刻本　一冊

130000－0404－0004040　子12/0027(普)

泊宅編三卷　(宋)方勺撰　清光緒三年(1877)刻本　一冊

130000－0404－0004041　子12/0078(普)

劇談錄二卷附逸文一卷　(宋)康駢述　清光緒四年(1878)刻本　二冊

130000－0404－0004042　子12/0712(普)

山海經十八卷　(晉)郭璞撰　**水經四十卷**(漢)桑欽撰　(北魏)酈道元註　明刻本　六冊　存二十二卷(山海經十八卷、水經三十七至四十)

130000－0404－0004043　子12/0712＝2(普)

山海經十八卷圖讚一卷訂譌一卷　(晉)郭璞撰　(清)郝懿行箋疏　清光緒善成堂刻本　六冊

130000－0404－0004044　子12/0712＝3(普)

山海經十八卷圖讚一卷訂譌一卷　(晉)郭璞撰　(清)郝懿行箋疏　清嘉慶十四年(1809)揚州阮氏琅嬛館刻本　四冊

130000－0404－0004045　子12/0712＝3(2)(普)

山海經十八卷圖讚一卷訂譌一卷　(晉)郭璞撰　(清)郝懿行箋疏　清嘉慶十四年(1809)揚州阮氏琅嬛館刻本　四冊

130000－0404－0004046　子12/0712＝4(普)

山海經十八卷　(晉)郭璞撰　清嘉慶十四年(1809)刻本　四冊

130000－0404－0004047　子12/0712＝5(普)

山海經十八卷圖讚一卷訂譌一卷　(晉)郭璞撰　(清)郝懿行箋疏　清光緒善成堂刻本　六冊

130000－0404－0004048　子12/0712＝6(普)

山海經十八卷圖讚一卷訂譌一卷　(晉)郭璞撰　(清)郝懿行箋疏　清光緒十七年(1891)上海還讀樓刻本　二冊

130000－0404－0004049　子12/1040(普)

拾遺記十卷　(晉)王嘉撰　(南朝梁)蕭綺錄　清光緒元年(1875)湖北崇文書局刻本　一冊

130000－0404－0004050　子12/1043(普)

皇華紀聞四卷南來志一卷北歸志一卷廣州遊覽小志一卷蜀道驛程記二卷秦蜀驛程記二卷隴蜀餘聞一卷長白山錄一卷浯溪考二卷(清)王士禛撰　清康熙二十九年(1690)刻本　八冊

130000－0404－0004051　子12/1043＝2(普)

皇華紀聞四卷南來志一卷北歸志一卷廣州遊覽小志一卷蜀道驛程記二卷分甘余話四卷秦蜀後記二卷　(清)王士禛撰　清康熙二十九年(1690)刻本　六冊

130000－0404－0004052　子12/1043.2(普)

秋燈叢話十八卷　(清)王椷撰　清同治十年(1871)文盛堂刻本　一冊　存二卷(一至二)

130000－0404－0004053　子12/1060(普)

夜譚隨錄十二卷　(清)霽園主人(和邦額)撰　清光緒二年(1876)愛日堂刻本　六冊

130000－0404－0004054　子12/1077(普)

斯陶說林十二卷　(清)王用臣輯　清光緒十八年(1892)深澤王氏刻本　十二冊

130000－0404－0004055　子12/1293(普)

北夢瑣言二十卷　(宋)孫光憲撰　清乾隆二十一年(1756)雅雨堂刻本　二冊　存十一卷(一至十一)

130000－0404－0004056　子12/2696(普)

客窗閒話八卷續八卷　(清)吳熾昌著　清光緒十一年(1885)奎文堂刻本　六冊　缺四卷(七至八、續五至六)

130000－0404－0004057　子12/2767(普)

閱微草堂筆記二十四卷　(清)紀昀撰　清嘉

慶五年(1800)刻本　五冊　存十二卷(一至十二)

130000－0404－0004058　子12/2767(2)(普)
閱微草堂筆記二十四卷　(清)紀昀撰　清嘉慶五年(1800)刻本　五冊　存十二卷(一至十二)

130000－0404－0004059　子12/2767＝2(普)
閱微草堂筆記二十四卷　(清)紀昀撰　清嘉慶二十一年(1816)北平盛氏刻本　十冊

130000－0404－0004060　子12/2767＝3(普)
閱微草堂筆記五種二十四卷　(清)紀昀撰　清道光二十七年(1847)小蓬萊山館刻本　十二冊

130000－0404－0004061　子12/2767＝5(普)
閱微草堂筆記約選二卷　(清)紀昀撰　(清)臥雲居士選　清末石印本　二冊

130000－0404－0004062　子12/2767＝6(普)
閱微草堂筆記二十四卷　(清)紀昀撰　清道光二十七年(1847)小蓬萊山館刻本　六冊存十四卷(灤陽消夏錄六卷、如是我聞四卷、姑妄德之四卷)

130000－0404－0004063　子12/2821(普)
歷代神仙通鑑三集二十二卷目錄一卷　(清)徐道編　清刻本　八冊　存七卷(七至十一、十四至十五)

130000－0404－0004064　子12/3452(普)
稗海四百四十卷　(宋)沈括等撰　清刻本八十冊

130000－0404－0004065　子12/3452(2)(普)
稗海四百四十卷　(宋)沈括等撰　清刻本五十六冊　缺六十八卷(樂善錄二卷、蠡海集一卷、過庭錄一卷、泊宅編三卷、閑窗括異志一卷、搜采異聞錄五卷、東軒筆錄十五卷、青箱雜記十卷、蒙齋筆談二卷、畫墁錄一卷、齊東野語二十卷、癸辛雜識前集一卷後集一卷續集二卷別集二卷、山房隨筆一卷)

130000－0404－0004066　子12/4001(普)

尾蔗叢談四卷奇字名十二卷　(清)李調元撰清刻本　一冊　缺十卷(奇字名三至十二)

130000－0404－0004067　子12/4031(普)
剪燈餘話三卷　(明)李禎撰　**覓燈因話二卷**　(明)邵青閣撰　清刻本　四冊

130000－0404－0004068　子12/4060(普)
太平廣記五百卷目錄十卷　(宋)李昉等編清嘉慶十一年(1806)姑蘇聚文堂刻本　十八冊　存一百八十七卷(一至一百二十四、一百八十八至二百五十)

130000－0404－0004069　子12/4060＝2(普)
太平廣記五百卷目錄十卷　(宋)李昉等編清道光二十六年(1846)三讓睦記刻本　六十四冊

130000－0404－0004070　子12/4072(普)
風流自賞十六卷　(清)李鳳儀著　清末石印本　六冊

130000－0404－0004071　子12/4603(普)
如是我聞四卷　題(清)觀奕道人(紀昀)撰清刻本　六冊

130000－0404－0004072　子12/4944(普)
寄園寄所寄十二卷　(清)趙吉士撰　清末刻本　六冊　缺六卷(一至六)

130000－0404－0004073　子12/5011(普)
香艷叢書二十集三百二十八種　(清)蟲天子輯　清宣統元年(1909)國學扶輪社鉛印本八十一冊

130000－0404－0004074　子12/5011＝2(普)
香艷叢書二十集三百二十八種　(清)蟲天子輯　清宣統國學扶輪社鉛印本　二十冊　存五集(五至八、十三)

130000－0404－0004075　子12/6075(普)
古今說部叢書十集二百六十六種三百七十五卷　國學扶輪社輯　清宣統至民國上海國學扶輪社鉛印本　六十五冊

130000－0404－0004076　子12/7211(普)
桯史十五卷附錄一卷　(宋)岳珂著　清末申

報館仿聚珍版鉛印本　四冊

130000－0404－0004077　子12/7280(普)
世說新語三卷　(南朝宋)劉義慶撰　明萬曆
三十七年(1609)周氏博古堂刻本　六冊

130000－0404－0004078　子12/7280＝2(普)
世說新語三卷　(南朝宋)劉義慶撰　清道光
八年(1828)紛欣閣刻本　三冊

130000－0404－0004079　子12/7280＝3(普)
世說新語六卷　(南朝宋)劉義慶撰　(南朝
梁)劉孝標注　(明)王世懋評　**世說新語補
四卷**　(明)何良俊撰　(明)王世貞刪訂
(明)張文柱校注　清康熙十五年(1676)承德
堂刻本　六冊

130000－0404－0004080　子12/7462(普)
續新齋諧十卷　(清)袁枚編　清光緒十八年
(1892)鉛印本　二冊

130000－0404－0004081　子12/7701(普)
因樹屋書影十卷　(清)周亮工撰　清雍正三
年(1725)懷德堂刻本　六冊

130000－0404－0004082　子12/7732(普)
輟耕錄三十卷　(明)陶宗儀撰　清光緒十一
年(1885)上海福瀛書局刻本　八冊

130000－0404－0004083　子12/7732(2)(普)
輟耕錄三十卷　(明)陶宗儀撰　清光緒十一
年(1885)上海福瀛書局刻本　八冊

130000－0404－0004084　子12/7732(3)(普)
輟耕錄三十卷　(明)陶宗儀撰　清光緒十一
年(1885)上海福瀛書局刻本　八冊

130000－0404－0004085　子12/7774＝2(普)
酉陽雜俎二十卷續集十卷　(唐)段成式撰
清光緒三年(1877)湖北崇文書局刻本　六冊

130000－0404－0004086　子12/8057(普)
守一齋筆記四卷　(清)金棒閭撰　清光緒十
六年(1890)廣州刻本　三冊

130000－0404－0004087　子121/3322(普)
兩般秋雨盦隨筆八卷　(清)梁紹壬撰　清道
光十七年(1837)振綺堂刻本　三冊　存五卷
(三、五至八)

130000－0404－0004088　子13/0003(普)
百二漢鏡齋秘書四種　(清)程芝雲輯　清道
光四年(1824)湖邊程氏百二漢鏡齋刻本
八冊

130000－0404－0004089　子13/0712(普)
陰陽五要奇書三十二卷　(明)江之棟輯
(清)顧鶴庭重輯　清乾隆五十五年(1790)刻
本　八冊

130000－0404－0004090　子13/0712＝2(普)
陰陽五要奇書五種附八宅明鏡二卷　(明)江
之棟輯　(清)顧鶴庭重輯　清光緒三十年
(1904)楊記抄本　七冊

130000－0404－0004091　子13/0893(普)
陰隲文圖證不分卷　(清)許光清集証　清道
光二十四年(1844)刻本　一冊

130000－0404－0004092　子13/1700－2(普)
梅花易數五卷　(宋)邵雍撰　清末石印本
一冊

130000－0404－0004093　子13/3614(普)
陰陽鏡不分卷　(清)湯承蒙編　清刻本　十
四冊

130000－0404－0004094　子13/7130(普)
子平舉要歌一卷　(清)馬心齋手訂　清抄本
一冊

130000－0404－0004095　子131/0115(普)
增訂丹桂籍十二卷　(明)顏正輯　清嘉慶二
十三年(1818)滇省迤西會館刻本　十二冊

130000－0404－0004096　子131/1134(普)
熙朝人鑒上集四卷下集四卷首二卷　(清)丁
承祐編　清光緒十三年(1887)刻本　八冊

130000－0404－0004097　子131/1134(2)(普)
熙朝人鑒上集四卷下集四卷首二卷　(清)丁
承祐編　清光緒十三年(1887)刻本　四冊
存四卷(上集四卷)

130000－0404－0004098　子131/1700(普)
皇極經世書傳八卷　(宋)邵雍撰　清嘉慶十

五年(1810)刻本　八冊

130000－0404－0004099　子131/1700＝2(普)
皇極經世書傳八卷　(宋)邵雍撰　清刻本
七冊　缺一卷(二)

130000－0404－0004100　子131/1779(普)
太玄集注四卷　(宋)司馬光撰　(清)孫溎補
註　清道光十一年(1831)岷陽孫氏刻本
四冊

130000－0404－0004101　子131/4640(普)
太玄經十卷　(漢)揚雄撰　(宋)司馬光注
清光緒元年(1875)湖北崇文書局刻本　二冊

130000－0404－0004102　子131/9022(普)
焦氏易詁十一卷易象補遺易象釋各一卷
(清)尚秉和撰　清刻本　七冊

130000－0404－0004103　子132/0024(普)
靈臺秘苑五十六卷　(後周)庾季才撰　明抄
本　二十二冊　存三十六卷(二十一至五十
六)

130000－0404－0004104　子133/0747(普)
大六壬課經集六卷　(清)郭載騋輯　清三槐
堂刻本　六冊

130000－0404－0004105　子133/0747＝2(普)
秘藏大六壬大全十三卷　(清)郭載騋輯　清
康熙四十三年(1704)刻本　二十二冊

130000－0404－0004106　子133/1022(普)
卜筮正宗十四卷　(清)王維德著　清光緒三
十一年(1905)上海錦章圖書局石印本　四冊

130000－0404－0004107　子133/4400(普)
奇門遁甲統宗十二卷　(三國蜀)諸葛亮撰
清抄本　十二冊

130000－0404－0004108　子134/4019(普)
欽定協紀辨方書三十六卷　(清)李廷耀等纂
　清光緒二十五年(1899)遼左書林石印本
八冊

130000－0404－0004109　子134/4019＝2(普)
欽定協紀辨方書三十六卷　(清)李廷耀等纂
　清刻本　六冊　存七卷(一至七)

130000－0404－0004110　子134/4024(普)
燕山集五卷　(清)李重華撰　清刻本　三冊
存四卷(二至五)

130000－0404－0004111　子135/3480(普)
星平大成七卷　(清)沈義方纂集　清三多齋
刻本　二冊

130000－0404－0004112　子135/4474(普)
水鏡集纂要四卷　(清)范騋撰　清光緒十四
年(1888)文英堂刻本　四冊

130000－0404－0004113　子135/8028(普)
增補星平會海命學全書十卷首一卷　(清)水
中龍編　清光緒三年(1877)黑潤堂刻本　四
冊　存七卷(三至四、七至十,首一卷)

130000－0404－0004114　子136/1113(普)
地理三會集三卷　(明)張互撰　清華西草堂
刻本　一冊　存一卷(中)

130000－0404－0004115　子136/1167(普)
地理參贊玄機仙婆集十三卷　(明)張鳴鳳編
集　清學古堂刻本　十二冊

130000－0404－0004116　子136/1171(普)
陽宅愛衆篇四卷　(清)張覺正撰　清道光二
十六年(1846)步雲堂刻本　四冊

130000－0404－0004117　子136/1171＝2(普)
陽宅愛衆篇二卷　(清)張覺正撰　清道光十
二年(1832)百忍堂刻本　一冊

130000－0404－0004118　子136/2300(普)
雪心賦正解四卷　(唐)卜應天撰　(清)孟浩
注　辯論三十篇一卷　(清)孟浩撰　清康熙
十九年(1680)刻本　四冊

130000－0404－0004119　子136/4007(普)
入地眼全書十卷　(宋)釋靜道撰　清道光五
年(1825)乾元堂刻本　六冊

130000－0404－0004120　子136/7404(普)
地理或問二卷　(清)陸應穀著　清道光二十
八年(1848)刻本　二冊

130000－0404－0004121　子14/8043(普)
金剛般若波羅蜜經二卷太上感應篇纘義二卷

（清）俞樾撰　清光緒九年(1883)刻本
一冊

130000－0404－0004122　子141/0014(普)
高王觀世音經一卷　（□）□□撰　清道光二
十二年(1842)保定府策雲齋刻本　一冊

130000－0404－0004123　子141/0024－2(普)
成唯識論十卷　（唐）釋玄奘譯　清光緒二十
二年(1896)金陵刻經處刻本　二冊

130000－0404－0004124　子141/0024－5(普)
金剛般若波羅蜜經註解一卷　（後秦）釋鳩摩
羅什譯　（明）釋宗泐　（明）釋如𡠉註　**般若
波羅蜜多心經註解一卷**　（唐）釋玄奘釋
（明）釋宗泐　（明）釋如𡠉註　清光緒二年
(1876)長沙刻經處刻本　一冊

130000－0404－0004125　子141/0094(普)
大佛頂首楞嚴經正脈疏四十卷　（明）釋真鑑
撰　清刻本　十四冊

130000－0404－0004126　子141/0475(普)
三壇傳戒正範四卷　（清）釋讀體撰　清順治
十七年(1660)刻本　四冊

130000－0404－0004127　子141/0475(2)(普)
三壇傳戒正範四卷　（清）釋讀體撰　清順治
十七年(1660)刻本　四冊

130000－0404－0004128　子141/0475(3)(普)
三壇傳戒正範四卷　（清）釋讀體撰　清順治
十七年(1660)刻本　三冊

130000－0404－0004129　子141/0475＝2(普)
三壇傳戒正範四卷　（清）釋讀體撰　清刻本
三冊　存三卷(二至四)

130000－0404－0004130　子141/0475＝3(普)
三壇傳戒正範四卷　（清）釋讀體撰　清初刻
本　一冊　存一卷(一)

130000－0404－0004131　子141/0475＝3(2)(普)
三壇傳戒正範四卷　（清）釋讀體撰　清初刻
本　一冊　存一卷(一)

130000－0404－0004132　子141/1000(普)
十不二門指要鈔詳解二卷　（宋）釋可度詳解

清刻本　四冊

130000－0404－0004133　子141/1000.2(普)
一切經音義二十五卷　（唐）釋玄應撰　清同
治八年(1869)武林張氏寶晉齋刻本　四冊

130000－0404－0004134　子141/1011(普)
首楞嚴經疏二十卷　（宋）釋子璿集　清刻本
七冊　存十八卷(三至二十)

130000－0404－0004135　子141/1027(普)
淨土十要十卷　（明）釋智旭編　清同治六年
(1867)刻本　四冊

130000－0404－0004136　子141/1028(普)
釋禪波羅蜜次第法門十卷　（隋）釋智者說
（唐）釋法慎記　（隋）釋灌頂再治　清刻本
四冊

130000－0404－0004137　子141/1041(普)
三壇正範四十七卷　（□）□□撰　清道光抄
本　三冊

130000－0404－0004138　子141/1062(普)
龍舒淨土文十卷首一卷末一卷　（宋）王日休
撰　清刻本　一冊

130000－0404－0004139　子141/1124(普)
大方廣圓覺修多羅了義經二卷　（唐）釋佛陀
多羅譯　清刻本　一冊　存一卷(上)

130000－0404－0004140　子141/1643(普)
觀音心經真解一卷　（清）覺真子注解　清宏
大善書局刻本　一冊

130000－0404－0004141　子141/2038(普)
天目中峰和尚信心銘闢義解三卷　（元）釋慈
寂撰　清同治十二年(1873)如皋刻經處刻本
一冊

130000－0404－0004142　子141/2134(普)
禪門佛事二卷　（清）□□撰　清光緒七年
(1881)刻本　一冊

130000－0404－0004143　子141/2275(普)
**大佛頂如來密因修證了義諸菩薩萬行首楞嚴
經要解二十卷**　（宋）釋戒環解　（唐）釋般刺
密帝譯　清刻本　三冊　存十二卷(一至十

二)

130000－0404－0004144　子141/2435(普)

性相通說一卷 （明）釋德清撰　清同治十二年(1873)金陵刻經處刻本　一冊

130000－0404－0004145　子141/2435－2(普)

金剛決疑一卷般若波羅蜜多心經直說一卷 （明）釋德清撰　清刻本　一冊

130000－0404－0004146　子141/2435－3(普)

大乘起信論直解二卷 （明）釋德清撰　清光緒十六年(1890)金陵刻經處刻本　一冊

130000－0404－0004147　子141/2435－3(普)

大乘起信論纂註二卷 （南朝梁）釋真諦譯（明）釋真界纂注　清光緒十一年(1885)金陵刻經處刻本　一冊

130000－0404－0004148　子141/2616(普)

佛教中學課本古文四集 （□）□□撰　清金陵刻經處刻本　四冊

130000－0404－0004149　子141/2740(普)

妙法蓮華經要解七卷 （宋）釋戒環撰　清光緒三十四年(1908)刻本　三冊　存四卷(一、五至七)

130000－0404－0004150　子141/2753(普)

大佛頂如來密因修證了義諸菩薩萬行首楞嚴經要解二十卷 （唐）釋般剌密帝譯　清金陵佛經流通所刻本　二冊　存八卷(十三至二十)

130000－0404－0004151　子141/3038(普)

佛說四十二章經一卷佛遺教經一卷 （宋）釋守遂撰　（明）釋了童補註　清光緒十六年(1890)金陵刻經處刻本　一冊

130000－0404－0004152　子141/3075(普)

大方廣十地經一卷 （唐）釋實叉難陀譯　清宣統二年(1910)常州天寧寺清鎔刻本　一冊

130000－0404－0004153　子141/3228(普)

菩薩戒本記一卷菩薩戒本宗要一卷菩薩戒羯磨記一卷 （唐）釋遁倫撰　清刻本　一冊

130000－0404－0004154　子141/3246(普)

華嚴法界玄鏡三卷 （唐）釋澄觀述　**注華嚴**

法界觀門一卷 （唐）釋宗密注　**大乘起信論義記七卷別記一卷** （唐）釋法藏撰　清光緒二十一年(1895)金陵刻經處刻本　一冊　存八卷(華嚴法界玄鏡三卷,注華嚴法界觀門一卷,大乘起信論義記五至七、別記一卷)

130000－0404－0004155　子141/3247(普)

大方廣佛華嚴經疏鈔會本四十卷 （唐）釋澄觀撰　（唐）釋實叉難陀譯　清刻本　八冊

130000－0404－0004156　子141/3247－2(普)

大方廣佛華嚴經疏演義鈔八卷 （唐）釋實叉難陀譯　（唐）釋澄觀述　清刻本　七冊　存五卷(三至四、六至八)

130000－0404－0004157　子141/3423(普)

維摩經疏會本八卷 （隋）智者大師說　（唐）釋湛然略　清光緒八年(1882)刻本　八冊

130000－0404－0004158　子141/3477(普)

佛說大乘無量壽莊嚴經一卷 （宋）釋法賢撰　清光緒十年(1884)金陵刻經處刻本　一冊

130000－0404－0004159　子141/3492(普)

地藏菩薩本願經三卷 （唐）釋法燈譯　清道光二十四年(1844)保府文雅齋刻本　一冊

130000－0404－0004160　子141/3492(2)(普)

地藏菩薩本願經三卷 （唐）釋法燈譯　清道光二十四年(1844)保府文雅齋刻本　一冊

130000－0404－0004161　子141/3492(3)(普)

地藏菩薩本願經三卷 （唐）釋法燈譯　清道光二十四年(1844)保府文雅齋刻本　一冊

130000－0404－0004162　子141/3492＝2(普)

地藏菩薩本願經三卷 （唐）釋法燈譯　清刻本　一冊

130000－0404－0004163　子141/3530(普)

竹窗隨筆一卷二筆一卷三筆一卷 （明）釋袾宏著　清刻本　三冊

130000－0404－0004164　子141/3530－2(普)

佛說阿彌陀經疏鈔四卷事義一卷問辯一卷問答一卷淨土疑辯一卷 （明）釋袾宏述　清光緒十八年(1892)金陵刻經處刻本　五冊

130000－0404－0004165　子141/3530－3(普)

沙彌律儀要畧一卷　（明）釋袾宏輯　清乾隆
三十年(1765)善果寺刻本　二冊

130000－0404－0004166　子141/3530－4(普)

修設瑜伽集要施食壇儀一卷　（明）釋袾宏補
註　清光緒二十五年(1899)金陵刻經處刻本
　一冊

130000－0404－0004167　子141/3555(普)

迴龍師尊增萬佛教劫經一卷　（□）□□撰
清抄本　一冊

130000－0404－0004168　子141/3716(普)

法華指掌疏七卷附科判一卷懸示一卷事義一
卷　（清）釋通理述　清乾隆潭柘山岫雲寺刻
本　十二冊

130000－0404－0004169　子141/3716－2(普)

楞嚴經指掌疏十卷　（清）釋通理述　清刻本
　十二冊

130000－0404－0004170　子141/3830(普)

妙法蓮華經七卷　（後秦）釋鳩摩羅什譯　清
同治十年(1871)金陵刻經處刻本　二冊　存
五卷(一至二、五至七)

130000－0404－0004171　子141/3962(普)

大佛頂首楞嚴經十卷　（唐）釋般刺密帝譯
清同治八年(1869)刻本　二冊

130000－0404－0004172　子141/3972(普)

毘尼關要十六卷　（清）釋德基輯　清刻本
六冊　存十二卷(五至十六)

130000－0404－0004173　子141/4000(普)

大乘起信論一卷　（南朝陳）釋真諦譯　清光
緒二十四年(1898)金陵刻經處刻本　一冊

130000－0404－0004174　子141/4024(普)

大乘大悲芬陀利經懺悔行法一卷　周大明輯
　清刻本　一冊

130000－0404－0004175　子141/4578(普)

樓閣叢書兩種十卷　（□）□□撰　清刻本
四冊

130000－0404－0004176　子141/4592(普)

瑜伽燄口施食要集不分卷　（□）□□撰　清
道光十五年(1835)京都龍泉寺刻本　一冊

130000－0404－0004177　子141/4604(普)

金剛般若波羅蜜經一卷　（後秦）釋鳩摩羅什
譯　清嘉慶十二年(1807)悟道社刻本　一冊

130000－0404－0004178　子141/4608(普)

佛教初學課本一卷注一卷　（清）楊文會撰並
注　清光緒三十二年(1906)金陵刻經處刻本
　一冊

130000－0404－0004179　子141/4620(普)

蓮邦菁華不分卷　賀獻詩撰　清咸豐十年
(1860)刻本　一冊

130000－0404－0004180　子141/4706(普)

光華救苦懺法三卷　（後秦）釋鳩摩羅什譯
清刻本　三冊

130000－0404－0004181　子141/4706(2)(普)

光華救苦懺法三卷　（後秦）釋鳩摩羅什譯
清刻本　三冊

130000－0404－0004182　子141/4706(3)(普)

光華救苦懺法三卷　（後秦）釋鳩摩羅什譯
清刻本　三冊

130000－0404－0004183　子141/4706－2(普)

金剛般若波羅蜜經不分卷　（後秦）釋鳩摩羅
什譯　清道光二十六年(1846)刻本　一冊

130000－0404－0004184　子141/4706－2＝2(普)

金剛般若波羅蜜經不分卷　（後秦）釋鳩摩羅
什譯　清同治元年(1862)刻本　一冊

130000－0404－0004185　子141/4706－2＝3(普)

御製金剛般若波羅蜜經不分卷　（後秦）釋鳩
摩羅什譯　清同治元年(1862)鉄誠光輝氏刻
本　一冊

130000－0404－0004186　子141/4706－3(普)

金剛般若波羅蜜經直解不分卷　（後秦）釋鳩
摩羅什譯　清抄本　一冊

130000－0404－0004187　子141/4706－4(普)

佛說阿彌陀經要解一卷　（後秦）釋鳩摩羅什
譯　清光緒十一年(1885)金陵刻經處刻本

130000-0404-0004188　子141/4706-5(普)
梵網經菩薩戒不分卷　（後秦）釋鳩摩羅什譯
清乾隆十九年(1754)潭柘山岫雲寺刻本
一冊

130000-0404-0004189　子141/4706-5(2)(普)
梵網經菩薩戒不分卷　（後秦）釋鳩摩羅什譯
清乾隆十九年(1754)潭柘山岫雲寺刻本
一冊

130000-0404-0004190　子141/4706-5(3)(普)
梵網經菩薩戒不分卷　（後秦）釋鳩摩羅什譯
清乾隆十九年(1754)潭柘山岫雲寺刻本
一冊

130000-0404-0004191　子141/4706-5(4)(普)
梵網經菩薩戒不分卷　（後秦）釋鳩摩羅什譯
清乾隆十九年(1754)潭柘山岫雲寺刻本
一冊

130000-0404-0004192　子141/4706-5(5)(普)
梵網經菩薩戒不分卷　（後秦）釋鳩摩羅什譯
清乾隆十九年(1754)潭柘山岫雲寺刻本
一冊

130000-0404-0004193　子141/4706-5(6)(普)
梵網經菩薩戒不分卷　（後秦）釋鳩摩羅什譯
清乾隆十九年(1754)潭柘山岫雲寺刻本
一冊

130000-0404-0004194　子141/4706-5=2(普)
梵網經菩薩戒不分卷　（後秦）釋鳩摩羅什譯
清乾隆五十年(1785)善果寺刻本　一冊

130000-0404-0004195　子141/4706-5=2(2)
(普)
梵網經菩薩戒不分卷　（後秦）釋鳩摩羅什譯
清乾隆五十年(1785)善果寺刻本　一冊

130000-0404-0004196　子141/4706-5=2(3)
(普)
梵網經菩薩戒不分卷　（後秦）釋鳩摩羅什譯
清乾隆五十年(1785)善果寺刻本　一冊

130000-0404-0004197　子141/4706-5=2(4)

梵網經菩薩戒不分卷　（後秦）釋鳩摩羅什譯
清乾隆五十年(1785)善果寺刻本　一冊

130000-0404-0004198　子141/4706-5=3(普)
梵網經菩薩戒不分卷　（後秦）釋鳩摩羅什譯
清法源寺刻本　一冊

130000-0404-0004199　子141/4706-5=3(2)
(普)
梵網經菩薩戒不分卷　（後秦）釋鳩摩羅什譯
清法源寺刻本　一冊

130000-0404-0004200　子141/4706-5=4(普)
梵網經菩薩戒不分卷　（後秦）釋鳩摩羅什譯
清雲樓寺刻本　一冊

130000-0404-0004201　子141/5110(普)
地藏十王寶燈普渡經一卷　（□）□□撰　清
同治十一年(1872)京都振一齋刻本　一冊

130000-0404-0004202　子141/5230(普)
紫柏大師法語節錄一卷　（清）釋靜安輯　淨
土晨鐘法語一卷　（□）□□撰　法界觀一卷
（唐）杜順撰　佛說能淨一切眼疾病陀羅尼
經一卷　（唐）釋不空譯　清末釋靜安刻本
一冊

130000-0404-0004203　子141/5530(普)
重訂教乘法數十二卷　（清）釋超海等訂　清
光緒四年(1878)刻本　三冊　存七卷(四至
十)

130000-0404-0004204　子141/6740(普)
貫之理禪師語錄二卷　（清）釋明本等編　清
康熙四十九年(1710)刻本　一冊

130000-0404-0004205　子141/6744(普)
釋教三字經一卷　（明）吹萬老人著　（清）釋
敏修註　清光緒三十一年(1905)刻本　一冊

130000-0404-0004206　子141/7216(普)
念佛伽陀一卷　（清）釋際醒撰　清金陵刻經
處刻本　一冊

130000-0404-0004207　子141/7224(普)
信心應驗錄不分卷　（清）劉山英輯　清光緒

二十年(1894)刻本　一冊

130000－0404－0004208　子141/7714(普)
大乘理趣六波羅蜜多經懺法十二卷　周大明
輯　清刻本　一冊

130000－0404－0004209　子141/7746(普)
悲華懺法一卷　周大明輯　清末鉛印本
一冊

130000－0404－0004210　子141/7746－2(普)
文珠佛刹功德莊嚴經懺法一卷　周大明輯
清末鉛印本　一冊

130000－0404－0004211　子141/7750(普)
佛爾雅八卷　(清)周春撰　清宣統二年
(1910)上海國學扶綸社石印本　二冊

130000－0404－0004212　子141/7762(普)
萬善先資四卷　(清)周思仁撰　清光緒十三
年(1887)刻本　二冊

130000－0404－0004213　子141/8030(普)
五燈會元二十卷　(宋)釋普濟撰　清光緒三
十二年(1906)黃岡陶子麟影刻玉海堂影宋叢
書本　十二冊

130000－0404－0004214　子141/8070(普)
慈悲梁皇寶懺十卷　(清)金陵刻經處編　清
光緒十五年(1889)金陵刻經處刻本　三冊

130000－0404－0004215　子141/8070(2)(普)
慈悲梁皇寶懺十卷　(清)金陵刻經處編　清
光緒十五年(1889)金陵刻經處刻本　三冊

130000－0404－0004216　子141/8070(3)(普)
慈悲梁皇寶懺十卷　(清)金陵刻經處編　清
光緒十五年(1889)金陵刻經處刻本　三冊

130000－0404－0004217　子141/8072(普)
金剛般若波羅密經宗通九卷　(後秦)釋鳩摩
羅什譯　清刻本　一冊

130000－0404－0004218　子141/8296(普)
大佛頂如來密因修證了義諸菩薩萬行首楞嚴
經如說十卷　(明)鍾惺輯　明天啟四年
(1624)弘覺山房刻本　九冊

130000－0404－0004219　子141/8632(普)
羯磨儀式二卷　(清)釋書玉編　清初刻本
一冊　存一卷(下)

130000－0404－0004220　子141/8634(普)
異方便淨土傳燈歸元鏡三祖實錄二卷　(清)
釋智達拈頌　清乾隆四十九年(1784)刻本
四冊

130000－0404－0004221　子141/8635(普)
千手眼大悲心咒行法　(宋)釋知禮輯　清刻
本　一冊

130000－0404－0004222　子141/8646(普)
佛說四十二章經解一卷佛遺教經解一卷八大
人覺經略解一卷　(明)釋智旭撰　清光緒十
一年(1885)金陵刻經處刻本　一冊

130000－0404－0004223　子141/8646－2(普)
占察善惡業報經疏二卷行法一卷玄義一卷
(明)釋智旭述　清同治七年(1868)清芬堂刻
本　二冊

130000－0404－0004224　子141/8646－3＝2(普)
相宗八要直解八卷　(明)釋智旭述　清同治
九年(1870)金陵刻經處刻本　二冊

130000－0404－0004225　子141/8834(普)
佛說盂蘭盆經一卷　(晉)釋竺法護譯　清末
刻本　一冊

130000－0404－0004226　子141/9083(普)
御選當今法會不分卷　(清)允祿撰　清咸豐
十年(1860)刻本　一冊

130000－0404－0004227　子141/9177(普)
念佛百問一卷　(清)釋悟開著　清道光五年
(1825)刻本　一冊

130000－0404－0004228　子141/9177－2(普)
淨業知津一卷　(清)釋悟開述　清同治十三
年(1874)金陵刻經處刻本　一冊

130000－0404－0004229　子142/2020(普)
新鐫七真天仙寶傳四卷三十二回　(唐)呂岩
撰　清長清河西段家灘廣化壇刻本　四冊

130000－0404－0004230　子142/2020－2(普)

執中蘊義四卷　（清）湯壽銘等撰　清光緒元年(1875)刻本　二冊

130000－0404－0004231　子142/2562(普)
增訂太上感應篇圖說不分卷　（清）朱日豐輯　清同治十三年(1874)蘭州官署刻本　十二冊

130000－0404－0004232　子142/2562＝2(普)
太上感應篇註證不分卷　（清）朱日豐輯　清咸豐九年(1859)京都篆雲齋刻本　二冊

130000－0404－0004233　子142/4411(普)
性天真境一卷　（清）黃正元注釋　清道光十七年(1837)刻本　一冊

130000－0404－0004234　子142/5012(普)
太上感應篇一卷　（清）素柴編　清同治九年(1870)刻本　一冊

130000－0404－0004235　子142/5014(普)
修身了道妙經六卷　中一老人鑒定　清宣統三年(1911)京都封永修刻本　六冊

130000－0404－0004236　子142/5014(2)(普)
修身了道妙經六卷　中一老人鑒定　清宣統三年(1911)京都封永修刻本　六冊

130000－0404－0004237　子142/6034(普)
呂祖太乙金華宗旨一卷　（唐）呂嵒撰　清末刻本　一冊

130000－0404－0004238　子142/6037－2(普)
呂祖清微三品真經三卷　（□）□□輯　清光緒三年(1877)刻本　一冊

130000－0404－0004239　子143/0314(普)
關帝明聖真經不分卷　（□）□□撰　清光緒八年(1882)都門誼雲壇刻本　二冊

130000－0404－0004240　子143/3074(普)
竈君真經不分卷　（□）□□撰　清宣統元年(1909)刻本　一冊

130000－0404－0004241　子143/3121(普)
聖年廣益十二編　（法國）馮秉正譯　清乾隆十三年(1748)刻本　十七冊　缺四編(六至八、十二下)

130000－0404－0004242　子143/3406(普)
關帝明聖經一卷　（□）□□撰　清光緒十四年(1888)南匯沈文墨齋刻本　一冊

130000－0404－0004243　子143/4428(普)
東西教化論衡二卷　（美國）林樂知著　清光緒二十三年(1897)上海廣學會鉛印本　二冊

130000－0404－0004244　子143/4429(普)
三教源流搜神大全七卷　（宋）□□輯　清宣統元年(1909)刻本　一冊　存四卷(一至四)

130000－0404－0004245　子143/8014(普)
清真釋疑不分卷　（清）金天柱撰　清乾隆三十三年(1768)啟承堂刻本　一冊

130000－0404－0004246　子15/0030＝2(普)
校正尚友錄統編二十四卷　（清）錢湖釣徒編　清光緒十四年(1888)上海鴻章書局石印本　十六冊

130000－0404－0004247　子15/0030＝2(2)(普)
校正尚友錄統編二十四卷　（清）錢湖釣徒編　清光緒十四年(1888)上海鴻章書局石印本　十六冊

130000－0404－0004248　子15/0030＝3(普)
尚友錄二十二卷　（明）廖用賢編　（清）張伯琮補輯　清康熙五年(1666)古婺正業堂刻本　二十冊

130000－0404－0004249　子15/0030＝4(普)
校正尚友錄二十二卷　（明）廖用賢編　（清）張伯琮補輯　校正尚友錄續集二十二卷（清）退思主人編纂　清光緒十九年(1893)上海蜚英館石印本　十冊

130000－0404－0004250　子15/0043(普)
家塾蒙求五卷　（清）康基淵纂輯　清乾隆三十四年(1769)刻本　四冊

130000－0404－0004251　子15/0044(普)
典制類林四卷　（清）唐式南編　清乾隆三十年(1765)敬真堂刻本　四冊

130000－0404－0004252　子15/0052(普)
古事比五十二卷　（清）方中德輯　清光緒三

十年(1904)清和月上海點石齋石印本　六冊

130000 - 0404 - 0004253　子15/0052 = 2(普)
古事比五十二卷　(清)方中德輯　清光緒十三年(1887)上海點石齋石印本　六冊

130000 - 0404 - 0004254　子15/0070(普)
子史精華一百六十卷　(清)允祿等纂　清道光刻武英殿刻本　三十二冊

130000 - 0404 - 0004255　子15/0070 = 2(普)
子史精華一百六十卷　(清)允祿等纂　清雍正五年(1727)刻本　三十二冊

130000 - 0404 - 0004256　子15/0070 = 3(普)
子史精華一百六十卷　(清)允祿等纂　清雍正五年(1727)刻本　四十八冊

130000 - 0404 - 0004257　子15/0070 = 4(普)
子史精華一百六十卷　(清)允祿等纂　清光緒十三年(1887)上海積山書局石印本　十冊

130000 - 0404 - 0004258　子15/0070 = 5(普)
子史精華一百六十卷　(清)允祿等纂　清光緒十年(1884)上海同文書局石印本　八冊

130000 - 0404 - 0004259　子15/0070 = 5(2)(普)
子史精華一百六十卷　(清)允祿等纂　清光緒十年(1884)上海同文書局石印本　八冊

130000 - 0404 - 0004260　子15/0070 = 7(普)
子史精華一百六十卷　(清)允祿等纂　清光緒十三年(1887)上海積山書局石印本　十冊

130000 - 0404 - 0004261　子15/0071(普)
佩文韻府一百六卷拾遺一百六卷　(清)張玉書等編　清內府刻本　一百十五冊

130000 - 0404 - 0004262　子15/0071 = 2(普)
佩文韻府一百六卷拾遺一百六卷　(清)張玉書等編　清光緒十九年(1893)上海點石齋石印本　二十四冊

130000 - 0404 - 0004263　子15/0071 = 3(普)
佩文韻府一百六卷拾遺一百六卷　(清)張玉書等編　清內府刻本　九十九冊　缺八卷(拾遺八十二至八十九)

130000 - 0404 - 0004264　子15/0071 = 4(普)
佩文韻府一百六卷　(清)張玉書等編　清內府刻本　九十二冊　缺八卷(二十四至二十五、四十至四十二、九十六至九十八)

130000 - 0404 - 0004265　子15/0071 = 5(普)
佩文韻府一百六卷　(清)張玉書等編　清內府刻本　八十六冊　存九十九卷(一至七十三、七十五至九十二、九十四至一百一)

130000 - 0404 - 0004266　子15/0071 = 6(普)
佩文韻府一百六卷　(清)張玉書等編　清潘氏刻本　一百五十冊

130000 - 0404 - 0004267　子15/0076(普)
淵鑑類函四百五十卷　(清)張英等輯　清清吟堂刻本　一百四十冊

130000 - 0404 - 0004268　子15/0076(2)(普)
淵鑑類函四百五十卷　(清)張英等輯　清清吟堂刻本　一百四十冊　存四百二十四卷(一至六十三、九十至四百五十)

130000 - 0404 - 0004269　子15/0076 = 2(普)
淵鑑類函四百五十卷　(清)張英等輯　清光緒十三年(1887)上海同文書局石印本　四十八冊

130000 - 0404 - 0004270　子15/0076 = 3(普)
淵鑑類函四百五十卷　(清)張英等輯　清光緒二十年(1894)上海點石齋石印本　十冊

130000 - 0404 - 0004271　子15/0076 = 4(普)
淵鑑類函四百五十卷　(清)張英等輯　清古香齋巾箱本刻本　七十二冊

130000 - 0404 - 0004272　子15/0076 = 6(普)
淵鑑類函四百五十卷目錄四卷　(清)張英等輯　清康熙四十九年(1710)內府刻本　六十八冊

130000 - 0404 - 0004273　子15/0077(普)
分類字錦六十四卷　(清)何焯等編　清康熙六十一年(1722)刻本　二十四冊　存二十四卷(三十三至五十六)

130000 - 0404 - 0004274　子15/0077 = 2(普)

分類字錦六十四卷 （清）何焯等編 清內府
刻本 八十冊

130000－0404－0004275 子15/0602（普）

韻府約編二十四卷 （清）鄧愷輯 清刻本
六冊 存五卷（十三至十七）

130000－0404－0004276 子15/1000（普）

玉海二百卷詞學指南四卷附刻六十二卷
（宋）王應麟撰 清康熙二十六年（1687）吉水
李振裕補刻本 七十六冊 缺一百八十二卷
（一至二十一、七十五至一百七、一百十二至
一百七十七,附刻一至六十二）

130000－0404－0004277 子15/1000（2）（普）

玉海二百卷詞學指南四卷附刻六十二卷
（宋）王應麟撰 清康熙二十六年（1687）吉水
李振裕補刻本 四十冊 缺一百三十六卷
（一至一百三、一百二十一至一百五十三）

130000－0404－0004278 子15/1000＝2（普）

玉海二百卷附詞學指南四卷 （宋）王應麟撰
清嘉慶十一年（1806）刻本 一百二十冊

130000－0404－0004279 子15/1000＝2(2)（普）

玉海二百卷附刻十三種 （宋）王應麟撰 清
嘉慶十一年（1806）刻本 二十三冊 存五十
二卷（玉海一百二十七至一百五十四、一百七
十至一百七十一,急就篇四卷,姓氏急就篇二
卷,通鑒地理通釋一至十,漢藝文志考證一至
四,踐阼篇集解一卷,周書王會補注一卷）

130000－0404－0004280 子15/1000＝3（普）

玉海附刻十三種六十一卷 （宋）王應麟撰
清光緒浙江書局刻本 二十冊

130000－0404－0004281 子15/1042（普）

新刻重校增補圓機活法詩學全書二十四卷
（明）王世貞校正 （明）楊淙參閱 （明）蔣
先庚重訂 清刻本 二十冊

130000－0404－0004282 子15/1042－2（普）

詩學圓機活法大成二十四卷韻學全書十四卷
（明）王世貞校正 清文盛堂刻本 二十冊

130000－0404－0004283 子15/1111（普）

御定駢字類編二百四十卷 （清）張廷玉纂
清石印本 十一冊 存五十三卷（四十一至
五十一、五十七至七十一、一百十八至一百二
十三、一百三十四至一百三十七、一百四十四
至一百六十）

130000－0404－0004284 子15/1120（普）

記事珠十卷 （清）張以謙撰 （清）王剛重訂
清刻本 十六冊

130000－0404－0004285 子15/1132（普）

楚騷綺語六卷 （明）張之象輯 清光緒十九
年（1893）上洋鴻寶齋石印本 一冊

130000－0404－0004286 子15/1145（普）

六官駢萃四卷 （清）張蔚春輯 清嘉慶九年
（1804）六筍齋刻本 四冊

130000－0404－0004287 子15/1201（普）

小嬛嬛山館彙刊類書十二種 （清）孫顏編輯
清同治九年（1870）聚錦堂刻本 六冊 存
四種七卷（歷代史腴二卷、經腴類纂二卷、左
氏蒙求一卷、左傳紺珠二卷）

130000－0404－0004288 子15/1201（2）（普）

小嬛嬛山館彙刊類書十二種 （清）孫顏編輯
清同治九年（1870）聚錦堂刻本 七冊 存
五種十卷（歷代史腴二卷、經腴類纂二卷、左
氏蒙求一卷、左傳紺珠二卷、均藻三至五）

130000－0404－0004289 子15/1731（普）

通俗編三十八卷 （清）翟灝撰 清乾隆十六
年（1751）無不宜齋刻本 六冊

130000－0404－0004290 子15/2101（普）

群書拾補初編三十九種 （清）盧文弨撰 清
乾隆五十五年（1790）餘姚盧文弨刻抱經堂叢
書本 五冊 存二十一種二十一卷（史通校
正一卷、新唐書糾謬校補一卷、山海經圖讚補
逸一卷、水經序補逸一卷、鹽鐵論校補一卷、
新序校補一卷、說苑校補一卷、申鑒校正一
卷、列子張湛注校正一卷、韓非子校正一卷、
晏子春秋校正一卷、風俗通義校正逸文一卷、
新論校正一卷、潛虛校正一卷、春渚紀聞補闕
一卷、嘯堂集古錄校補一卷、鮑照集校補一

卷、韋蘇州集校正拾遺一卷、元微之文集校補
一卷、白氏文集校正一卷、林和靖集校正一
卷）

130000－0404－0004291　子15/2101＝2（普）
群書拾補初編三十九種　（清）盧文弨撰　清
抱經堂石印本　七冊　存三十三種三十三卷
（春秋左傳注疏校正一卷、禮記注疏校補一
卷、儀禮注疏校正一卷、呂氏讀詩記補闕一
卷、史記惠景閒侯者年表校補一卷、續漢書志
注補校正一卷、晉書校正一卷、魏書校補一
卷、宋史孝宗紀補脫一卷、金史補脫一卷、資
治通鑑序補逸一卷、文獻通考經籍校補一卷、
史通校正一卷、新唐書糾謬校補一卷、山海經
圖讚補逸一卷、水經序補逸一卷、鹽鐵論校補
一卷、新序校補一卷、說苑校補一卷、申鑒校
正一卷、列子張湛注校正一卷、韓非子校正一
卷、晏子春秋校正一卷、風俗通義校正逸文一
卷、新論校正一卷、潛虛校正一卷、春渚紀聞
補闕一卷、嘯堂集古錄校補一卷、鮑照集校補
一卷、韋蘇州集校正拾遺一卷、元微之文集校
補一卷、白氏文集校正一卷、林和靖集校正一
卷）

130000－0404－0004292　子15/2144（普）
北堂書鈔一百六十卷　（隋）虞世南撰　（清）
孔廣陶校註　清光緒十四年（1888）南海孔氏
三十有三萬卷堂刻本　二十冊

130000－0404－0004293　子15/2527（普）
四字類賦二十七卷　（清）張師載輯　清刻本
三冊　缺四卷（一至四）

130000－0404－0004294　子15/2527－2（普）
增智囊補二十八卷　（明）馮夢龍輯　清末石
印本　九冊　存十五卷（十四至二十八）

130000－0404－0004295　子15/2634（普）
事類統編九十三卷　（宋）吳淑撰注　清道光
二十四年（1844）英德堂刻本　二十四冊

130000－0404－0004296　子15/2634＝2（普）
重訂事類賦三十卷　（宋）吳淑撰并註　清敬
文堂刻本　六冊

130000－0404－0004297　子15/2634＝3（普）
事類賦三十卷　（宋）吳淑撰註　（明）華麟祥
校刊　清華氏劍光閣刻本　六冊

130000－0404－0004298　子15/2643（普）
植物名實圖考三十八卷長編二十二卷　（清）
吳其濬著　清光緒六年（1880）山西濬文書局
刻本　六十冊

130000－0404－0004299　子15/3042（普）
讀書紀數略五十四卷　（清）宮夢仁撰　清光
緒六年（1880）懺花盦刻本　十二冊

130000－0404－0004300　子15/3042＝2（普）
讀書紀數略五十四卷　（清）宮夢仁撰　清初
刻本　六冊

130000－0404－0004301　子15/3042＝3（普）
讀書紀數略五十四卷　（清）宮夢仁撰　清康
熙四十六年（1707）刻本　六冊

130000－0404－0004302　子15/3137（普）
古愚老人消夏錄十七種六十六卷　（清）汪汲
撰　清嘉慶元年（1796）刻本　二十四冊

130000－0404－0004303　子15/3193（普）
史姓韻編六十四卷　（清）汪輝祖撰　清乾隆
四十九年（1784）刻本　十八冊

130000－0404－0004304　子15/3193＝2（普）
史姓韻編六十四卷　（清）汪輝祖撰　清光緒
二十九年（1903）上海文瀾書局石印本　七冊

130000－0404－0004305　子15/3193＝3（普）
史姓韻編六十四卷　（清）汪輝祖撰　清光緒
十年（1884）耕餘樓書局鉛印本　十六冊

130000－0404－0004306　子15/3193＝3(2)（普）
史姓韻編六十四卷　（清）汪輝祖撰　清光緒
十年（1884）耕餘樓書局鉛印本　十六冊

130000－0404－0004307　子15/3236（普）
宋稗類鈔八卷　（清）潘永因編　清康熙八年
（1669）刻本　八冊

130000－0404－0004308　子15/3427（普）
五車韻瑞一百六十卷　（明）凌稚隆撰　明刻
本　四十冊

130000－0404－0004309　子15/3427(2)(普)

五車韻瑞一百六十卷　(明)淩稚隆撰　明刻本　八冊

130000－0404－0004310　子15/3491(普)

唐詩金粉十卷　(清)沈炳震輯　清雍正二年(1724)冬讀書齋刻本　四冊

130000－0404－0004311　子15/3491(2)(普)

唐詩金粉十卷　(清)沈炳震輯　清雍正二年(1724)冬讀書齋刻本　四冊

130000－0404－0004312　子15/3714(普)

七修類稿五十一卷　(明)郎瑛著　清乾隆四十年(1775)耕菸草堂刻本　十六冊

130000－0404－0004313　子15/3808(普)

分類緘腋四卷　(清)涂謙撰　清道光二十六年(1846)刻本　四冊

130000－0404－0004314　子15/4024(普)

蕭選韻系二卷　(清)李麟閣編　清光緒二年(1876)詰雨盒刻本　六冊

130000－0404－0004315　子15/4044(普)

增訂二三場群書備考四卷　(明)袁黃著　(明)袁儼注　(明)沈昌世增　(明)徐行敏訂　明崇禎十二年(1639)大觀堂刻本　六冊

130000－0404－0004316　子15/4060(普)

太平御覽一千卷　(宋)李昉等撰　清嘉慶二十三年(1818)歙鮑氏刻本　一百二十冊

130000－0404－0004317　子15/4060＝2(普)

太平御覽一千卷　(宋)李昉等撰　清刻本　二十二冊　存一百六十九卷(三百二至三百四十六、五百五十二至五百五十九、七百四十五至七百八十四、八百二十二至八百六十八、九百三十至九百五十八)

130000－0404－0004318　子15/4140(普)

類腋五十五卷　(清)姚培謙集　清乾隆清妙軒刻本　二冊　存八卷(天部八卷)

130000－0404－0004319　子15/4237(普)

類林新詠三十六卷　(清)姚之駰注　清康熙四十七年(1708)文暎書屋刻本　十六冊

130000－0404－0004320　子15/4237＝2(普)

類林新詠三十六卷　(清)姚之駰注　清刻本　六冊　存十三卷(二十三至三十五)

130000－0404－0004321　子15/4335(普)

四書五經類典集成三十四卷　(清)戴兆春等編纂　清光緒十四年(1888)同文書局石印本　十二冊

130000－0404－0004322　子15/4380(普)

史學璧珠十八卷　(明)錢應允撰并注　清刻本　五冊　存十一卷(四至十四)

130000－0404－0004323　子15/4435(普)

策學備纂三十二卷首一卷　(清)蔡啟盛輯　清光緒十四年(1888)上海點石齋石印本　八十冊

130000－0404－0004324　子15/4435(2)(普)

策學備纂三十二卷首一卷　(清)蔡啟盛輯　清光緒十四年(1888)上海點石齋石印本　四十八冊

130000－0404－0004325　子15/4435＝2(普)

策學備纂三十二卷首一卷　(清)蔡啟盛輯　清光緒二十六年(1900)上海點石齋石印本　四十五冊

130000－0404－0004326　子15/4435＝3(普)

策學備纂三十二卷首一卷　(清)蔡啟盛輯　清光緒三十年(1904)袖海山房石印本　八冊

130000－0404－0004327　子15/4441(普)

廣博物志五十卷　(明)董斯張纂　(明)楊鶴等訂　清乾隆刻本　三十一冊　存四十八卷(三至五十)

130000－0404－0004328　子15/4444(普)

增補事類統編九十三卷首一卷　(清)黃葆真輯　清同治六年(1867)鴻漸著林刻本　四十冊

130000－0404－0004329　子15/4444＝2(普)

增補事類統編九十三卷首一卷　(清)黃葆真輯　清光緒十年(1884)滋德山房刻本　四十七冊　存九十二卷(一至六十三、六十六至九

十四)

130000－0404－0004330　子15/4444＝3(普)

增補事類統編九十三卷首一卷　(清)黃葆真輯　清光緒十四年(1888)上海積山書局石印本　十二冊

130000－0404－0004331　子15/4444＝3(2)(普)

增補事類統編九十三卷首一卷　(清)黃葆真輯　清光緒十四年(1888)上海積山書局石印本　十二冊

130000－0404－0004332　子15/4444＝4(普)

增補事類統編九十三卷　(清)黃葆真輯　清光緒十七年(1891)上海點石齋石印本　十二冊

130000－0404－0004333　子15/4444＝5(普)

增補事類統編九十三卷　(清)黃葆真輯　清光緒十四年(1888)上海積山書局石印本　十二冊

130000－0404－0004334　子15/4447(普)

廣事類賦四十卷　(清)華希閔撰　清康熙三十八年(1699)劍光閣刻本　八冊

130000－0404－0004335　子15/4447＝2(普)

廣事類賦四十卷　(清)華希閔撰　清乾隆二十九年(1764)劍光閣刻本　八冊

130000－0404－0004336　子15/4447＝3(普)

重訂廣事類賦四十卷　(清)華希閔著　清乾隆二十九年(1764)敬文堂刻本　八冊

130000－0404－0004337　子15/4447＝3(2)(普)

重訂廣事類賦四十卷　(清)華希閔著　清乾隆二十九年(1764)敬文堂刻本　八冊

130000－0404－0004338　子15/4449(普)

策學淵萃四十六卷目錄二卷　(清)□□編　清光緒四年(1878)刻本　二十冊

130000－0404－0004339　子15/4449(2)(普)

策學淵萃四十六卷目錄二卷　(清)□□編　清光緒四年(1878)刻本　十四冊

130000－0404－0004340　子15/4484(普)

千金裘二集二十六卷　(清)蔣義彬　(清)徐

元麟撰　清嘉慶二十三年(1818)三經房芷板刻本　七冊

130000－0404－0004341　子15/4700(普)

西學通考三十六卷　(清)胡兆鸞等輯　清光緒二十三年(1897)石印本　十二冊

130000－0404－0004342　子15/4753(普)

子史輯要詩賦題解四卷續編四卷　(清)胡淵輯　清乾隆三十九年(1774)敬上堂刻本　四冊

130000－0404－0004343　子15/4753(2)(普)

子史輯要詩賦題解四卷續編四卷　(清)胡淵輯　清乾隆三十九年(1774)敬上堂刻本　四冊

130000－0404－0004344　子15/5040(普)

月令粹編二十四卷圖說一卷　(清)秦嘉謨編　清嘉慶十九年(1814)琳琅仙館刻本　十二冊

130000－0404－0004345　子15/5040＝2(普)

增廣詳註月令粹編二十四卷圖說一卷　(清)秦嘉謨　(清)味芸甫編輯　清光緒十五年(1889)石印本　四冊

130000－0404－0004346　子15/5040－2(普)

世本輯補十卷　(清)秦嘉謨輯補　清嘉慶二十三年(1818)琳琅仙館刻本　六冊

130000－0404－0004347　子15/5044(普)

異號類編二十卷　(清)史夢蘭撰　清末刻本　四冊

130000－0404－0004348　子15/6384(普)

賦海大觀三十二卷　(清)鴻寶齋主人編　清光緒十九年(1893)鴻寶齋石印本　二十八冊

130000－0404－0004349　子15/7203(普)

十科策略箋釋十卷　(明)劉文安撰　(清)劉作楱注　清雍正七年(1729)積秀堂刻本　六冊

130000－0404－0004350　子15/7203(2)(普)

十科策略箋釋十卷　(明)劉文安撰　(清)劉作楱注　清雍正七年(1729)積秀堂刻本

六冊

130000 - 0404 - 0004351　子 15/7203(3)(普)
十科策略箋釋十卷　(明)劉文安撰　(清)劉作楫注　清雍正七年(1729)積秀堂刻本
六冊

130000 - 0404 - 0004352　子 15/7203 = 2(普)
十科策略箋釋十卷　(明)劉文安撰　(清)劉作楫注　清乾隆刻本　六冊

130000 - 0404 - 0004353　子 15/7221(普)
詩料英華十四卷　(清)劉豹君撰　清乾隆三十七年(1772)聚錦堂刻本　二冊

130000 - 0404 - 0004354　子 15/7221(2)(普)
詩料英華十四卷　(清)劉豹君撰　清乾隆三十七年(1772)聚錦堂刻本　六冊

130000 - 0404 - 0004355　子 15/7474(普)
小知錄十二卷　(清)陸鳳藻輯　清同治十二年(1873)淮南書局刻本　六冊

130000 - 0404 - 0004356　子 15/7510(普)
格致鏡原一百卷　(清)陳元龍撰　清雍正十三年(1735)刻本　二十冊

130000 - 0404 - 0004357　子 15/7510(2)(普)
格致鏡原一百卷　(清)陳元龍撰　清雍正十三年(1735)刻本　三十二冊

130000 - 0404 - 0004358　子 15/7528(普)
潛確居類書一百二十卷　(明)陳仁錫撰　明崇禎五年(1632)長冊陳氏刻本　十二冊

130000 - 0404 - 0004359　子 15/7541(普)
欽定古今圖書集成一萬卷目錄四十卷考證二十四卷　(清)陳夢雷　(清)蔣廷錫等編　清光緒二十年(1894)石印本　五千四十四冊

130000 - 0404 - 0004360　子 15/7541(2)(普)
欽定古今圖書集成一萬卷目錄四十卷考證二十四卷　(清)陳夢雷　(清)蔣廷錫等編　清光緒二十年(1894)石印本　五千三十四冊缺二十卷(銓衡典二十一至四十)

130000 - 0404 - 0004361　子 15/7541 = 2(普)
欽定古今圖書集成一萬卷目錄四十卷　(清)

陳夢雷　(清)蔣廷錫等編　清光緒十年至十四年(1884 - 1888)上海圖書集成局鉛印本　一千五百二十八冊

130000 - 0404 - 0004362　子 15/7584(普)
新增詩句題解彙編二十二卷　(清)陳劍芝(清)葉湘秋原本　(清)朱春舫增輯　清同治十二年(1873)京都琉璃廠書坊刻本　十二冊　存十二卷(一至十二)

130000 - 0404 - 0004363　子 15/7590(普)
天中記六十卷　(明)陳耀文撰　清光緒四年(1878)聽雨山房刻本　六十冊

130000 - 0404 - 0004364　子 15/7770(普)
藝文類聚一百卷　(唐)歐陽詢撰　清光緒五年(1879)夏華陽宏達堂刻本　三十二冊

130000 - 0404 - 0004365　子 15/7865(普)
增刪韻府群玉定本二十卷　(元)陰時夫撰(清)謝英重輯　清康熙十九年(1680)刻本
二十冊

130000 - 0404 - 0004366　子 15/7865 = 2(普)
韻府群玉二十卷　(元)陰時夫撰　(元)陰中夫注　清乾隆二十四年(1759)刻本　二十冊

130000 - 0404 - 0004367　子 15/8034(普)
唐類函二百卷目錄二卷　(明)俞安期撰　明萬曆刻本　四冊　存十三卷(二至十、十四至十七)

130000 - 0404 - 0004368　子 16/8322(普)
萬國分類時務大成四十卷首一卷　(清)錢豐輯　清光緒二十二年(1896)申江袖海山房石印本　二十二冊　存三十二卷(一至二十一、二十三、二十六至二十九、三十二至三十六、首一卷)

130000 - 0404 - 0004369　子 161/4047(普)
直隸學校講義不分卷　(清)直隸學務處編
清光緒學務處排印局鉛印本　十一冊

130000 - 0404 - 0004370　子 161/4433(普)
教化議五卷　(德國)花之安撰　清光緒元年(1875)羊城小書會真保堂刻本　一冊

130000－0404－0004371　子162/1022（普）

格致古微六卷　（清）王仁後撰　清光緒二十二年（1896）吳縣王氏刻本　五冊

130000－0404－0004372　子162/1085（普）

化學辨質七卷　（美國）聶東評著　清光緒二十四年（1898）上海美華書館鉛印本　一冊

130000－0404－0004373　子162/1252（普）

重學二十卷圓錐曲線說三卷　（英國）艾約瑟口譯　（清）李善蘭述　清同治五年（1866）金陵書局刻本　六冊

130000－0404－0004374　子162/2341（普）

格致彙編第一年四卷　（英國）傅蘭雅輯　清光緒二年（1876）上海格致書室鉛印本　四冊

130000－0404－0004375　子162/2341＝2（普）

格致彙編第二年四卷　（英國）傅蘭雅輯　清光緒三年（1877）上海格致書室鉛印本　四冊

130000－0404－0004376　子162/2341＝3（普）

格致彙編第三年四卷　（英國）傅蘭雅輯　清光緒六年（1880）上海格致書室鉛印本　四冊

130000－0404－0004377　子162/2341＝4（普）

格致彙編第四年四卷　（英國）傅蘭雅輯　清光緒七年（1881）上海格致書室鉛印本　四冊

130000－0404－0004378　子162/2341＝5（普）

格致彙編第五年四卷　（英國）傅蘭雅輯　清光緒十六年（1890）上海格致書室鉛印本　四冊

130000－0404－0004379　子162/2341＝6（普）

格致彙編第六年四卷　（英國）傅蘭雅輯　清光緒十七年（1891）上海格致書室鉛印本　四冊

130000－0404－0004380　子162/2341＝7（普）

格致彙編第七年四卷　（英國）傅蘭雅輯　清光緒十八年（1892）上海格致書室鉛印本　四冊

130000－0404－0004381　子162/2621（普）

格致總學啟蒙三卷　（英國）艾約瑟譯　清光緒十三年（1887）總稅務司署刻本　一冊

130000－0404－0004382　子162/2621－2（普）

格致質學啟蒙不分卷　（英國）艾約瑟譯　清光緒十二年（1886）總稅務司署刻本　一冊

130000－0404－0004383　子162/3148（普）

時務策學統宗十四卷　（清）顧其義　吳文藻同輯　清光緒二十四年（1898）上海書局石印本　十五冊

130000－0404－0004384　子162/4007（普）

格物探源六卷　（英國）韋廉臣撰　清光緒六年（1880）活字印本　四冊

130000－0404－0004385　子162/4007＝2（普）

格物探源六卷　（英國）韋廉臣撰　清末刻本　四冊

130000－0404－0004386　子162/4007＝2(2)（普）

格物探源六卷　（英國）韋廉臣撰　清末刻本　四冊

130000－0404－0004387　子162/4017（普）

化學衛生論四卷　（英國）真司騰撰　（英國）傅蘭雅譯　清光緒十年（1884）刻本　四冊

130000－0404－0004388　子162/4428（普）

新學彙編四卷　（美國）林樂知著　（清）蔡爾康編　清光緒二十四年（1898）上海廣學會鉛印本　四冊

130000－0404－0004389　子162/4440（普）

熱學揭要六卷　（美國）赫士著　清光緒二十三年（1897）上海美華書館鉛印本　一冊

130000－0404－0004390　子162/6024（普）

化學指南十卷　（法國）畢利幹著　清同治十二年（1873）鉛印本　十六冊

130000－0404－0004391　子162/8020（普）

博物新編三集　（英國）合信著　清咸豐五年（1855）上海墨海書館刻本　一冊

130000－0404－0004392　集11/0000（普）

文章遊戲四編八卷　（清）繆艮選　清刻本　五冊　存五卷（二、四至七）

130000－0404－0004393　集11/0015（普）

三宋人集四十五卷附錄三卷　（清）方功惠編

清光緒七年(1881)巴陵方氏碧琳琅館刻本
六冊

130000－0404－0004394　集11/0032(普)
寒村詩文選十七種三十六卷　(清)鄭梁撰
(清)高斗魁等選訂　清二老閣刻本　十二冊

130000－0404－0004395　集11/0131(普)
經德堂文集六卷浣月山房詩集五卷漢南春柳
詞鈔一卷別集二卷　(清)龍啟瑞撰　**槐廬詩**
學不分卷　(清)龍繼棟撰　清光緒四年
(1878)京師刻本　八冊

130000－0404－0004396　集11/0143(普)
百美新詠一卷集詠一卷　(清)顏希源撰　清
刻本　四冊

130000－0404－0004397　集11/0341(普)
重訂增廣試帖玉芙蓉七卷　(清)秀文書局輯
　清光緒十五年(1889)秀文書局石印本
七冊

130000－0404－0004398　集11/0892(普)
斷鐵集詩存二卷　(清)許炳勳撰　**五言樓詩**
草五卷　(清)唐鼎元撰　**桐花僊館詩草一卷**
(清)錢靖遠撰　清光緒三十三年(1907)鉛
印本　三冊

130000－0404－0004399　集11/1010(普)
西泠五布衣遺著七種　(清)丁丙輯　清同治
十二年(1873)錢塘丁氏當歸草堂刻本　四冊
　存四種十四卷(硯林詩集四卷、冬心先生集
四卷、柳州遺稿二卷、臨江鄉人詩四卷)

130000－0404－0004400　集11/1023(普)
胭脂牡丹尺牘六卷　(清)王德寬編　清咸豐
八年(1858)刻本　六冊

130000－0404－0004401　集11/1034(普)
于氏詩鈔四種　(清)于宗瑛撰　清末刻本
四冊

130000－0404－0004402　集11/1035(普)
[王氏彙刻唐人集]七種　(清)王遐春輯　清
嘉慶十五年(1810)麟後山房刻本　十冊　存
四種二十五卷(徐正字集四卷附錄一卷、麟角

集一卷附錄一卷、唐黃御史集八卷附錄一卷、
唐歐陽四門集八卷附錄一卷)

130000－0404－0004403　集11/1090(普)
馬東田孫沙溪兩公遺集合編二種三十八卷
(清)賈棠等輯　清康熙四十六年(1707)甘陵
賈氏刻本　十冊

130000－0404－0004404　集11/1111(普)
弘正四傑詩集四種七十八卷　(清)張百熙輯
　清光緒二十一年(1895)張氏湘雨樓刻本
十六冊

130000－0404－0004405　集11/1111(2)(普)
弘正四傑詩集四種七十八卷　(清)張百熙輯
　清光緒二十一年(1895)張氏湘雨樓刻本
十五冊　存四種七十五卷(邊華泉詩集一至
六、李空同詩集三十三卷附錄一卷、何大復詩
集二十六卷附錄一卷、徐迪功詩集四卷外集
三卷附錄一卷)

130000－0404－0004406　集11/1112(普)
容城三賢文集三種十二卷　(清)張斐然
(清)楊范輯　清道光十五年(1835)刻本　十
二冊

130000－0404－0004407　集11/1112＝2(普)
容城三賢文集三種十二卷　(清)張斐然
(清)楊范輯　清道光十六年(1836)正義書院
刻本　六冊　存四卷(容城文靖劉先生文集
四卷)

130000－0404－0004408　集11/1112＝2(2)(普)
容城三賢文集三種十二卷　(清)張斐然
(清)楊范輯　清道光十六年(1836)正義書院
刻本　六冊　存四卷(容城文靖劉先生文集
四卷)

130000－0404－0004409　集11/1112＝2(3)(普)
容城三賢文集三種十二卷　(清)張斐然
(清)楊范輯　清道光十六年(1836)正義書院
刻本　六冊　存四卷(容城文靖劉先生文集
四卷)

130000－0404－0004410　集11/1112＝3(普)
容城三賢文集三種十二卷　(清)張斐然

（清）楊范輯　清光緒二十四年（1898）刻本
六冊　缺四卷（容城文靖劉先生文集四卷）

130000－0404－0004411　集11/1112 ＝3(2)（普）
容城三賢文集三種十二卷　　（清）張斐然
（清）楊范輯　清光緒二十四年（1898）刻本
六冊　存四卷（容城文靖劉先生文集四卷）

130000－0404－0004412　集11/1133（普）
漢魏六朝百三名家集一百三種一百十八卷
（明）張溥輯　清光緒十八年（1892）善化章經
濟堂刻本　八十三冊　存八十六種一百二卷
（漢劉子駿集一卷、漢蘭臺令李伯仁集一卷、
東漢馬季長集一卷、東漢荀侍中集一卷、蔡中
郎集二卷、東漢王叔師集一卷、孔少府集一
卷、諸葛丞相集一卷、魏武帝集一卷、魏文帝
集二卷、陳思王集二卷、陳記室集一卷、王侍
中集一卷、魏阮元瑜集二卷、魏劉公幹集一
卷、魏應德璉集一卷、魏應休璉集一卷、阮步
兵集一卷、嵇中散集一卷、魏鍾司徒集一卷、
晉杜征南集一卷、魏荀公曾集一卷、傅鶉觚集
一卷、晉成公子安集一卷、晉張孟陽集一卷、
晉張景陽集一卷、晉劉越石集一卷、郭弘農集
二卷、晉王右軍集二卷、晉王大令集一卷、孫
廷尉集一卷、陶彭澤集一卷、宋何衡陽集一
卷、宋傅光祿集一卷、謝康樂集二卷、顏光祿
集一卷、鮑參軍集二卷、宋袁陽源集一卷、謝
法曹集一卷、謝光祿集一卷、南齊竟陵王集二
卷、王文憲集一卷、王寧朔集一卷、謝宣城集
一卷、齊張長史集一卷、南齊孔詹事集一卷、
梁武帝御製二卷、梁昭明太子集一卷、梁簡
文帝御製二卷、梁元帝集一卷、江醴陵集二
卷、沈隱侯集二卷、陶隱居集一卷、梁丘司空
集一卷、任中丞集一卷、王左丞集一卷、陸太
常集一卷、劉戶曹集一卷、王詹事集一卷、劉
秘書集一卷、劉豫章集一卷、劉庶子集一卷、
庾度支集一卷、何記室集一卷、吳朝請集一
卷、陳後主集一卷、徐僕射集一卷、沈侍中集
一卷、江令君集一卷、陳張散騎集一卷、高令
公集一卷、溫侍讀集一卷、邢特進集一卷、魏
特進集一卷、庾開府集二卷、王司空集一卷、
隋煬帝集一卷、盧武陽集一卷、李懷州集一
卷、牛奇章集一卷、薛司隸集一卷、揚侍郎集

一卷、張河間集一、班蘭臺集一卷、東漢崔亭
伯集一卷、陸清河集二）

130000－0404－0004413　集11/1133 ＝2（普）
漢魏六朝百三名家集一百三種一百十八卷
（明）張溥輯　清光緒十八年（1892）善化章經
濟堂刻本　七十六冊　存八十六種九十八卷
（賈長沙集一卷、司馬文園集一卷、董膠西集
一卷、東方大中集一卷、漢褚先生集一卷、王
諫議集一卷、漢劉中壘集一卷、揚侍郎集一
卷、漢劉子駿集一卷、馮曲陽集一卷、班蘭臺
集一卷、東漢崔亭伯集一卷、張河間集二卷、
魏應德璉集一卷、魏鍾司徒集一卷、晉杜征南
集一卷、魏荀公曾集一卷、傅鶉觚集一卷、晉
張司空集一卷、孫馮翊集一卷、晉摯太常集一
卷、晉束廣微集一卷、夏侯常侍集一卷、潘黃
門集一卷、傅中丞集一卷、潘太常集一卷、陸
平原集二卷、陸清河集二卷、晉成公子安集一
卷、晉張孟陽集一卷、晉張景陽集一卷、晉劉
越石集一卷、郭弘農集二卷、晉王右軍集二
卷、晉王大令集一卷、孫廷尉集一卷、陶彭澤
集一卷、宋何衡陽集一卷、宋傅光祿集一卷、
謝康樂集二卷、顏光祿集一卷、鮑參軍集二
卷、宋袁陽源集一卷、謝法曹集一卷、謝光祿
集一卷、南齊竟陵王集二卷、王文憲集一卷、
王寧朔集一卷、謝宣城集一卷、齊張長史集一
卷、南齊孔詹事集一卷、梁武帝御製集一卷、
梁昭明太子集一卷、梁簡文帝御製集二卷、梁
元帝集一卷、江醴陵集二卷、沈隱侯集二卷、
陶隱居集一卷、梁丘司空集一卷、任中丞集一
卷、王左丞集一卷、陸太常集一卷、劉戶曹集
一卷、王詹事集一卷、劉祕書集一卷、劉豫章
集一卷、劉庶子集一卷、庾度支集一卷、何記
室集一卷、吳朝請集一卷、陳後主集一卷、徐
僕射集一卷、沈侍中集一卷、江令君集一卷、
陳張散騎集一卷、高令公集一卷、溫侍讀集一
卷、邢特進集一卷、魏特進集一卷、庾開府集
二卷、王司空集一卷、隋煬帝集一卷、盧武陽
集一卷、李懷州集一卷、牛奇章集一卷、薛司
隸集一卷）

130000－0404－0004414　集11/1133 ＝3（普）
漢魏六朝百三名家集一百三種一百十八卷

(明)張溥輯　清光緒十八年(1892)善化章經
濟堂刻本　一百冊

130000－0404－0004415　集11/1133＝4(普)
漢魏六朝百三名家集一百三種一百十八卷
(明)張溥輯　清光緒十八年(1892)善化章經
濟堂刻本　四十三冊　存四十九種五十四卷
(董膠西集一卷、東方大中集一卷、漢褚先生
集一卷、王諫議集一卷、漢劉中壘集一卷、揚
侍郎集一卷、漢劉子駿集一卷、馮曲陽集一
卷、班蘭臺集一卷、王侍中集一卷、阮步兵集
一卷、嵇中散集一卷、魏鍾司徒集一卷、晉杜
征南集一卷、魏荀公曾集一卷、傅鶉觚集一
卷、晉張司空集一卷、孫馮翊集一卷、晉摯太
常集一卷、晉束廣微集一卷、夏侯常侍集一
卷、潘黃門集一卷、潘太常集一卷、陸平原集
二卷、陸清河集二卷、晉成公子安集一卷、晉
張孟陽集一卷、晉張景陽集一卷、晉劉越石集
一卷、郭弘農集二卷、晉王右軍集二卷、晉王
大令集一卷、孫廷尉集一卷、陶彭澤集一卷、
宋何衡陽集一卷、宋傅光祿集一卷、謝康樂集
二卷、任中丞集一卷、王左丞集一卷、陸太常
集一卷、劉戶曹集一卷、王詹事集一卷、劉祕
書集一卷、劉豫章集一卷、劉庶子集一卷、庚
度支集一卷、何記室集一卷、吳朝請集一卷、
陳後主集一卷)

130000－0404－0004416　集11/1133.2(普)
初唐四傑集三十七卷　(清)項家達輯　清同
治十二年(1873)叢雅居重刊星渚項氏刻本
十冊

130000－0404－0004417　集11/1144(普)
盧陽三賢集三種　(清)張樹聲輯　清道光元
年(1821)張氏毓秀堂刻本　四冊

130000－0404－0004418　集11/1703(普)
三蘇全集四種一百二十二卷　(清)弓翊清校
　清道光十二年(1832)眉州三蘇祠刻本　八
十冊

130000－0404－0004419　集11/2039(普)
**續香齋賦一卷續香齋古今體詩二卷銀台古今
體詩存一卷續香齋讀史存質集一卷**　(清)喬

遠炳著　清嘉慶十四年(1809)刻本　五冊

130000－0404－0004420　集11/2172(普)
月波舫遺稿一卷　(清)何熙續撰　**退學詩齋
詩集五卷**　(清)何耿繩撰　清道光九年
(1829)刻本　一冊

130000－0404－0004421　集11/2222(普)
[東鄂氏一家詩稿]五種十卷　(清)能泰等輯
　清乾隆刻本　七冊

130000－0404－0004422　集11/2528(普)
曝書亭集八十卷附錄一卷　(清)朱彝尊撰
笛漁小稿十卷　(清)朱昆田撰　清刻本　十
二冊

130000－0404－0004423　集11/2528(2)(普)
曝書亭集八十卷附錄一卷　(清)朱彝尊撰
笛漁小稿十卷　(清)朱昆田撰　清刻本　二
十冊

130000－0404－0004424　集11/2537(普)
五經文苑捃華八卷　(清)朱迺綬編　(清)胡
漢勳　(清)姚沆訂　清光緒十五年(1889)上
海鴻文書局石印本　二冊

130000－0404－0004425　集11/2620(普)
東谷全集四種　(清)白胤謙撰　清順治、康
熙間刻本　二十冊

130000－0404－0004426　集11/2640(普)
八家四六文鈔九卷　(清)吳鼒輯　清嘉慶三
年(1798)懷古堂刻本　四冊

130000－0404－0004427　集11/2640＝2(普)
八家四六文鈔九卷　(清)吳鼒輯　清光緒十
七年(1891)刻本　十六冊

130000－0404－0004428　集11/2841(普)
**目耕齋讀本初集不分卷二集不分卷小題不分
卷**　(清)徐楷　(清)沈叔眉編　清光緒八年
(1882)上海精一閣刻本　六冊

130000－0404－0004429　集11/2888(普)
哀弦集一卷　(清)徐錫第撰　**珠萊閣遺稿一
卷**　(清)朱尊增撰　清刻本　一冊

130000－0404－0004430　集11/3141(普)

唐人五十家小集七十二卷 （清）江標輯 清
光緒二十一年（1895）元和江氏靈鶼閣影刻本
　十六冊

130000－0404－0004431　集11/3143（普）
癸巳科直省鄉墨精萃不分卷 （清）汪蓉洲評
選 清光緒十九年（1893）善成堂義善堂刻本
　三冊

130000－0404－0004432　集11/3147（普）
漢魏諸名家集二十一種 （明）汪士賢輯 明
萬曆至天啟新安汪氏刻本 四冊 存四種九
卷（潘黃門集六卷、司馬長卿集一卷、東方先
生集一卷、董仲舒集一卷）

130000－0404－0004433　集11/3190（普）
詩紀一百三十卷 （明）馮惟訥編 明刻本
八冊 存四十一卷（宋十至十一，梁一至六、
二十四至三十四，陳十卷，北魏二卷，北齊二
卷，北周八卷）

130000－0404－0004434　集11/4041（普）
分類詩腋八卷 （清）李楨編 清嘉慶二十二
年（1817）三餘堂刻本 四冊

130000－0404－0004435　集11/4041＝2（普）
分類詩腋八卷 （清）李楨編 清道光六年
（1826）集錦堂刻本 二冊

130000－0404－0004436　集11/4048（普）
隨園三十種 （清）袁枚撰 清刻本 八十冊
　存二十一種二百二十二卷（小倉山房文集
三十五卷、小倉山房外集八卷、小倉山房詩集
三十七卷、袁太史時文一卷、小倉山房尺牘十
卷、隨園詩話十六卷、隨園隨筆二十八卷、新
齊諧二十四卷、續同人集十七卷、隨園八十壽
言六卷、紅豆村人詩稿十四卷、碧腴齋詩存八
卷、南園詩選二卷、筱雲詩集二卷、槃花軒詩
稿二卷、隨園女第子詩選六卷、繡餘吟稿一
卷、盈書閣遺稿一卷、樓居小草一卷、素文女
子遺稿一卷、捧月樓詞二卷）

130000－0404－0004437　集11/4060（普）
文苑英華一千卷 （宋）李昉撰 明萬曆三十
六年（1608）刻本 三十冊 缺七百卷（一至

三百、五百一至九百）

130000－0404－0004438　集11/4211（普）
易堂九子文鈔二十一卷 （清）彭玉雯輯 清
道光十七年（1837）刻本 十二冊

130000－0404－0004439　集11/4221（普）
文苑英華辨證十卷 （宋）彭叔夏撰 清刻本
　二冊

130000－0404－0004440　集11/4284（普）
柘湖姚氏兩先生集四卷 （清）姚前樞 （清）
姚前機撰 （清）張文虎輯 清光緒二年
（1876）刻本 一冊

130000－0404－0004441　集11/4326（普）
文章緣起一卷 （南朝梁）任昉撰 （明）陳懋
仁注 清邵武徐氏刻邵武徐氏叢書本 一冊

130000－0404－0004442　集11/4403（普）
古謠諺一百卷 （清）杜文瀾撰 清咸豐十一
年（1861）曼陀羅華閣刻本 十五冊

130000－0404－0004443　集11/4420（普）
文選纂注評林十二卷 （南朝梁）蕭統選
（明）張鳳翼纂注 明末刻本 六冊

130000－0404－0004444　集11/4444（普）
方百川集四卷抗希堂稿四卷方椒塗稿一卷
（清）韓慕盧評選 清光緒十七年（1891）常郡
宛委山莊刻本 五冊

130000－0404－0004445　集11/4448（普）
紅雪樓九種曲十三卷 （清）蔣士銓撰 清乾
隆刻紅雪樓九種曲本 六冊 缺六卷（空穀
香傳奇二卷、臨川夢二卷、香祖樓二卷）

130000－0404－0004446　集11/4470（普）
國朝閨閣詩鈔一百卷 （清）蔡殿齊輯 清道
光二十四年（1844）嫏嬛別館刻本 十冊

130000－0404－0004447　集11/4470＝2（普）
國朝閨閣詩鈔一百卷 （清）蔡殿齊輯 清道
光二十四年（1844）嫏嬛別館刻本 六冊 存
六十卷（鏡閣新集一卷、嘯雪庵詩鈔一卷、臥
月軒詩稿一卷、徐都講詩一卷、青山集一卷、
素賞樓詩稿一卷、凝翠樓詩集一卷、凝香室詩

鈔一卷、硯隱集一卷、玉窗遺稿一卷、瑤草軒詩鈔一卷、不櫛吟一卷、澹如軒吟草一卷、起雲閣詩鈔一卷、修竹廬吟稿一卷、花語軒詩鈔一卷、韻松樓詩集一卷、味雪樓詩稿一卷、望雲閣詩集一卷、清娛閣吟稿一卷、唐宋舊經樓稿一卷、白鳳樓詩鈔一卷、長真閣詩稿一卷、玉簫樓詩集一卷、瘦吟樓詩草一卷、綠陰紅雨軒詩鈔一卷、聽秋軒詩稿一卷、寄梅館詩鈔一卷、織雲樓詩稿一卷、貽硯齋詩稿一卷、繪聲閣詩稿一卷、琴香閣詩箋一卷、曉春閣詩集一卷、貯月軒詩稿一卷、翡翠樓詩集一卷、繡餘小草一卷、吟香館詩草一卷、環碧軒詩集一卷、藕香館詩鈔一卷、露香閣詩鈔一卷、瑤草珠華閣詩鈔一卷、澹鞠軒詩稿一卷、吟紅閣詩鈔一卷、綠窗吟稿一卷、繡篋小集一卷、養花軒詩鈔一卷、簪花閣詩鈔一卷、自然好學齋詩集一卷、繡吟樓詩鈔一卷、鵑吟樓詩鈔一卷、印月樓詩集一卷、小鷗波館詩鈔一卷、錦槎軒詩集一卷、絮雪吟一卷、敏求齋詩集一卷、焚餘小草一卷、鏡倚樓小稿一卷、佩湘詩稿一卷、花鳳樓吟稿一卷、韻香書室吟稿一卷)

130000－0404－0004448　集11/4498(普)
律賦珊瑚鉤二集四卷　(清)種竹山莊輯　清道光二十九年(1849)京都琉璃廠刻本　四冊

130000－0404－0004449　集11/4725(普)
三續近科分體墨式四卷　(清)馬均義輯　清同治十年(1871)榴紅書屋刻本　三冊

130000－0404－0004450　集11/5062(普)
唐人三家集二十六卷　(清)秦恩復輯　清道光十年(1830)江都秦氏石研齋影宋刻本　四冊

130000－0404－0004451　集11/5062＝2(普)
唐人三家集二十六卷　(清)秦恩復輯　清宣統三年(1911)據道光石研齋影印本　八冊

130000－0404－0004452　集11/6028(普)
昭代名人尺牘二十四卷附小傳　(清)吳修編　清道光六年(1826)刻本　二冊

130000－0404－0004453　集11/6073(普)
宋詩鈔初集九十五卷　(清)吳之振等輯　清

康熙十年(1671)吳氏鑑古堂刻本　四十冊

130000－0404－0004454　集11/7204(普)
詩料英華十四卷　(清)劉文蔚輯　清光緒京都善成堂刻本　四冊

130000－0404－0004455　集11/7204－2(普)
詩學含英十四卷　(清)劉文蔚輯　清道光十一年(1831)六有齋刻本　四冊

130000－0404－0004456　集11/7241(普)
貴池二妙集五十一卷　(清)劉世珩輯　清光緒二十六年(1900)刻本　十二冊

130000－0404－0004457　集11/7241－2(普)
貴池唐人集十六卷伍喬詩一卷　(清)劉世珩輯　清光緒三十一年(1905)刻本　三冊

130000－0404－0004458　集11/7241－3(普)
秋浦雙忠錄五種四十卷　(清)劉世珩輯　清光緒二十八年(1902)貴池劉氏刻本　六冊

130000－0404－0004459　集11/7474(普)
陸稼書先生文集二卷　(清)陸隴其輯　(清)張伯行訂　陸稼書先生讀朱隨筆四卷讀禮志疑六卷問學錄四卷　(清)陸隴其撰　吳朝宗先生聞過齋集四卷　(元)吳海撰　(清)張伯行訂　清康熙四十七年至四十八年(1708－1709)正誼堂張氏刻本　十二冊

130000－0404－0004460　集11/7501(普)
宋十五家詩選十六卷　(清)陳訏撰　清康熙三十二年(1693)刻本　七冊

130000－0404－0004461　集11/7532(普)
陳太僕批選八家文鈔九卷　(清)陳兆崙輯　清光緒二十六年(1900)天津文美齋石印本　六冊

130000－0404－0004462　集11/7532(2)(普)
陳太僕批選八家文鈔九卷　(清)陳兆崙輯　清光緒二十六年(1900)天津文美齋石印本　六冊

130000－0404－0004463　集11/7532.2(普)
孤圓山莊詩勝十種　(清)陳瀏撰　清宣統二年(1910)鉛印本　一冊　存四種四卷(茶半

軒集一卷、二山唱和集一卷、雄樹堂集一卷、
鬪杯堂集一卷)

130000－0404－0004464　集11/7543(普)
三山陳氏家刻左海全集十種續集十種　（清）
陳壽祺撰　清嘉慶至道光刻陳紹墉補刻本
八十冊

130000－0404－0004465　集11/7547(普)
南宋群賢小集七十四種　（宋）陳起輯　清嘉
慶六年(1801)石門顧氏讀書齋刻本　三十冊
　缺一種(江湖後集)

130000－0404－0004466　集11/7547(2)(普)
南宋群賢小集七十四種　（宋）陳起輯　清嘉
慶六年(1801)石門顧氏讀書齋刻本　七十
九冊

130000－0404－0004467　集11/7547(3)(普)
南宋群賢小集七十四種　（宋）陳起輯　清嘉
慶六年(1801)石門顧氏讀書齋刻本　十六冊
　存二十九種七十六卷(雲泉詩一卷、葛無懷
小集一卷、漁溪詩藁二卷乙藁一卷、小山集一
卷、雪牕小集一卷、斗野藁支卷一卷、露香拾
藁一卷、竹溪十一藁詩選一卷、臞翁詩集二
卷、靜佳乙藁一卷靜佳龍尋藁一卷、山居存藁
一卷、端隱吟藁一卷、雪蓬藁一卷、心游摘藁
一卷、雪巖吟草一卷、石屏續集四卷、順適堂
吟藁甲集一卷乙集一卷丙集一卷丁集一卷戊
集一卷、龍洲道人詩集一卷、白石道人詩集一
卷附詩說一卷諸賢酬贈詩一卷、增廣聖宋高
僧詩選前集一卷續集一卷補遺一卷後集三
卷、前賢小集拾遺五卷、雪磯叢藁五卷、退菴
先生遺集二卷、葦碧軒集一卷、清苑齋集一
卷、芳蘭軒集一卷、二薇亭集一卷、中興羣公
吟藁戊集七卷、羣賢小集補遺十五卷)

130000－0404－0004468　集11/7705(普)
唐四家詩集二十八卷　（清）同文書局輯　清
光緒十年(1884)同文書局石印本　八冊

130000－0404－0004469　集11/7725(普)
關中課士律賦箋註不分卷試帖詳註不分卷
（清）路德撰　清光緒十年(1884)上海江左書
林刻本　二冊

130000－0404－0004470　集11/8016(普)
賦學指南十六卷　（清）余丙照輯　清道光二
十八年(1848)文質堂刻本　六冊

130000－0404－0004471　集11/8016(2)(普)
賦學指南十六卷　（清）余丙照輯　清道光二
十八年(1848)文質堂刻本　六冊

130000－0404－0004472　集11/8016(3)(普)
賦學指南十六卷　（清）余丙照輯　清道光二
十八年(1848)文質堂刻本　六冊

130000－0404－0004473　集11/8016＝2(普)
賦學指南十六卷　（清）余丙照輯　清光緒十
九年(1893)書業德刻本　四冊

130000－0404－0004474　集11/8019(普)
詠物詩選八卷　（清）俞琰輯　清雍正二年
(1724)刻本　四冊

130000－0404－0004475　集11/8019(2)(普)
詠物詩選八卷　（清）俞琰輯　清雍正二年
(1724)寧儉堂刻本　四冊　缺二卷(六至七)

130000－0404－0004476　集11/8724(普)
宋詩鈔二集二十三卷　（清）吳孟舉　（清）吳
自牧輯　清洲錢吳氏鑑古堂刻本　六冊

130000－0404－0004477　集11/8848(普)
管周合稿二種　（清）管世銘　（清）周景益撰
　清同治十二年(1873)刻本　六冊

130000－0404－0004478　集11/9060(普)
小題文苑□□卷　清刻本　二十三冊　存二
十四卷(小題文苑上論一至六、下論一至六、
上孟一至六、續刻截搭文苑上論一至六)

130000－0404－0004479　集12/0020(普)
高梅亭讀書叢鈔十二種　（清）高塘輯　清乾
隆五十三年(1788)刻本　八十五冊

130000－0404－0004480　集12/0020－2(普)
歸餘鈔四卷　（清）高塘集評　清乾隆五十三
年(1788)刻本　八冊

130000－0404－0004481　集12/0020－2(2)(普)
歸餘鈔四卷　（清）高塘集評　清乾隆五十三
年(1788)刻本　八冊

130000－0404－0004482　集12/0020－2(3)(普)

歸餘鈔四卷 （清）高嵣集評　清乾隆五十三年(1788)刻本　八冊

130000－0404－0004483　集12/0020－2(4)(普)

歸餘鈔四卷 （清）高嵣集評　清乾隆五十三年(1788)刻本　八冊

130000－0404－0004484　集12/0020－3(普)

唐宋八家鈔八卷 （清）高嵣集評　清乾隆五十三年(1788)刻本　八冊

130000－0404－0004485　集12/0020－3(2)(普)

唐宋八家鈔八卷 （清）高嵣集評　清乾隆五十三年(1788)刻本　八冊

130000－0404－0004486　集12/0020－3＝2(普)

唐宋八家鈔八卷 （清）高嵣集評　清道光十五年(1835)刻本　八冊

130000－0404－0004487　集12/0030(普)

御選唐宋詩醇四十七卷目錄二卷 （清）高宗弘曆輯　清光緒七年(1881)浙江書局刻本二十冊

130000－0404－0004488　集12/0030(2)(普)

御選唐宋詩醇四十七卷目錄二卷 （清）高宗弘曆輯　清光緒七年(1881)浙江書局刻本二十冊

130000－0404－0004489　集12/0030(3)(普)

御選唐宋詩醇四十七卷目錄二卷 （清）高宗弘曆輯　清光緒七年(1881)浙江書局刻本二十冊

130000－0404－0004490　集12/0030(4)(普)

御選唐宋詩醇四十七卷目錄二卷 （清）高宗弘曆輯　清光緒七年(1881)浙江書局刻本二十四冊

130000－0404－0004491　集12/0030＝3(普)

御選唐宋詩醇四十七卷目錄二卷 （清）高宗弘曆輯　清乾隆二十五年(1760)刻本　十冊　存二十四卷(一至二十二、目錄二卷)

130000－0404－0004492　集12/0030－2(普)

御選唐宋文醇五十八卷 （清）高宗弘曆輯

清刻本　五冊　存三十九卷(一至三十九)

130000－0404－0004493　集12/0030－2＝2(普)

御選唐宋文醇五十八卷 （清）高宗弘曆輯　清光緒三年(1877)浙江書局刻本　二十冊

130000－0404－0004494　集12/0030－2＝2(2)(普)

御選唐宋文醇五十八卷 （清）高宗弘曆輯　清光緒三年(1877)浙江書局刻本　二十冊

130000－0404－0004495　集12/0041(普)

古文知新十二卷 （清）高朝瓔注評　（清）沈世凱訂　清康熙四十五年(1706)學者堂刻本八冊

130000－0404－0004496　集12/0123(普)

經心書院續集十二卷 （清）譚獻編　清光緒二十一年(1895)湖北官書處刻本　四冊　缺五卷(八至十二)

130000－0404－0004497　集12/0442(普)

繪圖千家詩註釋二卷附笠翁對韻二卷唐司空圖詩品詳注一卷 （清）謝枋得選　（清）王相注　清末上海廣益書局石印本　二冊

130000－0404－0004498　集12/0442－2(普)

謝疊山先生文章軌範七卷 （宋）謝枋得輯　清光緒九年(1883)桐陰書屋二色套印本二冊

130000－0404－0004499　集12/0742(普)

樂府詩集一百卷 （宋）郭茂倩編　清同治十三年(1874)湖北崇文書局刻本　十六冊

130000－0404－0004500　集12/0742(2)(普)

樂府詩集一百卷 （宋）郭茂倩編　清同治十三年(1874)湖北崇文書局刻本　十二冊

130000－0404－0004501　集12/0742(3)(普)

樂府詩集一百卷 （宋）郭茂倩編　清同治十三年(1874)湖北崇文書局刻本　十六冊

130000－0404－0004502　集12/0845(普)

六朝文絜四卷 （清）許槤評選　清道光五年(1825)享金寶石齋石印本　二冊

130000－0404－0004503　集12/0845(2)(普)

六朝文絜四卷　（清）許槤評選　清道光五年（1825）享金寶石齋石印本　二冊

130000－0404－0004504　集12/0845＝2（普）

六朝文絜四卷　（清）許槤評選　清光緒九年（1883）碧琳琅館二色套印本　一冊

130000－0404－0004505　集12/0845－2（普）

六朝文絜箋注十二卷　（清）許槤評選　清光緒十五年（1889）枕溢書屋刻本　四冊

130000－0404－0004506　集12/0845－2（2）（普）

六朝文絜箋注十二卷　（清）許槤評選　清光緒十五年（1889）枕溢書屋刻本　四冊

130000－0404－0004507　集12/1002（普）

古文八大家公眼錄六卷　（清）李中簡鑒定（清）王應鯨選評　清嘉慶六年（1801）文盛堂刻本　一冊　存三卷（一至三）

130000－0404－0004508　集12/1012（普）

望古遙集詩存不分卷　（清）王璞撰　清光緒四年（1878）石印本　一冊

130000－0404－0004509　集12/1014（普）

賦鈔箋畧十五卷　（清）雷琳　（清）張杏濱箋　清刻本　八冊

130000－0404－0004510　集12/1020（普）

續古文辭類纂三十四卷　王先謙纂集　清光緒八年（1882）王氏刻本　八冊

130000－0404－0004511　集12/1020＝2（普）

續古文辭類纂三十四卷　王先謙纂集　清光緒十年（1884）行素草堂刻本　八冊

130000－0404－0004512　集12/1020＝2（2）（普）

續古文辭類纂三十四卷　王先謙纂集　清光緒十年（1884）行素草堂刻本　八冊

130000－0404－0004513　集12/1020－3（普）

駢文類纂四十六卷　王先謙纂集　清光緒二十八年（1902）刻本　二十四冊　存二十五卷（二十二至四十六）

130000－0404－0004514　集12/1020－3（2）（普）

駢文類纂四十六卷　王先謙纂集　清光緒二十八年（1902）刻本　十二冊

130000－0404－0004515　集12/1023（普）

詩鵠上編三卷中編三卷下編三卷附編二卷（清）王維翚　（清）王繩祖編　清光緒八年（1882）刻本　十一冊

130000－0404－0004516　集12/1025（普）

塾課分編注釋八集　（清）王步青評選　（清）于光華注釋　清敦化堂刻本　二十冊

130000－0404－0004517　集12/1025＝2（普）

塾課小題分編八集　（清）王步青評選　（清）于光華注釋　清文會堂刻本　二十四冊

130000－0404－0004518　集12/1025＝3（普）

塾課小題分編八集　（清）王步青評選　（清）于光華注釋　清敦復堂刻本　十六冊

130000－0404－0004519　集12/1042（普）

古唐詩合解十二卷古詩四卷　（清）王堯衢註　清道光十七年（1837）三義堂刻本　六冊

130000－0404－0004520　集12/1042＝2（普）

古唐詩合解十二卷古詩四卷　（清）王堯衢註　清光緒八年（1882）刻本　六冊

130000－0404－0004521　集12/1042＝3（普）

古唐詩合解十二卷古詩四卷　（清）王堯衢註　清光緒十三年（1887）有益堂刻本　六冊

130000－0404－0004522　集12/1042＝4（普）

古唐詩合解十二卷古詩四卷　（清）王堯衢註　清敬文堂刻本　六冊

130000－0404－0004523　集12/1042＝5（普）

古唐詩合解十二卷古詩四卷　（清）王堯衢註　清三義堂刻本　五冊

130000－0404－0004524　集12/1042＝5（2）（普）

古唐詩合解十二卷古詩四卷　（清）王堯衢註　清三義堂刻本　六冊

130000－0404－0004525　集12/1042＝6（普）

古唐詩合解十二卷古詩四卷　（清）王堯衢註　清善成堂刻本　六冊

130000－0404－0004526　集12/1042＝6（2）（普）

古唐詩合解十二卷古詩四卷　（清）王堯衢註　清善成堂刻本　五冊

219

130000－0404－0004527　集12/1042＝7(普)

古唐詩合解十二卷古詩四卷　(清)王堯衢註
清書業德刻本　六冊

130000－0404－0004528　集12/1042＝8(普)

古唐詩合解十二卷古詩四卷　(清)王堯衢註
清刻本　四冊

130000－0404－0004529　集12/1043(普)

漁洋山人古詩選三十二卷　(清)王士禛選
清同治五年(1866)金陵書局刻本　十冊

130000－0404－0004530　集12/1043(2)(普)

漁洋山人古詩選三十二卷　(清)王士禛選
清同治五年(1866)金陵書局刻本　十冊

130000－0404－0004531　集12/1043－2(普)

感舊集十六卷　(清)王士禛選　(清)盧見曾
補傳　清乾隆盧氏雅雨堂刻本　六冊

130000－0404－0004532　集12/1094(普)

古文分編集評初集五卷二集五卷三集八卷四集四卷　(清)于光華編輯　(清)于在衡參訂
清乾隆五十二年(1787)友于堂刻本　二十四冊

130000－0404－0004533　集12/1094－2(普)

文選集評十五卷首一卷末一卷　(南朝梁)蕭統撰　(清)于光華編　清刻本　十六冊

130000－0404－0004534　集12/1114(普)

宛鄰書屋古詩錄十二卷　(清)張琦輯　清同治八年(1869)刻本　二冊　缺六卷(四至九)

130000－0404－0004535　集12/1124(普)

賦學雞跖集三十卷附錄一卷　(清)張維城選
清道光三十年(1850)聚盛堂刻本　六冊

130000－0404－0004536　集12/1124＝2(普)

賦學雞跖集三十卷附錄一卷　(清)張維城選
清道光三十年(1850)粲花吟館刻本　八冊

130000－0404－0004537　集12/1144(普)

歷代名賢手劄二卷　(清)張芳撰　清光緒二十二年(1896)學古齋石印本　一冊

130000－0404－0004538　集12/1150(普)

七十家賦鈔六卷　(清)張惠言輯　清光緒八

年(1882)廣東載文堂刻本　四冊

130000－0404－0004539　集12/1150－2(普)

七十家賦鈔六卷　(清)張惠言輯　清道光元年(1821)合河康氏刻本　四冊

130000－0404－0004540　集12/1727(普)

斯文正統十二卷　(清)刁包編　清刻本　五冊　存五卷(三、五至七、十)

130000－0404－0004541　集12/1727＝2(普)

斯文正統十二卷　(清)刁包編　清同治三年(1864)刻本　六冊　存六卷(一至六)

130000－0404－0004542　集12/1728(普)

斯文精萃不分卷　(清)尹繼善選　清刻本
十二冊

130000－0404－0004543　集12/2372(普)

閩式堂古文選釋八卷　(清)臧岳編輯　清康熙五十六年(1717)古吳三樂齋刻本　四冊

130000－0404－0004544　集12/2477(普)

唐宋十大家全集錄五十二卷　(清)儲欣輯
清康熙四十四年(1705)松鱗堂刻本　四十冊

130000－0404－0004545　集12/2477＝2(普)

唐宋十大家全集錄五十二卷　(清)儲欣輯
清光緒八年(1882)江蘇書局刻本　三十二冊

130000－0404－0004546　集12/2477＝2(2)(普)

唐宋十大家全集錄五十二卷　(清)儲欣輯
清光緒八年(1882)江蘇書局刻本　十四冊
存二十三卷(河東先生全集錄六卷外集錄一卷、習之先生全集錄二卷、老泉先生全集錄五卷、東坡先生全集錄九卷)

130000－0404－0004547　集12/2477－2(普)

唐宋八大家類選十四卷　(清)儲欣評　清光緒十八年(1892)刻本　六冊

130000－0404－0004548　集12/2477－2＝2(普)

唐宋八大家類選十四卷　(清)儲欣評　清光緒二十五年(1899)書業德刻本　六冊　存八卷(一至八)

130000－0404－0004549　集12/2477－3(普)

重訂七種古文選五十四卷　(清)儲欣評　清

嘉慶十八年(1813)大德堂刻本　二十四冊

130000－0404－0004550　集12/2644(普)
繪圖增批古文觀止十二卷　(清)吳乘權
(清)吳大職評選　清宣統三年(1911)石印本
六冊

130000－0404－0004551　集12/2683－4(普)
涵芬樓古今文鈔一百卷　吳曾祺輯　清宣統
二年(1910)商務印書館石印本　一百冊

130000－0404－0004552　集12/2692(普)
乾坤正氣集選鈔九十七卷　(清)吳煥采輯
清光緒十三年(1887)古蓮花池刻本　三十
二冊

130000－0404－0004553　集12/2692＝2(普)
乾坤正氣集選鈔九十七卷　(清)吳煥采輯
清光緒十三年(1887)古蓮花池刻本　八冊
存二十九卷(四十九至七十七)

130000－0404－0004554　集12/2696(普)
賦彙錄要箋略二十八卷補遺一卷外集一卷
(清)吳光昭箋略　清汲古齋刻本　十二冊

130000－0404－0004555　集12/2706(普)
續古文辭類纂二十八卷　(清)黎庶昌輯　清
光緒二十一年(1895)金陵狀元閣刻本　十
二冊

130000－0404－0004556　集12/2706(2)(普)
續古文辭類纂二十八卷　(清)黎庶昌輯　清
光緒二十一年(1895)金陵狀元閣刻本　十
二冊

130000－0404－0004557　集12/2706(3)(普)
續古文辭類纂二十八卷　(清)黎庶昌輯　清
光緒二十一年(1895)金陵狀元閣刻本　十
二冊

130000－0404－0004558　集12/2706(4)(普)
續古文辭類纂二十八卷　(清)黎庶昌輯　清
光緒二十一年(1895)金陵狀元閣刻本　十
二冊

130000－0404－0004559　集12/2767(普)
刪正二馮評閱才調集二卷　(清)紀昀編　清

鏡煙堂刻本　二冊

130000－0404－0004560　集12/2847(普)
古文淵鑒六十四卷　(清)徐乾學編　清同治
十二年(1873)浙江書局刻本　三十二冊

130000－0404－0004561　集12/2847＝2(普)
古文淵鑒六十四卷　(清)徐乾學編　清乾隆
二十四年(1759)古香齋刻五色套印本　十八
冊　缺二十四卷(二十六至四十九)

130000－0404－0004562　集12/2847＝2(2)(普)
古文淵鑒六十四卷　(清)徐乾學編　清乾隆
二十四年(1759)古香齋刻五色套印本　二十
八冊　缺十八卷(一至十八)

130000－0404－0004563　集12/2874(普)
玉臺新詠十卷　(南朝陳)徐陵輯　(清)吳兆
宜注　(清)程琰刪補　清光緒五年(1879)宏
達堂刻本　六冊

130000－0404－0004564　集12/3104(普)
新刻書柬活套四卷　(清)汪文芳輯　清光緒
四年(1878)文成堂刻本　四冊

130000－0404－0004565　集12/3124(普)
文選理學權輿八卷補一卷　(清)汪師韓撰
文選考異四卷李注補正四卷　(清)孫志祖輯
清光緒十五年(1889)讀書齋刻本　八冊

130000－0404－0004566　集12/3135(普)
考古必要賦四卷　(清)江家春　(清)邱景岳
選注　清同治十二年(1873)刻本　四冊

130000－0404－0004567　集12/3160(普)
詩林韶濩二十卷　(清)顧嗣立編　清刻本
十冊

130000－0404－0004568　集12/3183(普)
雞跖賦續刻三十卷　(清)馮鏡清編輯　清光
緒十一年(1885)文英堂刻本　十六冊

130000－0404－0004569　集12/3183(2)(普)
雞跖賦續刻三十卷　(清)馮鏡清編輯　清光
緒十一年(1885)文英堂刻本　十六冊

130000－0404－0004570　集12/3423(普)
唐宋八家文讀本三十卷　(清)沈德潛輯評

清乾隆十五年(1750)小鬱林刻本　十冊

130000－0404－0004571　集12/3423－2(普)
五朝詩別裁集八十五卷 　(清)沈德潛選　清乾隆二十八年(1763)務本堂刻本　四十冊

130000－0404－0004572　集12/3423－3(普)
古詩源十四卷 　(清)沈德潛選　清康熙五十八年(1719)竹嘯軒刻本　四冊

130000－0404－0004573　集12/3423－3＝2(普)
古詩源十四卷 　(清)沈德潛選　清道光二十六年(1846)文德堂刻本　四冊

130000－0404－0004574　集12/3423－3＝3(普)
評選古詩源四卷 　(清)沈德潛選　清會文堂石印本　四冊

130000－0404－0004575　集12/3476(普)
文選音義八卷 　(清)佘簫客輯著　清光緒石印本　一冊

130000－0404－0004576　集12/3482(普)
堅瓠集十五集六十六卷 　(清)褚人穫輯　清康熙二十九年(1690)四雪草堂刻本　二十四冊　缺十八卷(九集四卷、十集四卷、續集四卷、補集六卷)

130000－0404－0004577　集12/3488(普)
樂府指迷一卷 　(宋)沈義父撰　**詞源二卷** (宋)張炎撰　**詞旨一卷** 　(元)陸輔之撰　清光緒十三年(1887)刻本　一冊

130000－0404－0004578　集12/4004(普)
古文苑九卷 　(□)□□著　清刻本　二冊

130000－0404－0004579　集12/4010(普)
賦學正鵠集釋十卷 　(清)李元度選　清光緒十一年(1885)石渠山房刻本　八冊

130000－0404－0004580　集12/4010(2)(普)
賦學正鵠集釋十卷 　(清)李元度選　清光緒十一年(1885)石渠山房刻本　八冊

130000－0404－0004581　集12/4010＝2(普)
賦學正鵠集釋十一卷 　(清)李元度選　清光緒十年(1884)濟南裕和堂刻本　八冊

130000－0404－0004582　集12/4010＝2(2)(普)
賦學正鵠集釋十一卷 　(清)李元度選　清光緒十年(1884)濟南裕和堂刻本　八冊

130000－0404－0004583　集12/4010＝2(3)(普)
賦學正鵠集釋十一卷 　(清)李元度選　清光緒十年(1884)濟南裕和堂刻本　四冊

130000－0404－0004584　集12/4010＝3(普)
賦學正鵠集釋十卷 　(清)李元度撰　清光緒十一年(1885)文昌書局刻本　五冊　存九卷(一至九)

130000－0404－0004585　集12/4022(普)
西山先生真文忠公文章正宗二十四卷 　(宋)真德秀編　明刻本　六冊　存十二卷(四至五、十至十九)

130000－0404－0004586　集12/4022＝2(普)
西山先生真文忠公文章正宗二十四卷 　(宋)真德秀編　明嘉靖十五年(1536)刻本　六冊　存十一卷(十四至二十四)

130000－0404－0004587　集12/4033(普)
駢體文鈔三十一卷 　(清)李兆洛編　清光緒八年(1882)刻本　八冊

130000－0404－0004588　集12/4041(普)
分類文腋八卷 　(清)李楨選　清嘉慶二十五年(1820)寶翰樓刻本　八冊

130000－0404－0004589　集12/4217(普)
古文辭類纂七十四卷 　(清)姚鼐編　清乾隆四十四年(1779)合河康氏家塾刻本　六冊

130000－0404－0004590　集12/4217＝2(普)
古文辭類纂七十四卷 　(清)姚鼐編　清同治八年(1869)江蘇書局刻本　十二冊

130000－0404－0004591　集12/4217＝2(2)(普)
古文辭類纂七十四卷 　(清)姚鼐編　清同治八年(1869)江蘇書局刻本　十二冊

130000－0404－0004592　集12/4217＝3(普)
古文辭類纂七十五卷附校勘記一卷 　(清)姚鼐編　清光緒二十七年(1901)滁州李氏求要堂刻本　十二冊

130000－0404－0004593　集12/4217 =3(2)(普)

古文辭類纂七十五卷附校勘記一卷　(清)姚鼐編　清光緒二十七年(1901)滁州李氏求要堂刻本　十二冊

130000－0404－0004594　集12/4217 =3(3)(普)

古文辭類纂七十五卷附校勘記一卷　(清)姚鼐編　清光緒二十七年(1901)滁州李氏求要堂刻本　十二冊

130000－0404－0004595　集12/4217 =3(4)(普)

古文辭類纂七十五卷附校勘記一卷　(清)姚鼐編　清光緒二十七年(1901)滁州李氏求要堂刻本　十一冊　缺七卷(二十五至三十一)

130000－0404－0004596　集12/4217 =4(普)

古文辭類纂七十四卷　(清)姚鼐編　**續古文辭類纂三十四卷**　王先謙編　清光緒二十八年(1902)蜀東善成堂刻本　二十四冊

130000－0404－0004597　集12/4217 =5(普)

古文辭類纂七十五卷　(清)姚鼐編　**姚選古文真本五色標記表十五卷首一卷**　(清)吳摯甫講授　(清)張剛編纂　清宣統二年(1910)刻本　二十四冊

130000－0404－0004598　集12/4217 =6(普)

古文辭類纂七十四卷　(清)姚鼐編　清光緒十年至十八年(1884－1892)席氏掃葉山房刻本　十冊

130000－0404－0004599　集12/4420(普)

文選六十卷　(南朝梁)蕭統撰　(唐)李善注　(清)何焯評點　清乾隆三十七年(1772)海錄軒刻本　十六冊

130000－0404－0004600　集12/4420(2)(普)

文選六十卷　(南朝梁)蕭統撰　(唐)李善注　清乾隆三十七年(1772)長洲葉氏海錄軒刻本　十六冊

130000－0404－0004601　集12/4420 =2(普)

文選六十卷　(南朝梁)蕭統撰　(唐)李善注　清汲古閣刻本　十冊

130000－0404－0004602　集12/4420 =2(2)(普)

文選六十卷　(南朝梁)蕭統撰　(唐)李善注　清汲古閣刻本　十六冊

130000－0404－0004603　集12/4420 =3(普)

文選六十卷文選考異十卷　(南朝梁)蕭統撰　(唐)李善注　清嘉慶十四年(1809)胡克家刻本　二十四冊

130000－0404－0004604　集12/4420 =4(普)

文選六十卷　(南朝梁)蕭統撰　(唐)李善注　清同治八年(1869)金陵書局刻本　十冊

130000－0404－0004605　集12/4420 =5(普)

文選六十卷　(南朝梁)蕭統撰　(唐)李善注　清光緒元年(1875)尊經書院刻本　十冊

130000－0404－0004606　集12/4420 =6(普)

文選六十卷文選考異十卷　(南朝梁)蕭統撰　(唐)李善注　清光緒十八年(1892)上海古香閣石印本　六冊

130000－0404－0004607　集12/4420 =6(2)(普)

文選六十卷文選考異十卷　(南朝梁)蕭統撰　(唐)李善注　清光緒十八年(1892)上海古香閣石印本　六冊

130000－0404－0004608　集12/4420 =10(普)

重訂文選集評十五卷首一卷末一卷　(南朝梁)蕭統輯　(清)于光華評注　清乾隆四十三年(1778)刻本　六冊

130000－0404－0004609　集12/4420 =11(普)

重訂文選集評十五卷首一卷末一卷　(南朝梁)蕭統輯　(清)于光華評注　清乾隆梓潼會刻本　八冊

130000－0404－0004610　集12/4420.2(普)

新刻韓柳歐蘇六大家古文選粹評林八卷　(明)葉向高等選評　明萬曆三十四年(1606)刻本　十冊

130000－0404－0004611　集12/4424(普)

文選古字通疏證六卷　(清)薛傳均撰　清光緒十二年(1886)還讀樓刻本　一冊

130000－0404－0004612　集12/4434(普)

東萊集注類編觀瀾文集甲集二十五卷　(宋)

林之奇編　清光緒十年（1884）碧琳琅館影宋刻本　二冊

130000－0404－0004613　集12/4441（普）
歷代名賢手劄八卷　（清）蕭士珂輯　清光緒二十二年（1896）學古齋石印本　八冊

130000－0404－0004614　集12/4441（2）（普）
歷代名賢手劄八卷　（清）蕭士珂輯　清光緒二十二年（1896）學古齋石印本　七冊

130000－0404－0004615　集12/4444（普）
嚴陵集九卷　（宋）董棻編　清光緒二十六年（1900）刻本　二冊

130000－0404－0004616　集12/4448（普）
忠雅堂評選四六法海八卷　（明）王志堅原本（清）蔣士銓評選　清光緒八年（1882）刻本　八冊

130000－0404－0004617　集12/4448＝2（普）
忠雅堂評選四六法海八卷　（明）王志堅原本（清）蔣士銓評選　清光緒二十五年（1899）寄螺齋刻本　八冊

130000－0404－0004618　集12/4448＝3（普）
忠雅堂評選四六法海八卷　（明）王志堅原本（清）蔣士銓評選　清同治十年（1871）步月山房朱墨套印本　八冊

130000－0404－0004619　集12/4448＝3（2）（普）
忠雅堂評選四六法海八卷　（明）王志堅原本（清）蔣士銓評選　清同治十年（1871）步月山房朱墨套印本　四冊　存四卷（五至八）

130000－0404－0004620　集12/4448＝4（普）
忠雅堂評選四六法海八卷　（明）王志堅原本（清）蔣士銓評選　清光緒十五年（1889）嶺南雲林閣二色套印本　八冊

130000－0404－0004621　集12/4707（普）
甬上耆舊詩三十卷　（清）胡文學輯選　清康熙十五年（1676）刻本　十冊

130000－0404－0004622　集12/4729（普）
文選箋證三十二卷　（清）胡紹煐撰　清光緒貴池劉氏刻聚學軒叢書本　八冊

130000－0404－0004623　集12/4945（普）
玉尺樓賦選五卷　（清）趙古農選　清同治二年（1863）寶文堂刻本　四冊

130000－0404－0004624　集12/6039（普）
湖南文徵一百九十卷首一卷目錄六卷姓氏傳四卷　（清）羅汝懷編　清同治十年（1871）刻本　七十四冊　存一百五十一卷（元明文一至五十二、國朝文十八至九十七、一百十七至一百十八、一百二十四至一百二十五、一百二十八至一百三十一，首一卷，目錄六卷，姓氏傳四卷）

130000－0404－0004625　集12/6050（普）
古文辨體備體合編三卷　（清）呂申輯　清光緒二十四年（1898）刻本　二冊

130000－0404－0004626　集12/6050（2）（普）
古文辨體備體合編三卷　（清）呂申輯　清光緒二十四年（1898）刻本　二冊

130000－0404－0004627　集12/6614（普）
全上古三代秦漢三國六朝文七百四十六卷（清）嚴可均輯　清光緒十三年至十九年（1887－1893）廣州廣雅書局刻本　一百冊

130000－0404－0004628　集12/6614＝2（普）
全上古三代秦漢三國六朝文七百四十六卷（清）嚴可均輯　清光緒二十年（1894）黃岡王氏刻本　一百冊　缺一百六十卷（全漢文一至十四、二十三至六十三，全齊文一至十三、二十至二十六，全梁文一至三十五、四十三至七十四，全陳文十八卷）

130000－0404－0004629　集12/7110（普）
學海堂集初集十六卷二集二十二卷　（清）吳蘭修編　**學海堂三集二十四卷**　（清）張維屏續編　清道光五年至咸豐九年（1825－1859）啟秀山房刻本　二十四冊

130000－0404－0004630　集12/7110（2）（普）
學海堂集初集十六卷二集二十二卷　（清）吳蘭修編　**學海堂三集二十四卷**　（清）張維屏續編　清道光五年至咸豐九年（1825－1859）啟秀山房刻本　二十四冊

130000－0404－0004631　集12/7110＝2(普)

學海堂集二集二十二卷 （清）吳蘭修編 **學海堂三集二十四卷** （清）張維屏續編 清道光五年至咸豐九年(1825－1859)啟秀山房刻本 十四冊 存三十三卷(二集二十二卷、三集一至十一)

130000－0404－0004632　集12/7110－2(普)

學海堂初集十六卷 （清）吳蘭修編 清道光五年至咸豐九年(1825－1859)啟秀山房刻本 六冊

130000－0404－0004633　集12/7110－2(2)(普)

學海堂初集十六卷 （清）吳蘭修編 清道光五年至咸豐九年(1825－1859)啟秀山房刻本 六冊

130000－0404－0004634　集12/7120(普)

六朝唐賦讀本不分卷 （清）馬傳庚選注 清同治十三年(1874)刻本 二冊

130000－0404－0004635　集12/7120(2)(普)

六朝唐賦讀本不分卷 （清）馬傳庚選注 清同治十三年(1874)刻本 二冊

130000－0404－0004636　集12/7120(3)(普)

六朝唐賦讀本不分卷 （清）馬傳庚選注 清同治十三年(1874)刻本 二冊

130000－0404－0004637　集12/7120＝2(普)

六朝唐賦讀本不分卷 （清）馬傳庚選注 清光緒二年(1876)松竹齋刻本 二冊

130000－0404－0004638　集12/7244(普)

歷朝詩約選九十二卷海峰先生詩集十卷 （明）劉大櫆撰 清光緒二十三年(1897)文徵閣刻本 二十四冊

130000－0404－0004639　集12/7244(2)(普)

歷朝詩約選九十二卷海峰先生詩集十卷 （明）劉大櫆撰 清光緒二十三年(1897)文徵閣刻本 二十四冊

130000－0404－0004640　集12/7444(普)

應酬匯選新集一卷附增補帖式一卷 （清）陸九如纂輯 清道光二十九年(1849)刻本

四冊

130000－0404－0004641　集12/7444＝2(普)

應酬匯選新集一卷附增補帖式一卷 （清）陸九如纂輯 清光緒九年(1883)京都文興堂刻本 四冊

130000－0404－0004642　集12/7510(普)

御定歷代賦彙一百四十卷外集二十卷逸句二卷補遺二十二卷 （清）陳元龍編輯 清光緒十二年(1886)石印本 十六冊

130000－0404－0004643　集12/7510(2)(普)

御定歷代賦彙一百四十卷 （清）陳元龍編輯 清光緒十二年(1886)石印本 八冊 缺五十三卷(八十八至一百四十)

130000－0404－0004644　集12/7517(普)

求志集四卷 （清）陳鼏輯 清光緒十二年(1886)刻本 二冊

130000－0404－0004645　集12/7521(普)

文選補遺四十卷 （宋）陳仁子輯 清同治十年(1871)娜嬛閣刻本 十二冊

130000－0404－0004646　集12/7710(普)

水流雲在館集蘇詩存一卷 （清）周天麟撰 清光緒十七年(1891)石印本 一冊

130000－0404－0004647　集12/7712(普)

六一居士全集錄五卷外集錄二卷 （宋）歐陽修著 **可之先生全集錄二卷** （唐）孫樵撰 清刻本 四冊 缺一卷(六一居士全集錄五)

130000－0404－0004648　集12/7740(普)

遜志齋策論經義錄三十一卷 （清）閻志廉評注 清光緒二十七年(1901)會文堂書莊石印本 十冊

130000－0404－0004649　集12/7740－2(普)

乾坤正氣錄五卷 （清）周懋勳編次 清乾隆三十二年(1767)仰止堂刻本 六冊

130000－0404－0004650　集12/7743(普)

賴古堂名賢尺牘新鈔十二卷 （清）周在浚等輯 清宣統三年(1911)上海國學扶輪社石印本 六冊

130000 - 0404 - 0004651　集 12/7870(普)
陰隲文制藝試帖合璧二卷　（清）徐炳炎輯
清光緒十五年(1889)聚文齋刻本　四冊

130000 - 0404 - 0004652　集 12/8003(普)
古文釋義新編八卷　（清）余誠評選　清同治
九年(1870)崇文堂刻本　四冊

130000 - 0404 - 0004653　集 12/8003(2)(普)
古文釋義新編八卷　（清）余誠評選　清同治
九年(1870)崇文堂刻本　四冊

130000 - 0404 - 0004654　集 12/8003 = 2(普)
書業德重訂古文釋義新編八卷　（清）余誠評
選　清同治十三年(1874)書業德刻本　四冊

130000 - 0404 - 0004655　集 12/8003 = 3(普)
寶興堂重訂古文釋義新編八卷　（清）余誠評
選　清光緒十三年(1887)寶興堂刻本　四冊

130000 - 0404 - 0004656　集 12/8003 = 4(普)
書業德重訂古文釋義新編八卷　（清）余誠評
選　清光緒十七年(1891)三義堂刻本　四冊

130000 - 0404 - 0004657　集 12/8003 = 4(2)(普)
書業德重訂古文釋義新編八卷　（清）余誠評
選　清光緒十七年(1891)三義堂刻本　四冊

130000 - 0404 - 0004658　集 12/8003 = 4(3)(普)
書業德重訂古文釋義新編八卷　（清）余誠評
選　清光緒十七年(1891)三義堂刻本　八冊

130000 - 0404 - 0004659　集 12/8003 = 5(普)
重訂古文釋義新編八卷　（清）余誠評選　清
光緒二十八年(1902)三義堂刻本　四冊

130000 - 0404 - 0004660　集 12/8014(普)
歷代名稿彙選不分卷　（清）慈水古草堂主人
輯　清光緒十七年(1891)鴻寶齋二次石印本
十六冊

130000 - 0404 - 0004661　集 12/8064(普)
古文四象四卷　（清）曾國藩著　清光緒三十
四年(1908)京師北新書局鉛印本　四冊

130000 - 0404 - 0004662　集 12/8064 - 2(普)
三十家詩鈔六卷　（清）曾國藩纂　（清）王安
定增輯　清同治十三年(1874)傳忠書局刻本

226

六冊

130000 - 0404 - 0004663　集 12/8074(普)
可儀堂一百二十名家制義四十八卷　（清）俞
長城論次　清令德堂刻本　四十八冊

130000 - 0404 - 0004664　集 12/8727(普)
詳註飲香尺牘六卷　（清）飲香居士輯　清道
光五年(1825)務本堂刻本　四冊

130000 - 0404 - 0004665　集 13/0020(普)
國朝文鈔五編論文集鈔二卷　（清）高塘輯
清乾隆五十一年(1786)刻本　二十九冊

130000 - 0404 - 0004666　集 13/0020(2)(普)
國朝文鈔五編論文集鈔二卷　（清）高塘輯
清乾隆五十一年(1786)刻本　二十九冊

130000 - 0404 - 0004667　集 13/0020(3)(普)
國朝文鈔五編論文集鈔二卷　（清）高塘輯
清乾隆五十一年(1786)刻本　二十九冊

130000 - 0404 - 0004668　集 13/0020 - 2(普)
前漢書鈔四卷後漢書鈔二卷　（清）高塘集評
清乾隆五十三年(1788)刻本　六冊

130000 - 0404 - 0004669　集 13/0020 - 2(2)(普)
前漢書鈔四卷後漢書鈔二卷　（清）高塘集評
清乾隆五十三年(1788)刻本　六冊

130000 - 0404 - 0004670　集 13/0020 - 3(普)
明文鈔六編　（清）高塘輯　清乾隆五十一年
(1786)刻本　十六冊

130000 - 0404 - 0004671　集 13/0020 - 3(2)(普)
明文鈔六編　（清）高塘輯　清乾隆五十一年
(1786)刻本　十六冊

130000 - 0404 - 0004672　集 13/0020 - 3(3)(普)
明文鈔六編　（清）高塘輯　清乾隆五十一年
(1786)刻本　十六冊

130000 - 0404 - 0004673　集 13/0020 - 3(4)(普)
明文鈔六編　（清）高塘輯　清乾隆五十一年
(1786)刻本　十六冊

130000 - 0404 - 0004674　集 13/0020 - 3(5)(普)
明文鈔六編　（清）高塘輯　清乾隆五十一年

(1786)刻本　十六冊

130000－0404－0004675　集13/0042(普)

唐詩品彙九十卷拾遺十卷詩人爵里詳節一卷
　(明)高棅輯　(明)張恂重訂　明張恂刻本
二十冊

130000－0404－0004676　集13/0044(普)

欽定四書文不分卷　(清)方苞編　清乾隆內
府刻本　二十四冊

130000－0404－0004677　集13/0044(2)(普)

欽定四書文不分卷　(清)方苞編　清乾隆內
府刻本　二十冊

130000－0404－0004678　集13/0044＝2(普)

欽定四書文選不分卷　(清)方苞編　清光緒
二年(1876)崇文書局刻本　九冊

130000－0404－0004679　集13/0044＝2(2)(普)

欽定四書文選不分卷　(清)方苞編　清光緒
二年(1876)崇文書局刻本　十三冊

130000－0404－0004680　集13/0059(普)

二續近科分體墨式四卷　(清)馬均義輯　清
同治七年(1868)榴紅書屋刻本　一冊

130000－0404－0004681　集13/0099(普)

雨翠山房詩鈔四卷　(清)言尚熜撰　巢雲山
房詩鈔一卷　(清)言朝楗撰　清道光十年
(1830)刻本　一冊

130000－0404－0004682　集13/0114(普)

玉堂清課賦鈔四卷　(清)龍瑛輯　清道光二
十八年(1848)刻本　四冊

130000－0404－0004683　集13/0422(普)

論墨絕句詩一卷　(清)謝松岱撰　清光緒十
九年(1893)犖經謝氏刻本　一冊

130000－0404－0004684　集13/0700(普)

唐文粹補遺二十六卷　(清)郭麐編　清光緒
十一年(1885)江蘇書局刻本　四冊

130000－0404－0004685　集13/0824(普)

八家四六文注八卷首一卷補注一卷　(清)孫
星衍撰　(清)許貞幹注　清光緒十七年
(1891)刻本　十冊

130000－0404－0004686　集13/0856(普)

題襟館倡和集四卷　(清)許奉恩等撰　清同
治十一年(1872)刻本　二冊

130000－0404－0004687　集13/1011(普)

明賢尺牘四卷　(清)王元勳　(清)程化騄輯
清光緒二十六年(1900)刻本　二冊

130000－0404－0004688　集13/1012(普)

名人尺牘小品四卷　(清)王元勳　(清)程化
騄輯　清宣統三年(1911)國學昌明社石印本
二冊

130000－0404－0004689　集13/1020(普)

近科分韻館詩二集三十卷目錄二卷　王先謙
原編　清光緒上海精一閣刻本　八冊

130000－0404－0004690　集13/1020－2(普)

近科館課分韻詩鈔三十卷目錄二卷　王先謙
原編　清光緒八年(1882)京都琉璃廠名德堂
刻本　十二冊

130000－0404－0004691　集13/1020.2(普)

嶺南三大家詩選二十四卷　(清)王隼輯　清
刻本　四冊

130000－0404－0004692　集13/1034(普)

**同館賦鈔二集四十卷首一卷同館試律續鈔二
集四十卷首二卷同館詩補鈔四卷同館詩賦補
鈔三卷**　(清)王家相編輯　清末刻本　一百
三十三冊

130000－0404－0004693　集13/1034－2(普)

同館賦鈔三十二卷續鈔十八卷　(清)法式善
編　清末刻本　三十二冊　存四十卷(同館
賦鈔一至三十,續鈔四、九至十二、十四至十
八)

130000－0404－0004694　集13/1036(普)

湖海詩傳四十六卷　(清)王昶輯　清嘉慶八
年(1803)三泖漁莊刻本　十六冊

130000－0404－0004695　集13/1036＝2(普)

湖海詩傳四十六卷　(清)王昶輯　清同治四
年(1865)刻本　十二冊

130000－0404－0004696　集13/1036＝3(普)

227

湖海詩傳四十六卷　（清）王昶輯　清刻本
八冊　存二十一卷（二十六至四十六）

130000－0404－0004697　集13/1036－2（普）

湖海文傳七十五卷　（清）王昶輯　清道光十
九年（1839）經訓堂刻本　十六冊

130000－0404－0004698　集13/1036－2＝2（普）

湖海文傳七十五卷　（清）王昶輯　清同治五
年（1866）刻本　十六冊

130000－0404－0004699　集13/1036－2＝2（2）
（普）

湖海文傳七十五卷　（清）王昶輯　清同治五
年（1866）刻本　十六冊

130000－0404－0004700　集13/1042（普）

古唐詩合解十二卷　（清）王堯衢注　清同治
八年（1869）文化堂刻本　三冊

130000－0404－0004701　集13/1043（普）

十種唐詩選十七卷唐賢三昧集三卷唐人萬首
絕句選七卷　（清）王士禛刪纂　清蘿延齋刻
本　八冊

130000－0404－0004702　集13/1043－2（普）

唐賢三昧集箋注三卷　（清）王士禛編　（清）
吳煊等註　清光緒九年（1883）翰墨園二色套
印刻本　三冊

130000－0404－0004703　集13/1043－2＝2（普）

唐賢三昧集箋注三卷　（清）王士禛編　（清）
吳煊等注　清宣統二年（1910）淵古齋石印本
六冊

130000－0404－0004704　集13/1043－3（普）

唐人萬首絕句選七卷　（清）王士禛編　清同
治九年（1870）刻本　二冊

130000－0404－0004705　集13/1043－3（2）（普）

唐人萬首絕句選七卷　（清）王士禛編　清同
治九年（1870）刻本　二冊

130000－0404－0004706　集13/1043－3（3）（普）

唐人萬首絕句選七卷　（清）王士禛編　清同
治九年（1870）刻本　二冊

130000－0404－0004707　集13/1062（普）

壽言微存一卷　（清）賈恩紱輯　清光緒三十
二年（1906）石印本　一冊

130000－0404－0004708　集13/1113（普）

得月樓賦鈔四編　（清）張元灝選評　清咸豐
十年（1860）刻本　四冊

130000－0404－0004709　集13/1124（普）

金臺書院課士錄初集不分卷二集不分卷
（清）張集馨選　清光緒三年（1877）京都博雅
堂刻本　八冊

130000－0404－0004710　集13/1127（普）

國朝詩人徵略六十卷二編六十四卷　（清）張
維屏輯　清道光十年（1830）刻本　十六冊

130000－0404－0004711　集13/1127－2（普）

花甲閒談十六卷　（清）張維屏輯　清光緒十
年（1884）上海同文書局石印本　四冊

130000－0404－0004712　集13/1132（普）

唐詩類苑二百卷　（明）張之象輯　明萬曆二
十九年（1601）刻本　六十冊

130000－0404－0004713　集13/1173（普）

七家詩輯注彙鈔九卷　（清）張熙宇輯評
（清）王植桂輯注　清同治九年（1870）京師琉
璃廠刻本　八冊

130000－0404－0004714　集13/1173＝2（普）

七家詩輯注彙鈔九卷　（清）張熙宇輯評
（清）王植桂輯注　清光緒十二年（1886）打磨
廠文興堂刻本　八冊

130000－0404－0004715　集13/1173＝3（普）

七家詩輯注彙鈔九卷　（清）張熙宇輯評
（清）王植桂輯注　清同治九年（1870）京師琉
璃廠刻本　八冊

130000－0404－0004716　集13/1173＝4（普）

七家詩輯注彙鈔九卷　（清）張熙宇輯評
（清）王植桂輯注　清刻本　七冊

130000－0404－0004717　集13/1173＝5（普）

七家詩選七卷　（清）張熙宇輯評　清道光十
二年（1832）朱墨套印本　四冊

130000－0404－0004718　集13/1173－2（普）

228

七家詩合註七卷 （清）張熙宇輯評 （清）王植桂輯註 清同治十一年（1872）書業德記刻本 七冊

130000－0404－0004719 集13/1173－3（普）

硃批增註七家詩選七卷 （清）張熙宇輯評 清同治六年（1867）連元閣朱墨套印本 四冊

130000－0404－0004720 集13/1181（普）

金文最六十卷 （清）張金吾輯 清光緒二十一年（1895）江蘇書局刻本 十六冊

130000－0404－0004721 集13/1181＝2（普）

金文最六十卷 （清）張金吾輯 清光緒二十一年（1895）蘇州書局刻本 十六冊

130000－0404－0004722 集13/1216（普）

國朝律賦新機初集一卷二集一卷續集一卷 （清）孫理輯 （清）胡金杕 （清）胡玉樹箋注 清嘉慶十一年（1806）半帆居刻本 三冊

130000－0404－0004723 集13/1235（普）

唐詩三百首不分卷 （清）蘅塘退士（孫洙）編 清乾隆四十一年（1776）金陵四教堂刻本 二冊

130000－0404－0004724 集13/1235－2（普）

唐詩三百首補注八卷續選一卷 （清）陳婉俊輯 清光緒十二年（1886）三義堂刻本 六冊

130000－0404－0004725 集13/1235－2(2)（普）

唐詩三百首補注八卷續選一卷 （清）陳婉俊輯 清光緒十二年（1886）三義堂刻本 六冊

130000－0404－0004726 集13/1235－2(3)（普）

唐詩三百首補注八卷續選一卷 （清）陳婉俊輯 清光緒十二年（1886）三義堂刻本 六冊

130000－0404－0004727 集13/1235－2(4)（普）

唐詩三百首補注八卷續選一卷 （清）陳婉俊輯 清光緒十二年（1886）三義堂刻本 六冊

130000－0404－0004728 集13/1235－2(5)（普）

唐詩三百首補注八卷續選一卷 （清）陳婉俊輯 清光緒十二年（1886）三義堂刻本 五冊

130000－0404－0004729 集13/1235－2＝2（普）

唐詩三百首補注八卷 （清）陳婉俊輯 清光緒十一年（1885）四藤吟刻本 四冊

130000－0404－0004730 集13/1235－2＝2(2)（普）

唐詩三百首補注八卷 （清）陳婉俊輯 清光緒十一年（1885）四藤吟刻本 四冊

130000－0404－0004731 集13/1235－2＝3（普）

唐詩三百首補注八卷續選一卷 （清）陳婉俊輯 清光緒十四年（1888）有益堂刻本 六冊

130000－0404－0004732 集13/1235－3（普）

唐詩三百首註疏六卷 （清）蘅塘退士（孫洙）編 （清）章燮註 唐詩三百首續選一卷 （清）于慶元編 清道光十五年（1835）道生堂刻本 四冊

130000－0404－0004733 集13/1235－3＝2（普）

唐詩三百首註疏六卷 （清）蘅塘退士（孫洙）編 （清）章燮註 唐詩三百首續選一卷 （清）于慶元編 清道光十五年（1835）善成堂刻本 四冊

130000－0404－0004734 集13/1235－3＝3（普）

唐詩三百首注疏六卷 （清）蘅塘退士（孫洙）編 （清）章燮注 清道光二十二年（1842）崇德堂刻本 六冊

130000－0404－0004735 集13/1235－3＝4（普）

唐詩三百首注疏六卷 （清）蘅塘退士（孫洙）編 （清）章燮注 清同治十年（1871）天津文煥堂刻本 四冊 存四卷（一至四）

130000－0404－0004736 集13/1240（普）

道咸同光四朝詩史甲集八卷首一卷乙集八卷 （清）孫雄輯 清宣統三年（1911）刻本 十八冊

130000－0404－0004737 集13/1286（普）

近九科同館賦鈔四卷 （清）孫欽昂編輯 清光緒二年（1876）刻本 四冊

130000－0404－0004738 集13/1617（普）

滑稽詩文集四卷 （清）硯雲居士編纂 清宣統二年（1910）石印本 四冊

130000－0404－0004739 集13/1630（普）

醒心齋課草一卷附學詠一卷詹詹語一卷自警楹聯一卷　（清）孫德鍾撰　清刻本　一冊

130000－0404－0004740　集13/2003（普）

定香亭筆談四卷　（清）阮元撰　清光緒十五年（1889）浙江書局刻本　四冊

130000－0404－0004741　集13/2032（普）

明宮雜詠四卷　（清）毛遇順撰　清道光十九年（1839）龍潭老屋刻本　二冊　存二卷（一至二）

130000－0404－0004742　集13/2070（普）

九家詩詳註七卷　（清）毛履謙　（清）吳甬一詳註　清嘉慶十三年（1808）書業堂刻本　四冊

130000－0404－0004743　集13/2136（普）

國朝文匯甲前集二十卷甲集六十卷乙集七十卷丙集三十卷丁集二十卷　（清）上海國學扶輪社編　清宣統元年（1909）上海國學扶輪社石印本　一百一冊

130000－0404－0004744　集13/2372（普）

應試唐詩類釋十九卷　（清）臧岳編　清乾隆四十年（1775）刻本　八冊

130000－0404－0004745　集13/2372－2（普）

聞式堂明文小題傳薪八卷　（清）臧岳評釋　清敬文堂刻本　五冊

130000－0404－0004746　集13/2380（普）

廿四科墨選空群錄不分卷　（清）傅鍾麟輯　清光緒元年（1875）琉璃廠刻本　四冊

130000－0404－0004747　集13/2528（普）

明詩綜一百卷　（清）朱彝尊編　（清）汪森輯評　清康熙四十四年（1705）刻本　四十二冊　存八十九卷（一至三十三、四十五至一百）

130000－0404－0004748　集13/2528（2）（普）

明詩綜一百卷　（清）朱彝尊編　（清）汪森輯評　清康熙四十四年（1705）西泠清來堂吳氏刻本　二十七冊　缺二十四卷（四十五至六十八）

130000－0404－0004749　集13/2528＝2（普）

明詩綜一百卷　（清）朱彝尊編　（清）汪森輯評　清刻本　八冊　存三十四卷（六十七至一百）

130000－0404－0004750　集13/2561（普）

律賦珊瑚鉤合集四卷首一卷　（清）種竹山莊輯　清道光二十九年（1849）懷荊堂刻本　四冊

130000－0404－0004751　集13/2617（普）

卭須集八卷續集六卷又續集六卷女士詩錄一卷　（清）吳翌鳳輯　清嘉慶十九年（1814）刻本　十冊

130000－0404－0004752　集13/2628（普）

顧桂軒鈔選唐詩不分卷　（清）顧桂軒書　清乾隆十四年（1749）平江書塾抄本　八冊

130000－0404－0004753　集13/2636（普）

時墨采真不分卷試帖采真不分卷　（清）吳鴻恩評選　清光緒二年（1876）刻本　七冊

130000－0404－0004754　集13/2636－2（普）

願學堂課藝六卷續編四卷　（清）吳鴻恩輯　清光緒二年（1876）京都西山堂刻本　十冊

130000－0404－0004755　集13/2652（普）

全唐詩鈔八十卷補遺十六卷　（清）吳成儀編　清乾隆六十年（1795）璜川書屋刻本　二十四冊

130000－0404－0004756　集13/2663（普）

養正書屋全集定本四十卷目錄四卷　（清）宣宗旻寧撰　清道光二年（1822）刻本　二十四冊

130000－0404－0004757　集13/2663－2（普）

松風草堂謝琴詩鈔八卷聊吟一卷　（清）吳景潮編　清嘉慶二十二年（1817）松風草堂刻本　四冊

130000－0404－0004758　集13/2673（普）

蘭言詩鈔四卷　（清）李瑞撰　（清）穆騰額注釋　清同治十一年（1872）聚盛堂刻本　四冊

130000－0404－0004759　集13/2673＝2（普）

蘭言詩鈔四卷　（清）李瑞撰　清光緒七年

(1881)三義堂刻本　　四冊

130000－0404－0004760　集13/2673＝2(2)(普)
蘭言詩鈔四卷　　(清)李瑞撰　清光緒七年
(1881)三義堂刻本　　二冊

130000－0404－0004761　集13/2701(普)
仁在堂全集十四集　(清)緱評等撰　清光緒
十年(1884)上海江左書林刻本　　二十九冊
缺四集(蒲編堂訓蒙草不分卷、關中書院課士
詩不分卷、關中書院課士賦不分卷、課士賦續
編不分卷)

130000－0404－0004762　集13/2701＝2(普)
仁在堂全集十四集　(清)緱評等撰　　清刻本
　　十二冊　存七集(時藝綜不分卷、時藝話不
分卷、時藝引不分卷、時藝辨不分卷、時藝核
不分卷、時藝課不分卷、時藝階不分卷)

130000－0404－0004763　集13/2710(普)
雲林別墅新輯酬世錦囊書啟合編初集八卷家
禮集成二集七卷帖式採輯新聯二卷　(清)鄒
可庭　(清)謝梅林編　清晉介書業德刻本
五冊　存八卷(雲林別墅新輯酬世錦囊書啟
合編初集七至八、家禮集成二集一至四、採輯
新聯二卷)

130000－0404－0004764　集13/2710(2)(普)
雲林別墅新輯酬世錦囊書啟合編初集八卷
(清)鄒可庭　(清)謝梅林編　清晉介書業德
刻本　　六冊

130000－0404－0004765　集13/2710－2(普)
雲林別墅新輯酬世錦囊書啟合編初集八卷
(清)鄒可庭　(清)謝梅林編　清乾隆三十六
年(1771)大德堂刻本　　六冊

130000－0404－0004766　集13/2710－3(普)
雲林別墅纂輯酬世錦囊書啟續編四卷對聯續
編五卷天下路程續編二卷稱呼帖式續編三卷
家禮纂要續編五卷　(清)鄒可庭　(清)謝梅
林編　清光緒二年(1876)勤思堂刻本　　八冊

130000－0404－0004767　集13/2767(普)
庚辰集五卷附唐人試律說一卷　(清)紀昀編
　　清嘉慶八年(1803)太和堂刻本　　六冊

130000－0404－0004768　集13/2767＝2(普)
庚辰集五卷　(清)紀昀編　清嘉慶八年
(1803)積秀堂刻本　　五冊

130000－0404－0004769　集13/2767＝2(2)(普)
庚辰集五卷　(清)紀昀編　清嘉慶八年
(1803)積秀堂刻本　　二冊

130000－0404－0004770　集13/2767＝3(普)
庚辰集五卷附唐人試律說一卷　(清)紀昀編
　清嘉慶八年(1803)刻本　　六冊

130000－0404－0004771　集13/2842(普)
目耕齋讀本初集不分卷二集不分卷三集不分
卷　(清)徐楷　(清)沈叔眉編　清光緒十年
(1884)掇香山館刻本　　七冊

130000－0404－0004772　集13/2847(普)
同館賦續鈔十八卷　(清)徐桐輯　清光緒十
六年(1890)刻本　　十六冊

130000－0404－0004773　集13/3104(普)
杜韓詩句集韻三卷　(清)汪文柏輯　清光緒
八年(1882)古香樓刻本　　六冊

130000－0404－0004774　集13/3149(普)
元詩選六卷補遺一卷　(清)顧奎光輯　清乾
隆十六年(1751)刻本　　四冊

130000－0404－0004775　集13/3174(普)
明三十家詩選初集八卷　(清)汪允莊撰　清
同治十二年(1873)薀蘭吟館刻本　　八冊

130000－0404－0004776　集13/3289(普)
玉堂試帖振採集六卷　(清)潘曾瑩編輯
(清)王熙源等注　清道光二十三年(1843)刻
本　　六冊

130000－0404－0004777　集13/3340(普)
墨選觀止不分卷　(清)梁葆慶輯　清道光十
二年(1832)刻本　　二冊

130000－0404－0004778　集13/3410(普)
鳳池集不分卷　(清)沈玉亮　(清)吳陳琰集
錄　清康熙四十四年(1705)三樂齋刻本
六冊

130000－0404－0004779　集13/3414(普)

國朝賦楷六卷 (清)沈確士(沈德潛)輯 清
乾隆二十三年(1758)刻本 四冊

130000－0404－0004780 集13/3422(普)

國朝律賦偶箋四卷 (清)沈豐岐箋 清乾隆
二十三年(1758)刻本 四冊

130000－0404－0004781 集13/3422(2)(普)

國朝律賦偶箋四卷 (清)沈豐岐箋 清乾隆
二十三年(1758)刻本 一冊

130000－0404－0004782 集13/3423(普)

欽定國朝詩別裁集三十二卷 (清)沈德潛纂
評 清乾隆二十六年(1761)内府刻本 十
六冊

130000－0404－0004783 集13/3423＝2(普)

欽定國朝詩別裁集三十二卷 (清)沈德潛纂
評 清乾隆二十六年(1761)刻本 十二冊

130000－0404－0004784 集13/3423－2＝2(普)

唐詩別裁集十卷 (清)沈德潛撰 清康熙五
十六年(1717)碧梧書屋刻本 十冊

130000－0404－0004785 集13/3423－3(普)

唐詩別裁集引典備註二十卷 (清)沈德潛撰
清道光十七年(1837)白鹿山房刻本 八冊

130000－0404－0004786 集13/3426(普)

同志贈言一卷 (清)沈岱瞻纂 清光緒十一
年(1885)掃葉山房刻本 一冊

130000－0404－0004787 集13/3427(普)

目耕齋全集三種十三卷 (清)沈叔眉集
(清)徐楷評述 清光緒十四年(1888)寶華堂
刻本 六冊

130000－0404－0004788 集13/3427(2)(普)

目耕齋全集三種十三卷 (清)沈叔眉集
(清)徐楷評述 清光緒十四年(1888)寶華堂
刻本 五冊

130000－0404－0004789 集13/3427＝2(普)

硃批目耕齋初集不分卷二集不分卷三集不分
卷 (清)沈叔眉撰 (清)徐楷評述 清刻本
三冊

130000－0404－0004790 集13/3445(普)

南宋雜事詩七卷 (清)沈嘉轍等撰 清刻本
四冊

130000－0404－0004791 集13/3445＝2(普)

南宋雜事詩七卷 (清)沈嘉轍等撰 清同治
十一年(1872)淮南書局刻本 四冊

130000－0404－0004792 集13/3448(普)

同館試律續鈔十二卷補鈔二卷 (清)法式善
(清)史致光輯 清乾隆五十四年(1789)刻
本 十二冊

130000－0404－0004793 集13/3796(普)

登瀛社稿續刻不分卷 (清)曾之撰輯 清同
治九年(1870)京師琉璃廠刻本 一冊

130000－0404－0004794 集13/3894(普)

海棠華館七家詩補注七卷 (清)海棠花館主
人輯 清同治八年(1869)寶仁堂刻本 七冊

130000－0404－0004795 集13/4009(普)

同館試律彙鈔二十四卷 (清)韋謙恒 (清)
吳省欽輯 清乾隆五十一年(1786)刻本 十
二冊

130000－0404－0004796 集13/4010(普)

小題正鵠初集不分卷二集不分卷三集不分卷
四集不分卷 (清)李元度編輯 清光緒五年
(1879)刻本 七冊

130000－0404－0004797 集13/4012(普)

安蔬草堂試帖詳注二卷 (清)李廷秀輯 清
嘉慶七年(1802)刻本 一冊

130000－0404－0004798 集13/4024(普)

皇朝經世文新編三十二卷 (清)麥仲華輯
清光緒二十七年(1901)上海書局石印本 十
六冊

130000－0404－0004799 集13/4024＝2(普)

皇朝經世文新編二十一卷 (清)麥仲華輯
清光緒二十四年(1898)上海譯書局石印本
二十四冊

130000－0404－0004800 集13/4024＝3(普)

皇朝經世文新編二十一卷 (清)麥仲華輯
清光緒二十七年(1901)上海日新社石印本

二十冊

130000－0404－0004801　集13/4030(普)

五十名家書剳十二卷　(清)陸心源撰　清光
緒二十年(1894)上海復古齋石印本　四冊

130000－0404－0004802　集13/4081(普)

試帖長城集八卷　(清)袁榘　(清)萬花嵐輯
清道光三年(1823)崇文堂刻本　五冊

130000－0404－0004803　集13/4081(2)(普)

試帖長城集八卷　(清)袁榘　(清)萬花嵐輯
清道光三年(1823)崇文堂刻本　八冊

130000－0404－0004804　集13/4211(普)

宋四六選二十四卷　(清)彭元瑞選　清乾隆
四十二年(1777)刻本　十二冊

130000－0404－0004805　集13/4234(普)

南北朝文鈔二卷　(清)彭兆蓀輯　清光緒二
年(1876)刻本　二冊

130000－0404－0004806　集13/4245(普)

國朝文錄八十二卷　(清)姚椿輯　清咸豐元
年(1851)終南山館刻本　三十二冊

130000－0404－0004807　集13/4245(2)(普)

國朝文錄八十二卷　(清)姚椿輯　清咸豐元
年(1851)終南山館刻本　三十二冊

130000－0404－0004808　集13/4280(普)

唐文粹一百卷　(宋)姚鉉編　清光緒九年
(1883)江蘇書局刻本　十六冊

130000－0404－0004809　集13/4280(2)(普)

唐文粹一百卷　(宋)姚鉉編　清光緒九年
(1883)江蘇書局刻本　十六冊

130000－0404－0004810　集13/4299(普)

皇朝駢文類苑十四卷　(清)姚燮撰　清光緒
九年(1883)刻本　二十冊

130000－0404－0004811　集13/4382(普)

對影閒吟草十二卷　(清)裘寶善輯著　清咸
豐七年(1857)芝玉堂刻本　六冊

130000－0404－0004812　集13/4390(普)

近科館賦約鈔注釋不分卷　(清)戴召亭編

清咸豐十年(1860)書業德刻本　四冊

130000－0404－0004813　集13/4420(普)

金文雅十六卷　(清)莊仲方編　清光緒十七
年(1891)江蘇書局刻本　四冊

130000－0404－0004814　集13/4420(2)(普)

金文雅十六卷　(清)莊仲方編　清光緒十七
年(1891)江蘇書局刻本　四冊

130000－0404－0004815　集13/4420－2(普)

南宋文範七十卷外編四卷　(清)莊仲方編
清光緒十四年(1888)江蘇書局刻本　十六冊

130000－0404－0004816　集13/4423(普)

**國朝試賦匯海續編前集六卷後集二卷附補編
一卷**　(清)黃爵滋輯　清同治八年(1869)刻
本　八冊

130000－0404－0004817　集13/4423(2)(普)

**國朝試賦匯海續編前集六卷後集二卷附補編
一卷**　(清)黃爵滋輯　清同治八年(1869)刻
本　八冊

130000－0404－0004818　集13/4423＝2(普)

**國朝試賦匯海續編前集六卷後集二卷附補編
一卷**　(清)黃爵滋輯　清咸豐元年(1851)仙
屏吟榭刻本　四冊

130000－0404－0004819　集13/4427(普)

林嚴文鈔四卷　林紓　嚴復撰　清宣統元年
(1909)國學扶輪社鉛印本　四冊

130000－0404－0004820　集13/4428(普)

同館律賦精萃六卷附一卷　(清)蔣攸銛輯
清道光七年(1827)襄平蔣氏刻本　六冊

130000－0404－0004821　集13/4432(普)

南宋文錄錄二十四卷　(清)董兆熊輯　清光
緒十七年(1891)蘇州書局刻本　六冊

130000－0404－0004822　集13/4436(普)

詳批律賦標準四卷二集四卷　(清)葉祺昌評
選　清同治十二年至十三年(1873－1874)書
業德刻本　二冊

130000－0404－0004823　集13/4436(2)(普)

詳批律賦標準二集四卷　(清)葉祺昌評選

清同治十三年(1874)書業德刻本　四冊

130000－0404－0004824　集13/4436＝2(普)
詳批律賦標準二集四卷　(清)葉祺昌評選
清光緒元年(1875)文會堂刻本　二冊

130000－0404－0004825　集13/4437(普)
合諸名家評注三蘇文選十八卷　(宋)蘇洵等
撰　(明)楊慎原選　(明)李維楨評注　清乾
隆二年(1737)積秀堂刻本　五冊　存九卷
(一至九)

130000－0404－0004826　集13/4440(普)
國朝文雅正所見集十六卷　(清)林有席評輯
清道光十年(1830)刻本　十二冊

130000－0404－0004827　集13/4443(普)
夢綠草堂詩鈔十二卷首一卷末一卷附錄二卷
(清)蔡壽祺撰　清咸豐七年(1857)京師娜
環別館刻本　六冊

130000－0404－0004828　集13/4443.2(普)
皇朝經世文續編一百二十卷　(清)葛士濬輯
清光緒十四年(1888)圖書集成局石印本
三十二冊

130000－0404－0004829　集13/4452(普)
本朝館閣賦前集十二卷　(清)葉抱崧等編
清乾隆二十九年(1764)困學齋刻本　六冊

130000－0404－0004830　集13/4477(普)
明文在一百卷　(清)薛熙編　清光緒十五年
(1889)江蘇書局刻本　十冊

130000－0404－0004831　集13/4477(2)(普)
明文在一百卷　(清)薛熙編　清光緒十五年
(1889)江蘇書局刻本　十冊

130000－0404－0004832　集13/4477(3)(普)
明文在一百卷　(清)薛熙編　清光緒十五年
(1889)江蘇書局刻本　十冊

130000－0404－0004833　集13/4635(普)
分韻試帖青雲集合注四卷　(清)楊逢春輯
(清)沈品三等注　清光緒四年(1878)書業德
刻本　四冊

130000－0404－0004834　集13/4635＝2(普)

分韻試帖青雲集合注四卷　(清)楊逢春輯
(清)沈品三等注　清光緒四年(1878)書業德
記刻本　四冊

130000－0404－0004835　集13/4635＝2(2)(普)
分韻試帖青雲集合注四卷　(清)楊逢春輯
(清)沈品三等注　清光緒四年(1878)書業德
記刻本　四冊

130000－0404－0004836　集13/4635＝3(普)
分韻試帖青雲集合注四卷　(清)楊逢春輯
(清)沈品三等注　清光緒五年(1879)三盛堂
刻本　四冊

130000－0404－0004837　集13/4635＝4(普)
分韻試帖青雲集合注四卷　(清)楊逢春輯
(清)沈品三等注　清光緒六年(1880)刻本
四冊

130000－0404－0004838　集13/4635＝5(普)
分韻試帖青雲集合注四卷　(清)楊逢春輯
(清)沈品三等注　清光緒十一年(1885)文英
堂刻本　三冊　存三卷(一至三)

130000－0404－0004839　集13/4635＝6(普)
分韻試帖青雲集合注四卷　(清)楊逢春輯
(清)沈品三等注　清光緒十五年(1889)文成
堂刻本　三冊　存三卷(一、三至四)

130000－0404－0004840　集13/4635＝7(普)
分韻試帖青雲集合注四卷　(清)楊逢春輯
(清)沈品三等注　清光緒十九年(1893)三義
堂刻本　四冊

130000－0404－0004841　集13/4635＝7(2)(普)
分韻試帖青雲集合注四卷　(清)楊逢春輯
(清)沈品三等注　清光緒十九年(1893)三義
堂刻本　四冊

130000－0404－0004842　集13/4635＝8(普)
分韻試帖青雲集合注四卷　(清)楊逢春輯
(清)沈品三等注　清光緒十九年(1893)煮字
山房刻本　四冊

130000－0404－0004843　集13/4635－2(普)
試律青雲集四卷　(清)楊逢春輯　清道光十

五年(1835)崇錦堂刻本　四冊

130000 - 0404 - 0004844　集 13/4635 - 2 = 2(普)
試律青雲集四卷　(清)楊逢春輯　清同治十
一年(1872)修文堂刻本　四冊

130000 - 0404 - 0004845　集 13/4635 - 3(普)
黄華館增注青雲集四卷　(清)楊逢春輯　清
光緒元年(1875)山左宏文書坊刻本　四冊

130000 - 0404 - 0004846　集 13/4672(普)
皇朝經世文編一百二十卷姓名總目二卷
(清)賀長齡輯　清道光七年(1827)刻本　八
十冊

130000 - 0404 - 0004847　集 13/4672(2)(普)
皇朝經世文編一百二十卷姓名總目二卷
(清)賀長齡輯　清道光七年(1827)刻本　八
十冊

130000 - 0404 - 0004848　集 13/4672(3)(普)
皇朝經世文編一百二十卷姓名總目二卷
(清)賀長齡輯　清道光七年(1827)刻本　六
十四冊

130000 - 0404 - 0004849　集 13/4672 = 2(普)
皇朝經世文編一百二十卷姓名總目二卷
(清)賀長齡輯　清光緒九年(1883)江右翠筠
山房刻本　一百十九冊

130000 - 0404 - 0004850　集 13/4672 = 3(普)
皇朝經世文編一百二十卷姓名總目二卷
(清)賀長齡輯　清光緒十四年(1888)上海廣
百宋齋鉛印本　二十四冊

130000 - 0404 - 0004851　集 13/4672 = 4(普)
皇朝經世文編一百二十卷姓名總目二卷
(清)賀長齡輯　清光緒十二年(1886)思補樓
石印本　六十冊

130000 - 0404 - 0004852　集 13/4672 = 5(普)
皇朝經世文編補一百二十卷　(清)賀長齡輯
　清來鹿堂刻本　十二冊　存二十四卷(二
十六至四十九)

130000 - 0404 - 0004853　集 13/4747(普)
崇辨堂墨選不分卷　(清)胡希周評選　清道

光元年至二十七年(1821 - 1847)崇辨堂刻本
　六冊

130000 - 0404 - 0004854　集 13/4754(普)
四家賦鈔四卷　(清)景其濬輯　清咸豐三年
至同治九年(1853 - 1870)誦芬堂刻本　四冊

130000 - 0404 - 0004855　集 13/4947(普)
金華正學編七種　(明)趙鶴撰　清乾隆郡東
藕塘奎光閣刻本　三冊　存三種三卷(金華
呂東萊先生正學編一卷、金華何北山先生正
學編一卷、宋金仁山先生年譜一卷)

130000 - 0404 - 0004856　集 13/5044(普)
永平詩存二十四卷　(清)史夢蘭輯　(清)郭
長清訂　清同治十年(1871)刻本　六冊

130000 - 0404 - 0004857　集 13/5067(普)
館律分韻初編六卷　(清)春暉閣主人輯　清
光緒十四年(1888)上海漱六山莊石印本
六冊

130000 - 0404 - 0004858　集 13/5067(2)(普)
館律分韻初編六卷　(清)春暉閣主人輯　清
光緒十四年(1888)上海漱六山莊石印本
六冊

130000 - 0404 - 0004859　集 13/5067 = 2(普)
館律分韻初編六卷　(清)春暉閣主人輯　清
光緒十四年(1888)上海鴻寶齋石印本　六冊

130000 - 0404 - 0004860　集 13/5067 = 2(2)(普)
館律分韻初編六卷　(清)春暉閣主人輯　清
光緒十四年(1888)上海鴻寶齋石印本　六冊

130000 - 0404 - 0004861　集 13/5360(普)
八旗文經五十六卷作者考三卷敘錄一卷
(清)盛昱輯　(清)楊宗義撰　清光緒二十七
年(1901)武昌刻本　十二冊

130000 - 0404 - 0004862　集 13/6030(普)
宋文鑑一百五十卷目錄三卷　(宋)呂祖謙編
　清光緒十二年(1886)江蘇書局刻本　二十
四冊

130000 - 0404 - 0004863　集 13/6030(2)(普)
宋文鑑一百五十卷目錄三卷　(宋)呂祖謙編

清光緒十二年(1886)江蘇書局刻本　二十四冊

130000－0404－0004864　集13/7127(普)

唐詩正聲四十七卷唐詩正聲李杜韓白四家十卷　(清)馬允剛選　清嘉慶二十一年(1816)耘經堂刻本　六十冊

130000－0404－0004865　集13/7131(普)

律賦聚星箋注二卷　(清)馬沅輯　清道光二十三年(1843)書業德刻本　三冊

130000－0404－0004866　集13/7153(普)

集聖教序四卷續四卷　(清)馬慧裕集　清嘉慶貽穀堂刻本　八冊

130000－0404－0004867　集13/7232(普)

山左古文鈔八卷　(清)劉鴻翱　(清)李景嶧輯　清道光八年(1828)刻本　八冊

130000－0404－0004868　集13/7233(普)

仁在堂詩賦合刻二卷　(清)路德輯　清道光二十四年(1844)京都琉璃廠文琳堂刻本　四冊

130000－0404－0004869　集13/7248(普)

貞烈集二卷　(清)劉有銘等撰　清宣統三年(1911)師竹友石山房刻本　一冊

130000－0404－0004870　集13/7497(普)

切問齋文鈔三十卷　(清)陸燿輯　清同治八年(1869)金陵錢氏刻本　十冊

130000－0404－0004871　集13/7497＝2(普)

切問齋文鈔三十卷　(清)陸燿輯　清刻本　五冊　缺十一卷(一至三、九至十二、二十七至三十)

130000－0404－0004872　集13/7514(普)

春明詩課彙選八卷　(清)陳研薌原選　(清)胡俊章增輯　清光緒九年(1883)刻本　四冊

130000－0404－0004873　集13/7542(普)

唐詩三百首補注八卷　(清)陳婉俊輯　清光緒十二年(1886)三義堂刻本　一冊　存二卷(一至二)

130000－0404－0004874　集13/7547(普)

唐駢體文鈔十七卷　(清)陳均輯　清同治十二年(1873)萃文堂刻本　四冊

130000－0404－0004875　集13/7547＝2(普)

唐駢體文鈔十七卷　(清)陳均輯　清同治十二年(1873)刻本　四冊

130000－0404－0004876　集13/7547.2(普)

江湖後集二十四卷　(宋)陳起編　清讀書齋刻本　六冊

130000－0404－0004877　集13/7548(普)

留青新集三十卷　(清)陳枚輯　清康熙四十七年(1708)積秀堂刻本　三十二冊

130000－0404－0004878　集13/7548(2)(普)

留青新集三十卷　(清)陳枚輯　清康熙四十七年(1708)積秀堂刻本　十二冊　存十四卷(一至十四)

130000－0404－0004879　集13/7548＝2(普)

留青新集三十卷　(清)陳枚輯　清康熙四十七年(1708)雪江草堂刻本　十四冊　存十四卷(一至十、十二至十五)

130000－0404－0004880　集13/7548＝3(普)

留青新集三十卷　(清)陳枚輯　清康熙刻本　十冊　存十一卷(四至六、十至十一、十三、二十四至二十六、二十九至三十)

130000－0404－0004881　集13/7548－2(普)

重編留青新集二十四卷　(清)陳枚輯　清光緒三十三年(1907)上海廣益書局鉛印本　十二冊

130000－0404－0004882　集13/7548－2＝2(普)

重編留青新集二十四卷　(清)陳枚輯　清光緒十六年(1890)鉛印本　十冊

130000－0404－0004883　集13/7552(普)

皇朝經世文三編八十卷　(清)陳忠倚輯　清光緒二十七年(1901)上海書局石印本　十六冊

130000－0404－0004884　集13/7552(2)(普)

皇朝經世文三編八十卷　(清)陳忠倚輯　清

光緒二十七年(1901)上海書局石印本 十五冊 存七十五卷(一至三十五、四十一至八十)

130000－0404－0004885 集13/7737(普)
全唐詩九百卷 (清)聖祖玄燁敕編 清康熙四十六年(1707)曹寅刻本 一百二十冊

130000－0404－0004886 集13/7737＝2(普)
欽定全唐詩九百卷 (清)聖祖玄燁敕編 清光緒元年(1875)豫章撫州饒玉成刻本 一百二十冊

130000－0404－0004887 集13/7743(普)
重刻賴古堂尺牘新鈔三選結鄰集十五卷 (清)周在浚等輯 清宣統三年(1911)上海國學扶輪社石印本 五冊

130000－0404－0004888 集13/8041(普)
金陵百詠一卷附錄一卷 (宋)曾極撰 金陵雜興一卷附錄一卷 (宋)蘇洞撰 清道光二十年(1840)雙梧軒刻本 一冊

130000－0404－0004889 集13/8064(普)
名賢手劄八卷 (清)郭慶藩輯 清光緒十一年(1885)上海同文書局石印本 二冊

130000－0404－0004890 集13/8097(普)
國朝駢體正宗十二卷 (清)曾燠輯 清同治十三年(1874)聚賢堂刻本 六冊

130000－0404－0004891 集13/8097(2)(普)
國朝駢體正宗十二卷 (清)曾燠輯 清同治十三年(1874)聚賢堂刻本 六冊

130000－0404－0004892 集13/8097＝2(普)
國朝駢體正宗十二卷 (清)曾燠輯 清光緒十三年(1887)上海蜚英館石印本 六冊

130000－0404－0004893 集13/8326(普)
欽定熙朝雅頌集一百六卷首集二十六卷餘集二卷 (清)鐵保輯 清嘉慶九年(1804)刻本 二十冊

130000－0404－0004894 集13/8326(2)(普)
欽定熙朝雅頌集一百六卷首集二十六卷餘集二卷 (清)鐵保輯 清嘉慶九年(1804)刻本

八冊 存三十四卷(七十五至一百六、餘集二卷)

130000－0404－0004895 集13/8824(普)
國朝正雅集九十九卷 (清)符保森輯 清咸豐七年(1857)京師半畝園崇氏刻本 三十二冊

130000－0404－0004896 集13/9715(普)
國朝閨秀正始集二十卷附錄一卷補遺一卷 (清)惲珠輯 清道光十一年(1831)紅香館刻本 七冊

130000－0404－0004897 集13/9715＝2(普)
國朝閨秀正始集二十卷附錄一卷補遺一卷續集十卷附錄一卷補遺一卷輓詞一卷 (清)惲珠輯 清道光十六年(1836)紅香館刻本 十冊

130000－0404－0004898 集14/1064(普)
國朝滄州詩鈔十二卷續鈔四卷補鈔二卷明詩鈔一卷 (清)王國均編輯 清咸豐刻本 八冊

130000－0404－0004899 集14/1177(普)
國朝山左詩續鈔三十二卷 (清)張鵬展輯 清刻本 十六冊 存十六卷(十七至三十二)

130000－0404－0004900 集14/7743(普)
國朝畿輔詩傳六十卷 (清)陶樑輯 清道光十九年(1839)紅豆樹館刻本 十六冊

130000－0404－0004901 集14/7743(2)(普)
國朝畿輔詩傳六十卷 (清)陶樑輯 清道光十九年(1839)紅豆樹館刻本 十六冊

130000－0404－0004902 集14/7743(3)(普)
國朝畿輔詩傳六十卷 (清)陶樑輯 清道光十九年(1839)紅豆樹館刻本 十六冊

130000－0404－0004903 集15/0731(普)
湘潭郭氏閨秀集六卷 (清)郭潤玉編 清道光十七年(1837)刻本 二冊

130000－0404－0004904 集15/4694(普)
謝華啟秀八卷 (明)楊慎撰 清小嬋嬛山館刻本 二冊

237

130000－0404－0004905　集2/2540(普)

楚辭集注八卷　（宋）朱熹撰　清光緒三年
(1877)崇文書局刻本　一冊

130000－0404－0004906　集2/4471(普)

楚辭餘論二卷楚辭說韻一卷　（清）蔣驥撰
清刻本　三冊

130000－0404－0004907　集2/7227(普)

楚辭十七卷　（漢）劉向輯　（漢）王逸章句
（清）吳摯甫評點　清同治十一年(1872)年金
陵書局刻本　四冊

130000－0404－0004908　集2/7227＝2(普)

楚辭十七卷　（漢）劉向輯　（漢）王逸章句
清汲古閣校天德堂刻本　六冊

130000－0404－0004909　集2/7227＝2(2)(普)

楚辭十七卷　（漢）劉向輯　（漢）王逸章句
清汲古閣校天德堂刻本　六冊

130000－0404－0004910　集2/7227＝3(普)

楚辭十七卷　（漢）劉向輯　（漢）王逸章句
清汲古閣校吳郡寶翰樓刻本　八冊

130000－0404－0004911　集2/7227＝3(2)(普)

楚辭十七卷　（漢）劉向輯　（漢）王逸章句
清汲古閣校吳郡寶翰樓刻本　六冊

130000－0404－0004912　集31/0020(普)

庾子山集注十六卷總釋十六卷　（北周）庾信
撰　（清）倪璠注　清道光十九年(1839)善成
堂刻本　十二冊

130000－0404－0004913　集31/0020(2)(普)

庾子山集注十六卷　（北周）庾信撰　（清）倪
璠注　清道光十九年(1839)善成堂刻本　六
冊　存六卷(一至六)

130000－0404－0004914　集31/0020＝2(普)

庾子山集注十六卷　（北周）庾信撰　（清）倪
璠注　清道光十九年(1839)聚魁堂刻本　六
冊　存七卷(一至七)

130000－0404－0004915　集31/0020－2(普)

庾開府全集十六卷　（北周）庾信撰　（清）倪
璠注　清篤慶堂刻本　七冊　存三卷(十四

至十六)

130000－0404－0004916　集31/0440(普)

**諸葛忠武侯文集四卷年譜一卷附錄二卷故事
五卷**　（三國蜀）諸葛亮撰　（清）張澍編輯
清嘉慶十七年(1812)刻本　四冊

130000－0404－0004917　集31/1121(普)

張河間集二卷　（漢）張衡撰　**東漢崔亭伯集
一卷**　（漢）崔駰撰　清光緒十八年(1892)善
化章經濟堂刻本　三冊

130000－0404－0004918　集31/1133(普)

梁四名家集七卷　（明）張溥輯　清光緒三年
(1877)滇南唐氏壽考堂刻本　八冊

130000－0404－0004919　集31/1133－2(普)

魏晉七名家集七卷　（明）張溥輯　清光緒三
年(1877)滇南唐氏壽考堂刻本　六冊

130000－0404－0004920　集31/2189(普)

經畬堂稿四卷　（清）儲在文撰　清刻本　一
冊　存一卷(一)

130000－0404－0004921　集31/2874(普)

徐孝穆全集六卷　（南朝陳）徐陵撰　（清）吳
兆宜箋注　清困學書屋刻本　四冊

130000－0404－0004922　集31/4422(普)

蔡中郎集八卷　（漢）蔡邕撰　（明）汪士賢校
明嘉靖二十七年(1548)刻本　四冊

130000－0404－0004923　集31/4422＝2(普)

蔡中郎集十卷外紀一卷外集四卷　（漢）蔡邕
撰　清咸豐二年(1852)東郡楊氏海原閣仿宋
刻本　四冊

130000－0404－0004924　集31/4422＝3(普)

蔡中郎集十卷外紀一卷外集四卷　（漢）蔡邕
撰　清光緒十六年(1890)陶氏刻本　五冊

130000－0404－0004925　集31/7731(普)

陶淵明文集十卷　（晉）陶潛撰　清光緒五年
(1879)刻本　三冊

130000－0404－0004926　集31/7731－2(普)

陶淵明詩不分卷　（晉）陶潛撰　清光緒元年
(1875)影宋刻本　一冊

130000－0404－0004927　集31/7731－5(普)

箋注陶淵明集十卷　(晉)陶潛撰　清宣統三年(1911)貴池劉氏玉海堂影宋刻本　四冊

130000－0404－0004928　集32/0030(普)

高常侍集十卷　(唐)高適撰　清光緒十年(1884)上海同文書局石印本　一冊

130000－0404－0004929　集32/1014(普)

李太白文集三十六卷　(清)王琦輯注　清末刻本　十六冊

130000－0404－0004930　集32/1014(2)(普)

李太白文集三十六卷　(清)王琦輯注　清末刻本　十六冊

130000－0404－0004931　集32/1014＝2(普)

李太白文集三十六卷　(清)王琦輯注　清光緒三十四年(1908)上海掃葉山房石印本　二十冊

130000－0404－0004932　集32/1044(普)

王子安集注二十卷首一卷末一卷　(唐)王勃撰　(唐)蔣清翊注　清光緒九年(1883)吳縣蔣氏雙唐碑館刻本　六冊

130000－0404－0004933　集32/1732(普)

孟浩然集四卷　(唐)孟浩然撰　清光緒十年(1884)上海同文書局石印本　一冊

130000－0404－0004934　集32/2223(普)

岑嘉州集八卷　(唐)岑參撰　清光緒十年(1884)上海同文書局石印本　一冊

130000－0404－0004935　集32/2676＝2(普)

白香山詩後集十七卷別集一卷補遺二卷　(唐)白居易撰　**年譜一卷**　(清)汪立名撰　**年譜舊本一卷**　(宋)陳振孫撰　清宣統三年(1911)一隅草堂影印本　六冊

130000－0404－0004936　集32/2676＝3(普)

白香山詩長慶集二十卷後集十七卷別集一卷補遺二卷　(唐)白居易撰　**年譜一卷**　(清)汪立名撰　**年譜舊本一卷**　(宋)陳振孫撰　清一隅草堂刻本　十二冊

130000－0404－0004937　集32/2734(普)

唐女郎魚玄機詩一卷　(唐)魚玄機撰　清光緒二十五年(1899)葉氏影宋刻本　一冊

130000－0404－0004938　集32/3340(普)

讀杜心解六卷首二卷　(清)浦起龍撰　清雍正二年(1724)寧我齋刻本　六冊　存三卷(三至五)

130000－0404－0004939　集32/3608(普)

溫飛卿詩集九卷　(唐)溫庭筠撰　(明)曾益注　(清)顧予咸補　清光緒八年(1882)泉唐汪氏刻本　二冊

130000－0404－0004940　集32/3608＝2(普)

溫飛卿詩集九卷　(唐)溫庭筠撰　(明)曾益注　(清)顧予咸補　清光緒八年(1882)刻本　二冊

130000－0404－0004941　集32/3633(普)

杜律啟蒙十二卷　(清)邊連寶集注　清乾隆四十二年(1777)刻本　四冊

130000－0404－0004942　集32/3633(2)(普)

杜律啟蒙十二卷　(清)邊連寶集注　清乾隆四十二年(1777)刻本　二冊　存六卷(一至六)

130000－0404－0004943　集32/4002(普)

韋蘇州集十卷　(唐)韋應物撰　清宣統三年(1911)項氏玉淵堂石印本　六冊

130000－0404－0004944　集32/4002(2)(普)

韋蘇州集十卷　(唐)韋應物撰　清宣統三年(1911)項氏玉淵堂石印本　六冊

130000－0404－0004945　集32/4007(普)

李義山詩集三卷　(唐)李商隱撰　清刻三色套印本　三冊

130000－0404－0004946　集32/4007－2(普)

重訂李義山詩集箋注三卷外集箋注一卷詩話一卷年譜一卷　(唐)李商隱撰　(清)杜夢星輯　清乾隆九年(1744)東柯草堂刻本　七冊

130000－0404－0004947　集32/4007－3(普)

李義山詩文集詳注十一卷詩四卷文八卷　(唐)李商隱撰　(清)馮浩注　清乾隆四十五

年（1780）德聚堂刻本　八册

130000－0404－0004948　集32/4007－4（普）
樊南文集詳注八卷　（唐）李商隱撰　（清）馮
浩重訂　清同治七年（1868）刻本　四册

130000－0404－0004949　集32/4007－5（普）
樊南文集八卷玉谿生詩箋注三卷首一卷
（唐）李商隱撰　（清）馮浩重訂　清乾隆四十
五年（1780）德聚堂刻本　八册

130000－0404－0004950　集32/4023（普）
李衛公會昌一品集二十卷別集十卷外集四卷
補遺一卷　（唐）李德裕撰　清光緒五年
（1879）定州王氏謙德堂刻本　六册

130000－0404－0004951　集32/4046－2（普）
李長吉歌詩四卷外集一卷　（唐）李賀撰
（清）王琦輯　清宣統元年（1909）上海文瑞樓
石印本　四册

130000－0404－0004952　集32/4427（普）
新刊權載之文集五十卷　（唐）權德輿撰　清
嘉慶十一年（1806）刻本　八册

130000－0404－0004953　集32/4453＝2（普）
杜工部集二十卷　（唐）杜甫撰　清乾隆五十
年（1785）玉勾草堂刻本　十册

130000－0404－0004954　集32/4453－2（普）
集千家注杜工部詩集二十卷文集二卷　（唐）
杜甫撰　（明）高楚芳輯　明萬曆許自昌校刻
本　十二册　存二十一卷（詩集二十卷、文集
一）

130000－0404－0004955　集32/4453－3（普）
杜詩注釋二十四卷　（唐）杜甫撰　（清）許寶
善注　清光緒三年（1877）吳縣朱氏補刻本
十二册

130000－0404－0004956　集32/4453－4（普）
杜詩詳注二十五卷附編二卷　（唐）杜甫撰
（清）仇兆鰲輯注　清康熙三十二年（1693）刻
本　十六册

130000－0404－0004957　集32/4453－5（普）
杜詩鏡銓二十卷　（唐）杜甫撰　（清）楊倫注

清同治十一年（1872）望三益齋刻本　十二
册　存十卷（一至十）

130000－0404－0004958　集32/4453－5＝2（普）
杜詩鏡銓二十卷附錄一卷　（唐）杜甫撰
（清）楊倫注　**讀書堂杜工部文集注解二卷**
（唐）杜甫撰　（清）張溍注　清光緒十八年
（1892）鉛印本　六册

130000－0404－0004959　集32/4453－6（普）
讀書堂杜工部詩集注解二十卷文集注解二卷
杜工部編年詩史譜目一卷　（唐）杜甫撰
（清）張溍評注　清道光二十一年（1841）讀書
堂刻本　十二册

130000－0404－0004960　集32/4453－7（普）
杜工部集二十卷　（唐）杜甫撰　（清）錢謙益
箋注　清宣統三年（1911）時中書局石印本
八册

130000－0404－0004961　集32/4453－7（2）（普）
杜工部集二十卷　（唐）杜甫撰　（清）錢謙益
箋注　清宣統三年（1911）時中書局石印本
八册

130000－0404－0004962　集32/4453－8（普）
杜律通解四卷　（唐）杜甫撰　（清）李文煒註
　清康熙六十年（1721）慈水李氏刻本　四册

130000－0404－0004963　集32/4453－8（2）（普）
杜律通解四卷　（唐）杜甫撰　（清）李文煒註
　清康熙六十年（1721）慈水李氏刻本　六册

130000－0404－0004964　集32/4480（普）
新刊五百家注音辨昌黎先生文集四十卷
（唐）韓愈撰　（宋）魏仲舉輯　清乾隆四十九
年（1784）刻本　五册　存十三卷（一至十三）

130000－0404－0004965　集32/4480（2）（普）
新刊五百家注音辨昌黎先生文集四十卷
（唐）韓愈撰　（宋）魏仲舉輯　清乾隆四十九
年（1784）刻本　五册　存十四卷（一至十四）

130000－0404－0004966　集32/4480（3）（普）
新刊五百家注音辨昌黎先生文集四十卷
（唐）韓愈撰　（宋）魏仲舉輯　清乾隆四十九

年(1784)刻本　十六冊

130000－0404－0004967　集32/4480＝2(普)
昌黎先生集四十卷附昌黎先生遺文一卷
(唐)韓愈撰　(唐)李漢編　清光緒十五年
(1889)刻本　八冊

130000－0404－0004968　集32/4480＝2(2)(普)
昌黎先生集四十卷附昌黎先生遺文一卷
(唐)韓愈撰　(唐)李漢編　清光緒十五年
(1889)刻本　六冊

130000－0404－0004969　集32/4480－3(普)
昌黎先生集四十卷外集十卷　(唐)韓愈撰
清宣統三年(1911)石印本　八冊　存四十四
卷(一至十四、二十一至四十,外集十卷)

130000－0404－0004970　集32/4480－2(普)
昌黎先生集四十卷外集十卷遺文一卷　(唐)
韓愈撰　(宋)廖瑩中注　清康熙冠山堂許乾
學據世綵堂本刻本　十八冊

130000－0404－0004971　集32/4480－2＝2(普)
**昌黎先生集四十卷外集十卷遺文一卷韓集點
勘四卷**　(唐)韓愈撰　(宋)廖瑩中注
(清)陳景雲點勘　清同治八年(1869)江蘇書
局刻本　十一冊

130000－0404－0004972　集32/4480－2＝2(2)
(普)
**昌黎先生集四十卷外集十卷遺文一卷韓集點
勘四卷**　(唐)韓愈撰　(宋)廖瑩中注
(清)陳景雲點勘　清同治八年(1869)江蘇書
局刻本　十一冊

130000－0404－0004973　集32/4480－2＝3(普)
**昌黎先生集四十卷外集十卷遺文一卷韓集點
勘四卷**　(唐)韓愈撰　(宋)廖瑩中注
(清)陳景雲點勘　清宣統三年(1911)石印本
十冊

130000－0404－0004974　集32/4480－3(普)
昌黎先生詩集注十一卷附年譜一卷　(唐)韓
愈撰　(清)顧嗣立注　(清)何焯　(清)朱
彝尊評　清光緒九年(1883)廣州翰墨園刻三
色套印本　四冊

130000－0404－0004975　集32/4480－3＝2(普)
昌黎先生詩集注十一卷附年譜一卷　(唐)韓
愈撰　(清)顧嗣立注　(清)何焯　(清)朱
彝尊評　清道光十六年(1836)膺德堂刻朱墨
套印本　四冊

130000－0404－0004976　集32/4731－2(普)
柳河東文集六卷附外集一卷　(唐)柳宗元撰
清光緒二年(1876)上海會文堂石印本
六冊

130000－0404－0004977　集32/7444(普)
唐陸宣公集二十二卷增輯二卷　(唐)陸贄撰
(清)耆英重訂　清道光二十七年(1847)刻
本　八冊

130000－0404－0004978　集32/7444(2)(普)
唐陸宣公集二十二卷增輯二卷　(唐)陸贄撰
(清)耆英重訂　清道光二十七年(1847)刻
本　八冊

130000－0404－0004979　集32/7444－2(普)
**唐陸宣公集二十二卷首一卷增輯一卷附錄一
卷**　(唐)陸贄撰　清光緒二年(1876)江蘇書
局刻本　六冊

130000－0404－0004980　集32/7444－2(2)(普)
**唐陸宣公集二十二卷首一卷增輯一卷附錄一
卷**　(唐)陸贄撰　清光緒二年(1876)江蘇書
局刻本　六冊

130000－0404－0004981　集32/7444＝2(3)(普)
**唐陸宣公集二十二卷首一卷增輯一卷附錄一
卷**　(唐)陸贄撰　清光緒二年(1876)江蘇書
局刻本　六冊

130000－0404－0004982　集32/7444－2(普)
唐陸宣公翰苑集二十四卷　(唐)陸贄撰
(清)張佩芳注釋　清平潭李氏師竹堂刻本
八冊

130000－0404－0004983　集32/7444－2＝2(普)
唐陸宣公翰苑集二十四卷　(唐)陸贄撰
(清)張佩芳注釋　清光緒七年(1881)李氏師
竹堂刻本　八冊

130000－0404－0004984　集32/7731(普)

駱臨海集十卷首一卷末一卷　（唐）駱賓王撰
（清）陳熙晉箋注　清咸豐三年(1853)松林
宗刻本　八冊

130000－0404－0004985　集32/7772(普)

御選妙覺普度和聖寒山大士詩一卷　（唐）釋
寒山撰　御選圓覺慈合聖拾得大士詩一卷
（唐）釋拾得撰　御選大慈圓通禪仙紫陽真
人張平叔語錄一卷　（宋）張平叔撰　栴堂山
居詩一卷　（元）釋益撰　清光緒十一年
(1885)金陵刻經處刻本　一冊

130000－0404－0004986　集33/0013(普)

盧陵宋丞相信國公文忠烈先生全集十六卷
(宋)文天祥撰　清道光二十三年(1843)刻本
十冊

130000－0404－0004987　集33/0013＝2(普)

重刊文信國公全集十七卷首一卷　（宋）文天
祥撰　清道光二十五年(1845)刻本　八冊
缺十卷(八至十七)

130000－0404－0004988　集33/0074(普)

高太史論鈔四卷　（清）高熙喆撰　清宣統元
年(1909)刻本　四冊

130000－0404－0004989　集33/0813(普)

施注蘇詩四十二卷總目二卷　（宋）施元之注
清康熙三十八年(1699)宋犖刻本　八冊
缺二十卷(二十三至四十二)

130000－0404－0004990　集33/0813＝2(普)

施注蘇詩四十二卷總目二卷年譜一卷王注正
譌一卷續補遺二卷　（宋）施元之注　清光緒
二十九年(1903)刻本　十六冊

130000－0404－0004991　集33/1014(普)

華陽集四十卷　（宋）王珪撰　清道光十年
(1830)武英殿刻本　十冊

130000－0404－0004992　集33/1031(普)

王臨川全集一百卷　（宋）王安石撰　清光緒
九年(1883)聽香館刻本　二十冊

130000－0404－0004993　集33/1031(2)(普)

王臨川全集一百卷　（宋）王安石撰　清光緒
九年(1883)聽香館刻本　二十冊

130000－0404－0004994　集33/1031(3)(普)

王臨川全集一百卷　（宋）王安石撰　清光緒
九年(1883)聽香館刻本　十五冊

130000－0404－0004995　集33/1031＝2(普)

王臨川全集一百卷　（宋）王安石撰　清光緒
九年(1883)月水岰山館刻本　十六冊

130000－0404－0004996　集33/1031＝3(普)

王臨川全集二十四卷　（宋）王安石撰　清宣
統三年(1911)掃葉山房石印本　十二冊

130000－0404－0004997　集33/1031－2(普)

宋大家王文公文鈔十六卷　（宋）王安石撰
(明)茅坤批評　清刻本　五冊

130000－0404－0004998　集33/1031－2(2)(普)

宋大家王文公文鈔十六卷　（宋）王安石撰
(明)茅坤批評　清刻本　五冊

130000－0404－0004999　集33/1047(普)

宋王忠文公文集五十卷　（宋）王十朋撰
(清)唐傳鉎編　清雍正六年(1728)刻本　五
冊　存二十四卷(一至二十四)

130000－0404－0005000　集33/1080(普)

新雕徂徠石先生文集二十卷末一卷　（宋）石
介撰　清光緒九年(1883)灘縣張氏刻本
四冊

130000－0404－0005001　集33/1147(普)

嘉禾百詠一卷　（宋）張堯同撰　清光緒七年
(1881)陸費氏刻本　一冊

130000－0404－0005002　集33/1150(普)

宛丘先生文粹二十二卷　（宋）張耒著　清刻
本　四冊

130000－0404－0005003　集33/1206(普)

燭湖集二十卷附編二卷　（宋）孫應時撰　清
嘉慶八年(1803)刻本　四冊

130000－0404－0005004　集33/1779(普)

司馬溫公文集八十二卷　（宋）司馬光撰　清
康熙四十七年(1708)蔣氏刻本　二十四冊

130000－0404－0005005　集33/1779＝2(普)

司馬文正公集八十二卷首一卷目録二卷
(宋)司馬光撰　清刻本　八冊　缺三十六卷
(一至三十六)

130000－0404－0005006　集33/1779－2(普)

司馬温公文集十四卷首一卷　(宋)司馬光撰
　(清)張伯行重訂　清光緒七年(1881)紅杏
山房刻本　六冊

130000－0404－0005007　集33/2540(普)

朱子集一百四卷目録二卷補遺一卷　(宋)朱
熹撰　清咸豐十年(1860)刻本　四十冊

130000－0404－0005008　集33/2540－2(普)

朱子集一百四卷　(宋)朱熹撰　清刻本　二
十冊　存五十七卷(四十八至一百四)

130000－0404－0005009　集33/2540－2(普)

晦庵先生朱文公文集一百卷　(宋)朱熹撰
清刻本　十冊　存二十五卷(五十七至八十
一)

130000－0404－0005010　集33/2546(普)

玉瀾集一卷　(宋)朱槔撰　清刻本　一冊

130000－0404－0005011　集33/3818(普)

游鷹山先生集十卷前集一卷首一卷　(宋)游
酢撰　清道光二十一年(1841)刻本　六冊

130000－0404－0005012　集33/4022(普)

**西山先生真文忠公文集五十五卷政經一卷衛
生經一卷心政二經一卷**　(宋)真德秀撰　清
刻本　十八冊

130000－0404－0005013　集33/4022－2(普)

西山先生真文忠公文集五十五卷　(宋)真德
秀撰　清康熙刻本　十八冊

130000－0404－0005014　集33/4027(普)

梁谿先生文集一百八十卷附録六卷　(宋)李
綱撰　清刻本　八冊　缺一百二十三卷(一
至四十二、一百至一百八十)

130000－0404－0005015　集33/4407(普)

山谷詩集注二十卷外集十七卷別集二卷
(宋)黃庭堅撰　(宋)史容注　清光緒二十一

年至二十五年(1895－1899)刻本　十六冊

130000－0404－0005016　集33/4407＝2(普)

**山谷詩集注二十卷外集詩注十七卷別集詩注
二卷**　(宋)黃庭堅撰　(宋)任淵注　清光緒
二十五年(1899)刻宣統二年(1910)傅春官重
印本　二十冊

130000－0404－0005017　集33/4407＝2(2)(普)

**山谷詩集注二十卷外集詩注十七卷別集詩注
二卷**　(宋)黃庭堅撰　(宋)任淵注　清光緒
二十五年(1899)刻宣統二年(1910)傅春官重
印本　二十冊

130000－0404－0005018　集33/4407＝3(普)

**山谷詩集注二十卷外集詩注十七卷別集詩注
二卷**　(宋)黃庭堅撰　(宋)任淵注　清光緒
十年(1884)義寧陳氏四覺草堂刻本　二十冊

130000－0404－0005019　集33/4407＝3(2)(普)

**山谷詩集注二十卷外集詩注十七卷別集詩注
二卷**　(宋)黃庭堅撰　(宋)任淵注　清光緒
十年(1884)義寧陳氏四覺草堂刻本　二十冊

130000－0404－0005020　集33/4407＝4(普)

山谷內集詩注二十卷　(宋)黃庭堅撰　(宋)
任淵注　**外集詩注十七卷**　(宋)史容注　**別
集注二卷**　(宋)史季溫撰　**外集補四卷別集
補一卷**　(宋)謝啓昆注　**年譜十四卷**　(宋)
黃子耕編　清乾隆五十三年(1788)謝啓昆樹
經堂刻本　二十冊

130000－0404－0005021　集33/4407＝4(2)(普)

山谷內集詩注二十卷　(宋)黃庭堅撰　(宋)
任淵注　清乾隆五十三年(1788)謝啓昆樹經
堂刻本　八冊

130000－0404－0005022　集33/4407＝5(普)

**山谷內集詩注二十卷外集詩注十七卷別集詩
注二卷**　(宋)黃庭堅撰　(宋)任淵注　清乾
隆三十九年(1774)武英殿活字印本　六冊

130000－0404－0005023　集33/4407－2(普)

**宋黃文節公文集三十二卷首四卷外集二十四
卷別集十九卷**　(宋)黃庭堅著　清乾隆三十
年(1765)江右寧州緝香堂刻本　八冊　存十

八卷（文集一至十四、首四卷）

130000－0404－0005024　集33/4407－2＝2(普)
宋黄文節公文集三十二卷首四卷外集二十四卷別集十九卷續集十卷　（宋）黄庭堅著　**伐檀集二卷**　（宋）黄庶撰　清光緒二十年(1894)刻本　二十三冊　缺十一卷（文集二十一至二十六，別集一、六至九）

130000－0404－0005025　集33/4414(普)
安陽集五十卷別錄三卷遺事一卷忠獻韓魏王家傳十卷　（宋）韓琦撰　清刻本　二十四冊

130000－0404－0005026　集33/4414＝2(普)
安陽集五十卷別錄三卷遺事一卷忠獻韓魏王家傳十卷　（宋）韓琦撰　清咸豐二年(1852)刻本　十冊

130000－0404－0005027　集33/4414－2(普)
韓魏公集二十卷　（宋）韓琦撰　（清）張伯行重訂　清康熙四十八年(1709)正誼堂刻本　五冊

130000－0404－0005028　集33/4423.2(普)
艮齋先生薛常州浪語集三十五卷　（宋）薛季宣撰　清同治十一年(1872)瑞安孫氏詒善堂祠塾刻本　八冊

130000－0404－0005029　集33/4428(普)
溪詩話十卷　（宋）黄徹撰　清刻本　一冊

130000－0404－0005030　集33/4430(普)
摛文堂集十五卷附錄一卷　（宋）慕容彦逢撰　清光緒二十三年(1897)刻本　二冊

130000－0404－0005031　集33/4433(普)
林和靖詩集四卷拾遺一卷　（宋）林逋撰　清同治十二年(1873)長洲朱氏依抱經堂刻本　二冊

130000－0404－0005032　集33/4437(普)
唐宋八大家文鈔八種一百四十四卷　（宋）蘇洵撰　（明）茅坤批評　清刻本　三十冊　缺二種七卷（韓文公文鈔一至三、曾文定公文鈔一至四）

130000－0404－0005033　集33/4437－2(普)

蘇老泉先生全集二十卷附錄二卷　（宋）蘇洵撰　清末刻本　三冊　存十七卷（六至二十、附錄二卷）

130000－0404－0005034　集33/4437.2(普)
斜川集六卷　（宋）蘇過撰　清道光七年(1827)刻三蘇全集本　二冊

130000－0404－0005035　集33/4453(普)
東坡先生全集七十五卷　（宋）蘇軾撰　（明）陳仁錫輯　明末寶翰樓刻本　二十四冊

130000－0404－0005036　集33/4453＝2(普)
東坡先生全集七十五卷　（宋）蘇軾撰　清刻本　十冊　存二十五卷（四十九至七十三）

130000－0404－0005037　集33/4453＝3(普)
東坡先生全集七十五卷　（宋）蘇軾撰　清刻本　四冊　存十七卷（二十八至四十四）

130000－0404－0005038　集33/4453－2(普)
宋大家蘇文忠公文鈔二十八卷　（宋）蘇軾撰　（明）茅坤批評　清刻本　八冊

130000－0404－0005039　集33/4453－2＝2(普)
宋大家蘇文忠公文鈔二十八卷　（宋）蘇軾撰　（明）茅坤批評　清刻本　十冊

130000－0404－0005040　集33/4453－2＝2(2)(普)
宋大家蘇文忠公文鈔二十八卷　（宋）蘇軾撰　（明）茅坤批評　清刻本　六冊

130000－0404－0005041　集33/4453－3(普)
蘇文忠詩合註五十卷首一卷　（宋）蘇軾撰　（清）馮應榴輯　清同治九年(1870)踵息齋刻本　二十四冊

130000－0404－0005042　集33/4453－4(普)
東坡續集十二卷校記二卷　（宋）蘇軾撰　清刻本　八冊　存九卷（六至十二、校記二卷）

130000－0404－0005043　集33/4453－6(普)
蘇文忠公詩編註集成四十六卷總案四十五卷眞像考一卷諸家雜綴酌存一卷蘇海識餘四卷　（宋）蘇軾撰　（清）王文誥撰　清光緒十四年(1888)浙江書局刻本　二十四冊

244

130000－0404－0005044　集33/4458(普)
欒城集四十八卷後集二十四卷　(宋)蘇轍撰
　清刻本　二十四冊

130000－0404－0005045　集33/4458－2(普)
宋大家蘇文定公文鈔二十卷　(宋)蘇轍撰
(明)茅坤批評　清刻本　五冊

130000－0404－0005046　集33/4470(普)
翠微南征錄十一卷翠微先生北征錄十二卷
(宋)華岳撰　清光緒二十八年(1902)刻本
一冊　存八卷(翠微南征錄五至十一、翠微先
生北征錄一)

130000－0404－0005047　集33/4481(普)
蘇魏公文集七十二卷　(宋)蘇頌撰　清道光
二十二年(1842)刻本　二十冊

130000－0404－0005048　集33/4664(普)
楊龜山先生集四十二卷首一卷　(宋)楊時撰
　清光緒五年(1879)道南祠玉華山館刻本
十冊

130000－0404－0005049　集33/4664－2(普)
楊龜山先生集四十二卷首一卷　(宋)楊時撰
　清光緒五年(1879)刻本　十冊

130000－0404－0005050　集33/5046(普)
淮海集十七卷後集二卷詞一卷補遺一卷附考
證一卷　(宋)秦觀撰　清道光二十一年
(1841)刻本　六冊

130000－0404－0005051　集33/6030(普)
東萊博議四卷備考一卷　(宋)呂祖謙撰
(清)張文炳評點　清乾隆五十五年(1790)集
古樓刻本　二冊

130000－0404－0005052　集33/6030＝2(普)
東萊博議四卷備考一卷　(宋)呂祖謙撰
(清)張文炳評點　清刻本　四冊

130000－0404－0005053　集33/6030＝3(普)
東萊博議四卷備考一卷　(宋)呂祖謙撰　清
三義堂刻本　三冊

130000－0404－0005054　集33/6030＝4(普)
詳校東萊博議四卷備考一卷　(宋)呂祖謙撰
　清光緒二十四年(1898)萬育堂刻本　四冊

130000－0404－0005055　集33/6030＝4(2)(普)
詳校東萊博議四卷備考一卷　(宋)呂祖謙撰
　清光緒二十四年(1898)萬育堂刻本　四冊

130000－0404－0005056　集33/6030＝5(普)
詳校東萊博議四卷備考一卷　(宋)呂祖謙撰
　清光緒二十三年(1897)書業德刻本　四冊

130000－0404－0005057　集33/6030＝6(普)
詳校東萊博議四卷備考一卷　(宋)呂祖謙撰
　清馮泰松刻本　四冊

130000－0404－0005058　集33/6030＝9(普)
東萊左氏博議二十五卷　(宋)呂祖謙撰　清
刻本　六冊

130000－0404－0005059　集33/6030＝10(普)
東萊左氏博議二十五卷　(宋)呂祖謙撰　清
同治七年(1868)退外齋刻本　六冊

130000－0404－0005060　集33/6077(普)
淨德集三十八卷　(宋)呂陶撰　清武英殿木
活字印本　八冊

130000－0404－0005061　集33/7212(普)
岳忠武王文集八卷首一卷末一卷　(宋)岳飛
撰　清光緒二年(1876)刻本　八冊

130000－0404－0005062　集33/7244(普)
忠肅集二十卷　(宋)劉摯撰　清光緒五年
(1879)定州王氏謙德堂刻本　四冊

130000－0404－0005063　集33/7244.2(普)
海峰先生精選八家文鈔不分卷　(清)劉大櫆
輯　**劉海峰稿不分卷**　(清)劉大櫆撰　**惜抱**
軒稿不分卷　(清)姚鼐撰　清光緒元年至二
年(1875－1876)刻本　六冊

130000－0404－0005064　集33/7298(普)
公是集五十四卷　(宋)劉敞撰　清道光八年
(1828)南通吳榮生刻本　十冊

130000－0404－0005065　集33/7438(普)
劍南詩鈔六卷　(宋)陸游撰　(清)楊大鶴選
　清同治八年(1869)粵東金谷園刻本　八冊

130000－0404－0005066　集33/7438－2(普)

劍南詩稿八十五卷　(宋)陸游撰　(宋)陸子虛編　明汲古閣刻本　五冊　存九卷(五至十三)

130000－0404－0005067　集33/7443(普)

陸象山先生全集三十六卷　(宋)陸九淵撰　清道光三年(1823)金谿槐堂書屋刻本　二十四冊

130000－0404－0005068　集33/7443＝2(普)

象山先生全集三十六卷　(宋)陸九淵撰　清宣統二年(1910)江左書林石印本　八冊

130000－0404－0005069　集33/7500(普)

龍川文集三十卷辯誣考異二卷附錄二卷　(宋)陳亮撰　清光緒元年(1875)湖北崇文書局刻本　十冊

130000－0404－0005070　集33/7500(2)(普)

龍川文集三十卷辯誣考異二卷附錄二卷　(宋)陳亮撰　清光緒元年(1875)湖北崇文書局刻本　十冊

130000－0404－0005071　集33/7500(3)(普)

龍川文集三十卷辯誣考異二卷附錄二卷　(宋)陳亮撰　清光緒元年(1875)湖北崇文書局刻本　十冊

130000－0404－0005072　集33/7523(普)

後山先生集二十四卷　(宋)陳師道撰　清光緒十一年(1885)刻本　六冊

130000－0404－0005073　集33/7772＝2(普)

歐陽文忠公全集一百五十三卷　(宋)歐陽修撰　清末刻本　三十四冊

130000－0404－0005074　集33/7772＝3(普)

歐陽文忠公全集一百五十三卷　(宋)歐陽修撰　清末刻本　六冊　存四十五卷(四十一至八十五)

130000－0404－0005075　集33/7772＝4(普)

歐陽文忠公全集一百五十三卷　(宋)歐陽修撰　清康熙十一年(1672)刻本　六冊　存二十三卷(一至二十三)

130000－0404－0005076　集33/7772－2(普)

歐陽文忠公文鈔三十二卷　(宋)歐陽修撰　(明)茅坤評　明刻本　八冊

130000－0404－0005077　集33/7772－2(2)(普)

歐陽文忠公文鈔三十二卷　(宋)歐陽修撰　(明)茅坤評　明刻本　八冊

130000－0404－0005078　集33/7772－2＝2(普)

歐陽文忠公文鈔三十二卷　(宋)歐陽修撰　(明)茅坤評　清刻本　十二冊

130000－0404－0005079　集33/8017(普)

元豐類稿五十卷　(宋)曾鞏撰　清光緒十六年(1890)慈利漁浦書院刻本　十冊

130000－0404－0005080　集33/8017＝2(普)

南豐先生元豐類稿五十一卷　(宋)曾鞏撰　清刻本　八冊

130000－0404－0005081　集33/8017＝3(普)

元豐類稿五十卷目錄一卷　(宋)曾鞏撰　(宋)陳師道編輯　清乾隆二十八年(1763)查溪刻本　十一冊

130000－0404－0005082　集33/8017－2(普)

曾南豐文集四卷　(宋)曾鞏撰　清宣統二年(1910)上海會文堂石印本　二冊

130000－0404－0005083　集33/8719(普)

舒文靖公類稿四卷　(宋)舒璘撰　清同治十一年(1872)刻本　三冊

130000－0404－0005084　集34/1042(普)

滹南遺老王先生文集四十五卷續一卷　(金)王若虛撰　清光緒十二年(1886)吳氏刻本　四冊

130000－0404－0005085　集34/1047(普)

遺山先生詩集二十卷附考異一卷　(宋)元好問撰　清光緒六年(1880)刻本　六冊

130000－0404－0005086　集34/1047－2(普)

元遺山詩集箋注十四卷首一卷末一卷　(金)元好問撰　(元)張德輝類次　(清)施國祁注　清道光七年(1827)刻本　六冊

130000－0404－0005087　集35/1021(普)

竹素山房詩集三卷補遺一卷附錄一卷　（元）
吾衍撰　清光緒二十一年(1895)錢塘丁氏刻
本　一冊

130000－0404－0005088　集35/1724(普)
湛然居士文集十四卷後序一卷　（元）耶律楚
材撰　清光緒二十一年(1895)桐廬袁昶刻漸
西村舍叢刻本　四冊

130000－0404－0005089　集35/2632(普)
草廬吳文正公集四十九卷首一卷外集三卷
(元)吳澄撰　清乾隆二十一年(1756)萬氏刻
本　二十冊

130000－0404－0005090　集35/2632＝2(普)
草廬吳文正公集四十九卷首一卷外集三卷
(元)吳澄撰　清康熙四十八年(1709)刻本
十冊　存二十五卷(一至二十一、五十至五十
三)

130000－0404－0005091　集35/4431(普)
文獻公全集十一卷首一卷　（元）黃溍撰
(明)宋濂等輯　清咸豐元年(1851)黃氏刻本
十冊

130000－0404－0005092　集35/4445(普)
鴈門集十四卷附一卷鴈門集倡和錄一卷別錄
一卷　（元）薩都剌撰　清嘉慶十二年(1807)
刻本　六冊

130000－0404－0005093　集35/4623(普)
楊鐵崖先生詠史古樂府四卷　（元）楊維楨撰
（清）王榮綋編　清乾隆三十八年(1773)刻
本　四冊

130000－0404－0005094　集35/4721(普)
郝文忠公陵川文集三十九卷附錄一卷　（元）
郝經撰　清嘉慶三年(1798)刻本　十冊

130000－0404－0005095　集35/4721(2)(普)
郝文忠公陵川文集三十九卷附錄一卷　（元）
郝經撰　清嘉慶三年(1798)刻本　十冊

130000－0404－0005096　集35/4721＝2(普)
郝文忠公陵川文集三十九卷附錄一卷　（元）
郝經撰　清嘉慶三年(1798)刻本　十冊

130000－0404－0005097　集35/4913(普)
松雪齋集十卷外集一卷續集一卷　（元）趙孟
頫撰　清清德堂刻本　四冊

130000－0404－0005098　集35/4913＝2(普)
趙文敏公松雪齋全集十卷外集一卷續集一卷
　（元）趙孟頫撰　清末民初上海海左書局石
印本　六冊

130000－0404－0005099　集35/8398(普)
江月松風集十二卷補遺一卷文錄一卷附錄一
卷　（元）錢惟善撰　清光緒十五年(1889)泉
唐丁氏刻本　二冊

130000－0404－0005100　集36/0020(普)
北海亭集八卷外編一卷　（明）鹿化麟撰
(明)孫奇逢輯　清道光四年(1824)世德堂刻
本　五冊

130000－0404－0005101　集36/0023(普)
唐荊川稿五卷　（明）唐順之撰　明末刻本
二冊

130000－0404－0005102　集36/0026(普)
節菴集八卷續稾一卷　（元）高得暘撰　清光
緒二十年(1894)四明刻本　一冊

130000－0404－0005103　集36/0038(普)
康對山先生集四十五卷首一卷　（明）康海撰
　清刻本　五冊　存二十四卷(一至二十四)

130000－0404－0005104　集36/0040(普)
高子遺書十二卷附錄一卷年譜一卷　（明）高
攀龍撰　（明）陳龍正編　清光緒二年(1876)
無錫東林書室刻本　十三冊

130000－0404－0005105　集36/0047(普)
織錦回文詩一卷　（明）康萬民撰　清刻本
一冊

130000－0404－0005106　集36/0082(普)
鹿忠節公集二十一卷　（明）鹿善繼撰　清刻
本　八冊

130000－0404－0005107　集36/0082＝2(普)
鹿忠節公二十一卷　（明）鹿善繼撰　清刻
本　三冊　存十四卷(八至二十一)

130000 - 0404 - 0005108　集36/1017(普)

虎谷集不分卷　（明）王雲鳳著　清刻本　四冊　存十卷(分題寓別集一,王公行實錄一,博趣齋稿一至二、五至十)

130000 - 0404 - 0005109　集36/1022(普)

龍谿王先生全集二十二卷　（明）王畿撰（明）丁賓編　清光緒八年(1882)上海愷自邇路明善書局鉛印本　五冊

130000 - 0404 - 0005110　集36/1032(普)

王陽明先生文鈔二十卷　（明）王守仁撰（清）張問達輯　清致和堂刻本　十六冊

130000 - 0404 - 0005111　集36/1032 - 4(普)

陽明先生文集十六卷目錄二卷　（明）王守仁撰　清道光六年(1826)湖南湘潭王文德刻本　十六冊

130000 - 0404 - 0005112　集36/1032 - 2(普)

王文成公全書三十八卷　（明）王守仁撰　清刻本　二十冊

130000 - 0404 - 0005113　集36/1032 - 2(2)(普)

王文成公全書三十八卷　（明）王守仁撰　清刻本　二十四冊

130000 - 0404 - 0005114　集36/1032 - 3(普)

王陽明先生全集二十二卷首一卷　（明）王守仁撰　（清）俞嶙重編　清康熙十二年(1673)刻本　二十四冊

130000 - 0404 - 0005115　集36/1061(普)

松雨軒集八卷補遺一卷附錄一卷　（明）平顯撰　清光緒二十年(1894)錢唐丁氏嘉惠堂刻本　二冊

130000 - 0404 - 0005116　集36/1083(普)

西軒效唐集錄十二卷補遺一卷　（明）丁養浩撰　清光緒二十一年(1895)錢塘丁氏刻本　三冊

130000 - 0404 - 0005117　集36/1092(普)

蒼谷全集十二卷　（明）王尚絅撰　（明）王綖選　清乾隆二十三年(1758)密止堂刻本　六冊

130000 - 0404 - 0005118　集36/1138(普)

奚囊蠹餘二十卷遺文一卷附錄二卷　（明）張瀚輯　清光緒二十一年(1895)嘉惠堂丁氏刻本　六冊

130000 - 0404 - 0005119　集36/1162(普)

張忠敏公遺集十卷首一卷附錄六卷　（明）張國維撰　清光緒四年(1878)江蘇書局刻本　六冊

130000 - 0404 - 0005120　集36/1171(普)

明張文忠公全集四十六卷附錄二卷　（明）張居正撰　清光緒二十七年(1901)紅藤碧樹山館刻本　十六冊

130000 - 0404 - 0005121　集36/1171 - 2(普)

張太岳先生文集四十七卷　（明）張居正撰　清刻本　十五冊　存四十四卷(一至二十二、二十六至四十七)

130000 - 0404 - 0005122　集36/1211(普)

太白山人漫稿八卷附錄一卷　（明）孫一元撰　清嘉慶二十年(1815)壽世堂刻本　二冊

130000 - 0404 - 0005123　集36/1213(普)

高陽集二十卷年譜五卷　（明）孫承宗撰　清嘉慶十二年(1807)刻本　十六冊

130000 - 0404 - 0005124　集36/1213 - 2(普)

高陽集二十卷　（明）孫承宗撰　清嘉慶十二年(1807)刻本　十二冊

130000 - 0404 - 0005125　集36/2189(普)

太師誠意伯劉文成公集二十卷　（明）劉基撰（明）何鐣編校　清石印本　八冊　存十九卷(二至二十)

130000 - 0404 - 0005126　集36/2745(普)

花王閣賸稿一卷　（明）紀坤撰　清嘉慶九年(1804)樂敘堂刻本　一冊

130000 - 0404 - 0005127　集36/2749(普)

震川先生集三十卷別集十卷　（明）歸有光撰　清光緒六年(1880)常熟歸氏刻本　十六冊

130000 - 0404 - 0005128　集36/2749(2)(普)

震川先生集三十卷別集十卷　（明）歸有光撰

清光緒六年(1880)常熟歸氏刻本　十六冊

130000 - 0404 - 0005129　集36/2749(3)(普)

震川先生集三十卷別集十卷　(明)歸有光撰
清光緒六年(1880)常熟歸氏刻本　十六冊

130000 - 0404 - 0005130　集36/2749(4)(普)

震川先生集三十卷別集十卷　(明)歸有光撰
清光緒六年(1880)常熟歸氏刻本　十二冊
存三十一卷(震川先生集一、四至九、十二
至十三、十六至三十,別集一至七)

130000 - 0404 - 0005131　集36/2749 = 2(普)

震川先生集三十卷別集十卷　(明)歸有光撰
清刻本　十二冊　存三十一卷(震山先生
集一、四至九、十二至十三、十六至三十,別集
一至七)

130000 - 0404 - 0005132　集36/2749 = 4(普)

震川先生集三十卷　(明)歸有光撰　清宣統
二年(1910)上海集成圖書公司刻本　九冊

130000 - 0404 - 0005133　集36/2749 = 5(普)

震川先生別集十卷　(明)歸有光撰　清刻本
五冊

130000 - 0404 - 0005134　集36/2764(普)

從野堂存稿八卷首一卷末一卷外集一卷
(明)繆昌期撰　清同治十三年(1874)海陵別
業刻本　六冊

130000 - 0404 - 0005135　集36/2818(普)

始豐稿十四卷補遺一卷附錄一卷　(明)徐一
夔撰　清光緒二十年(1894)錢塘丁氏嘉惠堂
刻本　四冊

130000 - 0404 - 0005136　集36/3140(普)

炳燭齋文集初刻一卷續刻一卷　(明)顧大韶
撰　清宣統元年(1909)國學扶輪社鉛印本
二冊

130000 - 0404 - 0005137　集36/3140(2)(普)

炳燭齋文集初刻一卷續刻一卷　(明)顧大韶
撰　清宣統元年(1909)國學扶輪社鉛印本
二冊

130000 - 0404 - 0005138　集36/4047(普)

空同詩集三十四卷　(明)李夢陽撰　清光緒
十五年(1889)刻本　八冊

130000 - 0404 - 0005139　集36/4054(普)

李文定公貽安堂集十卷　(明)李春芳撰　清
乾隆十五年(1750)刻本　十冊

130000 - 0404 - 0005140　集36/4131(普)

竹巖集十八卷補遺一卷附錄一卷　(明)柯潛
撰　清光緒十四年(1888)刻本　四冊

130000 - 0404 - 0005141　集36/4412(普)

淀濱蔡先生文集十卷語錄二十卷　(明)蔡靉
撰　清光緒四年(1878)刻本　四冊

130000 - 0404 - 0005142　集36/4413(普)

薛文清公讀書錄十一卷續錄十二卷　(明)薛
瑄編　清康熙刻本　六冊

130000 - 0404 - 0005143　集36/4413 = 2(普)

讀書錄十一卷續錄十二卷　(明)薛瑄撰　清
乾隆十一年(1746)刻本　八冊

130000 - 0404 - 0005144　集36/4413 = 3(普)

讀書錄十一卷續錄十二卷　(明)薛瑄撰　清
刻本　十冊

130000 - 0404 - 0005145　集36/4413 - 2(普)

文清公薛先生文集二十四卷　(明)薛瑄編
(明)張鼎輯　清雍正十二年(1734)薛氏刻本
十二冊

130000 - 0404 - 0005146　集36/4434(普)

**唐柳河東集四十五卷附錄一卷外集五卷遺文
一卷**　(唐)柳宗元撰　(明)蔣之翹輯注　明
崇禎六年(1633)蔣氏三徑草堂刻本　六冊
存十一卷(一至十一)

130000 - 0404 - 0005147　集36/4439(普)

陶菴全集二十二卷首一卷末一卷　(明)黃淳
耀撰　清乾隆二十六年(1761)刻本　六冊

130000 - 0404 - 0005148　集36/4454(普)

苑洛集二十二卷　(明)韓邦奇撰　清嘉慶七
年(1802)刻本　十冊

130000 - 0404 - 0005149　集36/4460(普)

范文忠公初集十二卷　(明)范景文撰　(清)

249

楊萃等輯　清康熙四十年（1701）與善堂刻本
四冊

130000－0404－0005150　集36/4460＝2（普）
范文忠公初集十二卷　（明）范景文撰　清刻
本　三冊　缺五卷（一、五至六、十一至十二）

130000－0404－0005151　集36/4620（普）
忠介公集十三卷附錄五卷末一卷　（明）楊爵
撰　清光緒十九年（1893）張履誠堂刻本
六冊

130000－0404－0005152　集36/4625（普）
楊忠湣公全集四卷　（明）楊繼盛撰　（清）章
鈺輯　清道光八年（1828）刻本　四冊

130000－0404－0005153　集36/4625（2）（普）
楊忠湣公全集四卷　（明）楊繼盛撰　（清）章
鈺輯　清道光八年（1828）刻本　四冊

130000－0404－0005154　集36/4625（3）（普）
楊忠湣公全集四卷　（明）楊繼盛撰　（清）章
鈺輯　清道光八年（1828）刻本　四冊

130000－0404－0005155　集36/4625（4）（普）
楊忠湣公全集四卷　（明）楊繼盛撰　（清）章
鈺輯　清道光八年（1828）刻本　四冊

130000－0404－0005156　集36/4625＝2（普）
楊忠湣公全集四卷　（明）楊繼盛著　清光緒
十八年（1892）棣蕚樓刻本　四冊

130000－0404－0005157　集36/4625－2（普）
楊椒山先生集四卷年譜一卷　（明）楊繼盛撰
清同治五年（1866）符離張景賢刻本　二冊

130000－0404－0005158　集36/4635（普）
楊忠烈公文集五卷　（明）楊漣著　清宣統三
年（1911）文盛書局石印　四冊

130000－0404－0005159　集36/4694（普）
太史升菴文集八十一卷　（明）楊慎著　明刻
本　四冊　存三十三卷（四十九至八十一）

130000－0404－0005160　集36/4946（普）
趙忠毅公遺書十七種　（明）趙南星撰　清光
緒十七年（1891）刻本　八冊　存八種十一卷
（夢白先生集三卷、學庸正說二卷、正心會新

稿一卷、嘉祐集選一卷、味檗齋遺筆一卷、趙
忠毅公行述一卷、芳茹園樂府一卷、趙忠毅公
閒居擇言一卷）

130000－0404－0005161　集36/4946（2）（普）
趙忠毅公遺書十七種　（明）趙南星撰　清光
緒十七年（1891）刻本　八冊　存八種十一卷
（夢白先生集三卷、學庸正說二卷、正心會新
稿一卷、嘉祐集選一卷、味檗齋遺筆一卷、趙
忠毅公行述一卷、芳茹園樂府一卷、趙忠毅公
閒居擇言一卷）

130000－0404－0005162　集36/4946－2（普）
**夢白先生集三卷味檗齋遺筆一卷閒居擇言一
卷目前集二卷行述一卷**　（明）趙南星撰　清
道光二十年（1840）刻本　七冊

130000－0404－0005163　集36/4946－3（普）
味檗齋文集十五卷　（明）趙南星撰　清刻本
四冊　存七卷（五至十一）

130000－0404－0005164　集36/5013（普）
史忠正公文集四卷首一卷　（明）史可法撰
清同治十二年（1873）刻本　二冊

130000－0404－0005165　集36/5596（普）
繡虎軒尺牘八卷　（清）曹煜撰　清康熙十七
年（1678）傳萬堂刻本　四冊

130000－0404－0005166　集36/6035（普）
田叔禾小集十二卷　（明）田汝成撰　清光緒
二十三年（1897）錢塘丁氏嘉惠堂刻本　四冊

130000－0404－0005167　集36/6045（普）
呂新吾全集二十種　（明）呂坤撰　清道光七
年（1827）開封府署刻本　二十四冊　存六種
三十一卷（呻吟語六卷、小兒語一卷演一卷續
三卷女小兒語一卷、宗約歌一卷、好人歌一
卷、呂新吾先生去偽齋文集十卷、呂新吾先生
實政錄七卷）

130000－0404－0005168　集36/6045＝2（普）
呂新吾全集二十種　（明）呂坤撰　清同治至
光緒修補刻本　三十四冊

130000－0404－0005169　集36/6045＝3（普）

呂新吾全集二十種 （明）呂坤撰　清刻本
十七冊　存十六種三十三卷(四禮疑五卷喪
禮餘言一卷、四禮翼八卷、小兒語一卷演一卷
續三卷女小兒語一卷、交泰韻一卷、宗約歌一
卷、好人歌一卷、黃帝陰符經一卷、反騷歌一
卷、新吾呂君墓誌銘一卷、救命書一卷、河工
書一卷、省心紀一卷、天日一卷、修城一卷、展
城或問一卷、疹科一卷)

130000－0404－0005170　集36/6045－2(普)

呂新吾先生去偽齋文集十卷 （明）呂坤撰
清道光六年(1826)刻本　十冊

130000－0404－0005171　集36/6045－3(普)

呂書四種合刻 （明）呂坤撰　清道光七年
(1827)開封府署刻本　十二冊

130000－0404－0005172　集36/7520(普)

白沙子全集六卷 （明）陳獻章撰　清刻本
六冊

130000－0404－0005173　集36/7574(普)

飛六亭稿五卷 （明）陳所志撰　（清）李繼白
選　清咸豐五年(1855)惟正堂刻本　六冊

130000－0404－0005174　集36/8047(普)

金忠節公文集八卷 （明）金聲撰　清光緒十
四年(1888)黟邑李氏刻本　四冊

130000－0404－0005175　集37/0003(普)

固哉草亭文集二卷詩集四卷 （清）高斌撰
清嘉慶十二年(1807)刻本　四冊

130000－0404－0005176　集37/0006(普)

思貽齋古近體詩二十一卷 （清）高賡恩撰
清光緒至宣統貽善堂刻本　四冊　存十六卷
(二至十三、十六至十九)

130000－0404－0005177　集37/0006－2(普)

思貽齋古近體詩二十一卷附幸生錄一卷
(清)高賡恩撰　清光緒至宣統貽善堂刻本
七冊　存十七卷(二至十三、十六至十九,幸
生錄一卷)

130000－0404－0005178　集37/0026(普)

律賦鳳樓集四卷春林賦稿一卷 （清）齊召南

鑒定　（清）吳純編錄　清乾隆二十九年
(1764)貯月山窗刻本　四冊

130000－0404－0005179　集37/0030(普)

御製詩初集四十四卷目錄四卷 （清）高宗弘
曆撰　清乾隆內府刻本　八冊　存二十三卷
(二十二至四十四)

130000－0404－0005180　集37/0030－2(普)

御製詩二集九十卷目錄十卷 （清）高宗弘曆
撰　清乾隆內府刻本　十六冊　存五十卷
(十五至六十四)

130000－0404－0005181　集37/0030－2(2)(普)

御製詩二集九十卷目錄十卷 （清）高宗弘曆
撰　清乾隆內府刻本　九冊　存三十一卷
(三十一至三十三、四十至六十四,目錄五至
七)

130000－0404－0005182　集37/0030－2(3)(普)

御製詩二集九十卷目錄十卷 （清）高宗弘曆
撰　清乾隆內府刻本　八冊　存二十五卷
(四十至六十四)

130000－0404－0005183　集37/0030－3(普)

御製文集四十卷二集五十卷 （清）聖祖玄燁
撰　清抄本　十四冊

130000－0404－0005184　集37/0030－4(普)

御製文餘集二卷御製詩餘集六卷 （清）仁宗
顒琰撰　清刻本　六冊

130000－0404－0005185　集37/0044(普)

**方望溪先生全集文集十八卷集外文十卷集外
文補遺二卷年譜二卷** （清）方苞撰　清咸豐
元年(1851)刻本　十六冊

130000－0404－0005186　集37/0044(2)(普)

**方望溪先生全集文集十八卷集外文十卷集外
文補遺二卷年譜二卷** （清）方苞撰　清咸豐
元年(1851)刻本　十冊

130000－0404－0005187　集37/0044－2(普)

方望溪文鈔六卷 （清）方苞撰　清宣統二年
(1910)上海國學扶輪社鉛印本　五冊

130000－0404－0005188　集37/0044－2(2)(普)

方望溪文鈔六卷 （清）方苞撰 清宣統二年(1910)上海國學扶輪社鉛印本 五冊

130000－0404－0005189 集37/0044－2(3)(普)
方望溪文鈔六卷 （清）方苞撰 清宣統二年(1910)上海國學扶輪社鉛印本 四冊

130000－0404－0005190 集37/0044－3(普)
二十七松堂集二十二卷 （清）廖燕撰 （清）魏和公閱 清刻本 八冊

130000－0404－0005191 集37/0044－4(普)
方百川稿一卷 （清）方舟撰 方椒塗稿一卷 （清）方林撰 方望溪稿一卷 （清）方苞撰 清光緒二十年(1894)善成堂刻本 六冊

130000－0404－0005192 集37/0054(普)
儀衛軒遺書一卷 （清）方東樹撰 清同治十三年(1874)刻本 一冊

130000－0404－0005193 集37/0057(普)
慎莾古近體詩五卷 （清）高靜撰 清光緒六年(1880)刻本 一冊 存三卷(三至五)

130000－0404－0005194 集37/0078(普)
萬善花室文稿七卷 （清）方履籛撰 清光緒五年(1879)定州王氏謙德堂刻本 四冊

130000－0404－0005195 集37/0121(普)
定盦文集三卷續集四卷續錄一卷古今體詩二卷雜詩一卷詞選一卷詞錄一卷文集補編四卷 （清）龔自珍撰 清光緒十二年(1886)刻本 六冊

130000－0404－0005196 集37/0121＝2(普)
定盦文集三卷續集四卷補編四卷年譜一卷補詞選一卷補詞錄一卷拾遺一卷古今體詩二卷雜詩一卷附龔孝珙手抄本一卷 （清）龔自珍撰 清宣統二年(1910)上海國學扶輪社鉛印本 七冊

130000－0404－0005197 集37/0133(普)
四照堂詩集十五卷 （清）譚溥撰 清同治三年(1864)刻本 四冊

130000－0404－0005198 集37/0163(普)
澹靜齋全集七種 （清）龔景瀚撰 清道光六

年(1826)恩錫堂刻本 十二冊

130000－0404－0005199 集37/0428(普)
蓮潔詩翰釋文一卷蓮潔詩存一卷 （清）謝倫撰 清咸豐六年(1856)石印本 二冊

130000－0404－0005200 集37/0744(普)
學源堂文集十九卷 （清）郭棻撰 清溺學軒刻本 十二冊

130000－0404－0005201 集37/0744－2(普)
學源堂詩集十卷 （清）郭棻撰 清溺學軒刻本 四冊

130000－0404－0005202 集37/0780(普)
海粟齋詩鈔八卷附試律一卷 （清）郭鑑庚撰 清咸豐六年(1856)刻本 五冊

130000－0404－0005203 集37/0813(普)
養雲山館試帖四卷 （清）許球撰 （清）王榮紱注釋 清光緒二十三年(1897)聚元堂刻本 四冊

130000－0404－0005204 集37/0830(普)
鑑止水齋集二十卷 （清）許宗彥撰 清咸豐八年(1858)刻本 六冊

130000－0404－0005205 集37/0830＝2(普)
鑑止水齋集二十卷 （清）許宗彥撰 清刻本 六冊

130000－0404－0005206 集37/0863(普)
管注秋水軒尺牘四卷續刻一卷 （清）許思湄撰 （清）婁世瑞注釋 （清）管斯駿補注 清光緒十一年(1885)上洋江左書林刻朱墨套印本 五冊

130000－0404－0005207 集37/0870(普)
敦艮齋遺書十七卷 （清）徐潤第撰 清道光刻本 三冊 缺六卷(一至六)

130000－0404－0005208 集37/0870.2(普)
施愚山先生學餘文集二十八卷 （清）施閏章撰 清刻本 六冊

130000－0404－0005209 集37/1000(普)
簣山堂詩鈔十六卷 （清）王廣言撰 清嘉慶十六年(1811)刻本 六冊

130000－0404－0005210　集37/1000.2(普)

韻山堂詩集七卷補遺一卷　（清）王文誥撰
清光緒十四年(1888)浙江書局刻本　一冊

130000－0404－0005211　集37/1003(普)

後邨詩集七卷吳越游草一卷　（清）王文治撰
清康熙六年(1667)刻本　六冊

130000－0404－0005212　集37/1010(普)

宦拾錄十八卷　（清）王子音著　清嘉慶十一
年(1806)刻本　八冊

130000－0404－0005213　集37/1020(普)

虛受堂文集十六卷書劄二卷詩存十六卷　王
先謙撰　清光緒二十六年(1900)刻本　十
二冊

130000－0404－0005214　集37/1024(普)

讀選樓詩稿十卷　（清）王采蘋撰　清光緒二
十年(1894)刻本　一冊　存四卷(一至四)

130000－0404－0005215　集37/1028(普)

銅劍堂存稿一卷續稿一卷　（清）王佑曾撰
清光緒三十三年(1907)鉛印本　二冊

130000－0404－0005216　集37/1033(普)

銅梁山人詩集二十五卷　（清）王汝璧撰　清
乾隆五十七年(1792)刻本　四冊

130000－0404－0005217　集37/1033.2(普)

求闕齋弟子記三十二卷　（清）王定安撰　清
光緒二年(1876)刻本　十六冊

130000－0404－0005218　集37/1034(普)

曠視山房制藝不分卷小題不分卷　（清）丁守
存撰　清同治九年(1870)楚北二酉堂刻本
六冊

130000－0404－0005219　集37/1036(普)

春融堂集六十八卷附雜記八種　（清）王昶撰
清嘉慶十三年(1808)塾南書舍刻本　二十
四冊

130000－0404－0005220　集37/1040(普)

花薰閣詩述十卷　（清）雪北山樵撰　清嘉慶
二十二年(1817)刻本　六冊　存六卷(一至
六)

130000－0404－0005221　集37/1040.2(普)

白田草堂存稿二十四卷　（清）王懋竑撰　清
乾隆十七年(1752)刻本　六冊

130000－0404－0005222　集37/1042(普)

獨善堂文集八卷　（清）王大經撰　清嘉慶二
十二年(1817)春暉堂刻本　四冊

130000－0404－0005223　集37/1042.2(普)

交河集六卷國學講義二卷　（清）王蘭生撰
清道光十六年(1836)刻本　六冊

130000－0404－0005224　集37/1043(普)

百柱堂詩稿八卷　（清）王柏心撰　清同治十
二年(1873)監利王氏刻本　二冊

130000－0404－0005225　集37/1043－2(普)

漆室吟八卷　（清）王柏心撰　清同治三年
(1864)刻本　二冊

130000－0404－0005226　集37/1043－3(普)

**百柱堂全集內集三十四卷外集十九卷附彤雲
閣遺稿二卷**　（清）王柏心撰　清光緒二十四
年(1898)成山唐化刻本　二十二冊

130000－0404－0005227　集37/1043.2(普)

帶經堂全集九十二卷　（清）王士禎撰　（清）
程哲校閱　清康熙四十九年(1710)七略書堂
刻本　十八冊

130000－0404－0005228　集37/1043.2－2(普)

**漁洋山人精華錄箋注十二卷附錄一卷年譜一
卷補注一卷**　（清）王士禎撰　清末鳳翽堂刻
本　十二冊

130000－0404－0005229　集37/1044(普)

陶廬文集□□卷　王樹枏著　清末刻本　一
冊　存一卷(九)

130000－0404－0005230　集37/1060(普)

曹集銓評十卷逸文一卷年譜一卷附錄一卷
（清）丁晏撰　清同治十一年(1872)金陵書局
刻本　二冊

130000－0404－0005231　集37/1060(2)(普)

曹集銓評十卷逸文一卷年譜一卷附錄一卷
（清）丁晏撰　清同治十一年(1872)金陵書局

刻本　二冊

130000－0404－0005232　集37/1060(3)(普)

曹集銓評十卷逸文一卷年譜一卷附錄一卷
(清)丁晏撰　清同治十一年(1872)金陵書局
刻本　一冊　存五卷(一至五)

130000－0404－0005233　集37/1065(普)

西沚居士集二十四卷　(清)王鳴盛撰　清道
光三年(1823)自怡山房刻本　四冊

130000－0404－0005234　集37/1072(普)

是吾齋集八卷續集四卷　(清)于卿保撰　清
同治三年(1864)鐵嶺于氏刻本　四冊

130000－0404－0005235　集37/1073(普)

湘綺樓全集文集八卷詩集十四卷箋啟八卷
(清)王闓運撰　清宣統二年(1910)上海國學
扶輪社石印本　十二冊

130000－0404－0005236　集37/1082(普)

五公山人集十六卷　(清)王餘佑撰　(清)李
興祖編　清康熙三十四年(1695)刻本　五冊

130000－0404－0005237　集37/1083(普)

清白堂文存四卷首一卷年譜一卷　(清)王今
遠撰　清光緒二十五年(1899)刻本　六冊

130000－0404－0005238　集37/1083(2)(普)

清白堂文存四卷首一卷年譜一卷　(清)王今
遠撰　清光緒二十五年(1899)刻本　五冊
存五卷(清白堂文存四卷、首一卷)

130000－0404－0005239　集37/1083.2(普)

煨芋巖居文集不分卷　(清)王善寶著　清光
緒十三年(1887)刻本　二冊

130000－0404－0005240　集37/1088(普)

增訂寄嶽雲齋試體詩選四卷　(清)聶鈫敏撰
(清)朱兆鳳評　清掃葉山房刻本　二冊

130000－0404－0005241　集37/1117(普)

退思軒詩集六卷補遺一卷　(清)張百熙撰
清宣統三年(1911)武昌刻本　二冊

130000－0404－0005242　集37/1120(普)

西廬文集四卷　(清)張雋撰　清宣統二年
(1910)上海國學扶輪社鉛印本　二冊

130000－0404－0005243　集37/1121(普)

渠亭山人半部稿不分卷　(清)張貞撰　清康
熙二十八年(1689)刻本　一冊

130000－0404－0005244　集37/1122(普)

**胡敬齋先生居業錄八卷陳剩夫先生集四卷羅
整庵先生存稿二卷困知記四卷**　(清)張伯行
訂　清康熙四十七年(1708)正誼堂刻本
九冊

130000－0404－0005245　集37/1123(普)

白雲山房文集六卷　(清)張象津著　清刻本
二冊　存四卷(一至四)

130000－0404－0005246　集37/1133(普)

廣雅堂詩集四卷　(清)張之洞撰　清光緒順
德刻本　二冊

130000－0404－0005247　集37/1133＝2(普)

廣雅堂詩集四卷　(清)張之洞撰　清末影印
本　二冊

130000－0404－0005248　集37/1133－2(普)

張文襄公全集十四種二百二十九卷首二卷
(清)張之洞撰　清宣統元年(1909)文華齋刻
本　一百二十冊

130000－0404－0005249　集37/1134(普)

養素堂文集三十五卷　(清)張澍撰　清刻本
七冊　存二十卷(十六至三十五)

130000－0404－0005250　集37/1138(普)

濂亭文集八卷　(清)張裕釗著　清光緒八年
(1882)查氏木漸齋刻本　二冊

130000－0404－0005251　集37/1138(2)(普)

濂亭文集八卷　(清)張裕釗著　清光緒八年
(1882)查氏木漸齋刻本　二冊

130000－0404－0005252　集37/1138＝2(普)

濂亭文集八卷　(清)張裕釗著　清宣統元年
(1909)掃葉山房石印本　二冊

130000－0404－0005253　集37/1138＝2(2)(普)

濂亭文集八卷　(清)張裕釗著　清宣統元年
(1909)掃葉山房石印本　二冊

130000－0404－0005254　集37/1144(普)

張子詩選不分卷　（清）張蓋著　清光緒七年(1881)刻本　一冊

130000－0404－0005255　集37/1150（普）

茗柯文編四卷　（清）張惠言撰　清光緒七年(1881)刻本　二冊

130000－0404－0005256　集37/1150(2)（普）

茗柯文編四卷　（清）張惠言撰　清光緒七年(1881)刻本　二冊

130000－0404－0005257　集37/1163（普）

無爲齋文集十二卷　（清）張昭潛撰　清光緒四年(1878)刻本　三冊

130000－0404－0005258　集37/1174（普）

漁邨詩稿六卷　（清）張鳳翥撰　清嘉慶九年(1804)刻本　二冊

130000－0404－0005259　集37/1175（普）

樂彼園四字類賦二十七卷　（清）張師載著　清道光二十九年(1849)刻本　四冊

130000－0404－0005260　集37/1177（普）

船山詩草二十卷　（清）張問陶撰　清嘉慶二十年(1815)刻本　八冊

130000－0404－0005261　集37/1177＝2（普）

船山詩草二十卷　（清）張問陶撰　清宣統二年(1910)石印本　五冊

130000－0404－0005262　集37/1220（普）

天崇輯要二卷附國朝輯要四卷　（清）張伯龍輯　清光緒四年(1878)善成堂刻本　三冊

130000－0404－0005263　集37/1237（普）

愛日堂文集八卷詩集二卷年譜一卷　（清）孫宗彝撰　清乾隆三十五年(1770)刻本　六冊

130000－0404－0005264　集37/1238（普）

擔峯詩四卷　（清）孫詮撰　清康熙三十六年(1697)刻本　四冊

130000－0404－0005265　集37/1238(2)（普）

擔峯詩四卷　（清）孫詮撰　清康熙三十六年(1697)刻本　四冊

130000－0404－0005266　集37/1243（普）

夏峰先生集十四卷首一卷補遺二卷　（清）孫奇逢撰　清道光二十五年(1845)大梁書院刻本　十六冊

130000－0404－0005267　集37/1243(2)（普）

夏峰先生集十四卷首一卷補遺二卷　（清）孫奇逢撰　清道光二十五年(1845)大梁書院刻本　十六冊

130000－0404－0005268　集37/1243(3)（普）

夏峰先生集十四卷首一卷補遺二卷　（清）孫奇逢撰　清道光二十五年(1845)大梁書院刻本　十六冊

130000－0404－0005269　集37/1262（普）

孫淵如先生全集二十三卷　（清）孫星衍撰　清光緒十一年(1885)吳縣朱氏槐廬家塾刻本　十冊

130000－0404－0005270　集37/1262＝2（普）

孫淵如先生全集二十三卷　（清）孫星衍撰　清光緒十一年(1885)長沙王氏刻本　六冊　存十二卷(岱南閣二卷、問字堂集五至六、贈言一卷、平津館文稿二卷、澄清堂詩稿二卷、五松園文稿一卷、嘉穀堂集一卷、澄清堂續稿一卷)

130000－0404－0005271　集37/1320（普）

授堂文鈔八卷　（清）武億撰　清嘉慶六年(1801)刻本　二冊

130000－0404－0005272　集37/1727（普）

用六集十二卷　（清）刁包撰　清道光二十三年(1843)順積樓刻本　六冊

130000－0404－0005273　集37/1743（普）

謙受堂集十五卷　（清）邵大業撰　清嘉慶二年(1797)刻本　四冊

130000－0404－0005274　集37/1764（普）

南邨草堂詩鈔二十四卷　（清）鄧顯鶴撰　清道光九年(1829)刻本　六冊

130000－0404－0005275　集37/2007（普）

適齋居士集四卷　（清）愛新覺羅舒敏撰　清道光二十二年(1842)刻本　四冊

130000－0404－0005276　集37/2042(普)

西河合集不分卷　(清)毛奇齡撰　清刻本
十冊

130000－0404－0005277　集37/2046(普)

丹魁堂詩集七卷外集四卷　(清)季芝昌撰
清同治四年(1865)刻本　五冊

130000－0404－0005278　集37/2073(普)

有恆齋集不分卷　(清)喬用遷撰　清道光二
十三年(1843)刻本　九冊

130000－0404－0005279　集37/2074(普)

豫齋集二卷　(清)毛鳳枝撰　清光緒七年
(1881)刻本　一冊　存一卷(一)

130000－0404－0005280　集37/2104(普)

紅竹山房文稿十二卷　(清)盧韺撰　清同治
八年(1869)刻本　二冊

130000－0404－0005281　集37/2132(普)

雙藤書屋詩集十二卷月波舫遺稿一卷雙藤書
屋試帖二卷　(清)何道生撰　清道光刻本
四冊

130000－0404－0005282　集37/2132(2)(普)

雙藤書屋詩集十二卷月波舫遺稿一卷雙藤書
屋試帖二卷　(清)何道生撰　清道光刻本
四冊

130000－0404－0005283　集37/2168(普)

雅雨堂文集四卷詩集二卷出塞集一卷　(清)
盧見曾撰　清道光二十年(1840)刻本　四冊

130000－0404－0005284　集37/2168－2(普)

存誠堂詩集二十卷應制詩五卷　(清)張英撰
　清刻本　四冊　存二十卷(詩集六至二十、
應制五卷)

130000－0404－0005285　集37/2233(普)

清芬樓遺稿四卷　(清)任啟運撰　清光緒十
四年(1888)家塾刻本　二冊

130000－0404－0005286　集37/2246(普)

念堂詩草五卷　(清)崔旭撰　清道光二十三
年(1843)刻本　一冊

130000－0404－0005287　集37/2400(普)

儲遯菴文集十二卷　(清)儲方慶撰　清光緒
二年(1876)刻本　四冊

130000－0404－0005288　集37/2514(普)

知足齋詩集二十卷文集六卷進呈文稿二卷詩
續集四卷　(清)朱珪撰　清嘉慶十年(1805)
刻本　十四冊

130000－0404－0005289　集37/2514(2)(普)

知足齋詩集二十卷文集六卷進呈文稿二卷詩
續集四卷　(清)朱珪撰　清嘉慶十年(1805)
刻本　十二冊

130000－0404－0005290　集37/2528(普)

曝書亭集外藁八卷　(清)朱彝尊撰　(清)馮
登府輯　清道光二年(1822)刻本　二冊

130000－0404－0005291　集37/2528－2(普)

曝書亭集箋注二十三卷　(清)朱彝尊撰
(清)孫銀槎輯注　清嘉慶五年(1800)三有堂
刻本　十二冊

130000－0404－0005292　集37/2528－3(普)

曝書亭集八十卷附錄一卷　(清)朱彝尊撰
清乾隆刻本　十七冊

130000－0404－0005293　集37/2528－3(2)(普)

曝書亭集八十卷附錄一卷　(清)朱彝尊撰
清乾隆刻本　十三冊

130000－0404－0005294　集37/2541(普)

梅崖居士文集三十卷外集八卷　(清)朱士琇
撰　清乾隆四十七年(1782)松轂刻道光五年
(1825)補修本　十二冊

130000－0404－0005295　集37/2553(普)

朱文端公文集四卷補編四卷年譜一卷　(清)
朱軾撰　清同治十年(1871)刻本　五冊

130000－0404－0005296　集37/2563(普)

紅蕉館詩鈔一卷續二卷　(清)朱畹撰　仍可
軒詩鈔不分卷　(清)朱廷相撰　清道光二十
一年(1841)種竹山房刻本　四冊

130000－0404－0005297　集37/2608(普)

兼濟堂文集選二十卷　(清)魏裔介撰　清康
熙五十年(1711)龍江書院刻本　十六冊

130000－0404－0005298　集37/2608(2)(普)
兼濟堂文集選二十卷　（清）魏裔介撰　清康熙五十年(1711)龍江書院刻本　十六冊

130000－0404－0005299　集37/2608＝2(普)
兼濟堂文集二十四卷　（清）魏裔介撰　清光緒十年(1884)刻本　二十四冊

130000－0404－0005300　集37/2608＝3(普)
兼濟堂文集二十四卷　（清）魏裔介撰　清刻本　二十一冊　缺三卷(七、十二、二十)

130000－0404－0005301　集37/2608－2(普)
嶼舫詩集七卷靜怡齋約言錄內篇一卷外篇一卷瓊琚佩語一卷　（清）魏裔介撰　清刻本　七冊

130000－0404－0005302　集37/2614(普)
勉行堂詩集二十四卷文集六卷首一卷　（清）程晉芳撰　清嘉慶二十三年至二十五年(1818－1820)刻本　六冊

130000－0404－0005303　集37/2614.2(普)
拙修集十卷續編四卷　（清）吳廷棟撰　清光緒九年(1883)刻本　二冊　存四卷(拙修集七至八、續編三至四)

130000－0404－0005304　集37/2620(普)
林蕙堂文集十二卷　（清）吳綺撰　清乾隆三十九年(1774)衷白堂刻本　三冊　存五卷(一至五)

130000－0404－0005305　集37/2623(普)
梅村詩集箋注十八卷　（清）吳偉業撰　（清）吳翌鳳箋注　清嘉慶十九年(1814)滄浪吟榭刻本　十二冊

130000－0404－0005306　集37/2623(2)(普)
梅村詩集箋注十八卷　（清）吳偉業撰　（清）吳翌鳳箋注　清嘉慶十九年(1814)滄浪吟榭刻本　十二冊

130000－0404－0005307　集37/2624(普)
寒松堂全集十二卷年譜一卷　（清）魏象樞撰　清嘉慶十六年(1811)刻本　十三冊

130000－0404－0005308　集37/2624(2)(普)
寒松堂全集十二卷年譜一卷　（清）魏象樞撰　清嘉慶十六年(1811)刻本　十三冊

130000－0404－0005309　集37/2624(3)(普)
寒松堂全集十二卷年譜一卷　（清）魏象樞撰　清嘉慶十六年(1811)刻本　十三冊

130000－0404－0005310　集37/2624(4)(普)
寒松堂全集十二卷年譜一卷　（清）魏象樞撰　清嘉慶十六年(1811)刻本　十三冊

130000－0404－0005311　集37/2624(5)(普)
寒松堂全集十二卷年譜一卷　（清）魏象樞撰　清嘉慶十六年(1811)刻本　十二冊　缺一卷(六)

130000－0404－0005312　集37/2624.2(普)
林惠堂文集十二卷續刻六卷亭皋詩鈔四卷　（清）吳綺撰　清乾隆四十一年(1776)刻本　十一冊　缺五卷(林惠堂文集一、續刻二至五)

130000－0404－0005313　集37/2627(普)
小鮑庵詩存六卷末一卷　（清）吳仰賢撰　**南湖百詠一卷**　（清）吳萃恩撰　清光緒四年(1878)刻本　四冊

130000－0404－0005314　集37/2628(普)
紅雪山房詩鈔十二卷　（明）吳嶘撰　清嘉慶十九年(1814)刻本　四冊

130000－0404－0005315　集37/2631(普)
古微堂內集二卷外集八卷　（清）魏源撰　清宣統元年(1909)國學扶輪社鉛印本　六冊

130000－0404－0005316　集37/2632(普)
吳摯甫尺牘五卷補遺一卷諭兒書一卷　（清）吳汝綸撰　清宣統二年(1910)國學扶輪社石印本　二十三冊

130000－0404－0005317　集37/2632－2(普)
學古堂文集二卷　（清）吳汝綸撰　清光緒二十四年(1898)保定蓮池書院據上海圖書集成鉛印本　一冊

130000－0404－0005318　集37/2632－2(2)(普)
學古堂文集二卷　（清）吳汝綸撰　清光緒二

十四年(1898)保定蓮池書院據上海圖書集成
鉛印本　一冊

130000－0404－0005319　集37/2632－2(3)(普)
學古堂文集二卷　(清)吳汝綸撰　清光緒二
十四年(1898)保定蓮池書院據上海圖書集成
鉛印本　一冊

130000－0404－0005320　集37/2632－2(4)(普)
學古堂文集二卷　(清)吳汝綸撰　清光緒二
十四年(1898)保定蓮池書院據上海圖書集成
鉛印本　一冊

130000－0404－0005321　集37/2632－2(5)(普)
學古堂文集二卷　(清)吳汝綸撰　清光緒二
十四年(1898)保定蓮池書院據上海圖書集成
鉛印本　一冊

130000－0404－0005322　集37/2634(普)
**東湖草堂賦鈔初集二卷二集四卷三集四卷四
集四卷**　(清)程祥棟輯　清同治六年(1867)
抱朴山房刻本　十二冊

130000－0404－0005323　集37/2634.2(普)
魏叔子日錄三卷詩集八卷　(清)魏禧撰　**魏
季子文集十六卷**　(清)魏禮撰　清刻本　四
冊　存十二卷(魏叔子日錄二至三、詩集八
卷,魏季子文集十至十一)

130000－0404－0005324　集37/2634.2－2(普)
魏叔子文集外篇二十二卷日錄三卷詩集八卷
　(清)魏禧撰　清刻本　十六冊　缺六卷
(魏叔子文集外篇二至七)

130000－0404－0005325　集37/2650(普)
退思齋詩草六卷雜著一卷　(清)吳中彥撰
清光緒二十一年(1895)刻本　二冊

130000－0404－0005326　集37/2650(2)(普)
退思齋詩草六卷雜著一卷　(清)吳中彥撰
清光緒二十一年(1895)刻本　二冊

130000－0404－0005327　集37/2664(普)
竹間樓文集一卷淡言一卷體物考一卷　(清)
程恩培著　清光緒三十三年(1907)時新書館
鉛印本　一冊

130000－0404－0005328　集37/2667(普)
聽雨齋詩集二十二卷別集一卷補編一卷
(清)吳熙撰　清嘉慶九年(1804)刻本　二冊

130000－0404－0005329　集37/2680(普)
**有正味齋詩集十六卷續集八卷詞集八卷詞續
集二卷駢體文二十四卷續集八卷外集五卷**
(清)吳錫麒撰　清嘉慶十三年(1808)敬書堂
刻本　十六冊

130000－0404－0005330　集37/2680＝2
有正味齋詩集十六卷續集八卷　(清)吳錫麒
撰　清嘉慶十三年(1808)刻本　十二冊

130000－0404－0005331　集37/2680－2(普)
有正味齋集十六卷　(清)吳錫麒撰　清刻本
四冊

130000－0404－0005332　集37/2680－3(普)
有正味齋駢文十六卷　(清)吳錫麒撰　(清)
葉聯芬注　清同治七年(1868)慈北葉氏刻本
八冊

130000－0404－0005333　集37/2680－3＝2
(普)
有正味齋駢文十六卷　(清)吳錫麒撰　(清)
葉聯芬注　清光緒十七年(1891)羊城文賢閣
刻本　八冊

130000－0404－0005334　集37/2680－4(普)
有正味齋駢體文續集八卷　(清)吳錫麒撰
清嘉慶二年(1797)刻本　二冊

130000－0404－0005335　集37/2680－5(普)
有正味齋試帖詳注四卷　(清)吳錫麒撰
(清)吳揄　(清)吳敬恆注　清嘉慶十年
(1805)成錦堂刻本　四冊

130000－0404－0005336　集37/2680－5(2)(普)
有正味齋試帖詳注四卷　(清)吳錫麒撰
(清)吳揄　(清)吳敬恆注　清嘉慶十年
(1805)成錦堂刻本　四冊

130000－0404－0005337　集37/2680－6(普)
有正味齋駢體文箋二十四卷　(清)吳錫麒撰
(清)王廣業箋　清咸豐九年(1859)青箱塾

刻本　八册

130000－0404－0005338　集37/2680－6(2)(普)
有正味齋駢體文箋二十四卷　（清）吳錫麒撰
（清）王廣業箋　清咸豐九年(1859)青箱墊
刻本　八册

130000－0404－0005339　集37/2690(普)
鶴山文鈔三十二卷　（宋）魏了翁撰　清同治
十三年(1874)盱眙吳氏望三益齋刻本　二册
存五卷(二至六)

130000－0404－0005340　集37/2704(普)
壯悔堂文集十卷遺稿一卷四憶堂詩集六卷
（清）侯方域撰　清同治十三年(1874)刻本
八册

130000－0404－0005341　集37/2704＝3(普)
壯悔堂文集十卷遺稿一卷四憶堂詩集六卷
（清）侯方域撰　清刻本　六册　存十卷(壯
悔堂文集二至七、遺稿一卷,四憶堂詩集四至
六)

130000－0404－0005342　集37/2704－2(普)
壯悔堂文集十卷遺集一卷　（清）侯方域撰
清康熙三十四年(1695)刻本　六册

130000－0404－0005343　集37/2706(普)
賜綺堂集二十八卷續詩四卷外編六卷　（清）
詹應甲撰　清道光八年(1828)止園刻本　十
四册

130000－0404－0005344　集37/2714(普)
賦匯題解十卷　（清）倪一擎編　清乾隆二十
三年(1758)仁和倪氏刻本　二册

130000－0404－0005345　集37/2722(普)
留春草堂詩鈔七卷　（清）伊秉綬撰　清嘉慶
十九年(1814)烁水園刻本　二册

130000－0404－0005346　集37/2722(2)(普)
留春草堂詩鈔六卷　（清）伊秉綬撰　清嘉慶
十九年(1814)烁水園刻本　二册

130000－0404－0005347　集37/2744(普)
野鶴山人詩鈔一卷　（清）魯克恭著　清光緒
二年(1876)刻本　一册

130000－0404－0005348　集37/2767(普)
紀文達公遺集文十六卷詩十六卷　（清）紀昀
撰　清嘉慶十七年(1812)孫樹馨刻本　十
六册

130000－0404－0005349　集37/2767(2)(普)
紀文達公遺集文十六卷詩十六卷　（清）紀昀
撰　清嘉慶十七年(1812)孫樹馨刻本　十
六册

130000－0404－0005350　集37/2767(3)(普)
紀文達公遺集文十六卷詩十六卷　（清）紀昀
撰　清嘉慶十七年(1812)孫樹馨刻本　十
二册

130000－0404－0005351　集37/2767(4)(普)
紀文達公遺集文十六卷詩十六卷　（清）紀昀
撰　清嘉慶十七年(1812)孫樹馨刻本　二
十册

130000－0404－0005352　集37/2767(5)(普)
紀文達公遺集文十六卷詩十六卷　（清）紀昀
撰　清嘉慶十七年(1812)孫樹馨刻本　十
八册

130000－0404－0005353　集37/2767(6)(普)
紀文達公遺集文十六卷詩十六卷　（清）紀昀
撰　清嘉慶十七年(1812)孫樹馨刻本　十二
册　存十六卷(文十六卷)

130000－0404－0005354　集37/2767－2(普)
紀曉嵐詩註釋四卷　（清）紀昀撰　（清）郭斌
評註　清嘉慶二年(1797)書業成紀二色套印
本　四册

130000－0404－0005355　集37/2767－3(普)
館課存薰四卷　（清）紀昀撰　清嘉慶七年
(1802)名盛堂刻本　二册

130000－0404－0005356　集37/2788(普)
五百四峰堂詩鈔二十五卷　（清）黎簡撰　清
同治十三年(1874)南海陳氏刻本　八册

130000－0404－0005357　集37/3027(普)
躬恥齋詩鈔十四卷首一卷文鈔二十卷首一卷
（清）宗稷辰撰　清咸豐九年(1859)古越九

259

曲山房刻本　二十三冊

130000－0404－0005358　集37/3102(普)
自然好學齋詩鈔十卷　(清)汪端撰　清同治
十三年(1874)刻本　四冊

130000－0404－0005359　集37/3113(普)
鈍翁文集十六卷　(清)汪琬撰　清宣統二年
(1910)國學扶輪社石印本　八冊

130000－0404－0005360　集37/3131(普)
借閒生詩三卷詞一卷　(清)汪遠孫撰　清道
光二十年(1840)錢塘汪氏振綺堂刻本　二冊

130000－0404－0005361　集37/3133(普)
東里生爐餘集三卷附刻王木齋遺文一卷
(清)汪家禧撰　清道光元年(1821)刻本
二冊

130000－0404－0005362　集37/3136－2(普)
伏敔堂詩錄十五卷首一卷　(清)江湜撰　清
同治元年(1862)刻本　二冊　存九卷(一至
四、九至十二,首一卷)

130000－0404－0005363　集37/3138(普)
潄潤齋詩存二卷　(清)汪棨撰　清光緒二年
(1876)刻本　一冊

130000－0404－0005364　集37/3140(普)
秋水集十六卷　(清)馮如京撰　清乾隆五年
(1740)清暉堂刻本　十二冊

130000－0404－0005365　集37/3144(普)
顯志堂稿十二卷夢奈詩稿一卷　(清)馮桂芬
撰　清光緒二年(1876)校邠廬刻本　六冊

130000－0404－0005366　集37/3150(普)
述學內篇三卷外篇一卷補遺一卷別錄一卷
(清)汪中撰　清同治揚州書局刻本　二冊

130000－0404－0005367　集37/3150＝2(普)
**述學內篇三卷外篇一卷補遺一卷別錄一卷校
勘記一卷遺文一卷附鈔一卷**　(清)汪中撰
清嘉慶二十年(1815)刻本　二冊

130000－0404－0005368　集37/3182(普)
知德軒遺稿六卷　(清)汪鋅撰　清咸豐七年
(1857)刻本　二冊

130000－0404－0005369　集37/3187(普)
增訂馮夔颺稿不分卷　(清)馮夔颺著　清同
治十一年(1872)文奎堂刻本　四冊

130000－0404－0005370　集37/3191(普)
亭林文集六卷餘集一卷　(清)顧炎武撰　清
光緒山隱居刻本　四冊

130000－0404－0005371　集37/3191＝3(普)
亭林詩集五卷文集六卷　(清)顧炎武撰　清
刻本　二冊

130000－0404－0005372　集37/3191＝4(普)
亭林餘集一卷　(清)顧炎武撰　清光緒二年
(1876)誦芬樓刻本　一冊

130000－0404－0005373　集37/3271(普)
清芬堂集十六卷續集六卷　(清)潘際雲撰
清道光六年(1826)載石山房刻本　三冊

130000－0404－0005374　集37/3334－2(普)
飲冰室壬寅文集十八卷　梁啟超撰　清光緒
三十一年(1905)維新學社石印本　十六冊

130000－0404－0005375　集37/3431(普)
沈文忠公集十卷自訂年譜一卷　(清)沈兆霖
撰　清同治八年(1869)刻本　四冊

130000－0404－0005376　集37/3436(普)
沈端恪公[近思]年譜二卷　(清)沈近思撰
勵志錄二卷　(清)沈近思撰　清同治十二年
(1873)浙江書局刻本　二冊

130000－0404－0005377　集37/3448(普)
**存素堂詩初集錄存二十四卷詩稿一卷二集八
卷續集一卷**　(清)法式善撰　清嘉慶十二年
(1807)刻本　八冊

130000－0404－0005378　集37/3477(普)
六梅書屋尺牘四卷　(清)凌丹陛撰　清光緒
五年(1879)京都二西齋刻本　三冊　存三卷
(一、三至四)

130000－0404－0005379　集37/3481(普)
沈子磻遺文不分卷　(清)沈銘石撰　清光緒
三十四年(1908)江陰金氏粟香室刻本　一冊

130000－0404－0005380　集37/3603(普)

湯子遺書十卷附錄一卷附年譜一卷　（清）湯
斌撰　清刻本　八冊

130000－0404－0005381　集37/3603＝2(普)
湯子遺書十卷年譜一卷潛菴先生擬明史稿二
十卷乾坤兩卦解一卷洛學編五卷湯子遺書續
編二卷　（清）湯斌撰　清同治九年(1870)刻
本　三十二冊

130000－0404－0005382　集37/3603＝2(2)(普)
湯子遺書十卷續編二卷洛學編五卷乾坤兩卦
解一卷　（清）湯斌撰　清刻本　二十冊　缺
七卷(湯子遺書一至六、十)

130000－0404－0005383　集37/3603－2(普)
潛菴先生遺稿五卷　（清）湯斌撰　（清）閻興
邦評定　清康熙二十九年(1690)刻本　四冊

130000－0404－0005384　集37/3603－2(2)(普)
潛菴先生遺稿五卷　（清）湯斌撰　（清）閻興
邦評定　清康熙二十九年(1690)刻本　四冊

130000－0404－0005385　集37/3624(普)
湘中草六卷　（清）湯傅楹撰　清康熙二十四
年(1685)刻本　一冊

130000－0404－0005386　集37/3635(普)
金源紀事詩八卷　（清）湯運泰撰　（清）湯顯
業　（清）湯顯榦注　清同治十二年(1873)淮
南書局刻本　四冊

130000－0404－0005387　集37/3635(2)(普)
金源紀事詩八卷　（清）湯運泰撰　（清）湯顯
業　（清）湯顯榦注　清同治十二年(1873)淮
南書局刻本　四冊

130000－0404－0005388　集37/3677(普)
海秋制藝後集一卷　（清）湯鵬撰　清經國堂
刻本　一冊

130000－0404－0005389　集37/3734(普)
饅飢亭集三十二卷後集十二卷　（清）祁寯藻
撰　清咸豐六年(1856)祁氏自刻本　六冊

130000－0404－0005390　集37/4001(普)
童山文集二十卷補遺一卷粵東皇華集四卷
（清）李調元撰　清嘉慶四年(1799)萬卷樓刻

本　四冊

130000－0404－0005391　集37/4007(普)
樊南文集補編十二卷　（唐）李商隱著　（清）
錢振倫箋　（清）錢振常注　玉谿生年譜訂誤
一卷　（清）錢振倫撰　清同治五年(1866)望
三益齋刻本　四冊

130000－0404－0005392　集37/4017(普)
邃懷堂文集箋注十六卷　（清）袁翼撰　（清）
朱齡箋注　清咸豐八年(1858)古唐朱氏古懽
齋刻本　六冊

130000－0404－0005393　集37/4020(普)
古香齋詩集一卷詩餘一卷　（清）不著撰者撰
清刻本　一冊

130000－0404－0005394　集37/4023(普)
穆堂初稿五十卷　（清）李紱撰　清道光十一
年(1831)奉國堂刻本　十六冊

130000－0404－0005395　集37/4023－2(普)
穆堂別稿五十卷　（清）李紱撰　清道光十一
年(1831)奉國堂刻本　十二冊

130000－0404－0005396　集37/4031(普)
龍泉園集十二卷　（清）李江撰　清光緒二十
年(1894)刻本　四冊

130000－0404－0005397　集37/4033(普)
養一齋文集二十卷詩集四卷賦一卷詩餘一卷
（清）李兆洛撰　清光緒四年(1878)刻本
十冊

130000－0404－0005398　集37/4033(2)(普)
養一齋文集二十卷詩集四卷賦一卷詩餘一卷
（清）李兆洛撰　清光緒四年(1878)刻本
十冊

130000－0404－0005399　集37/4036(普)
聞妙香室詩十二卷　（清）李宗昉撰　清道光
十五年(1835)刻本　四冊

130000－0404－0005400　集37/4039(普)
瞿園詩草三卷　瞿園(袁祖光)撰　清光緒三
十四年(1908)刻本　一冊　存一卷(一)

130000－0404－0005401　集37/4039.2(普)

左文襄公全集一百九卷首一卷　（清）左宗棠
撰　清光緒刻本　一百四冊

130000－0404－0005402　集37/4040(普)
春園吟稿十二卷　（清）查有新撰　清道光刻
本　四冊

130000－0404－0005403　集37/4044(普)
恕谷後集十三卷　（清）李塨著　清雍正四年
(1726)刻本　四冊

130000－0404－0005404　集37/4044＝2(普)
恕谷後集十三卷　（清）李塨著　清刻本　二
冊　缺七卷(七至十三)

130000－0404－0005405　集37/4046(普)
太白山人槲葉集五卷南遊草一卷　（清）李柏
撰　清刻本　五冊

130000－0404－0005406　集37/4047(普)
道古堂文集四十八卷詩集二十六卷外文一卷
外詩一卷軼事一卷　（清）杭世駿撰　清光緒
十四年(1888)汪氏振綺堂刻本　十六冊

130000－0404－0005407　集37/4047＝2(普)
道古堂文集四十八卷詩集二十六卷　（清）杭
世駿撰　清刻本　十一冊　缺五十五卷(文
集一至三十六、詩集八至二十六)

130000－0404－0005408　集37/4048(普)
袁文箋正十六卷　（清）袁枚撰　（清）石韞玉
箋　清嘉慶十七年(1812)松壽山房刻本
六冊

130000－0404－0005409　集37/4048(2)(普)
袁文箋正十六卷　（清）袁枚撰　（清）石韞玉
箋　清嘉慶十七年(1812)松壽山房刻本
六冊

130000－0404－0005410　集37/4048－2(普)
補校袁文箋正七卷首一卷　（清）袁枚撰
（清）石韞玉箋　清嘉慶二十五年(1820)嶺南
叢雅居刻本　十冊

130000－0404－0005411　集37/4048－3(普)
小倉山房詩集三十一卷附錄一卷補遺二卷
（清）袁枚撰　清同聯堂刻本　八冊

130000－0404－0005412　集37/4048－4(普)
小倉山房文集三十五卷　（清）袁枚撰　清刻
本　十二冊

130000－0404－0005413　集37/4048－5(普)
音註小倉山房尺牘八卷　（清）袁枚撰　（清）
胡光斗箋釋　清光緒三十二年(1906)章福記
書局石印本　二冊

130000－0404－0005414　集37/4048－5(2)(普)
音註小倉山房尺牘八卷　（清）袁枚撰　（清）
胡光斗箋釋　清光緒三十二年(1906)章福記
書局石印本　四冊

130000－0404－0005415　集37/4048－5＝4(普)
音註小倉山房尺牘八卷　（清）袁枚撰　（清）
胡光斗箋釋　清光緒四年(1878)蘭言書屋刻
本　四冊

130000－0404－0005416　集37/4048－6(普)
小倉山房詩集三十六卷外集八卷文集三十五
卷　（清）袁枚撰　清乾隆三十四年(1769)刻
本　十七冊　存六十一卷(詩集三十六卷、外
集八卷、文集一至十七)

130000－0404－0005417　集37/4052(普)
篔谷詩鈔二十卷　（清）查揆撰　清道光十五
年(1835)菽原堂刻本　六冊

130000－0404－0005418　集37/4058(普)
嘉樹山房詩集十八卷　（清）李中簡撰　清乾
隆三十九年(1774)刻本　二冊　存九卷(四
至十二)

130000－0404－0005419　集37/4061＝2(普)
二曲集四十六卷　（清）李顒撰　清刻本　八
冊　缺二十三卷(一至二十三)

130000－0404－0005420　集37/4061－2(普)
二曲全集二十六卷　（清）李顒撰　清湘陰蔣
氏小娜環山館刻本　六冊

130000－0404－0005421　集37/4090(普)
織齋文集八卷　（清）李煥章撰　清光緒十三
年(1887)樂安李氏尚志堂刻本　二冊

130000－0404－0005422　集37/4094(普)

榕村全集四十卷別集五卷　（清）李光地撰
清乾隆元年（1736）刻本　十冊

130000－0404－0005423　集37/4096（普）
西瀧試帖輯註二卷　（清）李惺撰　清刻本
一冊

130000－0404－0005424　集37/4096＝2（普）
西瀧試帖輯註二卷　（清）李惺撰　簡學齋試
帖輯註一卷　（清）陳沆撰　清刻本　一冊

130000－0404－0005425　集37/4098（普）
青墅詩稿十卷　（清）李燧撰　清道光十三年
（1833）河南府署刻本　四冊

130000－0404－0005426　集37/4211（普）
恩餘堂經進初稿十二卷續稿二十二卷三稿十
一卷知聖道齋讀書跋尾二卷策問存課二卷
（清）彭元瑞著　清刻本　十八冊

130000－0404－0005427　集37/4211（2）（普）
恩餘堂經進初稿十二卷續稿二十二卷　（清）
彭元瑞著　清刻本　八冊　存二十三卷（初
稿十二卷、續稿一至十一）

130000－0404－0005428　集37/4211＝2（普）
恩餘堂經進初稿十二卷續稿二十二卷三稿十
一卷知聖道齋讀書跋尾二卷策問存課二卷
（清）彭元瑞著　清刻本　十六冊

130000－0404－0005429　集37/4220（普）
墨香閣文集十三卷首一卷末一卷　（清）彭維
新撰　清道光二年（1822）彭氏刻本　四冊

130000－0404－0005430　集37/4234（普）
小謨觴館詩集八卷詩續集二卷文集四卷詩餘
一卷續二卷　（清）彭兆蓀撰　（清）孫元培等
纂輯　清光緒二十九年（1903）刻本　八冊

130000－0404－0005431　集37/4240（普）
彭文敬公全集四十九卷　（清）彭蘊章撰　清
同治刻本　十六冊

130000－0404－0005432　集37/4274（普）
姚鏡塘先生全集十卷　（清）姚學塽撰　清道
光七年（1827）竹素齋刻本　三冊

130000－0404－0005433　集37/4294（普）

吳詩集覽二十卷補注二十卷　（清）吳偉業撰
　（清）靳榮藩補注　談藪二卷　（清）靳榮藩
輯　清刻本　十四冊　缺九卷（吳詩集覽一
至九）

130000－0404－0005434　集37/4294（2）（普）
吳詩集覽二十卷補注二十卷　（清）吳偉業撰
　（清）靳榮藩補注　談藪二卷　（清）靳榮藩
輯　清刻本　十二冊　缺二卷（吳詩集覽一、
八）

130000－0404－0005435　集37/4299（普）
復莊詩問三十四卷　（清）姚燮撰　清道光二
十八年（1848）刻本　八冊

130000－0404－0005436　集37/4310（普）
戴東原集十二卷　（清）戴震撰　清乾隆五十
七年（1792）金壇段氏刻經韻樓叢書本　三冊

130000－0404－0005437　集37/4310＝2（普）
戴東原集十二卷　（清）戴震撰　清光緒十年
（1884）刻本　四冊

130000－0404－0005438　集37/4324（普）
戴南山文鈔六卷　（清）戴名世撰　清宣統二
年（1910）上海國學扶輪社鉛印本　三冊

130000－0404－0005439　集37/4332（普）
南山全集十六卷　（清）戴潛虛（戴名世）撰
清道光三十年（1850）秀野軒刊木活字印本
八冊

130000－0404－0005440　集37/4400（普）
夢堂詩稿十五卷　（清）英廉撰　清乾隆四十
八年（1783）刻本　四冊

130000－0404－0005441　集37/4407（普）
山谷詩鈔五卷　（宋）黃庭堅撰　（清）姚鼐輯
　清光緒十一年（1885）皖省聚文堂刻本
四冊

130000－0404－0005442　集37/4408（普）
友竹草堂文集五卷　（清）蔣慶第撰　清光緒
十九年（1893）刻本　二冊

130000－0404－0005443　集37/4410（普）
半蕪園文集十二卷詩集四卷　（清）黃石麟撰

清雍正二年(1724)刻本　六冊

130000－0404－0005444　集37/4410－2(普)

范忠貞公全集五卷首一卷　(清)范承謨撰
清光緒二十一年(1895)刻本　四冊

130000－0404－0005445　集37/4411(普)

亦佳室詩鈔四卷文鈔四卷　(清)蘇廷玉撰
清咸豐六年(1856)刻本　四冊

130000－0404－0005446　集37/4414.2(普)

夢陔堂詩集三十五卷　(清)黃承吉撰　清道
光十二年(1832)刻本　八冊

130000－0404－0005447　集37/4430(普)

世宗憲皇帝御製文集三十卷總目四卷　(清)
世宗胤禛撰　**交輝園遺稿一卷**　(清)允祥撰
清雍正十二年(1734)刻本　十七冊

130000－0404－0005448　集37/4434(普)

湄湖吟十一卷聽松軒遺文一卷　(清)杜漺撰
清道光九年(1829)刻本　四冊

130000－0404－0005449　集37/4435(普)

妙香菴詩存不分卷　(清)林遇春撰　清同治
十二年(1873)刻本　一冊

130000－0404－0005450　集37/4435－2(普)

**庸盦文編四卷續編二卷海外文編四卷外編四
卷籌洋芻議一卷出使英法義比四國日記六卷**
　(清)薛福成撰　清光緒二十三年(1897)上
海醉六堂石印本　五冊

130000－0404－0005451　集37/4436(普)

詳批律賦精腋四卷　(清)葉祺昌評選　清光
緒五年(1879)好友堂記刻本　四冊

130000－0404－0005452　集37/4438(普)

黃梨洲先生南雷文約四卷　(清)黃宗羲撰
清乾隆刻本　四冊

130000－0404－0005453　集37/4442(普)

燕都雜詠四卷　(清)樊彬撰　清光緒三十三
年(1907)石耕山房刻本　一冊

130000－0404－0005454　集37/4442.2(普)

聊齋先生文集二卷　(清)蒲松齡撰　清宣統
元年(1909)上海國學扶輪社鉛印本　二冊

130000－0404－0005455　集37/4443(普)

二希堂文集十一卷首一卷　(清)蔡世遠撰
清道光十七年(1837)文林堂刻本　六冊

130000－0404－0005456　集37/4444(普)

郘亭詩鈔六卷　(清)莫友芝撰　清咸豐二年
(1852)遵義湘川講舍刻同治五年(1866)江寧
三山客舍重修本　一冊

130000－0404－0005457　集37/4444－2(普)

嶺海樓詩鈔八卷　(清)黃培芳撰　清嘉慶二
十年(1815)刻本　二冊

130000－0404－0005458　集37/4447(普)

江上小蓬萊吟舫詩存十八卷詩餘二卷　(清)
葉坤厚撰　清光緒九年(1883)刻本　二十冊

130000－0404－0005459　集37/4448(普)

忠雅堂詩集二十七卷補遺二卷詞集二卷
(清)蔣士銓撰　清嘉慶三年(1798)揚州刻本
　八冊

130000－0404－0005460　集37/4448＝2(普)

忠雅堂詩集二十七卷補遺二卷詞集二卷
(清)蔣士銓撰　清道光二十三年(1843)藏園
刻本　六冊

130000－0404－0005461　集37/4448＝3(普)

忠雅堂詩集二十七卷補遺二卷詞集二卷
(清)蔣士銓撰　清敬書堂刻本　十二冊

130000－0404－0005462　集37/4448－2(普)

忠雅堂文集三十卷　(清)蔣士銓撰　清刻本
　六冊

130000－0404－0005463　集37/4448－2＝2(普)

忠雅堂文集三十卷　(清)蔣士銓撰　清學餘
堂刻本　十二冊

130000－0404－0005464　集37/4448－2＝2(2)
(普)

忠雅堂文集三十卷　(清)蔣士銓撰　清學餘
堂刻本　六冊　存十七卷(一至十七)

130000－0404－0005465　集37/4452(普)

晚香亭詩鈔不分卷　(清)蔡邦甸撰　清光緒
十八年(1892)天津石印本　四冊

130000－0404－0005466　集37/4459（普）

燕川集十四卷　（清）范泰恒撰　清嘉慶十四年(1809)願起廬刻本　五冊

130000－0404－0005467　集37/4460（普）

新羅山人集五卷目錄一卷　（清）華喦撰　清末杭州古今圖書館德記書局影印本　一冊

130000－0404－0005468　集37/4462（普）

兩當軒集二十二卷考異二卷附錄四卷　（清）黃景仁撰　清光緒二年(1876)家塾刻本　八冊

130000－0404－0005469　集37/4462－2（普）

兩當軒詩鈔十四卷　（清）黃景仁撰　清嘉慶二十二年(1817)菇古山房刻本　四冊

130000－0404－0005470　集37/4463（普）

古餘薌閣遺詩一卷　（清）慕昌溎撰　清光緒三十二年(1906)鉛印本　一冊

130000－0404－0005471　集37/4482（普）

讀白華草堂詩初集九卷二集十二卷苜蓿集八卷　（清）黃釗撰　清道光二十八年(1848)刻本　八冊

130000－0404－0005472　集37/4483（普）

西齋集二卷　（清）黃鉞撰　清嘉慶十二年(1807)刻本　一冊

130000－0404－0005473　集37/4499（普）

已畦詩集十卷殘餘一卷　（清）葉燮撰　清乾隆二十八年(1763)刻本　四冊

130000－0404－0005474　集37/4615（普）

享帚集四卷　（清）楊豫成撰　清同治三年(1864)臥雲書屋刻本　四冊

130000－0404－0005475　集37/4642（普）

登高一呼六卷　（清）楊士魁撰　清光緒七年(1881)文華齋刻本　六冊

130000－0404－0005476　集37/4649（普）

芙蓉山館詩鈔八卷補鈔一卷詞鈔二卷詞附鈔一卷文鈔八卷　（清）楊芳燦撰　清光緒十七年(1891)木活字印本　八冊

130000－0404－0005477　集37/4669（普）

插花窗詩草六卷賦草二卷詩草補遺一卷　（清）楊昌光撰　清嘉慶十七年(1812)雙桂書屋刻本　六冊

130000－0404－0005478　集37/4682（普）

四知堂文集三十六卷　（清）楊錫紱撰　清嘉慶十一年(1806)刻本　八冊　存十四卷(一至十四)

130000－0404－0005479　集37/4713（普）

石笥山房文集六卷補遺一卷詩集十一卷詩餘一卷詩集補遺二卷續補遺二卷　（清）胡天游撰　清咸豐二年(1852)刻本　十冊

130000－0404－0005480　集37/4713－2（普）

石笥山房文集六卷詩集四卷　（清）胡天游撰　清嘉慶三年(1798)刻本　四冊

130000－0404－0005481　集37/4713－3（普）

石笥山房文集六卷詩集十二卷　（清）胡天游撰　清道光二十六年(1846)刻本　十冊

130000－0404－0005482　集37/4713－3(2)（普）

石笥山房文集六卷詩集十二卷　（清）胡天游撰　清道光二十六年(1846)刻本　八冊

130000－0404－0005483　集37/4713－4（普）

石笥山房文集五卷補遺一卷　（清）胡天游撰　清宣統元年(1909)上海國學扶輪社鉛印本　四冊

130000－0404－0005484　集37/4738（普）

中山文鈔四卷首一卷詩鈔四卷史論二卷奏議四卷　（清）郝浴撰　清康熙刻本　八冊

130000－0404－0005485　集37/4738＝2（普）

中山文鈔四卷奏議四卷　（清）郝浴撰　清刻本　四冊

130000－0404－0005486　集37/4741（普）

玉津閣文略九卷　（清）胡薇元撰　清光緒十四年(1888)刻本　一冊　存五卷(五至九)

130000－0404－0005487　集37/4742（普）

樹譓室遺詩五卷　（清）胡旭撰　清嘉慶七年(1802)德清胡氏刻本　一冊

130000－0404－0005488　集37/4748（普）

265

崇雅堂詩鈔四卷文鈔二卷　（清）胡敬撰　清末杭州愛日軒陸貞一刻本　二冊

130000－0404－0005489　集37/4917（普）

甌北集五十卷續三卷　（清）趙翼撰　清乾隆五十五年(1790)刻本　十八冊

130000－0404－0005490　集37/4917－2（普）

甌北詩鈔不分卷　（清）趙翼撰　清乾隆五十六年(1791)刻本　十冊

130000－0404－0005491　集37/4964（普）

青草堂集十二卷二集十六卷　（清）趙國華撰　清刻本　八冊

130000－0404－0005492　集37/4989（普）

澹園遺藁一卷　（清）趙錦堂著　清光緒十八年(1892)刻本　一冊

130000－0404－0005493　集37/4991（普）

亦有生齋集詩三十二卷文二十卷詞五卷樂府二卷　（清）趙懷玉撰　清嘉慶二十年至道光元年(1815－1821)刻本　二十冊

130000－0404－0005494　集37/5022（普）

申端愍公詩集八卷文集一卷　（明）申佳胤撰　任杞實政錄一卷　（清）丁敬等撰　旌忠錄二卷　（清）魏裔介等撰　清道光二十三年(1843)刻本　四冊

130000－0404－0005495　集37/5030（普）

小峴山人詩集十六卷文集六卷　（清）秦瀛撰　清世恩堂刻本　八冊

130000－0404－0005496　集37/5036（普）

忠裕堂詩集十卷文集三卷　（清）申涵盼撰　清道光二十七年(1847)刻本　六冊

130000－0404－0005497　集37/5036（2）（普）

忠裕堂詩集十卷文集三卷　（清）申涵盼撰　清道光二十七年(1847)刻本　六冊

130000－0404－0005498　集37/5036（3）（普）

忠裕堂詩集十卷文集三卷　（清）申涵盼撰　清道光二十七年(1847)刻本　六冊

130000－0404－0005499　集37/5040（普）

耐俗軒詩鈔五卷　（清）申頲著　清光緒七年

(1881)刻本　一冊

130000－0404－0005500　集37/5040（2）（普）

耐俗軒詩鈔五卷　（清）申頲著　清光緒七年(1881)刻本　二冊

130000－0404－0005501　集37/5044（普）

爾爾書屋詩草八卷　（清）史夢蘭撰　清光緒元年(1875)刻本　二冊

130000－0404－0005502　集37/5072（普）

永年申氏遺書十三種　（清）申居鄖輯　清光緒五年(1879)定州王氏謙德堂刻本　七冊　存八種二十三卷(聰山詩選八卷、荊園小語一卷、申氏拾遺集二卷、申鳧盟先生年譜一卷、申端愍公文集二卷、忠裕堂集一卷、聰山集三卷、通鑑評語五卷)

130000－0404－0005503　集37/5374（普）

鶴泉文鈔二卷　（清）戚學標撰　清嘉慶九年(1804)刻本　一冊

130000－0404－0005504　集37/5504（普）

星湖詩集二十卷　（清）曹龍樹撰　清刻本　五冊　存十二卷(二至十三)

130000－0404－0005505　集37/5860（普）

習靜軒詩文集文二卷詩二十四卷制藝一卷　（清）鰲圖撰　清嘉慶八年至十二年(1803－1807)刻本　八冊

130000－0404－0005506　集37/6000（普）

九水山房文存二卷　（清）畢亨撰　清咸豐二年(1852)楊氏海源閣刻本　二冊

130000－0404－0005507　集37/6031（普）

靈巖山人詩集四十卷年譜一卷　（清）畢沅撰　清嘉慶四年(1799)經訓堂刻本　十二冊

130000－0404－0005508　集37/6045（普）

楚蒙山房集五卷　（清）晏斯盛撰　清乾隆七年(1742)新喻晏氏刻本　四冊　存四卷(一至四)

130000－0404－0005509　集37/6052（普）

海上鴻泥偶存八卷　（清）羅抑山輯　清道光二十八年(1848)文光堂刻本　四冊　存四卷

（一至四）

130000－0404－0005510　　集37/6073(普)
吕晚村詩集不分卷補遺一卷　(清)吕留良撰
　清刻本　　三冊

130000－0404－0005511　　集37/6075(普)
惲子居文鈔四卷　(清)惲敬編　清宣統二年
(1910)上海國學扶輪社石印本　　四冊

130000－0404－0005512　　集37/6083(普)
二知齋文鈔四卷詩鈔四卷　(清)易鏡清著
　清光緒元年(1875)恩餘堂刻本　　四冊

130000－0404－0005513　　集37/6629(普)
嚴太僕先生集十二卷　(清)嚴虞惇撰　清光
緒十年(1884)常熟嚴氏刻本　　二冊

130000－0404－0005514　　集37/6724(普)
檉華館文集六卷詩集四卷駢體文一卷雜錄一
卷　(清)路德撰　清光緒七年(1881)解梁書
院刻本　　十冊

130000－0404－0005515　　集37/6724－2(普)
檉華館試帖彙鈔輯注十卷　(清)路德撰
(清)胡葆鍔輯注　清道光十四年(1834)刻本
　六冊

130000－0404－0005516　　集37/6724－2＝2(普)
檉華館試帖彙鈔輯注十卷　(清)路德撰
(清)胡葆鍔輯注　清道光二十七年(1847)聚
錦旭刻本　　十冊

130000－0404－0005517　　集37/6724－2＝2(2)
(普)
檉華館試帖彙鈔輯注十卷　(清)路德撰
(清)胡葆鍔輯注　清道光二十七年(1847)聚
錦旭刻本　　七冊

130000－0404－0005518　　集37/7110(普)
揅經室一集十四卷二集八卷三集五卷四集十
一卷外集五卷續集十一卷再續集六卷　(清)
阮元撰　清道光三年(1823)揚州阮氏文選樓
刻本　　二十四冊

130000－0404－0005519　　集37/7110(2)(普)
揅經室一集十四卷二集八卷三集五卷四集十

一卷外集五卷續集十一卷再續集六卷　(清)
阮元撰　清道光三年(1823)揚州阮氏文選樓
刻本　　二十四冊

130000－0404－0005520　　集37/7110(3)(普)
揅經室一集十四卷二集八卷三集五卷四集十
一卷外集五卷續集十一卷　(清)阮元撰　清
道光三年(1823)刻本　　二十一冊

130000－0404－0005521　　集37/7110(4)(普)
揅經室一集十四卷二集八卷三集五卷　(清)
阮元撰　清道光三年(1823)揚州阮氏文選樓
刻本　　二十冊

130000－0404－0005522　　集37/7110(5)(普)
揅經室一集十四卷二集八卷三集五卷四集十
一卷外集五卷續集十一卷再續集六卷　(清)
阮元撰　清道光三年(1823)刻本　　十二冊

130000－0404－0005523　　集37/7110(6)(普)
揅經室四集二卷詩十一卷續集十一卷外集五
卷　(清)阮元撰　清道光三年(1823)刻本
十二冊

130000－0404－0005524　　集37/7110－2(普)
揅經室文集十八卷　(清)阮元撰　清嘉慶十
二年(1807)刻本　　六冊

130000－0404－0005525　　集37/7113(普)
馬孝女遺稿六卷　(清)馬廷淑撰　清宣統二
年(1910)鉛印本　　三冊

130000－0404－0005526　　集37/7138(普)
耨雲軒詩鈔四卷詞二卷　(清)馬汾撰　清道
光二十八年(1848)刻本　　三冊

130000－0404－0005527　　集37/7167(普)
樊榭山房續集十卷　(清)厲鶚撰　清刻本
四冊

130000－0404－0005528　　集37/7221(普)
朔風吟略十一卷　(明)劉秉琳撰　清光緒二
年(1876)津門道署刻本　　二冊

130000－0404－0005529　　集37/7221(2)(普)
朔風吟略十一卷　(清)劉秉琳撰　清光緒二
年(1876)津門道署刻本　　二冊

130000 - 0404 - 0005530　集37/7232(普)

綠野齋文集四卷　(清)劉鴻翱撰　清道光七年(1827)同懷堂刻本　四冊

130000 - 0404 - 0005531　集37/7233(普)

劉禮部集十二卷　(清)劉逢祿撰　清道光十年(1830)思誤齋刻本　六冊

130000 - 0404 - 0005532　集37/7243(普)

劉文清公遺集十七卷應制詩集三卷　(清)劉墉撰　清道光六年(1826)東武劉氏味經書屋刻本　四冊

130000 - 0404 - 0005533　集37/7244(普)

海峰文集八卷詩集十一卷　(清)劉大櫆撰　清同治十三年(1874)刻本　八冊

130000 - 0404 - 0005534　集37/7285(普)

二樟詩鈔六卷　(清)劉念拔撰　清嘉慶三年(1798)賜杖樓刻本　六冊

130000 - 0404 - 0005535　集37/7436(普)

讀秋水齋詩十六卷　(清)陸黻恩撰　清同治七年(1868)雅浦陸氏刻本　二冊

130000 - 0404 - 0005536　集37/7442(普)

陸桴亭先生文集五卷　(清)陸世儀撰　清光緒九年(1883)廣仁堂刻本　二冊

130000 - 0404 - 0005537　集37/7474(普)

三魚堂文集十二卷外集六卷附錄一卷　(清)陸隴其撰　清刻本　八冊

130000 - 0404 - 0005538　集37/7510(普)

陳文恭公手劄節要三卷　(清)陳弘謀撰　清同治七年(1868)楚北崇文書局刻本　一冊

130000 - 0404 - 0005539　集37/7511(普)

學文堂文集十六卷詩集五卷詩餘三卷　(清)陳玉璂撰　清光緒二十三年(1897)刻本　六冊

130000 - 0404 - 0005540　集37/7514(普)

午亭文編五十卷　(清)陳廷敬撰　(清)林佶輯錄　清康熙四十七年(1708)林佶刻本　八冊　存二十六卷(一至二十六)

130000 - 0404 - 0005541　集37/7522(普)

湖海樓全集五十四卷　(清)陳維崧撰　清康熙二十八年(1689)患立堂刻本　十二冊

130000 - 0404 - 0005542　集37/7522 - 2(普)

湖海樓詩集八卷陳迦陵儷體文集十卷迦陵詞全集三十卷　(清)陳維崧撰　清康熙二十八年(1689)患立堂刻本　二十一冊　存三十八卷(湖海樓詩集八卷、儷體文集十卷、迦陵詞全集十一至三十)

130000 - 0404 - 0005543　集37/7522 - 3(普)

陳檢討集二十卷　(清)陳維崧撰　(清)程師恭注　清道光二年(1822)金閶步月樓刻本　四冊

130000 - 0404 - 0005544　集37/7522 - 3 = 2(普)

陳檢討集二十卷　(清)陳維崧撰　(清)程師恭注　清有美堂刻本　四冊

130000 - 0404 - 0005545　集37/7522 - 3 = 3(普)

陳檢討集二十卷　(清)陳維崧撰　(清)程師恭注　清康熙三十二年(1693)刻本　六冊

130000 - 0404 - 0005546　集37/7522 - 3 = 3(2)(普)

陳檢討集二十卷　(清)陳維崧撰　(清)程師恭注　清康熙三十二年(1693)刻本　六冊

130000 - 0404 - 0005547　集37/7528(普)

陳學士文集十八卷　(清)陳儀撰　清乾隆十八年(1753)蘭雪齋刻本　八冊

130000 - 0404 - 0005548　集37/7528(2)(普)

陳學士文集十八卷　(清)陳儀撰　清乾隆十八年(1753)蘭雪齋刻本　八冊

130000 - 0404 - 0005549　集37/7528(3)(普)

陳學士文集十八卷　(清)陳儀撰　清乾隆十八年(1753)蘭雪齋刻本　八冊

130000 - 0404 - 0005550　集37/7530(普)

培遠堂手劄節存三卷　(清)陳宏謀撰　清同治十一年(1872)江蘇書局刻本　一冊

130000 - 0404 - 0005551　集37/7534(普)

生香書屋文集四卷詩集七卷　(清)陳浩撰　清三多齋刻本　八冊

130000－0404－0005552　集37/7538(普)

凝齋先生遺集十卷末一卷　（清）陳道撰　清嘉慶四年(1799)善餘堂刻本　四冊

130000－0404－0005553　集37/7541(普)

葛城陳醇叔先生詩稿二卷附一卷補遺一卷（清）陳德正撰　（清）吳人驥參訂　清嘉慶十四年(1809)奏星堂刻本　二冊

130000－0404－0005554　集37/7543(普)

枕善堂尺牘一隅十卷　（清）陳大溶撰　清咸豐六年(1856)刻本　五冊

130000－0404－0005555　集37/7578(普)

陳臥子先生安雅堂稿十五卷　（明）陳子龍撰　清宣統元年(1909)上海時中書局鉛印本　六冊

130000－0404－0005556　集37/7599(普)

慕陵詩稿二卷　（清）陳榮傑撰　大巖賸草一卷　（清）陳松齡撰　清青藤書屋刻本　一冊

130000－0404－0005557　集37/7712－2(普)

周文忠公尺牘二卷附錄一卷　（清）周天爵撰　清同治七年(1868)蘇松太道署刻本　一冊

130000－0404－0005558　集37/7714(普)

經韻樓集十二卷　（清）段玉裁撰　清光緒十年(1884)樹根齋刻本　六冊

130000－0404－0005559　集37/7721(普)

寶德堂詩鈔十卷附存二卷　（清）周衡撰　清光緒二年(1876)刻本　三冊

130000－0404－0005560　集37/7730(普)

春酒堂文集不分卷　（清）周容撰　清宣統二年(1910)國學扶輪社鉛印本　一冊

130000－0404－0005561　集37/7730(2)(普)

春酒堂文集不分卷　（清）周容撰　清宣統二年(1910)國學扶輪社鉛印本　一冊

130000－0404－0005562　集37/7730－2(普)

張百川先生塾課註釋八卷　（清）張江撰（清）周汝調編　（清）陳觀民注釋　清嘉慶十七年(1812)書業堂刻本　四冊

130000－0404－0005563　集37/8000(普)

豸華堂文鈔八卷　（清）金應麟撰　清道光三十年(1850)刻本　二冊

130000－0404－0005564　集37/8002(普)

復初齋詩集七十卷附翁氏家事略記一卷（清）翁方綱撰　清道光二十五年(1845)刻本　十五冊

130000－0404－0005565　集37/8002－2(普)

復初齋文集三十五卷　（清）翁方綱撰　清道光十六年(1836)侯官李彥章刻光緒三年至四年(1877－1878)補刻本　八冊

130000－0404－0005566　集37/8013(普)

陶廬續憶補詠不分卷　（清）金武祥撰　清光緒三十一年(1905)刻本　一冊

130000－0404－0005567　集37/8023(普)

友松吟館詩鈔十五卷　（清）毓俊撰　清光緒二十五年(1899)刻本　四冊

130000－0404－0005568　集37/8023.2(普)

徧行堂集十六卷　（清）釋澹歸撰　清宣統三年(1911)上海國學扶輪社鉛印本　八冊

130000－0404－0005569　集37/8023.2(2)(普)

徧行堂集十六卷　（清）釋澹歸撰　清宣統三年(1911)上海國學扶輪社鉛印本　八冊

130000－0404－0005570　集37/8023.3(普)

曾惠敏公全集奏疏六卷文集五卷詩集四卷日記二卷　（清）曾紀澤撰　清光緒二十年(1894)上海石印本　四冊

130000－0404－0005571　集37/8025(普)

靜廉齋詩集二十四卷　（清）金姓著　清嘉慶二十五年(1820)刻本　六冊

130000－0404－0005572　集37/8025－2(普)

金殿撰家戒詩注釋一卷　（清）金姓著　清道光二十六年(1846)刻本　一冊

130000－0404－0005573　集37/8030(普)

鮚埼亭集三十八卷首一卷經史問答十卷（清）全祖望撰　清嘉慶姚江借樹山房刻本　十六冊

130000－0404－0005574　集37/8030＝2(普)

269

鮚埼亭集三十八卷首一卷經史問答十卷外編五十卷　（清）全祖望撰　清同治十一年(1872)姚江借樹山房刻本　三十二冊

130000－0404－0005575　集37/8034(普)

葦間詩集五卷　（清）姜宸英撰　（清）唐執玉編　清道光四年(1824)慈谿葉元墭木活字印本　二冊

130000－0404－0005576　集37/8064(普)

曾文正公家書十卷家訓二卷大事記四卷榮哀錄一卷　（清）曾國藩撰　（清）李鴻章(清)曾國荃審定　（清）王安定編　清光緒二十九年(1903)上海錦章書局石印本　六冊

130000－0404－0005577　集37/8064(2)(普)

曾文正公家書十卷家訓二卷大事記四卷榮哀錄一卷　（清）曾國藩撰　（清）李鴻章(清)曾國荃審定　（清）王安定編　清末上海錦章書局石印本　六冊

130000－0404－0005578　集37/8064＝2(普)

曾文正公家書十卷家訓二卷大事記四卷榮哀錄一卷　（清）曾國藩撰　（清）李鴻章(清)曾國荃審定　（清）王安定編　清光緒十九年(1893)上海圖書集成印書局鉛印本　八冊

130000－0404－0005579　集37/8064－2(普)

曾文正公家書十卷家訓二卷　（清）曾國藩撰　清光緒五年(1879)傳忠書局刻本　十二冊

130000－0404－0005580　集37/8064－3＝2(普)

經史百家雜鈔二十六卷　（清）曾國藩纂(清)李鴻章校刊　清末鉛印本　五冊　存二十二卷(五至二十六)

130000－0404－0005581　集37/8064－4(普)

求闕齋讀書錄十卷　（清）曾國藩撰　（清）王定安輯　清光緒二年(1876)都門刻本　六冊

130000－0404－0005582　集37/8064－4(2)(普)

求闕齋讀書錄十卷　（清）曾國藩撰　（清）王定安輯　清光緒二年(1876)都門刻本　六冊

130000－0404－0005583　集37/8064－4＝2(普)

求闕齋讀書錄十卷　（清）曾國藩撰　（清）王啟原編　清光緒二年(1876)傳忠書局刻本　四冊

130000－0404－0005584　集37/8064－4＝2(2)(普)

求闕齋讀書錄十卷　（清）曾國藩撰　（清）王啟原編　清光緒二年(1876)傳忠書局刻本　四冊

130000－0404－0005585　集37/8064－4＝2(3)(普)

求闕齋讀書錄十卷　（清）曾國藩撰　（清）王啟原編　清光緒二年(1876)傳忠書局刻本　四冊

130000－0404－0005586　集37/8064－6(普)

曾文正公書劄二十七卷　（清）曾國藩撰(清)李瀚章輯　清宣統元年(1909)上海二金蟊堂刻本　六冊　存十八卷(一至十八)

130000－0404－0005587　集37/8064－9(普)

曾文正公文鈔四卷補一卷　（清）曾國藩撰　清同治十一年(1872)刻本　四冊

130000－0404－0005588　集37/8064.2(普)

曾忠襄公全集六十七卷　（清）曾國荃撰　清光緒二十九年(1903)刻本　四十八冊

130000－0404－0005589　集37/8097(普)

賞雨茅屋詩集九卷外集一卷　（清）曾燠撰　清嘉慶十五年(1810)刻本　四冊

130000－0404－0005590　集37/8324(普)

刻楮集四卷旅逸小稿二卷　（清）錢儀吉撰　清道光十二年(1832)嘉興錢氏刻本　一冊

130000－0404－0005591　集37/8326(普)

惟清齋全集十九卷　（清）鐵保撰　清道光二年(1822)長白鐵保石經堂刻本　十冊

130000－0404－0005592　集37/8331(普)

存素堂詩稾十三卷文稾四卷補遺一卷頤壽老人年譜二卷　（清）錢寶琛撰　清同治七年(1868)刻本　五冊

130000－0404－0005593　集37/8331－2(普)

270

存素堂詩彙十二卷　（清）錢寶琛撰　清同治
七年（1868）刻本　二冊

130000－0404－0005594　集37/8341（普）

綠天書舍存草六卷　（清）錢楷撰　清嘉慶二
十三年（1818）刻本　二冊

130000－0404－0005595　集37/8343（普）

籜石齋詩集四十九卷　（清）錢載撰　清乾隆
刻本　六冊

130000－0404－0005596　集37/8799（普）

板橋全集五種　（清）鄭燮撰　清光緒十八年
（1892）上海積山書局石印本　四冊

130000－0404－0005597　集37/8799＝3（普）

板橋全集五種　（清）鄭燮著　清刻本　一冊
存二種二卷（板橋詞鈔一卷、板橋題畫一
卷）

130000－0404－0005598　集37/8844（普）

慎自怡園吟草□□卷　（清）范希蓮撰　清光
緒三十一年（1905）慎自怡園刻本　二冊　存
一卷（二十二）

130000－0404－0005599　集37/8848（普）

韞山堂時文初集一卷二集二卷三集一卷
（清）管世銘撰　清道光三年（1823）善成堂刻
本　四冊

130000－0404－0005600　集37/8848（2）（普）

韞山堂時文初集一卷二集二卷三集一卷
（清）管世銘撰　清道光三年（1823）善成堂刻
本　四冊

130000－0404－0005601　集37/8848＝2（普）

韞山堂詩文初集一卷二集二卷三集一卷
（清）管世銘撰　清同治四年（1865）善成堂刻
本　四冊

130000－0404－0005602　集37/9748（普）

大雲山房文稿初集四卷二集四卷　（清）惲敬
撰　清光緒十四年（1888）官書處刻本　八冊

130000－0404－0005603　集41/1073（普）

四印齋彙刻宋元三十一家詞三十一卷　（清）
王鵬運輯　清光緒十九年（1893）臨桂王氏四
印齋刻本　四冊

130000－0404－0005604　集41/4042（普）

詞學全書四種　（清）查培繼輯　清乾隆十一
年（1746）致和堂刻本　十冊　存三種十四卷
（填詞名解四卷、古今詞論一卷、填詞圖譜六
卷續集三卷）

130000－0404－0005605　集41/4042（2）（普）

詞學全書四種　（清）查培繼輯　清乾隆十一
年（1746）致和堂刻本　十二冊　存三種十五
卷（填詞名解四卷、填詞圖譜六卷續集三卷、
詞韻二卷）

130000－0404－0005606　集41/4444（普）

詞律二十卷拾遺八卷補遺一卷　（清）萬樹輯
（清）徐本立纂　（清）杜文瀾編　清末石印
本　六冊　缺十五卷（詞律一至十五）

130000－0404－0005607　集41/7710（普）

水雲欸乃一卷泥爪詞一卷竹窗秋籟一卷悔餘
詞一卷　（清）周天麟撰　月樓琴語一卷
（清）蕭恒貞撰　清光緒十七年（1891）石印本
一冊

130000－0404－0005608　集41/8044（普）

白石詞一卷　（宋）姜夔撰　石林詞一卷
（宋）葉夢得撰　清汲古閣刻本　一冊

130000－0404－0005609　集41/8744（普）

白香詞譜箋四卷附學宋齋詞韻一卷　（清）舒
夢蘭撰　（清）謝朝徵箋　清光緒二十一年
（1895）上海文明書局石印本　一冊

130000－0404－0005610　集42/1058（普）

春秋詞命三卷　（明）王鏊輯　清嘉慶八年
（1803）淵雅堂刻本　一冊

130000－0404－0005611　集42/1088（普）

增評寄嶽雲詩□□卷　（清）聶銑敏撰　清嘉
慶九年（1804）刻本　一冊　存一卷（四）

130000－0404－0005612　集42/1150（普）

詞選二卷附錄一卷續詞選二卷　（清）張惠言
輯　（清）董毅錄　清道光十年（1830）刻本
一冊

271

130000－0404－0005613　集 42/2528（普）

詞綜三十六卷　（清）朱彝尊編　（清）汪森增定　清乾隆九年（1744）碧梧書屋刻本　八冊

130000－0404－0005614　集 42/2694（普）

十國宮詞一百首一卷　（清）吳省蘭撰　清宣統三年（1911）石印本　一冊

130000－0404－0005615　集 42/5044（普）

全史宮詞二十卷　（清）史夢蘭撰　清咸豐六年（1856）刻本　四冊

130000－0404－0005616　集 42/5044（2）（普）

全史宮詞二十卷　（清）史夢蘭撰　清咸豐六年（1856）刻本　四冊

130000－0404－0005617　集 42/5044＝2（普）

全史宮詞二十卷　（清）史夢蘭撰　清咸豐六年（1856）刻本　六冊

130000－0404－0005618　集 42/5044＝3（普）

全史宮詞二十卷　（清）史夢蘭撰　清咸豐八年（1858）刻本　八冊

130000－0404－0005619　集 42/7730（普）

絕妙好詞箋七卷　（宋）周密輯　（清）查爲仁　（清）厲鶚箋　絕妙好詞續鈔二卷　（宋）周密原本　（清）余集續鈔　清道光九年（1829）錢塘徐氏刻本　二冊

130000－0404－0005620　集 42/7730＝2（普）

絕妙好詞箋七卷　（宋）周密輯　（清）查爲仁　（清）厲鶚箋　絕妙好詞續鈔二卷　（宋）周密原本　（清）余集續鈔　清掃葉山房石印本　四冊

130000－0404－0005621　集 43/1117（普）

水仙亭詞集二卷　（清）項璵撰　清光緒十二年（1886）刻本　一冊

130000－0404－0005622　集 43/1190（普）

山中白雲詞八卷附錄一卷　（宋）張炎撰　清光緒九年（1883）知不足齋刻本　二冊

130000－0404－0005623　集 43/2604（普）

夢窗甲乙丙丁稿四卷補遺一卷劄記一卷　（宋）吳文英撰　清光緒三十四年（1908）刻本

二冊

130000－0404－0005624　集 510/3314（普）

曲話五卷　（清）梁廷枏撰　清刻本　二冊　存四卷（一至四）

130000－0404－0005625　集 52/1035（普）

貫華堂第六才子書西廂記八卷附才子西廂文一卷　（元）王實甫撰　（清）金人瑞（金聖歎）評　清金谷園刻本　八冊

130000－0404－0005626　集 52/1733（普）

增補第六才子書釋解八卷末一卷　（元）王實甫撰　（清）金人瑞（金聖歎）評　清文盛堂本　六冊

130000－0404－0005627　集 52/3011（普）

新刻真本唱口雙珠球全傳十二集四十九回　（清）黃子貞撰　清刻本　六冊　存六卷（二至六、十二）

130000－0404－0005628　集 52/8324（普）

重訂綴白裘新集合編十二集四十八卷　（清）玩花主人輯　（清）錢德蒼增輯　清乾隆四十七年（1782）刻本　二十四冊

130000－0404－0005629　集 53/1002（普）

桃花扇傳奇二卷四十出　（清）雲亭山人（孔尚任）撰　清康熙三十八年（1699）刻本　五冊

130000－0404－0005630　集 53/3460（普）

長生殿傳奇四卷　（清）洪昇撰　清同治元年（1862）羣玉山房刻本　四冊

130000－0404－0005631　集 53/4037（普）

笠翁傳奇十二種曲二十四卷　（清）李漁撰　清康熙大知堂刻本　二十四冊

130000－0404－0005632　集 53/4037＝2（普）

笠翁傳奇十種二十卷（存四種）　（清）李漁撰　清刻本　十一冊　存七種十四卷（鳳求凰傳奇二卷、巧團圓傳奇二卷、奈何天傳奇二卷、玉搔頭傳奇二卷、意中緣傳奇二卷、比目魚傳奇二卷、慎鸞交傳奇二卷）

130000－0404－0005633　集 53/4037－2（普）

巧團圓傳奇二卷　（清）李漁撰　清康熙七年（1668）刻本　二冊

130000－0404－0005634　集53/4443（普）

芝龕記六卷　（清）繁露樓居士（董榕）撰　清道光二年（1822）刻本　四冊

130000－0404－0005635　集53/8591（普）

補天石傳奇八卷　（清）鍊情子填詞　（清）吹鐵簫人（譚光祜）正譜　清咸豐五年（1855）靜遠草堂刻本　一冊　存四卷（一至四）

130000－0404－0005636　集55/4694－2（普）

歷代史略十段錦詞話旁注二卷　（明）楊慎撰（明）程仲秩注　明刻朱墨套印本　二冊

130000－0404－0005637　集63/1124（普）

繡像西漢演義八卷一百回繡像東漢演義十卷一百二十六回　（明）甄偉撰　清光緒十八年（1892）上海廣百宋齋鉛印本　六冊

130000－0404－0005638　集63/4442－2=2（普）

詳注聊齋志異圖詠十六卷　（清）蒲松齡撰（清）呂湛恩注　清光緒十四年（1888）上海鴻寶齋石印本　八冊

130000－0404－0005639　集63/4442－3（普）

聊齋志異新評十六卷　（清）蒲松齡撰　（清）王士正評　（清）但明倫新評　清道光二十二年（1842）廣順但氏朱墨套印本　十六冊

130000－0404－0005640　集63/4442－3(2)（普）

聊齋志異新評十六卷　（清）蒲松齡撰　（清）王士正評　（清）但明倫新評　清道光二十二年（1842）廣順但氏朱墨套印本　十六冊

130000－0404－0005641　集64/0067（普）

芥子園繪像第七才子書六卷　（元）高明撰（清）毛聲山原評　清雍正芥子園刻本　六冊

130000－0404－0005642　集64/0201（普）

新刻天花藏批評玉嬌梨四卷二十回　（清）荻岸散人編次　清刻本　一冊

130000－0404－0005643　集64/0814（普）

評注圖像水滸傳七十五卷七十回　（清）施耐庵著　（清）王望如評注　清光緒三十三年（1907）仿泰西法石印本　六冊　缺六卷（二至四、八至十）

130000－0404－0005644　集64/0814(2)（普）

評注圖像水滸傳七十五卷七十回　（清）施耐庵著　（清）王望如評注　清光緒三十三年（1907）泰西法石印本　三冊　存十八卷（二十七至四十四）

130000－0404－0005645　集64/1021（普）

新鎸異說五虎平西珍珠旗演義狄青前傳十四卷一百十二回新鎸繡像五虎平南狄青後傳六卷四十二回　（清）□□撰　清刻本　二十冊

130000－0404－0005646　集64/1021=2（普）

新鎸異說五虎平西珍珠旗演義狄青前傳十四卷一百十二回　（清）□□撰　清漁古山房刻本　八冊

130000－0404－0005647　集64/2762（普）

繡像綠野仙蹤全傳八十回　（清）李百川撰　清道光二十年（1840）映雪山房刻本　十四冊　缺十二回（四至十、六十二至六十六）

130000－0404－0005648　集64/4031（普）

鏡花緣二十卷一百回　（清）李汝珍撰　清刻本　二十二冊

130000－0404－0005649　集64/4031=2（普）

鏡花緣二十卷一百回　（清）李汝珍撰　清刻本　十冊　缺二卷（十九至二十）

130000－0404－0005650　集64/4460=2（普）

東周列國全志二十三卷一百八回　（清）蔡昇評點　清刻本　十二冊　存十二卷（十二至二十三）

130000－0404－0005651　集64/4460=3（普）

東周列國全志二十三卷一百八回　（清）蔡昇評點　清乾隆十七年（1752）刻本　十三冊

130000－0404－0005652　集64/4460=3(2)（普）

東周列國全志二十三卷一百八回　（清）蔡昇評點　清乾隆十七年（1752）刻本　二十冊　存二十卷（二至十七、二十至二十三）

130000－0404－0005653　集64/5514（普）

增評補圖大觀瑣錄一百二十卷一百二十回
（清）曹雪芹撰　（清）王希廉　（清）姚燮加
評　清光緒十二年(1886)石印本　十六冊

130000－0404－0005654　集64/6075(普)

增像全圖三國演義六十卷一百二十回　（明）
羅貫中撰　（清）毛宗崗評　清光緒十四年
(1888)上海鴻文書局石印本　十二冊

130000－0404－0005655　集64/6075＝2(普)

四大奇書第一種二十三卷首一卷一百二十回
　（明）羅本撰　（清）毛宗崗評　清道光二十
七年(1847)晉祁書業德刻本　二十四冊

130000－0404－0005656　集64/6075＝3(普)

四大奇書第一種一百二十回　（明）羅本撰
（清）金人瑞批　（清）毛宗崗評　清京都琉璃
廠寶經堂刻本　十冊　存五十六回(一至五
十六)

130000－0404－0005657　集64/6075＝4(普)

四大奇書第一種一百二十回　（明）羅本撰
（清）毛宗崗批評　清三益堂刻本　六冊　存
十六卷(三十二至三十五、四十至五十一)

130000－0404－0005658　集64/6075＝5(普)

四大奇書第一種一百二十回　（明）羅本撰
清刻本　九冊　存五十六回(一至五十六)

130000－0404－0005659　集64/6075＝6(普)

四大奇書第一種一百二十回　（明）羅本撰
（清）金人瑞批　（清）毛宗崗評　清刻本　十
一冊　存七十三回(四十八至一百二十)

130000－0404－0005660　集64/7540(普)

品花寶鑑六十回　（清）陳森撰　清刻本　十
冊　存二十九回(一至三、八至九、二十八至
三十九、四十三至四十八、五十二至五十七)

130000－0404－0005661　集64/7729＝2(普)

天雨花三十回　（清）陶貞懷撰　清善成堂刻
本　三冊　存四回(一、四、七至八)

130000－0404－0005662　集64/9479(普)

新刻二度梅奇說全集六卷四十回　（清）惜陰
堂主人編　清光緒二十一年(1895)京都泰山

堂刻本　六冊

130000－0404－0005663　集7/0020(普)

論文集鈔二卷　（清）高塘輯　清乾隆五十一
年(1786)廣郡永邑培元堂刻本　二冊

130000－0404－0005664　集7/0020(2)(普)

論文集鈔二卷　（清）高塘輯　清乾隆五十一
年(1786)廣郡永邑培元堂刻本　二冊

130000－0404－0005665　集7/0020(3)(普)

論文集鈔二卷　（清）高塘輯　清乾隆五十一
年(1786)廣郡永邑培元堂刻本　二冊

130000－0404－0005666　集7/0020(4)(普)

論文集鈔二卷　（清）高塘輯　清乾隆五十一
年(1786)廣郡永邑培元堂刻本　二冊

130000－0404－0005667　集7/1031(普)

文章練要左傳十卷　（清）王源評訂　清刻本
五冊

130000－0404－0005668　集7/1031＝2(普)

文章練要左傳十卷　（清）王源評訂　清乾隆
九年(1744)居業堂刻本　八冊

130000－0404－0005669　集7/1043(普)

漁洋詩話三卷　（清）王士禛撰　清刻本
一冊

130000－0404－0005670　集7/1043－2(普)

帶經堂詩話三十卷首一卷　（清）王士禛撰
（清）張宗柟輯　清同治十二年(1873)廣州藏
脩堂刻本　十二冊

130000－0404－0005671　集7/1245(普)

繡山書院文話四卷　（清）孫萬春撰　清光緒
十一年(1885)孫氏家塾刻本　四冊

130000－0404－0005672　集7/1248(普)

四六叢話三十三卷附選詩叢話一卷　（清）孫
梅輯　清光緒七年(1881)吳門汪氏刻本　十
二冊

130000－0404－0005673　集7/2528(普)

靜志居詩話二十四卷　（清）朱彝尊撰　清嘉
慶二十四年(1819)扶荔山房刻本　三十二冊

130000 – 0404 – 0005674　集 7/2623(普)
梅村詩話一卷　(清)吳偉業撰　清末掃葉山房石印本　一冊

130000 – 0404 – 0005675　集 7/2801(普)
彙纂詩法度鍼三十三卷首一卷　(清)徐文弼編輯　清乾隆二十四年(1759)大文堂刻本　八冊

130000 – 0404 – 0005676　集 7/2848(普)
而菴說唐詩二十二卷首一卷　(清)徐增撰　清康熙至德堂刻本　六冊

130000 – 0404 – 0005677　集 7/3423(普)
說詩晬語二卷　(清)沈德潛著　清光緒四年(1878)嘯園刻本　一冊

130000 – 0404 – 0005678　集 7/4048(普)
隨園詩話十六卷補遺十卷　(清)袁枚撰　清同治八年(1869)經論堂刻本　八冊

130000 – 0404 – 0005679　集 7/4048 =2(普)
隨園詩話十六卷補遺十卷　(清)袁枚撰　清宣統三年(1911)掃葉山房石印本　六冊

130000 – 0404 – 0005680　集 7/4048 =4(普)
隨園詩話十六卷補遺十卷　(清)袁枚撰　清刻本　九冊

130000 – 0404 – 0005681　集 7/4048 –2(普)
隨園詩話補遺十卷　(清)袁枚撰　清刻本　四冊

130000 – 0404 – 0005682　集 7/4048 –3(普)
隨園詩法叢話八卷　(清)袁枚撰　清碧梧山莊石印本　四冊

130000 – 0404 – 0005683　集 7/4300(普)
全唐詩話六卷　(宋)尤袤撰　(明)毛晉訂　明末汲古閣刻本　四冊

130000 – 0404 – 0005684　集 7/4428(普)
溪詩話十卷　(宋)黃徹撰　清乾隆武英殿聚珍版書本　一冊

130000 – 0404 – 0005685　集 7/4444(普)
應試詩法淺說六卷　(清)葉葆評注　清嘉慶六年(1801)書業堂刻本　二冊

130000 – 0404 – 0005686　集 7/5530(普)
全唐詩九百卷　(清)曹寅編　(清)彭定求等編校　清刻本　一冊　存八卷(韓偓四卷、吳融四卷)

130000 – 0404 – 0005687　集 7/7167(普)
宋詩紀事一百卷　(清)厲鶚　(清)馬曰琯輯　清乾隆十一年(1746)刻本　二十四冊

130000 – 0404 – 0005688　集 7/7246(普)
文心雕龍十卷　(南朝梁)劉勰撰　清光緒三年(1877)湖北崇文書局刻本　二冊

130000 – 0404 – 0005689　集 7/7246 –2(普)
文心雕龍十卷　(南朝梁)劉勰撰　(清)黃叔琳輯注　清乾隆養素堂刻本　二冊

130000 – 0404 – 0005690　集 7/7246 –2(2)(普)
文心雕龍十卷　(南朝梁)劉勰撰　(清)黃叔琳輯注　清乾隆養素堂刻本　四冊

130000 – 0404 – 0005691　集 7/7246 –3(普)
文心雕龍十卷　(南朝梁)劉勰撰　(清)黃叔琳注　(清)紀昀評　清道光十三年(1833)兩廣節署刻朱墨套印本　四冊

130000 – 0404 – 0005692　集 7/7246 –3(2)(普)
文心雕龍十卷　(南朝梁)劉勰撰　(清)黃叔琳注　(清)紀昀評　清道光十三年(1833)兩廣節署刻朱墨套印本　四冊

130000 – 0404 – 0005693　集 7/7246 –3(3)(普)
文心雕龍十卷　(南朝梁)劉勰撰　(清)黃叔琳注　(清)紀昀評　清道光十三年(1833)兩廣節署刻朱墨套印本　二冊

130000 – 0404 – 0005694　集 7/7246 –3 =5(普)
文心雕龍十卷　(南朝梁)劉勰撰　(清)黃叔琳注　(清)紀昀評　清光緒二十一年(1895)滬上文海書局石印本　四冊

130000 – 0404 – 0005695　集 7/7522(普)
制義禮要十九卷　(清)陳句山輯　(清)孫衣言校補　清光緒三年(1877)湖北崇文書局刻本　四冊

130000 – 0404 – 0005696　集 7/7560(普)

明詩紀事甲簽三十卷乙簽二十二卷丙簽十二卷丁簽十七卷戊簽二十二卷己簽二十卷庚簽三十卷辛簽三十四卷　（清）陳田撰　清光緒二十五年（1899）陳氏聽詩齋刻本　三十八冊

130000－0404－0005697　集7/8078（普）
瓶廬詩稿八卷　（清）翁同龢撰　清光緒刻本　二冊　存四卷（五至八）

130000－0404－0005698　集7/8704（普）
五代詩話十二卷　（清）王士禛撰　（清）鄭方坤刪補　清刻本　六冊

130000－0404－0005699　叢1/0015（普）
碧琳琅館叢書四十五種　（清）方功惠輯　清光緒十年（1884）巴陵方氏廣東刻宣統元年（1909）後印刻本　一百二十冊

130000－0404－0005700　叢1/0818（普）
敏果齋七種　（清）許乃釗輯　清道光錢塘許氏刻本　十八冊

130000－0404－0005701　叢1/1000（普）
唐代叢書一百六十四種　（清）蓮塘居士（清）陳世熙輯　清嘉慶十一年（1806）刻本　三十五冊　缺一種一卷（隋唐佳話一卷）

130000－0404－0005702　叢1/1000（2）（普）
唐代叢書一百六十四種　（清）蓮塘居士（清）陳世熙輯　清嘉慶十一年（1806）刻本　二十四冊　存一百十四種一百十六卷（雲溪友議一卷、國史補一卷、因話錄一卷、劇談錄一卷、法苑珠林一卷、宣室志一卷、甘澤謠一卷、南楚新聞一卷、玉泉子一卷、金華子雜編一卷、耳目記一卷、瀟湘記一卷、小說舊聞記一卷、記事珠一卷、諧噱錄一卷、義山雜傳一卷、龍城錄一卷、摭言一卷、醉鄉日月一卷、花九錫一卷、紫花梨記一卷、耒耜經一卷、五木經一卷、肉攫部一卷、樂府雜錄一卷、羯鼓錄一卷、小名錄一卷、樂譜一卷、異疾志一卷、大藏治病藥一卷、夢遊錄一卷、三夢記一卷、妝樓記一卷、李泌記一卷、李林甫外傳一卷、東城老父傳一卷、高力士傳一卷、虬髯客傳一卷、馮燕傳一卷、奇男子傳一卷、蔣子文傳一卷、杜子春傳一卷、墨昆侖傳一卷、陶峴傳一

卷、睦仁蒨傳一卷、柳毅傳一卷、仙吏傳一卷、英雄傳一卷、劍俠傳一卷、廣陵妖亂志一卷、周秦行紀一卷、梅妃傳一卷、楊太真外傳二卷、長恨歌一卷、紅線傳一卷、劉無雙傳一卷、霍小玉傳一卷、牛應貞傳一卷、謝小娥傳一卷、李娃傳一卷、楊娼傳一卷、章台柳傳一卷、非煙傳一卷、揚州夢一卷、杜秋傳一卷、龍女傳一卷、妙女傳一卷、神女傳一卷、雷民傳一卷、會真記一卷、黑心符一卷、南柯記一卷、枕中記一卷、酉陽雜俎二卷、諸皋記一卷、支諾皋一卷、前定錄一卷、卓異記一卷、摭言一卷、集異記一卷、博異志一卷、集異志一卷、幽怪錄一卷、續幽怪錄一卷、聞奇錄一卷、志怪錄一卷、靈應錄一卷、隴上記一卷、鬼塚志一卷、幻影傳一卷、幻戲志一卷、幻異志一卷、稽神錄一卷、錦裙記一卷、冥音錄一卷、離魂記一卷、再生記一卷、冤債志一卷、尸媚傳一卷、奇鬼傳一卷、才鬼記一卷、靈鬼志一卷、妖妄傳一卷、東陽夜怪錄一卷、物怪錄一卷、靈怪錄一卷、人虎傳一卷、白猿傳一卷、獵狐記一卷、任氏傳一卷、袁氏傳一卷、夜義傳一卷、金剛經鳩異一卷、鸚武舍利塔記一卷）

130000－0404－0005703　叢1/1004（普）
漢魏遺書　（清）王謨輯　清培遠堂刻本　二十四冊　存二十五種六十八卷（別國洞冥記四卷、西京雜記六卷、素書一卷、於陵子一卷、詩品三卷、書品一卷、詩說一卷、古今注三卷、獨斷一卷、英雄記一卷、神異經一卷、海內十洲記一卷、述異記二卷、續齋諧記一卷、博物志十卷、高士傳一卷、人物志三卷、星經二卷、竹譜一卷、古今刀劍錄一卷、鼎錄一卷、中說二卷、申鑒五卷、華陽國志十四卷、忠經一卷）

130000－0404－0005704　叢1/1004－2（普）
增訂漢魏叢書九十六種　（清）王謨輯　清乾隆五十六年（1791）金谿王氏刻本　六十冊　存八十二種三百七十一卷（焦氏易林四卷、易傳三卷、古三墳一卷、韓詩外傳十卷、毛詩草木鳥獸蟲魚疏二卷、大戴禮記十三卷、春秋繁露十七卷、白虎通德論四卷、忠經一卷、小爾雅一卷、方言十三卷、竹書紀年二卷、華陽國志十二卷、十六國春秋十六卷、元經薛氏傳十

卷、羣輔錄一卷、英雄記鈔一卷、高士傳三卷、蓮社高賢傳一卷、孔叢二卷附觿墨一卷新语二卷、新書十卷、新序十卷、説苑二十卷、淮南鴻烈解二十一卷、鹽鐵論十二卷、法言十卷、申鑒五卷、論衡三十卷、潛夫論十卷、中論二卷、中說二卷、風俗通義十卷、人物誌三卷、新論十卷、顏氏家訓二卷、參同契一卷、陰符經一卷、心書一卷、古今注三卷、博物志十卷、文心雕龍十卷、詩品三卷、書品一卷、尤射一卷、拾遺記十卷、述異記二卷、續齊諧記一卷、搜神記八卷、搜神後記二卷、還冤記一卷、神異經一卷、海內十洲記一卷、別國洞冥記四卷、枕中書一卷、佛國記一卷、伽藍記五卷、三輔黃圖六卷、水經二卷、星經二卷、荊楚歲月記一卷、南方草木狀三卷、竹譜一卷、禽經一卷、古今刀劍錄一卷、鼎祿一卷、天祿閣外史八卷)

130000－0404－0005705　叢1/1004－2(2)(普)

增訂漢魏叢書九十六種　(清)王謨輯　清乾隆五十六年(1791)金谿王氏刻本　八冊　存七種四十六卷(潛夫論十卷、三輔黃圖六卷、人物志三卷、吳越春秋六卷、伽藍記五卷、新論十卷、西京雜記六卷)

130000－0404－0005706　叢1/1137(普)

昭代叢書　(清)張潮　(清)張漸輯　(清)楊復吉　(清)沈楙真續輯　清道光十三年(1833)吳江沈氏世楷堂刻本　一百七十二冊

130000－0404－0005707　叢1/1137＝2(普)

昭代叢書　(清)張潮輯　清康熙三十六年(1697)刻本　十六冊　存四十八種四十八卷(更定文章九命一卷、天官考異一卷、五行問一卷、學歷説一卷、改元考同一卷、進賢説一卷、塾講規約一卷、凤興語一卷、家人子語一卷、語小一卷、心病說一卷、日錄雜説一卷、觀宅四十吉祥相一卷、增訂心相百二十善一卷、竹溪雜述一卷、閒餘筆話一卷、暢春苑御試恭紀一卷、松溪子一卷、讀莊子法一卷、謝皋羽(翺)年譜一卷、西華仙籙一卷、將就園記一卷、歙問一卷、黃山松石譜一卷、外國竹枝詞一卷、西方要紀一卷、聲韻叢説一卷、花底拾

遺一卷、十眉謠一卷、秋星閣詩話一卷、而菴詩話一卷、製曲枝語一卷、書法約言一卷、戒賭文一卷、快説續紀一卷、庚詞一卷、酒社芻言一卷、嬾園觴政一卷、岕茶彙鈔一卷、硯林一卷、宣爐歌註一卷、裝潢志一卷、混同天牌譜一卷、三友棋譜一卷、兵仗記一卷、荔枝譜一卷、蘭言一卷、龍經一卷)

130000－0404－0005708　叢1/1137＝3(普)

昭代叢書　(清)張潮輯　清康熙三十六年(1697)刻本　六冊　存四十八種四十八卷(更定文章九命一卷、天官考異一卷、五行問一卷、學歷説一卷、改元考同一卷、進賢説一卷、塾講規約一卷、凤興語一卷、家人子語一卷、語小一卷、心病說一卷、日錄雜説一卷、觀宅四十吉祥相一卷、增訂心相百二十善一卷、竹溪雜述一卷、閒餘筆話一卷、悟語一卷、松溪子一卷、讀莊子法一卷、謝皋羽(翺)年譜一卷、西華仙籙一卷、將就園記一卷、歙問一卷、黃山松石譜一卷、外國竹枝詞一卷、西方要紀一卷、板橋雜記一卷、花底拾遺一卷、十眉謠一卷、秋星閣詩話一卷、而菴詩話一卷、製曲枝語一卷、書法約言一卷、戒賭文一卷、快説續紀一卷、庚詞一卷、酒社芻言一卷、嬾園觴政一卷、岕茶彙鈔一卷、硯林一卷、宣爐歌註一卷、裝潢志一卷、混同天牌譜一卷、三友棋譜一卷、兵仗記一卷、荔枝譜一卷、蘭言一卷、龍經一卷)

130000－0404－0005709　叢1/1137＝4(普)

昭代叢書　(清)張潮　(清)張漸輯　清嘉慶二十二年(1817)刻本　十六冊　存五十五種五十五卷(醫津一筏一卷、江邨草堂紀一卷、後觀石錄一卷、石友贊一卷、竹譜一卷、箋卉一卷、漢魏石經考一卷、唐宋石經考一卷、五經今文古文考一卷、聖論樂本解説一卷、春秋日食質疑一卷、檀弓訂誤一卷、讀史管見一卷、乾清門奏對記一卷、松亭行紀一卷、扈從西巡日錄一卷、塞北小鈔一卷、聖節會約一卷、荊園小語一卷、荊園進語一卷、宗規一卷、戒淫錄一卷、學語雜篇一卷、觀物篇一卷、古國都今郡縣合考一卷、周末列國有今郡縣考一卷、黃山史槩一卷、臺灣隨筆一卷、寧古塔

277

志一卷、峒谿纖志志餘一卷、滇黔土司婚禮記一卷、切字釋疑一卷、西河詩話一卷、南州草堂詞話一卷、賓告一卷、諺説一卷、醉鄉約法一卷、練閱火器陣記一卷、貫蝨心傳一卷、捕蝗考一卷、思舊錄一卷、知我錄一卷、瓊花志一卷、徐園秋花譜一卷、吳蕈譜一卷、續蟹譜一卷、第十一段錦詞話一卷、花甲數譜一卷、荔社紀事一卷、畫眉筆談一卷、廣田水月錢譜一卷、內家拳法一卷、放生會約一卷、百花彈詞一卷、鵪鶉譜一卷）

130000－0404－0005710　　叢 1/1159（普）

花雨樓叢鈔十一種續鈔十一種　（清）張壽榮輯　清光緒蛟川張氏花雨樓刻本　四十八冊

130000－0404－0005711　　叢 1/2126（普）

粵雅堂叢書一百八十四種　（清）伍崇曜輯
清道光至光緒南海伍崇曜刻本　三百十五冊
　存一百五十七種一千一卷（南部新書十卷、中吳紀聞六卷、志雅堂雜鈔二卷、焦氏筆乘六卷續八卷、東城雜記二卷、奉天錄四卷、咸淳遺事二卷、昭忠錄一卷、月泉吟社一卷、谷音二卷、河汾諸老詩集八卷、揭文安公文粹二卷、玉笥集十卷、潞水客談一卷、陶庵夢憶八卷、天香閣隨筆二卷集一卷、芻蕘奧論二卷、唐史論斷三卷、叔苴子內編六卷外編二卷、西洋朝貢典錄三卷、五代詩話十卷、易圖明辨十卷、四書逸箋六卷、古韻標準四卷詩韻舉例一卷、四聲切韻表一卷、緒言三卷、宋遼金元四史朔閏攷二卷、國史經籍志五卷附錄一卷、文史通義八卷、校讎通義三卷、經義攷補正十二卷、小石帆亭五言詩續鈔八卷首一卷、蘇詩補注八卷附志道集一卷、北江詩話六卷、玉山草堂續集六卷、虎鈐經二十卷、打馬圖經一卷、敘古千文一卷、草廬經畧十二卷、字觸六卷、飲水詩集一卷詞集一卷、雙溪集十五卷附遺言一卷、日湖漁唱一卷補遺一卷續補遺一卷、瑟譜六卷、秋笳集八卷、燕樂考原六卷、絳雲樓書目四卷、述古堂藏書目四卷宋板書目一卷、石柱記箋釋五卷、林屋唱酬錄一卷、焦山紀遊集一卷、沙河逸老小稿六卷嶰谷詞一卷、南齋集六卷詞二卷、九國志十二卷、胡子知言六卷疑義一卷附錄一卷、嵩庵閒話二卷、後漢

書補注二十四卷、後漢書補表八卷、詩書古訓六卷、十三經音略十三卷附錄一卷、說文聲系十四卷、鄭志三卷、文館詞林殘四卷、兩京新記殘一卷、華嚴經音義四卷、道德眞經註四卷、太上感應篇注二卷、歷代帝王年表三卷、紀元編三卷末一卷、中興禦侮錄二卷、襄陽守城錄一卷、宋季三朝政要五卷附錄一卷、詞源二卷、精選名儒草堂詩餘三卷、樓山堂集二十七卷、朱子年譜四卷考異四卷附朱子論學切要語二卷、韓文類譜七卷、疑年錄四卷、續疑年錄四卷、米海岳年譜一卷、元遺山先生年譜三卷墓圖記畧一卷、崇文總目五卷補遺一卷、菉竹堂書目六卷、菉竹堂碑目六卷、寒山堂金石林時地攷二卷、勝飲編十八卷、採硫日記三卷、嵩洛訪碑日記一卷、通志堂經解目錄一卷、蘇米齋蘭亭攷八卷、石渠隨筆八卷、周官新義十六卷附二卷、爾雅新義二十卷附敘錄一卷、孫氏周易集解十卷、春秋穀梁傳時月日書法釋例四卷、羣經音辨七卷、相臺書塾刊正九經三傳沿革例一卷、九經補韻一卷、詞林韻釋二卷、漢書地理志稽疑六卷、國策地名考二十卷、儀禮石經校勘記四卷、隸經文四卷、樂縣考二卷、國朝漢學師承記八卷國朝經師經義目錄一卷、國朝宋學淵源記二卷附記一卷、顧亭林先生年譜四卷、閻潛邱先生年譜四卷、南雷文定前集十一卷後集四卷三集三卷詩歷四卷世譜一卷附錄一卷、程侍郎遺集十卷、李元賓集六卷、呂衡州集十卷附考證一卷、西崑酬唱集二卷、羅鄂州小集六卷附羅鄂州遺文一卷、樂府雅詞六卷拾遺二卷、陽春白雪八卷外集一卷、絜經室詩錄五卷、兩漢博聞十二卷、西陲要略四卷、春秋國都爵姓考一卷附補一卷、春秋五禮例宗十卷、兒易外儀十五卷、孟子音義二卷、儀禮管見三卷附錄一卷、孝肅包公奏議十卷、續世說十二卷、寶刻類編八卷、書義主意六卷、羣英書義二卷、焦氏類林八卷、續談助五卷、益齋亂藁十卷拾遺一卷集誌一卷、靜齋至正直記四卷、鳳氏經說三卷、比雅十九卷、廣釋名二卷、對數簡法二卷續對數簡法一卷外切密率四卷假數測圓二卷、乾道臨安志殘三卷、京口耆舊傳九卷、輿地碑記

目四卷、寶祐登科錄一卷、紹興題名錄一卷、河朔訪古記三卷、墨志一卷、長物志十二卷、唐昭陵石蹟考畧五卷、瘞鶴銘考一卷、小山畫譜二卷、雲中紀程二卷、太清神鑒六卷、漢唐事箋前集十二卷後集八卷、馭交紀十二卷、三國志補注六卷、述學內篇三卷外篇一卷補遺一卷別錄一卷、黔書四卷、續黔書八卷、烟霞萬古樓文集六卷詩選二卷仲瞿詩錄一卷)

130000－0404－0005712　叢1/2126＝2(普)

粵雅堂叢書一百八十四種　（清）伍崇曜輯

清道光南海伍氏刻本　二百四十冊　存一百二十二種七百七十卷(南部新書十卷、中吳紀聞六卷、志雅堂雜鈔二卷、焦氏筆乘六卷續八卷、東城雜記二卷、奉天錄四卷、咸淳遺事二卷、昭忠錄一卷、月泉吟社一卷、谷音二卷、河汾諸老詩集八卷、揭文安公文粹二卷、玉笥集十卷、潞水客談一卷、陶庵夢憶八卷、天香閣隨筆二卷集一卷、芻蕘奧論二卷、唐史論斷三卷、叔苴子內編六卷外編二卷、西洋朝貢典錄三卷、五代詩話十卷、易圖明辨十卷、四書逸箋六卷、古韻標準四卷詩韻舉例一卷、四聲切韻表一卷、緒言三卷、聲類四卷、宋遼金元四史朔閏攷二卷、國史經籍志五卷附錄一卷、文史通義八卷、校讎通義三卷、經義考補正十二卷、小石帆亭五言詩續鈔八卷首一卷、蘇詩補注八卷附志道集一卷、石洲詩話八卷附志道集一卷、北江詩話六卷、玉山草堂續集六卷、虎鈐經二十卷、打馬圖經一卷、敘古千文一卷、草廬經略十二卷、字觸六卷、今世說八卷、飲水詩集一卷詞集一卷、雙溪集十五卷附遺言一卷、併記日湖漁唱一卷補遺一卷續補遺一卷、瑟譜六卷、秋笳集八卷、燕樂考原六卷、絳雲樓書目四卷、述古堂藏書目四卷、石柱記箋釋五卷、林屋唱酬錄一卷、焦山紀遊集一卷、沙河逸老小稿六卷嶰谷詞一卷、南齋集六卷詞二卷、九國志十二卷、胡子知言六卷疑義一卷附錄一卷、蒿庵閒話二卷、後漢書補注二十四卷、後漢書補表八卷、詩書古訓六卷、十三經音略十三卷附錄一卷、說文聲系十四卷、鄭志三卷、文館詞林殘四卷、兩京新記殘一卷、華嚴經音義四卷、道德眞經註四卷、太上

感應篇注二卷、歷代帝王年表三卷、紀元編三卷末一卷、中興禦侮錄二卷、襄陽守城錄一卷、宋季三朝政要五卷附錄一卷、詞源二卷、精選名儒草堂詩餘三卷、樓山堂集二十七卷、朱子年譜四卷考異四卷附朱子論學切要語二卷、韓柳年譜七卷、疑年錄四卷、續疑年錄四卷、米海岳年譜一卷、元遺山先生年譜三卷墓圖記畧一卷、崇文總目五卷補遺一卷、菉竹堂書目六卷、菉竹堂碑目六卷、寒山堂金石林時地攷二卷、勝飲編十八卷、採硫日記三卷、嵩洛訪碑日記一卷、通志堂經解目錄一卷、蘇米齋蘭亭攷八卷、石渠隨筆八卷、周官新義十六卷附二卷、爾雅新義二十卷附敘錄一卷、孫氏周易集解十卷、春秋穀梁傳時月日書法釋例四卷、羣經音辨七卷、相臺書塾刊正九經三傳沿革例一卷、九經補韻一卷、詞林韻釋二卷、漢書地理志稽疑六卷、國策地名考二十卷、儀禮石經校勘記四卷、隸經文四卷、樂縣考二卷、國朝漢學師承記八卷國朝經師經義目錄一卷、國朝宋學淵源記二卷附記一卷、顧亭林先生年譜四卷、閻潛邱先生年譜四卷、秋園雜佩一卷、倪文正公年譜四卷、南雷文定前集十一卷後集四卷三集三卷詩歷四卷世譜一卷附錄一卷、程侍郎遺集十卷、李元賓集六卷、呂衡州集十卷附考證一卷、西崑酬唱集二卷、羅鄂州小集六卷附羅郢州遺文一卷、樂府雅詞六卷拾遺二卷、陽春白雪八卷外集一卷、攣經室詩錄五卷)

130000－0404－0005713　叢1/2126＝2(2)(普)

粵雅堂叢書一百八十四種　（清）伍崇曜輯

清道光南海伍氏刻本　二百三十九冊　存一百二十種七百六十一卷(南部新書十卷、中吳紀聞六卷、志雅堂雜鈔二卷、焦氏筆乘六卷續八卷、東城雜記二卷、奉天錄四卷、咸淳遺事二卷、昭忠錄一卷、月泉吟社一卷、谷音二卷、河汾諸老詩集八卷、揭文安公文粹二卷、玉笥集十卷、潞水客談一卷、陶庵夢憶八卷、天香閣隨筆二卷集一卷、芻蕘奧論二卷、唐史論斷三卷、叔苴子內編六卷外編二卷、西洋朝貢典錄三卷、五代詩話十卷、易圖明辨十卷、四書逸箋六卷、古韻標準四卷詩韻舉例一卷、四聲

279

切韻表一卷、緒言三卷、聲類四卷、宋遼金元四史朔閏攷二卷、國史經籍志五卷附錄一卷、文史通義八卷、校讐通義三卷、經義攷補正十二卷、小石帆亭五言詩續鈔八卷首一卷、石洲詩話八卷附志道集一卷、蘇詩補注八卷附志道集一卷、北江詩話六卷、玉山草堂續集六卷、虎鈐經二十卷、敘古千文一卷、草廬經略十二卷、字觸六卷、今世說八卷、雙溪集十五卷附遺言一卷、併記日湖漁唱一卷補遺一卷續補遺一卷、瑟譜六卷、秋笳集八卷、燕樂考原六卷、絳雲樓書目四卷、述古堂藏書目四卷宋板書目一卷、石柱記箋釋五卷、林屋唱酬錄一卷、焦山紀遊集一卷、沙河逸老小稿六卷嶰谷詞一卷、南齋集六卷詞二卷、九國志十二卷、胡子知言六卷疑義一卷附錄一卷、蒿庵閒話二卷、後漢書補注二十四卷、後漢書補表八卷、詩書古訓六卷、十三經音略十三卷附錄一卷、說文聲系十四卷、鄭志三卷、文館詞林殘四卷、兩京新記殘一卷、華嚴經音義四卷、道德眞經註四卷、太上感應篇注二卷、歷代帝王年表三卷、紀元編三卷末一卷、中興禦侮錄二卷、襄陽守城錄一卷、宋季三朝政要五卷附錄一卷、詞源二卷、精選名儒草堂詩餘三卷、樓山堂集二十七卷、朱子年譜四卷考異四卷附朱子論學切要語二卷、韓柳年譜七卷、疑年錄四卷、續疑年錄四卷、米海岳年譜一卷、元遺山先生年譜三卷墓圖記畧一卷、崇文總目五卷補遺一卷、菉竹堂書目六卷、菉竹堂碑目六卷、寒山堂金石林時地攷二卷、勝飲編十八卷、採硫日記三卷、嵩洛訪碑日記一卷、通志堂經解目錄一卷、蘇米齋蘭亭攷八卷、石渠隨筆八卷、周官新義十六卷附二卷、爾雅新義二十卷、孫氏周易集解十卷、春秋穀梁傳時月日書法釋例四卷、羣經音辨七卷、相臺書塾刊正九經三傳沿革例一卷、九經補韻一卷、詞林韻釋二卷、漢書地理志稽疑六卷、國策地名考二十卷、儀禮石經校勘記四卷、隸經文四卷、樂縣考二卷、國朝漢學師承記八卷國朝經師經義目錄一卷、國朝宋學淵源記二卷附記一卷、顧亭林先生年譜四卷、閻潛邱先生年譜四卷、秋園雜佩一卷、倪文正公年譜四卷、南雷文定

前集十一卷後集四卷三集三卷詩歷四卷附錄一卷、程侍郎遺集十卷、李元賓集六卷、呂衡州集十卷附考證一卷、西崑酬唱集二卷、羅鄂州小集六卷附羅鄂州遺文一卷、樂府雅詞六卷拾遺二卷、陽春白雪八卷外集一卷、摛經室詩錄五卷)

130000－0404－0005714　叢1/2175(普)

廣漢魏叢書八十種　(明)何允中輯　清刻本
　　六冊　存六種三十四卷(文心雕龍十卷、詩品三卷、書品一卷、顏氏家訓二卷、鹽鐵論十二卷、三輔黃圖六卷)

130000－0404－0005715　叢1/2610(普)

說鈴五十三種　(清)吳震方輯　清道光五年(1825)聚秀堂刻本　二十六冊

130000－0404－0005716　叢1/2610＝2(普)

說鈴五十三種　(清)吳震方輯　清道光五年(1825)聚秀堂刻本　十四冊　存二十二種二十六卷(金鰲退食筆記二卷、京東考古錄一卷、嶺南雜記二卷、揚州鼓吹詞序一卷、匡廬紀游一卷、游雁蕩山記一卷、甌江逸志一卷、滇行紀程一卷續鈔一卷、封長白山記一卷、使琉球記一卷、閩小記二卷、山東攷古錄一卷、泰山記勝一卷、隴蜀餘聞一卷、峒谿纖志一卷、坤輿外紀一卷、粵述一卷、粵西偶記一卷、滇黔紀游一卷、臺灣紀略一卷、臺灣雜記一卷、安南紀游一卷)

130000－0404－0005717　叢1/2704(普)

富強齋叢書七十一種　(清)袁俊德輯　清光緒二十五年(1899)小倉山房石印本　六十一冊　存七十種三百七十三卷(勾股六術一卷、算式集要四卷、九數外錄一卷、衍元要義一卷、弧田問率一卷、直積回求一卷、割圓連比例術圖解三卷首一卷、橢圓求周術一卷、斜弧三邊求角補術一卷、堆垜求積術一卷、三統術衍補一卷、周冪知裁一卷、器象顯真四卷附圖一卷、重學二十卷、電學綱目一卷、電學十卷、化學鑑原六卷、化學鑑原續編二十四卷、化學鑑原補編六卷、聲學八卷、談天十八卷、測候叢談四卷、地學淺釋三十八卷、列國歲記政要十二卷、萬國總說三卷、俄史輯譯四卷、歐洲

東方交涉記十二卷、光學二卷、視學諸器圖說一卷、南北花旗戰紀十八卷、各國交涉公法論三集十七卷、英國水師律例四卷、開煤要法十二卷、井礦工程三卷、銀礦指南一卷、冶金錄三卷、汽機必以十二卷附一卷、汽機新制八卷、煉石編三卷、海塘輯要十卷、行軍鐵路工程二卷、匠誨與規三卷、造管之法一卷、回熱爐法一卷、熔金類罐一卷、造硫強水法一卷、色相留真一卷、水衣全論一卷、垸髹致美一卷、製肥皂法二卷、製油燭法一卷、電學鍍金四卷、電學鍍鎳一卷、造玻璃法二卷、鐵船針向一卷、機動圖說一卷、列國陸軍制九卷、臨陣管見九卷、營城揭要二卷、英國水師考一卷、法國水師考一卷、美國水師考一卷、海軍調度要言三卷、輪船佈陣十二卷、製火藥法三卷、兵船炮法六卷、回特活德鋼炮一卷、克虜伯炮准心法一卷、克虜伯炮說四卷、克虜伯炮操法四卷附表八卷)

130000－0404－0005718　叢1/2706(普)

古逸叢書二十六種　(清)黎庶昌輯　清光緒遵義黎氏日本東京使署影刻本　四十九冊

130000－0404－0005719　叢1/2706(2)(普)

古逸叢書二十六種　(清)黎庶昌輯　清光緒遵義黎氏日本東京使署影刻本　四十八冊缺一種六卷(南華真經注疏三至六、九至十)

130000－0404－0005720　叢1/2714(普)

知不足齋叢書　(清)鮑廷博輯　(清)鮑志祖續輯　清刻本　八冊　存七種二十三卷(鐵圍山叢談六卷、金樓子六卷、賣備余談二卷附錄一卷、湛淵靜語二卷、農書三卷、于潛令樓公進耕織二圖詩一卷附錄一卷、鹽書一卷)

130000－0404－0005721　叢1/3108(普)

振綺堂叢書　(清)汪康年輯　清光緒二十年(1894)刻本　八冊　存十二種二十三卷(克復諒山大略一卷、中興政要一卷、列女傳一卷、明史分稿殘編二卷、己庚編二卷、西藏記述一卷、章谷屯志略一卷、萬象一原九卷首一卷、埃及碑釋一卷、木剌夷補傳稿一卷、轉徙餘生記一卷、奉使英倫記一卷)

130000－0404－0005722　叢1/3142(普)

江南製造局所刻書　江南製造局編輯　清同治至光緒刻本　四百八冊　存一百十六種六百八十四卷(四裔編年表四卷)、東方交涉記十二卷、美俄印度交涉書一卷續編一卷;各國交涉公法論初集四卷;各國交涉公法論二集四卷;各國交涉公法論三集八卷;各國交涉便法論六卷;列國陸軍制一卷;英國水師考一卷;美國水師考一卷;俄國水師考一卷;法國水師考一卷;海軍調度要言三卷圖一卷;製火藥法三卷;克虜伯炮說四卷;攻守炮法一卷;克虜伯腰箍炮說一卷圖一卷;克虜伯炮架說一卷;克虜伯螺繩炮架說一卷;兵船炮法六卷;營城揭要二卷;營壘圖說一卷;爆藥紀要六卷;水師保身法一卷;水師操練十八卷;水師操練附卷一卷;開地道轟藥法三卷圖一卷;克虜伯炮彈造法二卷圖一卷;炮乘新法三卷首一卷圖一卷;營工要覽四卷;前敵須知四卷圖一卷;鐵甲叢談五卷圖一卷;航海章程一卷;航海章程初議紀錄一卷;航海簡法四卷;行海要求四卷;船塢論略一卷;日本學校源流一卷;行軍鐵路工程二卷圖一卷;美國鐵路匯考十三卷;海塘輯要十卷首一卷附釋一卷;農學初級一卷;農務化學問答二卷;農務化學簡法三卷;開煤要法十二卷;開礦器法圖說八卷圖二卷;井礦工程三卷;汽機新製八卷;電氣鍍鎳一卷;電氣鍍金略法一卷;考試司機七卷卷首一卷圖一卷;製機理法八卷圖一卷;鑄錢工藝三卷;保富述要一卷;國政貿易相關書二卷;工業與國政相關論二卷;格致啟蒙四卷;格致小引一卷;物理學上編四卷;算式集要四卷;算式解法十四卷;數學理九卷附一卷;三角數理十二卷;代數難題解法十六卷;微積溯源八卷;電學十卷首一卷;通物電光四卷;化學鑒原六卷;化學鑒原補編二十四卷;化學分原八卷;化學工藝初集四卷圖一卷;化學工藝二集四卷圖一卷;化學工藝三集二卷圖一卷;化學表一卷;聲學八卷;光學二卷;談天一至十三、首一卷、附表一卷;金石識別十二卷;儒門醫學三卷附一卷;西藥大成十卷首一卷;臨陣傷科捷要四卷圖一卷;繪地法原一卷圖一卷;測地繪圖十一卷附一卷;測繪海圖全法八卷附一卷;海道圖說十五卷圖一卷;新編算學啟蒙一至二;交食引蒙一卷;炮法昂度子落高低遠近畫譜一卷;列國歲記政要十二卷首一卷;水師章程十四卷續編四卷;水雷秘要五卷圖一卷;行軍指要六卷;御風要術三卷;防海新論十八卷;輪航布陣十二卷首一卷圖一卷;臨陣管見九卷;子藥準則不分卷;克虜伯炮操法四卷;代數術七至十七、二十三至二十五、首一卷;西藝知新三卷;汽機必以十二卷首一卷;冶金論三卷;求礦指南十卷附一卷;汽機發軔九卷;化學考質八卷附表一卷;意大利殘書一卷;農務土質論三卷;寶藏興焉十二卷;化學求數十五卷表一卷;器象顯真四卷;運規約指三卷;算學六、八至十;陽明先生輯要三編三卷;三才紀要三卷;易經十卷;藝器記珠一卷)

130000-0404-0005723　叢1/3142(2)(普)

江南製造局所刻書　江南製造局編輯　清同治至光緒刻本　二百四十六冊　存五十種四百三十一卷(東方交涉記十二卷;各國交涉公法論三集九;列國陸軍制一卷;克虜伯炮說四卷;攻守炮法一卷;克虜伯腰箍炮說一卷圖一卷;克虜伯炮架說一卷;克虜伯螺繩炮架說一卷;克虜伯炮准心法一卷表格一卷;兵船炮法六卷;爆藥紀要六卷;水師操練十八卷;水師操練附一卷;克虜伯炮彈造法二卷圖一卷;餅藥造法一卷;前敵須知四卷圖一卷;航海簡法四卷;海塘輯要十卷首一卷附釋一卷;開煤要法十二卷;井礦工程三卷;汽機新製八卷;電氣鍍鎳一卷;工藝準繩二十七卷;數學理九卷附一卷;代數難題解法十六卷;微積溯源八卷;電學十卷首一卷;化學鑒原補編二十四卷;化學工藝二集四卷圖一卷;化學工藝三集二卷圖一卷;聲學八卷;地學淺釋三十八卷;金石識別十二卷;臨陣傷科捷要四卷圖一卷;海道圖說十五卷圖一卷;列國歲記政要十二卷首一卷;水師章程十四卷續編四卷;御風要術三卷;防海新論十八卷;輪航布陣十二首一卷圖一卷;臨陣管見九卷;克虜伯炮操法四卷;代數術七至十七、二十三至二十五、首一卷;西藝知新三卷;汽機必以十二卷首一卷;

冶金論三卷;農務土質論二至三;化學求數十五卷表一卷;運規約指三卷;算學四)

130000-0404-0005724　叢1/3142(3)(普)

江南製造局所刻書　江南製造局編輯　清同治至光緒刻本　十六冊　存四種二十九卷(電學十卷首一卷、無線電報一卷、無線電報補編一卷、海道圖說十五卷圖一卷)

130000-0404-0005725　叢1/3143(普)

秘書廿一種　(清)汪士漢輯　清嘉慶九年(1804)文盛堂刻本　八冊　存十六種四十八卷(博異記一卷、劍俠傳四卷、晉史乘一卷、中華古今注三卷、古今注三卷、高士傳三卷、楚史檮杌一卷、竹書紀年二卷、三墳一卷、風俗通義四卷、列仙傳二卷、集異記一卷、續齊諧記一卷、博物志十卷、桂海虞衡志一卷、續博物志十卷)

130000-0404-0005726　叢1/3143=2(普)

秘書廿八種　(清)汪士漢輯　清同治二年(1863)漁古山房刻本　十六冊

130000-0404-0005727　叢1/3225(普)

海山仙館叢書　(清)潘仕成輯　清道光刻本　一百四十八冊　存五十一種四百二十八卷(遂初堂書目一卷、易大義一卷、尚書注考一卷、讀書敏求記四卷、四書逸箋六卷、一切經音義二十五卷、古史輯要六卷首一卷、史記短長二卷、九國志十二卷、庚申外史二卷、靖康傳信錄三卷、洛陽名園記一卷、廿二史感應錄二卷、廣名將傳二十卷、高僧傳十三卷、隱居通議三十一卷、考古質疑六卷、洞天清錄集一卷、調燮類編四卷、菰中隨筆一卷、雲谷雜記四卷首一卷、龍筋鳳髓判四卷、敬齋古今黈八卷、晁具茨先生詩集十五卷、揭曼碩詩集三卷、婦人集一卷補一卷、四溟詩話四卷、青藤書屋集三十卷、苕溪漁隱叢話前集六十卷後集四十卷、宋四六話十二卷、詞苑叢談十二卷、竹雲題跋四卷、讀畫錄四卷、續三十五舉一卷、茶董補二卷、酒顛補三卷、尺牘新鈔十二卷、顏氏家藏尺牘四卷附姓氏考一卷、幾何原本六卷、同文算指前編二卷通編八卷、圜容較義一卷、測量法義一卷、測量異同一卷、勾

股義一卷、翼梅八卷、傅青主女科二卷產後編二卷、海錄一卷、外國地理備攷十卷、全體新論十卷、讀詩拙言一卷、順宗實錄五卷）

130000－0404－0005728　叢1/3414（普）
教育世界三集六十八卷　羅振玉編　清光緒二十八年（1902）石印本　八冊　存五十卷（十九至六十八）

130000－0404－0005729　叢1/3438（普）
文林綺繡五種　（明）凌迪知輯　清光緒二十年（1894）鴻寶齋印本　六冊

130000－0404－0005730　叢1/4001（普）
函海　（清）李調元輯　清乾隆中綿州李氏萬卷樓刻嘉慶十四年（1809）李鼎元校刻本　一百九冊　存一百三十九種六百八十三卷（說文解字韻譜五卷、主客圖一卷、易傳燈四卷、鄭氏古文尚書十卷、程氏考古編十卷、敷文鄭氏書說一卷、孟子外書四篇四卷、伸蒙子三卷、洪範統一一卷、續孟子二卷、廣成子解一卷、唐史論斷三卷、東坡烏臺詩案一卷、藏海詩話一卷、益州名畫錄三卷、韓氏山水純全集一卷、月波洞中記一卷、蜀檮杌二卷、產育寶慶集二卷、顧凶經一卷、出行寶鏡一卷圖一卷、翼元十二卷、常談一卷、靖康傳信錄三卷、淳熙薦士錄一卷、江南餘載二卷、江淮異人錄二卷、張氏可書一卷、青溪弄兵錄一卷、珍席放談二卷、鶴山筆錄一卷、建炎筆錄三卷、辯誣筆錄一卷、採石瓜州記一卷、家訓筆錄一卷、舊聞證誤四卷、建炎以來朝野雜記甲集二十卷乙集二十卷、州縣提綱四卷、諸蕃志二卷、省心雜言一卷、三國雜事二卷、三國紀年一卷、五國故事二卷、東原錄一卷、肯綮錄一卷、燕魏雜記一卷、夾漈遺稿三卷、龍州集十卷、龍龕手鑒四卷、雪履齋筆記一卷、日聞錄一卷、吳中舊事一卷、鳴鶴餘音一卷、升庵經說十四卷、檀弓叢訓二卷、世說舊注一卷、山海經補注一卷、莊子闕誤一卷、藝林伐山二十卷、古雋八卷、謝華啟秀八卷、哲匠金桴五卷、均藻四卷、譚苑醍醐八卷、轉注古音略五卷後語一卷、古音叢目五卷、古音獵要五卷、古音附錄一卷、古音餘五卷、奇字韻五卷、古音略例一卷、古音駢字五卷、古音復字五卷、希姓錄五卷、升庵詩話十二卷補遺二卷、詞品六卷拾遺一卷、墨池瑣錄二卷、書品一卷、法帖神品目一卷、名畫神品目一卷、畫品一卷、金石古文十四卷、古文韻語一卷、石鼓文音釋三卷、風雅逸篇十卷、古今風謠一卷、古今諺一卷、俗言一卷、麗情集一卷、庣麗情集一卷、墐戶錄一卷、雲南山川志一卷、滇載記一卷、丹鉛雜錄十卷、玉名詁一卷、異魚圖贊四卷、升庵先生年譜一卷、異魚圖贊補三卷、詩音辯略二卷、左傳事緯四卷、夏小正箋一卷、蜀語一卷、蜀碑記十卷、中麓畫品一卷、厄辭一卷、周禮摘箋五卷、儀禮古今考二卷、易古文三卷、逸孟子一卷、十三經注疏錦字四卷、蜀碑記補十卷、卍齋瑣錄十卷、諸家藏書簿十卷、博物要覽十二卷、金石存十五卷、通俗編十五卷、南越筆記十六卷、賦話十卷、詩話二卷、詞話四卷、曲話二卷、六書分毫三卷、古音合二卷、奇字名十二卷、樂府侍兒小名二卷、通詁二卷、剿說四卷、四家選集十二卷、制義科瑣記四卷、然犀志二卷、出口程記一卷、方言藻二卷、粵風四種蜀雅二十卷、萬善堂集詩集十卷文集六卷、童山詩集四十二卷文集二十卷、粵東皇華集四卷、淡墨錄十六卷、羅江縣誌十卷、醒園錄二卷）

130000－0404－0005731　叢1/4046（普）
鐵香室叢刻初集四種續集六種　（清）李世勳輯　清光緒二十三年（1897）沔陽李氏刻本　十冊

130000－0404－0005732　叢1/4414（普）
普通百科全書不分卷　（清）范迪吉　（清）黃朝鑒編輯　清光緒二十九年（1903）上海會文學社石印本　一百冊

130000－0404－0005733　叢1/4620（普）
受經堂彙稿五種　（清）楊紹文輯　清道光三年（1823）山陰楊氏刻本　二冊　存三種十卷（茗柯文初編一卷二編二卷三編一卷四編一卷茗柯詞一卷、竹鄰遺稿二卷、齊物論齋賦一卷詞一卷）

130000－0404－0005734　叢1/4875（普）

283

武英殿聚珍版叢書　（清）紀昀等輯　清同治
十三年（1874）江西書局刻本　一百二十八冊

130000－0404－0005735　叢1/4875（2）（普）

武英殿聚珍版叢書　（清）紀昀等輯　清同治
十三年（1874）江西書局刻本　一百十九冊
存四十四種三百八十四卷（郭氏傳家易說十
一卷總論一卷、易象意言一卷、易緯十二卷、
禹貢指南四卷、融堂書解二十卷、續呂氏家塾
讀詩記三卷、絜齋毛詩經筵講義四卷、儀禮識
誤三卷、鄭志三卷、水經注四十卷首一卷、五
代史纂誤三卷、魏鄭公諫續錄二卷、宋朝事實
二十卷、直齋書錄解題二十二卷、欽定武英殿
聚珍版程式一卷、漢官舊儀二卷補遺一卷、鄴
中記一卷、嶺表錄異三卷、麟臺故事五卷、傅
子一卷、帝範四卷、公是弟子記四卷、明本釋
三卷、農桑輯要七卷、五經算術二卷、甕牖閑
評八卷、考古質疑六卷、澗泉日記三卷、敬齋
古今黈八卷、老子道德經二卷、涑水紀聞十六
卷、南陽集六卷、學易集八卷、文恭集四十卷、
後山詩注十二卷、陶山集十六卷、絜齋集二十
四卷、蒙齋集二十卷、拙軒集八卷、茶山集八
卷、金淵集六卷、歲寒堂詩話二卷、浩然齋雅
談三卷、春秋辯疑四卷）

130000－0404－0005736　叢1/4875＝2（普）

武英殿聚珍版叢書　（清）紀昀等輯　清乾隆
三十八年（1773）浙江刻本　一百二十四冊

130000－0404－0005737　叢1/4875＝3（普）

武英殿聚珍版叢書　（清）紀昀等輯　清乾隆
四十二年（1777）福建刻道光、同治遞修光緒
二十一年（1895）增刻本　五百四十九冊　存
一百十四種一千八百五十六卷（周易口訣義
六卷、易說六卷、吳園周易解九卷附錄一卷、
易原八卷、郭氏傳家易說十一卷總論一卷、誠
齋易傳二十卷、易象意言一卷、易緯十二卷、
禹貢指南四卷、禹貢說斷四卷、尚書詳解五十
卷、融堂書解二十卷、詩總聞二十卷、續呂氏
家塾讀詩記三卷、絜齋毛詩經筵講義四卷、儀
禮識誤三卷、儀禮集釋三十卷、儀禮釋宮一
卷、大戴禮記十三卷、春秋釋例十五卷附校勘
記二卷、春秋傳說例一卷、春秋經解十五卷、

春秋辨疑四卷附校勘記一卷、春秋考十六卷、
春秋集注四十卷、鄭志三卷拾遺一卷附校勘
記一卷、論語意原四卷、輶軒使者絕代語釋別
國方言十三卷、兩漢刊誤補遺十卷附校勘記
一卷、五代史纂誤三卷、東觀漢記二十四卷、
御選明臣奏議四十卷、魏鄭公諫續錄二卷、元
朝名臣事略十五卷附校勘記一卷、琉球國志
略十六卷首一卷、元豐九域志十卷、輿地廣記
三十八卷附校勘記二卷、水經注四十卷附御
製文一卷、嶺表錄異三卷、麟臺故事五卷拾遺
二卷附考異一卷、五代會要三十卷附校勘記
一卷、宋朝事實二十卷、東漢會要四十卷、漢
官舊儀二卷補遺一卷、欽定武英殿聚珍版程
式一卷、直齋書錄解題二十二卷、絳帖平六卷
總錄一卷、唐書直筆四卷、傅子一卷、帝範四
卷、公是弟子記四卷、明本釋三卷、項氏家說
十卷附錄二卷、農桑輯要六卷、蘇沈良方八卷
拾遺二卷附校勘記一卷、小兒藥證真訣三卷、
周髀算經二卷附音義一卷、九章算術九卷附
音義一卷、孫子算經三卷、海島算經一卷、五
曹算經五卷、夏侯陽算經三卷、五經算術二
卷、寶真齋法書贊二十八卷、墨法集要一卷、
猗覺寮雜記二卷、能改齋漫錄十八卷拾遺一
卷、雲谷雜紀四卷首一卷末一卷、學林十卷、
甕牖閒評八卷、考古質疑六卷、朝野類要五
卷、欽定四庫全書考證一百卷、澗泉日記三
卷、敬齋古今黈八卷拾遺五卷、意林六卷拾遺
一卷、涑水記聞十六卷、唐語林八卷拾遺一卷
附校勘記二卷、歸潛志十四卷、老子道德經二
卷、文忠集十六卷拾遺四卷、南陽集六卷拾遺
一卷、元憲集三十六卷、景文集六十二卷拾遺
二十二卷、文恭集四十卷拾遺一卷、祠部集三
十五卷、彭城集四十卷、忠肅集二十卷拾遺一
卷、山谷內集詩注二十卷外集詩注十七卷別
集詩注二卷外集補四卷別集補一卷、後山詩
十二卷、柯山集五十卷拾遺十二卷續拾遺一
卷、陶山集十六卷、學易集八卷、西臺集二十
卷、浮沚集九卷、毘陵集十六卷拾遺一卷、浮
溪集三十二卷附拾遺三卷、簡齋集十六卷、茶
山集八卷拾遺一卷、文定集二十四卷拾遺一
卷、雪山集十六卷、攻媿集一百十二卷拾遺一

284

卷、乾道稿二卷淳熙稿二十卷章泉稿五卷章泉稿拾遺一卷、止堂集十八卷、絜齋集二十四卷拾遺一卷、南澗甲乙稿二十二卷拾遺一卷、蒙齋集二十卷拾遺一卷、恥堂存稿八卷、拙軒集六卷、金淵集六卷、文苑英華辨證十卷拾遺一卷、歲寒堂詩話二卷、碧溪詩話十卷、浩然齋雅談三卷）

130000－0404－0005738　叢1/6004（普）
財政叢書二十一種　（清）昌言報館編輯　清光緒二十九年（1903）上海會文學社石印本十二冊

130000－0404－0005739　叢1/6042（普）
國朝名人著述叢編十三種　（清）□□撰　清光緒五年（1879）上海淞隱閣鉛印本　六冊

130000－0404－0005740　叢1/6042（2）（普）
國朝名人著述叢編十三種　（清）□□撰　清光緒五年（1879）上海淞隱閣鉛印本　六冊

130000－0404－0005741　叢1/6051（普）
教育叢書三集　（清）教育世界社編　清光緒二十七年（1901）鉛印本　三十四冊

130000－0404－0005742　叢1/7164（普）
玉函山房輯佚書　（清）馬國翰撰　清光緒九年（1883）長沙嫏嬛館刻本　三十三冊　存二百三十二種二百六十一卷（周易沈氏要略一卷、周易劉氏義疏一卷、周易大義一卷、周易伏氏集解一卷、周易褚氏講疏一卷、周易周氏義疏一卷、周易張氏講疏一卷、周氏何氏講疏一卷、周易姚氏注一卷、周易崔氏注一卷、周易傅氏注一卷、周易盧氏注一卷、周易王氏注一卷、周易王氏義疏一卷、周易朱氏義疏一卷、周易侯氏注三卷、周易探元三卷、周易元義一卷、周易新論傳疏一卷、周易新義一卷、易纂一卷、今文尚書一卷、古文尚書三卷、尚書歐陽章句一卷、尚書大夏侯章句一卷、尚書小夏侯章句一卷、尚書馬氏傳四卷、尚書王氏注二卷、古文尚書音一卷、古文尚書舜典注一卷、尚書劉氏義疏一卷、尚書述義一卷、尚書顧氏疏一卷、魯詩故三卷、春秋左氏傳解詁二卷、春秋左氏長經章句一卷、春秋三傳異同說一

卷、解疑論一卷、春秋文諡例一卷、春秋左氏傳解誼四卷、春秋成長說一卷、春秋左氏膏肓釋痾一卷、春秋釋例一卷、左氏奇說一卷、春秋左傳許氏注一卷、春秋左氏經傳章句一卷、春秋左傳王氏注一卷、春秋左氏傳嵇氏音一卷、春秋穀梁傳糜氏注一卷、春秋公羊穀梁傳解詁一卷、春秋左氏傳義注一卷、春秋公羊穀梁二傳評一卷、春秋穀梁傳徐氏注一卷、春秋土地名一卷、春秋穀梁傳注義一卷、春秋徐氏音一卷、春秋左氏函傳義一卷、薄叔元問穀梁義一卷、春秋穀梁傳鄭氏說一卷、春秋左氏經傳義略一卷、續春秋左氏傳義略一卷、春秋傳駮一卷、春秋左傳義疏一卷、春秋左氏傳述義二卷、詩緯氾歷樞一卷、詩緯含神霧一卷、禮緯含文嘉一卷、禮緯稽命徵一卷、禮緯斗威儀一卷、樂緯動聲儀一卷、樂緯稽耀嘉一卷、樂緯叶圖徵一卷、春秋緯感精符一卷、論語讖八卷、史籀篇一卷、蒼頡篇一卷、凡將篇一卷、訓纂篇一卷、蒼頡訓詁一卷、三蒼一卷、古文官書一卷、雜字指一卷、勸學篇一卷、通俗文一卷、埤蒼一卷、古今字詁一卷、雜字一卷、雜字解詁一卷、聲類一卷、廣蒼一卷、辨釋名一卷、異字一卷、始學篇一卷、草書狀一卷、發蒙記一卷、啓蒙記一卷、韻集一卷、字指一卷、四體書勢一卷、要用字苑一卷、演說文一卷、字統一卷、纂文一卷、庭誥一卷、纂要一卷、纂要一卷、文字集畧一卷、古今文字表一卷、韻畧一卷、桂苑珠叢一卷、文字指歸一卷、四聲五音九弄反紐圖一卷、分毫字樣一卷、石經尚書一卷、石經魯詩一卷、石經儀禮一卷、石經公羊一卷、石經論語一卷、三字石經尚書一卷、三字石經春秋一卷、古文瑣語一卷、帝王要略一卷、三五歷記一卷、年歷一卷、汲冢書鈔一卷、聖賢高士傳一卷、鑒戒象讚一卷、七略別錄一卷、漆雕子一卷、宓子一卷、景子一卷、世子一卷、魏文侯書一卷、李克書一卷、公孫尼子一卷、內業一卷、讕言一卷、甯子一卷、王孫子一卷、李氏春秋一卷、董子一卷、徐子一卷、魯連子一卷、虞氏春秋一卷、平原君書一卷、劉敬書一卷、至言一卷、河閒獻王書一卷、兒寬書一卷、公孫宏書一卷、終軍書一卷、吾邱壽王

書一卷、正部論一卷、仲長子昌言二卷、魏子一卷、周生子要論一卷、王子正論一卷、去伐論一卷、杜氏體論一卷、王氏新書一卷、周子一卷、顧子新言一卷、典語一卷、通語一卷、譙子法訓一卷、袁子正論二卷、袁子正書一卷、孫氏成敗志一卷、古今通論一卷、化清經一卷、夏侯子新論一卷、太元經一卷、華氏新論一卷、梅子新論一卷、志林新書一卷、廣林一卷、釋滯一卷、通疑一卷、干子一卷、顧子義訓一卷、讀書記一卷、神農書一卷、野老書一卷、范子計然三卷、養魚經一卷、尹都尉書一卷、氾勝之書二卷、蔡葵書一卷、養羊法一卷、家政法一卷、伊尹書一卷、辛甲書一卷、公子牟子一卷、田子一卷、老萊子一卷、黔婁子一卷、鄭長者書一卷、任子道論一卷、洞極真經一卷、唐子一卷、蘇子一卷、陸子一卷、杜氏幽求新書一卷、孫子一卷、苻子一卷、少子一卷、夷夏論一卷、申子一卷、鼂氏新書一卷、崔氏政論一卷、劉氏政論一卷、阮子政論一卷、世要論一卷、陳子要言一卷、惠子一卷、士緯一卷、史佚書一卷、田俅子一卷、隋巢子一卷、胡非子一卷、纏子一卷、蘇子一卷、闕子一卷、蒯子一卷、鄒陽書一卷、主父偃書一卷、徐樂書一卷、嚴安書一卷、由余書一卷、博物記一卷、伏侯古今注一卷、蔣子萬機論一卷）

130000－0404－0005743　叢1/7164－2(普)
目耕帖三十一卷　（清）馬國翰撰　清光緒九年(1883)長沙嫏嬛館刻本　十六冊　存二十二卷（十至三十一）

130000－0404－0005744　叢1/7433(普)
潛園總集十七種　（清）陸心源撰　清同治至光緒刻本　一百九十三冊　存十四種六百四十四卷（元祐黨人傳十卷、皕宋樓藏書志一百二十卷續志四卷、吳興金石記十六卷、千甓亭磚錄六卷續錄四卷、三續疑年錄十卷、唐文拾遺七十二卷目錄八卷、儀顧堂集十六卷、群書校補九十八卷、儀顧堂題跋十六卷、吳興詩存初集八卷二集十四卷三集六卷四集二十卷、宋詩紀事補遺一百卷、穰梨館過眼錄四十卷續集十六卷、宋史翼四十卷、千甓亭古磚圖釋目錄二十卷）

286

130000－0404－0005745　叢1/7732(普)
蒙學叢書春季不分卷夏季不分卷秋季不分卷冬季不分卷　（清）汪鍾霖輯　清吳縣汪氏石印本　二十四冊

130000－0404－0005746　叢1/8282(普)
唐宋叢書　（明）鍾人傑　（明）張遂辰輯　明刻本　七冊　存七種四十五卷（南唐書三十卷、畫鑒一卷、羅湖野錄一卷、林下偶譚四卷、貞觀公私畫史一卷、益州名畫錄三卷、詩式五卷）

130000－0404－0005747　叢2/1010(普)
武林掌故叢編　（清）丁丙輯　清光緒錢塘丁氏嘉惠堂刻本　二百八冊

130000－0404－0005748　叢2/1031(普)
畿輔叢書　（清）王灝輯　清光緒五年(1879)定州王氏謙德堂刻本　四百三十八冊

130000－0404－0005749　叢2/1031(2)(普)
畿輔叢書　（清）王灝輯　清光緒五年(1879)定州王氏謙德堂刻本　一百二十九冊　存二十九種四百二十五卷（春秋繁露十七卷淩注校正十七卷、董子文集一卷、韓詩外傳十卷補逸一卷校注拾遺一卷、廣雅疏證十卷、高常侍集二卷、劉隨州集十一卷、李衛公會昌一品集二十卷別集十卷外集四卷補遺一卷、明本釋三卷、忠肅集二十卷、湛南遺老集四十五卷詩集一卷續編詩集一卷、元朝名臣事略十五卷、典故紀聞十八卷、東田文集三卷詩集三卷、花王閣剩稿一卷、味檗齋文集十五卷、范文忠公文集十卷、永年申氏遺書十二種三十六卷、顏習齋遺書四種二十七卷、李恕谷遺書十二種六十五卷、尹健余先生全集一種十卷、重斠唐韻考五卷、廣陽雜記五卷、萬善花室文稿七卷、留耕堂詩集一卷、積書岩詩集一卷、玉暉堂詩集五卷、柿葉庵詩選一卷、封氏聞見記十卷、靜修先生文集十二卷）

130000－0404－0005750　叢2/1200(普)
永嘉叢書　（清）孫衣言輯　清光緒瑞安孫氏怡善祠墊刻本　五十四冊　存十一種二百四十四卷（水心文集二十九卷補遺一卷、水心別集十六卷、竹軒雜著六卷、蒙川先生遺稿四卷、劉給諫集五卷、劉左史集四卷、止齋集五十二卷、浪語集三十五卷、橫塘集二十卷、集韻校正十卷、禮記集解六十一卷附尚書顧命解一卷）

130000－0404－0005751　叢2/1200(2)（普）
永嘉叢書　（清）孫衣言輯　清光緒瑞安孫氏怡善祠塾刻本　八冊　存一種十卷（集韻考正十卷）

130000－0404－0005752　叢2/1233（普）
北洋學報甲編不分卷乙編不分卷丙編不分卷　（清）北洋官報局編　清光緒三十二年(1906)石印本　三十一冊

130000－0404－0005753　叢2/1233－2（普）
北洋官報局匯編不分卷　（清）北洋官報局編　清石印本　八冊

130000－0404－0005754　叢2/2114（普）
嶺南遺書　（清）伍元微　（清）伍崇曜輯　清道光十一年(1831)南海伍氏粵雅堂刻本　九十冊　存五十九種三百四十一卷（雙槐歲鈔十卷附錄一卷、廣州人物傳二十四卷、翰林記二十卷、革除遺事節本六卷、春秋別典十五卷、百越先賢志四卷、劉希仁文集一卷、理學簡言一卷、平定交南錄一卷、白沙語要一卷、甘泉新論一卷、元祐黨籍碑考一卷慶元偽學逆黨籍一卷、疑耀七卷、海語三卷、郭給諫疏稿二卷、算迪八卷、春秋詩話五卷、崔清獻公言行錄三卷、羅浮志十卷、小學古訓一卷、昭代經濟言十四卷、周易爻物當名二卷、正學續四卷、史見二卷、迂言百則一卷、周易本義注六卷、廣和錄二卷、救荒備覽四卷附錄二卷、周易略解八卷、群經互解一卷、算略一卷、周髀算經述一卷、粵臺征雅錄一卷、重訂三家詩拾遺十卷、楊議郎著書一卷、異物志一卷、交州記二卷、始興記一卷、潛虛述義四卷考異一卷、五山志林八卷、測天約術一卷、呂氏春秋正誤一卷、楚詞辨韻一卷、袁督師事蹟一卷、嶺南荔枝譜六卷、南漢紀五卷、南漢地理志一卷、南漢金石志二卷、端溪硯史三卷、粵詩搜逸四卷、穀梁禮證二卷、補後漢書藝文志四卷、補三國藝文志四卷、毛詩通考三十卷、毛詩識小三十卷、虞書命義和章解一卷、蠡勺編四十卷、紀夢編年一卷續編一卷）

130000－0404－0005755　叢2/2205（普）
崇文書局彙刻書三十三種　（清）崇文書局輯　清光緒三年(1877)湖北崇文書局刻本　八十冊

130000－0404－0005756　叢2/2205＝2（普）
崇文書局彙刻書三十三種　（清）崇文書局輯　清光緒三年(1877)崇文書局刻本　五十六冊

130000－0404－0005757　叢2/2205＝3（普）
崇文書局彙刻書三十三種　（清）崇文書局輯　清光緒三年(1877)湖北崇文書局刻本　十冊　存六種二十九卷（淮南天文訓補注二卷、楚辭集注八卷辯證二卷、離騷集傳一卷、離騷草木疏四卷、離騷箋二卷、文心雕龍十卷）

130000－0404－0005758　叢2/2747（普）
安吳四種三十六卷　（清）包世臣等撰　清光緒十四年(1888)刻本　十六冊

130000－0404－0005759　叢2/2747(2)（普）
安吳四種三十六卷　（清）包世臣等撰　清光緒十四年(1888)刻本　十六冊

130000－0404－0005760　叢2/2844（普）
紹興先正遺書四集十五種　（清）徐友蘭輯　清光緒會稽徐氏鑄學齋刻本　四十八冊

130000－0404－0005761　叢2/2844(2)（普）
紹興先正遺書四集十五種　（清）徐友蘭輯　清光緒會稽徐氏鑄學齋刻本　四十八冊

130000－0404－0005762　叢2/3049（普）
台州叢書　（清）宋世犖譯　清嘉慶、道光間臨海宋氏刻本　二十冊

130000－0404－0005763　叢2/3134（普）
小石山房叢書　（清）顧湘輯　清同治十三年(1874)虞山顧氏刻本　十六冊

130000－0404－0005764　叢2/3141（普）
靈鶼閣叢書　（清）江標輯　清光緒元和江氏

湖南使院刻本　二十四冊　存四十五種七十五卷(韓詩遺說二卷韓詩訂訛一卷、尚書大傳七卷、急就章皇象本一卷王氏音略一卷、說文解字索隱一卷補例一卷、漢事會最人物志七卷、箋友臆說一卷附錄一卷、教童子法一卷、洸民遺文一卷、欽定四庫全書總目提要四部類敘一卷、先正讀書訣一卷、朔方備乘劄記一卷、使德日記一卷、德國議院章程一卷、英軺私記一卷、新嘉坡風土記一卷、中西度量權衡表一卷、光論一卷、人參考一卷、積古齋藏器目一卷、平安館藏器目一卷、清儀閣藏器目一卷、懷米山房藏器目一卷、兩罍軒藏器目一卷、木庵藏器目一卷、梅花草盦藏器目一卷、簠齋藏器目一卷、窻齋藏器目一卷、天壤閣雜記一卷、董華亭書畫錄一卷、畫友詩一卷、士禮居藏書題跋記續二卷、江甯金石待訪目二卷、山左南北朝石刻存目一卷、漢鐃歌十八曲集解一卷、碧城仙館詩鈔八卷、聽園西疆雜述詩四卷、瓊州雜事詩一卷、匪石山人詩一卷、衍波詞一卷、文史通義補編一卷、和林金石錄一卷、前塵夢影錄二卷、西遊錄注一卷、澳大利亞洲新志一卷、張憶娘簪華圖卷題詠一卷)

130000－0404－0005765　叢2/3434(普)

蓮池四種　(清)□□輯　清同治至光緒刻本　三冊　存三種九卷(治蝗書一卷、區種五種五卷附一卷、重刊紀慎齋先生祈雨全書二卷)

130000－0404－0005766　叢2/4080(普)

惜陰軒叢書　(清)李錫麟輯　清光緒二十二年(1896)長沙刻本　十六冊　存六種二十七卷(六如畫譜三卷，新增格古要論一至三、十一至十三，元城語錄解三卷行錄解一卷，兩山墨談六至十四，見物一至二，世說新語三卷)

130000－0404－0005767　叢2/4403(普)

倚晴樓七種曲　(清)黃燮清撰　清光緒三十三年(1907)刻本　十冊

130000－0404－0005768　叢2/4429(普)

雙楳景闇叢書　葉德輝輯　清光緒至宣統長沙葉氏都園刻本　五冊　存十六種二十五卷(素女經一卷、素女方一卷、玉房祕訣一卷指要一卷、洞玄子一卷、天地陰陽交歡大樂賦一卷、靑樓集一卷、板橋雜記三卷、吳門畫舫錄一卷、燕蘭小譜五卷、海漚小譜一卷、觀劇絕句三卷、木皮散人鼓詞一卷、附萬古愁曲一卷、乾嘉詩壇點將錄一卷、東林點將錄一卷、重刻乾嘉詩壇點將錄一卷)

130000－0404－0005769　叢2/4432(普)

記過齋藏書七種　(清)蘇源生撰　清咸豐至光緒鄢陵蘇氏刻本　九冊　存一種(記過齋叢書)

130000－0404－0005770　叢2/4432(2)(普)

記過齋藏書七種　(清)蘇源生撰　清咸豐至光緒鄢陵蘇氏刻本　九冊　存四種十八卷(記過齋文稿二卷、師友劄記四卷、大學臆說二卷、省身錄十卷)

130000－0404－0005771　叢2/4432(3)(普)

記過齋藏書七種　(清)蘇源生撰　清咸豐至光緒鄢陵蘇氏刻本　十一冊　存六種二十二卷(記過齋文稿二卷、師友劄記四卷、大學臆說二卷、省身錄十卷、記過齋贈言一卷言行略一卷崇祀鄉賢錄一卷、貞壽堂贈言一卷)

130000－0404－0005772　叢2/4474(普)

鐵華館叢書六種　(清)蔣鳳藻輯　清光緒長洲蔣氏影印本　六冊

130000－0404－0005773　叢2/4690(普)

連筠簃叢書　(清)楊尚文輯　清道光二十八年(1848)靈石楊氏刻本　三十六冊

130000－0404－0005774　叢2/4777(普)

金華叢書　(清)胡鳳丹撰　清同治、光緒間永康胡氏退補齋刻本　八十三冊　存二十四種二百四十五卷(周易音訓二卷、增修東萊書說三十五卷首一卷、左氏傳說二十卷首一卷、禹貢集解二卷、書疑九卷、詩疑二卷、尚書表注二卷、詩集傳名物鈔八卷、涉史隨筆二卷、洪武聖政記二卷、蜀碑記十卷目一卷辨訛考異二卷、浦陽人物記二卷、明朝國初事蹟一卷、螢雪叢說二卷、泊宅編三卷、駱丞集四卷辨訛考異二卷、禪月集十二卷、龍川文集三十卷首一卷附錄一卷辨訛考異二卷、忠簡公集七卷辨訛考異一卷、呂東萊先生文集二十卷

首一卷、九靈山房集十九卷、王忠文公集二十卷、東萊先生左氏博議二十五卷、元真子三卷）

130000－0404－0005775　叢2/7122（普）
正誼堂全書　（清）張伯行　（清）楊浚重輯
清同治五年(1866)福州正誼書院刻八年至九年(1869－1870)續刻本　一百六十冊

130000－0404－0005776　叢2/7122＝2（普）
正誼堂全書　（清）張伯行　（清）楊浚重輯
清同治五年(1866)福州正誼書院刻本　一百六十冊　存六十六種五百二十三卷（周濂溪先生全集十三卷、二程文集十二卷、張橫渠先生文集十二卷、朱子文集十八卷、伊洛淵源錄十四卷、上蔡先生語錄三卷、程氏家塾讀書分年日程三卷、朱子學的二卷、陳清瀾先生學蔀通辯十二卷、薛文清公讀書錄八卷、胡敬齋先生居業錄八卷、道南源委六卷、王學質疑五卷附錄一卷、讀禮志疑六卷、讀朱隨筆四卷、陸稼書先生問學錄四卷、陸稼書先生松陽鈔存一卷、石守道先生集二卷、真西山先生集八卷、楊龜山先生集六卷、尹和靖先生集一卷、羅豫章先生文集十卷、李延平先生文集四卷、張南軒先生文集七卷、黃勉齋先生文集八卷、陳克齋先生集五卷、許魯齋先生集六卷、薛敬軒先生文集十卷、胡敬齋先生文集三卷、諸葛武侯文集四卷、唐陸宣公文集四卷首一卷、韓魏公集二十卷、司馬溫公文集十四卷、文山先生文集二卷、謝疊山先生文集二卷、方正學先生文集七卷、楊椒山先生文集二卷、二程粹言二卷、羅整庵先生困知記四卷、陸桴亭思辨錄輯要二十二卷、高東溪先生遺集二卷、熊勿軒先生文集六卷、吳朝宗先生聞過齋集四卷、魏莊渠先生集二卷、羅整庵先生存稿二卷、陳剩夫先生集四卷、張陽和文選三卷、湯潛庵先生集二卷、陸稼書先生文集二卷、道統錄三卷、二程語錄十九卷、朱子語類輯略八卷、濂洛關閩書十九卷、近思錄十四卷、廣近思錄十四卷、困學錄集粹八卷、小學集解六卷、濂洛風雅九卷、學規類編二十七卷、養正類編十三卷、居濟一得八卷、正誼堂文集十二卷、正誼堂續集八卷、唐宋八大家文鈔十九卷、范文正

公文集九卷、續近思錄十四卷）

130000－0404－0005777　叢2/7339（普）
常州先哲遺書四十四種　盛宣懷輯　清光緒盛氏思惠齋刻本　六十四冊

130000－0404－0005778　叢2/7339＝2（普）
常州先哲遺書四十四種　盛宣懷輯　清光緒盛氏思惠齋刻本　四十六冊　存三十五種三百四十三卷（詩傳旁通十五卷、三續千字文注一卷、崇禎朝記事四卷、景仰撮書一卷、宜齋野乘一卷、梁溪漫志十卷、萬柳溪邊舊話一卷、陽羨茗壺系一卷、洞山芥茶系一卷、五行大義五卷、戒庵老人漫筆八卷、梁昭明太子文集五卷補遺一卷、文選注考異一卷、蕭茂挺集一卷、文恭集四十卷、蔣之翰之奇遺稿一卷、毗陵集十六卷補遺一卷附錄一卷、鴻慶居士文集四十二卷、宋孫仲益內簡尺牘一至五、丹陽集一至六、梁溪遺稿二卷補遺一卷附錄一卷、侍郎葛公歸愚集十卷補遺一卷、信齋詞一卷、定齋集二十卷、牆東類稿二十卷補遺一卷校勘記一卷、唐荊川先生文集十八卷補遺一卷附錄一卷、小辨齋偶存八卷附錄一卷、從野堂存稿八卷補遺一卷附錄一卷、落落齋遺集十卷附錄一卷、金忠潔公文集二卷、堆山先生前集一卷、韻語陽秋二十卷、存餘堂詩話一卷附錄一卷、留溪外傳十八卷、學文堂文集十六卷詩集五卷詩餘三卷）

130000－0404－0005779　叢3/0033（普）
柏堂遺書八種附一種　（清）方宗誠撰　清光緒中桐城方氏刻本　十六冊　存一種四十七卷（柏堂集前編一至六，次編十三卷，續編一至十、十九至二十二，後編一至三，餘編八卷，補存三卷）

130000－0404－0005780　叢3/0143（普）
半廠叢書初編十種　（清）譚獻輯　清光緒仁和譚氏刻本　二十冊

130000－0404－0005781　叢3/0849（普）
榆園叢刻　（清）許增輯　清同治至光緒刻本　三十二冊

130000－0404－0005782　叢3/1015（普）

289

賈氏叢書甲集十一種　（清）賈臻輯　清道光至咸豐賈氏躬自厚齋刻本　十四冊

130000－0404－0005783　叢3/1044（普）

陶廬叢刻　王樹枏撰　清光緒至民國新城王氏刻本　四十八冊　存十四種一百九卷（爾雅郭注佚存補訂二十卷、學記箋證四卷、墨子斠注補正二卷、歐洲列國戰事本末二十二卷、歐洲族類源流略五卷、天元草五卷、閑閑老人詩集十卷目錄二卷年譜二卷、新疆山脈圖志六卷、希臘春秋八卷、說文建首字讀一卷字義四卷、陶廬箋牘四卷、詩十月之交日食天元細草二卷、希臘學案四卷、新疆國界圖志八卷）

130000－0404－0005784　叢3/1134（普）

二西堂叢書　（清）張澍輯　清道光元年（1821）武威張氏二西堂刻本　六冊

130000－0404－0005785　叢3/1134＝2（普）

二西堂叢書　（清）張澍輯　清道光武威張氏二西堂刻本　十二冊

130000－0404－0005786　叢3/1204（普）

駪軒孔氏所著書七種六十卷　（清）孔廣森撰　清嘉慶二十二年（1817）曲阜孔氏儀鄭堂刻本　十冊

130000－0404－0005787　叢3/1262（普）

平津館叢書三十八種　（清）孫星衍輯　清光緒十一年（1885）吳縣朱氏槐廬家塾刻本　五十

130000－0404－0005788　叢3/2168（普）

雅雨堂叢書十三種　（清）盧見曾輯　清乾隆二十一年（1756）德州盧氏刻本　二十八冊　存十二種一百三十一卷（易傳十七卷周易音義一卷、鄭氏周易三卷、周易乾鑿度二卷、尚書大傳四卷補遺一卷續補遺一卷考異一卷、鄭司農集一卷、大戴禮記十三卷、戰國策三十三卷、匡謬正俗八卷、封氏聞見記十卷、撻言十五卷、北夢瑣言二十卷、文昌雜錄六卷補遺一卷）

130000－0404－0005789　叢3/2168（2）（普）

雅雨堂叢書十三種　（清）盧見曾輯　清乾隆

二十一年（1756）德州盧氏刻本　十二冊　存七種七十八卷（易傳十七卷周易音義一卷、尚書大傳四卷補遺一卷續補遺一卷考異一卷、大戴禮記十三卷、匡謬正俗八卷、封氏聞見記十卷、撻言十五卷、文昌雜錄六卷補遺一卷）

130000－0404－0005790　叢3/2168（3）（普）

雅雨堂叢書十三種　（清）盧見曾輯　清乾隆二十一年（1756）德州盧氏刻本　六冊　存五種三十八卷（尚書大傳四卷附補遺一卷續補遺一卷考異一卷、大戴禮記十三卷、匡謬正俗八卷、文昌雜錄六卷補遺一卷、鄭氏周易三卷）

130000－0404－0005791　叢3/2503（普）

槐廬叢書五編四十六種　（清）朱記榮輯　清光緒吳縣朱氏槐廬家塾刻本　三十二冊　存二十二種九十二卷（李氏易解剩義三卷、尚書余論一卷、詩辨說一卷、饗禮補亡一卷、公羊逸禮考征一卷、弟子職集解一卷、駁經筆記一卷、世本二卷、楚漢春秋一卷疑義一卷考證一卷、楚漢諸侯疆域志三卷、括地志八卷補遺一卷、金石三例續編三種十卷、九經古義十六卷、十三經詁答問六卷、古易音訓二卷、京畿金石考二卷、平津讀碑記八卷續記一卷、周髀算經二卷音義一卷校勘記一卷、數術記遺一卷、九數外錄一卷、呂子校補二卷校續補一卷、芳茂山人文集十二卷）

130000－0404－0005792　叢3/2553（普）

朱文端公藏書十三種　（清）朱軾輯　清光緒二十三年（1897）刻本　三十七冊　存十二種一百四卷（周易傳義合訂一至五、八至九；春秋鈔四至十、首一卷；孝經一卷附孝經三本管窺三卷；儀禮節略二至三、七、九至十六、圖一；大戴禮記十三卷；禮記纂言一至六、十六至二十一、二十五至二十七；呂氏四禮翼四卷；張子全書一至二、七至九、十二至十五；顏氏家訓一；溫公家範一至五；歷代名臣傳一至四、十三至二十一，續編五卷；歷代循吏傳八卷）

130000－0404－0005793　叢3/2694（普）

藝海珠塵八集一百六十六種　（清）吳省蘭輯

清嘉慶南匯吳省蘭聽彝堂刻本　六十四冊
缺十種二十一卷(孝經外傳一卷、箴膏肓一
卷起廢疾一卷髮墨守一卷、讀書瑣記一卷、轉
注古義考一卷、續方言補正二卷、七十二候考
一卷、左傳職官一卷左傳器物宮室一卷、附日
本杂詩一卷、四繪軒詩鈔一卷、杜詩雙聲疊韻
譜括略八卷)

130000－0404－0005794　叢3/2832(普)
春暉堂叢書十二種　(清)林侗纂輯　(清)徐
渭仁校　清道光至咸豐上海徐氏刻同治中補
刻本　八冊　存六種十二卷(來齋金石刻考
畧三卷、寓意錄四卷、煙霞萬古樓詩選二卷、
仲瞿詩錄一卷、亥南池館遺詩一卷、秋紅丈室
遺詩一卷)

130000－0404－0005795　叢3/3118(普)
翠琅玕館叢書四集五十一種　(清)馮兆年輯
　清光緒羊城馮氏刻本　四十冊

130000－0404－0005796　叢3/3127(普)
讀畫齋叢書四十六種　(清)顧修輯　清嘉慶
四年(1799)桐川顏氏刻本　六十四冊

130000－0404－0005797　叢3/3127(2)(普)
讀畫齋叢書四十六種　(清)顧修輯　清嘉慶
四年(1799)桐川顏氏刻本(錦裏耆舊傳原缺
卷一至四)　五十六冊　存三十一種一百五
十五卷(文選理學權輿八卷、文選理學權輿補
一卷、文選考異四卷、文選李注補正四卷、李
氏易解剩義三卷、錦裏耆舊傳八卷、明畫錄八
卷、好古堂書畫記二卷續記一卷、香研居詞麈
五卷、隱居通議三十一卷、精選名儒草堂詩餘
三卷、文淵閣書目二十卷、長短經九卷、琴操
二卷補一卷、御史臺精舍碑題名一卷、乾元秘
旨一卷、質疑二卷、吹劍錄一卷、佩韋齋輯聞
四卷、文瑞樓藏書目錄十二卷、蕉窗日記二
卷、宣和北苑貢茶錄一卷、劉涓子鬼遺方五
卷、優古堂詩話一卷、娛書堂詩話二卷、雲莊
四六餘話一卷、玉山璞稿二卷、玉山逸稿四卷
續補一卷附錄一卷、滄浪棹歌一卷、負暄野錄
二卷、古刻叢鈔一卷)

130000－0404－0005798　叢3/3131(普)

賜硯堂叢書新編四集四十種　(清)顧沅輯
清道光十年(1830)顧氏刻本　六冊　存二十
種二十卷(易圖定本一卷、古文尚書考一卷、
詩問一卷、檀弓訂誤一卷、夏小正詁一卷、水
西紀略一卷、乙丙紀事一卷、復社紀事一卷、
碧幢雜識一卷、裨勺一卷、古林金石表一卷、
玉台書史一卷、七頌堂詞繹一卷、花草蒙拾一
卷、遠志齋詞衷一卷、金粟詞話一卷、西河詞
話一卷、吳�譜一卷、徐園秋花譜一卷、續蟹
譜一卷)

130000－0404－0005799　叢3/3234(普)
滂喜齋功順堂叢書合刻六十八種　(清)潘祖
蔭輯　清同治吳縣潘氏京師刻本　五十六冊
　　存六十三種一百六十六卷(虞氏易消息圖
說一卷、大誓答問一卷、求古錄禮說補遺一卷
續一卷、公羊逸禮考徵一卷、吳頊儒遺書喪禮
經傳約一卷、京畿金石考二卷、輔行記一卷、
炳燭編四卷、橋西雜記一卷、蕙西先生遺稿一
卷、張文節公遺集二卷、越三子集七卷、唫敢
覽館稿一卷、壬申消夏詩一卷、卦本圖考一
卷、尚書序錄一卷、春秋左氏古義六卷、說文
管見三卷、鹽法議畧一卷、黃帝內經素問校義
一卷、藝芸書舍宋元本書目一卷、玉井山館筆
記一卷舊游日記一卷、宋四家詞選一卷、癸酉
消夏詩一卷、南苑唱和詩一卷、別雅訂五卷、
炳燭室雜文一卷、天馬山房詩別錄一卷、沈四
山人詩錄六卷附錄一卷、吳郡金石目一卷、稽
瑞樓書目四卷、懷舊集二卷、愛吾廬文鈔一
卷、劉貴陽說經殘稿一卷、劉氏遺箸二卷、寶
鐵齋金石文跋尾三卷、百瓴考一卷、簠齋傳古
別錄一卷、陳簠齋丈筆記一卷手劄一卷、鮑臆
園丈手札一卷、幽夢續影一卷、徐元歎先生殘
稾浪齋新舊詩一卷、二茗詩集五卷、石氏喬梓
詩集三卷、小草庵詩鈔一卷、日本金石年表一
卷、春秋左氏傳補注十二卷、春秋左氏傳地名
補注十二卷、周人經說八卷、王氏經說六卷音
略一卷音略考證一卷、論語孔注辨偽二卷、爾
雅補注殘本一卷、急救章一卷考證一卷、說文
古籀疏證六卷、國史考異六卷、西清筆記二
卷、涇林續記一卷、廣陽雜記五卷、無事爲福
齋隨筆二卷、范石湖詩集注二卷、半氈齋題跋

291

二卷、南澗文集二卷、冬青館古宮詞三卷）

130000－0404－0005800　叢3/4141（普）
咫進齋叢書三集三十七種　（清）姚覲元輯
清光緒九年（1883）歸安姚氏刻本　二十四冊

130000－0404－0005801　叢3/4141（2）（普）
咫進齋叢書三集三十七種　（清）姚覲元輯
清光緒九年（1883）歸安姚氏刻本　六冊　存
十一種二十五卷（前徽錄一卷、中州金石目四
卷補遺一卷、三十五舉一卷附校勘記一卷、續
三十五舉一卷、再續三十五舉一卷、安吳論書
一卷、寒秀草堂筆記四卷、禮記天算釋一卷、
孝經鄭注一卷、爾雅補郭二卷、說文新附考六
卷）

130000－0404－0005802　叢3/4416（普）
嘯園叢書　（清）葛元煦輯　清光緒九年
（1883）序仁和葛氏刻本　十五冊　存九種五
十八卷（小山畫譜二卷、篆刻鍼度八卷、澄懷
園語四卷、唐摭言十五卷、雲仙雜記十卷、泊
宅編三卷、西溪叢語二卷、味水軒日記八卷、
古夫于亭雜錄六卷）

130000－0404－0005803　叢3/4424（普）
心矩齋叢書八種　（清）蔣鳳藻輯　清光緒九
年（1883）長洲蔣氏心榘齋刻本　八冊　存三
種十六卷（劅樸十卷、姑蘇名賢小記二卷、蘇
詩查注補證四卷）

130000－0404－0005804　叢3/4606（普）
如諫果室叢刻三種　（清）王廷釗撰　清宣統
二年（1910）京師益森書館鉛印本　一冊

130000－0404－0005805　叢3/4606（2）（普）
如諫果室叢刻三種　（清）王廷釗撰　清宣統
二年（1910）京師益森書館鉛印本　一冊

130000－0404－0005806　叢3/4748（普）
宜稼堂叢書七種　（清）郁松年輯　清道光刻
本　六十四冊

130000－0404－0005807　叢3/6010（普）
古歡堂集三十六卷長河志籍考十卷黔書二卷
　（清）田雯撰　清乾隆刻本　十一冊

130000－0404－0005808　叢3/6010（2）（普）
**古歡堂集三十六卷蒙齋年譜一卷續一卷補一
卷長河志籍考十卷黔書二卷有懷堂文集一卷
詩集一卷**　（清）田雯撰　清乾隆刻本　十冊

130000－0404－0005809　叢3/6010（3）（普）
**古歡堂集二十二卷蒙齋年譜一卷續一卷補一
卷**　（清）田雯撰　清乾隆刻本　八冊

130000－0404－0005810　叢3/6057（普）
玉簡齋叢書二十二種　（清）羅振玉輯　清宣
統二年（1910）上虞羅氏刻本　八冊　存七種
二十六卷（濮陽蒲汀李先生家藏目錄一卷、萬
卷堂書目四卷、也是園藏書目十卷、傳是樓宋
元本書目一卷、漢志武成日月表一卷、邊略五
卷、知聖道齋書目四卷）

130000－0404－0005811　叢3/7169（普）
述古叢鈔四集二十六種　（清）劉晚榮輯　清
同治至光緒古岡劉氏藏修書屋刻本　十冊
存十六種四十七卷（藏書紀要一卷、裝潢志一
卷、畫筌析覽一卷、清秘藏二卷、南陽法書表
一卷、南陽名畫表一卷、法書名畫見聞表一
卷、清河秘篋書畫表一卷、傷寒百證歌五卷、
經絡歌訣一卷、傷寒六經定法一卷問答一卷、
藥證忌宜一卷、昭代名人尺牘小傳二十四卷、
靈棋經二卷、獸經一卷、虎苑二卷）

130000－0404－0005812　叢3/7241（普）
聚學軒叢書五集六十種　（清）劉世珩輯　清
光緒貴池劉氏刻本　一百冊

130000－0404－0005813　叢3/7275（普）
劉氏遺書八卷　（清）劉臺拱撰　清光緒十五
年（1889）廣雅書局刻本　二冊

130000－0404－0005814　叢3/7535（普）
番禺陳氏東塾叢書五種　（清）陳澧撰　清咸
豐至光緒刻本　六冊　存四種二十卷（切韻
考六卷外篇三卷、漢書地理志水道圖說七卷、
考正德清胡氏禹貢圖一卷、漢儒通義一至三）

130000－0404－0005815　叢3/7550（普）
湖海樓叢書十二種　（清）陳春撰　清嘉慶十
四年至二十四年（1809－1819）蕭山陳氏湖海

樓刻本　三十二冊

130000－0404－0005816　叢3/7714(普)
經韻樓叢書八種　(清)段玉裁撰　清乾隆至道光金壇段氏刻本　七冊　存四種三十六卷(戴東原集十二卷覆校劄記一卷、周禮漢讀考六卷、春秋左氏古經十二卷五十凡一卷、聲韻考四卷)

130000－0404－0005817　叢3/8043(普)
春在堂全書　(清)俞樾撰　清光緒九年(1883)刻本　八十冊　存二十三種三百三十七卷(群經平議三十五卷,諸子平議三十五卷,第一樓叢書三十卷,曲園襍纂五十卷,俞樓襍纂五十卷,賓萌集六卷外集四卷,春在堂雜文二卷續編五卷三編四卷,春在堂詩編一至十,詞錄三卷,春在堂隨筆一至八,春在堂尺牘一至五,楹聯錄存七卷,四書文一卷,右台仙館筆記十六卷,茶香室叢鈔二十三卷續鈔二十五卷,金剛經注二卷,太上感應篇續義二卷,遊藝錄六卷,袖中書二卷,東瀛詩記二卷,東海投桃集一卷,慧福樓幸草一卷,春在堂全書錄要一卷,新定牙牌數一卷)

130000－0404－0005818　叢3/8043＝2(普)
春在堂全書　(清)俞樾撰　清光緒二十八年(1902)刻本　三十冊　存四種六十九卷(諸子平議三十五卷、賓萌集六卷外集四卷、茶香室經說十六卷、經課續編八卷)

130000－0404－0005819　叢3/8043＝4(普)
春在堂全書　(清)俞樾撰　清光緒二十五年(1899)刻本　十一冊　存十四種六十九卷(俞樓雜纂一至七、九至十五、二十三至五十,茶香室經說七至十、經課續編一至四,遊藝錄一至六、小蓬萊謠一卷、袖中書二卷、東瀛詩記二卷、慧福樓幸草一卷、曲園自述詩一卷補一卷、曲園墨戲一卷、瓊英小錄一卷、春在堂全書錄要一卷、春在堂全書校勘記一卷、新定牙牌數一卷)

130000－0404－0005820　叢3/8043＝5(普)
春在堂全書　(清)俞樾撰　清光緒二十八年(1902)刻本　一百六十冊　缺六卷(春在堂雜文補遺六卷)

130000－0404－0005821　叢3/8043＝6(普)
春在堂全書　(清)俞樾撰　清光緒七年(1881)刻本　五十一冊　存十六種二百三十八卷(諸子平議三十五卷,第一樓叢書三十卷,曲園雜纂五十卷,俞樓雜纂五十卷,賓萌集六卷外集四卷,春在堂雜文二卷續編五卷三編四卷,春在堂詩編一至九,春在堂詞錄三卷,春在堂隨筆一至六,春在堂尺牘一至四,楹聯錄一至二,附錄一卷,四書文一卷,右台仙館筆記十六卷,太上感應篇續義二卷,遊藝錄六卷,袖中書二卷)

130000－0404－0005822　叢3/8740(普)
後冶堂藏書五種二十三卷　(清)劉銘慧輯　清道光十五年(1835)三韓劉氏刻本　十冊

130000－0404－0005823　叢4/0030(普)
六如居士全集六種　(明)唐寅撰　清嘉慶六年(1801)長沙唐仲冕刻本　六冊

130000－0404－0005824　叢4/0030(2)(普)
六如居士全集六種　(明)唐寅撰　清嘉慶六年(1801)長沙唐仲冕刻本　十冊

130000－0404－0005825　叢4/0044(普)
抗希堂十六種　(清)方苞撰　清康熙至嘉慶桐城方氏抗希堂刻本　十四冊　存三種四十卷(周官集注一至四、周官析疑五至三十六、考工記析疑四卷)

130000－0404－0005826　叢4/0044(2)(普)
抗希堂十六種　(清)方苞撰　清康熙至嘉慶間桐城方氏抗希堂刻本　六十冊

130000－0404－0005827　叢4/0050(普)
式訓堂叢書二十六種　(清)章壽康輯　清光緒會稽章氏刻本　十二冊　存十二種三十二卷(古易音訓二卷、傳經表一卷附通經表一卷、漢書西域傳補注二卷、晉書地理志新補正五卷、乾道臨安志一至三首一卷劄記一卷、弟子職集解一卷、呂子校補二卷、經籍跋文一卷、拜經樓藏書題跋記五卷附錄一卷、漑亭述古錄二卷、誌銘廣例二卷、金石例補二卷)

293

130000 – 0404 – 0005828　　叢 4/0054(普)
高文襄公集八十八卷　(明)高拱撰　清康熙
中新鄭高有聞箱春堂刻本　三十二冊　缺十
六卷(掌銓題稿二十九至三十四、日進直講三
至四、問辨錄三至十)

130000 – 0404 – 0005829　　叢 4/0070(普)
章氏遺書二種　(清)章學誠撰　清道光十二
年至十三年(1832 – 1833)章華紱刻本　五冊

130000 – 0404 – 0005830　　叢 4/0070(2)(普)
章氏遺書二種　(清)章學誠撰　清道光十二
年至十三年(1832 – 1833)章華紱刻本　五冊

130000 – 0404 – 0005831　　叢 4/0773(普)
種樹軒遺集三種　(清)郭長清撰　清光緒二
十三年(1897)刻本　二冊

130000 – 0404 – 0005832　　叢 4/1024(普)
達亭老人遺稿三種　(清)王榮華撰　清同治
十三年(1874)刻本　四冊

130000 – 0404 – 0005833　　叢 4/1024(2)(普)
達亭老人遺稿三種　(清)王榮華撰　清同治
十三年(1874)刻本　四冊

130000 – 0404 – 0005834　　叢 4/1033(普)
雷刻八種　(清)雷浚撰　清光緒吳縣雷氏刻
本　十二冊　存七種三十二卷(說文引經例
辨三卷、說文外編十六卷、韻府鈎沉五卷、睡
餘偶筆二卷、道福堂詩集四卷、乃有齋廬雜著
一卷、說文辨疑一卷)

130000 – 0404 – 0005835　　叢 4/1043(普)
王漁洋遺書三十八種　(清)王士禎撰　清刻
本　二冊　存二種二卷(清寱齋心賞編一卷、
剪桐載筆一卷)

130000 – 0404 – 0005836　　叢 4/1047(普)
**元遺山先生集四十卷首一卷附錄一卷補載一
卷年譜三種四卷新樂府四卷續夷堅志四卷**
(金)元好問撰　(清)張穆編　清道光三十年
(1850)靈石楊氏刻光緒三年(1877)京都同立
堂印本　十六冊

130000 – 0404 – 0005837　　叢 4/1047 = 2(普)

元遺山先生全集九種　(金)元好問撰　清光
緒八年(1882)京都翰文齋書坊刻本　十冊
缺三種十四卷(元遺山先生集考證三卷、中州
集十卷、中州樂府一卷)

130000 – 0404 – 0005838　　叢 4/1053(普)
船山遺書六十一種　(清)王夫之著　清同治
四年(1865)湘鄉曾化金陵節署刻本　一百二
十八冊

130000 – 0404 – 0005839　　叢 4/1053 = 3(普)
重刊船山遺書五十六種附校勘記二卷　(清)
王夫之撰　清同治四年(1865)湘鄉曾國荃金
陵刻本　一百十四冊　缺六種十六卷(莊子
解二十九至三十三、楚辭通釋一至二、薑齋文
集補遺三、詩廣傳二至四、春秋家說四至七、
落花詩一卷)

130000 – 0404 – 0005840　　叢 4/1320(普)
授堂遺書八種　(清)武億撰　清道光二十三
年(1843)偃師武氏刻本　十六冊

130000 – 0404 – 0005841　　叢 4/1327(普)
古香齋遺書八卷　(清)武勳朝撰　清光緒三
十年(1904)刻本　四冊

130000 – 0404 – 0005842　　叢 4/2632(普)
桐城吳先生全書　(清)吳汝綸撰　清光緒三
十年(1904)王恩綬等刻本　十冊　缺一種五
卷(桐城吳先生尺牘一、四至五,補遺一卷,諭
兒書一卷)

130000 – 0404 – 0005843　　叢 4/2632(2)(普)
桐城吳先生全書　(清)吳汝綸撰　清光緒三
十年(1904)王恩綬等刻本　十冊　缺二種七
卷(桐城吳先生尺牘一、四至五,補遺一卷,諭
兒書一卷;易說二卷)

130000 – 0404 – 0005844　　叢 4/2688(普)
魏稼孫全集　(清)魏錫曾撰　清光緒九年
(1883)刻本　十四冊

130000 – 0404 – 0005845　　叢 4/2744(普)
紀慎齋先生全集十一種續七種　(清)紀大奎
撰　清嘉慶十三年至咸豐二年(1808 – 1852)
刻本　四十四冊

130000－0404－0005846　叢4/2744＝2（普）

紀慎齋先生全集十一種續七種 （清）紀大奎撰　清刻本　六冊　存三種十五卷（觀易外編五至六、易問六卷,地理末學一至四,敬義堂家訓三卷）

130000－0404－0005847　叢4/2800（普）

徐位山六種 （清）徐文靖撰　清光緒二年（1876）刻本　二十四冊　存五種七十三卷（天下山河兩戒考十四卷圖一卷、禹貢會箋十二卷圖一卷、竹書紀年統箋十二卷前編一卷雜述一卷、志寧堂稿一卷、管城碩記三十卷）

130000－0404－0005848　叢4/2848（普）

邵武徐氏叢書十五種 （清）徐榦輯　清嘉慶二十五年（1820）邵武徐氏刻本　二十冊

130000－0404－0005849　叢4/2848＝2（普）

邵武徐氏叢書二集二十三種 （清）徐榦輯　清光緒刻本　十冊　存七種四十五卷（海東逸史十八卷、李忠定公別集十卷附錄一卷、東觀餘論二卷附錄一卷、琴操二卷首一卷補一卷、西昆酬唱集二卷、文章緣起一卷、樵川二家詩六卷）

130000－0404－0005850　叢4/3191（普）

亭林遺書十種補遺十一種 （清）顧炎武撰　清吳江潘氏遂初堂刻本　十五冊

130000－0404－0005851　叢4/3191＝2（普）

顧亭林先生遺書十種 （清）顧炎武撰　清光緒十四年（1888）朱氏校經山房刻本　二十四冊

130000－0404－0005852　叢4/3191＝3（普）

顧亭林先生遺書彙編 （清）顧炎武撰　清光緒三十二年（1906）蓬瀛閣刻本　十二冊　存二十四種六十六卷（石經考一卷、金石文字記六卷、韻補正一卷、昌平山水記二卷、譎觚十事一卷、顧氏譜系考一卷、亭林文集六卷、亭林詩集五卷、顧亭林先生年譜一卷附一卷、山東考古錄一卷、救文格論一卷、亭林雜錄一卷、菰中隨筆三卷、五經同異三卷、亭林餘集一卷、亭林先生神道表一卷、同志贈言一卷、明季實錄一卷、聖安紀事二卷、歷代帝王宅京

記二十卷、營平二州地名記一卷、求古錄一卷、亭林軼詩一卷、左傳杜解補正三卷）

130000－0404－0005853　叢4/3193（普）

汪龍莊先生遺書四種 （清）汪輝祖撰　清光緒山東書局刻本　四冊

130000－0404－0005854　叢4/3193（2）（普）

汪龍莊先生遺書四種 （清）汪輝祖撰　清光緒山東書局刻本　六冊　存二種五卷（佐治藥言一卷續一卷、病榻夢痕錄二卷錄餘一卷）

130000－0404－0005855　叢4/3404（普）

授經堂重刊遺集二十三種 （清）洪亮吉撰清光緒三年至五年（1877－1879）陽洪洪用懃授經堂刻本　八十四冊

130000－0404－0005856　叢4/3404（2）（普）

授經堂重刊遺集二十三種 （清）洪亮吉撰清光緒三年至五年（1877－1879）陽洪洪用懃授經堂刻本　五十二冊　存十二種一百五十三卷（卷施閣文甲集十卷續集一卷補遺一卷乙集八卷續編一卷詩一至六、十六至二十,更生齋文甲集四卷乙集四卷續集二卷詩一至四續集十卷,鮚軒詩八卷,更生齋詩餘二卷,北江詩話六卷,曉讀書齋雜錄初錄二卷,傳經表二卷通經表二卷,六書轉注錄十卷,弟子職箋釋一卷,漢魏音四卷,比雅十卷,乾隆府廳州縣圖志五十卷）

130000－0404－0005857　叢4/3423（普）

沈歸愚詩文全集十四種 （清）沈德潛撰　清乾隆教忠堂刻本　二十九冊　缺一種十三卷（歸愚詩鈔四至十六）

130000－0404－0005858　叢4/3423＝2（普）

沈歸愚詩文全集十五種 （清）沈德潛撰　清乾隆十八年（1753）刻本　十冊　存二種二十三卷（歸愚詩鈔二十卷、矢音集三卷）

130000－0404－0005859　叢4/4015（普）

桐閣全書二十四種 （清）李元春撰　清道光、咸豐間刻本　五十冊　存六種五十六卷（馮少墟關學編五卷首一卷;張子釋要三卷;馮少墟關中四先生要語錄四卷;關中兩朝文

鈔一至十、十五至十九、二十至二十二,補六卷;關中兩朝賦鈔二卷;關中兩朝詩鈔十二卷補四卷又補一卷)

130000－0404－0005860　叢4/4094(普)
榕村全書三十二種附十種　(清)李光地撰
清道光九年(1829)李維迪刻本　一百四十三冊　缺四種六卷(尚書七篇解義二卷、洪範說二卷、性理一卷、榕村講授一)

130000－0404－0005861　叢4/4096(普)
西漚全集十卷外集八卷　(清)李惺撰　(清)童槭等編輯　清同治六年(1867)眉州劉鴻典等刻本　十三冊　缺三卷(全集文一至二、試帖一卷)

130000－0404－0005862　叢4/4217(普)
惜抱軒全集十種　(清)姚鼐撰　清同治五年(1866)省心閣刻本　十六冊

130000－0404－0005863　叢4/4217(2)(普)
惜抱軒全集十種　(清)姚鼐撰　清同治五年(1866)省心閣刻本　十六冊

130000－0404－0005864　叢4/4438(普)
梨洲遺著彙刊　(清)黃宗羲撰　清宣統二年(1910)上海時中書局鉛印本　十九冊　存十八種五十六卷(南雷文約四卷、南雷文定前集十一卷後集四卷三集三卷附錄一卷、南雷文案四卷外卷一卷、南雷詩歷四卷、明夷待訪錄一卷、破邪論一卷、歷代甲子考一卷、西臺慟哭記註一卷、汰存錄一卷、行朝錄十卷、滇攷一卷、賜姓始末一卷、鄭成功傳一卷、張元箸先生事略一卷、恩思錄一卷、金石要例一卷、今水經一卷表一卷、匡廬遊錄一卷)

130000－0404－0005865　叢4/4438(2)(普)
梨洲遺著彙刊　(清)黃宗羲撰　清宣統二年(1910)上海時中書局鉛印本　九冊　存十四種二十七卷(南雷詩歷四卷、破邪論一卷、歷代甲子考一卷、西臺慟哭記註一卷、冬青引注一卷、汰存錄一卷、行朝錄十卷、滇攷一卷、賜姓始末一卷、鄭成功傳一卷、恩思錄一卷、金石要例一卷、今水經一卷表一卷、匡廬遊錄一卷)

130000－0404－0005866　叢4/4461(普)
蔣佑石遺書十六卷　(清)蔣曰豫撰　清光緒三年(1877)蓮池書局刻本　五冊

130000－0404－0005867　叢4/4742(普)
郝氏遺書　(清)郝懿行撰　清嘉慶至光緒刻本　八十五冊

130000－0404－0005868　叢4/4917(普)
甌北全集七種　(清)趙翼撰　清乾隆至嘉慶湛貽堂刻本　六十冊

130000－0404－0005869　叢4/4946(普)
味檗齋遺書　(明)趙南星撰　清光緒高邑趙氏刻本　二十二冊

130000－0404－0005870　叢4/4946＝2(普)
味檗齋遺書　(明)趙南星撰　清光緒高邑趙氏刻本　五冊　存四種五卷(正心會前漢書抄二卷、正心會後漢書抄一卷、芳茹園樂府一卷、笑贊一卷)

130000－0404－0005871　叢4/5039(普)
聰山集八卷文集三卷荊園小語一卷進語一卷崇祀鄉賢錄一卷申鳧盟先生年譜略一卷　(清)申涵光撰　清康熙二年(1663)渾脫居刻本　四冊

130000－0404－0005872　叢4/5039(2)(普)
聰山集八卷文集三卷荊園小語一卷進語一卷崇祀鄉賢錄一卷申鳧盟先生年譜略一卷　(清)申涵光撰　清康熙二年(1663)渾脫居刻本　六冊

130000－0404－0005873　叢4/6034(普)
羅忠節公遺集八種　(清)羅澤南撰　清咸豐至同治刻本　六冊　存四種十四卷(羅忠節公遺集八卷、姚江學辨二卷、讀孟子劄記二卷、羅忠節公年譜二卷)

130000－0404－0005874　叢4/7142(普)
叢碧山房初集十四卷二集六卷三集十一卷四集十卷五集六卷和陶詩一卷文集八卷雜著三卷詩說二卷　(清)龐塏撰　清康熙刻本　十二冊

130000－0404－0005875　叢4/7433（普）

十萬卷樓叢書五十一種　（清）陸心源撰　清光緒歸安陸氏刻本　八十六冊　存四十二種三百四十四卷（書經注十二卷、資治通鑑釋文三十卷、註陸宣公奏議十五卷、史載之方二卷、海藏老人陰證略例一卷、本草衍義二十卷、東萊呂紫微師友雜志一卷、東萊呂紫微雜說一卷、可書一卷、東原錄一卷、地理葬書集註一卷附葬書問對一卷、醫經正本書一卷、人倫大統賦二卷、乙巳占十卷、太上老子道德經集解二卷、夷堅志甲集二十卷乙集二十卷丙集二十卷丁集二十卷、明本排字九經直音二卷補遺一卷、周秦刻石釋音一卷、切韻指掌圖一卷附檢圖之例一卷、許國公奏議四卷、紹陶錄二卷、漢丞相諸葛忠武候傳一卷、保越錄一卷、北戶錄三卷附校勘記一卷、歲時廣記四十卷圖說一卷末一卷、新編張仲景註解發微論二卷、張仲景註解傷寒百證歌五卷、廣川畫跋六卷、衍極五卷、文房四譜五卷、漢官儀三卷、自號錄一卷、友會談叢三卷、蔡中郎文集十卷外傳一卷、詩苑眾芳一卷、作義要訣一卷、靖康要錄十六卷、麟臺故事四卷補遺一卷、寶刻叢編二十卷、至書一卷、宋徽宗聖濟經十卷、衛生家寶產科備要八卷）

130000－0404－0005876　叢4/7433（2）（普）

十萬卷樓叢書五十一種　（清）陸心源撰　清光緒歸安陸氏刻本　四十六冊　存十五種一百八十卷（書經注十二卷、資治通鑑釋文三十卷、註陸宣公奏議十五卷、史載之方二卷、海藏老人陰證略例一卷、本草衍義二十卷、東萊呂紫微師友雜志一卷、東萊呂紫微雜說一卷、可書一卷、東原錄一卷、地理葬書集註一卷附葬書問對一卷、人倫大統賦二卷、乙巳占十卷、太上老子道德經集解二卷、夷堅志甲集二十卷乙集二十卷丙集二十卷丁集二十卷）

130000－0404－0005877　叢4/7433（3）（普）

十萬卷樓叢書三編五十一種　（清）陸心源撰　清光緒歸安陸氏刻本　三十八冊　存十五種一百七十九卷（書經注十二卷、資治通鑑釋文三十卷、註陸宣公奏議十五卷、史載之方二卷、海藏老人陰證略例一卷、本草衍義二十

卷、東萊呂紫微師友雜志一卷、東萊呂紫微雜說一卷、可書一卷、東原錄一卷、醫經正本書一卷、人倫大統賦二卷、乙巳占十卷、太上老子道德經集解二卷、夷堅志甲集二十卷乙集二十卷丙集二十卷丁集二十卷）

130000－0404－0005878　叢4/7442（普）

陸桴亭先生遺書二十二種　（清）陸世儀撰　清光緒二十五年（1899）太倉唐受祺京師刻本　二十冊

130000－0404－0005879　叢4/7530（普）

北溪先生全集五十卷附字義二卷外集一卷補遺一卷　（宋）陳淳撰　清乾隆四十八年（1783）陳文芳刻本　十冊

130000－0404－0005880　叢4/8064（普）

曾文正公全集十五種　（清）曾國藩撰　清同治至光緒傳忠書局刻本　一百三十一冊　缺二種八卷（曾文正公奏稿三十一至三十六、經史百家雜鈔二十七至二十八）

130000－0404－0005881　叢4/8064（2）（普）

曾文正公全集十五種　（清）曾國藩撰　清同治至光緒傳忠書局刻本　一百三十三冊　缺二種十四卷（曾文正公奏稿三十一至三十二、三十四至三十五，經史百家雜鈔九至十六、二十七至二十八）

130000－0404－0005882　叢4/8064（3）（普）

曾文正公全集十五種　（清）曾國藩撰　清同治至光緒傳忠書局刻本　八十八冊　存九種一百二十卷（曾文正公奏稿一至二十三，十八家詩鈔二十八卷，經史百家雜鈔二十八卷，經史百家簡編二卷，曾文正公詩集四、文集四，曾文正公書劄十三至三十三，曾文正公批牘六卷，曾文正公雜著四卷，求闕齋讀書錄一至四、九至十）

130000－0404－0005883　叢4/8064（4）（普）

曾文正公全集十五種　（清）曾國藩撰　清同治至光緒傳忠書局刻本　九十七冊　存十種九十卷（曾文正公奏稿一至二十八，十八家詩鈔十一、十三至十六、二十六，經史百家雜鈔九至十五、二十七至二十八，經史百家簡編二

卷,鳴原堂論文二卷,曾文正公詩集四卷文集四卷,曾文正公書劄一至十四、十七,求闕齋日記類鈔二卷,曾文正公年譜十二卷,孟子要略五卷附錄一卷)

130000－0404－0005884　叢4/8064(5)(普)

曾文正公全集十五種　(清)曾國藩撰　清同治至光緒傳忠書局刻本　一百九冊　存五種

四十七卷(經史百家雜鈔十至十六、十八、二十七至二十八,曾文正公書劄一至二十二,曾文正公批牘一至四,曾文正公家書一至七、九至十,曾文正公家訓二卷)

130000－0404－0005885　叢4/8064－2(普)

曾文正公全集　(清)曾國藩撰　清光緒申報館活字板鉛印本　十一冊

書名筆畫字頭索引

一畫

一 …………………………… 313

二畫

二 …………………………… 313
十 …………………………… 313
丁 …………………………… 314
七 …………………………… 314
卜 …………………………… 314
八 …………………………… 314
人 …………………………… 314
入 …………………………… 314
九 …………………………… 314
了 …………………………… 314

三畫

三 …………………………… 314
于 …………………………… 315
大 …………………………… 315
才 …………………………… 316
上 …………………………… 316
口 …………………………… 316
山 …………………………… 316
千 …………………………… 317
丸 …………………………… 317
尸 …………………………… 317
已 …………………………… 317
女 …………………………… 317
小 …………………………… 317
子 …………………………… 317

四畫

王 …………………………… 318

井 …………………………… 318
天 …………………………… 318
元 …………………………… 318
廿 …………………………… 319
五 …………………………… 319
支 …………………………… 319
太 …………………………… 319
友 …………………………… 320
切 …………………………… 320
止 …………………………… 320
少 …………………………… 320
日 …………………………… 320
中 …………………………… 320
內 …………………………… 321
牛 …………………………… 321
午 …………………………… 321
毛 …………………………… 321
手 …………………………… 321
仁 …………………………… 321
片 …………………………… 321
化 …………………………… 321
仍 …………………………… 321
介 …………………………… 321
今 …………………………… 321
分 …………………………… 321
公 …………………………… 321
月 …………………………… 321
丹 …………………………… 321
印 …………………………… 321
勾 …………………………… 322
卞 …………………………… 322
六 …………………………… 322
文 …………………………… 322
亢 …………………………… 323
方 …………………………… 323
火 …………………………… 323
心 …………………………… 323

尹 …………………………… 323
尺 …………………………… 323
孔 …………………………… 323
水 …………………………… 323

五畫

玉 …………………………… 324
刊 …………………………… 324
巧 …………………………… 324
正 …………………………… 324
甘 …………………………… 324
世 …………………………… 324
古 …………………………… 324
本 …………………………… 325
札 …………………………… 325
可 …………………………… 326
左 …………………………… 326
石 …………………………… 326
平 …………………………… 326
北 …………………………… 326
占 …………………………… 327
目 …………………………… 327
甲 …………………………… 327
申 …………………………… 327
田 …………………………… 327
冊 …………………………… 327
史 …………………………… 327
四 …………………………… 329
生 …………………………… 329
代 …………………………… 329
白 …………………………… 329
用 …………………………… 329
印 …………………………… 329
句 …………………………… 329
外 …………………………… 329
半 …………………………… 329
穴 …………………………… 329
永 …………………………… 329
司 …………………………… 330
尼 …………………………… 330

弘 …………………………… 330
出 …………………………… 330
台 …………………………… 330
幼 …………………………… 330

六畫

式 …………………………… 330
刑 …………………………… 330
邢 …………………………… 330
吉 …………………………… 330
考 …………………………… 330
老 …………………………… 330
地 …………………………… 330
耳 …………………………… 330
芝 …………………………… 330
吏 …………………………… 330
西 …………………………… 330
在 …………………………… 331
百 …………………………… 331
有 …………………………… 331
而 …………………………… 331
存 …………………………… 331
列 …………………………… 332
成 …………………………… 332
扣 …………………………… 332
光 …………………………… 332
曲 …………………………… 332
同 …………………………… 332
因 …………………………… 332
朱 …………………………… 332
先 …………………………… 333
竹 …………………………… 333
伏 …………………………… 333
伐 …………………………… 333
延 …………………………… 333
仲 …………………………… 333
任 …………………………… 333
仿 …………………………… 333
自 …………………………… 333
行 …………………………… 333

全 ……………………………………… 333
合 ……………………………………… 333
各 ……………………………………… 333
名 ……………………………………… 334
交 ……………………………………… 334
亦 ……………………………………… 334
州 ……………………………………… 334
江 ……………………………………… 334
池 ……………………………………… 334
汝 ……………………………………… 334
守 ……………………………………… 334
安 ……………………………………… 334
字 ……………………………………… 334
祁 ……………………………………… 334
艮 ……………………………………… 334
防 ……………………………………… 334
那 ……………………………………… 334
如 ……………………………………… 334

七畫

形 ……………………………………… 335
赤 ……………………………………… 335
孝 ……………………………………… 335
芙 ……………………………………… 335
邯 ……………………………………… 335
芸 ……………………………………… 335
花 ……………………………………… 335
芥 ……………………………………… 335
杜 ……………………………………… 335
李 ……………………………………… 335
束 ……………………………………… 336
吾 ……………………………………… 336
酉 ……………………………………… 336
邲 ……………………………………… 336
批 ……………………………………… 336
抗 ……………………………………… 336
求 ……………………………………… 336
呆 ……………………………………… 336
困 ……………………………………… 336
呂 ……………………………………… 336

別 ……………………………………… 336
吹 ……………………………………… 336
吳 ……………………………………… 336
刪 ……………………………………… 337
岑 ……………………………………… 337
兵 ……………………………………… 337
何 ……………………………………… 337
身 ……………………………………… 337
佛 ……………………………………… 337
近 ……………………………………… 337
希 ……………………………………… 337
豸 ……………………………………… 337
辛 ……………………………………… 337
冷 ……………………………………… 337
汪 ……………………………………… 337
沙 ……………………………………… 337
沖 ……………………………………… 337
泛 ……………………………………… 337
沈 ……………………………………… 337
決 ……………………………………… 337
完 ……………………………………… 337
宋 ……………………………………… 337
冶 ……………………………………… 338
良 ……………………………………… 338
初 ……………………………………… 338
壯 ……………………………………… 338
尾 ……………………………………… 338
改 ……………………………………… 338
阿 ……………………………………… 338
附 ……………………………………… 338
妙 ……………………………………… 338
邵 ……………………………………… 338
甫 ……………………………………… 338

八畫

武 ……………………………………… 338
青 ……………………………………… 338
長 ……………………………………… 339
苗 ……………………………………… 339
英 ……………………………………… 339

苑 …………………………………………………………… 339
范 …………………………………………………………… 339
直 …………………………………………………………… 339
茅 …………………………………………………………… 339
林 …………………………………………………………… 339
板 …………………………………………………………… 339
來 …………………………………………………………… 339
松 …………………………………………………………… 339
杭 …………………………………………………………… 339
述 …………………………………………………………… 339
枕 …………………………………………………………… 339
東 …………………………………………………………… 339
事 …………………………………………………………… 340
刺 …………………………………………………………… 340
兩 …………………………………………………………… 340
雨 …………………………………………………………… 340
奇 …………………………………………………………… 340
拙 …………………………………………………………… 340
虎 …………………………………………………………… 340
尚 …………………………………………………………… 340
味 …………………………………………………………… 341
昌 …………………………………………………………… 341
明 …………………………………………………………… 341
易 …………………………………………………………… 342
典 …………………………………………………………… 342
固 …………………………………………………………… 342
忠 …………………………………………………………… 342
呷 …………………………………………………………… 342
邰 …………………………………………………………… 342
狀 …………………………………………………………… 342
岣 …………………………………………………………… 342
制 …………………………………………………………… 342
知 …………………………………………………………… 342
牧 …………………………………………………………… 343
佳 …………………………………………………………… 343
岳 …………………………………………………………… 343
岱 …………………………………………………………… 343
佩 …………………………………………………………… 343
依 …………………………………………………………… 343
阜 …………………………………………………………… 343
所 …………………………………………………………… 343

金 …………………………………………………………… 343
郐 …………………………………………………………… 343
采 …………………………………………………………… 343
受 …………………………………………………………… 344
念 …………………………………………………………… 344
肥 …………………………………………………………… 344
周 …………………………………………………………… 344
京 …………………………………………………………… 345
享 …………………………………………………………… 345
夜 …………………………………………………………… 345
庚 …………………………………………………………… 345
刻 …………………………………………………………… 345
於 …………………………………………………………… 345
性 …………………………………………………………… 345
法 …………………………………………………………… 345
河 …………………………………………………………… 345
泊 …………………………………………………………… 345
注 …………………………………………………………… 345
波 …………………………………………………………… 345
治 …………………………………………………………… 345
宗 …………………………………………………………… 345
定 …………………………………………………………… 345
宜 …………………………………………………………… 345
空 …………………………………………………………… 345
宛 …………………………………………………………… 345
建 …………………………………………………………… 345
居 …………………………………………………………… 345
弦 …………………………………………………………… 345
陔 …………………………………………………………… 345
始 …………………………………………………………… 345
孟 …………………………………………………………… 345
孤 …………………………………………………………… 346
函 …………………………………………………………… 346

九畫

奏 …………………………………………………………… 346
春 …………………………………………………………… 346
封 …………………………………………………………… 347
政 …………………………………………………………… 347
郝 …………………………………………………………… 347

荊	…… 347		信	…… 350
草	…… 347		皇	…… 350
茶	…… 347		禹	…… 351
荀	…… 347		衍	…… 351
茗	…… 347		律	…… 351
荒	…… 347		後	…… 351
胡	…… 347		弇	…… 351
南	…… 347		食	…… 351
柘	…… 348		胎	…… 351
相	…… 348		勉	…… 351
柏	…… 348		風	…… 351
柳	…… 348		訂	…… 351
枣	…… 348		哀	…… 351
柬	…… 348		亭	…… 351
咸	…… 348		度	…… 351
威	…… 348		施	…… 351
耐	…… 348		奕	…… 352
奎	…… 348		音	…… 352
拾	…… 348		帝	…… 352
貞	…… 348		前	…… 352
省	…… 348		首	…… 352
是	…… 348		炳	…… 352
則	…… 348		洞	…… 352
星	…… 348		洗	…… 352
昨	…… 348		活	…… 352
昭	…… 348		洛	…… 352
畏	…… 348		洨	…… 352
毘	…… 348		洋	…… 352
思	…… 348		洴	…… 352
韋	…… 348		津	…… 352
品	…… 348		宣	…… 352
咽	…… 348		宦	…… 352
迴	…… 349		客	…… 352
矩	…… 349		軍	…… 352
香	…… 349		神	…… 352
秋	…… 349		退	…… 352
科	…… 349		咫	…… 352
重	…… 349		陝	…… 352
修	…… 350		姚	…… 353
保	…… 350		飛	…… 353
俄	…… 350		癸	…… 353

孩	………………………	353
紅	………………………	353
約	………………………	353
紀	………………………	353
紉	………………………	353

十畫

耕	………………………	353
馬	………………………	353
泰	………………………	353
珠	………………………	353
班	………………………	353
素	………………………	353
袁	………………………	353
埃	………………………	353
華	………………………	353
莊	………………………	353
荷	………………………	353
栒	………………………	353
桐	………………………	353
桃	………………………	354
格	………………………	354
校	………………………	354
軒	………………………	354
連	………………………	354
酌	………………………	354
配	………………………	354
夏	………………………	354
原	………………………	354
烈	………………………	354
捕	………………………	354
振	………………………	354
致	………………………	354
晉	………………………	354
時	………………………	355
財	………………………	355
晃	………………………	355
剔	………………………	355
晏	………………………	355
恩	………………………	355

秘	………………………	355
借	………………………	355
倚	………………………	355
健	………………………	355
躬	………………………	355
息	………………………	355
徐	………………………	355
般	………………………	355
針	………………………	355
奚	………………………	355
胭	………………………	355
脈	………………………	355
留	………………………	355
記	………………………	355
高	………………………	355
唐	………………………	355
畜	………………………	357
悅	………………………	357
瓶	………………………	357
拳	………………………	357
益	………………………	357
兼	………………………	357
朔	………………………	357
凌	………………………	357
淨	………………………	357
涑	………………………	357
浙	………………………	357
海	………………………	357
浮	………………………	357
宸	………………………	357
家	………………………	357
容	………………………	357
袚	………………………	357
袖	………………………	357
書	………………………	357
陸	………………………	358
陳	………………………	358
陰	………………………	358
陶	………………………	358
恕	………………………	358
通	………………………	358

能	....	359
孫	....	359
純	....	359
納	....	359

十一畫

理	....	359
教	....	359
培	....	359
達	....	359
執	....	359
聊	....	359
黃	....	359
菜	....	359
菩	....	359
乾	....	359
梵	....	360
桯	....	360
梅	....	360
曹	....	360
堅	....	360
帶	....	360
硃	....	360
盛	....	360
雪	....	360
推	....	360
授	....	360
掃	....	360
救	....	360
處	....	360
常	....	360
野	....	360
晨	....	360
眼	....	360
問	....	360
晦	....	360
晚	....	360
異	....	361
鄂	....	361
國	....	361

唉	....	362
崇	....	362
梨	....	362
動	....	362
笛	....	362
笠	....	362
敏	....	362
進	....	362
得	....	362
從	....	362
船	....	362
斜	....	362
覓	....	362
象	....	362
許	....	362
麻	....	362
庾	....	362
產	....	362
庸	....	362
康	....	362
鹿	....	362
旌	....	362
章	....	362
商	....	362
望	....	362
惜	....	362
惟	....	363
剪	....	363
清	....	363
添	....	363
淶	....	363
淥	....	363
渠	....	363
淺	....	363
淮	....	363
淨	....	363
深	....	363
梁	....	363
涵	....	363
寄	....	363
張	....	363

隋 …………………………………… 363
陽 …………………………………… 363
隆 …………………………………… 363
婦 …………………………………… 363
習 …………………………………… 364
參 …………………………………… 364
貫 …………………………………… 364
鄉 …………………………………… 364
紹 …………………………………… 364
巢 …………………………………… 364

十二畫

琴 …………………………………… 364
項 …………………………………… 364
博 …………………………………… 364
彭 …………………………………… 364
達 …………………………………… 364
斯 …………………………………… 364
葉 …………………………………… 364
萬 …………………………………… 364
葛 …………………………………… 364
董 …………………………………… 364
葆 …………………………………… 364
敬 …………………………………… 364
葦 …………………………………… 364
朝 …………………………………… 364
植 …………………………………… 364
棣 …………………………………… 364
惠 …………………………………… 364
腎 …………………………………… 364
棗 …………………………………… 364
雄 …………………………………… 365
雲 …………………………………… 365
揚 …………………………………… 365
插 …………………………………… 365
援 …………………………………… 365
雅 …………………………………… 365
悲 …………………………………… 365
紫 …………………………………… 365
虛 …………………………………… 365

最 …………………………………… 365
鼎 …………………………………… 365
開 …………………………………… 365
閔 …………………………………… 365
景 …………………………………… 365
貴 …………………………………… 365
蛟 …………………………………… 365
違 …………………………………… 365
喉 …………………………………… 365
無 …………………………………… 365
剩 …………………………………… 365
程 …………………………………… 365
棃 …………………………………… 365
等 …………………………………… 365
策 …………………………………… 365
筆 …………………………………… 365
備 …………………………………… 365
傅 …………………………………… 365
貸 …………………………………… 366
順 …………………………………… 366
集 …………………………………… 366
焦 …………………………………… 366
御 …………………………………… 366
復 …………………………………… 367
循 …………………………………… 367
徧 …………………………………… 367
舒 …………………………………… 367
鉅 …………………………………… 367
鈍 …………………………………… 368
鈐 …………………………………… 368
欽 …………………………………… 368
番 …………………………………… 369
爲 …………………………………… 369
飲 …………………………………… 369
勝 …………………………………… 369
鄒 …………………………………… 369
評 …………………………………… 369
註 …………………………………… 369
詠 …………………………………… 369
詞 …………………………………… 369
敦 …………………………………… 370

痘 …………………………………… 370
痢 …………………………………… 370
痧 …………………………………… 370
童 …………………………………… 370
惲 …………………………………… 370
善 …………………………………… 370
普 …………………………………… 370
道 …………………………………… 370
曾 …………………………………… 370
馮 …………………………………… 370
湛 …………………………………… 370
湖 …………………………………… 370
湘 …………………………………… 371
湯 …………………………………… 371
測 …………………………………… 371
渭 …………………………………… 371
滑 …………………………………… 371
淵 …………………………………… 371
游 …………………………………… 371
湄 …………………………………… 371
割 …………………………………… 371
寒 …………………………………… 371
富 …………………………………… 371
補 …………………………………… 371
畫 …………………………………… 371
登 …………………………………… 371
絳 …………………………………… 371
絕 …………………………………… 371
幾 …………………………………… 371

十三畫

瑞 …………………………………… 371
瑜 …………………………………… 372
載 …………………………………… 372
聖 …………………………………… 372
蓮 …………………………………… 372
靳 …………………………………… 372
夢 …………………………………… 372
蒼 …………………………………… 372
蓬 …………………………………… 372

蒲 …………………………………… 372
蒙 …………………………………… 372
楚 …………………………………… 372
楊 …………………………………… 372
楞 …………………………………… 372
槐 …………………………………… 372
榆 …………………………………… 373
楹 …………………………………… 373
較 …………………………………… 373
賈 …………………………………… 373
感 …………………………………… 373
挈 …………………………………… 373
碑 …………………………………… 373
雷 …………………………………… 373
摘 …………………………………… 373
督 …………………………………… 373
路 …………………………………… 373
農 …………………………………… 373
蜀 …………………………………… 373
圓 …………………………………… 373
稗 …………………………………… 373
節 …………………………………… 373
傳 …………………………………… 373
傷 …………………………………… 373
粵 …………………………………… 373
愛 …………………………………… 373
解 …………………………………… 373
試 …………………………………… 373
詩 …………………………………… 373
詳 …………………………………… 374
廉 …………………………………… 374
新 …………………………………… 374
意 …………………………………… 376
雍 …………………………………… 376
慎 …………………………………… 376
義 …………………………………… 376
慈 …………………………………… 376
煨 …………………………………… 376
資 …………………………………… 376
溫 …………………………………… 376
溪 …………………………………… 377

滄	……………………	377
漭	……………………	377
福	……………………	377
肅	……………………	377
群	……………………	377
羣	……………………	377
遜	……………………	377
經	……………………	377
綏	……………………	377
彙	……………………	377

十四畫

駁	……………………	377
碧	……………………	377
趙	……………………	377
嘉	……………………	378
臺	……………………	378
壽	……………………	378
聚	……………………	378
慕	……………………	378
蔣	……………………	378
蔡	……………………	378
熙	……………………	378
蔚	……………………	378
榕	……………………	378
監	……………………	378
磁	……………………	378
爾	……………………	378
摘	……………………	378
對	……………………	378
聞	……………………	378
閣	……………………	378
関	……………………	378
嘯	……………………	378
圖	……………………	378
製	……………………	379
種	……………………	379
篋	……………………	379
箋	……………………	379
算	……………………	379

管	……………………	379
銅	……………………	379
銀	……………………	379
鳳	……………………	379
說	……………………	379
誦	……………………	380
塾	……………………	380
廣	……………………	380
瘍	……………………	380
瘟	……………………	380
適	……………………	380
齊	……………………	380
精	……………………	380
鄭	……………………	380
漢	……………………	381
滿	……………………	381
漆	……………………	381
漕	……………………	381
漱	……………………	381
漱	……………………	381
溥	……………………	381
漁	……………………	381
察	……………………	381
寧	……………………	381
實	……………………	381
隨	……………………	381
熊	……………………	381
翠	……………………	381
綱	……………………	382
維	……………………	382
綿	……………………	382
綠	……………………	382

十五畫

璜	……………………	382
熱	……………………	382
增	……………………	382
戴	……………………	383
蕉	……………………	383
樞	……………………	383

樓 …………………………………… 383
樊 …………………………………… 383
輪 …………………………………… 383
輟 …………………………………… 383
甌 …………………………………… 383
歐 …………………………………… 383
賢 …………………………………… 383
遷 …………………………………… 383
遼 …………………………………… 383
鴈 …………………………………… 383
震 …………………………………… 383
撫 …………………………………… 383
劇 …………………………………… 383
賞 …………………………………… 383
賦 …………………………………… 383
賜 …………………………………… 384
閱 …………………………………… 384
遺 …………………………………… 384
數 …………………………………… 384
墨 …………………………………… 384
稽 …………………………………… 384
稻 …………………………………… 384
黎 …………………………………… 384
篁 …………………………………… 384
篆 …………………………………… 384
儀 …………………………………… 384
德 …………………………………… 384
衛 …………………………………… 384
徵 …………………………………… 384
盤 …………………………………… 385
劍 …………………………………… 385
劉 …………………………………… 385
穎 …………………………………… 385
諸 …………………………………… 385
課 …………………………………… 385
論 …………………………………… 385
談 …………………………………… 385
瘡 …………………………………… 385
慶 …………………………………… 385
毅 …………………………………… 385
羯 …………………………………… 385

養 …………………………………… 385
遵 …………………………………… 385
潛 …………………………………… 385
澄 …………………………………… 386
寫 …………………………………… 386
履 …………………………………… 386
豫 …………………………………… 386
樂 …………………………………… 386
練 …………………………………… 386
緬 …………………………………… 386
畿 …………………………………… 386

十六畫

耨 …………………………………… 386
靜 …………………………………… 386
隸 …………………………………… 386
駱 …………………………………… 386
駢 …………………………………… 386
擔 …………………………………… 386
壇 …………………………………… 386
磬 …………………………………… 386
燕 …………………………………… 386
薛 …………………………………… 386
薊 …………………………………… 386
蕭 …………………………………… 386
翰 …………………………………… 386
樹 …………………………………… 387
犢 …………………………………… 387
賴 …………………………………… 387
醒 …………………………………… 387
勵 …………………………………… 387
歷 …………………………………… 387
霍 …………………………………… 387
冀 …………………………………… 387
戰 …………………………………… 387
嶼 …………………………………… 388
積 …………………………………… 388
穆 …………………………………… 388
篤 …………………………………… 388
篔 …………………………………… 388

學 …………………………………… 388	點 …………………………………… 389
儒 …………………………………… 388	魏 …………………………………… 389
衡 …………………………………… 388	輿 …………………………………… 389
錢 …………………………………… 388	儲 …………………………………… 389
館 …………………………………… 388	鍼 …………………………………… 389
雕 …………………………………… 388	鮚 …………………………………… 390
獲 …………………………………… 388	謝 …………………………………… 390
獨 …………………………………… 388	謙 …………………………………… 390
諭 …………………………………… 388	應 …………………………………… 390
憑 …………………………………… 388	燭 …………………………………… 390
凝 …………………………………… 388	鴻 …………………………………… 390
龍 …………………………………… 388	濟 …………………………………… 390
憺 …………………………………… 388	邃 …………………………………… 390
營 …………………………………… 388	禮 …………………………………… 390
澹 …………………………………… 388	總 …………………………………… 390
濂 …………………………………… 388	繆 …………………………………… 390
憲 …………………………………… 388	
寰 …………………………………… 388	**十八畫**
禪 …………………………………… 388	
避 …………………………………… 389	瓊 …………………………………… 390
緒 …………………………………… 389	藝 …………………………………… 390
	醫 …………………………………… 390
十七畫	擷 …………………………………… 391
	豐 …………………………………… 391
環 …………………………………… 389	叢 …………………………………… 391
瑷 …………………………………… 389	題 …………………………………… 391
戴 …………………………………… 389	瞿 …………………………………… 391
聲 …………………………………… 389	闕 …………………………………… 391
聰 …………………………………… 389	曠 …………………………………… 391
聯 …………………………………… 389	韞 …………………………………… 391
藏 …………………………………… 389	簡 …………………………………… 391
舊 …………………………………… 389	簣 …………………………………… 391
薰 …………………………………… 389	鵝 …………………………………… 391
韓 …………………………………… 389	雙 …………………………………… 391
隸 …………………………………… 389	歸 …………………………………… 391
檉 …………………………………… 389	雞 …………………………………… 391
檀 …………………………………… 389	顏 …………………………………… 392
臨 …………………………………… 389	雜 …………………………………… 392
霞 …………………………………… 389	織 …………………………………… 392
蟈 …………………………………… 389	斷 …………………………………… 392
嶺 …………………………………… 389	饃 …………………………………… 392

十九畫

撑 ……………………………………… 392
勸 ……………………………………… 392
蘇 ……………………………………… 392
礦 ……………………………………… 392
願 ……………………………………… 392
曝 ……………………………………… 392
關 ……………………………………… 392
疇 ……………………………………… 392
嚴 ……………………………………… 392
羅 ……………………………………… 392
犢 ……………………………………… 392
贊 ……………………………………… 392
簽 ……………………………………… 392
鏡 ……………………………………… 392
譚 ……………………………………… 392
證 ……………………………………… 392
盧 ……………………………………… 392
癡 ……………………………………… 392
韻 ……………………………………… 392
懷 ……………………………………… 392
類 ……………………………………… 393
瀕 ……………………………………… 393
瀛 ……………………………………… 393
聴 ……………………………………… 393
繹 ……………………………………… 393
繪 ……………………………………… 393
繡 ……………………………………… 393

二十畫

蘭 ……………………………………… 393
獻 ……………………………………… 393
籌 ……………………………………… 393
纂 ……………………………………… 393
覺 ……………………………………… 393
釋 ……………………………………… 393
饒 ……………………………………… 393
寶 ……………………………………… 393

二十一畫

權 ……………………………………… 393

髀 ……………………………………… 393
露 ……………………………………… 393
儺 ……………………………………… 393
鐵 ……………………………………… 393
辯 ……………………………………… 393
竈 ……………………………………… 393
顧 ……………………………………… 393
鶴 ……………………………………… 393
蠡 ……………………………………… 393
續 ……………………………………… 394

二十二畫

聽 ……………………………………… 394
驚 ……………………………………… 394
躔 ……………………………………… 394
疊 ……………………………………… 394
體 ……………………………………… 394
鑄 ……………………………………… 394
鑑 ……………………………………… 394
讀 ……………………………………… 394
襲 ……………………………………… 395

二十三畫

驗 ……………………………………… 395
顯 ……………………………………… 395
欒 ……………………………………… 395
變 ……………………………………… 395

二十四畫

觀 ……………………………………… 395
鹽 ……………………………………… 395
靈 ……………………………………… 395
蠹 ……………………………………… 395

二十六畫

灤 ……………………………………… 395

書名筆畫索引

一畫

一切經音義二十五卷 …………………… 17
一切經音義二十五卷 ………………… 199

二畫

二十一史二千五百六十七卷 …………… 5
二十一史四譜五十四卷 ………………… 80
二十二子二十二種 …………………… 145
二十二子三百三十卷 ………………… 146
二十二子三百三十卷 ………………… 146
二十二史考異一百卷 ………………… 81
二十二史劄記三十六卷 ………………… 80
二十二史劄記三十六卷 ………………… 80
二十七松堂集二十二卷 ……………… 252
二十八科鄉會墨選不分卷 ……………… 63
二十五子彙函 ………………………… 146
二十四史 ……………………………… 79
二十四史 ……………………………… 79
二十四史 ……………………………… 80
二十四史 ……………………………… 80
二十四史 ……………………………… 80
二十四史 ……………………………… 80
二十四史 ……………………………… 80
二十四史 ……………………………… 80
二十四史 ……………………………… 80
二十四史九通政典類要合編三百二十卷
　　　　　　　　　　………………… 79
二十四史九通政典類要合編三百二十卷
　　　　　　　　　　………………… 79
二十四史四譜五十四卷 ……………… 102
二申野錄八卷 …………………………… 8
二曲全集二十六卷 …………………… 262
二曲集二十六卷 ……………………… 26
二曲集四十六卷 ……………………… 262
二如亭群芳譜三十卷首一卷 ………… 188

二如亭群芳譜三十卷首一卷 ………… 188
二如亭群芳譜三十卷首一卷 ………… 188
二如亭群芳譜三十卷首一卷 ………… 188
二如亭群芳譜三十卷首一卷 ………… 188
二如亭群芳譜三十卷首一卷 ………… 188
二如亭群芳譜三十卷首一卷 ………… 188
二如亭羣芳譜二十九卷 ………………… 14
二如亭羣芳譜二十九卷 ………………… 14
二西堂叢書 …………………………… 290
二西堂叢書 …………………………… 290
二希堂文集十一卷首一卷 …………… 264
二知齋文鈔四卷詩鈔四卷 …………… 267
二程全書七種六十七卷 ……………… 150
二程全書七種六十七卷 ……………… 150
二程全書六十七卷 …………………… 150
二程全書六十七卷 …………………… 150
二樟詩鈔六卷 ………………………… 268
二續近科分體墨式四卷 ……………… 227
十一經音訓十一種 …………………… 66
十一經音訓十一種 …………………… 66
十一經音訓十一種 …………………… 66
十七史 ………………………………… 79
十七史一千五百七十四卷 ……………… 5
十七史商榷一百卷 …………………… 11
十九世紀外交史十七章 ……………… 110
十三經古註二百九十卷 ………………… 37
十三經注疏三百三十三卷 …………… 35
十三經注疏三百四十六卷附考證 …… 36
十三經注疏校勘記識語四卷 ………… 66
十三經策案二十二卷 ………………… 65
十三經集字十三種 …………………… 66
十三經集字摹本不分卷 ……………… 65
十三經集字摹本不分卷 ……………… 65
十三經集字摹本不分卷 ……………… 65
十三經集字摹本不分卷 ……………… 65
十三經註疏三百三十三卷 ……………… 1
十三經劄記二十二卷群書劄記十六卷 … 65

十子全書十種 …………………… 145
十子全書十種 …………………… 145
十不二門指要鈔詳解二卷 199
十六國春秋一百卷 ………………… 91
十六國春秋一百卷 ………………… 91
十六國春秋一百卷 ………………… 91
十六國春秋一百卷 ………………… 91
十六國春秋一百卷 ………………… 91
十年讀書之廬重刊韻史二卷 …… 191
十科策畧箋釋十卷 ………………… 15
十科策略箋釋十卷 ……………… 209
十科策略箋釋十卷 ……………… 209
十科策略箋釋十卷 ……………… 210
十科策略箋釋十卷 ……………… 210
十國春秋一百十六卷 ……………… 8
十國宮詞一百首一卷 …………… 272
十萬卷樓叢書三編五十一種 …… 297
十萬卷樓叢書五十一種 ………… 297
十萬卷樓叢書五十一種 ………… 297
十朝東華錄五百二十五卷 ……… 96
十種唐詩選十七卷唐賢三昧集三卷唐人
　萬首絕句選七卷 ……………… 228
十藥神書不分卷 ………………… 171
十藥神書註解一卷急救奇痧方一卷霍亂
　論二卷 ………………………… 162
丁文誠公奏稿二十六卷首一卷 … 113
七十家賦鈔六卷 ………………… 220
七十家賦鈔六卷 ………………… 220
七修類稿五十一卷 ……………… 208
七家詩合註七卷 ………………… 229
七家詩選七卷 …………………… 228
七家詩輯注彙鈔九卷 …………… 228
七家詩輯注彙鈔九卷 …………… 228
七家詩輯注彙鈔九卷 …………… 228
七家詩輯注彙鈔九卷 …………… 228
七國象棋局不分卷 ……………… 187
卜筮正宗十四卷 ………………… 198
八千卷樓書目二十卷 …………… 144
八旬萬壽盛典一百二十卷首一卷 … 11
八家四六文注八卷首一卷補注一卷 227
八家四六文鈔九卷 ……………… 214

八家四六文鈔九卷 ……………… 214
八銘堂塾鈔二集一百三十四篇 …… 61
八銘堂塾鈔二集一百三十四篇 …… 61
八銘堂塾鈔二集一百三十四篇 …… 61
八銘堂塾鈔初集一百三十六篇 …… 61
八銘堂塾鈔初集一百三十六篇 …… 61
八銘堂塾鈔初集一百三十六篇 …… 61
八銘堂塾鈔初集一百三十六篇 …… 61
八旗文經五十六卷作者考三卷敘錄一卷
　　　　　　　　　　　　　　　 235
八旗滿洲氏族通譜八十卷 ………… 9
人生必讀書十二卷 ……………… 147
人表考九卷 ………………………… 80
人壽金鑑二十二卷 ………………… 97
人範須知六卷 …………………… 153
入地眼全書十卷 ………………… 198
入告初編一卷二編一卷遺編一卷 …… 8
九九銷夏錄十四卷首一卷 ……… 194
九水山房文存二卷 ……………… 266
九家詩詳註七卷 ………………… 230
九通 ……………………………… 108
九通 ……………………………… 108
九通 ……………………………… 108
九通序三卷 ……………………… 108
九章算術細草圖說九卷海島算經細草圖
　說一卷 ………………………… 184
九章算術細草圖說九卷海島算經細草圖
　說一卷 ………………………… 184
九章算術細草圖說九卷海島算經細草圖
　說一卷 ………………………… 184
九章算術細草圖說九卷海島算經細草圖
　說一卷 ………………………… 184
九數外錄一卷 …………………… 182
九數通考十一卷首一卷末一卷 … 184
了凡四訓不分卷 ………………… 151
了凡綱鑑補三十九卷 …………… 87

三畫

三十家詩鈔六卷 ………………… 226
三才略新本四卷 ………………… 119

三山陳氏家刻左海全集十種續集十種 … 217

三子合刊十六卷 … 17

三史同名錄四十卷 … 100

三史拾遺五卷諸史拾遺五卷讀史舉正八
　卷 … 80

三字經註解備要二卷 … 68

三宋人集四十五卷附錄三卷 … 211

三刻黃維章先生詩經娜嬛體註八卷 … 45

[乾隆]三河縣志十六卷末一卷 … 130

三家醫案合刻 … 172

三通七百四十八卷 … 106

三通序不分卷 … 107

三教源流搜神大全七卷 … 204

三國志六十五卷 … 6

三國志六十五卷 … 83

三國志六十五卷 … 83

三國志六十五卷 … 83

三國志六十五卷 … 83

三國志六十五卷 … 83

三國志攷證八卷 … 82

三魚堂文集十二卷外集六卷附錄一卷 … 268

三魚堂文集十二卷外集六卷附錄二卷 … 27

三朝北盟會編二百五十卷 … 7

三朝北盟會編二百五十卷附校勘記二卷
　校勘記補遺一卷 … 88

三朝北盟會編二百五十卷附校勘記二卷
　校勘記補遺一卷 … 89

三朝北盟會編二百五十卷附校勘記二卷
　校勘記補遺一卷 … 89

三農紀 … 159

三壇正範四十七卷 … 199

三壇傳戒正範四卷 … 199

三壇傳戒正範四卷 … 199

三壇傳戒正範四卷 … 199

三壇傳戒正範四卷 … 199

三壇傳戒正範四卷 … 199

三壇傳戒正範四卷 … 199

三禮約編啗鳳十九卷 … 51

三禮通釋二百八十卷首一卷目錄四卷 … 51

三禮纂註四十九卷 … 2

三蘇全集四種一百二十二卷 … 214

三續近科分體墨式四卷 … 216

于氏詩鈔四種 … 212

于清端公政書八卷首編一卷外集一卷 … 24

大元敕藏御服之碑一卷 … 186

大元聖政國朝典章六十卷 … 105

大日本中興先覺志二卷 … 141

大中講義三卷 … 58

大中講義三卷 … 58

大六壬大全十三卷 … 13

大六壬課經集六卷 … 198

大方廣十地經一卷 … 200

大方廣佛華嚴經疏鈔會本四十卷 … 200

大方廣佛華嚴經疏演義鈔八卷 … 200

大方廣圓覺修多羅了義經二卷 … 199

大生要旨六種 … 160

大代正光四年碑拓本一卷 … 186

大臣傳不分卷 … 95

[咸豐]大名府志二十二卷首一卷續志六
　卷末一卷 … 124

[乾隆]大名縣志四十卷首一卷 … 124

大佛頂如來密因修證了義諸菩薩萬行首
　楞嚴經要解二十卷 … 199

大佛頂如來密因修證了義諸菩薩萬行首
　楞嚴經要解二十卷 … 200

大佛頂如來密因修證了議諸菩薩萬行首
　楞嚴經如說十卷 … 203

大佛頂首楞嚴經十卷 … 201

大佛頂首楞嚴經正脈疏四十卷 … 199

大宋重修廣韻五卷 … 79

大宋重修廣韻五卷 … 79

大英國志八卷 … 140

大英國志八卷 … 140

大事記十二卷通釋三卷解題十二卷 … 7

大事記十二卷通釋三卷解題十二卷 … 87

大明一統志九十卷 … 9

大明正德乙亥重刊改併五音集韻十五卷 … 4

大明正德乙亥重刊改併五音集韻十五卷
　　　 … 78

大明正德乙亥重刊改併五音類聚四聲篇
　十五卷 … 4

大明正德乙亥重刊改併五音類聚四聲篇
　十五卷 … 78

大明成化丁亥重刊改併五音類聚四聲篇
　十五卷 ……………………………… 4
大明成化庚寅重刊改併五音集韻十五卷 … 4
大明律集解附例三十卷 ……………… 115
大明萬曆三年歲次乙亥大統曆二卷 ……… 13
大明會典一百八十卷 ………………… 11
大易闡微錄十二卷 …………………… 38
[光緒]大城縣志十二卷首一卷 …………… 129
[光緒]大城縣志十二卷首一卷 …………… 130
大乘大悲芬陀利經懺悔行法一卷 ……… 201
大乘起信論一卷 ……………………… 201
大乘起信論直解二卷 ………………… 200
大乘起信論義記七卷別記一卷 ……… 200
大乘起信論纂註二卷 ………………… 200
大乘理趣六波羅蜜多經懺法十二卷 …… 203
大唐開元禮一百五十卷 ……………… 106
大唐開元禮一百五十卷 ……………… 107
大清一統志五百卷 …………………… 120
[乾隆]大清一統志表不分卷 …………… 120
大清一統輿圖三十一卷首一卷 ……… 120
大清法規大全一百六十卷 …………… 116
大清法規大全一百六十卷 …………… 116
大清法規大全一百六十卷 …………… 116
大清律例按語根源一百四卷 ………… 117
大清律例統纂集成四十卷 …………… 117
大清律例彙纂大成四十卷 …………… 116
大清律例增修統纂集成四十卷 ……… 118
大清律例增修統纂集成四十卷 ……… 118
大清通禮五十四卷 …………………… 106
大清通禮五十四卷 …………………… 108
大清通禮五十卷 ……………………… 11
大清通禮五十卷 ……………………… 11
大清現行刑律案語不分卷 …………… 117
大清畿輔書徵四十一卷 ……………… 145
大雲山房文稿初集四卷二集四卷 …… 271
大廣益會玉篇三十卷 ………………… 72
大學古本旁注一卷 …………………… 58
大學古本質言一卷 …………………… 58
大學古本質言一卷 …………………… 58
大學衍義四十三卷 …………………… 151
大學衍義四十三卷 …………………… 151

大學衍義四十三卷 …………………… 151
大學衍義四十三卷 …………………… 151
大學衍義補一百六十卷 ……………… 151
大學衍義補一百六十卷首一卷 ……… 12
大學衍義補刪三十卷首一卷 ………… 12
大學辨業四卷 ………………………… 58
大學觀海初集不分卷 ………………… 153
大戴禮注補十三卷解詁目錄一卷附錄一
　卷 …………………………………… 49
大戴禮記十三卷 ……………………… 2
大戴禮記補註十三卷序錄一卷 ……… 49
大戴禮記補註十三卷序錄一卷 ……… 49
大戴禮記解詁十三卷 ………………… 49
大題文府不分卷 ……………………… 68
大題文府不分卷 ……………………… 69
大巖賸草一卷 ………………………… 269
大觀錄二十卷 ………………………… 186
才調集十卷 …………………………… 31
才調集補注十卷 ……………………… 31
上諭內閣一百五十九卷 ……………… 8
上醫本草四卷 ………………………… 169
[乾隆]口北三廳志十六卷首一卷 ……… 128
[乾隆]口北三廳志十六卷首一卷 ……… 128
山中白雲詞八卷附錄一卷 …………… 272
山水二經合刻二種五十八卷 ………… 34
山左古文鈔八卷 ……………………… 236
[雍正]山西通志二百三十卷 ………… 131
山谷內集詩注二十卷 ………………… 243
山谷內集詩注二十卷 ………………… 243
山谷內集詩注二十卷外集詩注十七卷別
　集詩注二卷 ………………………… 243
山谷詩集注二十卷外集十七卷別集二卷
　……………………………………… 243
山谷詩集注二十卷外集詩注十七卷別集
　詩注二卷 …………………………… 243
山谷詩集注二十卷外集詩注十七卷別集
　詩注二卷 …………………………… 243
山谷詩集注二十卷外集詩注十七卷別集
　詩注二卷 …………………………… 243
山谷詩集注二十卷外集詩注十七卷別集
　詩注二卷 …………………………… 243

山谷詩鈔五卷 …………………… 263

[雍正]山東通志三十六卷首一卷 …… 133

山東鹽法志二十二卷附編十卷 …… 109

山海經十八卷 …………………… 195

山海經十八卷 …………………… 195

山海經十八卷圖讚一卷訂譌一卷 … 195

山海經十八卷圖讚一卷訂譌一卷 … 195

山海經十八卷圖讚一卷訂譌一卷 … 195

山海經十八卷圖讚一卷訂譌一卷 … 195

山堂肆考二百二十八卷補遺十二卷 …… 16

千手眼大悲心咒行法 …………… 203

千字文不分卷 …………………… 72

千字文釋義□□卷 ……………… 73

千金裘二集二十六卷 …………… 209

千金翼方三十卷 ………………… 170

丸藥配本一卷 …………………… 168

尸子二卷存疑一卷 ……………… 87

已山先生文集十卷別集四卷 …… 24

已畦詩集十卷殘餘一卷 ………… 265

女四書二卷 ……………………… 150

女科二卷產後編二卷 …………… 177

女科二卷產後編二卷 …………… 177

女科二卷產後編二卷 …………… 177

女科二卷產後編二卷 …………… 177

女科□□卷 ……………………… 177

女科經綸八卷 …………………… 177

女科證治準繩五卷 ……………… 13

女學六卷 ………………………… 152

小方壺齋輿地叢鈔十二帙補編十二帙再

　補編十二帙 …………………… 119

小石山房叢書 …………………… 287

小知錄十二卷 …………………… 210

小峴山人詩集十六卷文集六卷 … 266

小倉山房文集三十五卷 ………… 262

小倉山房詩集三十一卷附錄一卷補遺二

　卷 ……………………………… 262

小倉山房詩集三十六卷外集八卷文集三

　十五卷 ………………………… 262

小匏庵詩存六卷末一卷 ………… 257

小嫏嬛山館彙刊類書十二種 …… 206

小嫏嬛山館彙刊類書十二種 …… 206

小腆紀年附考二十卷 …………… 86

小窗豔紀十四卷 ………………… 15

小蓬萊閣金石文字不分卷 ……… 142

小題文匯選本初編不分卷二編不分卷 … 61

小學六卷 ………………………… 149

小學六卷 ………………………… 153

小學或問一卷 …………………… 149

小學紺珠十卷 …………………… 16

小學紺珠十卷 …………………… 16

小學集註六卷 …………………… 12

小學集解六卷 …………………… 148

小學集解六卷 …………………… 148

小學集解六卷 …………………… 148

小學集解六卷 …………………… 148

小學集解六卷 …………………… 148

小學集解六卷 …………………… 148

小學鉤沈十九卷 ………………… 72

小學稽業五卷 …………………… 73

小學韻語一卷 …………………… 78

小學韻語一卷 …………………… 78

小學纂註六卷附朱子年譜一卷 … 147

小學纂註六卷附朱子年譜一卷 … 147

小學纂註六卷附朱子年譜一卷 … 147

小謨觴館詩集八卷詩續集二卷文集四卷

　詩餘一卷續二卷 ……………… 263

小題文苑□□卷 ………………… 217

小題正鵠初集不分卷二集不分卷三集不

　分卷四集不分卷 ……………… 232

子平舉要歌一卷 ………………… 197

子史精華一百六十卷 …………… 205

子史精華一百六十卷 …………… 205

子史精華一百六十卷 …………… 205

子史精華一百六十卷 …………… 205

子史精華一百六十卷 …………… 205

子史精華一百六十卷 …………… 205

子史精華一百六十卷 …………… 205

子史輯要詩賦題解四卷續編四卷 … 209

子史輯要詩賦題解四卷續編四卷 … 209

子華子十卷 ……………………… 149

子夏易傳十一卷 ………………… 1

317

子書二十二種 ……………………………… 146
子書二十二種 ……………………………… 146
子書二十二種 ……………………………… 146
子書二十二種 ……………………………… 146
子書二十八種 ……………………………… 145
子書二十八種三百二十四卷 ……………… 146
子書二十五種 ……………………………… 145
子書二十五種 ……………………………… 145
子書百家五百一十一卷 …………………… 146
子書百家五百一十一卷 …………………… 146
子書百家五百一十一卷 …………………… 146

四畫

王子安集注二十卷首一卷末一卷 ……… 239
[王氏彙刻唐人集]七種 …………………… 212
王文成公全書三十八卷 …………………… 248
王文成公全書三十八卷 …………………… 248
王文恪公集三十六卷 ……………………… 22
王文勤公[慶雲]年譜一卷 ………………… 98
王文蕭公奏草二十三卷 …………………… 8
王文蕭公牘草十八卷 ……………………… 22
王文端公詩集二卷尺牘八卷 ……………… 22
王刊四種 …………………………………… 192
王叔和圖註難經脈訣四卷 ………………… 161
王忠文公文集二十四卷 …………………… 21
王忠文公集四十六卷 ……………………… 21
王荊公唐百家詩選二十卷 ………………… 30
王荊公唐百家詩選二十卷 ………………… 30
王洪緒先生外科證治全生一卷 …………… 163
王陽明先生文鈔二十卷 …………………… 248
王陽明先生全集二十二卷首一卷 ………… 248
王陽明先生傳習錄二卷 …………………… 150
王鳳洲綱鑑會纂九十二卷 ………………… 84
王鳳洲綱鑑會纂三十九卷 ………………… 84
王鳳洲綱鑑會纂三十九卷 ………………… 84
王鳳洲綱鑑會纂四十六卷 ………………… 84
王鳳洲綱鑑會纂四十六卷 ………………… 84
王漁洋遺書三十八種 ……………………… 35
王漁洋遺書三十八種 ……………………… 294
王篠泉先生行狀一卷 ……………………… 98

王臨川全集一百卷 ………………………… 242
王臨川全集一百卷 ………………………… 242
王臨川全集一百卷 ………………………… 242
王臨川全集一百卷 ………………………… 242
王臨川全集二十四卷 ……………………… 242
[雍正]井陘縣志八卷 ……………………… 124
[雍正]井陘縣志八卷 ……………………… 124
天一閣書目十卷附碑目一卷 ……………… 145
天下山河兩戒考十四卷 …………………… 9
天下五洲各大國志要不分卷 ……………… 139
天下郡國利病書一百二十卷 ……………… 119
天下郡國利病書一百二十卷 ……………… 119
天下郡國利病書一百二十卷 ……………… 119
天下郡國利病書一百二十卷 ……………… 120
天子肆獻裸饋食禮纂四卷朝廟宮室考一
　卷田賦考一卷 …………………………… 46
天中記六十卷 ……………………………… 17
天中記六十卷 ……………………………… 210
天中許子政學合一集六卷 ………………… 148
天文揭要二卷 ……………………………… 180
天文揭要二卷 ……………………………… 180
天文歌略一卷 ……………………………… 179
天文圖說四卷 ……………………………… 179
天方三字經不分卷 ………………………… 69
天方性理圖傳五卷首一卷 ………………… 180
天水冰山錄不分卷附錄一卷 ……………… 15
天目中峰和尚信心銘闢義解三卷 ………… 199
天雨花三十回 ……………………………… 274
[乾隆]天津縣志二十四卷 ………………… 121
[乾隆]天津縣志二十四卷 ………………… 121
天崇輯要二卷附國朝輯要四卷 …………… 255
天啟宮詞一卷 ……………………………… 23
元人十種詩六十卷 ………………………… 28
[光緒]元氏縣志十四卷首一卷末一卷 … 123
[光緒]元氏縣志十四卷首一卷末一卷 … 123
元文類七十卷目錄三卷 …………………… 32
元史二百十卷目錄二卷 …………………… 5
元史氏族表三卷 …………………………… 83
元史本證五十卷 …………………………… 82
元史紀事本末二十七卷 …………………… 90
元史藝文志四卷 …………………………… 144

元亨全圖療牛馬駝集九卷 ·················· 179
元亨全圖療牛馬駝集九卷 ·················· 179
元亨療馬集九卷 ························· 179
元亨療馬集九卷 ························· 179
元和郡縣志四十卷 ······················ 120
元和郡縣圖志四十卷闕卷逸文一卷補志
　　九卷 ····························· 120
元和陸相國書一卷 ······················ 187
元朝秘史十五卷 ·························· 91
元匯醫鏡五卷 ·························· 169
元詩選三百二十卷首一卷 ·················· 31
元詩選六卷補遺一卷 ····················· 231
元詩選初集一百十四卷首一卷 ··············· 31
元遺山先生全集九種 ···················· 294
元遺山先生集四十卷首一卷附錄一卷補
　　載一卷年譜三種四卷新樂府四卷續夷
　　堅志四卷 ·························· 294
元遺山詩集箋注十四卷首一卷末一卷 ··· 246
元豐九域志十卷 ·························· 9
元豐類稿五十卷 ·························· 21
元豐類稿五十卷 ························· 246
元豐類稿五十卷目錄一卷 ·················· 246
廿一史約編八卷首一卷 ···················· 80
廿一史約編八卷首一卷 ···················· 80
廿一史約編八卷首一卷 ···················· 80
廿一史約編不分卷 ······················· 80
廿一史約編不分卷 ······················· 80
廿一史提綱歌二卷 ······················· 80
廿四科墨選空群錄不分卷 ················· 230
五十名家書剳十二卷 ····················· 233
五公山人集十六卷 ······················ 254
五方元音二卷 ··························· 78
五方元音二卷 ··························· 78
五代史記七十四卷 ························· 6
五代史記注七十四卷 ····················· 83
五代會要三十卷 ·························· 11
五代會要三十卷 ························· 105
五代會要三十卷 ························· 105
五代詩話十二卷 ························· 276
五百四峰堂詩鈔二十五卷 ················· 259
五次問答節略不分卷 ···················· 111

五車韻瑞一百六十卷 ···················· 207
五車韻瑞一百六十卷 ···················· 208
五車韻瑞一百六十卷目錄一卷洪武正韻
　　一卷 ····························· 16
五言樓詩草五卷 ························· 212
五知齋琴譜八卷 ·························· 14
五省溝洫圖說一卷 ······················ 137
五朝名臣言行錄前集十卷 ·················· 94
五朝名臣言行錄前集十卷後集十四卷續
　　集八卷別集二十六卷外集十七卷 ······· 94
五朝詩別裁集八十五卷 ··················· 222
五雅全書五種四十一卷 ···················· 3
五經文苑捃華八卷 ······················ 214
五經四子書一百三卷 ····················· 66
五經全文擇粹五種 ······················· 66
五經味根錄三十八卷首五卷 ················ 66
五經旁訓 ····························· 67
五經旁訓辨體五種 ······················· 36
五經揭要二十五卷 ······················· 64
五經揭要二十五卷 ······················· 65
五經圖九卷 ···························· 37
五經類編二十八卷 ······················· 67
五經類編二十八卷 ······················· 67
五種遺規五種 ·························· 153
五種遺規五種 ·························· 153
五種遺規五種 ·························· 153
五種遺規五種 ·························· 153
五種遺規五種 ·························· 153
五種遺規五種 ·························· 153
五種遺規五種 ·························· 153
五燈會元二十卷 ························· 203
五禮通考二百六十二卷總目二卷首四卷
　　······························· 51
五禮通考二百六十二卷總目二卷首四卷
　　······························· 51
支那通史四卷 ··························· 79
支隊戰術一卷 ·························· 157
支隊戰術一卷 ·························· 157
太乙統宗寶鑑二十四卷 ··················· 13
太上感應篇一卷 ························· 204
太上感應篇註證不分卷 ··················· 204

太上寶筏圖說不分卷 ……… 154
太平御覽一千卷 ……… 208
太平御覽一千卷 ……… 208
太平御覽一千卷目錄十卷 ……… 16
太平御覽一千卷目錄十卷 ……… 17
太平廣記五百卷目錄十卷 ……… 196
太平廣記五百卷目錄十卷 ……… 196
太平寰宇記二百卷 ……… 119
太平寰宇記二百卷目錄二卷 ……… 9
太平寰宇記二百卷目錄二卷 ……… 119
太平寰宇記二百卷附紀元表 ……… 119
太平寰宇記二百卷附紀元表 ……… 119
太平寰宇記二百卷附紀元表附大清一統
　志表 ……… 119
太史升菴文集八十一卷 ……… 250
太史張天如詳節春秋綱目左傳句解六卷
　……… 55
太史張天如詳節春秋綱目左傳句解六卷
　……… 55
太史張天如詳節春秋綱目左傳句解六卷
　……… 55
太史張天如詳節春秋綱目左傳句解六卷
　……… 55
太史張天如詳節春秋綱目左傳句解六卷
　……… 55
太白山人漫稿八卷附錄一卷 ……… 248
太白山人槲葉集五卷南遊草一卷 ……… 262
太玄集注四卷 ……… 198
太玄經十卷 ……… 198
太師誠意伯劉文成公集二十卷 ……… 248
太師誠意伯劉文成公集二十卷首一卷 …… 23
友竹草堂文集五卷 ……… 263
友林乙藁一卷 ……… 20
友松吟館詩鈔十五卷 ……… 269
切問齋文鈔三十卷 ……… 236
切問齋文鈔三十卷 ……… 236
切韻考六卷外篇三卷 ……… 76
止泉先生朱公行狀一卷 ……… 25
少保于公奏議十卷附錄一卷 ……… 8
日下舊聞四十二卷 ……… 10
日下舊聞四十二卷 ……… 10

日下舊聞四十二卷 ……… 135
日下舊聞四十二卷 ……… 135
日本國志四十卷首一卷 ……… 140
日本訪書志十七卷 ……… 145
日本新政考二卷 ……… 139
日本維新三十年史十二編附錄一卷 …… 140
日本變法次第類考三集 ……… 105
日知會說四卷 ……… 152
日知錄三十二卷日知錄之餘四卷 ……… 190
日知錄集釋三十二卷 ……… 190
日知錄集釋三十二卷 ……… 190
日知錄集釋三十二卷刊誤二卷續刊誤二
　卷 ……… 190
日知錄集釋三十二卷刊誤二卷續刊誤二
　卷 ……… 190
日知錄集釋三十二卷刊誤二卷續刊誤二
　卷 ……… 190
日講四書解義二十六卷 ……… 58
中山文鈔四卷奏議四卷 ……… 265
中山文鈔四卷首一卷詩鈔四卷史論二卷
　奏議四卷 ……… 265
中山文鈔四卷詩鈔四卷奏議四卷 ……… 27
中外政治策論彙編二十四卷 ……… 107
中西天文算學精蘊二十卷首一卷國朝萬
　年書二卷推測易知四卷 ……… 184
中西四大政一卷 ……… 111
中西四大政一卷 ……… 111
中西紀事二十四卷 ……… 88
中西匯通醫書五種二十九卷 ……… 163
中西匯通醫書五種二十九卷 ……… 163
中西匯通醫書五種二十九卷 ……… 163
中西匯通醫經精義二卷 ……… 166
中西匯參銅人圖說一卷 ……… 165
中西算學大成一百卷 ……… 184
中西算學大成一百卷 ……… 184
中西算學大成一百卷 ……… 184
中西算學大成後編十卷首一卷 ……… 184
中西算學四種四卷 ……… 182
中西算學集要五種十四卷 ……… 185
中西關係略論四卷 ……… 111
中州人物考八卷 ……… 93

中州人物考八卷 …………………… 93

中州集十卷首一卷中州樂府一卷 ……… 31

中晚唐詩叩彈集十二卷續集三卷 ……… 31

中晚唐詩叩彈集十二卷續集三卷 ……… 31

中國古今法制表十六卷 …………… 105

中國江海險要圖志二十二卷首一卷補編
　　五卷 …………………………… 137

中國江海險要圖志二十二卷首一卷補編
　　五卷 …………………………… 138

中國江海險要圖志二十二卷首一卷補編
　　五卷 …………………………… 138

中國江海險要圖志二十二卷首一卷補編
　　五卷 …………………………… 138

中國江海險要圖志二十二卷首一卷補編
　　五卷圖五卷 …………………… 137

中國財政紀略四章 ………………… 110

中國歷史教科書七卷 ………………… 81

中庸衍義十七卷 ……………………… 58

中庸衍義十七卷 …………………… 148

中庸衍義十七卷 …………………… 148

中庸章句本義匯參六卷 ……………… 58

[道光]內邱縣志四卷 ……………… 124

牛痘新書一卷 ……………………… 178

午亭文編五十卷 ……………………… 27

午亭文編五十卷 ……………………… 27

午亭文編五十卷 ……………………… 27

午亭文編五十卷 …………………… 268

毛詩古音考四卷屈宋古音義三卷 ……… 79

毛詩古音攷四卷附讀詩拙言一卷屈宋古
　　音義三卷 ………………………… 5

毛詩本義十六卷 ……………………… 46

毛詩後箋三十卷 ……………………… 46

毛詩註疏二十卷 ……………………… 44

毛詩傳箋通釋三十二卷 ……………… 46

毛詩鄭箋二十卷 ……………………… 46

毛詩鄭箋二十卷 ……………………… 46

毛詩稽古編三十卷 …………………… 46

毛翰林集五十四卷 …………………… 25

手型法講義一卷 …………………… 156

仁在堂全集十四集 ………………… 231

仁在堂全集十四集 ………………… 231

仁在堂詩賦合刻二卷 ……………… 236

片玉四書□□卷 ……………………… 60

化學指南十卷 ……………………… 211

化學衛生論四卷 …………………… 211

化學辨質七卷 ……………………… 211

仍可軒詩鈔不分卷 ………………… 256

介石堂集古文十卷詩十卷 …………… 23

今文尚書考證三十卷 ………………… 42

分甘餘話四卷 ………………………… 14

分韻試帖青雲集合注四卷 ………… 234

分韻試帖青雲集合注四卷 ………… 234

分韻試帖青雲集合注四卷 ………… 234

分韻試帖青雲集合注四卷 ………… 234

分韻試帖青雲集合注四卷 ………… 234

分韻試帖青雲集合注四卷 ………… 234

分韻試帖青雲集合注四卷 ………… 234

分韻試帖青雲集合注四卷 ………… 234

分韻試帖青雲集合注四卷 ………… 234

分韻試帖青雲集合注四卷 ………… 234

分類文腋八卷 ……………………… 222

分類字錦六十四卷 ………………… 205

分類字錦六十四卷 ………………… 206

分類補註李太白詩二十五卷 ………… 18

分類詩腋八卷 ……………………… 215

分類詩腋八卷 ……………………… 215

分類緘腋四卷 ……………………… 208

分類韻錦十二卷 ……………………… 75

公法便覽四卷續一卷 ……………… 112

公法便覽四卷續一卷 ……………… 112

公法會通十卷 ……………………… 110

公是集五十四卷 …………………… 245

月川曹夫子[端]年譜二卷 …………… 97

月令廣義二十四卷首一卷附錄一卷 …… 9

月令粹編二十四卷圖說一卷 ……… 209

月波舫遺稿一卷 …………………… 214

月樓琴語一卷 ……………………… 271

丹魁堂詩集七卷外集四卷 ………… 256

丹溪心法五卷 ……………………… 161

丹溪心法附錄二十四卷首一卷 …… 159

丹溪心法附錄二十四卷首一卷 …… 159

卬須集八卷續集六卷又續集六卷女士詩

錄一卷 …………………………… 230
勾股引蒙三卷籌算法補一卷 ………… 184
勾股算術細草一卷 …………………… 182
卞制軍奏議十二卷 …………………… 113
六一居士全集錄五卷外集錄二卷 ……… 225
六九軒算書五種七卷 ………………… 184
六臣註文選六十卷 …………………… 29
六臣註文選六十卷 …………………… 30
六如居士全集六種 …………………… 293
六如居士全集六種 …………………… 293
六官駢萃四卷 ………………………… 206
六科準繩六種四十二卷 ……………… 163
六圃沈新周先生地學二卷 …………… 81
六書分類十二卷首一卷 ……………… 3
六書分類十二卷首一卷 ……………… 3
六書分類十二卷首一卷 ……………… 73
六書正譌五卷 ………………………… 4
六書正譌五卷 ………………………… 4
六書故三十三卷通釋一卷 …………… 73
六書音韻表五卷 ……………………… 69
六書音韻表五卷 ……………………… 69
六書通十卷 …………………………… 4
六書通十卷 …………………………… 4
六書通十卷 …………………………… 4
六書通十卷 …………………………… 74
六書通十卷 …………………………… 74
六書通十卷 …………………………… 74
六書通十卷 …………………………… 74
六書精蘊六卷 ………………………… 4
六書精蘊六卷 ………………………… 4
六梅書屋尺牘四卷 …………………… 260
六朝文絜四卷 ………………………… 218
六朝文絜四卷 ………………………… 219
六朝文絜四卷 ………………………… 219
六朝文絜箋注十二卷 ………………… 219
六朝文絜箋注十二卷 ………………… 219
六朝唐賦讀本不分卷 ………………… 225
六朝唐賦讀本不分卷 ………………… 225
六朝唐賦讀本不分卷 ………………… 225
六朝唐賦讀本不分卷 ………………… 225
六朝詩乘二十四卷總錄一卷目錄二卷…… 32

六經圖六卷 …………………………… 3
六藝綱目二卷 ………………………… 79
六藝綱目二卷附錄一卷 ……………… 79
文子纘義十二卷 ……………………… 155
文中子中說十卷 ……………………… 155
文公家禮儀節八卷 …………………… 51
文公家禮儀節八卷 …………………… 51
文心雕龍十卷 ………………………… 275
文心雕龍十卷 ………………………… 275
文心雕龍十卷 ………………………… 275
文心雕龍十卷 ………………………… 275
文心雕龍十卷 ………………………… 275
文心雕龍十卷 ………………………… 275
文心雕龍十卷 ………………………… 275
文史通義八卷校讐通義三卷 ………… 103
文成堂四書便蒙十九卷 ……………… 60
[康熙]文安縣志八卷 ………………… 129
文字發凡四卷 ………………………… 69
文字蒙求四卷 ………………………… 70
文字蒙求廣義四卷 …………………… 73
文字蒙求廣義四卷 …………………… 73
文字會寶不分卷 ……………………… 28
文苑英華一千卷 ……………………… 29
文苑英華一千卷 ……………………… 29
文苑英華一千卷 ……………………… 215
文苑英華辨證十卷 …………………… 215
文林綺繡五種 ………………………… 283
文昌孝經一卷 ………………………… 57
文房肆考圖說八卷 …………………… 14
文圃梯雲□□卷 ……………………… 190
文帝孝經一卷 ………………………… 57
文珠佛刹功德莊嚴經懺法一卷 ……… 203
文恭集五十卷補遺一卷 ……………… 20
文章正宗復刻三十卷續文章正宗復刻十
二卷 ………………………………… 29
文章遊戲四編八卷 …………………… 211
文章練要左傳十卷 …………………… 274
文章練要左傳十卷 …………………… 274
文章緣起一卷 ………………………… 215
文清公薛先生文集二十四卷 ………… 249
文廟祀位不分卷 ……………………… 108

文廟祀典考五十卷首一卷 …………… 135

文廟通考六卷首一卷 …………… 135

文選六十卷 …………… 30

文選六十卷 …………… 30

文選六十卷 …………… 30

文選六十卷 …………… 223

文選六十卷 …………… 223

文選六十卷 …………… 223

文選六十卷 …………… 223

文選六十卷 …………… 223

文選六十卷 …………… 223

文選六十卷文選考異十卷 …………… 223

文選六十卷文選考異十卷 …………… 223

文選六十卷文選考異十卷 …………… 223

文選古字通疏證六卷 …………… 223

文選考異四卷李注補正四卷 …………… 221

文選音義八卷 …………… 222

文選理學權輿八卷補一卷 …………… 221

文選集評十五卷首一卷末一卷 …………… 220

文選補遺四十卷 …………… 30

文選補遺四十卷 …………… 225

文選箋證三十二卷 …………… 224

文選纂注評林十二卷 …………… 215

文編六十四卷 …………… 29

文獻公全集十一卷首一卷 …………… 247

文獻通考二十四卷首一卷 …………… 108

文獻通考三百四十八卷 …………… 11

文獻通考三百四十八卷 …………… 108

文獻通考三百四十八卷 …………… 108

文獻徵存錄十卷 …………… 96

文獻徵存錄十卷 …………… 96

文瀾閣志二卷附錄一卷 …………… 135

亢倉子尹文子合刻五卷 …………… 145

方山薛先生全集六十八卷 …………… 23

方正學先生遜志齋集二十四卷 …………… 21

方正學先生遜志齋集年譜一卷拾補一卷

　外紀一卷 …………… 21

方百川集四卷抗希堂稿四卷方椒塗稿一

　卷 …………… 215

方百川稿一卷 …………… 252

方望溪文鈔六卷 …………… 251

方望溪文鈔六卷 …………… 252

方望溪文鈔六卷 …………… 252

方望溪先生全集文集十八卷集外文十卷

　集外文補遺二卷年譜二卷 …………… 251

方望溪先生全集文集十八卷集外文十卷

　集外文補遺二卷年譜二卷 …………… 251

方望溪先生經說四種八卷 …………… 64

方望溪評點史記四卷 …………… 81

方望溪稿一卷 …………… 252

方椒塗稿一卷 …………… 252

方程演元一卷 …………… 182

火攻挈要二卷火攻秘要一卷 …………… 158

火器略說不分卷 …………… 156

心矩齋叢書八種 …………… 292

心算初學六卷 …………… 182

心算教授法一卷 …………… 182

心靈學不分卷 …………… 188

尹健餘先生年譜三卷 …………… 194

尺木堂綱鑑易知錄九十二卷 …………… 86

尺木堂綱鑑易知錄九十二卷明鑑易知錄

　十五卷 …………… 86

尺算徵用一卷 …………… 182

孔子家語十卷 …………… 148

孔子家語十卷 …………… 148

孔子家語十卷 …………… 148

孔子家語十卷 …………… 148

孔子家語十卷 …………… 148

孔子家語十卷 …………… 148

孔子家語十卷 …………… 148

孔氏家語十卷 …………… 148

孔氏家語十卷 …………… 148

孔孟編年八卷 …………… 97

孔叢二卷 …………… 149

孔叢子七卷 …………… 149

水仙亭詞集二卷 …………… 272

水流雲在館集蘇詩存一卷 …………… 225

水雲欸乃一卷泥爪詞一卷竹窗秋籟一卷

　悔餘詞一卷 …………… 271

水道提綱二十八卷 …………… 136

水道提綱二十八卷 …………… 136

水道提綱二十八卷 …………… 136

水道提綱二十八卷 ·············· 136
水運不分卷 ·············· 110
水經四十卷 ·············· 195
水經注四十卷首一卷 ·············· 136
水經註不分卷 ·············· 136
水經註四十卷 ·············· 136
水經註釋四十卷首一卷附錄二卷刊誤十
　二卷 ·············· 137
水經註釋四十卷首一卷附錄二卷刊誤十
　二卷 ·············· 137
水鏡集約篇四卷 ·············· 165
水鏡集纂要四卷 ·············· 198

五畫

玉尺樓賦選五卷 ·············· 224
[光緒]玉田縣志三十卷首一卷 ·············· 130
玉芝堂談薈三十六卷 ·············· 15
玉函山房輯佚書 ·············· 285
玉津閣文略九卷 ·············· 265
玉海二百卷附十四種六十五卷 ·············· 16
玉海二百卷附刻十三種 ·············· 206
玉海二百卷附詞學指南四卷 ·············· 206
玉海二百卷詞學指南四卷附刻六十二卷
　·············· 206
玉海二百卷詞學指南四卷附刻六十二卷
　·············· 206
玉海附刻十三種六十一卷 ·············· 206
玉堂字彙四集 ·············· 70
玉堂清課賦鈔四卷 ·············· 227
玉堂試帖振採集六卷 ·············· 231
玉堂雜紀三卷 ·············· 10
玉堂雜紀三卷 ·············· 10
玉臺新詠十卷 ·············· 221
玉谿生年譜訂誤一卷 ·············· 261
玉簡齋叢書二十二種 ·············· 292
玉瀾集一卷 ·············· 243
刊謬正俗八卷 ·············· 191
巧團圓傳奇二卷 ·············· 273
正字通十二集三十六卷舊本首一卷 ·············· 3

[光緒]正定縣志四十六卷首一卷末一卷
　·············· 122
正誼堂全書 ·············· 289
正誼堂全書 ·············· 289
[乾隆]甘肅通志五十卷首一卷 ·············· 132
世本輯補十卷 ·············· 209
世史正綱三十二卷 ·············· 88
世宗憲皇帝御製文集三十卷總目四卷 ··· 264
世補齋醫書六種三十三卷 ·············· 166
世補齋醫書續集九種二十九卷 ·············· 166
世說新語三卷 ·············· 15
世說新語三卷 ·············· 197
世說新語三卷 ·············· 197
世說新語六卷 ·············· 197
世說新語補四卷 ·············· 197
古夫于亭雜錄五卷 ·············· 14
古夫于亭雜錄六卷處事心箴二卷澄懷園
　語四卷 ·············· 193
古今女史十二卷 ·············· 30
古今史論大觀前編十五卷後編十七卷 ··· 103
古今史論大觀前編十五卷後編十七卷 ··· 103
古今史論觀海甲編二十二卷乙編二十卷
　丙編二十五卷丁編二十二卷 ·········· 104
古今列女傳三卷 ·············· 94
古今合璧事類備要前集六十九卷後集八
　十一卷續集五十六卷 ·············· 16
古今名醫彙粹七卷 ·············· 172
古今長者錄八卷附二種 ·············· 97
古今律歷考七十二卷 ·············· 13
古今將略四卷 ·············· 12
古今說部叢書十集二百六十六種三百七
　十五卷 ·············· 196
古今說海一百三十五種 ·············· 34
古今醫方擷要六卷 ·············· 170
古今韻會舉要三十卷 ·············· 76
古文八大家公暇錄六卷 ·············· 219
古文分編集評初集五卷二集五卷三集八
　卷四集四卷 ·············· 220
古文四象四卷 ·············· 226
古文苑九卷 ·············· 222
古文知新十二卷 ·············· 218

古文品外錄二十四卷 …………………… 30
古文淵鑒六十四卷 ……………………… 29
古文淵鑒六十四卷 ……………………… 29
古文淵鑒六十四卷 ……………………… 29
古文淵鑒六十四卷 ……………………… 29
古文淵鑒六十四卷 ……………………… 29
古文淵鑒六十四卷 ……………………… 221
古文淵鑒六十四卷 ……………………… 221
古文淵鑒六十四卷 ……………………… 221
古文辨體備體合編三卷 ………………… 224
古文辨體備體合編三卷 ………………… 224
古文翼八卷 ……………………………… 69
古文翼八卷 ……………………………… 69
古文辭類纂七十五卷 …………………… 223
古文辭類纂七十五卷附校勘記一卷 …… 222
古文辭類纂七十五卷附校勘記一卷 …… 223
古文辭類纂七十五卷附校勘記一卷 …… 223
古文辭類纂七十五卷附校勘記一卷 …… 223
古文辭類纂七十四卷 …………………… 222
古文辭類纂七十四卷 …………………… 222
古文辭類纂七十四卷 …………………… 222
古文辭類纂七十四卷 …………………… 223
古文辭類纂七十四卷 …………………… 223
古文釋義新編八卷 ……………………… 226
古文釋義新編八卷 ……………………… 226
古本尚書二卷 …………………………… 43
古史探源二卷 …………………………… 92
古列女傳八卷 …………………………… 96
古均閣遺著三種三卷 …………………… 142
古事比五十二卷 ………………………… 204
古事比五十二卷 ………………………… 205
古香齋詩集一卷詩餘一卷 ……………… 261
古香齋遺書八卷 ………………………… 294
古音諧八卷首一卷 ……………………… 77
古唐詩合解十二卷 ……………………… 228
古唐詩合解十二卷古詩四卷 …………… 219
古唐詩合解十二卷古詩四卷 …………… 219
古唐詩合解十二卷古詩四卷 …………… 219
古唐詩合解十二卷古詩四卷 …………… 219
古唐詩合解十二卷古詩四卷 …………… 219
古唐詩合解十二卷古詩四卷 …………… 219

古唐詩合解十二卷古詩四卷 …………… 219
古唐詩合解十二卷古詩四卷 …………… 219
古唐詩合解十二卷古詩四卷 …………… 220
古唐詩合解十二卷古詩四卷 …………… 220
古逸叢書二十六種 ……………………… 281
古逸叢書二十六種 ……………………… 281
古越竹林寺女科不分卷 ………………… 177
古棋不分卷 ……………………………… 187
古愚老人消夏錄十七種六十六卷 ……… 207
古微書三十六卷 ………………………… 65
古微堂內集二卷外集八卷 ……………… 257
古詩源十四卷 …………………………… 222
古詩源十四卷 …………………………… 222
古詩歸十五卷唐詩歸三十六卷 ………… 32
古經解鉤沈三十卷 ……………………… 67
古經解彙函十六種 ……………………… 37
古經解彙函十六種 ……………………… 37
古經解彙函十六種附小學彙函十四種…… 37
古餘薌閣遺詩一卷 ……………………… 265
古謠諺一百卷 …………………………… 215
古歡堂集二十二卷蒙齋年譜一卷續一卷
　補一卷 ……………………………… 292
古歡堂集三十六卷長河志籍考十卷黔書
　二卷 ………………………………… 292
古歡堂集三十六卷蒙齋年譜一卷續一卷
　補一卷長河志籍考十卷黔書二卷有懷
　堂文集一卷詩集一卷 ……………… 292
本草原始十二卷 ………………………… 168
本草原始十二卷 ………………………… 168
本草從新十八卷 ………………………… 168
本草經三卷 ……………………………… 169
本草綱目五十二卷 ……………………… 169
本草綱目五十二卷 ……………………… 169
本草綱目五十二卷 ……………………… 169
本草綱目五十二卷 ……………………… 169
本草綱目五十二卷本草萬方鍼線八卷本
　草綱目拾遺十卷 …………………… 169
本朝館閣賦後集七卷補遺一卷附錄一卷
　……………………………………… 28
本朝館閣賦前集十二卷 ………………… 28
本朝館閣賦前集十二卷 ………………… 234
札樸十卷 ………………………………… 192

札樸十卷 …………………………… 192
可之先生全集錄二卷 ……………… 225
可泉辛巳集十二卷 ………………… 23
可儀堂一百二十名家制義四十八卷 …… 226
左氏條貫十八卷 …………………… 55
左氏條貫十八卷 …………………… 55
左文襄公全集一百九卷首一卷 …… 262
左文襄公[宗棠]年譜十卷 ………… 98
左汾近槀一卷 ……………………… 15
左恪靖伯奏稿三十八卷 …………… 114
左恪靖侯奏稿初編三十八卷 ……… 114
左恪靖侯奏稿初編三十八卷續編七十六
　卷三編六卷 …………………… 114
左恪靖侯奏稿續編七十六卷 ……… 114
左通補釋三十二卷 ………………… 53
左傳史論二卷 ……………………… 53
左傳史論二卷 ……………………… 53
左傳史論二卷 ……………………… 103
左傳史論二卷 ……………………… 103
左傳史論二卷 ……………………… 103
左傳史論二卷 ……………………… 103
左傳史論二卷 ……………………… 104
左傳史論二卷 ……………………… 104
左傳事緯十二卷 …………………… 55
左傳事緯十二卷前書八卷 ………… 55
左傳易讀六卷 ……………………… 53
左傳易讀六卷 ……………………… 53
左傳官名考二卷春秋三傳比二卷 … 56
左傳紀事本末五十三卷 …………… 88
左傳鈔六卷 ………………………… 52
左傳鈔六卷 ………………………… 52
左傳鈔六卷 ………………………… 52
左傳鈔六卷 ………………………… 52
左傳鈔六卷 ………………………… 53
左傳鈔六卷 ………………………… 53
左傳翼三十八卷 …………………… 55
左傳翼三十八卷 …………………… 55
左翼三十八卷 ……………………… 55
左繡三十卷首一卷 ………………… 53
左繡三十卷首一卷 ………………… 53
左繡三十卷首一卷 ………………… 53

左繡三十卷首一卷 ………………… 53
石林詞一卷 ………………………… 271
石柱記箋釋五卷 …………………… 10
石笥山房文集五卷補遺一卷 ……… 265
石笥山房文集六卷補遺一卷詩集十一卷
　詩餘一卷詩集補遺二卷續遺二卷 … 265
石笥山房文集六卷詩集十二卷 …… 265
石笥山房文集六卷詩集十二卷 …… 265
石笥山房文集六卷詩集四卷 ……… 265
石渠餘記六卷 ……………………… 105
石湖居士三十四卷 ………………… 20
石湖居士三十四卷 ………………… 20
石鼓文釋存一卷附補注一卷 ……… 71
[咸豐]平山縣志八卷 ……………… 122
[咸豐]平山縣志八卷 ……………… 122
平平言四卷 ………………………… 108
平定粵匪紀略十八卷附記四卷 …… 89
平津館叢書三十八種 ……………… 290
平匪圖說不分卷 …………………… 89
平浙紀略十六卷 …………………… 89
[同治]平鄉縣志十二卷首一卷 …… 125
[同治]平鄉縣志十二卷首一卷 …… 125
北史一百卷 ………………………… 6
北行日記一卷(清道光十四年) …… 99
北洋公牘類纂二十五卷目錄一卷 … 115
北洋公牘類纂續編二十四卷 ……… 115
北洋官報局匯編不分卷 …………… 287
北洋陸軍教科書 …………………… 157
北洋學堂講義 ……………………… 156
北洋學報甲編不分卷乙編不分卷丙編不
　分卷 …………………………… 287
北海亭集八卷外編一卷 …………… 247
北堂書鈔一百六十卷 ……………… 207
北夢瑣言二十卷 …………………… 15
北夢瑣言二十卷 …………………… 195
北溪先生全集五十卷附字義二卷外集一
　卷補遺一卷 …………………… 297
北溪先生字義二卷補遺一卷 ……… 148
北齊書五十卷 ……………………… 6
北齊書五十卷 ……………………… 82
北齊書五十卷 ……………………… 82

北齊書五十卷 …………………… 82
北學編四卷 ……………………… 94
北學編四卷 ……………………… 94
北學編四卷 ……………………… 94
北學編四卷 ……………………… 94
占察善惡業報經疏二卷行法一卷玄義一
　卷 …………………………… 203
目耕帖三十一卷 ………………… 286
目耕齋全集三種十三卷 ………… 232
目耕齋全集三種十三卷 ………… 232
目耕齋讀本初集不分卷二集不分卷三集
　不分卷 ……………………… 231
目耕齋讀本初集不分卷二集不分卷小題
　不分卷 ……………………… 214
甲子會紀五卷 ……………………… 7
申端愍公詩集八卷文集一卷 …… 266
田叔禾小集十二卷 ……………… 250
冊府元龜一千卷目錄十卷 ……… 16
史目表一卷 ……………………… 87
史外八卷 ………………………… 91
史外八卷 ………………………… 91
史林測義三十八卷 ……………… 103
史忠正公文集四卷首一卷 ……… 250
史姓韻編六十四卷 ……………… 207
史姓韻編六十四卷 ……………… 207
史姓韻編六十四卷 ……………… 207
史姓韻編六十四卷 ……………… 207
史記一百三十卷 ………………… 5
史記一百三十卷 ………………… 81
史記一百三十卷 ………………… 81
史記天官書補目一卷 …………… 143
史記志疑三十六卷 ……………… 81
史記索隱三十卷 ………………… 81
史記菁華錄六卷 ………………… 82
史記菁華錄六卷 ………………… 102
史記菁華錄六卷 ………………… 103
史記鈔九十一卷 ………………… 102
史記鈔四卷 ……………………… 102
史記鈔四卷 ……………………… 102
史記鈔四卷 ……………………… 102
史記鈔四卷 ……………………… 102

史記評林一百三十卷 …………… 104
史記評林一百三十卷補史記一卷讀史總
　評一卷附史記短長說一卷 …… 5
史記註補正一卷 ………………… 80
史記測義一百三十卷 …………… 81
史記論文一百三十卷 …………… 104
史記論文一百三十卷 …………… 104
史記論文一百三十卷 …………… 104
史記選六卷西漢書文選四卷 …… 81
史通削繁四卷 …………………… 104
史通削繁四卷 …………………… 104
史通削繁四卷 …………………… 104
史通削繁四卷 …………………… 104
史通削繁四卷 …………………… 104
史通削繁四卷 …………………… 104
史通削繁四卷 …………………… 104
史通削繁四卷 …………………… 104
史通通釋二十卷附錄一卷 ……… 12
史通通釋二十卷附錄一卷 ……… 12
史通通釋二十卷附錄一卷 ……… 104
史略八十七卷 …………………… 92
史論正鵠初集四卷二集四卷三集八卷 … 103
史論彙八卷 ……………………… 105
史論彙選八卷 …………………… 105
史學璧珠十八卷 ………………… 17
史學璧珠十八卷 ………………… 208
史鑑節要便讀六卷 ……………… 86
史鑑韻編三卷 …………………… 80
四大奇書第一種一百二十回 …… 274
四大奇書第一種一百二十回 …… 274
四大奇書第一種一百二十回 …… 274
四大奇書第一種一百二十回 …… 274
四大奇書第一種二十三卷首一卷一百二
　十回 ………………………… 274
[嘉慶]四川通志二百四卷首二十二卷 ……
　…………………………………… 134
四元玉鑑細草三卷 ……………… 181
四元玉鑑細草三卷 ……………… 181
四六叢話三十三卷附選詩叢話一卷 …… 274
四六類編十三卷 ………………… 31
四史 ……………………………… 79

四史 …………………………………… 79
四印齋彙刻宋元三十一家詞三十一卷 … 271
四存編四卷 …………………………… 147
四字類賦二十七卷 …………………… 207
四辰堂通鑑易知錄十四卷……………… 84
四知堂文集三十六卷 ………………… 265
四庫未收書目提要五卷 ……………… 144
四庫全書敘不分卷 …………………… 144
四家賦鈔四卷 ………………………… 235
四書十九卷 …………………………… 59
四書十九卷 …………………………… 59
四書十九卷 …………………………… 59
四書十九卷 …………………………… 59
四書十九卷 …………………………… 59
四書人物類典串珠四十卷 …………… 63
四書五經義策論正續合編不分卷……… 58
四書五經類典集成三十四卷 ………… 208
四書反身錄八卷 ……………………… 62
四書反身錄八卷 ……………………… 62
四書反身錄八卷 ……………………… 62
四書心印十三卷 ……………………… 62
四書正蒙十九卷 ……………………… 60
四書左國彙纂四卷 …………………… 58
四書左國彙纂四卷 …………………… 58
四書左國輯要四卷 …………………… 64
四書地理考十五卷 …………………… 59
四書朱子大全統義十九卷 …………… 63
四書朱子本義匯參四十七卷 ………… 59
四書朱子本義匯參四十七卷 ………… 59
四書朱子本義匯參四十三卷首四卷……… 58
四書朱子異同條辨四十卷 …………… 3
四書朱子異同條辨四十卷 …………… 62
四書字辨十九卷 ……………………… 60
四書近指十七卷 ……………………… 63
四書改錯二十二卷附錄一卷 ………… 59
四書或問語類大全合訂四十一卷……… 62
四書或問語類大全合訂四十一卷……… 62
四書味根錄三十七卷 ………………… 63
四書典制類聯音註三十三卷 ………… 64
四書典制類聯音註三十三卷 ………… 64
四書便蒙十九卷 ……………………… 60

四書便蒙十九卷 ……………………… 60
四書便蒙十九卷 ……………………… 60
四書記悟十四卷附孟子論文二卷……… 59
四書益智錄二十卷 …………………… 63
四書章句集註二十六卷 ……………… 60
四書章句集註二十六卷 ……………… 60
四書章句集註二十六卷 ……………… 60
四書章句集註二十六卷 ……………… 60
四書章句集註二十六卷 ……………… 60
四書章句集註二十六卷附考四卷…… 60
四書章句集註二十六卷附考四卷……… 60
四書貫珠講義十九卷 ………………… 62
四書集注十九卷 ……………………… 59
四書集注十九卷 ……………………… 59
四書集注大全三十六卷 ……………… 3
四書集註正蒙十九卷附四書集字音樣辨
…………………………………… 60
四書集註闡微直解二十七卷 ………… 59
四書集註闡微直解二十七卷 ………… 59
四書補註備旨十卷 …………………… 61
四書補註備旨十卷 …………………… 61
四書補註備旨十卷 …………………… 61
四書補註備旨十卷 …………………… 61
四書補註備旨十卷 …………………… 61
四書會解二十七卷 …………………… 62
四書經註集證十九卷 ………………… 61
四書說苑十一卷首一卷補遺一卷……… 59
四書說苑十一卷首一卷補遺一卷續補遺
一卷 …………………………… 59
四書聯珠六卷 ………………………… 58
四書講義大全二十六卷 ……………… 63
四書講義大全二十六卷 ……………… 63
四書講義大全二十六卷 ……………… 63
四書講義困勉錄三十七卷續錄六卷 ……… 3
四書翼註論文十二卷 ………………… 64
四書翼註論文三十八卷 ……………… 59
四書鞭影二十卷 ……………………… 63
四書題解不分卷 ……………………… 62
四書類典賦二十四卷 ………………… 62
四書類典賦二十四卷附年譜一卷……… 63
四書類典賦二十四卷附年譜一卷……… 63

四書釋文十九卷 …………………… 63
四書釋文十九卷 …………………… 63
四書釋地一卷補一卷續補一卷又續補一
　卷 …………………………………… 64
四書釋地一卷續一卷又續一卷三續一卷
　………………………………………… 64
四書釋地一卷續一卷又續一卷三續一卷
　………………………………………… 64
四書釋地一卷續一卷又續一卷三續一卷
　………………………………………… 64
四書襯十九卷 ……………………… 64
四書讀本二十一卷 ………………… 59
四書讀本十九卷 …………………… 59
四書讀本十九卷 …………………… 59
四焉齋文集八卷 …………………… 27
四照堂詩集十五卷 ………………… 252
四銅鼓齋論畫集刻十二種十四卷 … 185
四禮翼四卷 ………………………… 51
四禮翼四卷 ………………………… 51
四禮翼四卷 ………………………… 51
四禮翼四卷 ………………………… 52
四體千字文不分卷 ………………… 70
四體字法五卷 ……………………… 70
生香書屋文集四卷詩集七卷 ……… 268
生理衛生學一卷 …………………… 161
代數通藝錄十六卷 ………………… 180
代數通藝錄十六卷 ………………… 180
代數備旨十三卷 …………………… 183
代數備旨十三卷 …………………… 183
代數精華錄十六卷 ………………… 181
代數學十八卷 ……………………… 183
白氏長慶集七十一卷目錄二卷附錄一卷
　………………………………………… 17
白石詞一卷 ………………………… 271
白田草堂存稿二十四卷 …………… 253
白田草堂存稿二十四卷附崇祀鄉賢錄一
　卷行狀一卷 ………………………… 24
白芙堂算學叢書二十三種 ………… 180
白芙堂算學叢書二十三種 ………… 180
白芙堂算學叢書二十三種 ………… 180
白芙堂算學叢書二十三種 ………… 180

白沙子全集十卷首一卷末一卷白沙子古
　詩教解二卷 ………………………… 23
白沙子全集六卷 …………………… 251
白虎通四卷 ………………………… 192
白虎通疏證十二卷 ………………… 192
白虎通德論四卷 …………………… 192
白香山詩長慶集二十卷後集十七卷別集
　一卷補遺二卷 ……………………… 239
白香山詩後集十七卷別集一卷補遺二卷
　………………………………………… 239
白香詞譜箋四卷附學宋齋詞韻一卷 … 271
白華前稿六十卷 …………………… 25
白雲山房文集六卷 ………………… 254
白榆集詩八卷文二十卷 …………… 23
用六集十二卷 ……………………… 255
印存一卷 …………………………… 187
印度史攬要三卷 …………………… 139
句曲外史集三卷補遺三卷附一卷 … 21
外科正宗十二卷 …………………… 175
外科正宗十二卷 …………………… 175
外科正宗十二卷附錄一卷 ………… 176
外科正宗六卷 ……………………… 176
外科明隱集四卷醫案錄彙二卷 …… 175
外科精要三卷 ……………………… 175
外科證治全生二卷 ………………… 175
外科證治全生二卷 ………………… 175
外科證治全生二卷 ………………… 175
外科證治全生不分卷 ……………… 175
外科證治全書五卷末一卷 ………… 175
外科瘍治全生六卷 ………………… 175
外國師船圖表十二卷 ……………… 156
半蕪園文集十二卷詩集四卷 ……… 263
半廠叢書初編十種 ………………… 289
穴法分受二卷 ……………………… 13
[光緒]永平府志七十二卷首一卷末一卷
　………………………………………… 130
永平詩存二十四卷 ………………… 235
永年申氏遺書十三種 ……………… 266
[光緒]永年縣志四十卷首一卷 …… 124
[光緒]永年縣志四十卷首一卷 …… 124
[光緒]永年縣志四十卷首一卷 …… 124

[光緒]永年縣志四十卷首一卷 ……… 124
[光緒]永年縣志四十卷首一卷 ……… 124
永定河志三十二卷附錄一卷 ……… 137
永嘉叢書 ……………………………… 286
永嘉叢書 ……………………………… 287
司馬氏書儀十卷 ……………………… 51
司馬氏書儀十卷 ……………………… 51
司馬文正公集八十二卷首一卷目錄二卷
　　………………………………………… 243
司馬溫公文集十四卷首一卷 ……… 243
司馬溫公文集八十二卷 ……………… 19
司馬溫公文集八十二卷 ……………… 19
司馬溫公文集八十二卷 …………… 242
尼羅河同舟記事不分卷 ……………… 138
弘正四傑詩集四種七十八卷 ……… 212
弘正四傑詩集四種七十八卷 ……… 212
弘簡錄二百五十四卷 ………………… 5
弘簡錄二百五十四卷 ………………… 5
弘簡錄二百五十四卷 ………………… 83
出使英法意比四國日記六卷(清光緒十
　　六年至十七年) …………………… 138
出使英法意比四國日記六卷(清光緒十
　　六年至十七年) …………………… 138
出使美日秘崔日記十六卷(清光緒十五
　　年至十九年) ……………………… 138
台州叢書 ……………………………… 287
幼幼集成六卷 ………………………… 178
幼幼集成六卷 ………………………… 178
幼科三種九卷 ………………………… 178
幼科鐵鏡六卷 ………………………… 178
幼科鐵鏡六卷 ………………………… 178
幼學須知句解四卷 …………………… 153
幼學歌五卷 …………………………… 193
幼學歌五卷續編一卷 ………………… 194
幼學體操法二卷 ……………………… 187

六畫

式訓堂叢書二十六種 ………………… 293
刑律說帖不分卷 ……………………… 116
刑律說帖不分卷 ……………………… 116

刑律說帖不分卷 ……………………… 117
刑部奏定新章四卷 …………………… 116
刑案匯覽六十卷首一卷末一卷目錄一卷
　　拾遺備考一卷 …………………… 116
刑案匯覽六十卷首一卷末一卷目錄一卷
　　拾遺備考一卷 …………………… 116
刑案匯覽四集二卷五集一卷六集一卷 … 115
[光緒]邢臺縣志八卷首一卷 ……… 125
[光緒]邢臺縣志八卷首一卷 ……… 125
[光緒]吉林通志一百二十二卷圖一卷 … 132
吉金所見錄十六卷首一卷末一卷……… 11
吉金所見錄十六卷首一卷末一卷…… 143
考工記要十七卷附圖一卷 ………… 118
考工記圖二卷 ………………………… 118
考工釋車一卷離騷經章句義疏一卷等韻
　　簡明指掌圖一卷 ………………… 47
考古必要賦四卷 ……………………… 221
考古質疑六卷 ………………………… 192
[康熙]考城縣志四卷 ……………… 134
老子章義二卷 ………………………… 154
老學庵筆記十卷 ……………………… 195
地球一百名人傳三卷 ………………… 95
地球韻言四卷 ………………………… 119
地球韻言四卷 ………………………… 119
地理三會集三卷 ……………………… 198
地理五訣八卷 ………………………… 120
地理正宗十二卷 ……………………… 120
地理或問二卷 ………………………… 198
地理略說不分卷 ……………………… 140
地理參贊玄機仙婆集十三卷 ……… 198
地理學參考八章 ……………………… 120
地學指畧三卷 ………………………… 119
地藏十王寶燈普渡經一卷 ………… 202
地藏菩薩本願經三卷 ………………… 200
地藏菩薩本願經三卷 ………………… 200
地藏菩薩本願經三卷 ………………… 200
地藏菩薩本願經三卷 ………………… 200
耳食錄十二卷 ………………………… 15
芝龕記六卷 …………………………… 273
吏治集事一卷 ………………………… 110
西山先生真文忠公文章正宗二十四卷…… 29

西山先生真文忠公文章正宗二十四卷 … 222

西山先生真文忠公文章正宗二十四卷 … 222

西山先生真文忠公文集五十五卷 … 243

西山先生真文忠公文集五十五卷目錄二
　　卷 … 19

西山先生真文忠公文集五十五卷政經一
　　卷衛生經一卷心政二經一卷 … 243

西山先生真文忠公讀書記四十卷 … 150

西山先生真文忠公讀書記四十卷 … 151

西史綱目二十卷 … 138

[乾隆]西安府志八十卷首一卷 … 132

西泝居士集二十四卷 … 254

西陂類藁五十卷 … 26

西京雜記六卷 … 15

西河合集一百十八種 … 35

西河合集不分卷 … 256

西泠五布衣遺著七種 … 212

西政通典一百六十二卷 … 139

西洋史要四卷 … 93

西洋兵書五種二十一卷 … 156

西洋歷史教科書二卷 … 141

西洋歷史教科書二卷 … 141

西軒效唐集錄十二卷補遺一卷 … 248

西夏紀事本末三十六卷年表一卷 … 88

西域水道記五卷 … 137

[乾隆]西域聞見錄八卷首一卷 … 135

[乾隆]西域聞見錄八卷首一卷 … 135

西國近事彙編□□卷 … 141

西國近事彙編□□卷 … 142

西遊真詮一百回 … 32

西湖志四十八卷 … 10

西湖志四十八卷 … 137

西湖志四十八卷 … 137

西漢會要七十卷 … 11

西漢會要七十卷東漢會要四十卷 … 106

西漚全集十卷外集八卷 … 296

西漚試帖輯註二卷 … 263

西漚試帖輯註二卷 … 263

[同治]西寧新志十卷首一卷 … 128

西學書目表三卷附一卷 … 143

西學通考三十六卷 … 209

西學啟蒙十六種 … 138

[光緒]西藏圖考八卷首一卷 … 135

西齋集二卷 … 265

西醫略論三卷 … 163

西廬文集四卷 … 254

在官法戒錄四卷 … 118

百一三方解三卷 … 169

百二漢鏡齋秘書四種 … 197

百大家名賢手劄十二卷 … 186

百川學海一百種一百七十九卷 … 34

百子金丹十卷 … 145

百子金丹十卷附任兆麟述記三卷 … 145

百五十名家評註史記一百三十卷 … 104

百姓昭明一卷 … 100

百柱堂全集內集三十四卷外集十九卷附
　　彤雲閣遺稿二卷 … 253

百柱堂詩稿八卷 … 253

百美新詠一卷集詠一卷 … 212

百將圖傳二卷 … 9

百將圖傳二卷 … 156

有不爲齋隨筆十卷 … 146

有正味齋集十六卷 … 258

有正味齋試帖詳注四卷 … 258

有正味齋試帖詳注四卷 … 258

有正味齋詩集十六卷續集八卷 … 258

有正味齋詩集十六卷續集八卷詞集八卷
　　詞續集二卷駢體文二十四卷續集八卷
　　外集五卷 … 258

有正味齋駢文十六卷 … 258

有正味齋駢文十六卷 … 258

有正味齋駢體文箋二十四卷 … 258

有正味齋駢體文箋二十四卷 … 259

有正味齋駢體文續集八卷 … 258

有恆齋集不分卷 … 256

有懷堂文稿二十二卷詩稿六卷 … 27

有懷堂詩集一卷文集一卷 … 32

而菴說唐詩二十二卷首一卷 … 275

存研樓文集十六卷 … 25

存素堂詩初集錄存二十四卷詩稿一卷二
　　集八卷續集一卷 … 260

存素堂詩槀十二卷 … 271

存素堂詩槀十三卷文槀四卷補遺一卷頤
　　壽老人年譜二卷 …………………… 270
存誠堂詩集二十卷應制詩五卷 ………… 256
列女傳補註八卷叙錄一卷校正一卷 …… 93
列國變通興盛記四卷 …………………… 140
列朝詩集小傳十卷 ……………………… 9
[康熙]成安縣志十二卷 ………………… 124
成唯識論十卷 …………………………… 199
扣舷集一卷附錄一卷鳧藻集五卷 ……… 21
扣舷集一卷附錄一卷鳧藻集五卷 ……… 21
光華救苦懺法三卷 ……………………… 201
光華救苦懺法三卷 ……………………… 201
光華救苦懺法三卷 ……………………… 201
光緒乙巳年交涉要覽上編二卷下編三卷
　　　　　　　　　　　　　　　　……… 111
[光緒乙酉科]優貢同年齒錄不分卷明經
　　通譜不分卷 …………………………… 101
[光緒二十九年辛丑壬寅併科]會試同年
　　齒錄不分卷 …………………………… 101
[光緒二十九年辛丑壬寅併科]會試同年
　　齒錄不分卷 …………………………… 102
[光緒二十年甲午科]順天鄉試同年齒錄
　　不分卷 ………………………………… 102
[光緒十七年辛卯科]順天鄉試同年齒錄
　　不分卷 ………………………………… 102
[光緒十七年辛卯科]順天鄉試同年齒錄
　　不分卷 ………………………………… 102
[光緒十五年己丑科]順天鄉試同年齒錄
　　不分卷 ………………………………… 102
[光緒十五年己丑科]會試同年齒錄不分
　　卷 ……………………………………… 101
[光緒丁未夏季]大清搢紳全書四卷大清
　　中樞備覽二卷 ………………………… 101
[光緒三十年甲辰科]會試同年齒錄不分
　　卷 ……………………………………… 102
[光緒三年丁丑科]會試同年齒錄不分卷
　　　　　　　　　　　　　　　　……… 101
光緒丙午年交涉要覽上篇一卷中篇二卷
　　下編四卷 ……………………………… 111
光緒丙午年交涉要覽上篇一卷中篇二卷
　　下編四卷 ……………………………… 111

光緒政要三十四卷 ……………………… 113
[光緒癸巳秋季]大清搢紳全書四卷大清
　　中樞備覽二卷 ………………………… 100
曲江書屋新訂批注左傳快讀十八卷首一
　　卷 ……………………………………… 54
曲江書屋新訂批注左傳快讀十八卷首一
　　卷 ……………………………………… 54
[同治]曲周縣志二十卷 ………………… 124
曲話五卷 ………………………………… 272
曲綫新說一卷隄積術辨一卷 …………… 183
同志贈言一卷 …………………………… 232
同治東華續錄一百卷 …………………… 96
同治東華續錄一百卷 …………………… 96
同館律賦精萃六卷附一卷 ……………… 233
同館試律彙鈔二十四卷 ………………… 232
同館試律續鈔十二卷補鈔二卷 ………… 232
同館賦鈔二集四十卷首一卷同館試律續
　　鈔二集四十卷首二卷同館詩補鈔四卷
　　同館詩賦補鈔三卷 …………………… 227
同館賦鈔三十二卷續鈔十八卷 ………… 227
同館賦續鈔十八卷 ……………………… 231
因樹屋書影十卷 ………………………… 197
朱子四書或問三十九卷附中庸略二卷 … 61
朱子格言試帖一卷 ……………………… 153
朱子校昌黎先生集傳一卷 ……………… 19
朱子原訂近思錄十四卷 ………………… 150
朱子原訂近思錄十四卷 ………………… 150
朱子原訂近思錄十四卷考訂朱子世家一
　　卷 ……………………………………… 150
朱子家禮十卷首一卷 …………………… 51
朱子家禮十卷首一卷 …………………… 51
朱子家禮八卷首一卷附初稿四卷約言四
　　卷 ……………………………………… 51
朱子家禮八卷首一卷附初稿四卷約言四
　　卷 ……………………………………… 51
朱子集一百四卷 ………………………… 243
朱子集一百四卷目錄二卷補遺一卷 …… 243
朱子語類大全一百四十卷 ……………… 150
朱子[熹]年譜四卷考異四卷附錄二卷 … 97
朱止泉先生文集八卷 …………………… 25
朱文公校昌黎先生集四十卷外集十卷

遺文一卷傳一卷 ……………………… 18

朱文公校昌黎先生文集四十卷外集十卷

遺文一卷傳一卷 ……………………… 18

朱文端公文集四卷補編四卷年譜一卷 … 256

朱文端公藏書十三種 ………………… 35

朱文端公藏書十三種 ………………… 290

先天易貫五卷 ………………………… 38

先正讀書訣不分卷 …………………… 103

先府君[王筱泉]年譜一卷 …………… 98

先儒正修錄三卷先儒齊治錄三卷 …… 12

先儒趙子言行錄二卷 ………………… 97

先儒趙子言行錄二卷 ………………… 97

竹坡詞三卷 …………………………… 32

竹林寺女科秘傳一卷 ………………… 177

竹素山房詩集三卷補遺一卷附錄一卷 … 247

竹素園詩鈔八卷 ……………………… 24

竹書紀年集證五十卷 ………………… 88

竹書紀年統箋十二卷前編一卷 ……… 87

竹書紀年統箋十二卷前編一卷雜述一卷

……………………………………… 86

竹書紀年統箋十二卷前編一卷雜述一卷

……………………………………… 87

竹間樓文集一卷淡言一卷體物考一卷 … 258

竹窗隨筆一卷二筆一卷三筆一卷 …… 200

竹巖集十八卷補遺一卷附錄一卷 …… 249

竹巖詩草二卷 ………………………… 26

伏敬堂詩錄十五卷首一卷 …………… 260

伐檀集二卷 …………………………… 244

延吉邊務報告不分卷 ………………… 112

[光緒]延慶州志十二卷首一卷末一卷 … 121

仲景傷寒補亡論二十卷 ……………… 172

[乾隆]任丘縣志十二卷首一卷 ……… 129

[乾隆]任丘縣志十二卷首一卷 ……… 129

[道光]任丘縣志續編二卷 …………… 129

任杞實政錄一卷 ……………………… 266

仿古萃編不分卷 ……………………… 142

仿宋相臺五經五種附考證 …………… 67

自怡軒印集二十卷 …………………… 143

自強軍西法類編十八卷 ……………… 158

自強軍西法類編十八卷創制公言二卷 … 158

自然好學齋詩鈔十卷 ………………… 260

自曆言一卷 …………………………… 100

行水金鑑一百七十五卷首一卷 ……… 10

行水金鑑一百七十五卷首一卷 ……… 136

行狀不分卷 …………………………… 97

行軍救急良方摘要一卷 ……………… 170

行素草堂目覩書錄十集 ……………… 144

行素草堂金石叢書二十一種一百五十二

卷 ………………………………… 142

[乾隆]行唐縣新志十六卷 …………… 122

[乾隆]行唐縣新志十六卷 …………… 122

[乾隆]行唐縣新志十六卷 …………… 123

行船免撞章程一卷附一卷 …………… 155

全上古三代秦漢三國六朝文七百四十六

卷 ………………………………… 224

全上古三代秦漢三國六朝文七百四十六

卷 ………………………………… 224

全上古三代秦漢三國晉南北朝文編目一

百三卷 …………………………… 145

全五代詩一百卷補遺一卷 …………… 29

全本禮記體註十卷 …………………… 49

全史宮詞二十卷 ……………………… 272

全史宮詞二十卷 ……………………… 272

全史宮詞二十卷 ……………………… 272

全史宮詞二十卷 ……………………… 272

全唐詩九百卷 ………………………… 28

全唐詩九百卷 ………………………… 237

全唐詩九百卷 ………………………… 275

全唐詩鈔八十卷補遺十六卷 ………… 230

全唐詩話八卷 ………………………… 32

全唐詩話六卷 ………………………… 275

全毀書目一卷抽毀書目一卷 ………… 144

全體通考十八卷 ……………………… 161

全體通考十八卷 ……………………… 161

合諸名家評注三蘇文選十八卷 ……… 234

合纂四書彙通二十七卷 ……………… 62

各國交涉公法論十六卷 ……………… 111

各國交涉便法論六卷 ………………… 112

各國約章纂要七卷附錄一卷 ………… 112

各國通商條約不分卷 ………………… 111

各國鐵路圖考四卷 …………………… 141

各國鐵路圖考四卷 …………………… 141

333

各國鐵路圖考四卷 …………… 141

名人尺牘小品四卷 …………… 227

名山勝槩記四十八卷圖一卷附錄一卷…… 10

名公筆記一卷 …………… 22

名句文身表異錄二十卷 …………… 16

名臣言行錄前集十卷後集十四卷 ………… 9

名賢手劄八卷 …………… 237

名賢手劄不分卷 …………… 186

名醫方論四卷 …………… 171

名醫類綜十二卷 …………… 172

交河集六卷國學講義二卷 …………… 253

[康熙]交河縣志七卷 …………… 129

交輝園遺稿一卷 …………… 264

亦有生齋集詩三十二卷文二十卷詞五卷
　　樂府二卷 …………… 266

亦佳室詩鈔四卷文鈔四卷 …………… 264

亦政堂重修考古圖十卷亦政堂重考古玉
　　圖二卷 …………… 188

州縣須知四卷 …………… 108

江上小蓬萊吟舫詩存十八卷詩餘二卷 … 264

江月松風集十二卷補遺一卷文錄一卷附
　　錄一卷 …………… 247

江氏數學翼梅八卷 …………… 182

江左十五子詩選十五卷 …………… 31

[光緒]江西通志一百八十卷首五卷 …… 133

[雍正]江西通志一百六十二卷首三卷 … 133

江邨銷夏錄三卷 …………… 13

[乾隆]江南通志二百卷首四卷序目一卷
　　　　　　　　　　　　　　　 133

江南製造局所刻書 …………… 281

江南製造局所刻書 …………… 282

江南製造局所刻書 …………… 282

江湖後集二十四卷 …………… 236

江蘇省例不分卷 …………… 117

江蘇海運全案十二卷 …………… 137

江蘇海運全案十二卷 …………… 137

池北偶談二十六卷 …………… 14

池北偶談二十六卷 …………… 14

池北偶談二十六卷 …………… 14

汝東判語六卷 …………… 117

守一齋筆記四卷 …………… 197

[康熙]安平縣志十卷 …………… 131

安吳四種三十六卷 …………… 287

安吳四種三十六卷 …………… 287

安陽集五十卷別錄三卷遺事一卷忠獻韓
　　魏王家傳十卷 …………… 244

安陽集五十卷別錄三卷遺事一卷忠獻韓
　　魏王家傳十卷 …………… 244

安蔬草堂試帖詳注二卷 …………… 232

[道光]安徽通志二百六十卷首六卷 …… 133

字林古今正俗異同通考四卷六書辨異二
　　卷補遺一卷 …………… 68

字典考證十二集 …………… 68

字典考證十二集 …………… 68

字典考證十二集 …………… 68

字孶補二卷 …………… 74

字彙不分卷 …………… 73

字彙不分卷 …………… 74

字彙不分卷 …………… 74

字彙不分卷 …………… 74

字彙四卷 …………… 72

字學舉隅一卷 …………… 69

字學舉隅一卷 …………… 69

字學舉隅不分卷 …………… 69

字學舉隅不分卷 …………… 69

字學舉隅續編一卷 …………… 69

字類標韻六卷 …………… 75

字類標韻六卷 …………… 78

字類標韻六卷 …………… 78

[乾隆]祁州志八卷 …………… 126

[乾隆]祁州志八卷 …………… 127

[光緒]祁州續志四卷 …………… 89

[光緒]祁州續志四卷 …………… 126

[光緒]祁州續志四卷 …………… 127

艮齋先生薛常州浪語集三十五卷 …… 244

防海新論十八卷 …………… 112

那文毅公奏議八十卷 …………… 115

那文毅公奏議八十卷 …………… 115

如是我聞四卷 …………… 196

如登樓遵注四書揭要不分卷 …………… 62

如諫果室叢刻三種 …………… 292

如諫果室叢刻三種 …………… 292

七畫

形學備旨十卷 ………………………… 183

［乾隆］赤城縣志八卷首一卷 ………… 128

孝友堂家規一卷遊譜一卷孫鍾之先生答
　　問一卷 …………………………… 99

孝友堂家規一卷遊譜一卷孫鍾之先生答
　　問一卷 …………………………… 99

孝友堂家規一卷遊譜一卷孫鍾之先生答
　　問一卷 …………………………… 99

孝友堂家規一卷遊譜一卷孫鍾之先生答
　　問一卷 …………………………… 99

孝經十八章 …………………………… 56

孝經十八章 …………………………… 56

孝經十八章 …………………………… 56

孝經十八章 …………………………… 57

孝經大全二十八卷首一卷表一卷 ……… 3

孝經衍義一百卷 ……………………… 149

孝經衍義一百卷 ……………………… 149

孝經鄭氏解一卷 ……………………… 57

孝經鄭氏解一卷 ……………………… 57

孝經鄭注一卷 ………………………… 57

芙蓉山館詩鈔八卷補鈔一卷詞鈔二卷詞
　　附鈔一卷文鈔八卷 ……………… 265

［乾隆］邯鄲縣志十二卷首一卷 ……… 124

芸窗易草四卷 ………………………… 41

芸窗易草四卷 ………………………… 41

芸窗易草四卷 ………………………… 41

芸經樓綱鑑易知錄九十二卷明鑑易知錄
　　十五卷 …………………………… 86

花王閣賸稿一卷 ……………………… 248

花甲閒談十六卷 ……………………… 228

花雨樓叢鈔十一種續鈔十一種 ……… 278

花薰閣詩述十卷 ……………………… 253

芥子園畫傳二集九卷 ………………… 185

芥子園畫傳三集四卷末一卷 …………… 14

芥子園畫傳五卷 ……………………… 13

芥子園畫傳四集四卷附圖章會纂一卷 … 185

芥子園畫傳初集六卷 ………………… 185

芥子園繪像第七才子書六卷 ………… 273

芥舟學畫編四卷 ……………………… 186

杜工部集二十卷 ……………………… 240

杜工部集二十卷 ……………………… 240

杜工部集二十卷 ……………………… 240

杜工部集二十卷首一卷 ………………… 18

杜工部集二十卷首一卷 ………………… 18

杜工部集二十卷諸家詩話一卷附錄一卷
　　唱酬題詠附錄一卷年譜一卷 ……… 18

杜少陵集十卷 ………………………… 18

杜律通解四卷 ………………………… 240

杜律通解四卷 ………………………… 240

杜律啟蒙十二卷 ……………………… 239

杜律啟蒙十二卷 ……………………… 239

杜律啓蒙十二卷年譜一卷 ……………… 18

杜詩注釋二十四卷 …………………… 240

杜詩詳注二十五卷附編二卷 ………… 240

杜詩鏡銓二十卷 ……………………… 240

杜詩鏡銓二十卷附錄一卷 …………… 240

杜詩闡三十三卷 ……………………… 25

杜韓詩句集韻三卷 …………………… 16

杜韓詩句集韻三卷 …………………… 231

李太白文集三十六卷 ………………… 239

李太白文集三十六卷 ………………… 239

李太白文集三十六卷 ………………… 239

李太白詩集二十二卷 ………………… 18

李氏五種合刊二十八卷 ……………… 120

李氏五種合刊二十八卷 ……………… 120

李氏五種合刊二十八卷 ……………… 120

李氏五種合刊二十八卷 ……………… 120

李氏易傳十七卷附經典釋文周易音義一
　　卷 ………………………………… 41

李氏易傳十七卷易釋文一卷 …………… 39

李氏易傳十七卷易釋文一卷 …………… 39

李氏易傳十七卷易釋文一卷 …………… 39

李氏音鑑六卷 ………………………… 77

李文忠公外部函稿二十八卷 ………… 114

李文忠公全集一百六十五卷首一卷 …… 113

李文忠公全集一百六十五卷首一卷 …… 113

李文忠公朋僚函稿二十四卷 ………… 114

李文忠公奏議二十卷 ………………… 114

李文定公貽安堂集十卷 ……………… 249

335

李文饒文集二十卷 …………………………… 18

李迂仲黃實夫毛詩集解四十二卷圖說總
　論一卷 ……………………………………… 2

李杜詩集合選十六卷 ………………………… 27

李長吉昌谷集句解定本四卷 ………………… 18

李長吉歌詩四卷外集一卷 ………………… 240

李長吉歌詩四卷首一卷外集一卷 ………… 18

李卓吾批點世說新語補二十卷附釋名一
　卷 …………………………………………… 15

李恕谷［塨］先生年譜五卷 ………………… 98

李恕谷［塨］先生年譜五卷 ………………… 98

李恕谷［塨］先生年譜五卷 ………………… 98

李恕谷［塨］先生年譜五卷 ………………… 98

李恕谷遺書六十五卷 ……………………… 147

李恕谷遺書六十五卷 ……………………… 147

李恕谷遺書六十五卷 ……………………… 147

李義山文集十卷 ……………………………… 18

李義山詩文集詳注十一卷詩四卷文八卷
　………………………………………………… 239

李義山詩集三卷 …………………………… 239

李義山詩集三卷詩譜一卷諸家詩評一卷
　………………………………………………… 18

李蕭毅伯奏議二十卷 ……………………… 113

李蕭毅伯奏議二十卷 ……………………… 114

李衛公會昌一品集二十卷別集十卷外集
　四卷補遺一卷 …………………………… 240

［光緒］束鹿鄉土志十二卷 ……………… 122

［嘉慶］束鹿縣志十卷 …………………… 123

吾學錄初編二十四卷 ……………………… 108

吾學錄初編二十四卷 ……………………… 108

酉陽雜俎二十卷續集十卷 ………………… 197

［咸豐］邠州志二十卷首一卷 …………… 133

批點詩經振雅六卷 …………………………… 2

抗希堂十六種 ……………………………… 293

抗希堂十六種 ……………………………… 293

求志集四卷 ………………………………… 225

求闕齋日記類鈔二卷 ……………………… 99

求闕齋弟子記三十二卷 …………………… 253

求闕齋讀書錄十卷 ………………………… 270

求闕齋讀書錄十卷 ………………………… 270

求闕齋讀書錄十卷 ………………………… 270

求闕齋讀書錄十卷 ………………………… 270

求闕齋讀書錄十卷 ………………………… 270

呆齋公年譜一卷 …………………………… 15

困學紀聞二十卷 …………………………… 191

困學紀聞二十卷 …………………………… 191

困學紀聞二十卷 …………………………… 191

困學紀聞注二十卷 ………………………… 191

困學紀聞注二十卷 ………………………… 191

困學紀聞集證二十卷首一卷末一卷 …… 191

呂子節錄四卷 ……………………………… 152

呂子節錄四卷補遺二卷 …………………… 12

呂氏春秋二十六卷 ………………………… 14

呂氏春秋二十六卷 ………………………… 14

呂氏春秋二十六卷 ………………………… 190

呂氏春秋二十六卷 ………………………… 190

呂氏春秋二十六卷 ………………………… 190

呂氏春秋二十六卷附考一卷 ……………… 87

呂祖太乙金華宗旨一卷 …………………… 204

呂祖清微三品真經三卷 …………………… 204

呂書四種合刻 ……………………………… 251

呂晚村詩集不分卷補遺一卷 ……………… 267

呂新吾先生去偽齋文集十卷 ……………… 251

呂新吾全集二十種 ………………………… 250

呂新吾全集二十種 ………………………… 250

呂新吾全集二十種 ………………………… 251

呂語集粹四卷附正續小兒語一卷 ……… 152

別雅五卷 …………………………………… 68

吹網錄六卷 ………………………………… 192

吳山伍公廟志六卷首一卷 ………………… 135

吳王二溫合刻□□卷 ……………………… 174

吳地記一卷附後集一卷 …………………… 135

吳竹如［廷棟］先生年譜一卷 …………… 97

吳郡圖經續記三卷 ………………………… 9

吳郡圖經續記三卷校勘記一卷 …………… 135

吳朝宗先生聞過齋集四卷 ………………… 216

吳詩集覽二十卷補注二十卷 ……………… 263

吳詩集覽二十卷補注二十卷 ……………… 263

吳詩集覽二十卷補註二十卷 ……………… 25

吳詩集覽二十卷補註二十卷 ……………… 25

吳摯甫尺牘五卷補遺一卷論兒書一卷 … 257

［光緒］吳橋縣志十二卷 ………………… 129

［光緒］吳橋縣志十二卷 …………… 129

［光緒］吳橋縣志十二卷 …………… 129

吳醫匯講二卷 …………………… 172

吳醫彙講十一卷 ………………… 13

刪正二馮評閱才調集二卷 ……… 221

刪定荀子管子二卷 ……………… 145

刪補古今文致十卷 ……………… 30

岑嘉州集八卷 …………………… 239

兵法全書十五卷 ………………… 157

兵書三種附洋務新論一卷 ……… 157

兵船礮法六卷 …………………… 159

兵船礮法六卷 …………………… 159

何文定公文集十一卷 …………… 22

何文簡公文集十八卷 …………… 22

身世繩規四卷 …………………… 152

身理啟業十卷 …………………… 161

佛教中學課本古文四集 ………… 200

佛教初學課本一卷注一卷 ……… 201

佛爾雅八卷 ……………………… 203

佛說大乘無量壽莊嚴經一卷 …… 200

佛說四十二章經一卷佛遺教經一卷 …… 200

佛說四十二章經解一卷佛遺教經解一卷

　八大人覺經略解一卷 ………… 203

佛說阿彌陀經要解一卷 ………… 201

佛說阿彌陀經疏鈔四卷事義一卷問辯一卷

　問答一卷淨土疑辯一卷 ……… 200

佛說盂蘭盆經一卷 ……………… 203

佛說能淨一切眼疾病陀羅尼經一卷 …… 202

近九科同館賦鈔四卷 …………… 229

近光集二十八卷 ………………… 29

近思錄十四卷 …………………… 153

近思錄十四卷考訂朱子世家一卷 …… 150

近科分韻館詩二集三十卷目錄二卷 … 227

近科館賦約鈔注釋不分卷 ……… 233

近科館課分韻詩鈔三十卷目錄二卷 … 227

希賢錄十卷 ……………………… 149

希賢錄十卷 ……………………… 149

希臘志略七卷 …………………… 140

希臘春秋八卷 …………………… 138

豸華堂文鈔八卷 ………………… 269

辛卯侍行記六卷 ………………… 194

冷廬雜識八卷 …………………… 194

汪本隸釋刊誤一卷 ……………… 142

汪龍莊先生遺書四種 …………… 295

汪龍莊先生遺書四種 …………… 295

［乾隆］沙河縣志十卷首一卷末一卷 … 125

沙彌律儀要畧一卷 ……………… 201

沖虛至德真經注八卷 …………… 154

泛槎圖一卷續泛槎圖一卷 ……… 9

沈子磻遺文不分卷 ……………… 260

沈氏尊生書五種六十八卷 ……… 165

沈文忠公集十卷自訂年譜一卷 … 260

沈文肅公政書七卷首一卷 ……… 113

沈文肅公政書七卷首一卷 ……… 113

沈端恪公［近思］年譜二卷 …… 260

沈歸愚全集七十五卷 …………… 26

沈歸愚詩文全集十五種 ………… 295

沈歸愚詩文全集十四種 ………… 295

決疑數學十卷首一卷 …………… 181

［雍正］完縣志十卷 …………… 126

宋十五家詩選十六卷 …………… 28

宋十五家詩選十六卷 …………… 216

宋大家王文公文鈔十六卷 ……… 242

宋大家王文公文鈔十六卷 ……… 242

宋大家歐陽文忠公文鈔三十二卷 … 20

宋大家蘇文忠公文鈔二十八卷 … 244

宋大家蘇文忠公文鈔二十八卷 … 244

宋大家蘇文忠公文鈔二十八卷 … 244

宋大家蘇文定公文鈔二十卷 …… 245

宋王忠文公文集五十卷 ………… 242

宋元通鑑一百五十七卷 ………… 7

宋元通鑑一百五十七卷 ………… 7

宋元學案一百卷 ………………… 95

宋文鑑一百五十卷目錄三卷 …… 235

宋文鑑一百五十卷目錄三卷 …… 235

宋本管子二十四卷 ……………… 155

宋本說文解字十五卷 …………… 71

宋布衣文集二卷詩集一卷 ……… 22

宋史四百九十六卷目錄三卷 …… 6

宋史紀事本末一百九卷 ………… 89

宋史紀事本末一百九卷 …………… 90
宋史紀事本末一百九卷 …………… 90
宋史紀事本末一百九卷 …………… 90
宋史論三卷元史論一卷明史論四卷 …… 104
宋四六選二十四卷 ………………… 233
宋四名家詩二十七卷 ……………… 28
宋四名家詩不分卷 ………………… 28
宋包孝肅公奏議十卷 ……………… 113
宋丞相文山先生全集二十卷 ……… 19
宋李忠定公奏議選十五卷 ………… 8
宋李忠定公奏議選十五卷文集選二十九
　　卷首四卷 …………………… 19
宋李忠定公奏議選十五卷文集選二十九
　　卷首四卷 …………………… 19
宋范文正忠宣二公全集七十三卷 … 114
宋東京考二十卷 …………………… 10
宋書一百卷 ………………………… 6
宋書一百卷 ………………………… 81
宋黃文節公文集三十二卷首四卷外集二
　　十四卷別集十九卷 …………… 243
宋黃文節公文集三十二卷首四卷外集二
　　十四卷別集十九卷續集十卷 …… 244
宋淳熙敕編古玉圖譜一百卷 ……… 14
宋淳熙敕編古玉圖譜一百卷 ……… 14
宋朝事實二十卷 …………………… 106
宋稗類鈔八卷 ……………………… 207
宋詩紀事一百卷 …………………… 275
宋詩鈔二集二十三卷 ……………… 217
宋詩鈔初集九十五卷 ……………… 28
宋詩鈔初集九十五卷 ……………… 216
宋端明殿學士蔡忠惠公文集三十六卷 … 19
冶梅竹譜一卷 ……………………… 185
良朋彙集五卷 ……………………… 170
初級軍事教科書八卷 ……………… 158
初唐四傑集三十七卷 ……………… 214
初學記三十卷 ……………………… 16
初學記三十卷 ……………………… 16
[咸豐]初續獻縣志四卷 …………… 129
壯悔堂文集十卷遺集一卷 ………… 259
壯悔堂文集十卷遺稿一卷 ………… 25
壯悔堂文集十卷遺稿一卷四憶堂詩集六

卷 ………………………………… 259
壯悔堂文集十卷遺稿一卷四憶堂詩集六
　　卷 ………………………………… 259
尾蕉叢談四卷奇字名十二卷 ……… 196
改正世界地理學六卷首一卷 ……… 141
改良士材三書八卷 ………………… 165
改良幼學須知句解四卷 …………… 154
阿文成公[桂]年譜三十四卷 ……… 98
附釋文互註禮部韻略五卷 ………… 76
附釋文互註禮部韻略五卷 ………… 76
附釋文互註禮部韻略五卷 ………… 76
妙法蓮華經七卷 …………………… 201
妙法蓮華經要解七卷 ……………… 200
妙香菴詩存不分卷 ………………… 264
邵氏危言二卷 ……………………… 91
邵武徐氏叢書二集二十三種 ……… 295
邵武徐氏叢書十五種 ……………… 295
甬上耆舊詩三十卷 ………………… 224

八畫

[正德]武功縣志三卷首一卷 ……… 132
[正德]武功縣志三卷首一卷 ……… 132
[同治]武邑縣志十卷首一卷附誥封一卷
　　………………………………… 131
武英殿聚珍版叢書 ………………… 284
武英殿聚珍版叢書 ………………… 284
武英殿聚珍版叢書 ………………… 284
武英殿聚珍版叢書 ………………… 284
武林掌故叢編 ……………………… 286
[乾隆]武清縣志十二卷首一卷末一卷 … 121
[道光]武強縣志重修十二卷 ……… 131
武經團鏡三卷 ……………………… 156
武編十二卷 ………………………… 12
青邱高季迪先生年譜一卷 ………… 21
青邱高季迪先生年譜一卷 ………… 21
青邱高季迪先生詩集十八卷遺詩一卷 … 21
青邱高季迪先生詩集十八卷遺詩一卷 … 21
青草堂集十二卷二集十六卷 ……… 266
青墅詩稿十卷 ……………………… 263
青箱堂文集十二卷遺稿續刻一卷附年譜

一卷‥‥‥‥‥‥‥‥‥‥‥ 24

長生殿傳奇四卷 ‥‥‥‥‥ 272

長江圖說十二卷首一卷 ‥‥‥‥‥ 137

長物志十二卷 ‥‥‥‥‥‥‥ 194

長河志籍考十卷古歡堂詩集十四卷附黔
書二卷 ‥‥‥‥‥‥‥ 32

［嘉慶］長垣縣志十六卷 ‥‥‥‥‥ 133

［嘉慶］長垣縣志十六卷 ‥‥‥‥‥ 133

長蘆鹽法志二十卷首一卷附編援證十卷
‥‥‥‥‥‥‥‥‥‥‥ 110

長蘆鹽法志二十卷首一卷附編援證十卷
‥‥‥‥‥‥‥‥‥‥‥ 110

苗氏說文四種 ‥‥‥‥‥‥‥ 36

苗氏說文四種 ‥‥‥‥‥‥‥ 73

苗氏說文四種 ‥‥‥‥‥‥‥ 73

苗氏說文四種 ‥‥‥‥‥‥‥ 73

苗氏說文四種 ‥‥‥‥‥‥‥ 73

苗氏說文四種 ‥‥‥‥‥‥‥ 73

苗氏說文四種 ‥‥‥‥‥‥‥ 73

苗氏說文四種 ‥‥‥‥‥‥‥ 73

苗氏說文四種 ‥‥‥‥‥‥‥ 73

苗氏說文四種 ‥‥‥‥‥‥‥ 73

英興記二卷首一卷末一卷 ‥‥‥‥‥ 140

苑洛志樂十三卷 ‥‥‥‥‥‥‥ 2

苑洛集二十二卷 ‥‥‥‥‥ 249

范文忠公初集十二卷 ‥‥‥‥‥ 249

范文忠公初集十二卷 ‥‥‥‥‥ 250

范忠貞公全集五卷首一卷 ‥‥‥‥‥ 264

直指玉鑰匙門法一卷 ‥‥‥‥‥ 78

直省釋奠禮樂記六卷 ‥‥‥‥‥ 108

直隸全省名宦鄉賢冊不分卷 ‥‥‥‥‥ 9

［乾隆］直隸易州志十八卷首一卷 ‥‥‥ 126

［乾隆］直隸易州志十八卷首一卷 ‥‥‥ 126

［乾隆］直隸易州志十八卷首一卷 ‥‥‥ 126

［道光］直隸定州志二十二卷首一卷 ‥‥ 89

直隸省各府地圖 ‥‥‥‥‥ 136

直隸通省賦役全書 ‥‥‥‥‥ 110

［雍正］直隸深州志八卷 ‥‥‥‥‥ 131

直隸節烈貞孝冊不分卷 ‥‥‥‥‥ 9

［光緒］直隸趙州志十六卷首一卷末一卷
‥‥‥‥‥‥‥‥‥‥‥ 122

［光緒］直隸趙州志十六卷首一卷末一卷
‥‥‥‥‥‥‥‥‥‥‥ 122

［乾隆］直隸遵化州志二十卷 ‥‥‥‥‥ 130

［乾隆］直隸遵化州志二十卷 ‥‥‥‥‥ 130

直隸學校講義不分卷 ‥‥‥‥‥ 210

直齋書錄解題二十二卷 ‥‥‥‥‥ 145

茅鹿門先生文集三十六卷‥‥‥‥‥ 23

林文忠公政書三集三十七卷 ‥‥‥‥‥ 114

林和靖詩集四卷拾遺一卷 ‥‥‥‥‥ 244

林惠堂文集十二卷續刻六卷亭皋詩鈔四
卷 ‥‥‥‥‥‥‥ 257

林惠堂文集十二卷 ‥‥‥‥‥ 257

林惠堂全集二十六卷‥‥‥‥‥ 25

林嚴文鈔四卷 ‥‥‥‥‥ 233

板橋全集五種 ‥‥‥‥‥ 271

板橋全集五種 ‥‥‥‥‥ 271

來瞿唐先生易注十五卷首一卷末一卷‥‥ 40

來瞿唐先生易注十五卷首一卷末一卷‥‥ 40

松雨軒集八卷補遺一卷附錄一卷 ‥‥‥ 248

松風草堂謝琴詩鈔八卷聊吟一卷 ‥‥‥ 230

松峰說疫七卷 ‥‥‥‥‥ 173

松雪堂印萃不分卷 ‥‥‥‥‥ 14

松雪齋集十卷外集一卷續集一卷 ‥‥‥ 247

松陽講義十二卷 ‥‥‥‥‥ 63

松陽講義十二卷 ‥‥‥‥‥ 63

松陽講義十二卷 ‥‥‥‥‥ 63

杭大宗七種叢書十八卷‥‥‥‥‥ 35

述古叢鈔四集二十六種 ‥‥‥‥‥ 292

述學內篇三卷外篇一卷補遺一卷別錄一
卷 ‥‥‥‥‥‥‥ 260

述學內篇三卷外篇一卷補遺一卷別錄一
卷校勘記一卷遺文一卷附鈔一卷 ‥‥ 260

枕善堂尺牘一隅十卷 ‥‥‥‥‥ 269

東山五經備解五卷 ‥‥‥‥‥ 67

東方時局論略一卷 ‥‥‥‥‥ 109

東西教化論衡二卷 ‥‥‥‥‥ 204

［光緒］東光縣志十二卷首一卷末一卷 ‥ 129

［光緒］東光縣志十二卷首一卷末一卷 ‥ 129

［光緒］東光縣志十二卷首一卷末一卷 ‥ 129

［光緒］東光縣志十二卷首一卷末一卷 ‥ 129

東里生爐餘集三卷附刻王木齋遺文一卷
　　………………………………………… 260

東谷全集四種 …………………………… 214

東坡先生年譜一卷 ……………………… 19

東坡先生年譜一卷 ……………………… 20

東坡先生年譜一卷 ……………………… 20

東坡先生年譜一卷東坡先生墓誌銘一卷
　　校記二卷 …………………………… 20

東坡先生全集七十五卷 ………………… 20

東坡先生全集七十五卷 ………………… 244

東坡先生全集七十五卷 ………………… 244

東坡先生全集七十五卷 ………………… 244

東坡先生編年詩補註五十卷年表一卷 … 19

東坡集四十卷奏議十五卷後集二十卷內
　　制集十卷樂語一卷外制集三卷應詔集
　　十卷續集十二卷 …………………… 20

東坡詩選十二卷附本傳 ………………… 19

東坡續集十二卷校記二卷 ……………… 244

東林書院志二十二卷 …………………… 10

[乾隆]東明縣志八卷 ………………… 132

東周列國全志二十三卷一百八回 ……… 273

東周列國全志二十三卷一百八回 ……… 273

東周列國全志二十三卷一百八回 ……… 273

東垣十書十種二十二卷 ………………… 165

東南海島圖經十卷 ……………………… 140

東省與韓俄交界道路表一卷 …………… 110

東洲初稿十四卷………………………… 21

東都事略一百三十卷 …………………… 5

東都事略一百三十卷 …………………… 91

東華全錄四百二十五卷 ………………… 96

東華錄三十二卷 ………………………… 97

東華續錄一百二十卷 …………………… 96

東華續錄咸豐六十九卷 ………………… 96

東晉疆域志四卷 ………………………… 82

東萊左氏博議二十五卷 ………………… 245

東萊左氏博議二十五卷 ………………… 245

東萊先生古文關鍵二卷 ………………… 30

東萊博議四卷備考一卷 ………………… 245

東萊博議四卷備考一卷 ………………… 245

東萊博議四卷備考一卷 ………………… 245

東萊集注類編觀瀾文集甲集二十五卷 … 223

[東鄂氏一家詩稿]五種十卷 ………… 214

東遊叢錄四卷 …………………………… 138

東湖草堂賦鈔初集二卷二集四卷三集四
　　卷四集四卷 ………………………… 258

東塾讀書記二十五卷 …………………… 191

東漢崔亭伯集一卷 ……………………… 238

東醫寶鑑二十三卷 ……………………… 160

東巖周禮訂義八十卷 …………………… 46

事類統編九十三卷 ……………………… 207

事類賦三十卷 …………………………… 207

刺字集四卷 ……………………………… 117

刺字集四卷 ……………………………… 117

兩般秋雨盦隨筆八卷 …………………… 197

兩浙名賢錄五十四卷外錄八卷………… 94

兩浙防護陵寢祠墓錄不分卷 …………… 135

兩浙金石志十八卷補遺一卷 …………… 143

兩淮鹽法志五十六卷首四卷 …………… 110

兩當軒集二十二卷考異二卷附錄四卷 … 265

兩當軒詩鈔十四卷 ……………………… 265

兩漢文選四十卷 ………………………… 31

兩漢紀六十卷 …………………………… 7

兩漢策要十二卷 ………………………… 113

雨翠山房詩鈔四卷 ……………………… 227

奇門遁甲統宗十二卷 …………………… 198

奇經八脈考一卷 ………………………… 160

奇經八脈考一卷附寒門五法 …………… 161

拙修集十卷續編四卷 …………………… 257

虎谷集不分卷 …………………………… 248

尚友錄二十二卷 ………………………… 204

尚古類氏集十二卷 ……………………… 8

尚史七十二卷 …………………………… 92

尚書大傳四卷補遺一卷 ………………… 41

尚書大傳四卷補遺一卷 ………………… 41

尚書大傳註四卷 ………………………… 2

尚書大傳補遺一卷續補遺一卷考異一卷 … 2

尚書不分卷 ……………………………… 41

尚書孔傳參正三十六卷異同表一卷 …… 41

尚書古文疏證八卷 ……………………… 43

尚書古文疏證八卷朱子古文書疑一卷…… 43

尚書考異六卷 …………………………… 43

尚書考辨四卷………………………… 42

尚書表注二卷 ……………………………… 43
尚書後案三十卷附後辨一卷 …………… 41
尚書後案三十卷後辨附一卷 …………… 2
尚書涉傳四卷尚書楙異二卷 …………… 42
尚書註疏二十卷 ………………………… 2
尚書詳解十三卷 ………………………… 42
尚書說七卷 ……………………………… 42
尚書離句六卷 …………………………… 43
尚書離句六卷 …………………………… 43
尚書離句六卷 …………………………… 43
尚書離句六卷 …………………………… 43
尚書離句六卷 …………………………… 43
味檗齋文集十五卷 ……………………… 250
味檗齋遺書 ……………………………… 296
味檗齋遺書 ……………………………… 296
昌平山水記二卷譎觚十事一卷顧氏譜系
考一卷 …………………………………… 10
昌江性學述筆貫珠十二卷 ……………… 149
昌黎先生集四十卷外集十卷 …………… 241
昌黎先生集四十卷外集十卷遺文一卷 … 19
昌黎先生集四十卷外集十卷遺文一卷 … 241
昌黎先生集四十卷外集十卷遺文一卷韓
集點勘四卷 ……………………………… 241
昌黎先生集四十卷外集十卷遺文一卷韓
集點勘四卷 ……………………………… 241
昌黎先生集四十卷外集十卷遺文一卷韓
集點勘四卷 ……………………………… 241
昌黎先生集四十卷附昌黎先生遺文一卷
………………………………………… 241
昌黎先生集四十卷附昌黎先生遺文一卷
………………………………………… 241
昌黎先生詩集注十一卷附年譜一卷 …… 241
昌黎先生詩集注十一卷附年譜一卷 …… 241
[同治]昌黎縣志十卷 …………………… 130
明人詩鈔正集十四卷續集十四卷 ……… 31
明三十家詩選初集八卷 ………………… 231
明大司馬盧公奏議十卷 ………………… 113
明大政纂要六十三卷 …………………… 84
明大政纂要六十三卷 …………………… 84
明文在一百卷 …………………………… 234
明文在一百卷 …………………………… 234

明文在一百卷 …………………………… 234
明文奇賞四十卷 ………………………… 32
明文明初集三十篇二集十篇 …………… 63
明文鈔六編 ……………………………… 226
明文鈔六編 ……………………………… 226
明文鈔六編 ……………………………… 226
明文鈔六編 ……………………………… 226
明文鈔六編 ……………………………… 226
明末五小史八卷 ………………………… 8
明史三百三十二卷 ……………………… 82
明史三百三十二卷目錄四卷 …………… 5
明史列傳稿二百八卷 …………………… 82
明史紀事本末八十卷 …………………… 90
明史紀事本末八十卷 …………………… 90
明史紀事本末八十卷 …………………… 90
明史稿三百十卷 ………………………… 81
明史稿三百十卷 ………………………… 81
明史論四卷 ……………………………… 103
明史論四卷 ……………………………… 103
明史論四卷 ……………………………… 103
明刑管見錄一卷 ………………………… 147
明刑管見錄不分卷 ……………………… 116
明刑管見錄不分卷 ……………………… 116
明夷待訪錄一卷 ………………………… 152
明李文正公[東陽]年譜七卷 …………… 98
明季北略二十四卷明季南略十八卷 …… 91
明季稗史彙編二十七卷 ………………… 92
明季稗史彙編二十七卷 ………………… 92
明洪武至崇禎各科題名不分卷 ………… 100
明紀六十卷 ……………………………… 88
明紀六十卷 ……………………………… 88
明紀六十卷 ……………………………… 88
明宮雜詠四卷 …………………………… 230
明書一百七十一卷目錄二卷 …………… 5
明通鑑一百卷首一卷 …………………… 88
明清貢舉考略五卷 ……………………… 100
明張文忠公全集四十六卷附錄二卷 …… 248
明朝紀事本末八十卷 …………………… 90
明朝紀事本末八十卷 …………………… 90
明會要八十卷 …………………………… 105
明詩紀事甲簽三十卷乙簽二十二卷丙簽

十二卷丁簽十七卷戊簽二十二卷已簽
　二十卷庚簽三十卷辛簽三十四卷 …… 276
明詩綜一百卷…………………………… 31
明詩綜一百卷 …………………………… 230
明詩綜一百卷 …………………………… 230
明詩綜一百卷 …………………………… 230
明賢尺牘四卷…………………………… 227
明德先生文集二十六卷制藝一卷……… 23
明儒學案六十二卷……………………… 95
明儒學案六十二卷……………………… 95
明鑑紀事本末八十卷…………………… 90
易小傳六卷……………………………… 39
易史七卷首一卷………………………… 40
易守三十二卷…………………………… 40
易例舉要八卷…………………………… 38
易研八卷首一卷圖一卷………………… 40
易酌十四卷……………………………… 37
易酌十四卷……………………………… 38
易原十六卷 ……………………………… 1
易堂九子文鈔二十一卷 ………………… 215
易問六卷………………………………… 39
易解拾遺七卷…………………………… 39
易經通注九卷…………………………… 38
易經揆一十四卷………………………… 39
易經揆一十四卷易學啟蒙補二卷……… 1
易經揆一十四卷易學啟蒙補二卷……… 1
易經揆一十四卷易學啟蒙補二卷……… 1
易經揆一十四卷易學啟蒙補二卷 ……… 1
易經解注傳義辯正四十四卷易經圖說辯
　正二卷………………………………… 40
易經體註大全會解四卷………………… 41
易經體註四卷…………………………… 39
易圖集錄一卷 …………………………… 1
易説綱領一卷…………………………… 1
易漢學八卷……………………………… 41
易漢學考二卷易漢學師承表一卷漢置五
　經博士考一卷………………………… 38
易璇璣三卷……………………………… 39
易緯通卦驗二卷………………………… 41
易學四同八卷別錄四卷 ………………… 1
易憲四卷………………………………… 39

易憲四卷………………………………… 39
易簡方便醫書六卷 ……………………… 163
易纂言十卷……………………………… 39
典制類林四卷…………………………… 204
[咸豐]固安縣志八卷…………………… 130
固哉草亭文集二卷詩集四卷 …………… 251
忠介公集十三卷附錄五卷末一卷 ……… 250
忠武侯諸葛孔明先生全集十九卷 ……… 156
忠武祠墓志七卷首一卷末一卷 ………… 135
忠武誌八卷……………………………… 93
忠武誌八卷……………………………… 93
忠雅堂文集三十卷……………………… 264
忠雅堂文集三十卷……………………… 264
忠雅堂文集三十卷……………………… 264
忠雅堂評選四六法海八卷……………… 224
忠雅堂評選四六法海八卷……………… 224
忠雅堂評選四六法海八卷……………… 224
忠雅堂評選四六法海八卷……………… 224
忠雅堂評選四六法海八卷……………… 224
忠雅堂詩集二十七卷補遺二卷詞集二卷
　…………………………………………… 264
忠雅堂詩集二十七卷補遺二卷詞集二卷
　…………………………………………… 264
忠雅堂詩集二十七卷補遺二卷詞集二卷
　…………………………………………… 264
忠裕堂詩集十卷文集三卷……………… 266
忠裕堂詩集十卷文集三卷……………… 266
忠裕堂詩集十卷文集三卷……………… 266
忠肅集二十卷…………………………… 245
呻吟語六卷 ……………………………… 152
邵亭詩鈔六卷…………………………… 264
狀元易經四卷…………………………… 39
狀元易經四卷…………………………… 39
岣嶁鑑撮四卷…………………………… 87
制義禮要十九卷………………………… 275
制義叢話二十四卷題名一卷 …………… 193
知不足齋叢書…………………………… 281
知不足齋叢書三十集…………………… 34
知足齋詩集二十卷文集六卷進呈文稿二
　卷詩續集四卷………………………… 256
知足齋詩集二十卷文集六卷進呈文稿二

卷詩續集四卷 ……………… 256

知德軒遺稿六卷 ……………… 260

牧令書二十三卷 ……………… 101

牧令書二十三卷附保甲書四卷 … 101

牧令書二十三卷附保甲書四卷 … 101

牧令書輯要十四卷附保甲書輯要四卷 … 101

牧齋初學集詩註二十卷有學集詩註十四
卷 ………………………… 28

佳山堂詩集十卷二集九卷 ……… 26

岳忠武王文集八卷首一卷末一卷 … 245

岱宗藏藁五十卷 ……………… 23

佩文詩韻五卷 ………………… 76

佩文詩韻釋要五卷 …………… 76

佩文詩韻釋要五卷 …………… 76

佩文詩韻釋要五卷 …………… 76

佩文詩韻釋要五卷 …………… 76

佩文詩韻釋要五卷 …………… 76

佩文廣韻匯編五卷 …………… 77

佩文齋書畫譜一百卷 ………… 14

佩文齋書畫譜一百卷 ………… 186

佩文齋書畫譜一百卷 ………… 186

佩文齋書畫譜一百卷 ………… 186

佩文齋詠物詩選四百八十六卷 … 28

佩文齋廣群芳譜一百卷目錄二卷 … 188

佩文韻府一百六卷 …………… 205

佩文韻府一百六卷 …………… 205

佩文韻府一百六卷 …………… 205

佩文韻府一百六卷拾遺一百六卷 … 205

佩文韻府一百六卷拾遺一百六卷 … 205

依水園文集前集二卷後集二卷…… 24

[同治]阜平縣志四卷首一卷 …… 127

[雍正]阜城縣志二十二卷首一卷 … 131

所見集初集三十七卷三集二十一卷四集
十八卷 …………………… 118

金文雅十六卷 ………………… 233

金文雅十六卷 ………………… 233

金文最六十卷 ………………… 229

金文最六十卷 ………………… 229

金石三例三種 ………………… 143

金石存十五卷 ………………… 142

金石存十五卷 ………………… 142

金石索十二卷首一卷 ………… 142

金石索十二卷首一卷 ………… 142

金石索六卷 …………………… 142

金石萃編一百六十卷 ………… 142

金石萃編一百六十卷 ………… 142

金石萃編一百六十卷 ………… 142

金石學錄補四卷 ……………… 143

金石錄三十卷 ………………… 11

金史一百三十五卷 …………… 83

金史一百三十五卷目錄二卷 …… 6

金史詳校十卷首一卷末一卷 …… 81

金陀粹編二十八卷續編三十卷 … 96

金忠節公文集八卷 …………… 251

金華正學編七種 ……………… 235

金華叢書 ……………………… 288

金剛決疑一卷般若波羅蜜多心經直說一
卷 ………………………… 200

金剛般若波羅密經宗通九卷 …… 203

金剛般若波羅蜜經一卷 ……… 201

金剛般若波羅蜜經二卷太上感應篇纘義
二卷 ……………………… 198

金剛般若波羅蜜經不分卷 …… 201

金剛般若波羅蜜經不分卷 …… 201

金剛般若波羅蜜經直解不分卷 … 201

金剛般若波羅蜜經註解一卷 …… 199

金陵百詠一卷附錄一卷 ……… 237

金陵雜興一卷附錄一卷 ……… 237

金壺字考二集二十一卷補錄一卷補註一
卷 ………………………… 4

金源紀事詩八卷 ……………… 261

金源紀事詩八卷 ……………… 261

金殿撰家戒詩注釋一卷 ……… 269

金臺書院課士錄初集不分卷二集不分卷
………………………… 228

金匱心典三卷 ………………… 170

金匱心典三卷 ………………… 170

金匱懸解二十二卷 …………… 162

[乾隆]郃陽縣全志四卷 ……… 132

采菽堂古詩選三十八卷補遺四卷……… 28

343

受宜堂集四十卷 ························ 25

受經堂彙稿五種 ······················ 283

念佛百問一卷 ························ 203

念佛伽陀一卷 ························ 202

念菴羅先生集十二卷 ·················· 23

念堂詩草五卷 ························ 256

[同治]肥鄉縣志三十六卷補遺一卷 ······ 124

周文忠公尺牘二卷附錄一卷 ·········· 269

周易二卷 ···························· 1

周易口訣義六卷 ······················ 41

周易內傳十二卷外傳七卷 ·············· 37

周易內傳十二卷外傳七卷 ·············· 37

周易正解二十二卷 ···················· 39

周易本義四卷附圖說一卷 ·············· 37

周易本義四卷附圖說一卷 ·············· 37

周易本義四卷圖一卷筮儀一卷 ·········· 38

周易本義四卷圖一卷筮儀一卷 ·········· 38

周易本義四卷圖一卷筮儀一卷 ·········· 38

周易本義四卷圖一卷筮儀一卷 ·········· 38

周易本義四卷圖一卷筮儀一卷 ·········· 38

周易本義四卷圖一卷筮儀一卷 ·········· 38

周易本義四卷圖說一卷筮儀一卷 ········ 38

周易本義四卷圖說一卷筮儀一卷 ········ 38

周易本義四卷圖說一卷筮儀一卷新增圖

　　說一卷 ·························· 38

周易本義四卷圖說一卷筮儀一卷新增圖

　　說一卷 ·························· 38

周易本義四卷圖說一卷筮儀一卷新增圖

　　說一卷 ·························· 38

周易卦象六卷占易秘解一卷 ············ 37

周易述義十卷 ························ 38

周易述義十卷附春秋解二卷 ············ 38

周易函書約存十五卷首三卷約注十八卷

　　別集十六卷 ······················ 40

周易姚氏學十六卷首一卷 ·············· 40

周易彖傳消息升降大義述一卷周易消息

　　升降爻例一卷 ···················· 38

周易兼義九卷 ························ 1

周易乾鑿度二卷 ······················ 39

周易乾鑿度二卷 ······················ 41

周易備旨一見能解六卷 ················ 40

周易傳註七卷附周易筮考一卷 ·········· 1

周易傳註七卷筮考一卷 ················ 39

周易傳註七卷筮考一卷 ················ 40

周易傳義十二卷春秋鈔十卷 ············ 38

周易傳義十卷 ························ 1

周易傳義大全二十四卷 ················ 40

周易傳義音訓八卷首一卷末一卷 ········ 39

周易會通十四卷 ······················ 40

周易解故一卷 ························ 37

周易說略四卷 ························ 37

周易實事十五卷首一卷 ················ 37

周季編略九卷 ························ 92

周官新義十六卷附考工記解二卷 ········ 44

周官精義十二卷 ······················ 47

周官精義十二卷 ······················ 47

周官精義十二卷 ······················ 47

周官精義十二卷 ······················ 47

周官精義十二卷 ······················ 47

周官精義十二卷 ······················ 47

周官錄田考三卷 ······················ 47

周秦刻石釋音一卷 ···················· 143

周書五十卷 ·························· 6

周書五十卷 ·························· 83

周書五十卷 ·························· 83

周濂溪先生全集十三卷 ················ 20

周臨芥子園畫傳四卷 ·················· 187

周禮六卷 ···························· 47

周禮六卷 ···························· 47

周禮六卷 ···························· 47

周禮六卷 ···························· 65

周禮正要四卷 ························ 47

周禮正義八十六卷 ···················· 47

周禮折衷六卷 ························ 47

周禮注疏刪翼三十卷 ·················· 46

周禮注疏刪翼三十卷 ·················· 46

周禮注疏刪翼三十卷 ·················· 46

周禮注疏刪翼三十卷 ·················· 46

周禮節訓六卷 ························ 47

周禮節訓六卷 ························ 47

周禮節訓六卷 ························ 47

周禮節訓增句六卷 ……………… 47
周禮節釋十二卷 ………………… 47
周禮精華六卷 …………………… 47
周禮精華六卷 …………………… 47
周禮精華六卷 …………………… 47
周禮鄭注十二卷 ………………… 48
周禮鄭注六卷 …………………… 47
周禮鄭注六卷 …………………… 48
京畿金石考二卷 ………………… 142
亯帚集四卷 ……………………… 265
夜譚隨錄十二卷 ………………… 195
庚子北京事變紀略一卷 ………… 91
庚辰集五卷 ……………………… 231
庚辰集五卷 ……………………… 231
庚辰集五卷附唐人試律說一卷 … 231
庚辰集五卷附唐人試律說一卷 … 231
庚辛之際月表一卷 ……………… 91
刻楮集四卷旅逸小稿二卷 ……… 270
刻漢唐宋名臣錄五卷 …………… 9
於越先賢像傳贊二卷 …………… 93
性天真境一卷 …………………… 204
性命圭旨四卷 …………………… 17
性命圭旨四卷 …………………… 154
性命圭旨四卷 …………………… 154
性命圭旨四卷 …………………… 154
性相通說一卷 …………………… 200
性理大全書七十卷 ……………… 152
性理大全書七十卷 ……………… 152
性理會通七十卷續編四十二卷 … 153
性理標題綜要二十二卷 ………… 150
法界觀一卷 ……………………… 202
法華指掌疏七卷附科判一卷懸示一卷事
　義一卷 ………………………… 201
法國海軍職要不分卷 …………… 158
河上易註八卷圖說二卷 ………… 39
[道光]河內縣志三十六卷 ……… 134
河東先生集十五卷 ……………… 20
[雍正]河南通志八十卷 ………… 134
[乾隆]河間縣志六卷 …………… 128
泊宅編三卷 ……………………… 195
泊如齋重修宣和博古圖錄三十卷 … 11

注華嚴法界觀門一卷 …………… 200
注釋八銘堂塾鈔二集一百三十四篇 … 61
注釋八銘堂塾鈔二集一百三十四篇 … 61
波斯志不分卷 …………………… 141
治平畧增定全書三十三卷 ……… 109
治國要務九章 …………………… 106
治溫闡要一卷 …………………… 174
宗鏡錄一百卷 …………………… 17
宗鏡錄一百卷 …………………… 17
定山堂詩集二十卷 ……………… 23
[道光]定州志二十二卷首一卷 … 126
[道光]定州志二十二卷首一卷 … 126
定例全編五十卷續刊六卷 ……… 117
定香亭筆談四卷 ………………… 230
[光緒]定興縣志二十六卷首一卷 … 126
定盦文集三卷續編四卷補編四卷年譜一
　卷補詞選一卷補詞錄一卷拾遺一卷古
　今體詩二卷雜詩一卷附龔孝珙手抄本
　一卷 …………………………… 252
定盦文集三卷續集四卷續錄一卷古今體
　詩二卷雜詩一卷詞選一卷詞錄一卷文
　集補編四卷 …………………… 252
宜稼堂叢書七種 ………………… 292
空同子集六十六卷目錄三卷附錄二卷 … 22
空同詩集三十四卷 ……………… 249
宛丘先生文粹二十二卷 ………… 242
宛鄰書屋古詩錄十二卷 ………… 220
建炎以來朝野雜記甲集二十卷乙集二十
　卷 ……………………………… 193
居易錄三十四卷 ………………… 14
居易錄三十四卷 ………………… 14
居業齋詩鈔二十二卷文稿二十卷別集十
　卷 ……………………………… 27
弦切對數表一卷 ………………… 180
陔餘叢考四十三卷 ……………… 192
始豐稿十四卷補遺一卷附錄一卷 … 249
孟子七卷 ………………………… 57
孟子文評不分卷 ………………… 58
孟子音義二卷 …………………… 57
孟子時事考徵四卷 ……………… 58
孟子集註七卷 …………………… 57

孟子集註三卷 …………………… 58
孟子讀法附記十四卷 …………… 58
孟浩然集四卷 …………………… 239
孤圓山莊詩勝十種 ……………… 216
函海 ……………………………… 283

九畫

奏疏分類便覽不分卷 …………… 115
奏疏條陳擇要錄二卷 …………… 113
春在堂全書 ……………………… 293
春在堂全書 ……………………… 293
春在堂全書 ……………………… 293
春在堂全書 ……………………… 293
春在堂全書 ……………………… 293
春明詩課彙選八卷 ……………… 236
春秋三十卷 ……………………… 52
春秋三十卷 ……………………… 52
春秋三子傳六卷傳前答問一卷 … 56
春秋三傳十六卷首一卷 ………… 56
春秋大事表五十卷 ……………… 53
春秋大事表五十卷輿圖一卷附錄一卷 … 3
春秋大事表五十卷輿圖一卷附錄一卷 …… 3
春秋大事表五十卷輿圖一卷附錄一卷 … 53
春秋公羊傳十一卷 ……………… 55
春秋公羊傳十一卷 ……………… 55
春秋公羊傳十一卷 ……………… 55
春秋公羊傳十一卷 ……………… 56
春秋公羊傳十二卷春秋穀梁傳十二卷 … 2
春秋公羊傳十二卷穀梁傳十二卷 … 52
春秋公羊傳十二卷穀梁傳十二卷 … 52
春秋公羊傳攷一卷春秋穀梁傳攷一卷 … 2
春秋公羊傳注疏二十八卷 ……… 56
春秋公羊經傳解詁十二卷附音本校記一
卷 ……………………………… 56
春秋公羊經傳解詁十二卷附音本校記一
卷 ……………………………… 56
春秋世族譜二卷 ………………… 100
春秋左氏傳賈服註輯述二十卷 … 54
春秋左傳十五卷 ………………… 2
春秋左傳三十卷 ………………… 54

春秋左傳三十卷首一卷 ………… 54
春秋左傳五十卷 ………………… 54
春秋左傳五十卷 ………………… 54
春秋左傳五十卷 ………………… 54
春秋左傳五十卷 ………………… 54
春秋左傳分類對賦四卷附說左約箋二卷
………………………………… 53
春秋左傳分類賦四卷 …………… 53
春秋左傳杜注三十卷首一卷 …… 54
春秋左傳杜注三十卷首一卷 …… 54
春秋左傳杜注三十卷首一卷 …… 54
春秋左傳杜注三十卷首一卷春秋年表一
卷春秋名號归一圖二卷 ……… 54
春秋左傳注疏六十卷 …………… 54
春秋左傳注疏六十卷 …………… 54
春秋左傳注疏六十卷 …………… 54
春秋左傳詁二十卷 ……………… 54
春秋左傳註評測義七十卷世系譜一卷名
號異稱便覽一卷地名配古籍一卷春秋
列國東坡圖說一卷引用書目一卷姓氏
一卷總評一卷 ………………… 2
春秋左傳綱目杜林詳註十四卷首一卷…… 53
春秋左傳綱目杜林詳註十四卷首一卷附
圖說一卷年表一卷 …………… 53
春秋左傳類解二十卷地譜世系一卷 … 3
春秋左傳類對賦一卷 …………… 53
春秋四傳三十八卷 ……………… 53
春秋四傳三十八卷春秋提要一卷春秋二
十國年表一卷春秋諸國興廢說一卷…… 52
春秋列國世代便覽不分卷 ……… 93
春秋年表一卷 …………………… 54
春秋年表一卷 …………………… 54
春秋各號歸一圖二卷 …………… 2
春秋名號歸一圖二卷 …………… 54
春秋或問六卷 …………………… 52
春秋紀愚十卷附春秋或問一卷 … 52
春秋規過考信三卷 ……………… 52
春秋集傳大全三十七卷序論一卷春秋二
十國年表一卷諸國興廢說一卷春秋列
國東坡圖說一卷東坡指掌春秋列國圖
一卷 …………………………… 3

春秋集義五十八卷首一卷末二卷‥‥‥‥ 52

春秋詞命三卷 ‥‥‥‥‥‥‥‥‥‥‥ 271

春秋傳註四卷 ‥‥‥‥‥‥‥‥‥‥‥ 52

春秋會義二十六卷‥‥‥‥‥‥‥‥‥‥ 52

春秋會義二十六卷‥‥‥‥‥‥‥‥‥‥ 52

春秋經傳集解三十卷‥‥‥‥‥‥‥‥‥ 54

春秋經傳集解三十卷‥‥‥‥‥‥‥‥‥ 54

春秋經傳集解三十卷‥‥‥‥‥‥‥‥‥ 55

春秋經傳集解三十卷‥‥‥‥‥‥‥‥‥ 55

春秋經傳集解三十卷年表一卷 ‥‥‥‥ 2

春秋穀梁傳十二卷‥‥‥‥‥‥‥‥‥‥ 56

春秋穀梁傳十二卷‥‥‥‥‥‥‥‥‥‥ 56

春秋穀梁傳十二卷‥‥‥‥‥‥‥‥‥‥ 56

春秋穀梁傳十二卷‥‥‥‥‥‥‥‥‥‥ 56

春秋穀梁傳集解十二卷‥‥‥‥‥‥‥‥ 56

春秋穀梁傳集解十二卷‥‥‥‥‥‥‥‥ 56

春秋穀梁經傳補注二十四卷首一卷末一

卷‥‥‥‥‥‥‥‥‥‥‥‥‥‥‥‥ 56

春秋衡庫三十卷備錄一卷附錄三卷‥‥‥ 52

春秋繁露十七卷‥‥‥‥‥‥‥‥‥‥‥ 56

春秋繁露十七卷‥‥‥‥‥‥‥‥‥‥‥ 56

春秋繁露十七卷‥‥‥‥‥‥‥‥‥‥‥ 56

春秋繁露十七卷附錄一卷附刻三卷 ‥‥ 3

春秋屬辭辨例編六十卷首二卷序目一卷

‥‥‥‥‥‥‥‥‥‥‥‥‥‥‥‥‥ 56

春秋體註大全四卷‥‥‥‥‥‥‥‥‥‥ 52

春秋體註大全合參四卷‥‥‥‥‥‥‥‥ 52

春酒堂文集不分卷 ‥‥‥‥‥‥‥‥‥ 269

春酒堂文集不分卷 ‥‥‥‥‥‥‥‥‥ 269

春暉堂叢書十二種‥‥‥‥‥‥‥‥‥‥ 291

春園吟稿十二卷 ‥‥‥‥‥‥‥‥‥‥ 262

春腳集四卷 ‥‥‥‥‥‥‥‥‥‥‥‥ 170

春融堂集六十八卷附雜記八種 ‥‥‥‥ 253

封泥考略十卷 ‥‥‥‥‥‥‥‥‥‥‥ 143

政治官報不分卷 ‥‥‥‥‥‥‥‥‥‥ 115

政藝叢書三編六十四卷 ‥‥‥‥‥‥‥ 109

郝氏九經解一百七十五卷 ‥‥‥‥‥‥ 1

郝氏世祀鄉賢錄不分卷 ‥‥‥‥‥‥‥ 101

郝氏遺書 ‥‥‥‥‥‥‥‥‥‥‥‥‥ 296

郝文忠公陵川文集三十九卷附錄一卷 ‥ 247

郝文忠公陵川文集三十九卷附錄一卷 ‥ 247

郝文忠公陵川文集三十九卷附錄一卷 ‥ 247

郝雪海中丞行實名宦鄉賢錄不分卷 ‥‥ 101

荊川文集十八卷‥‥‥‥‥‥‥‥‥‥‥ 21

草字彙法帖不分卷 ‥‥‥‥‥‥‥‥‥ 185

草莽私乘一卷 ‥‥‥‥‥‥‥‥‥‥‥ 96

草堂詩餘四卷 ‥‥‥‥‥‥‥‥‥‥‥ 32

草廬吳文正公集四十九卷首一卷外集三

卷 ‥‥‥‥‥‥‥‥‥‥‥‥‥‥‥ 247

草廬吳文正公集四十九卷首一卷外集三

卷 ‥‥‥‥‥‥‥‥‥‥‥‥‥‥‥ 247

草廬經略二卷 ‥‥‥‥‥‥‥‥‥‥‥ 158

茶香室經說十六卷 ‥‥‥‥‥‥‥‥‥ 192

茶香室經說十六卷經刻續編八卷‥‥‥‥ 67

荀子二十卷 ‥‥‥‥‥‥‥‥‥‥‥‥ 152

荀子二十卷 ‥‥‥‥‥‥‥‥‥‥‥‥ 152

荀子二十卷 ‥‥‥‥‥‥‥‥‥‥‥‥ 152

荀子二十卷 ‥‥‥‥‥‥‥‥‥‥‥‥ 152

荀子箋釋二十卷 ‥‥‥‥‥‥‥‥‥‥ 152

茗柯文編四卷 ‥‥‥‥‥‥‥‥‥‥‥ 255

茗柯文編四卷 ‥‥‥‥‥‥‥‥‥‥‥ 255

荒政輯要九卷首一卷 ‥‥‥‥‥‥‥‥ 109

胡文忠公集十卷首一卷 ‥‥‥‥‥‥‥ 114

胡文忠公遺集八十六卷首一卷 ‥‥‥‥ 114

胡文忠公遺集八十六卷首一卷 ‥‥‥‥ 114

胡文忠公遺集八十六卷首一卷 ‥‥‥‥ 114

胡文忠公遺集八十六卷首一卷 ‥‥‥‥ 114

胡敬齋先生居業錄八卷陳剩夫先生集四

卷羅整庵先生存稿二卷困知記四卷 ‥ 254

南山全集十六卷 ‥‥‥‥‥‥‥‥‥‥ 263

南天痕二十卷附錄一卷‥‥‥‥‥‥‥‥ 95

南方草木狀三卷 ‥‥‥‥‥‥‥‥‥‥ 187

南北朝文鈔二卷 ‥‥‥‥‥‥‥‥‥‥ 233

南史八十卷 ‥‥‥‥‥‥‥‥‥‥‥‥ 6

南皮張宮保政書奏議初編十二卷 ‥‥‥ 113

[光緒]南皮縣志十五卷首一卷末一卷 ‥ 129

南邨草堂詩鈔二十四卷 ‥‥‥‥‥‥‥ 255

南巡盛典一百二十卷 ‥‥‥‥‥‥‥‥ 105

南宋文範七十卷外編四卷 ‥‥‥‥‥‥ 233

南宋文錄錄二十四卷 ‥‥‥‥‥‥‥‥ 233

南宋群賢小集七十四種 ‥‥‥‥‥‥‥ 217

南宋群賢小集七十四種 ‥‥‥‥‥‥‥ 217

南宋群賢小集七十四種 …………… 217

南宋雜事詩七卷 ………………… 232

南宋雜事詩七卷 ………………… 232

[乾隆]南和縣志十二卷首一卷 ………… 125

南征日記一卷(清道光二十四年四月至
二十五年三月) ……………… 98

南河成案上諭二卷御製詩一卷文一卷 … 112

南陔堂詩集十二卷 ……………… 26

南洋工學譯書院所刻書 …………… 159

南華山房詩鈔六卷賦一卷南華山人詩鈔
十六卷 ………………………… 24

南華真經十卷 …………………… 155

南華真經旁注五卷 ……………… 154

南華真經評注五卷 ……………… 17

南華真經解三卷 ………………… 154

南華真經解六卷 ………………… 154

南華發覆八卷 …………………… 17

[光緒]南宮縣志十八卷 ……………… 125

南遊記一卷 ……………………… 139

南湖百詠一卷 …………………… 257

南渡錄四卷 ……………………… 90

南渡錄四卷附阿計替傳一卷南燼紀聞錄
二卷竊憤錄二卷 ……………… 7

南齊書五十九卷 ………………… 6

南齊書五十九卷 ………………… 82

[光緒]南樂縣志十卷首一卷補遺一卷 … 134

[光緒]南樂縣志十卷首一卷補遺一卷 … 134

南豐先生元豐類稿五十一卷 ……… 246

柘湖姚氏兩先生集四卷 …………… 215

相宗八要直解八卷 ……………… 203

柏堂遺書八種附一種 …………… 289

柏堂讀書筆記九卷讀學庸筆記二卷禮記
集說補義一卷春秋轉正誼四卷………… 58

[乾隆]柏鄉縣志十卷首一卷 ………… 126

[乾隆]柏鄉縣志十卷首一卷 ………… 126

柏鄉魏氏傳家錄四卷 ……………… 99

柳河東文集六卷附外集一卷 ……… 241

[同治]棗強縣志補正五卷 ………… 130

柬埔寨以北探路記十五卷 ………… 141

咸淳臨安志一百卷 ……………… 133

咸淳臨安志一百卷 ……………… 133

[咸豐二年壬子科]順天鄉試同年齒錄不
分卷 …………………………… 102

威廉振興荷蘭紀略四卷 …………… 141

耐俗軒詩鈔五卷 ………………… 266

耐俗軒詩鈔五卷 ………………… 266

奎壁四書十九卷 ………………… 60

奎壁四書十九卷 ………………… 60

拾遺記十卷 ……………………… 195

貞烈集二卷 ……………………… 236

貞觀政要十卷 …………………… 8

省軒考古類編十二卷 ……………… 16

省軒考古類編十二卷 ……………… 16

是吾齋集八卷續集四卷 …………… 254

是菴尊信錄二卷 ………………… 152

則古昔齋算學十三種 ……………… 182

則古昔齋算學十三種二十四卷 …… 182

則古昔齋算學十三種二十四卷 …… 182

星平大成七卷 …………………… 198

星軺指掌三卷續一卷 ……………… 111

星湖詩集二十卷 ………………… 266

昨非錄二卷 ……………………… 154

昭代名人尺牘二十四卷附小傳 …… 216

昭代叢書 ………………………… 277

昭代叢書 ………………………… 277

昭代叢書 ………………………… 277

昭代叢書 ………………………… 277

昭代叢書甲集五十種乙集四十種………… 33

昭明文選六臣彙註疏解十九卷 …… 29

昭忠錄九十卷前編六卷 …………… 93

昭德先生郡齋讀書志四卷後志二卷 …… 145

畏壘筆記四卷 …………………… 15

毘尼關要十六卷 ………………… 201

思貽齋古近體詩二十一卷 ………… 251

思貽齋古近體詩二十一卷附幸生錄一卷
………………………………… 251

思辨錄輯要二十二卷後集十三卷 …… 153

韋蘇州集十卷 …………………… 239

韋蘇州集十卷 …………………… 239

韋蘇州集十卷拾遺一卷 …………… 18

品花寶鑑六十回 ………………… 274

咽喉秘集二卷 …………………… 163

咽喉秘集二卷 …………………… 170

咽喉秘集二卷 …………………… 170

咽喉秘集二卷 …………………… 170

迴龍師尊增萬佛教劫經一卷 …… 201

矩齋籌算六種附一種 …………… 185

矩齋籌算六種附一種 …………… 185

矩齋籌算六種附一種 …………… 185

矩齋籌算六種附一種 …………… 185

香樹齋詩集十八卷文集續鈔五卷續集三

　十六卷 ……………………………… 28

香艷叢書二十集三百二十八種 … 196

香艷叢書二十集三百二十八種 … 196

秋水集十六卷 …………………… 260

秋浦雙忠錄五種四十卷 ………… 216

秋審實緩比較條款不分卷 ……… 118

秋審實緩比較匯案十六卷首一卷 … 118

秋燈叢話十八卷 ………………… 195

秋讞輯要六卷 …………………… 118

秋讞輯要六卷首一卷 …………… 118

科名金鍼一卷 …………………… 100

重刊文信國公全集十七卷首一卷 … 242

重刊玉篇三十卷 ………………… 72

重刊宋本十三經注疏附校勘記十三種 …… 36

重刊宋本十三經注疏附校勘記十三種 …… 36

重刊宋本十三經注疏附校勘記十三種 …… 36

重刊宋本十三經注疏附校勘記十三種 …… 36

重刊宋本十三經注疏附校勘記十三種 …… 36

重刊宋本十三經注疏附校勘記十三種 …… 36

重刊校正笠澤叢書四卷補遺詩一卷續補

　遺一卷 …………………………… 19

重刊救荒補遺書二卷 …………… 92

重刊船山遺書五十六種附校勘記二卷 … 294

重刊許氏說文解字五音韻譜十二卷 … 4

重刻先正讀書訣一卷 …………… 153

重刻補註洗冤錄集証六卷 ……… 156

重刻賴古堂尺牘新鈔三選結鄰集十五卷

　…………………………………… 237

重刻歷朝捷錄四卷 ……………… 11

重定金石契不分卷 ……………… 11

重定金石契附石鼓文釋存一卷補注一卷

　…………………………………… 142

[光緒]重修天津府志五十四卷首一卷末

　一卷 ……………………………… 121

[光緒]重修曲陽縣志二十卷 …… 127

[光緒]重修曲陽縣志二十卷 …… 127

重修名法指掌圖四卷 …………… 117

重修名法指掌圖四卷 …………… 117

[光緒]重修新樂縣志六卷首一卷 … 122

重訂七種古文選五十四卷 ……… 220

重訂小學纂註六卷 ……………… 147

重訂六經疑問七十一卷 ………… 3

重訂文選集評十五卷首一卷末一卷 … 223

重訂文選集評十五卷首一卷末一卷 … 223

重訂古文釋義新編八卷 ………… 226

重訂本草綱目五十二卷圖三卷 … 169

重訂外科正宗十二卷 …………… 175

重訂外科正宗十二卷 …………… 175

重訂外科正宗十二卷 …………… 175

重訂李義山詩集箋注三卷外集箋注一卷

　詩話一卷年譜一卷 ……………… 239

重訂李義山詩集箋註三卷集外詩箋註一

　卷 ………………………………… 18

重訂事類賦三十卷 ……………… 207

重訂法國志略二十四卷 ………… 138

重訂教乘法數十二卷 …………… 202

重訂達生編一卷 ………………… 177

重訂補註洗冤錄集証五卷 ……… 155

重訂補註洗冤錄集証五卷 ……… 155

重訂廣事類賦四十卷 …………… 209

重訂廣事類賦四十卷 …………… 209

重訂綴白裘新集合編十二集四十八卷 … 272

重訂增補戰法學二卷 …………… 158

重訂增廣試帖玉芙蓉七卷 ……… 212

重訂濟陰綱目十四卷 …………… 176

重訂醫宗說約六卷 ……………… 162

重訂醫宗說約六卷 ……………… 162

重訂醫宗說約六卷 ……………… 162

重校十三經輯字十七卷 ………… 74

重校十三經輯字十七卷 ………… 74

重校時藝引階合編不分卷 ……… 152

重校顏氏家訓七卷附錄一卷 …… 148

重樓玉鑰二卷 …………………… 175

重論文齋筆錄十二卷 ················· 193

重編留青新集二十四卷 ·············· 236

重編留青新集二十四卷 ·············· 236

重學二十卷附圓錐曲線說三卷 ····· 182

重學二十卷圓錐曲線說三卷 ········ 211

重學七卷附曲綫說二卷 ·············· 182

重學七卷附曲綫說二卷 ·············· 182

重學七卷附曲綫說二卷 ·············· 183

重鐫本草醫方合編十一卷 ·········· 162

重鐫本草醫方合編十四卷 ·········· 162

重鐫本草醫方合編十四卷 ·········· 162

重鐫本草醫方合編十四卷 ·········· 162

重纂三遷志十卷首一卷 ·············· 99

[道光]重纂福建通志二百七十八卷首七
卷 ······························ 133

重鐫心齋先生全集六卷 ·············· 22

重鐫本草醫方合編十四卷 ·········· 162

重鐫本草醫方合編十四卷 ·········· 162

修身了道妙經六卷 ··················· 204

修身了道妙經六卷 ··················· 204

修設瑜伽集要施食壇儀一卷 ········ 201

保甲書四卷 ··························· 96

保生碎事一卷 ························ 13

[康熙]保安州志十二卷圖一卷 ········ 128

[康熙]保安州志十二卷圖一卷 ········ 128

[道光]保安州志八卷首一卷 ·········· 128

[道光]保安州志八卷首一卷續志四卷 ··· 128

[光緒]保安州續志四卷首一卷 ········ 128

保赤彙編七種十七卷 ················ 179

[康熙]保定府志二十九卷 ············ 126

[光緒]保定府志七十九卷首一卷 ····· 126

[康熙]保定縣志四卷首一卷 ·········· 130

保嬰易知錄二卷附補編一卷 ········ 178

俄士戰紀六卷 ························ 158

俄國政俗通考三卷 ··················· 139

俄遊彙編八卷 ························ 138

信心應驗錄不分卷 ··················· 202

信江書院志十卷首一卷末一卷附編一卷
································ 135

信都書院課藝不分卷 ················ 190

皇明疏議輯畧三十七卷 ·············· 8

皇明實訓四十卷 ····················· 8

皇華紀聞四卷 ························ 15

皇華紀聞四卷南來志一卷北歸志一卷廣
州遊覽小志一卷蜀道驛程記二卷分甘
余話四卷秦蜀後記二卷 ·········· 195

皇華紀聞四卷南來志一卷北歸志一卷廣
州遊覽小志一卷蜀道驛程記二卷秦蜀
驛程記二卷隴蜀餘聞一卷長白山錄一
卷浯溪考二卷 ··················· 195

皇清奏議六十八卷目錄一卷 ········ 114

皇清經解一千四百八卷 ·············· 36

皇清經解一千四百八卷 ·············· 36

皇清經解一千四百八卷 ·············· 36

皇清經解一千四百八卷 ·············· 37

皇清經解一千四百卷 ················ 36

皇清經解一千四百卷 ················ 36

皇清經解一百九十卷 ················ 37

皇清經解分經合纂十六卷 ·········· 36

皇清經解敬修堂編目十六卷 ········ 145

皇清經解檢目八卷附通用表一卷 ···· 36

皇清經解縮本編目十六卷 ·········· 37

皇清經解續編一千四百三十卷 ····· 35

皇清經解續編一千四百三十卷 ····· 35

皇清經解續編二百九卷 ·············· 35

皇清經解續編二百九卷 ·············· 35

皇清經解續編目錄十七卷 ·········· 36

皇清賜進士出身誥授朝議大夫特恩誥封
通議大夫山東青州府知府顯考蛻農府
君事略不分卷 ··················· 97

皇清職貢圖九卷 ····················· 9

皇朝五經彙解二百七十卷 ·········· 66

皇朝五經彙解二百七十卷 ·········· 66

皇朝五經彙解二百七十卷 ·········· 66

皇朝五經彙解二百七十卷 ·········· 66

皇朝文典七十四卷 ··················· 113

皇朝文獻通考詳節二十六卷 ········ 107

皇朝地輿圖考一卷皇朝一統輿地全圖
總說一卷 ······················· 141

皇朝直省府廳州縣全圖二十六張 ···· 119

皇朝政典挈要八卷 ··················· 107

皇朝政典挈要六卷 ··················· 85

皇朝通典一百卷 …………………… 107

皇朝通典一百卷通志一百二十六卷文獻
　　通考三百卷 …………………… 107

皇朝通典一百卷通志一百二十六卷文獻
　　通考三百卷 …………………… 107

皇朝通典一百卷通志一百二十六卷文獻
　　通考三百卷 …………………… 107

皇朝掌故彙編內編六十卷首一卷外編四
　　十卷首一卷 …………………… 109

皇朝掌故彙編內編六十卷首一卷外編四
　　十卷首一卷 …………………… 109

皇朝詞林典故六十四卷 …………… 109

皇朝詞林典故六十四卷 …………… 109

皇朝經世文三編八十卷 …………… 236

皇朝經世文三編八十卷 …………… 236

皇朝經世文新編二十一卷 ………… 232

皇朝經世文新編二十一卷 ………… 232

皇朝經世文新編三十二卷 ………… 232

皇朝經世文編一百二十卷姓名總目二卷
　　　　　　　　　………………… 235

皇朝經世文編一百二十卷姓名總目二卷
　　　　　　　　　………………… 235

皇朝經世文編一百二十卷姓名總目二卷
　　　　　　　　　………………… 235

皇朝經世文編一百二十卷姓名總目二卷
　　　　　　　　　………………… 235

皇朝經世文編一百二十卷姓名總目二卷
　　　　　　　　　………………… 235

皇朝經世文編一百二十卷姓名總目二卷
　　　　　　　　　………………… 235

皇朝經世文編補一百二十卷 ……… 235

皇朝經世文續編一百二十卷 ……… 234

皇朝經濟文新編六十一卷 ………… 114

皇朝駢文類苑十四卷 ……………… 233

皇朝輿地韻編二卷圖一卷 ………… 120

皇極經世書傳八卷 ………………… 197

皇極經世書傳八卷 ………………… 198

禹貢錐指二十卷圖一卷 …………… 2

禹貢錐指二十卷圖一卷 …………… 2

衍元海鑑十一種十五卷附經算二種二卷
　　　　　　　　　………………… 182

律例便覽八卷 ……………………… 116

律例便覽八卷 ……………………… 116

律例便覽八卷 ……………………… 116

律例便覽八卷 ……………………… 116

律賦珊瑚鉤二集四卷 ……………… 216

律賦珊瑚鉤合集四卷首一卷 ……… 230

律賦聚星箋注二卷 ………………… 236

律賦鳳樓集四卷春林賦稿一卷 …… 251

後山先生集二十四卷 ……………… 246

後邨詩集七卷吳越游草一卷 ……… 253

後冶堂藏書五種二十三卷 ………… 293

後漢書一百二十卷 ………………… 82

後漢書一百二十卷 ………………… 82

後漢書九十卷 ……………………… 6

後漢書志三十卷 …………………… 6

後漢書集解九十卷附續志集解三十卷 … 88

後漢書補註二十四卷補表四卷 …… 83

弇州史料後集七十卷 ……………… 8

弇州史料前集三十卷後集七十卷 … 7

弇州史料前集三十卷後集七十卷 … 7

食物本草會纂十二卷圖一卷 ……… 13

胎產心法三卷 ……………………… 177

胎產心法三卷 ……………………… 177

胎產心法三卷 ……………………… 177

胎產心法三卷附續胎產心法一卷經驗雜
　　方一卷 ………………………… 177

胎產秘書三卷 ……………………… 177

勉行堂詩集二十四卷文集六卷首一卷 … 257

勉益齋偶存稿八卷續存稿十四卷 … 106

風俗通義十卷附人物志三卷 ……… 188

風流自賞十六卷 …………………… 196

風雅遺音二卷 ……………………… 46

訂正通鑑綱目前編二十五卷 ……… 7

哀弦集一卷 ………………………… 214

亭林文集六卷餘集一卷 …………… 260

亭林詩集五卷文集六卷 …………… 260

亭林遺書十種補遺十一種 ………… 295

亭林餘集一卷 ……………………… 260

度隴記四卷 ………………………… 138

施注蘇詩四十二卷 ………………… 19

施注蘇詩四十二卷 ………………… 20

施注蘇詩四十二卷總目二卷 ……………… 242

施注蘇詩四十二卷總目二卷年譜一卷王
　注正譌一卷續補遺二卷 …………………… 242

施愚山先生學餘文集二十八卷 …………… 252

奕萃一卷官子一卷 …………………………… 187

音註小倉山房尺牘八卷 …………………… 262

音註小倉山房尺牘八卷 …………………… 262

音註小倉山房尺牘八卷 …………………… 262

音學五書三十八卷附答李子德書一卷 …… 4

音韻學叢書三十二種一百二十三卷 ……… 78

音韻闡微十八卷 ……………………………… 4

帝王世紀纂要四卷 …………………………… 102

帝王世紀纂要四卷 …………………………… 102

帝京景物畧八卷 ……………………………… 10

帝京景物畧八卷 ……………………………… 10

前漢書一百卷 ………………………………… 5

前漢書一百卷 ………………………………… 82

前漢書一百卷 ………………………………… 82

前漢書一百卷 ………………………………… 82

前漢書一百卷 ………………………………… 82

前漢書鈔四卷後漢書鈔二卷 ……………… 102

前漢書鈔四卷後漢書鈔二卷 ……………… 102

前漢書鈔四卷後漢書鈔二卷 ……………… 102

前漢書鈔四卷後漢書鈔二卷 ……………… 226

前漢書鈔四卷後漢書鈔二卷 ……………… 226

首楞嚴經疏二十卷 …………………………… 199

炳燭齋文集初刻一卷續刻一卷 …………… 249

炳燭齋文集初刻一卷續刻一卷 …………… 249

［洪武四年至光緒三十年］明清進士題名
　碑錄不分卷 ………………………………… 100

［洪武四年至崇禎十六年］明進士題名碑
　錄 …………………………………………… 100

洞天奧旨外科秘錄十六卷 ………………… 176

洞主仙師白喉治法忌表抉微一卷 ………… 171

洞主仙師白喉治法忌表抉微一卷 ………… 171

洞主仙師白喉治法忌表抉微一卷 ………… 171

洞主仙師白喉治法忌表抉微一卷 ………… 171

洞主仙師白喉治法忌表抉微一卷 ………… 171

洞主仙師白喉治法忌表抉微一卷 ………… 171

洞主仙師白喉治法忌表抉微一卷 ………… 171

洞主仙師白喉治法忌表抉微一卷 ………… 171

洞主仙師白喉治法忌表抉微一卷 ………… 171

洗冤錄詳義四卷撫遺二卷補遺一卷 …… 156

洗冤錄詳義四卷撫遺二卷遺補一卷 …… 155

活人一術初編不分卷 ……………………… 161

活幼心書信效方三卷校記一卷 …………… 179

活法機要一卷 ………………………………… 170

洛學編六卷 …………………………………… 9

洨濱蔡先生文集十卷語錄二十卷 ……… 249

洋務時事彙編八卷 ………………………… 111

洋務新論六卷 ………………………………… 111

洴澼百金方十四卷 ………………………… 12

津門雜記三卷 ………………………………… 193

［乾隆］宣化府志四十二卷首一卷 ……… 127

［乾隆］宣化府志四十二卷首一卷 ……… 127

［康熙］宣化縣志三十卷 …………………… 128

［康熙］宣化縣志三十卷 …………………… 128

［宣統三年］職官錄不分卷 ……………… 100

［宣統元年］大清中樞備覽（宣統乙酉夏
　季）二卷 …………………………………… 101

［宣統元年］最新職官全錄（宣統乙酉夏
　季）不分卷 ………………………………… 101

［宣統元年］憲政增補最新職官全錄（宣
　統己酉夏季）不分卷……………………… 101

宦拾錄十八卷 ………………………………… 253

宦海指南五種 ………………………………… 108

宦海指南五種 ………………………………… 108

宦海指南五種 ………………………………… 108

宦海指南五種 ………………………………… 108

客窗閒話八卷續八卷 ……………………… 195

軍流成案四卷 ………………………………… 116

軍器學教程五篇 …………………………… 157

神農本草經疏三十卷 ……………………… 13

退谷文集十五卷詩集七卷附行述 ……… 26

退思軒詩集六卷補遺一卷 ………………… 254

退思齋詩草六卷雜著一卷 ………………… 258

退思齋詩草六卷雜著一卷 ………………… 258

退學詩齋詩集五卷 ………………………… 214

咫進齋叢書三集三十七種 ………………… 292

咫進齋叢書三集三十七種 ………………… 292

［雍正］陝西通志一百卷首一卷 ………… 132

姚選古文真本五色標記表十五卷首一卷
　　…………………………………… 223
姚鏡塘先生全集十卷 …………………… 263
飛六亭稿五卷 …………………………… 251
癸巳科直省鄉墨精萃不分卷 …………… 215
癸巳類稿十五卷 ………………………… 192
孩童衛生編不分卷 ……………………… 179
紅竹山房文稿十二卷 …………………… 256
紅雪山房詩鈔十二卷 …………………… 257
紅雪樓九種曲十三卷 …………………… 33
紅雪樓九種曲十三卷 …………………… 215
紅蕉館詩鈔一卷續二卷 ………………… 256
約章分類輯要三十八卷首一卷 ………… 111
約章分類輯要三十八卷首一卷 ………… 111
約章成案匯覽乙編四十二卷 …………… 111
約章成案匯覽甲編十卷乙編四十二卷 … 111
紀文達公遺集文十六卷詩十六卷 ……… 259
紀文達公遺集文十六卷詩十六卷 ……… 259
紀文達公遺集文十六卷詩十六卷 ……… 259
紀文達公遺集文十六卷詩十六卷 ……… 259
紀文達公遺集文十六卷詩十六卷 ……… 259
紀文達公遺集文十六卷詩十六卷 ……… 259
紀事本末五種 …………………………… 89
紀效新書十八卷 ………………………… 158
紀效新書十八卷 ………………………… 159
紀效新書十八卷 ………………………… 159
紀效新書十八卷練兵實紀九卷雜集六卷
　　…………………………………… 159
紀慎齋先生全集十一種續七種 ………… 294
紀慎齋先生全集十一種續七種 ………… 295
紀曉嵐詩註釋四卷 ……………………… 259
紉齋畫賸不分卷 ………………………… 187

十畫

耕香館叢畫不分卷 ……………………… 186
馬孝女遺稿六卷 ………………………… 267
馬東田孫沙溪兩公遺集合編二種三十八
　卷 ………………………………… 212
泰西十八周史攬要十八卷 ……………… 138
泰西新史攬要二十四卷 ………………… 141

泰西新史攬要二十四卷 ………………… 141
泰西新史攬要二十四卷 ………………… 141
泰西新史攬要二十四卷 ………………… 141
珠萊閣遺稿一卷 ………………………… 214
班馬異同三十五卷 ……………………… 5
素問病機氣宜保命集三卷 ……………… 168
素問靈樞類纂約註三卷 ………………… 167
素問靈樞類纂約註三卷 ………………… 167
素問靈樞類纂約註三卷 ………………… 167
袁文箋正十六卷 ………………………… 262
袁文箋正十六卷 ………………………… 262
埃及近事考一卷 ………………………… 141
華氏中藏經三卷附泰女方清寧丸方一卷
　秘製大黃清甯丸方一卷 ………… 167
華制存考不分卷 ………………………… 114
華陽國志十二卷 ………………………… 121
華陽集四十卷 …………………………… 242
華嶽志八卷首一卷 ……………………… 136
華嚴法界玄鏡三卷 ……………………… 200
莊子十卷 ………………………………… 154
莊子十卷 ………………………………… 155
莊子十卷 ………………………………… 155
莊子內篇註四卷 ………………………… 154
莊子南華真經三卷 ……………………… 155
莊子南華經解六卷 ……………………… 154
莊子集解八卷 …………………………… 154
莊子集解八卷 …………………………… 154
莊子集解八卷 …………………………… 154
莊子集解八卷 …………………………… 154
莊子集解八卷 …………………………… 154
莊子集釋十卷 …………………………… 154
莊子集釋十卷 …………………………… 154
莊子獨見不分卷 ………………………… 155
莊渠先生遺書十六卷 …………………… 22
荷塘詩集十六卷 ………………………… 24
栯堂山居詩一卷 ………………………… 242
桐花僊館詩草一卷 ……………………… 212
桐城先生點勘子書讀本七種一百一卷 … 145
桐城先生點勘史記讀本一百三十卷 …… 81
桐城先生點勘史記讀本一百三十卷史記
　初校本點識一卷彙錄諸家史記評語一

卷 …………………………………………… 81

桐城先生點勘史記讀本一百三十卷史記
　　初校本點識一卷彙錄諸家史記評語一
　　卷 …………………………………………… 81

桐城吳先生全書 …………………………… 294

桐城吳先生全書 …………………………… 294

桐陰論畫二卷首一卷附錄一卷畫訣二卷
　　論畫二編二卷三編二卷 ……………… 186

桐陰論畫二卷首一卷附錄一卷畫訣二卷
　　論畫二編二卷三編二卷畫學心印八卷
　　………………………………………………… 186

桐閣全書二十四種 ………………………… 295

桃花泉奕譜二卷 …………………………… 187

桃花扇傳奇二卷 …………………………… 33

桃花扇傳奇二卷四十出 …………………… 272

格物探源六卷 ……………………………… 211

格物探源六卷 ……………………………… 211

格物探源六卷 ……………………………… 211

格致古微六卷 ……………………………… 211

格致書院課藝不分卷 ……………………… 190

格致彙編第一年四卷 ……………………… 211

格致彙編第二年四卷 ……………………… 211

格致彙編第七年四卷 ……………………… 211

格致彙編第三年四卷 ……………………… 211

格致彙編第五年四卷 ……………………… 211

格致彙編第六年四卷 ……………………… 211

格致彙編第四年四卷 ……………………… 211

格致質學啟蒙不分卷 ……………………… 211

格致課藝彙編十三卷 ……………………… 189

格致總學啟蒙三卷 ………………………… 211

格致鏡原一百卷 …………………………… 210

格致鏡原一百卷 …………………………… 210

校刊目經大成三卷首一卷 ………………… 176

校刊史記集解索隱正義劄記五卷 ……… 80

校刊史記集解索隱正義劄記五卷 ……… 80

校刊史記集解索隱正義劄記五卷 ……… 80

校正十駕齋養新錄二十卷 ………………… 193

校正本草綱目七十二卷 …………………… 168

校正外科正宗十二卷 ……………………… 175

校正良朋彙集四卷 ………………………… 170

校正尚友錄二十二卷 ……………………… 204

校正尚友錄統編二十四卷 ………………… 204

校正尚友錄統編二十四卷 ………………… 204

校正尚友錄續集二十二卷 ………………… 204

校正重刊官板宋朝文鑑一百五十卷目錄
　　三卷 …………………………………………… 32

校正時病論八卷 …………………………… 173

校正圖註八十一難經四卷脈訣四卷 …… 167

校正圖註八十一難經四卷脈訣四卷 …… 168

校正圖註脈訣四卷 ………………………… 167

校正圖註脈訣四卷 ………………………… 168

校正種痘新書十二卷 ……………………… 178

校邠廬抗議二卷 …………………………… 92

校訂困學紀聞五箋二十卷 ………………… 191

校訂困學紀聞集證二十卷 ………………… 191

校訂困學紀聞集證二十卷 ………………… 191

校訂困學紀聞集證二十卷 ………………… 191

校梓註釋圈證蔡伯皆大全三卷雜卷一卷
　　………………………………………………… 32

軒轅碑記醫學祝由十三科二卷 ………… 162

軒轅碑記醫學祝由十三科二卷 ………… 163

連筠簃叢書 ………………………………… 288

酌雅齋四書遵註合講十九卷 …………… 64

酌雅齋四書遵註合講十九卷 …………… 64

酌雅齋四書遵註合講十九卷 …………… 64

配命錄八卷 ………………………………… 154

夏桂州先生文集十八卷年譜一卷 ……… 21

夏峰先生集十四卷首一卷補遺二卷 …… 255

夏峰先生集十四卷首一卷補遺二卷 …… 255

夏峰先生集十四卷首一卷補遺二卷 …… 255

夏墅錢氏支譜不分卷 ……………………… 100

夏墅錢氏支譜不分卷 ……………………… 100

原本直指算法統宗十二卷 ………………… 182

原刻草字彙法帖不分卷 …………………… 185

原富五部 …………………………………… 97

原富五部 …………………………………… 97

烈皇小識八卷 ……………………………… 7

捕蝗要說二十則一卷圖一卷 …………… 159

振綺堂叢書 ………………………………… 281

致身錄一卷附錄一卷附編一卷 ………… 97

[康熙]晉州志十卷 ………………………… 122

晉政輯要四十卷 …………………………… 109

晉書一百三十卷 ……………………… 5
晉略六十六卷 …………………………… 83
時務通考三十一卷首一卷 …………… 107
時務通考三十一卷首一卷 …………… 107
時務通考三十一卷首一卷 …………… 110
時務通考續編三十一卷 ……………… 107
時務策學統宗十四卷 ………………… 211
時墨采真不分卷試帖采真不分卷 …… 230
財政叢書二十一種 …………………… 285
晁具茨先生詩集十五卷 ……………… 20
剔弊廣增分韻五方元音二卷首一卷 …… 78
剔弊廣增分韻五方元音二卷首一卷 …… 78
剔弊廣增分韻五方元音二卷首一卷 …… 78
晏子春秋七卷音義二卷校勘二卷 …… 93
晏子春秋七卷音義二卷校勘二卷 …… 93
恩餘堂經進初稿十二卷續稿二十二卷 … 263
恩餘堂經進初稿十二卷續稿二十二卷三
　稿十一卷知聖道齋讀書跋尾二卷策問
　存課二卷 …………………………… 263
恩餘堂經進初稿十二卷續稿二十二卷三
　稿十一卷知聖道齋讀書跋尾二卷策問
　存課二卷 …………………………… 263
秘書廿一種 …………………………… 282
秘書廿八種 …………………………… 282
秘傳花鏡六卷 ………………………… 188
秘藏大六壬大全十三卷 ……………… 198
借閒生詩三卷詞一卷 ………………… 260
倚晴樓七種曲 ………………………… 288
健餘先生尺牘四卷健餘劄記四卷 …… 194
健餘先生撫豫條教四卷 ……………… 194
躬恥齋詩鈔十四卷首一卷文鈔二十卷首
　一卷 ………………………………… 259
息齋集十卷疏草五卷 ………………… 27
徐氏醫書十三種 ……………………… 164
徐氏醫書八種十八卷 ………………… 164
徐氏醫書八種十八卷 ………………… 164
徐氏醫書八種十八卷 ………………… 164
徐氏醫書六種 ………………………… 168
徐氏醫書六種十七卷 ………………… 164
徐文長文集三十卷補遺一卷 ………… 22
徐文長傳一卷 ………………………… 22

徐孝穆全集六卷 ……………………… 238
徐位山六種 …………………………… 295
般若波羅蜜多心經註解一卷 ………… 199
針灸甲乙經十二卷 …………………… 179
奚囊蠹餘二十卷遺文一卷附錄二卷 … 248
胭脂牡丹尺牘六卷 …………………… 212
脈表診病論一卷醫理略述一卷 ……… 169
脈經十卷 ……………………………… 169
脈經十卷 ……………………………… 169
脈學四種 ……………………………… 169
留青新集三十卷 ……………………… 236
留青新集三十卷 ……………………… 236
留青新集三十卷 ……………………… 236
留青新集三十卷 ……………………… 236
留春草堂詩鈔七卷 …………………… 259
留春草堂詩鈔六卷 …………………… 259
記事珠十卷 …………………………… 206
記過齋藏書七種 ……………………… 288
記過齋藏書七種 ……………………… 288
記過齋藏書七種 ……………………… 288
高士傳續編二卷 ……………………… 94
高子遺書十二卷附錄一卷年譜一卷 … 247
高王觀世音經一卷 …………………… 199
高太史論鈔四卷 ……………………… 242
高文襄公集八十八卷 ………………… 294
[嘉慶]高邑縣志十卷首一卷 ………… 123
[嘉慶]高邑縣志十卷首一卷 ………… 123
[光緒]高唐州志八卷首一卷末一卷 … 133
高梅亭讀書叢鈔十二種 ……………… 217
高常侍集十卷 ………………………… 239
高陽太傅孫文正公[承宗]年譜五卷 …… 99
高陽太傅孫文正公[承宗]年譜五卷 …… 99
高陽集二十卷 ………………………… 248
高陽集二十卷年譜五卷 ……………… 248
高陽集十八卷 ………………………… 22
[雍正]高陽縣志六卷 ………………… 127
高等師範學校附屬小學校圖畫教授細目
　一卷 ………………………………… 186
唐人三家集二十六卷 ………………… 216
唐人三家集二十六卷 ………………… 216
唐人五十家小集七十二卷 …………… 215

唐人萬首絕句選七卷 …………… 228
唐人萬首絕句選七卷 …………… 228
唐人萬首絕句選七卷 …………… 228
唐才子傳十卷附考異一卷………… 93
[光緒]唐山縣志十二卷首一卷末一卷 … 125
唐女郎魚玄機詩一卷 …………… 239
唐五言排律選四卷本朝試帖選四卷……… 29
唐文粹一百卷 ……………………… 31
唐文粹一百卷 …………………… 233
唐文粹一百卷 …………………… 233
唐文粹補遺二十六卷 …………… 227
唐石經校文十卷 ………………… 143
唐四家詩八卷 ……………………… 28
唐四家詩集二十八卷 …………… 217
唐代叢書一百六十四種 ………… 276
唐代叢書一百六十四種 ………… 276
唐宋十大家全集錄五十二卷 …… 220
唐宋十大家全集錄五十二卷 …… 220
唐宋十大家全集錄五十二卷 …… 220
唐宋八大家文鈔一百六十四卷……… 30
唐宋八大家文鈔八種一百四十四卷 …… 244
唐宋八大家類選十四卷 ………… 220
唐宋八大家類選十四卷 ………… 220
唐宋八家文讀本三十卷 ………… 221
唐宋八家鈔八卷 ………………… 218
唐宋八家鈔八卷 ………………… 218
唐宋八家鈔八卷 ………………… 218
唐宋八家詩五十二卷……………… 28
唐宋叢書 ………………………… 286
唐荊川先生纂輯武編十二卷……… 12
唐荊川稿五卷 …………………… 247
唐柳河東集四十五卷附錄一卷外集五卷
　遺文一卷 ……………………… 249
唐律疏義三十卷 ………………… 115
唐書二百二十五卷 ………………… 6
唐書二百二十五卷 ………………… 6
唐陸宣公集二十二卷 …………… 19
唐陸宣公集二十二卷 …………… 19
唐陸宣公集二十二卷首一卷增輯一卷附
　錄一卷 ………………………… 241
唐陸宣公集二十二卷首一卷增輯一卷附

錄一卷 …………………………… 241
唐陸宣公集二十二卷首一卷增輯一卷附
　錄一卷 ………………………… 241
唐陸宣公集二十二卷增輯二卷 …… 241
唐陸宣公集二十二卷增輯二卷 …… 241
唐陸宣公翰苑集二十四卷 ……… 241
唐陸宣公翰苑集二十四卷 ……… 241
唐黃御史集八卷附錄一卷………… 18
唐會要一百卷 …………………… 11
唐會要一百卷 …………………… 105
唐試帖箋林八卷 ………………… 32
唐詩三百首不分卷 ……………… 229
唐詩三百首注疏六卷 …………… 229
唐詩三百首注疏六卷 …………… 229
唐詩三百首註疏六卷 …………… 229
唐詩三百首註疏六卷 …………… 229
唐詩三百首補注八卷 …………… 229
唐詩三百首補注八卷 …………… 229
唐詩三百首補注八卷 …………… 236
唐詩三百首補注八卷續選一卷 …… 229
唐詩三百首補注八卷續選一卷 …… 229
唐詩三百首補注八卷續選一卷 …… 229
唐詩三百首補注八卷續選一卷 …… 229
唐詩三百首補注八卷續選一卷 …… 229
唐詩三百首補注八卷續選一卷 …… 229
唐詩三百首續選一卷 …………… 229
唐詩三百首續選一卷 …………… 229
唐詩正聲四十七卷唐詩正聲李杜韓白四
　家十卷 ………………………… 236
唐詩別裁集十卷 ………………… 232
唐詩別裁集引典備註二十卷 …… 232
唐詩金粉十卷 …………………… 208
唐詩金粉十卷 …………………… 208
唐詩品彙九十卷詩人爵里詳節一卷 … 30
唐詩品彙九十卷詩人爵里詳節一卷 … 30
唐詩品彙九十卷拾遺十卷詩人爵里詳節
　一卷 …………………………… 227
唐詩紀事八十一卷 ……………… 32
唐詩紀事八十一卷 ……………… 32
唐詩類苑二百卷 ………………… 228
唐摭言十五卷 …………………… 15

唐賢三昧集箋注三卷 …………… 228
唐賢三昧集箋注三卷 …………… 228
唐諸家同詠集一卷贈題集一卷歷朝諸家
　評王右丞詩畫鈔一卷 ………… 17
唐駢體文鈔十七卷 ……………… 236
唐駢體文鈔十七卷 ……………… 236
唐翰林李太白年譜一卷 ………… 18
[光緒]唐縣志十二卷首一卷 …… 127
唐類函二百卷目錄二卷 ………… 210
唐鑑二十四卷 …………………… 105
唐鑑二十四卷 …………………… 105
畜德錄選二卷 …………………… 147
悅心集五卷 ……………………… 155
瓶廬詩稿八卷 …………………… 276
拳教析疑說不分卷 ……………… 93
益智圖二卷 ……………………… 187
益智圖二卷 ……………………… 187
兼濟堂文集二十四卷 …………… 257
兼濟堂文集二十四卷 …………… 257
兼濟堂文集選二十卷 …………… 256
兼濟堂文集選二十卷 …………… 257
兼濟堂纂刻梅勿菴先生曆算全書二十九
　種七十四卷 …………………… 183
兼濟堂纂刻梅勿菴先生曆算全書二十九
　種七十四卷 …………………… 183
兼濟堂纂刻梅勿菴先生曆算全書二十九
　種七十四卷 …………………… 183
朔方備乘六十八卷首十二卷 …… 119
朔方備乘六十八卷首十二卷 …… 119
朔風吟略十一卷 ………………… 267
朔風吟略十一卷 ………………… 267
凌谿先生集十八卷 ……………… 22
淨業知津一卷 …………………… 203
涑水紀聞十六卷 ………………… 93
浙西水利備考不分卷 …………… 136
浙江沿海圖說一卷附海島表一卷江蘇沿
　海圖說一卷附海島圖一卷 …… 112
浙江海運漕糧全案重編初編八卷續編四
　卷新編八卷 …………………… 137
[康熙]浙江通志五十卷首一卷 … 133
海上鴻泥偶存八卷 ……………… 266

海山仙館叢書 …………………… 282
海秋制藝後集一卷 ……………… 261
海軍政藝通論三篇 ……………… 112
海峰文集八卷詩集十一卷 ……… 268
海峰先生精選八家文鈔不分卷 … 245
海國圖志六十卷 ………………… 139
海國圖志六十卷 ………………… 139
海粟齋詩鈔八卷附試律一卷 …… 252
海棠華館七家詩補注七卷 ……… 232
海愚詩鈔十二卷 ………………… 25
海瓊玉蟾先生文集六卷續集二卷… 20
浮邱子十二卷 …………………… 190
宸垣識略十六卷 ………………… 135
宸垣識略十六卷 ………………… 135
家言隨記四卷 …………………… 193
家塾蒙求五卷 …………………… 204
家範十卷 ………………………… 149
容春堂續集十八卷別集九卷 …… 22
容城三賢文集三種十二卷 ……… 212
容城三賢文集三種十二卷 ……… 212
容城三賢文集三種十二卷 ……… 212
容城三賢文集三種十二卷 ……… 212
容城三賢文集三種十二卷 ……… 212
容城三賢文集三種十二卷 ……… 213
容齋隨筆十六卷續筆十六卷三筆十六卷
　四筆十六卷五筆十卷 ………… 192
被園集文四卷詩四卷詞一卷 …… 26
袖珍十三經註十五種 …………… 36
書目答問五卷附別錄一卷國朝著述諸家
　姓名略一卷 …………………… 144
書目答問五卷附別錄一卷國朝著述諸家
　姓名略一卷 …………………… 144
書目答問五卷附別錄一卷國朝著述諸家
　姓名略一卷輶軒語一卷 ……… 144
書目答問四卷 …………………… 143
書啟合璧全集十三卷 …………… 193
書集傳或問二卷 ………………… 52
書集傳音釋六卷 ………………… 42
書業德重訂古文釋義新編八卷 … 226
書業德重訂古文釋義新編八卷 … 226
書業德重訂古文釋義新編八卷 … 226

書業德重訂古文釋義新編八卷 ………… 226
書傳大全十卷 ……………………………… 42
書經六卷 …………………………………… 42
書經六卷 …………………………………… 42
書經六卷 …………………………………… 42
書經六卷 …………………………………… 42
書經六卷 …………………………………… 42
書經六卷 …………………………………… 42
書經六卷 …………………………………… 42
書經考異一卷 ……………………………… 42
書經集傳音釋六卷 ………………………… 42
書經精華六卷 ……………………………… 42
書經講義會編十二卷 ……………………… 43
書經體註大全合參六卷 …………………… 43
書經體註大全合參六卷 …………………… 43
書經體註大全合參六卷 …………………… 43
書經體註大全合參六卷 …………………… 43
書經體註大全合參六卷 …………………… 43
書蔡傳附釋一卷 …………………………… 88
書學正韻三十六卷 ………………………… 78
陸宣公奏議四卷 …………………………… 115
陸軍檢查事務要論四卷 …………………… 157
陸桴亭先生文集五卷 ……………………… 268
陸桴亭先生遺書二十二種 ………………… 297
陸象山先生全集三十六卷 ………………… 246
陸清獻公日記十卷首一卷(清順治十四
　年至康熙三十一年) …………………… 99
陸清獻公治嘉格言不分卷 ………………… 153
陸清獻公蒞嘉遺蹟三卷 …………………… 109
陸稼書先生文集二卷 ……………………… 216
陸稼書先生讀朱隨筆四卷讀禮志疑六卷
　問學錄四卷 …………………………… 216
陳太僕批選八家文鈔九卷 ………………… 216
陳太僕批選八家文鈔九卷 ………………… 216
陳文恭公手劄節要三卷 …………………… 268
陳臥子先生安雅堂稿十五卷 ……………… 269
陳定宇先生文集十六卷別集一卷 ………… 21
陳定宇先生文集十六卷別集一卷 ………… 21
陳修園醫書 ………………………………… 166
陳修園醫書二十三種 ……………………… 166

陳修園醫書三十二種 ……………………… 166
陳修園醫書三十二種 ……………………… 166
陳修園醫書三十六種 ……………………… 166
陳書三十六卷 ……………………………… 6
陳潛室先生木鍾集十一卷 ………………… 153
陳學士文集十八卷 ………………………… 268
陳學士文集十八卷 ………………………… 268
陳學士文集十八卷 ………………………… 268
陳檢討集二十卷 …………………………… 268
陳檢討集二十卷 …………………………… 268
陳檢討集二十卷 …………………………… 268
陳檢討集二十卷 …………………………… 268
陰陽五要奇書三十二卷 …………………… 197
陰陽五要奇書五種附八宅明鏡二卷 …… 197
陰陽鏡不分卷 ……………………………… 197
陰隲文制藝試帖合璧二卷 ………………… 226
陰隲文圖證不分卷 ………………………… 197
陰騭文圖證不分卷 ………………………… 155
陶菴全集二十二卷首一卷末一卷 ……… 249
陶淵明文集十卷 …………………………… 238
陶淵明詩不分卷 …………………………… 238
陶齋藏石記四十四卷附陶齋藏磚記二卷
　…………………………………………… 143
陶廬文集□□卷 …………………………… 253
陶廬叢刻 …………………………………… 290
陶廬續憶補詠不分卷 ……………………… 269
恕谷後集十三卷 …………………………… 262
恕谷後集十三卷 …………………………… 262
恕堂六經一百二十七卷 …………………… 1
通行章程六卷 ……………………………… 115
[光緒]通州志十卷首一卷末一卷 ……… 121
通志堂經解 ………………………………… 37
通志堂經解 ………………………………… 37
通典二百卷 ………………………………… 11
通典二百卷 ………………………………… 107
通俗編三十八卷 …………………………… 206
通紀會纂十卷 ……………………………… 88
通商約章類纂三十五卷 …………………… 111
通雅五十二卷 ……………………………… 191
通雅五十二卷首三卷 ……………………… 15
通雅五十二卷首三卷 ……………………… 191

358

通德遺書所見錄七十二卷⋯⋯⋯⋯ 65
通鑑紀事本末二百三十九卷 ⋯⋯⋯ 7
通鑑紀事本末二百三十九卷 ⋯⋯⋯ 89
通鑑紀事本末二百三十九卷 ⋯⋯⋯ 89
通鑑紀事本末二百三十九卷 ⋯⋯⋯ 89
通鑑紀事本末二百三十九卷 ⋯⋯⋯ 89
通鑑紀事本末二百三十九卷 ⋯⋯⋯ 89
通鑑答問五卷 ⋯⋯⋯⋯⋯⋯⋯⋯ 103
通鑑類纂二十卷目錄一卷 ⋯⋯⋯⋯ 84
通鑑釋文辨誤十二卷 ⋯⋯⋯⋯⋯ 87
能自彊齋制藝一卷 ⋯⋯⋯⋯⋯⋯ 189
孫子十家註十三卷 ⋯⋯⋯⋯⋯⋯ 157
孫子十家註十三卷 ⋯⋯⋯⋯⋯⋯ 157
孫氏養正樓印存六卷 ⋯⋯⋯⋯⋯ 143
孫文定公奏疏十二卷 ⋯⋯⋯⋯⋯ 113
孫文定公奏疏十二卷 ⋯⋯⋯⋯⋯ 113
孫吳司馬法八卷 ⋯⋯⋯⋯⋯⋯⋯ 159
孫真人備急千金要方三十卷 ⋯⋯⋯ 170
孫真人備急千金要方三十卷 ⋯⋯⋯ 170
孫真人備急千金要方三十卷 ⋯⋯⋯ 170
孫過庭書譜二卷 ⋯⋯⋯⋯⋯⋯⋯ 185
孫淵如先生全集二十三卷 ⋯⋯⋯⋯ 255
孫淵如先生全集二十三卷 ⋯⋯⋯⋯ 255
純德彙編七卷首一卷 ⋯⋯⋯⋯⋯ 95
納書楹曲譜正集四卷續集四卷外集二卷
⋯⋯⋯⋯⋯⋯⋯⋯⋯⋯⋯⋯ 33
納書楹紫釵記全譜二卷⋯⋯⋯⋯⋯ 33

十一畫

理論駢文摘要不分卷 ⋯⋯⋯⋯⋯ 168
理學宗傳二十六卷⋯⋯⋯⋯⋯⋯ 12
理學宗傳二十六卷 ⋯⋯⋯⋯⋯⋯ 149
理學宗傳二十六卷 ⋯⋯⋯⋯⋯⋯ 149
理學宗傳二十六卷 ⋯⋯⋯⋯⋯⋯ 149
理學宗傳辨正十六卷 ⋯⋯⋯⋯⋯ 153
教化議五卷 ⋯⋯⋯⋯⋯⋯⋯⋯ 210
教育世界三集六十八卷 ⋯⋯⋯⋯ 283
教育叢書三集 ⋯⋯⋯⋯⋯⋯⋯ 285
教論語四卷 ⋯⋯⋯⋯⋯⋯⋯⋯ 148

培遠堂手劄節存三卷 ⋯⋯⋯⋯⋯ 268
培遠堂偶存稿四十八卷 ⋯⋯⋯⋯ 101
達生篇二卷 ⋯⋯⋯⋯⋯⋯⋯⋯ 177
執中蘊義四卷 ⋯⋯⋯⋯⋯⋯⋯ 204
聊齋先生文集二卷 ⋯⋯⋯⋯⋯⋯ 264
聊齋志異新評十六卷 ⋯⋯⋯⋯⋯ 273
聊齋志異新評十六卷 ⋯⋯⋯⋯⋯ 273
黃氏日鈔九十七卷附古今記要十九卷 ⋯ 152
黃氏醫書八種七十八卷 ⋯⋯⋯⋯ 165
黃氏醫書八種七十八卷 ⋯⋯⋯⋯ 165
黃氏醫書八種七十八卷 ⋯⋯⋯⋯ 165
黃帝內經素問二十四卷遺篇一卷靈樞十
二卷 ⋯⋯⋯⋯⋯⋯⋯⋯⋯ 167
黃帝內經素問二十四卷遺編一卷靈樞十
二卷 ⋯⋯⋯⋯⋯⋯⋯⋯⋯ 167
黃帝內經素問二十四卷遺編一卷靈樞十
二卷 ⋯⋯⋯⋯⋯⋯⋯⋯⋯ 167
黃帝內經素問二十四卷遺編一卷靈樞十
二卷 ⋯⋯⋯⋯⋯⋯⋯⋯⋯ 167
黃帝內經素問合纂十卷 ⋯⋯⋯⋯ 167
黃帝內經素問合纂十卷 ⋯⋯⋯⋯ 167
黃帝內經素問註證發微九卷 ⋯⋯⋯ 168
黃帝內經素問註證發微九卷 ⋯⋯⋯ 168
黃帝內經素問註證發微九卷 ⋯⋯⋯ 168
黃帝內經素問註證發微九卷附靈樞一卷
⋯⋯⋯⋯⋯⋯⋯⋯⋯⋯⋯ 168
黃帝內經靈樞註證發微九卷補遺一卷 ⋯ 167
黃帝素問宣明論方十五卷 ⋯⋯⋯⋯ 172
黃帝素問宣明論方十五卷 ⋯⋯⋯⋯ 172
黃帝素問靈樞合纂不分卷 ⋯⋯⋯⋯ 167
黃華館增注青雲集四卷 ⋯⋯⋯⋯ 235
黃梨洲先生南雷文約四卷 ⋯⋯⋯⋯ 264
黃翰林校正書經大全十卷 ⋯⋯⋯⋯ 42
黃嬭餘話八卷 ⋯⋯⋯⋯⋯⋯⋯ 191
菜根堂劄記十二卷 ⋯⋯⋯⋯⋯⋯ 59
菩薩戒本記一卷菩薩戒本宗要一卷菩薩
戒羯磨記一卷 ⋯⋯⋯⋯⋯⋯ 200
乾坤正氣集選鈔九十七卷 ⋯⋯⋯⋯ 221
乾坤正氣集選鈔九十七卷 ⋯⋯⋯⋯ 221
乾坤正氣錄五卷 ⋯⋯⋯⋯⋯⋯⋯ 225
乾隆府廳州縣圖志五十卷 ⋯⋯⋯⋯ 120

梵網經菩薩戒不分卷 …………… 202

梵網經菩薩戒不分卷 …………… 202

梵網經菩薩戒不分卷 …………… 202

梵網經菩薩戒不分卷 …………… 202

梵網經菩薩戒不分卷 …………… 202

梵網經菩薩戒不分卷 …………… 202

梵網經菩薩戒不分卷 …………… 202

梵網經菩薩戒不分卷 …………… 202

梵網經菩薩戒不分卷 …………… 202

梵網經菩薩戒不分卷 …………… 202

梵網經菩薩戒不分卷 …………… 202

梵網經菩薩戒不分卷 …………… 202

桯史十五卷附錄一卷 …………… 196

梅花易數五卷 …………………… 197

梅村詩集箋注十八卷 …………… 257

梅村詩集箋注十八卷 …………… 257

梅村詩話一卷 …………………… 275

梅崖居士文集三十卷外集八卷 … 256

曹集銓評十卷逸文一卷年譜一卷附錄一
　卷 …………………………… 253

曹集銓評十卷逸文一卷年譜一卷附錄一
　卷 …………………………… 253

曹集銓評十卷逸文一卷年譜一卷附錄一
　卷 …………………………… 254

堅瓠集十五集六十六卷 ………… 222

帶經堂全集九十二卷 …………… 253

帶經堂集九十二卷 ……………… 24

帶經堂詩話三十卷首一卷 ……… 274

硃批目耕齋初集不分卷二集不分卷三集
　不分卷 ……………………… 232

硃批增註七家詩選七卷 ………… 229

硃批諭旨不分卷 ………………… 8

硃批諭旨不分卷 ………………… 112

硃批諭旨不分卷 ………………… 112

硃批諭旨不分卷 ………………… 112

硃批諭旨不分卷 ………………… 112

盛世危言五卷 …………………… 110

盛世危言五卷續編五卷三編四卷四編四
　卷 …………………………… 110

盛世危言六卷 …………………… 110

盛明百家詩二百八十三卷 ……… 28

盛京典制備考八卷首一卷 ……… 105

[乾隆]盛京通志四十八卷首一卷 … 132

[乾隆]盛京通志四十八卷首一卷 … 132

雪心賦正解四卷 ………………… 198

雪樵經解三十卷附錄三卷 ……… 66

推拿廣意三卷 …………………… 178

推拿廣意三卷 …………………… 178

授堂文鈔八卷 …………………… 255

授堂金石文字續跋十四卷 ……… 142

授堂遺書八種 …………………… 294

授經堂重刊遺集二十三種 ……… 295

授經堂重刊遺集二十三種 ……… 295

掃葉山房四書遵註合講十九卷 … 64

掃葉山房重校宗必讀十卷 ……… 162

救劫寶訓不分卷 ………………… 149

救華厄言二卷 …………………… 111

救偏瑣言十卷備用良方一卷 …… 178

救偏瑣言十卷備用良方一卷 …… 178

處分則例圖要六卷 ……………… 116

處分則例圖要六卷 ……………… 116

處分則例圖要六卷 ……………… 116

處分則例圖要六卷 ……………… 116

常州先哲遺書四十四種 ………… 289

常州先哲遺書四十四種 ………… 289

常談四卷 ………………………… 189

野客叢書三十卷附野老記聞一卷 … 15

野鶴山人詩鈔一卷 ……………… 259

晨風閣叢書二十二種 …………… 144

眼科百問二卷 …………………… 176

眼科百問二卷 …………………… 176

眼科百問二卷 …………………… 176

眼科經驗一卷 …………………… 176

眼科闡微摘要六卷 ……………… 176

問心堂溫病條辨六卷首一卷 …… 173

問心齋學治雜錄二卷 …………… 155

晦庵先生朱文公文集一百卷 …… 243

晚邨先生八家古文精選不分卷 … 28

晚香亭詩鈔不分卷 ……………… 264

晚笑堂畫傳一卷明太祖功臣圖一卷 … 186

晚翠軒筆記一卷 ………………… 193

異方便淨土傳燈歸元鏡三祖實錄二卷 … 203
異授眼科一卷 …………………………… 163
異號類編二十卷 ………………………… 209
鄂宰四稿不分卷 ………………………… 155
國民錄四卷 ……………………………… 109
國民錄四卷 ……………………………… 109
國故論衡三卷 …………………………… 145
國律不分卷 ……………………………… 115
國朝山左詩鈔六十卷 …………………… 31
國朝山左詩鈔六十卷 …………………… 31
國朝山左詩鈔六十卷 …………………… 31
國朝山左詩續鈔三十二卷 ……………… 237
國朝文才調集不分卷 …………………… 64
國朝文雅正所見集十六卷 ……………… 234
國朝文鈔五編論文集鈔二卷 …………… 226
國朝文鈔五編論文集鈔二卷 …………… 226
國朝文鈔五編論文集鈔二卷 …………… 226
國朝文匯甲前集二十卷甲集六十卷乙集
　七十卷丙集三十卷丁集二十卷 ……… 230
國朝文錄八十二卷 ……………………… 233
國朝文錄八十二卷 ……………………… 233
國朝正雅集九十九卷 …………………… 237
國朝先正事略六十卷 …………………… 95
國朝先正事略六十卷 …………………… 95
國朝先正事略六十卷 …………………… 95
國朝先正事略六十卷 …………………… 95
國朝先正事略六十卷 …………………… 95
國朝名人著述叢編十三種 ……………… 285
國朝名人著述叢編十三種 ……………… 285
國朝律賦偶箋四卷 ……………………… 232
國朝律賦偶箋四卷 ……………………… 232
國朝律賦新機初集一卷二集一卷續集一
　卷 ……………………………………… 229
國朝耆獻類徵初編七百二十卷 ………… 95
國朝耆獻類徵初編七百二十卷 ………… 95
國朝畫徵錄三卷 ………………………… 185
國朝畫徵錄三卷續錄二卷 ……………… 185
國朝試賦匯海續編前集六卷後集二卷附
　補編一卷 ……………………………… 233
國朝試賦匯海續編前集六卷後集二卷附
　補編一卷 ……………………………… 233

國朝試賦匯海續編前集六卷後集二卷附
　補編一卷 ……………………………… 233
國朝詩人徵略六十卷二編六十四卷 …… 228
國朝滄州詩鈔十二卷續鈔四卷補鈔二卷
　明詩鈔一卷 …………………………… 237
國朝閨秀正始集二十卷附錄一卷補遺一
　卷 ……………………………………… 237
國朝閨秀正始集二十卷附錄一卷補遺一
　卷續集十卷附錄一卷補遺一卷輓詞一
　卷 ……………………………………… 237
國朝閨閣詩鈔一百卷 …………………… 215
國朝閨閣詩鈔一百卷 …………………… 215
國朝賦楷六卷 …………………………… 232
國朝畿輔詩傳六十卷 …………………… 237
國朝畿輔詩傳六十卷 …………………… 237
國朝畿輔詩傳六十卷 …………………… 237
國朝駢體正宗十二卷 …………………… 237
國朝駢體正宗十二卷 …………………… 237
國朝駢體正宗十二卷 …………………… 237
國朝歷科題名碑錄不分卷明洪武至崇禎
　各科不分卷 …………………………… 9
國朝學案小識十四卷首一卷末一卷 …… 96
國朝題名碑錄不分卷 …………………… 100
國語二十一卷 …………………………… 91
國語二十一卷 …………………………… 92
國語二十一卷 …………………………… 92
國語二十一卷附劄記一卷 ……………… 92
國語二十一卷劄記一卷考異四卷 ……… 92
國語二十一卷劄記一卷考異四卷 ……… 92
國語二十一卷戰國策十卷 ……………… 91
國語韋解補正二十一卷 ………………… 92
國語校注本三種 ………………………… 92
國語鈔二卷國策鈔二卷穀梁傳鈔一卷公
　羊傳鈔一卷 …………………………… 103
國語鈔二卷國策鈔二卷穀梁傳鈔一卷公
　羊傳鈔一卷 …………………………… 103
國語鈔二卷國策鈔二卷穀梁傳鈔一卷公
　羊傳鈔一卷 …………………………… 103
國語鈔二卷國策鈔二卷穀梁傳鈔一卷公
　羊傳鈔一卷 …………………………… 103

國學禮樂錄二十卷 ⋯⋯⋯⋯⋯ 11

唳鶴山房印存一卷 ⋯⋯⋯ 187

崇文書局彙刻書三十三種 ⋯⋯⋯⋯ 287

崇文書局彙刻書三十三種 ⋯⋯⋯⋯ 287

崇文書局彙刻書三十三種 ⋯⋯⋯⋯ 287

崇祀名宦鄉賢錄不分卷 ⋯⋯⋯ 95

崇祀鄉賢錄 ⋯⋯⋯ 94

崇雅堂詩鈔四卷文鈔二卷 ⋯⋯ 266

崇辨堂墨選不分卷 ⋯⋯⋯ 235

梨洲遺著彙刊 ⋯⋯⋯ 296

動物學新編一卷 ⋯⋯⋯ 188

笛漁小稿十卷 ⋯⋯⋯ 214

笛漁小稿十卷 ⋯⋯⋯ 214

笠翁一家言全集十六卷 ⋯⋯⋯ 26

笠翁傳奇十二種曲二十四卷 ⋯⋯⋯ 272

笠翁傳奇十種二十卷(存四種) ⋯⋯ 272

敏果齋七種 ⋯⋯⋯ 276

進診醫案不分卷 ⋯⋯⋯ 172

得月樓賦鈔四編 ⋯⋯⋯ 228

從野堂存稿八卷首一卷末一卷外集一卷

⋯⋯⋯ 249

船山師友記十七卷首一卷 ⋯⋯⋯ 97

船山詩草二十卷 ⋯⋯⋯ 255

船山詩草二十卷 ⋯⋯⋯ 255

船山遺書六十一種 ⋯⋯⋯ 294

斜川集六卷 ⋯⋯⋯ 244

覓燈因話二卷 ⋯⋯⋯ 196

象山先生全集三十六卷 ⋯⋯⋯ 246

象數一原七卷 ⋯⋯⋯ 180

象數論六卷 ⋯⋯⋯ 40

許氏說文解字雙聲疊韻譜不分卷 ⋯⋯ 71

許文正公遺書十五種十二卷首一卷末二

卷 ⋯⋯⋯ 35

麻科活人全書四卷 ⋯⋯⋯ 177

庾子山集注十六卷 ⋯⋯⋯ 238

庾子山集注十六卷 ⋯⋯⋯ 238

庾子山集注十六卷總釋十六卷 ⋯⋯ 238

庾開府全集十六卷 ⋯⋯⋯ 238

庾開府集十二卷 ⋯⋯⋯ 17

產孕集二卷 ⋯⋯⋯ 176

庸吏庸言二卷 ⋯⋯⋯ 118

庸盦文編四卷續編二卷海外文編四卷外
編四卷籌洋芻議一卷出使英法義比四
國日記六卷 ⋯⋯⋯ 264

康熙字典十二集三十六卷總目一卷檢字
一卷辨似一卷等韻一卷補遺一卷備考
一卷 ⋯⋯⋯ 3

康熙字典十二集補遺十二集 ⋯⋯ 70

康熙字典十二集總目一卷檢字一卷辨似
一卷等韻一卷備考一卷補遺一卷 ⋯⋯ 71

康熙字典十二集總目一卷檢字一卷辨似
一卷等韻一卷備考一卷補遺一卷 ⋯⋯ 71

康熙字典十二集總目一卷檢字一卷辨似
一卷等韻一卷備考一卷補遺一卷 ⋯⋯ 71

康熙字典十二集總目一卷檢字一卷辨似
一卷等韻一卷備考一卷補遺一卷 ⋯⋯ 71

康熙字典十二集總目一卷檢字一卷辨似
一卷等韻一卷備考一卷補遺一卷 ⋯⋯ 71

康熙字典十二集總目一卷檢字一卷辨似
一卷等韻一卷備考一卷補遺一卷 ⋯⋯ 71

康對山先生集四十五卷首一卷 ⋯⋯ 247

鹿忠節公集二十一卷 ⋯⋯⋯ 247

鹿忠節公集二十一卷 ⋯⋯⋯ 247

鹿忠節公[善繼]年譜二卷無欲齋詩鈔一
卷 ⋯⋯⋯ 98

旌忠錄二卷 ⋯⋯⋯ 266

章氏遺書二種 ⋯⋯⋯ 294

章氏遺書二種 ⋯⋯⋯ 294

商文毅公集十卷 ⋯⋯⋯ 21

商君書五卷 ⋯⋯⋯ 87

望古遙集詩存不分卷 ⋯⋯⋯ 219

[光緒]望都縣新志十卷補遺一卷 ⋯⋯ 127

[光緒]望都縣新志十卷補遺一卷 ⋯⋯ 127

望堂金石文字不分卷 ⋯⋯⋯ 143

惜抱軒全集十種 ⋯⋯⋯ 296

惜抱軒全集十種 ⋯⋯⋯ 296

惜抱軒稿不分卷 ⋯⋯⋯ 245

惜陰軒叢書 ⋯⋯⋯ 288

惟清齋全集十九卷 ………………… 270

剪燈餘話三卷 …………………… 196

清十朝聖訓十種九百二十二卷 ………… 112

清九朝聖訓七百六十二卷 ………… 112

清文補彙八卷 …………………… 72

清平閣倡和詩一卷 ………………… 22

清史攬要六卷 …………………… 111

清白堂文存四卷首一卷年譜一卷 ……… 254

清白堂文存四卷首一卷年譜一卷 ……… 254

清芬堂集十六卷續集六卷 ………… 260

清芬樓遺稿四卷 ………………… 256

[同治]清苑縣志十八卷首一卷 ……… 126

清河書畫舫十二卷 ………………… 185

清河書畫舫十二卷 ………………… 185

[光緒]清河縣志四卷 ……………… 125

清真釋疑不分卷 ………………… 204

清秘述聞十六卷續八卷 …………… 101

清朝史略十一卷 ………………… 79

清儀閣題跋不分卷 ………………… 142

[同治]清豐縣志十卷 ……………… 134

添修莫愁湖志二卷 ………………… 136

[光緒]淶水縣志八卷首一卷末一卷 … 127

[乾隆]涿州志二十二卷首一卷 ……… 126

[同治]涿州續志十八卷 …………… 126

渠亭山人半部稿不分卷 …………… 254

淺近錄八卷 ……………………… 149

淮南子二十一卷 ………………… 190

淮南子二十一卷 ………………… 190

淮南子二十一卷 ………………… 191

淮南鴻烈解二十一卷 ……………… 189

淮南鴻烈解二十一卷 ……………… 191

淮海先生文粹十四卷 ……………… 32

淮海集十七卷後集二卷詞一卷補遺一卷
　　附考證一卷 ………………… 245

淮海集四十卷後集六卷長短句三卷 …… 20

淨土十要十卷 …………………… 199

淨土晨鐘法語一卷 ………………… 202

淨德集三十八卷 ………………… 245

[光緒]深州風土記二十二卷附表五卷 … 131

[光緒]深州風土記二十二卷附表五卷 … 131

[光緒]深州風土記二十二卷附表五卷 … 131

[雍正]深澤縣志十二卷首一卷 ……… 123

梁四名家集七卷 ………………… 238

梁書五十六卷 …………………… 6

梁書五十六卷 …………………… 82

梁谿先生文集一百八十卷附錄六卷 …… 243

涵芬樓古今文鈔一百卷 …………… 221

寄園寄所寄十二卷 ………………… 15

寄園寄所寄十二卷 ………………… 196

張子全書十五卷 ………………… 149

張子全書十四卷 ………………… 148

張子詩選不分卷 ………………… 255

張太岳先生文集四十七卷 ………… 248

張氏醫通十六卷 ………………… 164

張氏醫通十六卷 ………………… 164

張文定公環碧堂集十八卷 ………… 22

張文貞公集十二卷 ………………… 24

張文貞公集十二卷 ………………… 24

張文襄公全集十四種二百二十九卷首二
　　卷 …………………………… 254

張百川先生塾課註釋八卷 ………… 269

張仲景金匱要略論註二十四卷 ……… 170

張仲景傷寒論原文淺註六卷 ………… 174

張仲景傷寒論原文淺註六卷 ………… 174

張仲景傷寒論原文淺註六卷長沙方歌括
　　六卷 ………………………… 174

張伯雨集外詩一卷 ………………… 21

張君一先生毛詩微言二十卷 ………… 2

張忠敏公遺集十卷首一卷附錄六卷 …… 248

張制軍[亮基]年譜二卷 …………… 98

張河間集二卷 …………………… 238

張惠肅公[亮基]年譜□□卷附國史館本
　　傳 …………………………… 98

張燕公集二十五卷 ………………… 155

隋書八十五卷 …………………… 5

隋書八十五卷 …………………… 82

陽宅愛眾篇二卷 ………………… 198

陽宅愛眾篇四卷 ………………… 198

陽明先生文集十六卷目錄二卷 ……… 248

隆平集二十卷 …………………… 8

婦女門一卷 ……………………… 177

婦科秘方一卷胎產護生篇一卷 ……… 165

婦科秘方一卷胎產護生編一卷 ……… 177
習苦齋畫絮十卷 ……………………… 186
習靜軒詩文集文二卷詩二十四卷制藝一
　卷 …………………………………… 266
參同契秘解六卷……………………… 39
貫之理禪師語錄二卷 ……………… 202
貫華堂第六才子書西廂記八卷附才子西
　廂文一卷 ………………………… 272
貫華堂選批唐才子詩甲集八卷 …… 32
鄉黨圖考十卷 ……………………… 62
鄉黨圖考十卷 ……………………… 62
鄉黨圖考十卷 ……………………… 62
紹興先正遺書四集十五種 ………… 287
紹興先正遺書四集十五種 ………… 287
巢雲山房詩鈔一卷 ………………… 227

十二畫

琴譜諧聲六卷 ……………………… 187
項城袁氏家集七種（存三種）………… 99
博物新編三集 ……………………… 211
[乾隆]博野縣志八卷首一卷末一卷 …… 126
彭文敬公全集四十九卷 …………… 263
彭剛直公奏稿八卷詩集八卷 ……… 114
達生保嬰編一卷 …………………… 177
達生編一卷 ………………………… 177
達亭老人遺稿三種 ………………… 294
達亭老人遺稿三種 ………………… 294
斯文正統十二卷 …………………… 12
斯文正統十二卷 …………………… 220
斯文正統十二卷 …………………… 220
斯文精萃不分卷 …………………… 220
斯陶說林十二卷 …………………… 195
葉氏經驗方一卷 …………………… 171
葉文莊公奏疏四十卷 ……………… 8
[同治]葉縣志十卷首一卷 ………… 133
萬氏女科不分卷 …………………… 177
萬方鍼線八卷 ……………………… 169
[道光]萬全縣志十卷首一卷 ……… 127
萬充宗先生經學五書十九卷 ……… 66
萬國分類時務大成四十卷首一卷 …… 210

萬國公法四卷 ……………………… 140
萬國公法四卷 ……………………… 141
萬國地輿圖考八卷圖一卷五大洲總說一
　卷 ………………………………… 141
萬國近政考略十六卷 ……………… 139
萬國通史三編十卷 ………………… 140
萬國通史三編十卷 ………………… 140
萬國通史前編十卷 ………………… 140
萬國通史前編十卷 ………………… 140
萬國通史前編十卷 ………………… 140
萬國通史續編十卷 ………………… 140
萬國通史續編十卷 ………………… 140
萬國通鑑四卷 ……………………… 140
萬國國力比較二十三卷 …………… 112
萬國憲法志三卷 …………………… 156
萬象一原演式九卷首一卷 ………… 180
萬善先資四卷 ……………………… 203
萬善花室文稿七卷 ………………… 252
萬壽盛典初集一百二十卷 ………… 11
葛城陳醇叔先生詩稿二卷附一卷補遺一
　卷 ………………………………… 269
董方立算書五種七卷 ……………… 183
董方立算書五種七卷 ……………… 183
董黃門稿一卷 ……………………… 23
董學士泌園集三十七卷 …………… 23
葆璞堂文集四卷 …………………… 27
敬業堂詩集五十卷 ………………… 26
敬業堂詩集五十卷續集六卷 ……… 26
敬齋古今黈八卷 …………………… 15
葦間詩集五卷 ……………………… 270
朝鮮近世史二卷 …………………… 79
植物名實圖考三十八卷長編二十二卷 …… 207
植物學課本一卷動物學課本一卷化學一
　卷手工一卷 ……………………… 187
棣懷堂隨筆六卷 …………………… 194
惠氏讀說文記十五卷 ……………… 74
腎囊醫訣四卷 ……………………… 172
棗強古漳河官隄志十卷 …………… 138
[嘉慶]棗強縣志二十卷 …………… 131
[嘉慶]棗強縣志二十卷 …………… 131
[光緒]棗強縣志補正五卷 ………… 131

［光緒］棗強縣志補正五卷 ············ 131

［光緒］棗強縣志補正五卷 ············ 131

［光緒］雄縣鄉土志十五卷 ············ 127

雲谷雜記四卷首一卷末一卷 ············ 193

雲林別墅新輯酬世錦囊書啟合編初集八
　卷 ·································· 231

雲林別墅新輯酬世錦囊書啟合編初集八
　卷 ·································· 231

雲林別墅新輯酬世錦囊書啟合編初集八
　卷家禮集成二集七卷帖式採輯新聯二
　卷 ·································· 231

雲林別墅纂輯酬世錦囊書啟續編四卷對
　聯續編五卷天下路程續編二卷稱呼帖
　式續編三卷家禮纂要續編五卷 ······ 231

［道光］雲南通志稿二百十六卷首三卷 ··· 134

揚子法言學行十三卷 ················ 151

揚州水道記四卷 ···················· 137

揚州畫舫錄十八卷 ·················· 136

揚州畫舫錄十八卷 ·················· 194

插花窗詩草六卷賦草二卷詩草補遺一卷
　·································· 265

援鶉堂筆記五十卷刊誤一卷刊誤補遺一
　卷 ·································· 194

雅雨堂文集四卷詩集二卷出塞集一卷 ··· 256

雅雨堂叢書十三種 ···················· 33

雅雨堂叢書十三種 ·················· 290

雅雨堂叢書十三種 ·················· 290

雅雨堂叢書十三種 ·················· 290

悲華懺法一卷 ······················ 203

紫光閣功臣小像並湘軍平定粵匪戰圖不
　分卷 ······························· 95

紫竹山房詩集十二卷文集二十卷 ······· 27

紫泥日記一卷(清光緒十五年七月二十
　四日至八月三十日) ·············· 146

紫柏大師法語節錄一卷 ·············· 202

紫桃軒雜綴三卷又綴三卷 ·············· 14

紫陽正誼課藝合撰不分卷 ············ 149

紫巖居士易傳十卷 ··················· 37

虛受堂文集十六卷書剳二卷詩存十六卷
　·································· 253

最近揚子江之大勢不分卷 ············ 137

最新史事論十二卷 ·················· 103

最新書牘須知二卷 ·················· 157

最新萬國政鑑五十一卷 ·············· 141

鼎鍥幼幼集成六卷 ·················· 178

開方表一卷 ························ 180

［光緒］開州志八卷首一卷 ············ 134

開縣李尚書政書八卷首一卷 ·········· 113

閩政領要三卷 ······················ 110

［乾隆］景州志六卷首一卷 ············ 131

景岳全書六十四卷 ·················· 164

景岳全書六十四卷 ·················· 164

景岳全書六十四卷 ·················· 164

景岳全書六十四卷 ·················· 164

景岳全書六十四卷 ·················· 164

［乾隆］貴州通志四十六卷首一卷 ······ 134

貴池二妙集五十一卷 ················ 216

貴池唐人集十六卷伍喬詩一卷 ········ 216

蛟峰先生文集十卷外集三卷山房先生遺
　文一卷 ···························· 19

違礙書目一卷 ······················ 144

喉科指掌四卷 ······················ 174

無邪堂答問五卷 ···················· 192

［乾隆］無極縣志十一卷末一卷 ········ 123

［光緒］無極縣志十卷首一卷末一卷 ···· 123

［光緒］無極縣志十卷首一卷末一卷 ···· 123

無爲齋文集十二卷 ·················· 255

剩禪師塔銘不分卷 ·················· 101

程荔江印譜不分卷 ·················· 143

黎洲遺著彙刊 ······················ 296

等韻一得內篇一卷外篇一卷 ··········· 79

策學備纂三十二卷首一卷 ············ 208

策學備纂三十二卷首一卷 ············ 208

策學備纂三十二卷首一卷 ············ 208

策學備纂三十二卷首一卷 ············ 208

策學淵萃四十六卷目錄二卷 ·········· 209

策學淵萃四十六卷目錄二卷 ·········· 209

策學纂要十六卷 ····················· 36

筆花醫鏡四卷 ······················ 161

筆算數學二十四章 ·················· 183

備用藥物簡便良方二種合刻一卷 ······ 157

傅山詩文集不分卷 ··················· 25

傅氏眼科審視瑤函六卷 …………………… 176

傅氏眼科審視瑤函六卷 …………………… 176

傅氏眼科審視瑤函六卷首一卷 …………… 176

傅氏眼科審視瑤函六卷首一卷 …………… 176

傅氏眼科審視瑤函六卷首一卷圖說一卷

　　…………………………………………… 176

傅氏眼科審視瑤函六卷首一卷圖說一卷

　　…………………………………………… 176

傅青主男科二卷女科二卷附女科產後編

　　二卷 ……………………………………… 161

傅青主男科二卷女科二卷附女科產後編

　　二卷 ……………………………………… 161

傅青主男科二卷附女科補遺一卷 ………… 161

貸園叢書初集十二種 ……………………… 35

[光緒]順天府志一百三十卷附錄一卷 … 121

[順治三年至乾隆元年]國朝歷科館選

　　錄不分卷 ………………………………… 100

[順治三年至乾隆六十年]國朝題名碑錄

　　初集不分卷 ……………………………… 100

[乾隆]順德府志十六卷 …………………… 125

集千家注杜工部詩集二十卷文集二卷 … 240

集聖教序四卷續四卷 ……………………… 236

集韻十卷……………………………………… 75

集韻十卷……………………………………… 75

集韻十卷……………………………………… 75

集韻十卷……………………………………… 76

集韻十卷……………………………………… 76

集驗簡易良方四卷 ………………………… 172

焦氏易詁十一卷易象補遺易象釋各一卷

　　…………………………………………… 198

御批資治通鑑綱目五十九卷首一卷 ……… 6

御批增補了凡綱鑑四十卷附御撰資治通

　　鑑綱目三編六卷 ………………………… 87

御批增補了凡綱鑑四十卷首一卷………… 87

御批歷代通鑑輯覽一百二十卷 …………… 7

御批歷代通鑑輯覽一百二十卷 …………… 85

御批歷代通鑑輯覽一百二十卷 …………… 85

御批歷代通鑑輯覽一百二十卷 …………… 85

御批歷代通鑑輯覽一百二十卷 …………… 85

御批歷代通鑑輯覽一百二十卷…………… 85

御批歷代通鑑輯覽一百二十卷…………… 86

御刻三希堂石渠寶笈法帖釋文十六卷 … 185

御定駢字類編二百四十卷…………………… 16

御定駢字類編二百四十卷 ………………… 206

御定歷代紀事年表一百卷 ………………… 7

御定歷代賦彙一百四十卷外集二十卷逸

　　句二卷補遺二十二卷…………………… 30

御定歷代賦彙一百四十卷外集二十卷逸

　　句二卷補遺二十二卷目錄三卷………… 30

御定歷代賦彙一百四十卷 ………………… 225

御定歷代賦彙一百四十卷外集二十卷逸

　　句二卷補遺二十二卷 …………………… 225

御案詩經備旨八卷 ………………………… 45

御製人臣儆心錄不分卷 …………………… 10

御製五經萃室記□□卷…………………… 66

御製文二集四十四卷……………………… 25

御製文二集四十四卷……………………… 25

御製文二集四十四卷……………………… 25

御製文初集三十卷………………………… 24

御製文初集三十卷………………………… 24

御製文初集三十卷………………………… 24

御製文集四十卷二集五十卷 ……………… 251

御製文餘集二卷御製詩餘集六卷 ………… 251

御製全韻詩五卷…………………………… 25

御製金剛般若波羅蜜經不分卷 ………… 201

御製耕織圖不分卷 ………………………… 185

御製詩二集九十卷目錄十卷……………… 25

御製詩二集九十卷目錄十卷……………… 25

御製詩二集九十卷目錄十卷……………… 251

御製詩二集九十卷目錄十卷……………… 251

御製詩二集九十卷目錄十卷……………… 251

御製詩初集四十四卷目錄四卷…………… 25

御製詩初集四十四卷目錄四卷…………… 25

御製詩初集四十四卷目錄四卷 ………… 251

御製數理精蘊上編五卷下編四十卷表八

　　卷 ………………………………………… 180

御製數理精蘊上編五卷下編四十卷表八

　　卷 ………………………………………… 181

御製數理精蘊上編五卷下編四十卷表八

　　卷 ………………………………………… 181

御製數理精蘊上編五卷下編四十卷表八

卷 ……………………………… 181

御製曆象考成二編二十六卷 ………… 180

御製曆象考成後編十卷 ……………… 180

御製曆象考成後編十卷 ……………… 180

御撰資治通鑑綱目三編二十卷………… 84

御撰資治通鑑綱目三編二十卷………… 86

御撰資治通鑑綱目三編二十卷末一卷…… 84

御撰資治通鑑綱目三編六卷 ………… 85

御撰資治通鑑綱目三編四十卷 ……… 88

御選大慈圓通禪仙紫陽真人張平叔語錄
　　一卷 ……………………………… 242

御選宋金元明四朝詩三百二卷首二卷姓
　　名爵里十三卷……………………… 28

御選妙覺普度和聖寒山大士詩一卷 …… 242

御選明臣奏議四十卷 ………………… 115

御選唐宋文醇五十八卷………………… 29

御選唐宋文醇五十八卷………………… 218

御選唐宋文醇五十八卷………………… 218

御選唐宋文醇五十八卷………………… 218

御選唐宋詩醇四十七卷目錄二卷 ……… 218

御選唐宋詩醇四十七卷目錄二卷 ……… 218

御選唐宋詩醇四十七卷目錄二卷 ……… 218

御選唐宋詩醇四十七卷目錄二卷 ……… 218

御選唐宋詩醇四十七卷目錄二卷 ……… 218

御選當今法會不分卷 ………………… 203

御選圓覺慈度合聖拾得大士詩一卷 …… 242

御纂七經二百九十四卷 ……………… 1

御纂朱子全書六十六卷 ……………… 151

御纂朱子全書六十六卷 ……………… 151

御纂朱子全書六十六卷 ……………… 151

御纂朱子全書六十六卷 ……………… 151

御纂朱子全書六十六卷 ……………… 151

御纂朱子全書六十六卷 ……………… 151

御纂周易折中二十二卷 ……………… 40

御纂周易折中二十二卷 ……………… 40

御纂周易折中二十二卷 ……………… 40

御纂周易折中二十二卷 ……………… 40

御纂周易折中二十二卷 ……………… 40

御纂周易折中二十二卷 ……………… 40

御纂周易折中二十二卷 ……………… 40

御纂周易折中二十二卷首一卷 ………… 1

御纂周易述義十卷 …………………… 1

御纂性理精義十二卷………………… 12

御纂性理精義十二卷………………… 151

御纂性理精義十二卷………………… 151

御纂性理精義十二卷………………… 151

御纂性理精義十二卷………………… 151

御纂性理精義十二卷………………… 151

御纂性理精義十二卷………………… 151

御纂春秋直解十二卷………………… 52

御纂春秋直解十二卷………………… 52

御纂詩義折中二十卷………………… 44

御纂詩義折中二十卷………………… 44

御纂詩義折中二十卷………………… 44

御纂詩義折中二十卷………………… 44

御纂詩義折中二十卷………………… 44

御纂詩義折中二十卷………………… 44

御纂詩義折中二十卷………………… 44

御纂醫宗金鑑九十卷………………… 164

御纂醫宗金鑑九十卷………………… 164

御纂醫宗金鑑九十卷………………… 164

御纂醫宗金鑑九十卷首一卷………… 164

御纂醫宗金鑑九十卷首一卷………… 164

御纂醫宗金鑑外科十六卷…………… 164

御纂醫宗金鑑外科十六卷…………… 175

御纂醫宗金鑑外科十六卷…………… 175

御纂醫宗金鑑續編十四卷…………… 164

復古編二卷 …………………………… 71

復古編二卷附錄一卷 ………………… 71

復古編校正一卷 ……………………… 71

復古編校正一卷 ……………………… 71

復初齋文集三十五卷 ………………… 269

復初齋詩集七十卷附翁氏家事略記一卷
　　………………………………… 269

復莊詩問三十四卷 …………………… 263

循孝錄不分卷………………………… 99

徧行堂集十六卷 ……………………… 269

徧行堂集十六卷 ……………………… 269

舒文靖公類稿四卷…………………… 246

［光緒］鉅鹿縣志十二卷首一卷……… 125

［光緒］鉅鹿縣志十二卷首一卷……… 125

［光緒］鉅鹿縣志十二卷首一卷……… 125

［光緒］鉅鹿縣志十二卷首一卷 ··········· 125

鈍根留印一卷 ············ 187

鈍翁文集十六卷 ············ 260

鈐山堂書畫記一卷 ············ 15

欽取朝考卷不分卷 ··········· 100

欽命四書詩題不分卷 ··········· 100

欽定三禮義疏一百八十二卷 ········· 50

欽定三禮義疏一百八十二卷 ········· 50

欽定三禮義疏一百八十二卷 ········· 50

欽定三禮義疏一百八十二卷 ········· 51

欽定三禮義疏一百八十二卷 ········· 51

欽定工部則例九十八卷 ·········· 117

欽定工部則例五十卷 ··········· 117

欽定大清會典一百卷事例一千二百二十
卷 ·················· 106

欽定大清會典一百卷事例一千二百二十
卷首一卷 ·············· 106

欽定大清會典一百卷事例一千二百二十
卷首一卷 ·············· 106

欽定大清會典一百卷事例一千二百二十
卷首一卷 ·············· 106

欽定大清會典一百卷首一卷 ········ 106

欽定大清會典八十卷 ·········· 107

欽定大清會典事例一千二百二十卷目錄
八卷 ················· 106

欽定大清會典事例九百二十卷目錄八卷
·················· 108

欽定大清會典圖一百三十二卷目錄二卷
·················· 107

欽定大清會典圖二百七十卷 ········ 106

欽定五軍道里表十八卷 ·········· 118

欽定五軍道里表十八卷 ·········· 118

欽定日下舊聞考一百六十卷············ 10

欽定中樞政考十五卷 ·········· 106

欽定中樞政考八旗三十二卷 ········ 106

欽定中樞政考八旗三十二卷 ········ 106

欽定中樞政考三十一卷 ··········· 11

欽定中樞政考綠營四十卷 ········· 106

欽定中樞政考綠營四十卷 ········· 106

欽定中樞政考續纂四卷 ·········· 108

欽定戶部則例一百卷首一卷 ········ 116

欽定戶部則例一百卷首一卷 ········· 116

欽定戶部軍需則例九卷 ·········· 118

欽定戶部軍需則例九卷 ·········· 118

欽定戶部軍需則例九卷 ·········· 118

欽定六部處分則例五十二卷 ········ 101

欽定古今圖書集成一萬卷目錄四十卷 ··· 210

欽定古今圖書集成一萬卷目錄四十卷考
證二十四卷 ············· 210

欽定古今圖書集成一萬卷目錄四十卷考
證二十四卷 ············· 210

欽定平定教匪紀略四十二卷首一卷········ 90

欽定四庫全書總目二百卷首一卷 ····· 144

欽定四庫全書總目二百卷首一卷 ····· 144

欽定四庫全書簡明目錄二十卷首一卷 ··· 143

欽定四庫全書簡明目錄二十卷首一卷 ··· 144

欽定四庫全書簡明目錄二十卷首一卷 ··· 144

欽定四庫全書簡明目錄二十卷首一卷 ··· 144

欽定四庫全書簡明目錄二十卷首一卷 ··· 144

欽定四庫全書簡明目錄二十卷首一卷 ··· 144

欽定四書文不分卷 ··········· 227

欽定四書文不分卷 ··········· 227

欽定四書文選不分卷 ·········· 227

欽定四書文選不分卷 ·········· 227

欽定吏部處分則例四十七卷 ········ 100

欽定吏部銓選則例二十一卷 ········ 118

欽定全唐文一千卷····················· 31

欽定全唐詩九百卷 ··········· 237

欽定兵部處分則例七十六卷 ········ 115

欽定兵部處分則例綠營三十九卷 ······ 118

欽定兵部續纂處分則例四卷 ········ 115

欽定武場條例十六卷 ·········· 112

欽定協紀辨方書三十六卷 ········· 198

欽定協紀辨方書三十六卷 ········· 198

欽定明鑑二十四卷 ············ 89

欽定明鑑二十四卷 ··········· 105

欽定明鑑二十四卷 ··········· 105

欽定明鑑二十四卷 ··········· 105

欽定周官義疏四十八卷首一卷············ 50

欽定宗室王公功績表傳十二卷首一卷····· 96

欽定春秋左傳讀本三十卷················· 53

欽定春秋左傳讀本三十卷 …………… 53

欽定春秋左傳讀本三十卷 …………… 53

欽定春秋左傳讀本三十卷 …………… 53

欽定春秋傳說彙纂三十八卷首二卷 …… 56

欽定科場條例六十卷首一卷 ………… 117

欽定皇輿西域圖志四十八卷首四卷 …… 9

欽定軍衛道里表十八卷 ……………… 112

欽定書經傳說彙纂二十一卷首二卷書序
　　一卷 ……………………………… 1

欽定書經傳說彙纂二十一卷首二卷書序
　　一卷 ……………………………… 41

欽定書經傳說彙纂二十一卷首二卷書序
　　一卷 ……………………………… 41

欽定書經傳說彙纂二十一卷首二卷書序
　　一卷 ……………………………… 41

欽定書經傳說彙纂二十一卷首二卷書序
　　一卷 ……………………………… 41

欽定書經圖說五十卷 ………………… 41

欽定書經圖說五十卷 ………………… 41

欽定理藩院則例六十四卷通例二卷 …… 117

欽定授時通考七十八卷 ……………… 159

欽定授時通考七十八卷 ……………… 159

欽定國子監則例四十五卷 …………… 118

欽定國朝詩別裁集三十二卷 ………… 31

欽定國朝詩別裁集三十二卷 ………… 31

欽定國朝詩別裁集三十二卷 ………… 232

欽定國朝詩別裁集三十二卷 ………… 232

欽定康濟錄六卷 ……………………… 109

欽定清漢對音字式不分卷 …………… 77

欽定萬年書不分卷 …………………… 87

欽定勝朝殉節諸臣錄十二卷首一卷 …… 96

欽定詩經傳說彙纂二十一卷首二卷詩序
　　二卷 ……………………………… 44

欽定詩經傳說彙纂二十一卷首二卷詩序
　　二卷 ……………………………… 44

欽定詩經傳說彙纂二十一卷首二卷詩序
　　二卷 ……………………………… 44

欽定詩經傳說彙纂二十一卷首二卷詩序
　　二卷 ……………………………… 44

［乾隆］欽定新疆識略十二卷首一卷 …… 132

欽定臺規四十卷 ……………………… 101

欽定熙朝雅頌集一百六卷首集二十六卷
　　餘集二卷 ………………………… 237

欽定熙朝雅頌集一百六卷首集二十六卷
　　餘集二卷 ………………………… 237

欽定滿洲源流考二十卷首一卷 ……… 135

［乾隆］欽定熱河志一百二十卷 ……… 128

欽定遼史語解十卷欽定金史語解十二卷
　　欽定元史語解二十四卷 ………… 83

欽定儀禮義疏四十八卷首二卷 ……… 48

欽定歷代職官表七十二卷首一卷 …… 10

欽定學政全書八十六卷 ……………… 105

欽定學政全書八十六卷 ……………… 105

欽定學政全書八十六卷 ……………… 105

欽定學政全書八十六卷 ……………… 105

欽定禮記義疏八十二卷首一卷 ……… 50

欽定禮部則例二百二卷 ……………… 117

欽定禮部則例二百二卷 ……………… 118

欽定總管內務府現行則例四卷 ……… 117

欽定蘭州紀略二十卷首一卷 ………… 89

欽定續文獻通考二百五十卷 ………… 107

欽定續通志六百四十卷 ……………… 5

欽定續通典一百五十卷 ……………… 11

欽定續通典一百五十卷 ……………… 107

番禺陳氏東塾叢書五種 ……………… 292

爲政忠告三種 ………………………… 105

飲冰室壬寅文集十八卷 ……………… 260

飲流齋說瓷不分卷 …………………… 188

勝朝殉揚錄三卷 ……………………… 96

勝朝遺事二編八卷 …………………… 193

勝朝遺事初編六卷 …………………… 91

鄒子願學集八卷 ……………………… 22

評乙古文一卷 ………………………… 151

評注圖像水滸傳七十五卷七十回 …… 273

評注圖像水滸傳七十五卷七十回 …… 273

評選古詩源四卷 ……………………… 222

評點春秋綱目左傳句解匯雋六卷 …… 55

評點春秋綱目左傳句解匯雋六卷 …… 55

註解傷寒論十卷 ……………………… 173

詠物詩選八卷 ………………………… 217

詠物詩選八卷 ………………………… 217

詞旨一卷 ……………………………… 222

詞苑英華八種四十五卷⋯⋯⋯⋯⋯ 32

詞林分類次韻便讀三字錦九卷⋯⋯⋯⋯ 78

詞林典故八卷⋯⋯⋯⋯⋯⋯⋯ 100

詞林紀事二十二卷附錄三卷 ⋯⋯⋯ 108

詞林海錯十二卷⋯⋯⋯⋯⋯⋯⋯ 16

詞律二十卷⋯⋯⋯⋯⋯⋯⋯⋯ 32

詞律二十卷拾遺八卷補遺一卷 ⋯⋯ 271

詞源二卷⋯⋯⋯⋯⋯⋯⋯⋯⋯ 222

詞綜三十六卷⋯⋯⋯⋯⋯⋯⋯ 272

詞選二卷附錄一卷續詞選二卷 ⋯⋯ 271

詞學全書四種 ⋯⋯⋯⋯⋯⋯⋯ 271

詞學全書四種 ⋯⋯⋯⋯⋯⋯⋯ 271

詞觀續編二十二卷⋯⋯⋯⋯⋯⋯ 32

敦艮齋遺書十七卷⋯⋯⋯⋯⋯⋯ 252

敦煌石室遺書十二種⋯⋯⋯⋯⋯ 143

痘科彙編四卷⋯⋯⋯⋯⋯⋯⋯ 178

痘疹正宗二卷⋯⋯⋯⋯⋯⋯⋯ 178

痘疹正宗二卷⋯⋯⋯⋯⋯⋯⋯ 178

痘疹全集十五卷⋯⋯⋯⋯⋯⋯⋯ 178

痘疹彙編六卷⋯⋯⋯⋯⋯⋯⋯ 178

痢證匯參十卷⋯⋯⋯⋯⋯⋯⋯ 172

痢證匯參十卷⋯⋯⋯⋯⋯⋯⋯ 173

痧癥全書三卷⋯⋯⋯⋯⋯⋯⋯ 162

痧癥全書三卷⋯⋯⋯⋯⋯⋯⋯ 162

痧癥全書三卷⋯⋯⋯⋯⋯⋯⋯ 163

痧癥全書三卷⋯⋯⋯⋯⋯⋯⋯ 170

痧癥全書三卷⋯⋯⋯⋯⋯⋯⋯ 170

痧癥全書三卷⋯⋯⋯⋯⋯⋯⋯ 170

童山文集二十卷補遺一卷粵東皇華集四

卷 ⋯⋯⋯⋯⋯⋯⋯⋯⋯⋯ 261

惲子居文鈔四卷⋯⋯⋯⋯⋯⋯ 267

善成堂增訂士材三書八卷 ⋯⋯⋯ 165

善成堂增訂士材三書八卷 ⋯⋯⋯ 165

普法戰紀二十卷⋯⋯⋯⋯⋯⋯ 139

普通百科全書不分卷⋯⋯⋯⋯⋯ 283

普通百科新大辭典十二卷補遺二卷⋯⋯ 74

普濟應驗良方八卷末一卷 ⋯⋯⋯ 170

普濟應驗良方八卷補遺一卷續補遺一卷

⋯⋯⋯⋯⋯⋯⋯⋯⋯⋯ 170

道之以政一卷⋯⋯⋯⋯⋯⋯⋯ 190

道古堂文集四十八卷詩集二十六卷 ⋯⋯ 262

道古堂文集四十八卷詩集二十六卷外文

一卷外詩一卷軼事一卷 ⋯⋯⋯⋯ 262

道咸同光四朝詩史甲集八卷首一卷乙集

八卷 ⋯⋯⋯⋯⋯⋯⋯⋯⋯ 229

道書十二種⋯⋯⋯⋯⋯⋯⋯⋯ 155

道榮堂文集六卷首一卷⋯⋯⋯⋯⋯ 27

道德經評註二卷⋯⋯⋯⋯⋯⋯ 154

道藏輯要三集⋯⋯⋯⋯⋯⋯⋯ 154

曾文正公手書日記不分卷（清道光二十

一年至同治十一年）⋯⋯⋯⋯⋯⋯ 99

曾文正公文鈔四卷補一卷⋯⋯⋯⋯ 270

曾文正公全集⋯⋯⋯⋯⋯⋯⋯ 298

曾文正公全集十五種⋯⋯⋯⋯⋯ 297

曾文正公全集十五種⋯⋯⋯⋯⋯ 297

曾文正公全集十五種⋯⋯⋯⋯⋯ 297

曾文正公全集十五種⋯⋯⋯⋯⋯ 297

曾文正公全集十五種⋯⋯⋯⋯⋯ 298

曾文正公奏議十卷首一卷末一卷 ⋯⋯ 115

曾文正公家書十卷家訓二卷⋯⋯⋯ 270

曾文正公家書十卷家訓二卷大事記四卷

榮哀錄一卷 ⋯⋯⋯⋯⋯⋯⋯ 270

曾文正公家書十卷家訓二卷大事記四卷

榮哀錄一卷 ⋯⋯⋯⋯⋯⋯⋯ 270

曾文正公家書十卷家訓二卷大事記四卷

榮哀錄一卷 ⋯⋯⋯⋯⋯⋯⋯ 270

曾文正公書劄二十七卷⋯⋯⋯⋯⋯ 270

曾忠襄公全集六十七卷 ⋯⋯⋯⋯ 270

曾忠襄公全集六種⋯⋯⋯⋯⋯⋯ 97

曾南豐文集四卷⋯⋯⋯⋯⋯⋯ 246

曾惠敏公全集奏疏六卷文集五卷詩集四

卷日記二卷⋯⋯⋯⋯⋯⋯⋯ 269

馮氏錦囊秘錄八種⋯⋯⋯⋯⋯⋯ 164

湛然居士文集十四卷後序一卷 ⋯⋯ 247

湖北武學三十卷⋯⋯⋯⋯⋯⋯ 158

湖北武學五十二卷⋯⋯⋯⋯⋯⋯ 158

湖北節義錄十二卷補遺一卷⋯⋯⋯⋯ 95

湖南文徵一百九十卷首一卷目錄六卷姓

氏傳四卷⋯⋯⋯⋯⋯⋯⋯⋯ 224

［嘉慶］湖南通志二百十九卷首三卷末六

卷⋯⋯⋯⋯⋯⋯⋯⋯⋯⋯ 134

湖海文傳七十五卷 ⋯⋯⋯⋯⋯⋯ 228

湖海文傳七十五卷 …………………… 228
湖海文傳七十五卷 …………………… 228
湖海詩傳四十六卷 …………………… 227
湖海詩傳四十六卷 …………………… 227
湖海詩傳四十六卷 …………………… 228
湖海樓全集五十四卷 ………………… 268
湖海樓詩集八卷陳迦陵儷體文集十卷迦
　陵詞全集三十卷 …………………… 268
湖海樓叢書十二種 …………………… 292
湘中草六卷 …………………………… 261
湘軍記二十卷 ………………………… 88
湘綺樓全集文集八卷詩集十四卷箋啟八
　卷 …………………………………… 254
湘潭郭氏閨秀集六卷 ………………… 237
湯子遺書十卷年譜一卷潛菴先生擬明史
　稿二十卷乾坤兩卦解一卷洛學編五卷
　湯子遺書續編二卷 ………………… 261
湯子遺書十卷附錄一卷 ……………… 26
湯子遺書十卷附錄一卷附年譜一卷 … 261
湯子遺書十卷續編二卷洛學編五卷乾坤
　兩卦解一卷 ………………………… 261
湯陰精忠廟志十卷 …………………… 135
測圓海鏡四卷 ………………………… 182
渭南文集五十卷 ……………………… 20
渭南文集五十卷 ……………………… 20
滑稽詩文集四卷 ……………………… 229
滑耀編不分卷 ………………………… 29
淵鑑類函四百五十卷 ………………… 205
淵鑑類函四百五十卷 ………………… 205
淵鑑類函四百五十卷 ………………… 205
淵鑑類函四百五十卷 ………………… 205
淵鑑類函四百五十卷 ………………… 205
淵鑑類函四百五十卷目錄四卷 ……… 205
游薦山先生集十卷前集一卷首一卷 … 243
游歷美利加圖經三十二卷 …………… 138
湄湖吟十一卷聽松軒遺文一卷 ……… 264
割圜密率捷法四卷 …………………… 183
寒村詩文選十七種三十六卷 ………… 212
寒松堂全集十二卷年譜一卷 ………… 257
寒松堂全集十二卷年譜一卷 ………… 257
寒松堂全集十二卷年譜一卷 ………… 257

寒松堂全集十二卷年譜一卷 ………… 257
寒松堂全集十二卷年譜一卷 ………… 257
富國策三卷 …………………………… 109
富強齋叢書七十一種 ………………… 280
補天石傳奇八卷 ……………………… 273
補刊段氏說文解字注三十卷附六書音韻
　表五卷 ……………………………… 74
補刊段氏說文解字注三十卷附六書音韻
　表五卷 ……………………………… 74
補訂新譯大方廣佛華嚴經音義二卷 …… 17
補校袁文箋正七卷首一卷 …………… 262
補註洗冤錄集証四卷附刊檢骨圖格一卷
　作吏要言一卷 ……………………… 156
補註黃帝內經素問二十四卷 ………… 167
補註黃帝內經素問二十四卷遺篇一卷 … 167
補註傅氏女科全集二種 ……………… 177
補註傅氏女科全集二種 ……………… 177
補註瘟疫論四卷 ……………………… 174
補寰宇訪碑錄五卷失編一卷刊誤一卷 … 143
畫禪室隨筆四卷 ……………………… 14
畫禪室隨筆四卷 ……………………… 194
登高一呼六卷 ………………………… 265
登壇必究三十六卷 …………………… 12
登壇必究三十六卷 …………………… 12
登瀛社稿續刻不分卷 ………………… 232
絳雪園古方選註二卷附得宜本草一卷 … 170
絳雪園古方選註三卷 ………………… 13
絕妙好詞箋七卷 ……………………… 272
絕妙好詞箋七卷 ……………………… 272
絕妙好詞續鈔二卷 …………………… 272
絕妙好詞續鈔二卷 …………………… 272
幾何原本十五卷 ……………………… 182
幾何原本十四卷首一卷 ……………… 181
幾何原本十四卷首一卷 ……………… 181
幾何原本十四卷首一卷 ……………… 181
幾何原本十四卷首一卷 ……………… 181
幾何第十卷釋義二卷 ………………… 182

十三畫

瑞陽阿集十卷 ………………………… 22

瑜伽燄口施食要集不分卷 …………… 201

載詠樓重鐫蘇批孟子二卷 …………… 58

聖年廣益十二編 ……………………… 204

聖安皇帝本紀二卷 …………………… 7

聖安皇帝本紀二卷 …………………… 92

聖武記十四卷 ………………………… 88

聖武記十四卷 ………………………… 88

聖武記十四卷 ………………………… 88

聖武記十四卷 ………………………… 88

聖祖仁皇帝庭訓格言一卷 …………… 149

聖廟祀典圖考三卷首一卷 …………… 135

聖學知統錄二卷聖學知統翼錄二卷 … 94

聖諭十六條附律易解一卷 …………… 112

聖諭像解二十卷 ……………………… 94

聖諭像解二十卷 ……………………… 95

聖諭廣訓直解一卷 …………………… 149

聖諭廣訓直解一卷 …………………… 149

蓮邦菁華不分卷 ……………………… 201

蓮池四種 ……………………………… 288

蓮池書院肄業日記十卷(光緒四年三月
　　至十二月) …………………………… 64

蓮池書院肄業日記□□卷(光緒四年五
　　月至光緒五年十月) ……………… 120

蓮池書院課藝□□卷 ………………… 139

蓮窗雜著不分卷 ……………………… 135

蓮潔詩翰釋文一卷蓮潔詩存一卷 …… 252

靳文襄公治河方略十卷首一卷 ……… 10

夢月巖詩集二十卷詩餘一卷 ………… 27

夢占類考十二卷 ……………………… 13

夢白先生集二卷 ……………………… 23

夢白先生集三卷味檗齋遺筆一卷閒居擇
　　言一卷目前集二卷行述一卷 ……… 250

夢陔堂詩集三十五卷 ………………… 264

夢堂詩稿十五卷 ……………………… 263

夢筆山房薾甖集八卷續編一卷閒雲詞一
　　卷 …………………………………… 26

夢窗甲乙丙丁稿四卷補遺一卷劄記一卷
　　　………………………………………… 272

夢綠草堂詩鈔十二卷首一卷末一卷附錄
　　二卷 ………………………………… 234

蒼谷全集十二卷 ……………………… 248

蒼霞草二十卷詩八卷續草二十二卷 …… 23

蓬窗隨錄十四卷附錄二卷續錄二卷 …… 190

蓬窗隨錄十四卷附錄二卷續錄二卷 …… 190

蒲石山房集五卷 ……………………… 23

[乾隆]蒲城縣志十五卷 ……………… 132

蒙古游牧記十六卷 …………………… 136

蒙古游牧記十六卷 …………………… 136

蒙學修身書六卷 ……………………… 153

蒙學叢書春季不分卷夏季不分卷秋季不
　　分卷冬季不分卷 …………………… 286

蒙齋[田雯]年譜一卷續一卷補一卷 …… 97

楚紀六十卷 …………………………… 7

楚蒙山房集五卷 ……………………… 266

楚騷五卷 ……………………………… 17

楚騷綺語六卷 ………………………… 206

楚辭十七卷 …………………………… 238

楚辭十七卷 …………………………… 238

楚辭十七卷 …………………………… 238

楚辭十七卷 …………………………… 238

楚辭十七卷 …………………………… 238

楚辭十七卷疑字直音補一卷 ………… 17

楚辭集注八卷 ………………………… 238

楚辭餘論二卷楚辭說韻一卷 ………… 238

楊大年先生武夷新集二十卷 ………… 20

楊仲弘集八卷 ………………………… 21

楊忠烈公文集五卷 …………………… 250

楊忠潛公全集四卷 …………………… 250

楊忠潛公全集四卷 …………………… 250

楊忠潛公全集四卷 …………………… 250

楊忠潛公全集四卷 …………………… 250

楊忠潛公全集四卷 …………………… 250

楊椒山先生集四卷年譜一卷 ………… 250

楊園先生全集五十四卷年譜一卷 …… 189

楊園先生全集五十四卷年譜一卷 …… 189

楊龜山先生集四十二卷首一卷 ……… 245

楊龜山先生集四十二卷首一卷 ……… 245

楊鐵崖先生詠史古樂府四卷 ………… 247

楞嚴經指掌疏十卷 …………………… 201

槐廬詩學不分卷 ……………………… 212

槐廬叢書五編四十六種 ……………… 290

槐廳載筆二十卷 ……………………… 193

榆園叢刻 …………………… 289
楹聯集錦八卷 ………………… 194
楹聯叢話十二卷 ……………… 190
較正醫林狀元壽世保元十卷 …… 160
較正醫林狀元壽世保元十卷 …… 160
賈氏叢書甲集十一種 ………… 290
感舊集十六卷 ………………… 220
揅經室一集十四卷二集八卷三集五卷 … 267
揅經室一集十四卷二集八卷三集五卷四
　　集十一卷外集五卷續集十一卷 ……… 267
揅經室一集十四卷二集八卷三集五卷四
　　集十一卷外集五卷續集十一卷再續集
　　六卷 …………………… 267
揅經室一集十四卷二集八卷三集五卷四
　　集十一卷外集五卷續集十一卷再續集
　　六卷 …………………… 267
揅經室一集十四卷二集八卷三集五卷四
　　集十一卷外集五卷續集十一卷再續集
　　六卷 …………………… 267
揅經室文集十八卷 …………… 267
揅經室四集二卷詩十一卷續集十一卷外
　　集五卷 …………………… 267
碑傳集一百六十卷首二卷末二卷……… 96
雷刻八種 ……………………… 294
摛文堂集十五卷附錄一卷 …… 244
督捕則例附纂二卷 …………… 117
督漕疏草二十二卷 …………… 8
路史四十七卷 ………………… 8
農政全書六十卷 ……………… 159
農桑輯要七卷 ………………… 110
農桑輯要七卷 ………………… 159
農術要理一卷 ………………… 159
農學一卷 ……………………… 159
蜀粵名宦錄不分卷 …………… 101
蜀輶日記四卷(清嘉慶十五年五月至十
　　一月) …………………… 138
圓錐線說三卷 ………………… 183
稗海四百四十卷 ……………… 196
稗海四百四十卷 ……………… 196
節本泰西新史攬要八卷 ……… 139
節本泰西新史攬要八卷 ……… 139

節菴集八卷續蕖一卷 ………… 247
傳家寶四集三十二卷首一卷 … 189
傷寒心鏡別集一卷 …………… 174
傷寒直格論方三卷 …………… 172
傷寒來蘇集八卷 ……………… 174
傷寒溫疫條辨六卷 …………… 174
傷寒溫疫條辨六卷 …………… 174
傷寒瘟疫條辨六卷 …………… 174
傷寒緒論五卷 ………………… 173
傷寒標本心法類萃二卷 ……… 174
傷寒論十卷傷寒明理論十卷 … 173
傷寒審證表不分卷 …………… 174
傷寒審證表不分卷 …………… 174
傷寒證治準繩八卷 …………… 173
傷寒懸解十四卷傷寒說意十卷 … 174
粵雅堂叢書一百八十四種 …… 278
粵雅堂叢書一百八十四種 …… 279
粵雅堂叢書一百八十四種 …… 279
愛日堂文集八卷詩集二卷年譜一卷 … 255
愛日堂四書遵註合講十九卷……… 62
解文毅公集十六卷首一卷 …… 22
試帖十萬軍聲二集□□卷 …… 75
試帖長城集八卷 ……………… 233
試帖長城集八卷 ……………… 233
試律青雲集四卷 ……………… 234
試律青雲集四卷 ……………… 235
詩毛氏傳疏三十卷 …………… 46
詩毛氏傳疏三十卷 …………… 46
詩古微上編三卷中編十卷下編二卷首一
　　卷 …………………… 45
詩句題解韻編合集二十二卷……… 79
詩序二卷 ……………………… 44
詩序辨說一卷 ………………… 45
詩林韶濩二十卷 ……………… 221
詩所八卷 ……………………… 45
詩紀一百三十卷 ……………… 215
詩料英華十四卷 ……………… 210
詩料英華十四卷 ……………… 210
詩料英華十四卷 ……………… 216
詩家全體十四卷 ……………… 29
詩詞雜俎二十四卷…………… 29

詩詞韻輯二種八卷 …………………… 78
詩經八卷 …………………………… 44
詩經八卷 …………………………… 44
詩經八卷 …………………………… 44
詩經八卷 …………………………… 44
詩經不分卷 ………………………… 45
詩經正解三十卷首一卷 …………… 46
詩經世本古義二十八卷首一卷 …… 44
詩經世本古義二十八卷首一卷末一卷 …… 2
詩經葉音辨譌八卷附總論一卷圖一卷總
　音一卷彙辨一卷叠韻一卷音學一卷通
　韻一卷字典一卷 ………………… 46
詩經喈鳳詳解八卷圖說一卷 ……… 46
詩經喈鳳詳解八卷圖說一卷 ……… 46
詩經集傳八卷 ……………………… 45
詩經集傳八卷 ……………………… 45
詩經集傳八卷 ……………………… 45
詩經集傳八卷 ……………………… 45
詩經集傳八卷附序辨一卷 ………… 45
詩經集傳八卷附序辨一卷 ………… 45
詩經集傳八卷附詩經諸圖圖考一卷 …… 44
詩經傳註八卷 ……………………… 45
詩經傳註八卷 ……………………… 45
詩經廣詁三十卷 …………………… 45
詩經精華十卷 ……………………… 45
詩經審鵠要解六卷 ………………… 45
詩經體註旁訓圖考大全八卷 ……… 43
詩經體註圖考大全八卷 …………… 43
詩經體註圖考大全八卷 …………… 43
詩經體註圖考大全八卷 …………… 43
詩經體註圖考大全八卷 …………… 43
詩輯三十六卷 ……………………… 2
詩學含英十四卷 …………………… 216
詩學圓機活法大成二十四卷韻學全書十
　四卷 ……………………………… 206
詩聲類十二卷分編一卷 …………… 76
詩總聞二十卷 ……………………… 44
詩鵠上編三卷中編三卷下編三卷附編二
　卷 ………………………………… 219
詩識名解十五卷 …………………… 45

詩韻合璧五卷 ……………………… 77
詩韻合璧五卷 ……………………… 77
詩韻合璧五卷 ……………………… 77
詩韻合璧五卷 ……………………… 77
詩韻合璧五卷 ……………………… 77
詩韻合璧五卷附分韻文選題解擇要一卷
　…………………………………… 77
詩韻含英題解□□卷 ……………… 78
詩韻集成十卷 ……………………… 79
詩韻集成十卷 ……………………… 79
詩韻類錦十二卷 …………………… 75
詳批律賦精腋四卷 ………………… 264
詳批律賦標準二集四卷 …………… 234
詳批律賦標準四卷二集四卷 ……… 233
詳批律賦標準二集四卷 …………… 233
詳注聊齋志異圖詠十六卷 ………… 273
詳校東萊博議四卷備考一卷 ……… 245
詳校東萊博議四卷備考一卷 ……… 245
詳校東萊博議四卷備考一卷 ……… 245
詳校東萊博議四卷備考一卷 ……… 245
詳註飲香尺牘六卷 ………………… 226
廉吏傳三卷續編一卷 ……………… 94
廉琴舫傳略一卷楊介堂觀察名臣鄉覽錄
　一卷 ……………………………… 96
新刊五百家注音辨昌黎先生文集四十卷
　…………………………………… 240
新刊五百家注音辨昌黎先生文集四十卷
　…………………………………… 240
新刊五百家注音辨昌黎先生文集四十卷
　…………………………………… 240
新刊外科正宗十二卷 ……………… 175
新刊良朋彙集六卷 ………………… 170
新刊性理大全八卷 ………………… 149
新刊陳眉公先生精選古論大觀四十卷 …… 30
新刊註釋素問玄機原病式二卷 …… 174
新刊補註銅人腧穴鍼灸圖經五卷 … 179
新刊增補萬病回春原本八卷 ……… 160
新刊增補萬病回春原本八卷 ……… 160
新刊增補萬病回春原本八卷 ……… 160
新刊增補萬病回春原本八卷 ……… 160
新刊醫林狀元壽世保元十卷 ……… 160

新刊醫林狀元壽世保元十卷 ……… 160
新刊醫林狀元壽世保元十卷 ……… 160
新刊醫林狀元壽世保元十卷 ……… 160
新刊纂圖元亨療馬集六卷圖像水黃牛經
　　合併大全二卷(卷三部分爲手抄補配)
　　……………………………………… 179
新刊權載之文集五十卷 …………… 240
新民叢報彙編不分卷 ……………… 190
新刻二度梅奇說全集六卷四十回 … 274
新刻天花藏批評玉嬌梨四卷二十回 … 273
新刻古今事物考八卷………………… 16
新刻石室先生丹淵集四十卷拾遺二卷續
　　編諸公書翰詩文一卷雜紀一卷年譜一
　　卷 ……………………………………… 19
新刻來瞿唐先生易注十五卷首一卷末一
　　卷 …………………………………… 40
新刻明朝通紀會纂七卷 ……………… 7
新刻重校增補圓機活法詩學全書二十四
　　卷 ………………………………… 206
新刻真本唱口雙珠球全傳十二集四十九
　　回 ………………………………… 272
新刻書棄活套四卷 ………………… 221
新刻書經備旨善本輯要六卷 ……… 42
新刻書經備旨善本輯要六卷 ……… 42
新刻張太岳先生集四十七卷………… 22
新刻張太岳先生集四十七卷………… 22
新刻爾雅翼三十二卷………………… 69
新刻韓柳歐蘇六大家古文選粹評林八卷
　　……………………………………… 223
[光緒]新河縣志十六卷……………… 125
[光緒]新河縣志十六卷……………… 125
[道光]新城縣志十八卷首一卷 …… 126
新政真詮六編 ……………………… 111
新訂小兒科臍風驚風合編不分卷 … 178
新訂四書補註備旨十卷……………… 61
新訂四書補註備旨十卷……………… 61
新訂四書補註備旨十卷……………… 61
新訂四書補註備旨十卷……………… 62
新訂四書補註備旨十卷……………… 62
新書十卷 …………………………… 148
新斠注地里志十六卷……………… 121

新斠注漢書地理志十六卷………… 83
新增正積驗方新編二十一卷 ……… 171
新增幼學故事瓊林四卷 …………… 150
新增幼學故事瓊林四卷 …………… 150
新增幼學故事瓊林四卷 …………… 150
新增西藥略釋四卷 ………………… 161
新增格古要論十三卷 ……………… 15
新增脈學本草醫方全書六卷首一卷 … 165
新增智囊補二十八卷 ……………… 193
新增補註溫疫論二卷 ……………… 173
新增詩句題解彙編二十二卷 ……… 210
新增詩經補註附考備旨八卷 ……… 45
新增詩經補註附考備旨八卷 ……… 45
新增詩經補註備旨精萃八卷首一卷 … 45
新增說文韻府羣玉二十卷 ………… 17
新增說文韻府羣玉二十卷 ………… 17
新增篇韻拾遺併藏經字義一卷附等韻指
　　掌圖一卷 ………………………… 4
新增龍文鞭影四卷 ………………… 194
新增龍文鞭影全集七卷 …………… 194
新增醫宗必讀十卷 ………………… 162
新鍥葛稚川内篇四卷外篇四卷 …… 155
新選時文備格不分卷 ……………… 189
新選時文備格不分卷 ……………… 189
新選韜略元機象棋譜六卷 ………… 187
新編女科指掌五卷 ………………… 177
新編古今事文類聚別集三十二卷 … 16
新編古今事文類聚遺集十五卷 …… 16
新編直指算法統宗十二卷 ………… 182
新編經史正音切韻指南一卷 ……… 4
新編算學啟蒙三卷 ………………… 181
新編算學啟蒙三卷 ………………… 181
新編篇韻貫珠集八卷直指玉鑰匙門法一
　　卷 ………………………………… 4
新輯撫豫宣化錄十卷 ……………… 112
新學彙編四卷 ……………………… 211
新雕徂徠石先生文集二十卷末一卷 …… 242
新鐫校訂脈訣指掌病式圖說一卷 … 169
新羅山人集五卷目錄一卷 ………… 265
新疆要略四卷 ……………………… 132
新疆賦一卷 ………………………… 138

新纂門目五臣音註揚子法言十卷……… 12

新鐫七真天仙寶傳四卷三十二回 …… 203

新鐫批評出相韓湘子三十回………… 32

新鐫異說五虎平西珍珠旗演義狄青前傳
十四卷一百十二回 ………………… 273

新鐫異說五虎平西珍珠旗演義狄青前傳
十四卷一百十二回新鐫繡像五虎平南
狄青後傳六卷四十二回 …………… 273

新鐫增補周易備旨一見能解六卷朱子筮
儀一卷朱子卦辨圖一卷 …………… 39

新譯日本法規大全二十五類附日本法規
解字一卷 …………………………… 117

新譯日本法規大全二十五類附日本法規
解字一卷 …………………………… 117

新譯世界統計年鑑不分卷 ………… 138

意解山房溫疫析疑四卷 …………… 172

雍熙樂府二十卷 ………………………… 33

慎自怡園吟草□□卷 ……………… 271

慎莽古近體詩五卷 ………………… 252

義門讀書記五十八卷 ……………… 192

義門讀書記五十八卷 ……………… 192

義門讀書記五十八卷 ……………… 192

慈悲梁皇寶懺十卷 ………………… 203

慈悲梁皇寶懺十卷 ………………… 203

慈悲梁皇寶懺十卷 ………………… 203

慈溪黃氏日抄分類九十七卷附古今紀要
十九卷 ……………………………… 12

煨芋巖居文集不分卷 ……………… 254

資治通鑑二百九十四卷 …………… 85

資治通鑑二百九十四卷 …………… 85

資治通鑑二百九十四卷 …………… 85

資治通鑑二百九十四卷目錄三十卷 …… 7

資治通鑑二百九十四卷目錄三十卷…… 84

資治通鑑二百九十四卷目錄三十卷 …… 85

資治通鑑二百九十四卷目錄三十卷釋例
一卷 ………………………………… 7

資治通鑑二百九十四卷附釋文辨誤十二
卷 …………………………………… 84

資治通鑑二百九十四卷附釋文辨誤十二
卷 …………………………………… 85

資治通鑑二百九十四卷附釋文辨誤十二

卷 …………………………………… 85

資治通鑑二百九十四卷通鑑目錄三十卷
外記目錄五卷外記十卷辨誤十二卷…… 85

資治通鑑目錄三十卷 ……………… 85

資治通鑑外紀十卷 ………………… 85

資治通鑑外紀十卷目錄五卷………… 87

資治通鑑外紀十卷目錄五卷………… 88

資治通鑑地理今釋十卷 …………… 119

資治通鑑問疑一卷 ………………… 7

資治通鑑綱目五十九卷 …………… 86

資治通鑑綱目五十九卷 …………… 86

資治通鑑綱目五十九卷 …………… 86

資治通鑑綱目五十九卷 …………… 86

資治通鑑綱目五十九卷 …………… 86

資治通鑑綱目前編二十五卷 ……… 86

資治通鑑綱目前編二十五卷 ……… 86

資治通鑑綱目前編二十五卷 ……… 86

資治通鑑綱目前編二十五卷 ……… 86

資治通鑑釋文三十卷 ……………… 87

資治新書二集 ……………………… 92

資治新書十四卷首一卷 …………… 10

資治新書初集十四卷首一卷二集二十卷
………………………………………… 109

資治新書初集十四卷首一卷二集二十卷
………………………………………… 109

資治新書初集十四卷首一卷二集二十卷
………………………………………… 110

資塵新聞七卷 ……………………… 194

溫疫論二卷 ………………………… 173

溫疫論二卷 ………………………… 173

溫飛卿詩集九卷 …………………… 239

溫飛卿詩集九卷 …………………… 239

溫症癍疹辨證一卷 ………………… 165

溫病條辨六卷首一卷 ……………… 173

溫病條辨六卷首一卷 ……………… 173

溫病條辨六卷首一卷 ……………… 173

溫病條辨六卷首一卷 ……………… 173

溫病條辨六卷首一卷 ……………… 173

溫病條辨六卷首一卷 ……………… 173

溫病條辨六卷首一卷 ……………… 173

溫病條辨六卷首一卷 ……………… 173

溫熱經緯五卷 ……………………… 173

溫熱經緯五卷 ⋯⋯⋯⋯⋯⋯⋯ 173
溫熱經緯五卷 ⋯⋯⋯⋯⋯⋯⋯ 173
溪詩話十卷 ⋯⋯⋯⋯⋯⋯⋯⋯ 244
溪詩話十卷 ⋯⋯⋯⋯⋯⋯⋯⋯ 275
［乾隆］滄州志十六卷 ⋯⋯⋯⋯ 129
滄城殉難錄四卷 ⋯⋯⋯⋯⋯⋯ 93
滂喜齋功順堂叢書合刻六十八種 ⋯⋯ 291
福惠全書三十二卷 ⋯⋯⋯⋯⋯ 106
福壽金鑑初集戒淫不分卷二集戒殺不分
　卷 ⋯⋯⋯⋯⋯⋯⋯⋯⋯⋯ 116
［乾隆］肅寧縣志十卷 ⋯⋯⋯⋯ 128
［乾隆］肅寧縣志十卷 ⋯⋯⋯⋯ 128
［乾隆］肅寧縣志十卷 ⋯⋯⋯⋯ 128
群書拾補初編三十九種 ⋯⋯⋯⋯ 206
群書拾補初編三十九種 ⋯⋯⋯⋯ 207
群經宮室圖二卷 ⋯⋯⋯⋯⋯⋯ 65
群經評議三十五卷 ⋯⋯⋯⋯⋯ 67
群經評議三十五卷 ⋯⋯⋯⋯⋯ 67
群經評議三十五卷 ⋯⋯⋯⋯⋯ 67
群經評議三十五卷 ⋯⋯⋯⋯⋯ 67
羣書治要五十卷 ⋯⋯⋯⋯⋯⋯ 194
羣經音辨七卷 ⋯⋯⋯⋯⋯⋯⋯ 4
遜志齋策論經義錄三十一卷 ⋯⋯ 225
經心書院續集十二卷 ⋯⋯⋯⋯ 218
經史正音切韻指南一卷 ⋯⋯⋯⋯ 78
經史百家雜鈔二十六卷 ⋯⋯⋯⋯ 270
經史辯體二十四卷 ⋯⋯⋯⋯⋯ 192
經苑二十五種 ⋯⋯⋯⋯⋯⋯⋯ 67
經苑二十五種 ⋯⋯⋯⋯⋯⋯⋯ 67
經典釋文三十卷 ⋯⋯⋯⋯⋯⋯ 67
經典釋文三十卷 ⋯⋯⋯⋯⋯⋯ 67
經典釋文三十卷考證三十卷 ⋯⋯ 66
經典釋文三十卷考證三十卷 ⋯⋯ 66
經典釋文三十卷考證三十卷 ⋯⋯ 66
經略洪承疇奏對筆記二卷 ⋯⋯⋯ 98
經畬堂稿四卷 ⋯⋯⋯⋯⋯⋯⋯ 238
經詞衍釋十卷補遺一卷 ⋯⋯⋯⋯ 66
經傳釋詞十卷 ⋯⋯⋯⋯⋯⋯⋯ 65
經傳釋詞十卷 ⋯⋯⋯⋯⋯⋯⋯ 65
經義考三百卷目錄二卷 ⋯⋯⋯⋯ 11
經義考三百卷目錄二卷 ⋯⋯⋯⋯ 143

經義述聞三十二卷 ⋯⋯⋯⋯⋯ 65
經德堂文集六卷浣月山房詩集五卷漢南
　春柳詞鈔一卷別集二卷 ⋯⋯ 212
經餘必讀八卷 ⋯⋯⋯⋯⋯⋯⋯ 67
經餘必讀八卷續編八卷三集四卷 ⋯⋯ 67
經餘必讀續編八卷 ⋯⋯⋯⋯⋯ 67
經餘必讀續編八卷 ⋯⋯⋯⋯⋯ 67
經學輯要二十四卷 ⋯⋯⋯⋯⋯ 65
經學輯要二十四卷 ⋯⋯⋯⋯⋯ 67
經濟類編一百卷 ⋯⋯⋯⋯⋯⋯ 16
經藝備格不分卷 ⋯⋯⋯⋯⋯⋯ 68
經韻集字析解二卷 ⋯⋯⋯⋯⋯ 78
經韻集字析解二卷韻字一卷 ⋯⋯ 78
經韻樓集十二卷 ⋯⋯⋯⋯⋯⋯ 269
經韻樓叢書八種 ⋯⋯⋯⋯⋯⋯ 293
經籍纂詁一百六卷補遺一百六卷 ⋯⋯ 69
經籍纂詁一百六卷補遺一百六卷 ⋯⋯ 69
經籍纂詁補遺一百六卷 ⋯⋯⋯⋯ 69
經驗四種十一卷 ⋯⋯⋯⋯⋯⋯ 166
經驗良方三卷 ⋯⋯⋯⋯⋯⋯⋯ 172
綏寇紀略十二卷補遺三卷 ⋯⋯⋯ 88
綏寇紀略十二卷補遺三卷 ⋯⋯⋯ 88
彙刻書目二十卷 ⋯⋯⋯⋯⋯⋯ 144
彙刻書目二十卷 ⋯⋯⋯⋯⋯⋯ 144
彙纂詩法度鍼三十三卷首一卷 ⋯⋯ 275

十四畫

駁案續編七卷 ⋯⋯⋯⋯⋯⋯⋯ 116
碧血錄五卷 ⋯⋯⋯⋯⋯⋯⋯⋯ 95
碧琳琅館叢書四十五種 ⋯⋯⋯⋯ 276
趙文敏公松雪齋全集十卷外集一卷續集
　一卷 ⋯⋯⋯⋯⋯⋯⋯⋯⋯ 21
趙文敏公松雪齋全集十卷外集一卷續集
　一卷 ⋯⋯⋯⋯⋯⋯⋯⋯⋯ 247
［光緒］趙州屬邑志八卷 ⋯⋯⋯ 122
［光緒］趙州屬邑志八卷 ⋯⋯⋯ 122
［光緒］趙州屬邑志八卷 ⋯⋯⋯ 122
趙忠毅公遺書十七種 ⋯⋯⋯⋯⋯ 250
趙忠毅公遺書十七種 ⋯⋯⋯⋯⋯ 250
趙恭毅公剩稿八卷 ⋯⋯⋯⋯⋯⋯ 27

趙清獻公敬恕堂集六卷附刻一卷⋯⋯⋯ 27
趙清獻公集十卷 97
趙註孫子十三篇四卷 158
趙裘萼公剩稿四卷 27
嘉禾百詠一卷 242
嘉樹山房詩集十八卷 262
嘉懿集初鈔四卷續鈔四卷 147
嘉懿集初鈔四卷續鈔四卷 147
嘉懿集初鈔四卷續鈔四卷 147
嘉懿集初鈔四卷續鈔四卷 147
[光緒]臺灣輿圖二卷 133
壽山堂易說二卷圖解一卷繫辭一卷⋯⋯ 41
壽言徵存一卷 228
壽親養老新書四卷 179
聚學軒叢書五集六十種 292
慕陵詩稿二卷 269
蔣氏家譜八卷 100
蔣氏家譜六卷 100
蔣佑石遺書十六卷 296
蔡中郎集十卷外紀一卷外集四卷⋯⋯ 238
蔡中郎集十卷外紀一卷外集四卷⋯⋯ 238
蔡中郎集八卷 238
蔡中郎集六卷補遺一卷 17
熙朝人鑒上集四卷下集四卷首二卷⋯⋯ 197
熙朝人鑒上集四卷下集四卷首二卷⋯⋯ 197
熙朝新語十六卷 194
熙朝新語十六卷 194
[光緒]蔚州志二十卷首一卷 127
[光緒]蔚州志二十卷首一卷 127
[光緒]蔚州志二十卷首一卷 127
榕村全書三十二種附十種 296
榕村全集四十卷 26
榕村全集四十卷別集五卷 263
榕村詩選八卷首一卷 29
監本四書十九卷 60
監本四書十九卷 60
監本四書十九卷 60
[康熙]磁州志十八卷 124
磁州張氏文徵二卷補遺一卷 97
[康熙]磁州續志六卷首一卷 124
爾雅三卷 65

爾雅三卷 68
爾雅三卷 68
爾雅三卷 68
爾雅三卷 68
爾雅三卷 68
爾雅三卷 68
爾雅三卷 68
爾雅正義二十卷 68
爾雅直音二卷 69
爾雅注疏十一卷 68
爾雅注疏十一卷 68
爾雅注疏十一卷 68
爾雅音圖三卷 3
爾雅郭注義疏二十卷 68
爾雅郭注義疏二十卷 69
爾雅釋文三卷 68
爾爾書屋詩草八卷 266
摘星樓治痘全書十八卷 178
摘錄呂新吾先生呻吟語四卷 152
對山印稿不分卷 14
對影閒吟草十二卷 233
對數表不分卷 183
聞式堂古文選釋八卷 220
聞式堂明文小題傳薪八卷 230
聞妙香室詩十二卷 261
閣學公書劄四卷附錄遺一卷 115
関帝聖蹟圖志全一集 135
嘯亭雜錄八卷續錄二卷 92
嘯園叢書 292
嘯餘譜十卷 33
圖註八十一難經四卷辨真四卷附脈訣附
    方一卷 168
圖註八十一難經辨真四卷 160
圖註八十一難經辨真四卷 160
圖註八十一難經辨真四卷 160
圖註八十一難經辨真四卷 161
圖註八十一難經辨真四卷 161
圖註脈訣辨真四卷 160
圖註脈訣辨真四卷 160
圖註脈訣辨真四卷 161
圖註脈訣辨真四卷 169

圖註脈訣辨真四卷 …………………… 169
圖註脈訣辨真四卷八十一難經辨真四卷
　　……………………………………… 169
圖註難經脈訣全集十卷 ……………… 161
圖註難經脈訣辨真四卷 ……………… 160
製火藥法三卷 …………………………… 157
製火藥法三卷 …………………………… 157
製火藥法三卷 …………………………… 157
種樹軒遺集三種 ………………………… 294
篋外錄一卷 ……………………………… 193
箋注陶淵明集十卷 ……………………… 239
箋釋梅亭先生四六標準四十卷………… 19
算式集要四卷 …………………………… 184
算法大成上編十卷 ……………………… 184
算經十書十種附刻一種 ……………… 183
算經十書十種附刻一種 ……………… 183
算學啟蒙述義三卷 ……………………… 181
算學筆談十二卷 ………………………… 183
算學課藝四卷 …………………………… 182
管子二十四卷………………………………… 12
管子二十四卷…………………………… 155
管子二十四卷…………………………… 156
管子地員篇注四卷 ……………………… 155
管子評註二十四卷 ……………………… 155
管周合稿二種 …………………………… 217
管注秋水軒尺牘四卷續刻一卷 ……… 252
管城碩記三十卷………………………… 15
管窺輯要八十卷 ………………………… 13
管窺輯要八十卷 ………………………… 179
管窺輯要八十卷 ………………………… 179
管窺輯要八十卷天文步天歌一卷……… 13
銅板五經揭要二十五卷 ………………… 65
銅版四書遵註合講十九卷 ……………… 64
銅梁山人詩集二十五卷 ………………… 253
銅鼓書堂遺稿三十二卷 ………………… 26
銅劍堂存稿一卷續稿一卷 …………… 253
銅劍堂經義偶得不分卷 ………………… 65
銀海指南四卷 …………………………… 176
銀海指南四卷附湯丸備要一卷 ……… 176
銀海指南四卷附湯丸備要一卷 ……… 176
銀海精微二卷 …………………………… 176

銀海精微二卷 …………………………… 176
銀海精微四卷 …………………………… 176
鳳池集不分卷 …………………………… 231
鳳臺祇謁筆記一卷 ……………………… 99
說文古籀疏證六卷原目一卷 …………… 73
說文本經答問二卷 ……………………… 75
說文句讀三十卷 ………………………… 70
說文句讀三十卷 ………………………… 70
說文句讀三十卷 ………………………… 70
說文外編十六卷 ………………………… 70
說文字原韻表二卷 ……………………… 73
說文段注撰要九卷 ……………………… 75
說文校字記一卷 ………………………… 70
說文校議十五卷 ………………………… 73
說文通訓定聲十八卷 …………………… 69
說文通訓定聲十八卷說雅一卷分部東韻
　　一卷古今韻準一卷行狀一卷………… 72
說文通訓定聲十八卷說雅一卷分部東韻
　　一卷古今韻準一卷行狀一卷………… 72
說文通檢二十八卷首一卷末一卷……… 75
說文通檢二十八卷首一卷末一卷……… 75
說文通檢二十八卷首一卷末一卷……… 75
說文通檢二十八卷首一卷末一卷……… 75
說文通檢十四卷首一卷末一卷………… 70
說文通檢十四卷首一卷末一卷………… 72
說文通檢十四卷首一卷末一卷………… 72
說文逸字二卷 …………………………… 75
說文提要一卷 …………………………… 74
說文答問疏證六卷 ……………………… 69
說文解字十五卷 ………………………… 70
說文解字十五卷 ………………………… 70
說文解字十五卷標目一卷 ……………… 69
說文解字十五卷標目一卷 ……………… 70
說文解字十五卷標目一卷 ……………… 70
說文解字十五卷標目一卷 ……………… 70
說文解字十五卷標目一卷 ……………… 70
說文解字三十卷 ……………………………… 3
說文解字三十卷 ……………………………… 3
說文解字三十卷六書音韻表五卷………… 75
說文解字三十卷六書音韻表五卷………… 75
說文解字三十卷六書音韻表五卷………… 75

說文解字三十卷附六書音韻表五卷汲古
　　閣說文訂一卷 ……………………… 75
說文解字匡謬八卷 …………………… 75
說文解字注三十卷 …………………… 75
說文解字注三十卷六書音韻表五卷汲古
　　閣說文訂一卷 ……………………… 74
說文解字注三十卷六書音韻表五卷汲古
　　閣說文訂一卷 ……………………… 75
說文解字注匡謬八卷 ………………… 75
說文解字注匡謬八卷 ………………… 75
說文解字通釋四十卷校刊記三卷 …… 72
說文解字通釋四十卷校刊記三卷 …… 72
說文解字義證五十卷 ………………… 73
說文解字義證五十卷 ………………… 73
說文解字義證五十卷 ………………… 73
說文解字群經正字二十八卷 ………… 71
說文解字群經正字二十八卷附劉炫規杜
　　持平六卷 …………………………… 71
說文解字斠詮十四卷 ………………… 75
說文解字舊音一卷 …………………… 74
說文解字繫傳校勘記三卷 …………… 73
說文諧聲孳生述不分卷 ……………… 74
說文辨疑一卷 ………………………… 72
說文檢字二卷補遺一卷 ……………… 72
說文繫傳校錄三十卷 ………………… 70
說文韻譜校五卷 ……………………… 70
說文韻譜校五卷 ……………………… 70
說文釋例二十卷 ……………………… 70
說文釋例二十卷 ……………………… 70
說文釋例二十卷 ……………………… 70
說文釋例二十卷 ……………………… 70
說苑二十卷 …………………………… 153
說疫全書十五卷 ……………………… 174
說鈴五十三種 ………………………… 280
說鈴五十三種 ………………………… 280
說鈴前集三十八種四十七卷 ………… 33
說詩晬語二卷 ………………………… 275
誦芬草堂手錄正蒙四書十九卷 ……… 61
塾課小題分編八集 …………………… 219
塾課小題分編八集 …………………… 219
塾課分編注釋八集 …………………… 219

[光緒]廣平府志六十三卷首一卷 ……… 124
[康熙]廣平縣志五卷 ………………… 124
廣印人傳十六卷補遺一卷 …………… 95
[嘉慶]廣西通志二百七十九卷首一卷 … 134
[道光]廣東通志三百三十四卷首一卷 … 134
廣東新語二十八卷 …………………… 194
廣事類賦四十卷 ……………………… 209
廣事類賦四十卷 ……………………… 209
[光緒]廣昌縣志十四卷首一卷末一卷 ……
　　…………………………………… 127
廣金石韻府五卷 ……………………… 4
廣治平略三十六卷 …………………… 107
廣治平略三十六卷續集八卷 ………… 107
[同治]廣宗縣志十二卷 ……………… 125
廣博物志五十卷 ……………………… 16
廣博物志五十卷 ……………………… 208
廣雅堂詩集四卷 ……………………… 254
廣雅堂詩集四卷 ……………………… 254
廣雅疏證十卷 ………………………… 68
廣瘟疫論四卷 ………………………… 174
廣漢魏叢書八十種 …………………… 280
廣輿記二十四卷圖一卷 ……………… 9
瘍醫準繩六卷 ………………………… 13
瘟疫彙編十六卷 ……………………… 174
瘟疫論類編五卷 ……………………… 173
適齋居士集四卷 ……………………… 255
齊民要術十卷 ………………………… 159
精華密史一卷 ………………………… 176
精校名人草字彙不分卷 ……………… 185
精校增圖外科正宗十二卷 …………… 176
精校斷句趙註孫子十三篇五卷 ……… 158
鄭氏佚書二十三種 …………………… 37
鄭氏易譜十二卷 ……………………… 41
鄭氏周易三卷 ………………………… 39
鄭氏周易三卷 ………………………… 39
鄭氏周易三卷附周易爻辰圖一卷 …… 41
鄭氏遺書五種 ………………………… 35
鄭氏禮記箋四十九卷 ………………… 50
鄭延平[成功]年譜一卷 ……………… 97
鄭學彙函九種 ………………………… 67
鄭學錄四卷 …………………………… 75

漢西域圖考七卷首一卷 ⋯⋯⋯⋯⋯ 140

漢西域圖考七卷首一卷 ⋯⋯⋯⋯⋯ 140

漢書一百卷 82

漢書地理志校本二卷 ⋯⋯⋯⋯⋯ 119

漢書補註一百卷 81

漢書蒙拾三卷後漢書蒙拾二卷 82

漢書蒙拾三卷後漢書蒙拾二卷 92

漢隸辨體四卷 ⋯⋯⋯⋯⋯⋯⋯⋯ 72

漢魏六朝一百三名家集一百十八卷 ⋯ 28

漢魏六朝百三名家集一百三種一百十八
　卷 ⋯⋯⋯⋯⋯⋯⋯⋯⋯⋯⋯ 213

漢魏六朝百三名家集一百三種一百十八
　卷 ⋯⋯⋯⋯⋯⋯⋯⋯⋯⋯⋯ 213

漢魏六朝百三名家集一百三種一百十八
　卷 ⋯⋯⋯⋯⋯⋯⋯⋯⋯⋯⋯ 213

漢魏六朝百三名家集一百三種一百十八
　卷 ⋯⋯⋯⋯⋯⋯⋯⋯⋯⋯⋯ 214

漢魏遺書 276

漢魏諸名家集二十一種 215

漢簡箋正七卷 ⋯⋯⋯⋯⋯⋯⋯⋯ 79

滿洲名臣傳四十八卷漢明臣傳三十二卷
　⋯⋯⋯⋯⋯⋯⋯⋯⋯⋯⋯⋯ 96

滿洲名臣傳四十八卷漢明臣傳三十二卷
　貳臣傳八卷逆臣傳二卷 ⋯⋯⋯⋯ 96

漆室吟八卷 253

漕運則例纂二十卷 ⋯⋯⋯⋯⋯⋯ 137

漱芳軒合纂禮記體註四卷 49

漱芳軒合纂禮記體註四卷 49

漱芳軒合纂禮記體註四卷 49

漱芳軒合纂禮記體註四卷 49

漱芳軒合纂禮記體註四卷 49

漱潤齋詩存二卷 260

漱琴室存稿六卷 147

潯南遺老王先生文集四十五卷續一卷 ⋯ 246

漁古軒詩韻八卷 76

漁邨詩稿六卷 ⋯⋯⋯⋯⋯⋯⋯⋯ 255

漁洋山人古詩選三十二卷 220

漁洋山人古詩選三十二卷 220

漁洋山人自撰年譜二卷 ⋯⋯⋯⋯ 27

漁洋山人精華錄十卷⋯⋯⋯⋯⋯⋯ 24

漁洋山人精華錄訓纂十卷金氏箋註辯訛
　一卷⋯⋯⋯⋯⋯⋯⋯⋯⋯⋯ 27

漁洋山人精華錄箋注十二卷附錄一卷年
　譜一卷補注一卷 ⋯⋯⋯⋯⋯⋯ 253

漁洋山人精華錄箋注十二卷補一卷年譜
　一卷 ⋯⋯⋯⋯⋯⋯⋯⋯⋯⋯ 24

漁洋山人精華錄箋注十二卷補一卷年譜
　一卷 ⋯⋯⋯⋯⋯⋯⋯⋯⋯⋯ 24

漁洋山人精華錄箋注十二卷補一卷年譜
　一卷附錄一卷 ⋯⋯⋯⋯⋯⋯⋯ 24

漁洋詩話三卷 274

漁隱叢話前集六十卷後集四十卷 32

察吏六條一卷 115

[光緒]寧河縣志十六卷 ⋯⋯⋯⋯ 121

[乾隆]寧河縣志十六卷 ⋯⋯⋯⋯ 121

[光緒]寧津縣志十二卷首一卷 ⋯⋯ 132

[光緒]寧津縣志十二卷首一卷 ⋯⋯ 133

寧致堂武經體註大全會解七卷 156

[康熙]寧晉縣志十卷 ⋯⋯⋯⋯⋯ 125

實政錄七卷 109

實政錄九卷 101

實學指針一卷 189

隨村先生遺集六卷 24

隨軒金石文字九種 142

隨園三十種 215

隨園食單一卷 187

隨園詩法叢話八卷 ⋯⋯⋯⋯⋯⋯ 275

隨園詩草八卷附一卷 ⋯⋯⋯⋯⋯ 26

隨園詩話十六卷補遺十卷 275

隨園詩話十六卷補遺十卷 275

隨園詩話十六卷補遺十卷 275

隨園詩話補遺十卷 275

熊峯先生詩集十卷 21

翠娛閣評選陳眉公先生小品二卷 23

翠琅玕館叢書四集五十一種 291

翠微南征錄十一卷翠微先生北征錄十二
　卷 ⋯⋯⋯⋯⋯⋯⋯⋯⋯⋯⋯ 245

翠薇山房數學十五種三十八卷 180

翠薇山房數學十五種三十八卷 180

翠薇山房數學十五種三十八卷 180

翠薇山房數學十五種三十八卷 181

翠薇山房數學十五種三十八卷 ⋯⋯ 181

綱鑑正史約三十六卷 ················· 86
綱鑑正史約三十六卷 ················· 86
綱鑑正史約三十六卷 ················· 86
綱鑑擇言十卷 ····················· 83
綱鑑擇言十卷 ····················· 84
綱鑑擇言十卷 ····················· 84
綱鑑擇言十卷 ····················· 84
綱鑑擇語十卷 ····················· 84
維摩經疏會本八卷 ················· 200
綿津山人詩集二十二卷楓香詞一卷 ······ 26
綠天書舍存草六卷 ················· 271
綠野齋文集四卷 ··················· 268
綠蘿山莊文集二十四卷 ·············· 27

十五畫

璜川吳氏經學叢書十四種九十卷 ········· 65
熱學揭要六卷 ····················· 211
增刪卜易四卷 ····················· 39
增刪算法統宗十一卷 ················ 181
增刪算法統宗十一卷 ················ 182
增刪算法統宗十一卷末一卷 ··········· 182
增刪韻府群玉定本二十卷 ············· 210
增刪韻府羣玉定本二十卷 ············· 75
增定課兒鑑畧妥註善本五卷 ··········· 81
增修東萊書說三十五卷圖說一卷 ········· 2
增訂二三場群書備考四卷 ············· 208
增訂五經備旨四十五卷 ··············· 65
增訂太上感應篇圖說不分卷 ··········· 204
增訂丹桂籍十二卷 ················· 197
增訂本草備要四卷 ················· 168
增訂本草備要四卷附湯頭歌訣一卷 ······ 168
增訂本草備要四卷附湯頭歌訣一卷脈訣
　歌一卷 ······················· 168
增訂本草備要四卷附湯頭歌訣一卷經絡
　歌訣一卷脈訣歌一卷經絡圖說一卷 ··· 168
增訂本草備要四卷附湯頭歌訣一卷經絡
　圖說一卷經絡歌訣一卷脈訣歌一卷 ··· 168
增訂四書析疑□□卷 ················ 59
增訂四書通典人物備考十二卷 ·········· 64
增訂易經存疑的稿十二卷 ············· 40

增訂金壺字考十九卷 ················· 4
增訂治療彙要三卷 ················· 175
增訂治療彙要三卷 ················· 175
增訂治療彙要三卷 ················· 175
增訂南詔野史二卷 ·················· 92
增訂寄嶽雲齋試體詩選四卷 ··········· 254
增訂馮夔颺稿不分卷 ················ 260
增訂詩韻便覽五卷 ·················· 76
增訂圖注本草備要四卷 ·············· 168
增訂漢魏叢書九十六種 ··············· 33
增訂漢魏叢書九十六種 ·············· 276
增訂漢魏叢書九十六種 ·············· 277
增訂臨文便覽不分卷 ················ 76
增訂臨文便覽不分卷 ················ 76
增智囊補二十八卷 ················· 207
增評加批歷史綱鑑補三十九卷首一卷 ····· 85
增評寄嶽雲詩□□卷 ················ 271
增評補圖大觀瑣錄一百二十卷一百二十
　回 ························· 274
增註字類標韻六卷 ·················· 76
增補五經備旨精萃四十五卷 ··········· 36
增補事類統編九十三卷 ·············· 209
增補事類統編九十三卷 ·············· 209
增補事類統編九十三卷首一卷 ········· 208
增補事類統編九十三卷首一卷 ········· 208
增補事類統編九十三卷首一卷 ········· 209
增補事類統編九十三卷首一卷 ········· 209
增補注釋故事白眉十卷 ·············· 193
增補珍珠囊雷公泡制藥性賦解十卷 ····· 168
增補星平會海命學全書十卷首一卷 ····· 198
增補第六才子書釋解八卷末一卷 ······ 272
增補萬寶全書二十卷 ················ 146
增補遵生八牋十九卷目錄一卷 ········· 194
增補遵生八牋十九卷目錄一卷 ········· 194
增補醫林狀元壽世保元十卷 ··········· 160
增補醫林狀元壽世保元十卷 ··········· 160
增補醫宗必讀全書五卷 ·············· 162
增補蘇批孟子二卷 ·················· 58
增補願體廣類集四卷 ················ 152
增補繪圖針灸大成十二卷 ············· 179
增補驗方新編十卷 ················· 171

增像全圖三國演義六十卷一百二十回 … 274
增廣小題味新四種六卷 …………………… 62
增廣本草綱目七十三卷 …………………… 169
增廣四書題鏡味根錄三十七卷 …………… 64
增廣四書題鏡味根錄三十七卷附增四書
　　宗旨 …………………………………… 64
增廣智囊補二十八卷 ……………………… 193
增廣詩韻大全五卷附汪立名論古韻通轉
　　一卷 …………………………………… 77
增廣詳註月令粹編二十四卷圖說一卷 … 209
增廣驗方新編十六卷 ……………………… 170
增輯驗方新編十六卷 ……………………… 171
[同治]增續長垣縣志二卷 ……………… 134
[同治]增續長垣縣志二卷 ……………… 134
戢山先生人譜二卷 ………………………… 150
蕉林詩集十八卷 …………………………… 26
蕉林詩集十八卷 …………………………… 26
蕉林詩集十八卷 …………………………… 26
樞垣紀略二十八卷 ………………………… 101
樞垣紀略二十八卷 ………………………… 101
樓邨詩集二十五卷 ………………………… 24
樓閣叢書兩種十卷 ………………………… 201
樊子二卷 …………………………………… 194
樊南文集八卷玉谿生詩箋注三卷首一卷
　　………………………………………… 240
樊南文集補編十二卷 ……………………… 261
樊南文集詳注八卷 ………………………… 240
樊榭山房續集十卷 ………………………… 267
輪船佈陣十二卷圖一卷 …………………… 156
輪船佈陣十二卷圖一卷 …………………… 156
輪輿私箋二卷圖一卷 ……………………… 48
輟耕錄三十卷 ……………………………… 197
輟耕錄三十卷 ……………………………… 197
輟耕錄三十卷 ……………………………… 197
甌北全集七種 ……………………………… 296
甌北集五十卷續三卷 ……………………… 266
甌北詩鈔不分卷 …………………………… 266
甌香館四書說十卷 ………………………… 63
甌香館四書說十卷 ………………………… 63
甌香館四書說十卷 ………………………… 63
歐美政治要義十八章 ……………………… 110

歐洲史略十三卷 …………………………… 139
歐洲列國戰事本末二十二卷 ……………… 88
歐洲東方交涉記十二卷 …………………… 111
歐陽文忠公文鈔三十二卷 ………………… 246
歐陽文忠公文鈔三十二卷 ………………… 246
歐陽文忠公文鈔三十二卷 ………………… 246
歐陽文忠公全集一百五十三卷 …………… 246
歐陽文忠公全集一百五十三卷 …………… 246
歐陽文忠公全集一百五十三卷 …………… 246
歐陽文忠公全集一百五卷 ………………… 20
賢母錄一卷 ………………………………… 99
賢首五教儀開蒙增註四卷 ………………… 17
[同治]遷安縣志十八卷首一卷末一卷 … 130
遼史一百十六卷 …………………………… 6
遼史拾遺二十四卷 ………………………… 83
遼史拾遺二十四卷附拾遺補五卷 ………… 83
遼金紀事本末遼四十卷金五十二卷 ……… 89
鴈門集十四卷附一卷鴈門集倡和錄一卷
　　別錄一卷 ……………………………… 247
震川先生別集十卷 ………………………… 249
震川先生集三十卷 ………………………… 249
震川先生集三十卷別集十卷 ……………… 248
震川先生集三十卷別集十卷 ……………… 248
震川先生集三十卷別集十卷 ……………… 249
震川先生集三十卷別集十卷 ……………… 249
震川先生集三十卷別集十卷 ……………… 249
撫本禮記鄭注考異二卷 …………………… 50
[光緒]撫寧縣志十六卷首一卷 ………… 130
劇談錄二卷附逸文一卷 …………………… 195
賞雨茅屋詩集九卷外集一卷 ……………… 270
賞奇軒四種合編不分卷 …………………… 185
賞奇軒四種合編不分卷 …………………… 185
賦珍八卷 …………………………………… 29
賦海大觀三十二卷 ………………………… 209
賦鈔箋畧十五卷 …………………………… 219
賦匯題解十卷 ……………………………… 259
賦彙錄要箋畧二十八卷補遺一卷外集一
　　卷 ……………………………………… 221
賦學正鵠集釋十一卷 ……………………… 222
賦學正鵠集釋十一卷 ……………………… 222
賦學正鵠集釋十一卷 ……………………… 222

賦學正鵠集釋十卷 ·············· 222
賦學正鵠集釋十卷 ·············· 222
賦學正鵠集釋十卷 ·············· 222
賦學指南十六卷 ················ 217
賦學指南十六卷 ················ 217
賦學指南十六卷 ················ 217
賦學指南十六卷 ················ 217
賦學雞跖集三十卷附錄一卷 ······ 220
賦學雞跖集三十卷附錄一卷 ······ 220
賜硯堂叢書新編四集四十種 ······ 291
賜綺堂集二十八卷續詩四卷外編六卷 ··· 259
閱微草堂筆記二十四卷 ·········· 195
閱微草堂筆記二十四卷 ·········· 196
閱微草堂筆記二十四卷 ·········· 196
閱微草堂筆記二十四卷 ·········· 196
閱微草堂筆記五種二十四卷 ······ 196
閱微草堂筆記約選二卷 ·········· 196
遺山先生詩集二十卷 ············ 21
遺山先生詩集二十卷附考異一卷 ··· 246
數書九章十八卷 ················ 183
數書九章劄記四卷 ·············· 183
數學五書十九卷 ················ 182
數學啟蒙二卷 ·················· 181
數學啟蒙四卷 ·················· 181
數學精詳十一卷首一卷末一卷 ···· 184
數學精詳十一卷首一卷末一卷 ···· 184
數學精詳十一卷首一卷末一卷 ···· 184
數學精詳十一卷首一卷末一卷 ···· 184
墨子十五卷目錄一卷 ············ 190
墨子閑詁十五卷 ················ 189
墨子閑詁十五卷目錄一卷附錄一卷後語
　二卷 ························ 189
墨子閑詁十五卷目錄一卷附錄一卷後語
　二卷 ························ 189
墨香閣文集十三卷首一卷末一卷 ··· 263
墨選觀止不分卷 ················ 231
稽古錄二十卷 ·················· 85
稽古錄二十卷 ·················· 85
稽古錄二十卷 ·················· 85
稻香樓試帖二卷 ················ 28
黎文肅公書劄三十卷奏議十六卷 ··· 113

篁墩程先生文集九十三卷拾遺一卷 ··· 22
篆文一卷 ······················ 187
篆字彙十二集 ·················· 72
篆字彙十二集 ·················· 72
篆刻集一卷 ···················· 187
篆刻鍼度八卷 ·················· 187
儀衛軒遺書一卷 ················ 252
儀禮十七卷 ···················· 48
儀禮十七卷附嚴本儀禮鄭氏註校錄一卷
　 ·························· 48
儀禮十七卷附嚴本儀禮鄭氏註校錄一卷
　 ·························· 49
儀禮十七卷附嚴本儀禮鄭氏註校錄一卷
　 ·························· 49
儀禮正義四十卷 ················ 48
儀禮私箋八卷 ·················· 75
儀禮易讀十七卷 ················ 48
儀禮易讀十七卷 ················ 48
儀禮要義五十卷 ················ 48
儀禮章句十七卷 ················ 48
儀禮集釋三十卷附釋宮一卷 ······ 48
儀禮註疏十七卷 ················ 49
儀禮節略二十卷 ················ 48
儀禮經傳通解三十七卷附儀禮經傳通解
　續二十九卷 ·················· 48
儀禮圖六卷 ···················· 48
儀禮圖六卷 ···················· 48
儀禮圖六卷 ···················· 48
儀禮鄭註句讀十七卷監本正誤一卷石本
　誤字一卷 ···················· 48
儀禮鄭註句讀十七卷監本正誤一卷石本
　誤字一卷 ···················· 48
儀禮鄭註句讀十七卷監本正誤一卷石本
　誤字一卷 ···················· 48
德音堂琴譜十卷 ················ 14
德音堂琴譜十卷 ················ 187
德國陸軍紀略四卷 ·············· 156
衛生工事新論十八章 ············ 179
[嘉慶]衛藏通志十六卷首一卷 ···· 134
徵君孫[奇逢]先生年譜二卷 ······ 99
徵君孫[奇逢]先生年譜二卷 ······ 99

徵君孫[奇逢]先生年譜二卷 …………… 99
徵君孫[奇逢]先生年譜二卷 …………… 99
盤山志十卷補遺四卷 ………………… 10
劍南詩鈔六卷 ………………………… 245
劍南詩棄八十五卷 …………………… 20
劍南詩稿八十五卷 …………………… 246
劉子全書遺編二十四卷 …………… 146
劉氏家塾四書解二十卷 …………… 59
劉氏遺書八卷 ………………………… 292
劉文烈公全集十二卷 ……………… 23
劉文清公遺集十七卷應制詩集三卷 …… 268
劉武慎公[長佑]年譜三卷 ………… 97
劉河間玄病機合集四卷 …………… 174
劉河間傷寒六書十二卷 …………… 174
劉屏山先生全集二十卷 …………… 20
劉海峰稿不分卷 …………………… 245
劉禮部集十二卷 …………………… 268
潁濱先生詩集傳十九卷 …………… 2
諸子平議三十五卷 …………………… 146
諸子平議三十五卷 …………………… 146
諸子奇賞六十卷 …………………… 14
諸子品節五十卷 …………………… 15
諸子彙函二十六卷 …………………… 15
諸葛忠武侯文集四卷年譜一卷附錄二卷
　故事五卷 …………………………… 238
課藝聯珠一卷 ……………………… 190
論文集鈔二卷 ……………………… 274
論文集鈔二卷 ……………………… 274
論文集鈔二卷 ……………………… 274
論文集鈔二卷 ……………………… 274
論語正義二十四卷 …………………… 57
論語正義二十四卷 …………………… 57
論語古訓十卷 ……………………… 57
論語後案二十卷 …………………… 57
論語最豁集四卷 …………………… 57
論語集註十卷 ……………………… 61
論語集註十卷 ……………………… 61
論語集註本義彙參二十卷首一卷 …… 57
論語集說十卷 ……………………… 3
論語註疏解經十卷 …………………… 57
論語傳註一卷 ……………………… 57

論語傳註二卷大學傳註一卷中庸傳註一
　卷論語傳註問二卷大學傳註問一卷中
　庸傳註問一卷 ……………………… 62
論語傳註二卷大學傳註一卷中庸傳註一
　卷論語傳註問二卷大學傳註問一卷中
　庸傳註問一卷 ……………………… 62
論語話解十卷 ……………………… 57
論語經正錄二十卷 …………………… 57
論語鄭氏註十卷 …………………… 57
論墨絕句詩一卷 …………………… 227
論衡三十卷 ………………………… 188
論衡三十卷 ………………………… 188
談藪二卷 …………………………… 263
談藪二卷 …………………………… 263
談藪二卷拾遺一卷 …………………… 25
談藪二卷拾遺一卷 …………………… 25
瘡瘍經驗全書六卷 …………………… 13
瘡瘍經驗全書六卷 …………………… 175
[咸豐]慶雲縣志三卷首一卷末一卷 …… 132
毅齋查先生闡道集十卷首一卷附一卷 …… 23
羯磨儀式二卷 ……………………… 203
養一齋文集二十卷詩集四卷賦一卷詩餘
　一卷 ………………………………… 261
養一齋文集二十卷詩集四卷賦一卷詩餘
　一卷 ………………………………… 261
養正書屋全集定本四十卷目錄四卷 …… 230
養局案記不分卷 …………………… 109
養素堂文集三十五卷 ……………… 254
養雲山館試帖四卷 …………………… 252
養蒙金鑑二卷 ……………………… 193
養蒙金鑑二卷 ……………………… 193
養蒙針度二卷 ……………………… 150
[光緒]遵化通志六十卷 …………… 130
[光緒]遵化通志六十卷 …………… 130
[光緒]遵化通志六十卷 …………… 130
潛邱劄記六卷 ……………………… 15
潛研堂金石文跋尾四卷 …………… 143
潛菴先生遺稿五卷 …………………… 261
潛菴先生遺稿五卷 …………………… 261
潛園總集十七種 …………………… 286
潛確居類書一百二十卷 …………… 17

潛確居類書一百二十卷 ……………… 210

潛齋醫書五種三十二卷 ……………… 164

澄衷蒙學堂字課圖說四卷 …………… 74

澄懷園語四卷 ………………………… 193

澄懷園語四卷 ………………………… 193

寫定尚書一卷 ………………………… 42

寫定尚書一卷 ………………………… 42

寫定尚書一卷 ………………………… 42

寫定尚書一卷 ………………………… 42

寫信必讀十卷 ………………………… 115

履園叢話二十四卷 …………………… 194

豫齋集二卷 …………………………… 256

豫醫雙璧三十五卷 …………………… 160

豫醫雙璧三十五卷 …………………… 160

樂彼園四字類賦二十七卷 …………… 255

樂府指迷一卷 ………………………… 222

樂府詩集一百卷 ……………………… 218

樂府詩集一百卷 ……………………… 218

樂府詩集一百卷 ……………………… 218

樂要便蒙新編二卷筆花醫鏡四卷 …… 160

[光緒]樂亭縣志十五卷首一卷末一卷 … 130

樂善堂全集定本三十卷 ……………… 25

練兵實紀九卷 ………………………… 159

練兵實紀九卷雜集六卷 ……………… 159

練兵實紀九卷雜集六卷 ……………… 159

練兵實紀九卷雜集六卷 ……………… 159

緬甸國志不分卷英領緬甸志不分卷緬甸

  新志不分卷暹羅國志不分卷布哈爾志

  不分卷 ……………………………… 139

畿輔七名家詩鈔四十六卷 …………… 32

畿輔人物考八卷 ……………………… 93

畿輔人物考八卷 ……………………… 93

畿輔人物考八卷 ……………………… 93

畿輔水利四案四卷附錄一卷 ………… 137

畿輔水利四案四卷附錄一卷 ………… 137

畿輔水利議一卷 ……………………… 137

畿輔安瀾志五十六卷 ………………… 136

畿輔河道水利叢書八種附一種 ……… 136

畿輔河道水利叢書八種附一種 ……… 136

畿輔河道水利叢書八種附一種 ……… 136

畿輔校士錄六卷 ……………………… 100

[雍正]畿輔通志一百二十卷首一卷 …… 121

[雍正]畿輔通志一百二十卷首一卷 …… 121

[雍正]畿輔通志一百二十卷首一卷 …… 122

[同治]畿輔通志三百卷首一卷 ……… 122

[同治]畿輔通志三百卷首一卷 ……… 122

[同治]畿輔通志三百卷首一卷 ……… 122

[康熙]畿輔通志四十六卷 …………… 122

畿輔通志海總圖一卷疆域圖□□卷 … 136

畿輔義倉圖不分卷 …………………… 136

畿輔叢書 ……………………………… 286

畿輔叢書 ……………………………… 286

十六畫

耨雲軒詩鈔四卷詞二卷 ……………… 267

靜志居詩話二十四卷 ………………… 274

[同治]靜海縣志八卷 ………………… 121

靜廉齋詩集二十四卷 ………………… 269

隸釋二十七卷隸續二十一卷 ………… 142

駱文忠公奏稿十卷 …………………… 115

駱文忠公奏議湘中稿十六卷續刻四川奏

  議十一卷附錄一卷 ………………… 115

駱臨海集十卷首一卷末一卷 ………… 242

駢文類纂四十六卷 …………………… 219

駢文類纂四十六卷 …………………… 219

駢體文鈔三十一卷 …………………… 222

擔峯詩四卷 …………………………… 255

擔峯詩四卷 …………………………… 255

壇廟祀典三卷 ………………………… 11

壇廟祀典三卷 ………………………… 135

壇廟祭禮錄要不分卷 ………………… 108

磬階梅花詩不分卷 …………………… 101

燕山集五卷 …………………………… 198

燕川集十四卷 ………………………… 265

燕都雜詠四卷 ………………………… 264

薛文清公讀書錄十一卷續錄十二卷 … 249

薛星使海外文編四卷 ………………… 111

[道光]薊州志十卷首一卷 …………… 121

[康熙]薊州志八卷 …………………… 121

蕭選韻系二卷 ………………………… 208

翰苑初編字學匯海不分卷 …………… 72

樹諼室遺詩五卷 ……………………… 265
輶軒使者絕代語釋別國方言十三卷 ……… 69
賴古堂尺牘新鈔二選藏弆集十六卷 ……… 30
賴古堂名賢尺牘新鈔十二卷 …………… 225
賴古堂集二十四卷附錄一卷 …………… 27
醒心齋課草一卷附學詠一卷詹詹語一卷
　自警楹聯一卷 ………………………… 230
勵志錄二卷 ……………………………… 260
歷代史表五十九卷 ……………………… 87
歷代史表五十九卷 ……………………… 87
歷代史略十段錦詞話旁注二卷 ………… 273
歷代史論十二卷 ………………………… 103
歷代史論十二卷 ………………………… 103
歷代史論十二卷 ………………………… 104
歷代史論十二卷 ………………………… 104
歷代史論十二卷宋史論三卷元史論一卷
　……………………………………… 103
歷代史論十二卷宋史論三卷元史論一卷
　……………………………………… 103
歷代史論十二卷宋史論三卷元史論一卷
　……………………………………… 103
歷代地理韻編今譯二十卷附皇朝輿地韻
　編二卷 …………………………… 120
歷代名人年譜十卷 ……………………… 98
歷代名人年譜十卷 ……………………… 98
歷代名人年譜十卷 ……………………… 98
歷代名人年譜十卷 ……………………… 98
歷代名臣言行錄二十四卷 ……………… 94
歷代名臣言行錄二十四卷 ……………… 94
歷代名臣言行錄二十四卷 ……………… 94
歷代名臣言行錄二十四卷 ……………… 94
歷代名臣言行錄二十四卷 ……………… 94
歷代名臣言行錄二十四卷 ……………… 94
歷代名臣奏議三百十九卷 ……………… 8
歷代名臣奏議三百五十卷 ……………… 8
歷代名將事略不分卷 …………………… 102
歷代名媛雜詠三卷 ……………………… 29
歷代名賢手劄二卷 ……………………… 220
歷代名賢手劄八卷 ……………………… 224
歷代名賢手劄八卷 ……………………… 224

歷代名稿彙選不分卷 …………………… 226
歷代名儒傳八卷 ………………………… 94
歷代名儒傳八卷 ………………………… 94
歷代宅京記二十卷 ……………………… 9
歷代河防統纂二十八卷 ………………… 137
歷代帝王年表不分卷 …………………… 84
歷代神仙通鑑三集二十二卷目錄一卷 … 196
歷代通鑑纂要九十二卷 ………………… 7
歷代通鑑纂要九十二卷 ………………… 87
歷代循良能吏列傳彙鈔二十卷 ………… 93
歷代畫史彙傳七十二卷目錄三卷附錄一
　卷 ………………………………… 186
歷代畫史彙傳七十二卷目錄三卷首一卷
　附錄一卷 ………………………… 186
歷代畫史彙傳七十二卷首一卷附錄二卷
　…………………………………… 186
歷代職官表六卷 ………………………… 101
歷代鐘鼎彝器款識法帖二十卷 ………… 78
歷代鐘鼎彝器款識法帖二十卷 ………… 78
歷朝詩約選九十二卷海峰先生詩集十卷
　…………………………………… 225
歷朝詩約選九十二卷海峰先生詩集十卷
　…………………………………… 225
歷朝賦格十五卷 ………………………… 28
歷朝賦楷八卷首一卷 …………………… 93
霍亂新論一卷 …………………………… 174
霍亂論二卷 ……………………………… 173
[乾隆]冀州志二十卷續編一卷 ………… 131
戰法學教程四卷 ………………………… 157
戰國策十卷 ……………………………… 91
戰國策十卷 ……………………………… 91
戰國策十卷 ……………………………… 91
戰國策十卷 ……………………………… 91
戰國策十卷 ……………………………… 91
戰國策十卷 ……………………………… 92
戰國策三十三卷 ………………………… 90
戰國策三十三卷 ………………………… 90
戰國策三十三卷 ………………………… 90
戰國策三十三卷 ………………………… 90
戰國策三十三卷 ………………………… 90
戰國策三十三卷 ………………………… 90

戰國策三十三卷 …………… 91
戰國策補注三十三卷 ………… 92
嶼舫詩集七卷靜怡齋約言錄內篇一卷外
　　篇一卷瓊琚佩語一卷 ……… 257
積古齋鐘鼎彝器款識十卷 ……… 74
積古齋鐘鼎彝器款識十卷 ……… 74
積古齋鐘鼎彝器款識十卷 ……… 74
積名醫類案三十六卷 ………… 172
穆堂別稿五十卷 ……………… 261
穆堂初稿五十卷 ……………… 261
篤志齋經解五卷 ……………… 65
箕谷詩鈔二十卷 ……………… 262
學文堂文集十六卷詩集五卷詩餘三卷 … 268
學古堂文集二卷 ……………… 257
學古堂文集二卷 ……………… 257
學古堂文集二卷 ……………… 258
學古堂文集二卷 ……………… 258
學古堂文集二卷 ……………… 258
學仕遺規四卷 ………………… 153
學治一得編一卷附錄一卷讀律心得二卷
　　…………………………… 116
學津討原二十集一百七十三種 …… 33
學海堂三集二十四卷 ………… 224
學海堂三集二十四卷 ………… 224
學海堂三集二十四卷 ………… 225
學海堂初集十六卷 …………… 225
學海堂初集十六卷 …………… 225
學海堂集二集二十二卷 ……… 225
學海堂集初集十六卷二集二十二卷 … 224
學海堂集初集十六卷二集二十二卷 … 224
學宮輯畧六卷 ………………… 9
學庸詳解四卷 ………………… 58
學源堂文集十九卷 …………… 252
學源堂詩集十卷 ……………… 252
學禮六卷擬太平策七卷 ……… 49
學疆恕齋筆算十卷附測量淺說一卷七政
　　鏡源二卷 ………………… 183
儒門事親十五卷 ……………… 161
儒門法語不分卷 ……………… 151
[乾隆]衡水縣志十四卷 ……… 131
衡廬精舍藏稿三十卷 ………… 23

錢志新編二十卷 ……………… 143
錢穀備要十卷 ………………… 109
錢穀備要十卷 ………………… 109
館律分韻初編六卷 …………… 235
館律分韻初編六卷 …………… 235
館律分韻初編六卷 …………… 235
館律分韻初編六卷 …………… 235
館課存藁四卷 ………………… 259
雕丘雜錄十八種十八卷瘦史一卷 …… 188
[光緒]獲鹿縣志十四卷首一卷末一卷 … 124
獨快山房文稿不分卷 ………… 63
獨善堂文集八卷 ……………… 253
諭摺彙存不分卷 ……………… 112
諭對錄十卷 …………………… 113
憑山閣增輯留青新集三十卷 ……… 30
凝齋先生遺集十卷末一卷 ……… 269
龍川文集三十卷辯譌考異二卷附錄二卷
　　…………………………… 246
龍川文集三十卷辯譌考異二卷附錄二卷
　　…………………………… 246
龍川文集三十卷辯譌考異二卷附錄二卷
　　…………………………… 246
[康熙]龍門縣志十六卷 ……… 127
龍泉園集十二卷 ……………… 261
龍舒淨土文十卷首一卷末一卷 …… 199
龍谿王先生全集二十二卷 ……… 21
龍谿王先生全集二十二卷 ……… 248
龍龕手鑑四卷 ………………… 72
憺園文集三十八卷 …………… 26
營田輯要內篇三卷外篇一卷首一卷 …… 110
營壘圖說一卷 ………………… 158
澹園遺藥一卷 ………………… 266
澹靜齋全集七種 ……………… 252
濂亭文集八卷 ………………… 254
濂亭文集八卷 ………………… 254
濂亭文集八卷 ………………… 254
濂亭文集八卷 ………………… 254
憲兵教程纂要六卷 …………… 157
憲法法政要義二卷 …………… 115
寰宇訪碑錄十二卷刊謬一卷 ……… 143
禪門佛事二卷 ………………… 199

避暑錄話二卷 …………………………… 194
緝山書院文話四卷 ………………………… 274

十七畫

環遊地球新錄三卷 ………………… 139
璚宮五帝内思上法一卷 …………… 186
戴氏遺書十五種 …………………… 35
戴東原集十二卷 …………………… 263
戴東原集十二卷 …………………… 263
戴南山文鈔六卷 …………………… 263
聲譜二卷聲說二卷 ………………… 78
聲韻考四卷 ………………………… 77
聲類四卷 …………………………… 79
聰山集八卷文集三卷荊園小語一卷進語
　一卷崇祀鄉賢錄一卷申鳧盟先生年譜
　略一卷 …………………………… 296
聰山集八卷文集三卷荊園小語一卷進語
　一卷崇祀鄉賢錄一卷申鳧盟先生年譜
　略一卷 …………………………… 296
聰訓齋語二卷恒產瑣言一卷飯有十二合
　說一卷 …………………………… 189
聯經四卷 …………………………… 188
藏甲巖稿六卷 ……………………… 22
舊五代史一百五十卷目錄二卷 …… 6
舊五代史一百五十卷附考証 ……… 81
舊唐書二百卷 ……………………… 83
[康熙]藁城縣志十二卷 …………… 123
[光緒]藁城縣志續補十一卷 ……… 123
韓文恪公文集二十一卷首二卷末一卷詩
　集十卷 …………………………… 23
韓非子二十卷 ……………………… 156
韓非子二十卷附韓非子識誤三卷 … 156
韓非子集解二十卷 ………………… 156
韓凌霄瘟痧要編四卷 ……………… 174
韓園醫學六種 ……………………… 165
韓詩外傳十卷 ……………………… 45
韓詩外傳十卷 ……………………… 45
韓魏公集二十卷 …………………… 244
隸篇十五卷續十五卷再續十五卷…… 71
隸辨八卷 …………………………… 72

隸韻十卷考證二卷碑目一卷 ……… 4
楹華館文集六卷詩集四卷駢體文一卷雜
　錄一卷 …………………………… 267
楹華館試帖彙鈔輯注十卷 ………… 267
楹華館試帖彙鈔輯注十卷 ………… 267
楹華館試帖彙鈔輯注十卷 ………… 267
檀几叢書五十種二集五十種餘集四十七
　種附政十種 ……………………… 33
臨文便覽不分卷 …………………… 77
臨文便覽不分卷 …………………… 77
[康熙]臨城縣志八卷 ……………… 125
[康熙]臨城縣志八卷 ……………… 125
臨陣管見九卷 ……………………… 158
[乾隆]臨清直隸州志十一卷首一卷 … 132
[光緒]臨榆縣志二十四卷首一卷 … 130
臨證指南醫案十卷 ………………… 13
臨證指南醫案十卷 ………………… 172
臨證指南醫案十卷 ………………… 172
臨證指南醫案十卷 ………………… 172
臨證指南醫案十卷種福堂公選良方四卷
　 ………………………………… 172
臨證指南醫案評本十四卷 ………… 172
霞外詩集十卷 ……………………… 21
豳風廣義三卷 ……………………… 110
嶺南三大家詩選二十四卷 ………… 227
嶺南遺書 …………………………… 287
嶺海樓詩鈔八卷 …………………… 264
點石齋叢畫一卷 …………………… 186
點勘記二卷省堂筆記一卷 ………… 37
魏叔子日錄三卷詩集八卷 ………… 258
魏叔子文集外篇二十二卷日錄三卷詩集
　八卷 …………………………… 258
魏季子文集十六卷 ………………… 258
魏晉七名家集七卷 ………………… 238
魏書一百十四卷 …………………… 5
魏稼孫全集 ………………………… 294
輿地沿革表四十卷首一卷 ………… 120
輿地紀勝二百卷首一卷 …………… 119
輿地廣記三十八卷附劄記二卷 …… 120
儲遯菴文集十二卷 ………………… 256
鍼灸大成十卷 ……………………… 179

389

鍼灸大成十卷 …………………… 179

鍼灸輯要一卷 …………………… 179

鮚埼亭集三十八卷首一卷經史問答十卷

　　　………………………………… 269

鮚埼亭集三十八卷首一卷經史問答十卷

　外編五十卷 …………………… 270

謝華啟秀八卷 …………………… 237

謝疊山先生文章軌範七卷 ……… 218

謙受堂集十五卷 ………………… 255

應用戰法五卷 …………………… 158

應酬匯選新集一卷附增補帖式一卷 … 225

應酬匯選新集一卷附增補帖式一卷 … 225

應試唐詩類釋十九卷 …………… 230

應試詩法淺說六卷 ……………… 275

燭湖集二十卷附編二卷 ………… 242

鴻苞集四十八卷 ………………… 15

鴻苞節錄十卷 …………………… 191

鴻雪因緣圖記六卷 ……………… 9

[道光]濟南府志七十二卷首一卷 ……… 132

濟陰綱目十四卷 ………………… 13

濟陰綱目十四卷 ………………… 176

濟陰綱目十四卷 ………………… 176

濟陰綱目十四卷 ………………… 176

濟眾錄二卷 ……………………… 163

邃懷堂文集箋注十六卷 ………… 261

禮記 ……………………………… 50

禮記二十卷 ……………………… 50

禮記大全體註四卷 ……………… 49

禮記天算釋一卷 ………………… 49

禮記天算釋一卷 ………………… 49

禮記心典傳本三卷 ……………… 49

禮記心典傳本三卷 ……………… 49

禮記述解闡備匯參十五卷 ……… 50

禮記易讀二卷 …………………… 51

禮記易讀二卷 …………………… 51

禮記易讀二卷 …………………… 51

禮記訓纂四十九卷 ……………… 49

禮記訓纂四十九卷 ……………… 49

禮記集解六十一卷尚書顧命解一卷 ……… 71

禮記集說十卷 …………………… 50

禮記集說十卷 …………………… 50

禮記集說十卷 …………………… 50

禮記集說十卷 …………………… 50

禮記集說十卷 …………………… 50

禮記集說十卷 …………………… 50

禮記集說十卷 …………………… 50

禮記集說十卷 …………………… 50

禮記集說十卷 …………………… 50

禮記集說十卷 …………………… 50

禮記註疏六十三卷 ……………… 50

禮記註疏六十三卷 ……………… 50

禮記註疏六十三卷 ……………… 50

禮記鄭注二十卷 ………………… 50

禮記增訂旁訓六卷 ……………… 50

禮書綱目八十五卷首三卷 ……… 51

禮經宮室答問二卷 ……………… 48

禮經會元四卷 …………………… 47

總河疏稿四卷 …………………… 8

繆篆分韻五卷補一卷 …………… 77

繆篆分韻五卷補一卷 …………… 77

十八畫

瓊琚佩語一卷 …………………… 149

藝文備覽十二集一百二十卷 …… 68

藝文類聚一百卷 ………………… 210

藝林珠玉二編 …………………… 57

藝林珠玉三編 …………………… 57

藝林珠玉四編 …………………… 57

藝林珠玉四編 …………………… 57

藝風堂金石文字目十八卷 ……… 142

藝海珠塵八集一百六十六種 …… 290

醫方易簡新編六卷 ……………… 169

醫方易簡新編六卷 ……………… 170

醫方集解二十三卷 ……………… 171

醫方集解三卷 …………………… 13

醫方集解三卷 …………………… 171

醫方集解三卷 …………………… 171

醫方集解不分卷 ………………… 171

醫方集解本草備要合刻不分卷 … 162

醫林改錯二卷 …………………… 161

醫林纂要探源十卷附錄一卷 …… 161

醫門法律六卷 …………………… 169

醫門法律六卷尚論篇二卷首一卷尚論後
　　篇四卷寓意草一卷 ……………… 165
醫門法律六卷尚論篇二卷首一卷尚論後
　　篇四卷寓意草一卷 ……………… 165
醫門法律六卷尚論篇四卷尚論後篇四卷
　　寓意草一卷 …………………… 165
醫門法律六卷尚論篇四卷尚論後篇四卷
　　寓意草一卷 …………………… 165
醫門法律六卷尚論篇四卷尚論後篇四卷
　　寓意草一卷 …………………… 165
醫門法律六卷尚論篇四卷首一卷尚論後
　　篇四卷寓意草一卷 ……………… 165
醫門棒喝初集四卷二集九卷 ……… 167
醫宗必讀十卷 ……………………… 12
醫宗必讀十卷 ……………………… 162
醫宗備要三卷 ……………………… 163
醫宗備要三卷 ……………………… 163
醫宗備要三卷 ……………………… 163
醫宗備要三卷 ……………………… 163
醫效秘傳五卷 ……………………… 165
醫家四要五卷 ……………………… 161
醫痘金丹二卷 ……………………… 178
醫痘金丹二卷 ……………………… 178
醫學入門七卷首一卷 ……………… 162
醫學心悟五卷 ……………………… 13
醫學心悟六卷 ……………………… 161
醫學正傳八卷 ……………………… 161
醫學金鍼八卷 ……………………… 169
醫學指歸二卷首一卷 ……………… 167
醫學從衆錄八卷 …………………… 163
醫學從衆錄八卷 …………………… 163
醫學摘瑜二卷 ……………………… 162
醫學實在易八卷 …………………… 163
醫學實在易八卷 …………………… 163
醫學實在易八卷 …………………… 163
醫驗辨似二卷 ……………………… 172
擷芳集八十卷 ……………………… 31
豐川詩説二十卷 …………………… 44
豐川續集三十四卷 ………………… 24
[乾隆]豐潤縣志八卷 ……………… 130

叢碧山房初集十四卷二集六卷三集十一
　　卷四集十卷五集六卷和陶詩一卷文集
　　八卷雜著三卷詩說二卷 ………… 296
叢碧山房詩初集十四卷二集六卷三集十
　　一卷四集十卷五集五卷文集八卷雜著
　　三卷附叢碧山房和陶詩一卷 …… 23
題襟館倡和集四卷 ………………… 227
瞿園詩草三卷 ……………………… 261
闕里文獻考一百卷首一卷末一卷 … 93
闕里述聞十四卷 …………………… 96
闕里廣志二十卷 …………………… 135
曠視山房制藝不分卷小題不分卷 … 253
韞山堂時文初集一卷二集二卷三集一卷
　 ………………………………… 271
韞山堂時文初集一卷二集二卷三集一卷
　 ………………………………… 271
韞山堂詩文初集一卷二集二卷三集一卷
　 ………………………………… 271
簡明中西匯參醫學圖說二卷 ……… 161
簡易庵算稿四卷 …………………… 184
簡學齋試帖輯註一卷 ……………… 263
簣山堂詩鈔十六卷 ………………… 252
鵝湖講學會編十二卷 ……………… 10
雙楳景闇叢書 ……………………… 288
雙節堂庸訓六卷 …………………… 150
雙藤書屋詩集十二卷月波舫遺稿一卷雙
　　藤書屋試帖二卷 ………………… 256
雙藤書屋詩集十二卷月波舫遺稿一卷雙
　　藤書屋試帖二卷 ………………… 256
歸雲樓題畫詩二卷 ………………… 186
歸愚文鈔二十卷歸愚文鈔餘集八卷歸愚
　　詩餘一卷黃山遊草一卷台山遊草一卷
　　南巡詩一卷 …………………… 26
歸愚詩鈔二十卷自訂年譜一卷 …… 26
歸震川評點史記一百三十卷 ……… 81
歸餘鈔四卷 ………………………… 28
歸餘鈔四卷 ………………………… 217
歸餘鈔四卷 ………………………… 217
歸餘鈔四卷 ………………………… 218
歸餘鈔四卷 ………………………… 218
雞跖賦續刻二十八卷疑古二卷 …… 189

雞跖賦續刻三十卷 …………… 221
雞跖賦續刻三十卷 …………… 221
顏氏家訓節鈔二卷 …………… 152
顏李遺書一百四十卷 …………… 147
顏習齋遺書二十七卷 …………… 147
顏習齋遺書二十七卷 …………… 147
顏習齋遺書二十七卷 …………… 147
雜選良方一卷 …………… 161
織錦回文詩一卷 …………… 247
織齋文集八卷 …………… 262
斷鐵集詩存二卷 …………… 212
饛飫亭集三十二卷後集十二卷 …………… 261

十九畫

攟石齋詩集四十九卷 …………… 271
勸世歸真四卷 …………… 149
勸學篇二卷 …………… 189
勸學篇二卷 …………… 189
勸學篇二卷 …………… 189
蘇文忠公詩編註集成四十六卷總案四十
　五卷眞像考一卷諸家雜綴酌存一卷蘇
　海識餘四卷 …………… 244
蘇文忠詩合註五十卷首一卷 …………… 244
蘇老泉先生全集二十卷附錄二卷 ……… 244
[道光]蘇州府志一百五十卷首十卷 …… 133
[道光]蘇州府志一百五十卷首十卷 …… 133
蘇門六君子文粹七十卷 …………… 28
蘇詩續補遺二卷 …………… 20
蘇詩續補遺二卷 …………… 20
蘇學士文集十六卷 …………… 19
蘇學士文集十六卷 …………… 19
蘇魏公文集七十二卷 …………… 245
礦務叢鈔十二種 …………… 118
願學堂課藝六卷續編四卷 …………… 230
願體集二卷 …………… 150
曝書亭金石文字跋尾六卷 …………… 142
曝書亭集八十卷附錄一卷 …………… 214
曝書亭集八十卷附錄一卷 …………… 214
曝書亭集八十卷附錄一卷 …………… 256
曝書亭集八十卷附錄一卷 …………… 256

曝書亭集外稾八卷 …………… 256
曝書亭集箋注二十三卷 …………… 256
關中課士律賦箋註不分卷試帖詳註不分
　卷 …………… 217
關帝明聖真經不分卷 …………… 204
關帝明聖經一卷 …………… 204
疇人傳四十六卷續六卷 …………… 96
嚴太僕先生集十二卷 …………… 267
嚴陵集九卷 …………… 224
羅文恪公[惇衍]年譜一卷 …………… 98
羅忠節公性理五種五卷 …………… 152
羅忠節公遺集八種 …………… 296
羅浮山志會編二十二卷首一卷 …………… 10
犢山文稿四卷 …………… 64
[乾隆]贊皇縣志十卷首一卷末一卷 …… 123
簪曝雜記六卷 …………… 15
鏡花緣二十卷一百回 …………… 273
鏡花緣二十卷一百回 …………… 273
譚文勤公奏稿二十卷首一卷 …………… 113
證治要訣十二卷類方四卷 …………… 162
證治準繩八卷 …………… 173
證治撮要不分卷 …………… 169
廬陵宋丞相信國公文忠烈先生全集十六
　卷 …………… 19
廬陵宋丞相信國公文忠烈先生全集十六
　卷 …………… 242
廬陽三賢集三種 …………… 214
癡說八卷 …………… 150
韻山堂詩集七卷補遺一卷 …………… 253
韻切指歸二卷 …………… 76
韻字略十二集 …………… 76
韻字略十二集 …………… 76
韻岐五卷 …………… 77
韻府約編二十四卷 …………… 206
韻府群玉二十卷 …………… 210
韻詁不分卷 …………… 75
韻彙五卷 …………… 77
韻學五卷 …………… 4
韻辨附文五卷 …………… 77
[光緒]懷安縣志八卷首一卷末一卷 …… 128
[光緒]懷安縣志八卷首一卷末一卷 …… 128

[光緒]懷來縣志十八卷首一卷 ………… 128

[康熙]懷柔縣新志八卷 ………… 121

類林新詠三十六卷 ………… 208

類林新詠三十六卷 ………… 208

類腋五十五卷 ………… 208

類經附翼四卷 ………… 167

類經圖翼十一卷 ………… 167

類箋唐王右丞詩集十卷文集四卷外編一
卷 ………… 17

類篇四十五卷 ………… 72

類篇四十五卷 ………… 72

類篇四十五卷 ………… 72

瀕湖脈學奇經考一卷 ………… 160

瀛環志略十卷 ………… 139

瀛環志略十卷 ………… 139

瀛環志略十卷 ………… 139

瀛環志略十卷 ………… 139

聽雨屋留印一卷 ………… 187

繹史一百六十卷 ………… 90

繹史一百六十卷 ………… 90

繹志十九卷 ………… 152

繪圖千家詩註釋二卷附笠翁對韻二卷唐
司空圖詩品詳注一卷 ………… 218

繪圖情史二十四卷 ………… 193

繪圖增批古文觀止十二卷 ………… 221

繡虎軒尺牘八卷 ………… 250

繡虎軒尺牘八卷二集八卷三集八卷 ………… 27

繡像西漢演義八卷一百回繡像東漢演義
十卷一百二十六回 ………… 273

繡像綠野仙蹤全傳八十回 ………… 273

二十畫

蘭言詩鈔四卷 ………… 230

蘭言詩鈔四卷 ………… 230

蘭言詩鈔四卷 ………… 231

蘭亭考十二卷末一卷 ………… 105

[乾隆]獻縣志二十卷圖一卷表一卷 ………… 129

[乾隆]獻縣志二十卷圖一卷表一卷 ………… 129

籌海圖編十三卷 ………… 10

籌濟編三十二卷 ………… 110

籌濟編三十二卷首一卷 ………… 110

籌濟編三十二卷首一卷 ………… 110

纂修醫學入門六卷 ………… 12

覺世經圖說不分卷 ………… 195

釋史一百六十卷世系圖一卷年表一卷 ………… 7

釋教三字經一卷 ………… 202

釋禪波羅蜜次第法門十卷 ………… 199

[乾隆]饒陽縣志二卷首一卷末一卷 ………… 131

寶坻單氏家譜不分卷 ………… 100

寶德堂詩鈔十卷附存二卷 ………… 269

寶興堂重訂古文釋義新編八卷 ………… 226

寶齋印存一卷 ………… 187

二十一畫

權衡一書不分卷 ………… 189

權衡一書四十一卷 ………… 148

龝軒孔氏所著書七種六十卷 ………… 290

露桐先生[李殿圖]年譜前編四卷 ………… 98

儼山外集二十三種陸文裕公續集十卷 ………… 35

鐵香室叢刻初集四種續集六種 ………… 283

鐵華館叢書六種 ………… 288

鐵琴銅劍樓藏書目錄二十四卷 ………… 145

[康熙]鐵嶺縣志二卷 ………… 131

辯論三十篇一卷 ………… 198

竈君真經不分卷 ………… 204

顧千里[廣圻]先生年譜二卷 ………… 98

顧氏音學五書三十八卷 ………… 77

顧氏音學五書三十八卷 ………… 77

顧氏音學五書三十八卷 ………… 77

顧氏音學五書三十八卷 ………… 77

顧氏音學五書三十八卷 ………… 77

顧亭林先生遺書十種 ………… 295

顧亭林先生遺書彙編 ………… 295

顧桂軒鈔選唐詩不分卷 ………… 230

鶴山文鈔三十二卷 ………… 259

鶴泉文鈔二卷 ………… 266

鶴徵錄八卷首一卷後錄十二卷首一卷 ………… 95

[光緒]蠡縣志十卷 ………… 126

[光緒]蠡縣志十卷 ………… 126

［同治］續天津縣志二十卷首一卷 ‥‥‥ 121

［同治］續天津縣志二十卷首一卷 ‥‥‥ 121

續文獻通考二百五十四卷‥‥‥‥‥‥ 11

續古文辭類纂二十八卷 ‥‥‥‥‥‥ 221

續古文辭類纂二十八卷 ‥‥‥‥‥‥ 221

續古文辭類纂二十八卷 ‥‥‥‥‥‥ 221

續古文辭類纂二十八卷 ‥‥‥‥‥‥ 221

續古文辭類纂三十四卷 ‥‥‥‥‥‥ 219

續古文辭類纂三十四卷 ‥‥‥‥‥‥ 219

續古文辭類纂三十四卷 ‥‥‥‥‥‥ 219

續古文辭類纂三十四卷 ‥‥‥‥‥‥ 223

續弘簡錄元史類編四十二卷 ‥‥‥‥ 5

續弘簡錄元史類編四十二卷 ‥‥‥‥ 5

續行水金鑑一百五十六卷首一卷 ‥‥ 138

續吳先賢讚十五卷 ‥‥‥‥‥‥‥ 9

［嘉慶］續武功縣志五卷 ‥‥‥‥‥ 132

續刻五經鴻裁全文不分卷 ‥‥‥‥‥ 65

［乾隆］續河南通志八十卷首四卷 ‥‥ 134

續香齋賦一卷續香齋古今體詩二卷銀台
　　古今體詩存一卷續香齋讀史存質集一
　　卷 ‥‥‥‥‥‥‥‥‥‥‥‥ 214

［光緒］續修井陘縣志三十六卷 ‥‥‥ 124

［同治］續修元城縣志六卷首一卷 ‥‥ 124

［光緒］續修平山縣志六卷首一卷 ‥‥ 122

［道光］續修長垣縣志二卷 ‥‥‥‥ 134

［光緒］續修故城縣志十二卷首一卷 ‥ 131

［光緒］續修新城縣志十卷 ‥‥‥‥ 13

［光緒］續修贊皇縣志二十九卷首一卷 ‥ 123

續後漢書九十卷 ‥‥‥‥‥‥‥‥ 82

續後漢書九十卷 ‥‥‥‥‥‥‥‥ 82

續後漢書九十卷 ‥‥‥‥‥‥‥‥ 82

續客窗閒話八卷 ‥‥‥‥‥‥‥‥ 193

續通鑑紀事本末一百十卷 ‥‥‥‥‥ 89

續新齋諧十卷 ‥‥‥‥‥‥‥‥‥ 197

續資治通鑑二百二十卷‥‥‥‥‥‥ 87

續資治通鑑二百二十卷‥‥‥‥‥‥ 87

續資治通鑑二百二十卷‥‥‥‥‥‥ 87

續資治通鑑長編五百二十卷目錄二卷 ‥ 87

續資治通鑑綱目二十七卷 ‥‥‥‥‥ 6

續資治通鑑綱目二十七卷‥‥‥‥‥ 84

續資治通鑑綱目二十七卷‥‥‥‥‥ 86

續資治通鑑綱目二十七卷‥‥‥‥‥ 86

續資治通鑑綱目二十七卷‥‥‥‥‥ 86

續資治通鑑綱目二十七卷末一卷‥‥‥ 86

續資治通鑑綱目二十七卷末一卷‥‥‥ 86

續漢書八志三十卷 ‥‥‥‥‥‥‥ 83

續增刑案匯覽十六卷 ‥‥‥‥‥‥ 117

［道光］續增沙河縣志二卷 ‥‥‥‥ 125

續增科場條例九卷 ‥‥‥‥‥‥‥ 117

續增洗冤錄辨正三卷 ‥‥‥‥‥‥ 155

續增洗冤錄辨正三卷 ‥‥‥‥‥‥ 155

二十二畫

聽雨齋詩集二十二卷別集一卷補編一卷
　　‥‥‥‥‥‥‥‥‥‥‥‥‥ 258

聽蕉雨樓外集不分卷 ‥‥‥‥‥‥ 98

驚風辨證必讀書二編三卷 ‥‥‥‥‥ 178

躔離引蒙二卷 ‥‥‥‥‥‥‥‥‥ 179

疊雅十三卷雙名錄一卷 ‥‥‥‥‥‥ 69

體微齋日記錄存七卷（清道光三十年至
　　咸豐四年）語錄一卷詩附一卷附錄一
　　卷易說一卷‥‥‥‥‥‥‥‥‥ 99

體微齋日記錄存七卷（清道光三十年至
　　咸豐四年）語錄一卷詩附一卷附錄一
　　卷易說一卷‥‥‥‥‥‥‥‥‥ 99

體學新編二卷 ‥‥‥‥‥‥‥‥‥ 162

鑄史駢言十二卷 ‥‥‥‥‥‥‥‥ 189

鑄史駢言十二卷 ‥‥‥‥‥‥‥‥ 189

鑑止水齋集二十卷 ‥‥‥‥‥‥‥ 252

鑑止水齋集二十卷 ‥‥‥‥‥‥‥ 252

鑑撮四卷讀史論附一卷 ‥‥‥‥‥‥ 102

讀左補義五十卷首一卷 ‥‥‥‥‥‥ 55

讀左補義五十卷首一卷 ‥‥‥‥‥‥ 55

讀左補義五十卷首一卷 ‥‥‥‥‥‥ 55

讀史方輿紀要一百三十卷輿地要覽四卷
　　‥‥‥‥‥‥‥‥‥‥‥‥‥ 119

讀史方輿紀要一百三十卷輿地要覽四卷
　　‥‥‥‥‥‥‥‥‥‥‥‥‥ 119

讀史方輿紀要一百三十卷輿地要覽四卷
　　‥‥‥‥‥‥‥‥‥‥‥‥‥ 119

讀史兵略四十六卷 ‥‥‥‥‥‥‥ 158

讀史兵略四十六卷 …………………… 158
讀史兵略四十六卷 …………………… 158
讀史兵略四十六卷 …………………… 158
讀史兵略四十六卷 …………………… 158
讀史兵略續編十卷 …………………… 158
讀史提要錄十二卷 …………………… 103
讀史漫錄十四卷 ……………………… 93
讀史舉正八卷 ………………………… 82
讀史鏡古編三十二卷 ………………… 104
讀白華草堂詩初集九卷二集十二卷首蓓
　　集八卷 ………………………… 265
讀杜心解六卷首二卷 ………………… 18
讀杜心解六卷首二卷 ………………… 239
讀易大旨四卷 ………………………… 37
讀易辨疑四卷 ………………………… 40
讀秋水齋詩十六卷 …………………… 268
讀律必得三卷蜀僚問答二卷勸諭牧令文
　　一卷 …………………………… 156
讀書日記六卷補編二卷 ……………… 12
讀書紀數略五十四卷 ………………… 207
讀書紀數略五十四卷 ………………… 207
讀書紀數略五十四卷 ………………… 207
讀書堂杜工部文集注解二卷 ………… 240
讀書堂杜工部詩集注解二十卷文集注解
　　二卷杜工部編年詩史譜目一卷 …… 240
讀書堂綵衣全集四十六卷 …………… 27
讀書脞錄七卷 ………………………… 192
讀書錄十一卷續錄十二卷 …………… 249
讀書錄十一卷續錄十二卷 …………… 249
讀書叢錄二十四卷 …………………… 192
讀書雜誌八十二卷餘編二卷 ………… 191
讀書雜誌八十二卷餘編二卷 ………… 191
讀書雜誌八十二卷餘編二卷 ………… 192
讀書雜誌八十二卷餘編二卷 ………… 192
讀通鑑論三十卷 ……………………… 103
讀畫齋叢書四十六種 ………………… 291
讀畫齋叢書四十六種 ………………… 291
讀詩質疑三十一卷首十五卷末一卷 …… 46
讀選樓詩稿十卷 ……………………… 253

讀禮通考一百二十卷 ………………… 49
讀禮通考一百二十卷 ………………… 49
讀禮通考一百二十卷 ………………… 49
龔端毅公奏疏八卷附一卷浠川政譜二卷
　　……………………………………… 113

二十三畫

驗方新編十六卷 ……………………… 170
驗方新編十六卷 ……………………… 170
驗方新編十六卷 ……………………… 170
驗方新編十六卷 ……………………… 171
驗方新編八卷 ………………………… 171
顯志堂稿十二卷夢奈詩稿一卷 ……… 260
欒城集四十八卷後集二十四卷 ……… 245
[同治]欒城縣志十四卷首一卷末一卷 … 123
[同治]欒城縣志十四卷首一卷末一卷 … 123
[同治]欒城縣志十四卷首一卷末一卷 … 123
變法奏議叢鈔不分卷 ………………… 113

二十四畫

觀音心經真解一卷 …………………… 199
[同治]鹽山縣志十六卷首一卷末一卷 … 129
[同治]鹽山縣志十六卷首一卷末一卷 … 129
靈臺秘苑五十六卷 …………………… 198
[康熙]靈壽縣志十卷末一卷 ………… 123
[康熙]靈壽縣志十卷末一卷 ………… 123
靈樞經合纂十卷 ……………………… 167
靈樞經合纂十卷 ……………………… 167
靈鶼閣叢書 …………………………… 287
靈巖山人詩集四十卷年譜一卷 ……… 266
蠶尾集十卷蠶尾續集二卷蠶尾後集二卷
　　……………………………………… 24
蠶桑輯要一卷廣蠶桑說一卷 ………… 159

二十六畫

[光緒]灤州州志十八卷首一卷 ……… 130